РОССИЯ
ТРИДЦАТЬ ЛЕТ (1991-2021)

俄罗斯三十年
（1991~2021）

外交卷
Дипломатия

总主编　孙壮志
主　编　柳丰华

社会科学文献出版社
SOCIAL SCIENCES ACADEMIC PRESS (CHINA)

总　序

孙壮志

1991年苏联解体不仅意味着一系列新独立国家的诞生，也深刻改变了俄罗斯国家的历史命运，开启了一个全新的发展阶段。冷战后的三十年，对于俄罗斯来说，是一个不断调整、适应的特殊时期，对内要完成一个全新国家的构建，无论是政治经济体制还是行政管理模式，对外要通过持续的外交努力延续自己作为世界大国的国际定位。一方面，俄罗斯是苏联在国际法意义上的继承国，也试图继承其全球性大国的影响和属性；另一方面，俄罗斯又很难找到一条适合自己又被西方国家所认同的强国之路。被普京总统和很多俄罗斯精英看重的文化传统以及历史成就，在其他独联体国家看来则有不同的认知。因此，俄罗斯在既自信满满又内外交困中走过了曲折的三十年，理想的愿望与残酷的现实不断发生碰撞，俄罗斯也在争议当中逐步完成自己民族国家的重塑。

一

尽管三十年对于漫长的历史长河来说只是非常短暂的一瞬，但对于希望走出困境的俄罗斯来说，自1991年到2021年的这三十年却意义非凡。从苏联解体带来的政治混乱、经济滑坡到照搬西方现代化模式的失败，俄罗斯在叶利钦统治的十年里始终是风雨飘摇，从"休克疗法"的灾难性结局到总统和议会矛盾导致的"炮打白宫"事件；第一次车臣战争的失利更是让一个大国的中央政权威信扫地，导致国内的各种矛盾不断激化。俄罗斯就是拖着这样的"病体"走入了21世纪。普京是在这样一种情况下成为俄罗斯新一代领导人的，并且以其强硬的执政风格带领俄罗斯走上了一条稳定、独特的发展道路。

从2000年至今，除了有四年不在总统任上但依然握有实权，其余时间普京不仅是这个世界上幅员最辽阔国家的最高领导人，而且是一个具有鲜明个性的俄罗斯传统文化代言人。他以雷厉风行的手段重整国内政治和经济秩序，解决了寡头公开干政、地方各行其是的问题，平息了车臣的"叛乱"，恢复了联邦中央政府特别是总统个人的绝对权威。其通过掌控能源开发把国家财富牢牢控制在政府手中；通过对社会的全方位管控把总统个人的意志传递到最基层。随着"统一俄罗斯"党的一家独大，普京确保了自己的执政理念得到立法机构的全面支持，并且相当有效地贯彻到地方层级。

如果要对俄罗斯三十年的发展历程划分阶段的话，以领导人执政或大政方针的调整变化作为最主要的标准最为适合，因为俄罗斯始终属于"强总统"制的国家，虽然从制度设计上总统并不掌握全部权力，但在实际中议会和司法机构无法对强大的总统权力进行有效制约。叶利钦时期是第一个阶段，然后是普京继任的八年，之后又有梅德韦杰夫担任总统的四年，通过修宪改变总统任期后普京重回克里姆林宫，又可连续执政十二年，加起来的话，普京连续掌握俄罗斯核心权力的时间已经超过二十年。俄政治体制甚至执政的核心团队基本保持稳定，虽然政策上连续出现带有根本性的变化，但这或是由于国内情况带来的压力，或是由于外部环境带来的冲击，许多变化是被动的，具有外源性。

在2012年总统大选后，再次回到前台的普京经历了严峻的内外挑战，他不断整合国内的政治资源，2018年顺利获得连任后，又于2020年对俄宪法进行全面修订，力图借此解决"普京之国"或俄发展道路的基本问题，这是根据形势变化做出的重大调整，着眼于权力体系的完善和俄罗斯的未来发展。最初拟定宪法修正案时，有关总统任期的问题并没有被列入，在国家杜马对该草案进行二读讨论时，才加入了允许俄现任总统再次参加2024年总统大选的修宪内容。有评论认为，普京就是想利用此次修宪来实现自己长期执政的目的，这种说法显然是不确切的，其主要还是想利用此次修宪对俄整个权力体系做出调整，以巩固其执政理念，确保国家的政令统一，确保普京的治理模式及其确定的政策能够延续下去,当然,与此同时普京也获得了长期执政的合法性。

二

观察一个国家在一个阶段的发展变化,最直观的方式是总统出台的各种政策,但最客观的评价往往来自社会经济领域的实际变化,"数字是不能骗人的",经济和社会的指标明确地展示了执政者是否兑现了自己的承诺,是否带领人民一步步地完成了确定的目标。20 世纪 90 年代中期,俄罗斯的 GDP 不足 4000 亿美元,到 2017 年达到 1.57 万亿美元;2022 年在西方的全面制裁之下俄罗斯的 GDP 居然超过 2.2 万亿美元。当然这种增长与卢布和美元的汇率有关,而汇率又和石油、天然气收入相关,西方制裁并没有让俄罗斯石油、天然气的出口在数量上有明显减少。对国际市场的严重依赖,导致俄罗斯经济发展经常会出现波动,1997 年的亚洲金融危机和 2008 年的全球金融危机都曾导致俄经济出现严重衰退。2014 年乌克兰危机后,西方的制裁和油价下跌也使俄罗斯政府不得不连续数年出台反危机计划。西方停止对俄投资、冻结俄在境外的资产也使俄罗斯在经济上蒙受很大损失,财政压力增大。这也促使俄罗斯不得不在很多领域选择进口替代,从而促进了俄经济的内生性发展,表现最好的是粮食生产、原料加工和建筑行业。

三十年中,俄罗斯经济并没有呈现持续稳定发展的良好态势,反而常常出现经济增长乏力、经济结构调整难以实现、过度倚重能源和其他原料生产的情况。虽然国际能源价格的飙升给俄罗斯带来了巨额的外汇收入,使俄罗斯很快清偿了所有外债,建立了反危机基金,但也造成了经济发展的脆弱性和不稳定性。在管理方式发生很大变化的俄罗斯,经济和社会的发展却呈现内在的稳定性甚至是顽固性,在取得一系列成就的同时也制造了不少现实的难题。但在应对美西方制裁方面俄罗斯政府采取的措施比较有效,俄罗斯经济在重压之下没有崩盘,体现出一定的韧性。俄罗斯还重视数字经济和科技创新,希望通过自己的力量实现经济的转型升级。

在社会领域,俄罗斯采取的管理措施最大限度地减少了国家的负担,通过商业化使大部分社会保障支出不再占用国家预算，同时又有重点地对弱势群体进行扶持，取得较好的效果，普京获得了广泛的社会支持，民调支持率持续走高，甚至在对乌克兰发动特别军事行动后，对其的支持率也始终稳定在 80% 左右。人口问题一直困扰着俄罗斯的发展，生育率下降导致的人口负增长使本身就地广人稀的俄罗斯面临空前的压力，虽然政府采取多种措施鼓励生育，但收效甚微。俄罗斯的贫富差距巨大，有统计显示，该国 10% 最富裕群体与 10% 最贫困群体的收入差距为 13.8 倍。

经济转型带来的社会分化和贫富差距也制造了社会层面的不满情绪，特别是在打击官员的贪污腐败方面没有拿出足够的举措，使纳瓦利内这样的"反腐斗士"成为反对派的代表。网络的发达使社会动员的方式发生新的变化，执政当局维护政权安全的成本也越来越高。2020 年新冠疫情的大流行使俄罗斯社会管理方面的问题被进一步放大，也造成了民众生活水平的下降。乌克兰危机升级以后，在西方制裁力度不断加大的背景下，俄社会层面不稳定的因素增多，尽管采取了更加严厉的措施，加强了舆论控制，但维护稳定的成本也大大提高了。恩格斯在 1894 年写的《论俄国的社会问题》中的跋对我们今天观察俄罗斯社会的新变化很有启发意义，即俄国的社会与西欧国家有很大不同，当面对内外压力时社会层面会发生很大的分化，巨大的政治变革往往与此相关。

三

随着全球化的深入发展，当今世界任何一个国家都不可能生活在孤岛之上，俄罗斯也不例外。叶利钦时期俄罗斯的外交对西方"一边倒"，希望得到西方的承认和经济上的支持，但西方始终难以真正"接纳"俄罗斯，拒不放弃遏制和削弱俄罗斯的政策，北约先后完成五轮东扩，不断挤压俄罗斯的战略空间。普京总统执政后对世界格局的认识发生了很大变化，对外部威胁有了新的界定。面对复杂的国际变局和日趋严峻的国际安全环境，普京认为，当今世界政治错综复杂，地缘政治形势发生了重大变化，在秩序变革过程中，西方的力量在减弱，自由主义模式遭遇危机，世界不稳定性和地缘政治的紧张局势日益加剧，国内国际的各种政治经济矛盾日益突出，国际安全面临一系列新挑战。

俄罗斯领导人认为，以联合国为代表的维持当前国际秩序的国际机制被削弱，区域冲突加剧，全球安全体系不断恶化。经济衰退和不平等的加剧导致社会分裂，引发了民粹主义、右翼和左翼激进主义和其他极端主义，所有这些都会影响国际关系的性质，冲击现有国际体系的稳定性。普京明确指出，今后十年世界面临的主要威胁之一是各种国际问题相互交织并日益复杂化，内外矛盾相互碰撞并导致风险上升。① 在这样的背景之下美国维护单极霸权的尝试注定要失败，因为这与时代的发展趋势背道而驰。作为活跃在世界舞台上的重要大国，俄罗斯应该成为推动国际政治多极化的重要力量之一。俄一些政治精英还认为，全球安全格局仍将由少数大国决定，俄罗斯、美国、中国等核大国在国际体系中的作用更加重要和不可替代，但力量对比正在发生明显的变化。

在俄罗斯看来，随着全球力量重心的转移，大国间的地缘政治对抗不断升级，俄要主动去争取对自己最有利的态势。从内部情况看，综合国力的恢复使得俄罗斯从政治精英到普通民众都重拾信心，渴望恢复昔日超级大国的地位，通过频繁介入国际性和地区性争端来彰显大国实力，维护国家安全利益；从外部压力看，北约的不断东扩使俄罗斯感受到战略空间被严重挤压，对外部威胁的感知不断加深，俄罗斯与美国及西方国家之间越来越缺乏基本的安全互信。普京在2022年2月21日的讲话中援引德国前总理赫尔穆特·科尔的观点，认为如果欧洲文化想要生存下去并在未来仍然是世界文明的中心之一，西欧和俄罗斯就应该理所当然地走到一起。然而事实上，西方国家从来没有视俄罗斯为朋友和盟友，北约及其部署的军事设施已经到达俄罗斯边境，这是出现欧洲安全危机的关键因素之一，对整个国际关系体系产生了最为负面的影响，导致相互信任的丧失。②

2014年乌克兰危机后，西方对俄罗斯的经济制裁导致俄罗斯外交出现较

---

① Владимир Путин, Выступление президента на форуме в Давосе, 27 января 2021, http：//kremlin.ru/events/president/news/.

② Владимир Путин, Выступление президента, 21 февраля 2022, http：//kremlin.ru/events/president/news/.

大的调整，俄与西方的关系全面恶化，俄开始将目光"转向东方"，普京提出"大欧亚伙伴关系"计划，试图为俄罗斯主导的欧亚经济联盟寻找更大的发展空间。2022年2月俄罗斯对乌克兰发动特别军事行动，美国及西方对俄实施了更加严厉的制裁，并对乌克兰提供巨额的军事援助，俄与西方的地缘政治对抗不断升级，俄美关系、俄欧关系陷入冷战以后的最低谷。2023年3月，普京签署批准最新版的《俄罗斯联邦对外政策构想》，强调俄罗斯将自己视为一个独特的文明国家；认为美国是反俄路线的主要领导者；强调自己并不是西方的敌人，因为俄对西方没有敌意；俄将努力构建新的国际关系体系，确保所有国家平等发展的机会。此外，俄方认为，全面深化、协调与中国和印度的关系是极其重要的。

四

我国国内对俄罗斯问题的研究三十年来也在不断发生变化，视角和方法都越来越丰富，但对俄罗斯国家建设的深层次解读还有所欠缺，从整体上综合梳理、把握俄罗斯各个领域的演变还不够，在学科建设、人才培养方面都需要进一步加大力度。20世纪90年代俄罗斯政治经济状况欠佳，国际地位下降，也影响到国内对俄罗斯问题的关注，包括年轻学子对俄语学习的兴趣。

应该说，中俄关系快速、稳定的发展在一定程度上为国内俄罗斯研究创造了有利的条件，中俄双方的合作不仅表现在政治、经济、安全等层面，也包括高校、智库、媒体、地方的交流。互办"国家年"是双方的人文合作，每年有重点地向前推进，越来越多地体现了"世代友好"的原则。1996年中俄两国建立战略协作伙伴关系，双方开始在地区和国际事务中加强互动，相互支持，与中亚国家共同建立了上海合作组织，中俄共同主导这一新型区域机制，等等，因而研究俄罗斯问题有了更多的需求和关注。

俄罗斯是世界上面积最大、自然资源最为丰富的国家，有着独特的文化传统，近代以后在欧洲甚至在全球格局中都扮演过重要的角色。另外，在研究现代化问题和多极化进程时，俄罗斯也具有一定的典型性，其不仅开创了自己的工业化模式，还是20世纪国际共产主义运动曲折演进的代表。中国与俄罗斯互为最大的邻国，双边关系经历过起伏，冷战以后双方致力于建立新型大国关系。随着两国领导人2019年6月宣布发展新时代中俄全面战略协作伙伴关系，中国与俄罗斯的合作呈现全方位、多层次、宽领域的特点，越来越多的主体参与到两国的日常交流，国内各界希望能够更多了解和认识这个国家的发展现状。

作为国内研究俄罗斯问题最大的综合研究中心，中国社会科学院俄罗斯东欧中亚研究所自成立以来一直密切关注俄罗斯的发展变化，出版和发表了不少有影响的专著、论文，对俄罗斯不同时期各个方面的变化做出深入的分析和评估，年轻的俄罗斯问题专家也不断涌现。自1991年开始，每隔十年俄罗斯东欧中亚研究所都会出版全面总结俄罗斯政治、经济、外交领域发展状况的学术专著。这本《俄罗斯三十年（1991~2021）》的完成，经历了更多的困难和考验，因为形势的变化更为复杂，发展的脉络更加不容易准确把握。在中国社会科学院学科建设第二期"登峰战略"中，"俄罗斯学"依然作为优势学科得到相应的扶持，对基础理论研究和应用对策研究以及人才培养都提出了更高的要求。经过俄罗斯政治、经济和外交三个研究室同事的共同努力，终于完成了这样一本厚重的研究成果，反映了俄罗斯东欧中亚研究所前一阶段学科建设取得的成绩，希望能够为国内关注俄罗斯问题的朋友们提供参考，更希望得到关心俄罗斯研究的同行们的指正。

是为序。

CONTENTS 目 录

引 言 …………………………………………………………………… 1

第一章　1991~2021年俄罗斯外交政策的演变 …………………… 5
第一节　亲西方外交（1991~1995年）………………………… 5
第二节　"多极化"外交（1996~2000年）…………………… 14
第三节　大国实用主义外交（2001~2004年）……………… 24
第四节　新斯拉夫主义外交（2005~2008年）……………… 37
第五节　"保稳"与合作外交（2009~2013年）…………… 52
第六节　大国权力外交（2014年至今）……………………… 65

第二章　俄美关系 ………………………………………………… 79
第一节　俄罗斯对美国政策 …………………………………… 80
第二节　俄美战略安全博弈 …………………………………… 92
第三节　俄美地缘政治博弈 …………………………………… 104
第四节　俄美经济关系 ………………………………………… 116

第三章　俄罗斯与欧盟关系 ……………………………………… 133
第一节　俄罗斯对欧盟政策 …………………………………… 134
第二节　俄欧在经济和能源领域的合作 ……………………… 153
第三节　俄欧地缘政治经济博弈 ……………………………… 167

第四章 俄罗斯与独联体地区 … 188
第一节 俄罗斯对独联体地区政策 … 188
第二节 俄罗斯对欧亚经济联盟政策 … 203
第三节 俄罗斯对集体安全条约组织政策 … 231
第四节 俄罗斯与独联体国家关系 … 243

第五章 俄罗斯与亚太地区 … 268
第一节 俄罗斯对亚太地区政策 … 269
第二节 俄罗斯对东北亚地区政策 … 276
第三节 俄罗斯与日本 … 286
第四节 俄罗斯与东盟 … 304
第五节 俄罗斯与朝鲜半岛核问题 … 318

第六章 中俄关系三十年：战略支柱和共同理念的形成 … 329
第一节 从睦邻友好到新时代全面战略协作伙伴关系 … 329
第二节 不断巩固的三大战略支柱 … 332
第三节 循之有效的共同理念 … 338
第四节 中俄关系中的主要问题及其改进之道 … 339

结 论 … 345

参考文献 … 350

引　言

　　1991年末，苏联解体，俄罗斯及其他加盟共和国独立，由此俄开启其政治、经济和外交转型。作为苏联的法定继承国，俄罗斯继承了苏联的联合国安理会常任理事国席位和其他国际权利义务，面临着与外部世界重建关系、重塑自身大国地位的任务。而作为苏联原15个加盟共和国之一，俄罗斯需要与其他新独立的伙伴国处理苏联遗产划分，并在新的基础上建立相互关系等。在这种复杂的形势下，俄罗斯开始了独立主权国家外交政策的探索进程。纵观俄罗斯独立至今30年的外交政策演变进程，可以将其大致划分为四个阶段：叶利钦时期、普京前两个总统任期、"梅普组合"时期和普京第三、四个总统任期。这种分期与本书第一章六阶段划分法略有不同，但是并不矛盾，而且可以从更宏观的视角观察俄罗斯30年外交政策的演变。

　　第一阶段：1991~1999年，即叶利钦时期，俄罗斯外交政策的主要目标是在促进国内经济复兴和国体构建的同时，保持其世界大国地位。叶利钦时期的外交政策又包括两个阶段：其一，1991~1995年奉行亲西方外交。当时叶利钦政府认为，俄罗斯最重要的任务是：以西方社会发展模式为范本，借助西方的经济援助，将俄建成自由民主国家和发达的市场经济体；以回归西方"文明国家大家庭"即加入欧盟、北约、国际货币基金组织、世界银行、经济合作与发展组织、关税贸易总协定、七国集团等方式，[1] 保持俄大国地位。但是，

---

[1] Под ред. А. П. Цыганкова, П. А. Цыганкова, Российская наука международных отношений: новые направления, М.: ПЕР СЭ, 2005 г., с. 99.

西方趁俄罗斯衰弱之机填补中东欧地缘政治真空，同时无意援助俄实现经济复苏等的政策举措，不仅浇灭了叶利钦政府亲西方外交的热情，而且将其外交政策逼入另一个极端。其二，1996～1999年奉行"多极化"政策。叶利钦政府认为，要维护俄罗斯的大国地位，就必须抵制美国单极霸权，促进世界多极化发展。为此，俄罗斯在阻止北约东扩的同时，致力于建立军事政治和经济一体化的独联体，发展全方位的对外关系，包括发展与中国、印度和第三世界其他国家的关系。

第二阶段：2000～2008年，即普京的前两个总统任期，俄罗斯奉行旨在促进国内发展和安全、巩固自身大国地位的外交政策。普京总统认为：首先，至关重要的国家利益是实现俄罗斯经济的增长与平稳发展，保障社会政治稳定和民族团结，提高居民生活水平。因此，俄罗斯外交政策的优先任务是在俄周围建立稳定安全的环境，创造能够让俄最大限度集中力量和资源完成国内社会经济发展任务的条件。其次，巩固俄罗斯的大国地位，这是国家重大利益所在。普京政府致力于确保国家安全，巩固俄罗斯作为一个大国、一个有影响的力量中心的地位。为此，俄罗斯积极与美国建立稳定的合作关系，同欧盟确立建设俄欧四个（经济、内部安全、对外安全、人文）共同空间的目标，推动独联体地区一体化，发展与亚太国家的务实合作。同时，俄罗斯坚决抵制美国在独联体地区推广"颜色革命"，反对北约向独联体地区扩大。

第三阶段：2008～2012年，即"梅普组合"时期，俄罗斯推行"保稳"与合作的外交政策。"保稳"的主要内容包括：保障国家安全，保卫俄罗斯的主权和领土完整；保护和平与稳定的国际环境、保持俄与西方国家关系的稳定，以便俄集中精力发展国内经济，顺利开展对外经济合作；保持并增强俄大国地位，促进世界多极化进程；保持俄美战略稳定；保护俄在独联体地区的主导地位。合作的主要内容是保障俄罗斯对外"合作"的方针、对外"合作"的性质以及对外"合作"的局面，避免与其他国家和国家集团发生对抗和冲突。① 俄罗斯在平等、相互尊重对方利益和互利的基础上开展国际合作。俄罗斯继续推进独联体一体化，维持与欧盟的务实伙伴与合作关系，"重启"俄美

---

① 柳丰华：《"梅普组合"的外交战略》，中国社会科学出版社，2012，第116～117页。

关系，进一步深化与中国及亚太地区其他国家的合作。与此同时，俄罗斯在与格鲁吉亚的武装冲突中展示了"肌肉"，使西方国家认识到不能无视俄罗斯的利益和立场。

第四阶段：2012 年至今，即普京的第三、四个总统任期，俄罗斯推行大国权力外交政策。其主要内容包括在全球层面建立公正持久的世界秩序，加强联合国在世界政治中的中心和协调作用；加强国际安全，维护战略和地区稳定，主张在考虑到进攻性和防御性战略武器相关的情况下，同美国在军控领域开展合作，反对美国加强反导防御；开展国际经济合作，建立公正民主的全球经贸和货币—金融体系。在地区层面：发展与独联体国家的双、多边合作，加强俄罗斯参与的独联体地区各种一体化机制，重点深化欧亚经济联盟框架下的一体化，主张通过政治途径解决乌克兰东部地区冲突，保障顿巴斯在乌特殊地位；与欧盟建立共同的经济和人文空间，防止欧洲大陆出现分裂；与美国在平等、互相尊重对方利益和互不干涉内政的基础上进行对话，在贸易、投资和科技等领域开展合作；积极参与亚太地区一体化进程，发展与亚太国家的伙伴关系与合作。导致普京政府外交政策根本转变的主要原因是乌克兰危机发生后西方对俄罗斯实施经济制裁和军事政治遏制，俄与西方对抗长期化。普京政府在与西方对抗的同时，推行"转向东方"政策，并提出"大欧亚伙伴关系"倡议，有意打造一个与西方世界分庭抗礼的非西方阵营。[①]

由上述可见，30 年来，俄罗斯一直在探索其与外部世界的关系重建，也一直在寻求符合其国家利益的独立自主的外交政策。由于俄罗斯自身政治体制和经济形势处于变化状态，而世界政治和经济形势也在变动不定等，俄外交政策也随之表现出因势而变和变中有承两者兼而有之的特点。探讨 30 年间俄罗斯外交政策的演变及其内外动因，分析其对世界格局和国际形势的影响，具有重要的学术价值和现实意义。本书的撰论即着眼于此。

本书是中国社会科学院俄罗斯东欧中亚研究所有关学者集体撰写的学术著作，作者分工如下：柳丰华研究员撰写引言、第一章、第六章和结论；李勇慧

---

① 柳丰华：《从大国经济外交到大国权力外交——普京总统第三、四任期的外交战略》，《国外理论动态》2019 年第 4 期。

研究员撰写第五章;韩克敌副研究员撰写第二章;吕萍副研究员撰写第三章;王晨星副研究员撰写第四章第二节;刘丹博士撰写第四章第一、四节及参考文献整理;牛义臣博士后撰写第四章第三节;柳丰华设计章节结构,统稿并修改书稿。本书在写作和出版中得到中国社会科学院俄罗斯东欧中亚研究所孙壮志所长的关心和庞大鹏副所长等领导的支持,得到中国社会科学院俄罗斯东欧中亚研究所中俄战略协作高端智库等部门的协助,得到社会科学文献出版社编辑的支持,在此一并致以诚挚的谢意。由于作者学识有限和成书时间仓促,书中可能存有不足,尚希学者专家和读者朋友不吝赐教。

第一章 1991~2021年俄罗斯外交政策的演变

1991年，苏联解体，俄罗斯开始政治经济转轨和外交政策调整的进程。作为苏联的法定继承国，俄罗斯面临着处理苏联外交资产和"债务"、与外部世界建立新关系、确立其在国际新秩序中应有的地位等复杂的任务。而冷战后国际格局的巨变、国际形势的变幻不定和俄罗斯国内政治经济形势的发展变化，以及俄领导人的外交理念等因素也对俄外交政策的形成和演化进程产生了重要的影响。30年间，俄罗斯外交政策的演变大致可划分为六个阶段：亲西方外交（1991~1995年）、"多极化"外交（1996~2000年）、大国实用主义外交（2001~2004年）、新斯拉夫主义外交（2005~2008年）、"保稳"与合作外交（2009~2013年）和大国权力外交（2014年至今）。

第一节 亲西方外交（1991~1995年）

俄罗斯继承了苏联的外交遗产，主要包括戈尔巴乔夫"新思维"外交政策及其所产生的积极和消极后果。1985年戈尔巴乔夫当选为苏联共产党总书记后，为了促使苏联摆脱自勃列日涅夫执政后期以来的经济停滞和社会政治僵化状态，振兴综合国力、国际竞争力和社会政治，在国内推出"改革"和"公开性"政策，实行全面的政治体制和经济体制改革。同时，戈尔巴乔夫推行"新思维"外交政策，以使苏联逐步摆脱因与美国发生冷战、苏美长期军备竞赛和苏联在第三世界进行军事政治扩张等因素而背负的沉重的经济负担，改善苏联不利的国际环境，维护其超级大国地位。戈尔巴乔夫的外交"新思维"包括：建立"相互联系和相互依存的世界"；不把自己的社会模式强加于他国，实际上放弃了在全世界建立共产主义的思想；对外政治方针不再以"社会主义的国际主义"原则为基础，而是以全人类价值优先（全人类的利益高于阶级利益）的立场为基础；不以武力解决国际问题；建立新的国际安全体系。戈尔巴乔夫宣布苏联外交政策的主要目标是解决下列全球性问题：保持和平发展，裁军，完全放弃军事强力行为（"战争已经不再是政治的继续"，因为在核导弹时代不可能有胜利者），以及解决生态、能源、社会人文等问题。非暴力世界构想和上述全球性问题的解决，只能在相互信任和谋求"利益平衡"而不是"力量均衡"的基础上，通过联合整个国际社会的努力才能实现。[①]"新思维"外交政策的地区优先方向如下：逐步从东欧撤军，尊重东欧国家的自由选择权，不干涉其内部事务；加强与西欧国家在各个领域的合作，建设"共同的欧洲家园"；与美国就削减核武器、裁减常规军备、解决地区冲突和重大国际问题进行谈判，改善苏美关系；实现与中国关系正常化，发展双边经贸和文化等领域合作。戈尔巴乔夫没有继续采用苏联历届领导人主张的力量均衡、遏制西方、片面追求自身安全、在国际政治中谋求权力扩张等传统政策模式，而是转向"利益平衡"、与西方合作、安全不可分割和共同安全、不同社会制度不同国家和平共处等"新思维"。"新思维"外交政策的实施表明戈尔巴乔夫回归自彼得大帝以来俄国传统的以西方为重点、与西方合作、获取西方认同的外交方针。但是，"新思维"外交的成果颇为有限：1987年《苏美消除两国中程和中短程导弹条约》的签署，增进了苏联和美国的欧洲盟国的安全系数，增进了苏美两国的信任，有利于苏美关系的持续改善；与西方关系一定程度的改善使苏联看到了摆脱不堪其重的军费开支的曙光，只是收获这方面的实际效果还有待时日。相比之下，"新思维"外交政策带来的消极后果则更多，也更严重：对东欧放任不管的政策使得东欧国家纷纷发生剧变，社会主义阵营土崩瓦解；自二战结束以来的美苏两极格局轰然坍塌，这是

---

① М. С. Горбачев, Перестройка и новое политическое мышление для нашей страны и для всего мира, М., 1987 г..

将维护世界两极格局作为苏联外交政策出发点的戈尔巴乔夫所始料未及的；西方没有因为华约消亡而解散北约，苏联不愿意看到的集团政治并没有从欧洲消失；苏联非但没有从对西方做出的种种政治妥协和让步中获得相应的经济政治回报，反而由于自身内政外交困难被西方要求做出更多的让步。

苏联解体后初期，执政的俄罗斯民主派不仅继承了戈尔巴乔夫的亲西方政策，而且朝着西方走得更多。大致说来，又可在界定为亲西方外交的1991~1995年细分为两个阶段。一是向西方"一边倒"（1991~1993年）。即俄罗斯在独立初期，基于本国利益与西方利益的一致性、强调俄罗斯与西方合作的优先性和全面性等认识，奉行追随西方的外交政策，目的在于获得西方大规模的经济援助，完成俄罗斯民主政治和市场经济改革，尽快融入西方"文明大家庭"。[①] 俄罗斯向西方"一边倒"政策终结于1993年12月，在俄罗斯国家杜马选举之后，俄选民对于外交政策的不满和国家杜马中政治力量对比的变动使得向西方"一边倒"政策难以为继。科济列夫在国家杜马选举后立即声明将根据选民的意见调整俄罗斯外交政策，调整内容包括宣布后苏联空间为俄"切身利益区"、恢复在俄主导地区的军事存在等。二是总体上保留亲西方倾向而在局部方向表现出独立性阶段（1994~1995年）。在这一阶段，叶利钦政权已经对恢复俄罗斯的大国地位、独立外交和多方位外交有了较为清醒的认识，但是由于在经济和财政援助方面仍然依赖西方，迷恋西方的俄外长科济列夫仍旧对俄外交决策发挥着重要影响等，俄只是在少数涉及俄重大利益的国际问题上，如反对北约东扩计划、调解波黑内战、维护独联体传统势力范围等问题上，表现出不同于西方的政策和外交。同时，俄罗斯加大了对东方和苏联传统盟友的外交力度。1996年1月科济列夫卸任，普里马科夫接任俄罗斯外长职务，俄亲西方政策终结。

一　亲西方外交政策的实施

（一）俄罗斯奉行亲西方政策

1. "融入"西方

按照俄罗斯民主派的意图，俄应该与西方"一体化"。俄罗斯致力于加入

---

① 柳丰华：《俄罗斯与中亚——独联体次地区一体化研究》，经济管理出版社，2010，第50页。

西方的经济、政治和军事机制——欧盟、北约、国际货币基金组织、世界银行、经济合作与发展组织、关税贸易总协定、七国集团等，简而言之，就是加入西方"文明国家大家庭"。俄罗斯"融入"西方的直接目的是获取西方的经济援助，深层目的则是博取西方对新俄罗斯民主改革和国际地位的承认以及对俄文明的认同。1992年6月，俄罗斯加入国际货币基金组织和世界银行。1994年7月，俄加入七国集团，虽然不是该组织的全权成员，但是这被俄罗斯视作一个重大的外交成就。1992年3月，俄罗斯加入北约北大西洋合作委员会，开始发展与北约的对话与合作；1994年6月，签署北约"和平伙伴关系"计划框架文件。

2. 与西方国家建立伙伴和同盟关系

俄罗斯期望与西方世界的领袖美国建立战略伙伴甚至同盟关系。俄罗斯对美政策除了寻求经济援助和民主认同等一般性目标外，还有一些特殊的利益需求：保持俄世界大国地位（通过与美国合作而不是像苏联那样与美国对抗的方式），保持俄在后苏联空间的"特殊责任"，对俄而言最理想的是维持美国主导西欧和俄主导东欧、美俄共治欧洲的格局，以及在俄执政当局同反对派的政治斗争中获得美国的支持等。因此，无论是在俄美双边关系问题上，还是在国际事务中，俄罗斯都采取了亲美主义，以完全追随或妥协让步换取与美国合作的政策。同时，俄罗斯重视发展同欧洲国家，特别是发展与德国、法国、英国和意大利的伙伴关系与合作。

3. 在核武器与常规军备控制方面迎合西方，做出更多的让步

叶利钦政府放弃了苏联长期以来一直坚持的苏美核均势与对等裁减原则，于1993年1月和美国老布什总统在莫斯科签署了《俄美进一步削减和限制进攻性战略武器条约》（又称《第二阶段削减战略武器条约》）。根据条约规定，俄罗斯将全部销毁美国最为忌惮的SS-18多弹头洲际导弹，而美国只需要裁减1/2的潜射导弹。换言之，俄罗斯对美国丧失了在陆基多弹头洲际导弹方面的优势，而美对俄依旧保持了在海基、空基核力量方面的优势。面对华约解散、苏联解体后欧洲常规武装力量对比对俄罗斯严重不利的现实，亲西方的俄执政当局并没有对以美国为首的西方提出从根本上修改1990年北约和华约签署的《欧洲常规武装力量条约》的要求，只是在1993

年提出了修改该条约侧翼条款的问题。侧翼条款问题指的是《欧洲常规武装力量条约》对俄罗斯南北两翼（北高加索军区和列宁格勒军区）军备的规定的最高限额对俄而言远远不够。①直到1994年12月第一次车臣战争爆发后，俄罗斯才认识到侧翼条款问题的迫切性，开始坚决地要求北约成员国修改侧翼条款。

4. 在地区冲突调解和国际问题上追随西方

1992年4月，俄罗斯追随欧共体和美国，承认了波黑独立。在波黑内战问题上，俄罗斯也采取了与西方一致的打压波黑塞族的政策。叶利钦政府支持西方对伊拉克和利比亚的制裁措施。由于受到来自美国的压力，俄罗斯还限制了自己对伊朗等国的武器出口。从1994年开始，俄罗斯才在南斯拉夫联盟共和国等问题上逐渐与西方的政策拉开距离。

（二）俄罗斯对独联体国家奉行"甩包袱"政策

民主派采取这种政策的理由是他们认为独联体国家是俄罗斯经济复兴的"包袱"，是俄民主改革的障碍，②也是妨碍俄尽快回归西欧文明进程的累赘，③俄罗斯越早甩掉它们就会越轻易地完成政治经济改革。④"甩包袱"政策主要表现在经济方面，包括停止向独联体国家提供财政补贴和按照苏联解体前的标准供应原材料及工、农业产品，追讨欠债；在独联体其他国家尚在卢布区的情况下，没有与之协商就单方面实施名曰"休克疗法"的经济改革，任凭这些国家业已摇摇欲坠的经济雪上加霜，将独联体国家"逐出"卢布区；将对外经济联系主要转向西方，大幅压缩与独联体国家的经贸合作。"甩包袱"政策还表现在军事安全方面，包括一度计划将俄罗斯维护独联体地区安全的责任和驻扎在独联体国家的军事力量减少到最低限度，主动吸引欧安组织甚至北约和美国介入独联体地区冲突调解，等等。然而俄罗斯很快就认识到在

---

① 柳丰华：《"铁幕"消失之后——俄罗斯西部安全环境与西部安全战略》，华龄出版社，2005，第67页。
② Ред. А. В. Торкунов, Современные международные отношения, Москва, 1998 г., с. 438.
③ S. Neil MacFarlane, "Russia, the West and European Security," Survival, Vol. 35, No. 3, Autumn 1993.
④ Ред. К. А. Кокарева, Россия в Азии: проблемы взаимодействия, Москва, 2006 г., с. 229.

军事安全问题上从独联体"抽身"不大可能，因为该地区的冲突，包括纳戈尔诺—卡拉巴赫冲突、塔吉克斯坦内战、德涅斯特河沿岸地区冲突等，已经威胁到俄地缘政治利益，俄欲撤不能。1992年5月，俄罗斯、哈萨克斯坦、乌兹别克斯坦、吉尔吉斯斯坦、塔吉克斯坦和亚美尼亚六国领导人在塔什干签署《集体安全条约》。条约规定，当成员国遭到其他国家或国家集团的侵略时，其余成员国要向它提供包括军事在内的必要援助。[①] 后来俄罗斯又将白俄罗斯、阿塞拜疆和格鲁吉亚拉入《集体安全条约》，使该机制的成员国数量扩大到九个。由于客观上没有共同的现实外部威胁和实施集体安全的必要性，此时《集体安全条约》的机制化程度很低。1993年4月叶利钦政府出台《俄罗斯联邦对外政策构想基本原则》，该文件强调要保持独联体空间的完整性，宣称与独联体国家建立牢固的关系、保障俄在这一地区优先的军事政治和经济利益是俄外交政策的主要内容，[②]这可以看作俄罗斯对将独联体视作"包袱"政策的反思和调整。鉴于美国及其盟国加紧实施旨在挤压俄罗斯势力范围的北约东扩计划，1995年9月俄颁布《俄罗斯联邦对独联体国家战略方针》，宣布俄对独联体政策的主要目标是建立有助于在国际社会中占有应有地位的政治和经济一体化的国家联合体，[③]实际上是计划组建独联体军事政治联盟以维护俄地缘政治利益。新政策表明，俄罗斯不再将独联体视作"包袱"，而将其当作恢复俄大国地位的战略依托加以经营。

（三）俄罗斯对发展与亚非拉国家的关系缺乏兴趣

原因有两个：一是俄罗斯民主派视俄为"发达"国家，当时只想追赶西方工业国家，不愿与第三世界国家为伍；二是俄民主派奉行意识形态化的外交，只想加入西方"民主"阵营，不愿跟与自己意识形态不同的亚非拉国家打交道。独立初期，俄罗斯的对华政策只满足于维持中苏关系正常化的成果，

[①] Договор о коллективной безопасности. См.: В. Д. Николаенко, Коллективная безопасность России и её союзников, Москва, 2003 г., с.141-142.

[②] Основные положения концепции внешней политики Российской Федерациии, *Дипломатический вестник*, специальное издание, 1993 г..

[③] Стратегический курс России с государствами - участниками Содружества Независимых Государств, *Российкая газета*, 23 сентября 1995.

第一章 1991~2021年俄罗斯外交政策的演变

1992年12月两国元首共同宣布中俄"互视为友好国家",发展睦邻友好与互利合作关系,此后相当长一段时间中俄关系都没有进展。只是在北约启动东扩计划、俄罗斯需要借助中国反对北约东扩的情况下,才加强了对华的外交力度,于1994年与中国建立"建设性伙伴关系"。俄罗斯与苏联时期在南亚的战略盟友印度的关系也大幅度下降,1993年1月两国签署的《俄印友好条约》不再包含军事同盟性质的条款,只将俄印关系定性为普通的友好与伙伴。俄罗斯与越南、朝鲜和古巴的关系也不同程度地经历了从停滞到缓慢发展的阶段,但是已不可能重修苏联时期那样的盟友关系。无论是从主观愿望还是从国力状况出发,俄罗斯都不能在中东地区发挥类似于苏联的作用了。

俄罗斯实施西方推荐的"休克疗法"加剧了其社会经济危机和民众贫困化,俄奉行的亲西方政策不仅没有换来它所期望的来自西方的大规模经济援助,而且以美国为首的西方还在包括原南斯拉夫地区冲突在内的诸多国际问题上损害俄国家利益,俄罗斯急剧下降的国际地位深刻触痛了俄民族自尊心,因此俄国内反对向西方"一边倒"外交政策的呼声日益高涨。1993年4月《俄罗斯联邦对外政策构想基本原则》出台,该文件强调俄外交政策要维护国家利益,表示要加强与独联体国家以及东方国家的关系,宣布优先保障俄军事政治与经济利益和维护其世界大国地位是俄外交政策的主要内容。[①] 由此可见,尽管叶利钦政府没有改变与西方结盟的外交方针,但是已经开始修正向西方"一边倒"政策,加大对东方外交力度。1993年12月在俄罗斯国家杜马选举中,民主派政党没能如愿赢得超过半数的杜马席位,而极端民族主义的俄罗斯自由民主党和左翼的俄罗斯共产党异军突起,在新杜马中形成反对派与民主派旗鼓相当的格局,这一政治事件沉重地打击了亲西方的民主派,促使其进一步收敛亲西方外交政策。随着西方不顾俄罗斯的反对,坚持推动北约东扩进程,以及俄与西方在独联体等一系列问题上矛盾的加剧,俄和西方短暂的"蜜月期"宣告结束,双方关系又回归到地缘战略竞争的轨道。1996年1月,科济列夫被免去外长职务,标志着新俄罗斯的亲西方政策完全终结。

[①] Основные положения концепции внешней политики Российской Федерациии, Дипломатический вестник, специальное издание, 1993 г..

二 形成亲西方外交政策的原因

（一）国内层面原因

俄罗斯国内层面的原因主要有三个。其一，在苏联末期与苏维埃政权保守派的斗争中，以叶利钦为首的党内反对派正是通过激进的改革主张逐渐赢得广大民众的支持，并最终得以在与戈尔巴乔夫的政治斗争中胜出，因此在掌控俄罗斯政权后，叶利钦政府推行民主政治改革、激进的"休克疗法"式经济改革和亲西方外交政策是完全合乎逻辑的。自由民主派既然选择了以西方国家政治经济模式为范本来改革俄罗斯政治和经济，自然就会在外交上接近西方，以期"融入"西方"文明国家大家庭"。

其二，新俄罗斯深处经济危机、社会危机和政治动荡之中，亟须西方大规模的经济援助。叶利钦政权相信，正是俄罗斯民主派的斗争葬送了苏联，西方才得以赢得冷战，因此新俄罗斯配得上西方为其提供新的"马歇尔计划"。俄罗斯奉行亲西方政策，在外交上与以美国为首的西方保持一致，既是争取西方大规模经济援助的主要手段，也是作为报答西方慷慨解囊的重要"回礼"。

其三，执政的俄罗斯民主派天真地认为，新俄罗斯与西方拥有相同的社会制度和意识形态，不仅相互是"天然的"意识形态盟友，而且在国家利益上也是一致的。既然利益一致，俄罗斯就不必实行与西方不同的外交政策。

（二）国际层面原因

国际层面的原因也有三个。其一，冷战结束后，美国及其盟国积极推动俄罗斯的民主政治和市场经济改革，力图使之变成一个民主的"正常的民族国家"，竭力防止俄重新回归社会主义。当然，西方也不愿意看到俄罗斯"帝国"复活，再次危及西方的安全。在当时的国际形势下，俄罗斯自由民主派相信：新俄罗斯只有走西方国家的道路，才能获得新生。俄罗斯朝野都认为，俄必须在与西方的合作中并在西方的援助下，才能顺利地完成国家政治经济转轨的任务。

其二，西方为俄罗斯提供了一定的经济援助，这为俄罗斯的亲西方政策注入了经济动力。例如，仅1992年4月，西方七国集团就宣布将向俄罗斯提供

240亿美元的一揽子财政援助。1993年7月，七国集团东京峰会又宣布了一个对俄援助434亿美元的计划。西方施援的主要目的在于：稳定俄罗斯濒临崩溃的经济，为其复苏经济，继而为俄偿还苏联从西方借贷的巨额债务创造条件；帮助俄自由民主派推行经济改革，防止俄左翼力量乘改革失败之机上台并恢复苏联。因此这些援助都有严格的附加条件，以确保俄民主政治和市场经济改革方向不可逆转。尽管西方对俄经济援助具有"雷声大，雨点小"的特点，并且多被用于偿还苏联和俄罗斯所欠西方的债务，但是其积极意义不可否认。

其三，欧洲地区以及俄罗斯周边地区的冲突促使俄谋求加入既有的欧洲地区性安全机制，与美欧在这些机制下共同解决有关国际和民族间冲突问题。在波黑内战问题上，俄罗斯采取了追随美欧压制波黑塞族的政策。俄罗斯积极吸引欧安组织参与后苏联空间民族冲突的调解，以维护该地区的稳定。

（三）个人层面原因

叶利钦总统的外交理念和倾向。俄罗斯宪法规定，由俄总统决定国家内外政策的主要方向。作为俄罗斯外交决策者的叶利钦总统，自然在亲西方外交政策的形成中发挥了重要的作用。叶利钦在苏联末期就以激进改革者和民主主义者的形象闻名，在担任俄罗斯联邦总统后推行与其内政主张相匹配的亲西方外交政策也就不足为奇了。此外，叶利钦在自己的政治生涯中多次获得美国等西方国家的支持，这也使他对一些西方国家及其领导人怀有好感。1991年1月在戈尔巴乔夫对要求独立的立陶宛动用武力时，叶利钦支持波罗的海三国独立，他联合三国领导人共同对抗苏共中央，并呼吁国际社会参与解决波罗的海三国问题，来自西方国家的政治压力在使戈尔巴乔夫同意以对话方式解决立陶宛冲突方面发挥了很大的作用，也为叶利钦的"倒戈"斗争提供了外部支持。在对叶利钦个人和苏联国家的政治命运至关重要的"8·19事件"中，乔治·布什政府不仅公开谴责苏联"国家紧急状态委员会"和坚定支持叶利钦，而且组织了对俄罗斯民主派的国际支持，叶利钦坦言，乔治·布什支持的价值是"无可估量的"。[1] 对西方朋友的好感使叶利钦愿意推行亲西方政策，以期从西方获得更多的援助和支持。

---

[1] B. Yeltsin, *The Struggle for Russia*, New York: Crown, 1994, p. 132.

三 对亲西方外交政策的评估

俄罗斯的亲西方外交政策虽然取得一定的成果，但总的来说是失败的。其有限成果包括：加强了俄罗斯与西方的关系，使历史上对俄最严峻的"西方威胁"不复存在；从西方吸引到一定的经济援助，在一定程度上缓解了俄国内经济改革的"资金之急"；帮助俄加入了西方的一些政治经济组织，在一定程度上获得了西方的承认。

亲西方外交政策的失误却是主要的。这些失误包括：不以现实的国家利益为依归，盲目崇信西方的意识形态，错误地认为意识形态相同则国家利益一致，使俄罗斯国家主权和外交决策的独立性严重受损；人为地割断俄历史形成的文明传统，全盘西化，对本国的历史与传统造成严重的损害；俄并未能真正"融入"西方"文明国家大家庭"，在俄对西方俯首帖耳时，后者蔑视它、损害它，在俄对西方愤恨不平时，后者又防范它、削弱它；在核武器与常规军备控制方面俄对美国和西方国家的单方面让步，损害了俄国家安全利益；在国际事务中盲目地追随西方，损害了俄地缘政治利益。

第二节 "多极化"外交（1996~2000年）

在美国公然推行单极霸权、在欧洲推动北约东扩，而俄罗斯国内民族主义情绪上升、强国思想复兴的形势下，俄外交迎来了叶利钦—普里马科夫时期及普京时期。1996~2000年，俄罗斯顺应民众恢复国家强国地位的愿望，把恢复俄大国地位、推进世界多极化作为外交政策的主要目标。同时，俄罗斯坚定地维护其在独联体地区的主导地位，推行全方位外交，积极发展与亚非拉国家的关系。

一 "多极化"外交政策的实施

（一）俄罗斯反对北约东扩

1. 俄罗斯竭力反对北约东扩，在不能阻止北约东扩进程的情况下，力争通过对话与合作将其不利影响最小化

1996年3月，叶利钦总统访问挪威时提出北约扩大的"法国模式"，即新

成员国只参加北约的政治组织，而不参加其军事组织，如同1966~1995年间的法国。4月，普里马科夫外长在俄罗斯科学院世界经济与国际关系研究所会议上提出"东德模式"的折中方案，即新成员国可以参加北约的军事组织，但北约不得在这些国家的领土上部署核武器和军队。7月，叶利钦总统致函克林顿总统，又提出北约可以扩大，但不能扩大到波罗的海三国。尽管这些方案都是让步性的，但还是遭到了北约的拒绝。从1997年1月到5月，俄罗斯外长普里马科夫与北约秘书长索拉纳一共举行过六轮谈判，终于就俄与北约关系文件的基本内容达成共识。5月27日，俄罗斯总统叶利钦在巴黎同北约十六国首脑及北约秘书长索拉纳正式签署《北约和俄罗斯相互关系、合作与安全基本文件》（以下简称《基本文件》）。对俄罗斯来说，《基本文件》的积极意义在于：将北约东扩可能产生的负面影响尽量减少，比如载明北约成员国"不打算也没有计划或理由在新成员国的领土上部署核武器"等，从而避免俄罗斯与西方关系陷入新的对抗的危险；规定成立俄罗斯-北约常设联合理事会，使俄拥有了一个与北约磋商与合作的正式机制。但是，《基本文件》措辞不准确，为双方各自解释条款埋下了隐患。①对北约而言，《基本文件》的签署意味着为第一轮北约东扩的实施扫清了最大的障碍。7月28日，北约在马德里举行首脑会议，决定正式邀请波兰、匈牙利和捷克加入北约。1999年3月12日，波兰、匈牙利和捷克三国完成入约程序，成为北约正式成员。

2. 俄罗斯反对北约对南联盟使用武力

俄罗斯反对北约撇开联合国擅自对南斯拉夫联盟共和国使用武力，反对北约扩大责任区和权限，竭力遏制美国以北约为工具建立单极世界霸权体系的野心。1998年2月科索沃危机爆发后，围绕危机调解问题俄罗斯与北约再次发生矛盾。美国向塞尔维亚施加压力，要求其尊重科索沃地区的"人权"，允许阿尔巴尼亚族人高度自治，并威胁要使用北约军事力量对其进行干预。俄罗斯认为科索沃问题是塞尔维亚内部事务，应由塞尔维亚和科索沃阿族人通过谈判求得政治解决，反对将科索沃从塞尔维亚分裂出去的图谋，反对以任何名义在

---

① 柳丰华：《"梅普组合"的外交战略》，中国社会科学出版社，2012，第47~48页。

科索沃部署外国军队。8月,南联盟军队对"科索沃解放军"发动大规模进攻之后,北约拟定了三种武装干涉南联盟的方案,并举行了针对南联盟的示威性军事演习。9月,伊万诺夫出任俄罗斯外交部部长,继续奉行维护南联盟领土完整的外交路线,坚决反对以武力解决科索沃危机。在北约的武力威胁下,10月13日,米洛舍维奇总统同美国特使霍尔布鲁克达成协议,同意实施联合国第1199号决议,与阿族进行谈判。1999年3月22日,米洛舍维奇总统拒绝签署有损于南联盟主权和领土完整的"朗布依埃和平协议"。3月24日,北约在没有联合国授权的情况下,以"维护人权"和"制止人道主义灾难"为借口,悍然对南联盟进行大规模空袭。俄罗斯对北约表示了强烈的愤怒和谴责,24日,俄呼吁国际社会制止北约的军事行动;25日,俄提议联合国安理会召开紧急会议,商讨北约对南联盟的军事行动问题。俄罗斯召回驻北约的军事代表,暂停参与"和平伙伴关系"计划,叶利钦总统甚至表示俄不排除动武的可能性。针对俄罗斯的抗议,以美国为首的北约一方面态度强硬,拒绝重新回到政治解决危机的立场,另一方面又对俄采取了一些安抚措施,如推动国际货币基金组织向俄提供45亿美元贷款,同意将俄当年和次年应该偿还的150亿~160亿美元债务推迟10年,等等。俄罗斯立场很快软化。3月30日,叶利钦总统表示俄不会卷入南联盟的冲突;4月8日,他又表示俄不会向南联盟提供武器,继而任命切尔诺梅尔金为俄总统调解科索沃危机的代表人,软化外长伊万诺夫的立场,罢免强硬派普里马科夫的总理职务。俄罗斯由北约对南联盟动武行动的反对者变成北约与南联盟之间的调停者。在北约的轰炸和俄罗斯的劝说之下,米洛舍维奇总统最终签署了和平协议。6月,联合国安理会通过关于以联合国的名义在科索沃进行维和行动的决议。6月19日,俄美两国代表在赫尔辛基达成关于俄罗斯参加科索沃国际维和部队的协议。科索沃危机告一段落,俄罗斯失去了塞尔维亚这个在巴尔干地区唯一的伙伴,而北约则扩大了在该地区的地缘政治优势。

3. 俄罗斯明确反对美国以北约为工具建立单极世界霸权的图谋

1999年4月,北约在华盛顿举行首脑会议,庆祝北约成立50周年。华盛顿峰会通过《北约新战略构想》(以下简称《新构想》),其主要内容是北约可以在防护区以外的世界任何地方采取进攻行动,而且不必获得联合国的授权。《新构想》暴露了美国以北约为工具建立单极世界霸权体系的野心，引起了俄罗斯的严重忧虑。俄罗斯的对策之一就是维护联合国作为调解国际关系和协调世界政治的关键机制的地位。2000年1月颁布的《俄罗斯联邦国家安全构想》明确规定，俄罗斯对外政策的主要任务之一是巩固关键性的国际政治与经济进程多边管理机制，首先是联合国安理会。① 2000年6月出台的《俄罗斯联邦对外政策构想》规定：俄外交的主要目标之一是建立一个以公认的国际法准则与平等的伙伴式国际关系为基础的稳定、公正和民主的国际秩序；联合国仍然是调解国际关系的主要中心，俄将坚决抵制企图忽视联合国及其安理会在国际事务中的作用的做法，增强联合国防止和解决国际冲突的能力。②

4. 俄罗斯反对美国建立国家导弹防御系统

20世纪90年代后半期，美国国内关于退出《反弹道导弹条约》（以下简称《反导条约》）、建立全国反导系统的呼声日渐强烈。俄罗斯则主张维护美苏两国于1972年签署的旨在限制发展国家导弹防御系统的《反导条约》，反对美国建立国家导弹防御系统以打破俄美战略平衡。1997年3月，俄美两国总统在赫尔辛基签署《关于反导条约的联合声明》，承诺将共同维护《反导条约》。同年9月，俄美两国就国家导弹防御系统和战区导弹防御系统的技术区分标准达成协议。1999年3月17日和18日，美国国会参议院和众议院分别通过《国家导弹防御系统法案》（The National Missile Defense Act of 1999），该法案规定在技术可行的情况下尽快部署国家导弹防御系统，以使美国全境免遭潜在敌人的弹道导弹袭击。同年7月，克林顿总统正式签署该法案。这表明，部署国家导弹防御系统已经成为美国的一项国策，势在必行。而要部署国家导弹防御系统，美国必须先退出《反导条约》。俄罗斯坚决反对美国退出《反导条约》和部署国家导弹防御系统。1999年5月，俄罗斯外交部发表声明，指责美国国会通过的《国家导弹防御系统法案》破坏了《反导条约》，是对全球战

---

① Концепция национальной безопасности Российской Федерации, Дипломатический вестник, No 2 2000г..

② Концепция внешней политики Российской Федерациии, утвержденая президентом Российской Федерации В. В. Путиным 28 июня 2000, http：//www.scrf.gov.ru./dovument/decree/2000/07/10.html.

略稳定和国际安全发出的挑战；美国建立国家导弹防御系统的举动有可能引发新的军备竞赛，瓦解国际军控条约体系，并对裁军进程构成威胁。[1] 俄罗斯政府认为，美国计划建立导弹防御系统并不是为了防止所谓"流氓国家"的导弹袭击，而是针对俄罗斯的，俄反对美借此取得对俄军事优势。

（二）俄罗斯推动独联体地区一体化，强化其在该地区首领地位

俄罗斯政府将独联体地区从俄罗斯外交的次要方向提升到首要方向，积极组建独联体军事政治同盟、推行独联体地区经济一体化，这主要是出于借助独联体遏制西方霸权、抵制北约东扩和维护俄大国地位的战略考虑。

1. 俄罗斯推动独联体地区一体化

俄罗斯积极推进独联体的机制建设，完善该组织的法律基础，定期召开独联体国家元首会议和政府首脑会议，在独联体框架下加强政治合作与外交协调，以增强独联体的政治凝聚力。俄罗斯开始推行独联体经济一体化，通过签订《独联体经济一体化发展构想》（1997年3月）和《2005年前独联体发展行动计划》（2000年6月）等文件，继续促进独联体自由贸易区建设。俄罗斯和其他成员国还加强了在独联体框架下的边防、安全与人文合作。

2. 俄罗斯以独联体集体安全条约机制和成员国间的双边协议为基础，建立地区集体安全体系

1999年4月，俄罗斯、哈萨克斯坦、吉尔吉斯斯坦、塔吉克斯坦、亚美尼亚、白俄罗斯等六国签署《集体安全条约延期议定书》，使《集体安全条约》期满后自动顺延5年。20世纪90年代末，面对阿富汗局势的恶化威胁到中亚国家安全、宗教极端主义组织数次袭击中亚国家边境地区、北约第一轮东扩、北约空袭南联盟等状况，俄罗斯以保卫条约责任区和独联体南部边界安全的名义，加强了独联体《集体安全条约》框架下的军事安全合作。条约工作机构和成员国积极发展四个方向的合作：一是全面发展军事安全合作，开始筹建地区性联合部队；二是加强军事技术合作；三是强化包括协调对外政策立场、制定战略策略文件在内的政治合作；四是制定和实施有效应对新的威胁与

---

[1] C. Cerniello, "NMD System Achieves First Intercept; U.S. Clarifies ABM Negotiating Position," *Arms Control Today*, September/October 1999.

挑战，特别是打击国际恐怖主义和极端主义的行动措施。1999年4月，《集体安全条约》成员国批准《建立集体安全体系第二阶段计划（到2001年前）》，该文件规定在东欧、高加索和中亚三个方向建立地区联合部队。2000年5月，集体安全理事会明斯克会议通过《关于提高集体安全条约效率及适应当代地缘政治形势的备忘录》，规定加强条约各国机构的协调活动，进一步完善情报交流和高级协商机制，建立地区集体安全体系，创造有利条件推动地区军事技术合作。明斯克会议标志着该条约成为成员国军事、政治一体化的实际核心与基本架构。会议发表的成员国元首政治声明强调，与没有加入条约的第三国相比，条约架构内的相互关系具有优先性，这表明条约架构内的盟友关系正在形成。

3. 俄罗斯建立多个以俄为中心的次地区经济一体化机制

一是关税同盟。关税同盟是欧亚经济共同体的前身，由俄罗斯、白俄罗斯和哈萨克斯坦在1995年1月成立，吉尔吉斯斯坦于1996年3月、塔吉克斯坦于1999年2月先后加入关税同盟。1995~2000年，关税同盟实施了一系列推动经济和其他社会生活领域一体化进程的措施，其中包括取消成员国相互贸易中的税率和配额限制，在协调经济政策方面进行了初步的尝试，俄罗斯、白俄罗斯和哈萨克斯坦对大部分商品实行统一的进口关税税率。1999年2月，俄罗斯、白俄罗斯、哈萨克斯坦、吉尔吉斯斯坦和塔吉克斯坦签署了分阶段建立统一经济空间的《关税同盟和统一经济空间条约》。但由于缺乏协调一致的对外关税政策等，关税同盟成员国确定的大部分经济一体化目标没有实现。2000年10月，俄罗斯、白俄罗斯、哈萨克斯坦、吉尔吉斯斯坦和塔吉克斯坦五国元首在阿斯塔纳签署《建立欧亚经济共同体条约》，将关税同盟改组为欧亚经济共同体。

二是俄罗斯与白俄罗斯共同体。1996年4月，俄白两国总统叶利钦和卢卡申科在莫斯科签署《建立俄罗斯与白俄罗斯共同体条约》。根据该条约，俄白两国将建立统一的经济空间，包括共同市场以及商品、服务、资本和人力的自由流通。此后，两国陆续建立了俄白共同体的主要运作机制——共同体最高委员会、议会大会和执行委员会。1997年4月，两国总统在莫斯科签署《俄罗斯与白俄罗斯联盟条约》。根据联盟条约和章程，俄白两国在建立联盟的同时仍将保持各自的国家主权、独立和领土完整，以及宪法及国家权力的其他属性。俄白联盟的主要机构包括：联盟最高委员会、联盟议会大会和联盟执行委员会。1999年12月，俄白两国总统签署《俄罗斯和白俄罗斯建立联盟国家条约》和《实施联盟国家条约条款的行动纲要》，确定最高国务委员会是联盟国家的最高机构；联盟国家议会是联盟国家的立法和代表机构，由联盟院和代表院组成；部长理事会是联盟国家的执行机构。2000年11月，联盟国家最高国务委员会通过《俄罗斯联邦和白俄罗斯共和国关于实行统一的货币单位和建立联盟国家统一的货币发行中心的协定》，但是该协定未能得到落实。

4. 俄罗斯积极发展与独联体其他国家的双边关系

一是加强与亲俄罗斯的独联体国家的政治关系，共同提升双边关系水平。1996年3月，俄罗斯与吉尔吉斯斯坦签署《扩大和深化俄吉合作宣言》。1997年8月，俄罗斯和亚美尼亚签署《俄亚友好、合作与互助条约》，为两国发展战略伙伴与同盟关系奠定了法律基础。1998年7月，俄罗斯与哈萨克斯坦签署《俄哈永久友好和面向21世纪的同盟宣言》。1999年4月，俄罗斯和塔吉克斯坦签署《俄塔面向21世纪的同盟协作条约》和《俄罗斯在塔吉克斯坦军事基地的地位和驻扎条件条约》。

二是缓和与反俄罗斯的乌克兰的矛盾。苏联解体后，俄罗斯和乌克兰因为分割苏联遗产，主要是黑海舰队、核武器和克里米亚等问题而矛盾重重，俄乌关系冷淡。1996年6月，乌克兰最后一批核弹头运往俄罗斯销毁，乌克兰宣布成为无核国家，俄乌关系中的"核争论"结束。1997年5月28日，俄罗斯总理切尔诺梅尔金和乌克兰总理拉扎连科在基辅签署《关于黑海舰队分割参数的协议》《关于黑海舰队在乌克兰境内驻扎的地位和条件的协议》《关于分割黑海舰队和舰队在乌克兰领土驻扎的相互结算协议》，以及关于履行黑海舰队协议措施的补充议定书，从而解决了双方历时5年多的有关黑海舰队的争端。黑海舰队问题的解决为俄乌关系的发展扫清了障碍，5月30日，俄罗斯总统叶利钦对乌克兰进行两国独立以来的首次访问，双方签署《俄乌友好合作与伙伴关系条约》。该条约的签署标志着俄乌关系进入了战略伙伴与友好合作的新时期。

三是利用冲突调解手段抑制格鲁吉亚、阿塞拜疆、摩尔多瓦和乌兹别克斯坦的亲美疏俄倾向。1999年4月，乌克兰、格鲁吉亚、阿塞拜疆、摩尔多瓦和乌兹别克斯坦组建"古阿姆"集团，其主要任务是加强相互间的经贸联系、建立亚欧运输走廊、保障能源供应线路的安全、调解地区冲突以及在北约"和平伙伴关系"计划的框架内开展相互合作。由于其多数成员国与俄罗斯在解决民族冲突和促进独联体经济一体化等问题上发生矛盾和分歧，加上其受到美国的支持和北约等外部因素的影响，这个组织被视为独联体内部阻碍俄主导的一体化进程的力量。①

（三）俄罗斯发展与中国和印度的密切关系，以增强对美国的平衡与抑制能力

1. 中俄建立战略协作伙伴关系

1996年4月，中俄两国元首在北京发表联合声明，宣布发展平等信任、面向21世纪的中俄战略协作伙伴关系。中俄两国建立了国家元首、政府首脑定期会晤和外交部长不定期会晤以及两国领导人之间热线电话等机制，在双边、地区和全球三个层面上开展战略协作。在双边层面，中俄两国保持频繁的高层互访，互相支持对方主权和领土完整，协商解决历史遗留的中俄边界问题，全面发展双边经贸合作。在地区层面，中国和俄罗斯以及中亚新独立国家不仅解决了在边境地区加强军事领域信任和相互裁减军事力量的问题，而且将"上海五国"进程机制化。在全球层面，中俄战略协作主要表现在共同反对霸权主义和建立单极霸权的图谋，共同致力于建立多极世界和国际新秩序，等等。1997年4月，两国发表《中俄关于世界多极化和建立国际新秩序的联合声明》，宣布中俄两国将开展战略协作，促进国际局势的缓和与稳定，推动世界多极化趋势的发展和公正合理的国际新秩序的建立。② 1999年，中国和俄罗斯共同反对北约发动科索沃战争，主张科索沃问题在联合国的主导下实现政治解决。中俄两国都反对美国建立国家导弹防御系统，主张维护《反导条约》以确保全球核领域的战略稳定，维护现有的军控、裁军和不扩散条约体系。

2. 俄罗斯发展与印度的战略合作，并主张通过建立俄中印三国联盟来遏制美国的单极霸权图谋

俄罗斯力图恢复苏联时期在印度的影响，通过发展俄印战略关系来维护俄

---

① 柳丰华：《"铁幕"消失之后——俄罗斯西部安全环境与西部安全战略》，华龄出版社，2005，第164页。
② 《中俄关于世界多极化和建立国际新秩序的联合声明》，《人民日报》1997年4月24日。

美均势。俄罗斯主要通过加大对印度的军备和军事技术出口、发展双边经贸合作等方式增强俄在印度的影响。1998年12月俄罗斯总理普里马科夫访问新德里时,提出俄罗斯、印度和中国应当建立三国联盟,以促进世界新秩序的形成。2000年10月,普京总统访问印度,同印度总理瓦杰帕伊签署《俄印战略伙伴关系宣言》,宣布两国建立战略伙伴关系。

二 形成"多极化"外交政策的原因

(一)国际层面原因

国际层面的原因主要有三个。其一,北约实施东扩计划。这是刺激俄罗斯国内民族主义发展、调整亲西方政策的直接原因。1993年11月,普里马科夫领导的俄罗斯对外情报总局发表研究报告《北约扩大的前景和俄罗斯的利益》。该报告宣称:北约的职能转变和成员扩大非同步进行的可能性将损害俄利益;北约向东欧和中亚地区扩大责任区,可能形成对俄极为不利的新的地缘政治形势;北约责任区的扩大将不可避免地破坏包括《欧洲常规武装力量条约》在内的一系列国际条约和义务,因此应从根本上重新审视俄国防构想及作战计划;北约东扩还将对俄内政和俄罗斯人的心理造成不良影响;因此,只有考虑到上述所有因素,才能促进俄罗斯与北约改善关系。[①] 北约东扩问题的实质是西方要建立一个由北约主导的欧洲安全新体系,而且在这一体系中只给俄罗斯预留了一个"旁听生"的座位。俄罗斯当局和社会感到的屈辱和对西方的愤怒、敌意均来源于此。

其二,美国力图建立单极霸权,这是促使俄罗斯推行"多极化"外交政策的深层原因。早在1991年1月老布什总统就在国情咨文中提出了建立世界新秩序的构想,其核心思想是确保美国的"全球领导地位",发挥美国对世界的领导作用。1994年7月,克林顿政府出台《国家参与和扩展安全权战略》,正式推出"参与和扩展"战略,旨在通过扩展市场经济制度、美国的价值观

---

① Служба внешней разведки Российской федерации, Перспективы расширения НАТО и интересы России, Независимая газета, 26 ноября 1993г.

和世界自由民主力量，来保持美国的全球"领导"地位。[1] 显然，美国要建立单极霸权，让包括俄罗斯在内的地区大国从属于这种"国际体系"。俄罗斯执政当局不接受这种国际秩序观，表示俄不会充当"跟随长机的僚机"，俄罗斯坚决反对单极世界，认为多极世界才符合俄国家利益。[2]

其三，西方日益将俄罗斯看作潜在威胁，对俄加以防范。随着俄罗斯日益强调恢复大国地位，并不断加强其在独联体地区的军事政治影响，西方越来越将俄的举动视为复活"帝国"的努力。同时，俄罗斯国内动荡不定的政治局势、北高加索地区愈演愈烈的分离主义运动、长期持续的经济危机等，使西方越来越相信，衰落的俄罗斯正在成为西方潜在的威胁来源。除了在俄罗斯民主派与俄共产党等反对派的政治斗争，比如1996年俄总统选举中叶利钦和久加诺夫的对决中，西方仍然坚定地给予俄执政当局政治支持和一定的经济援助外，西方更多的表现则是防范俄"帝国野心"和"衰弱"的威胁。

（二）国内层面原因

俄罗斯形成"多极化"外交政策的国内层面原因主要是俄罗斯民族主义情绪不断上升，左翼力量在国内政治中进一步增强，迫使叶利钦政府在内外政策上做出相应调整。在1995年12月俄罗斯国家杜马选举后，以俄共为代表的左翼力量在国家杜马中占据优势，使叶利钦政权在制定内外政策时受到左翼反对派的有力制衡，而俄共领导人久加诺夫则成为叶利钦竞选连任总统的最有力竞争者。着眼于1996年俄罗斯总统大选，叶利钦不得不撤销第一副总理丘拜斯、外交部部长科济列夫、总统办公厅主任菲拉托夫等激进民主派人士的职务，与车臣反对派达成停火协议，加大独联体一体化政策力度，以舒缓民众对"休克疗法"、车臣战争和外交政策等问题的不满情绪。

（三）个人层面原因

个人层面的原因主要是叶利钦总统的外交观点发生了变化。由于他个人主观认识变化而调整的外交观点包括俄罗斯应该享有大国地位，应该奉行独立的

---

[1] 刘丽云、张惟英、李庆四：《美国政治经济与外交概论》，中国人民大学出版社，2004，第296~297页。

[2] Е. М. Примаков, Международные отношения накануне XXI века: проблемы, перспективы. На горизонте — многополюсный мир, Международная жизнь, № 10 1996г..

外交政策并且捍卫本国的利益等。叶利钦受普里马科夫外长影响而采取的外交新政主要是"多极化"政策。作为一个政治家，叶利钦能够顺应民心和时局变化，对自己的外交观点和外交政策做出重大的调整，这是他的过人之处。

三 对"多极化"政策的评估

从普里马科夫担任俄罗斯外长到普京担任俄总统的2000年，俄政府所推行的"多极化"外交政策虽然取得了一些成果，但是最终未能达成其目标。"多极化"政策的成果主要包括：在一定程度上显示了俄罗斯的大国地位；在一定程度上恢复了俄外交政策的独立性，使俄外交具有了全方位性；使俄政府重新重视独联体，积极推行独联体地区军事政治和经济一体化，在很大程度上弥合了独联体其他国家对俄的不满和离心倾向，恢复了俄在该地区的主导地位。

但是，"多极化"政策的核心是促进世界多极化，即遏制美国的单极霸权图谋，并恢复俄罗斯的世界大国地位，使俄成为正在形成的多极世界中有重要影响的中心之一。如此宏大的目标对于当时在经济和政治上都很衰弱的俄罗斯来说，注定是不可能实现的。正如俄罗斯外交与国防政策委员会2000年4月发布的一份研究报告所说：俄罗斯目前只是一个衰弱的地区性（欧洲）大国，未必能够动摇美国的霸权；俄不应承担其无法胜任的改变世界秩序的任务，而应当争取俄在世界应有的经济和政治地位。[①]

第三节 大国实用主义外交（2001~2004年）

在普京执政初期，即从2000年1月到2001年"9·11"事件发生之时，普京政府基本延续了叶利钦—普里马科夫时期的"多极化"外交政策，科索沃战争所导致的俄罗斯与西方关系的冷淡尚未好转，1999年9月开始的第二次车臣战争又使俄与西方关系雪上加霜，普京虽想打破僵局却苦无门径。此时"9·11"事件为普京政府改善俄罗斯与西方关系提供了难得的机遇。俄罗斯

---

① Совет по внешней и оборонной политике, Российская внешняя политика перед вызовами XXI века, 2 апреля 2000 г., http：//www.svop.ru/live/materials.asp？m_id=6744&r_id=6828.

利用美国打击恐怖主义的机会，参与了西方国际反恐联盟，实现了俄与西方关系的恢复和发展。在这种条件下，普京开始推行大国实用主义外交政策，其核心内容是恢复俄罗斯的大国地位和为俄经济社会发展营造良好的外部环境。

一 大国实用主义外交政策的实施

（一）"9·11"事件后，普京政府同美国结成反恐伙伴关系，两国在反恐、核裁军、经贸等领域开展合作

1. 反恐合作

"9·11"事件发生后，普京总统立即与美国白宫通话，向美国政府和人民表达了慰问和同情，普京是第一个电话慰问美国的外国元首。2001年9月24日，普京发表电视讲话，声明俄罗斯将在即将进行的阿富汗战争中对美国提供如下支持：提供关于国际恐怖分子的基础设施、驻扎地和训练基地的情报；为运载人道主义物资前往阿富汗的飞机提供俄空中走廊；同意中亚国家为美国的反恐行动提供本国机场；扩大与以拉巴尼为首的阿富汗政府的合作，并对其提供武器援助。[①] 美国政府对普京的电视讲话做出了积极的回应——几乎同时派出三个代表团访问莫斯科，与俄方商讨美俄军事合作、政治关系和贸易问题。2002年5月，俄美总统在莫斯科会晤并发表联合宣言，表明两国结成反恐伙伴关系。俄美两国在反恐问题上开展合作源于双方的共同需求：美国需要获得俄罗斯的政治支持以向后者的"后院"、阿富汗反恐战争的前沿地带中亚派驻军队，需要俄提供关于塔利班基础设施、军队驻扎地和基地组织的训练基地、资金来源等情报；俄罗斯需要通过与美国建立合作关系来改善和稳定俄美关系，为本国的经济发展创造良好的国际环境，同时，假美国之手消灭阿富汗塔利班政权和"基地"组织——车臣分裂主义势力的积极支持者。俄美反恐合作在美国实施的阿富汗反恐战争中发挥了重大的作用。

2. 核裁军合作

鉴于本国的核武库日益老化，俄罗斯没有足够的经费对其进行保养和更新，因此普京政府谋求通过与美国对等裁减核武器的方式维持核力量均衡。而小布

---

① Телеобращение президента России В. Путина, Коммерсант, 25 сентября 2001 г..

什政府 2002 年 1 月提交美国国会的《核态势评估报告》表明，小布什政府已经抛弃了克林顿政府计划签署《第三阶段削减战略武器条约》并在此基础上进行严格的实际销毁的原则，转而主张采取灵活地自行决定销毁内容的原则。① 尽管对小布什政府的核裁军新理念不以为然，但是出于务实考虑，普京政府还是在核裁军问题上采取了与美国合作的立场。2002 年 5 月，俄罗斯总统普京与美国总统小布什在莫斯科签署《俄美削减进攻性战略武器条约》，又被称为《莫斯科条约》。该条约规定，到 2012 年 12 月 31 日，俄罗斯和美国各自拥有的实战部署的战略核弹头总数不得超过 1700~2200 枚；《苏美第一阶段削减战略武器条约》继续有效；每一方在所限定的弹头总数内自行决定进攻性战略武器的组成和结构。② 2003 年 3 月和 5 月，美俄两国议会先后批准《莫斯科条约》。同年 6 月 1 日，俄美两国总统在圣彼得堡交换批准书，该条约正式生效。与《苏美第一阶段削减战略武器条约》《俄美第二阶段削减战略武器条约》相比，《莫斯科条约》最大的不同在于缺乏刚性约束：既没有规定陆基洲际弹道导弹、潜射弹道导弹和空基弹道导弹的弹头限额，也没有规定运载工具的限额，更没有规定严格的核查监督措施。没有刚性约束的《莫斯科条约》，其意义只在于聊胜于无。

3. 俄罗斯加强了与以美国为首的北约的合作

鉴于俄罗斯在阿富汗反恐战争中发挥的重要作用，北约方面表现出加强与俄合作的意愿，这也立即得到了俄方的积极回应。2002 年 5 月，俄罗斯总统普京和北约各国首脑共同签署《罗马宣言》，宣布成立俄罗斯-北约理事会，即将原来的"19+1"机制改变为"20 国"机制。《罗马宣言》称俄罗斯-北约理事会是双方就欧洲—大西洋地区内广泛的安全问题进行磋商、达成共识、加强合作、共同决策和联合行动的机制；规定俄与北约合作的领域包括反恐斗争、危机处理、防止大规模杀伤性武器扩散、军备控制与加强信任措施、战区导弹防御、海上搜寻与救援、军队间和军事改革方面的合作、特殊民事安排和反应以及其他新威胁与挑战等。新理事会与 5 年前成立的俄罗斯-北约常设联合理事会的主要区别是：北约和俄罗斯的协调方式由"19∶1"（北约以一个集团的身份与俄罗斯对话）变成"20 国"

---

① J. D. Crouch, "Special Briefing on the Nuclear Posture Review," 9 January 2002, http://www.defenselink.mil/news/Jan2002/t01092002rt0109npr.html.

② 吴大辉：《防范与合作：苏联解体后的俄美核安全关系》，人民出版社，2005，第 180~181 页。

第一章　1991~2021年俄罗斯外交政策的演变

(20个理事国可以自由表达自己的立场);在双方确定的八个合作领域,俄罗斯拥有与北约成员国平等的决策权;俄方代表迁入北约布鲁塞尔总部办公,以便及时同北约官员就有关问题进行磋商与合作。[①] 虽然新机制没有赋予俄罗斯对北约防务、军事干预和接纳新成员等核心问题的否决权,但是较之"19+1"机制,俄在北约的发言权和影响力仍有一定的扩大。正是有了双边合作关系的这种提升,俄罗斯对北约在冷战结束后的第二次东扩,甚至对北约将俄所认定的"红线"内三国——爱沙尼亚、拉脱维亚和立陶宛——纳于麾下没有表示强烈的反对。

4. 经贸合作

2002年5月俄美两国总统在莫斯科会晤时签署《能源合作联合声明》,同年10月,两国又在休斯敦召开"能源峰会",俄罗斯和美国希望通过这些举措扩大俄对美石油出口。美国商业部在2002年6月宣布承认俄罗斯为市场经济国家,美多次表示支持俄加入世界贸易组织。

尽管普京政府努力与美国建立稳定的合作关系,但是仍旧在北约东扩和反导等一系列问题上保留了一贯的反对立场。俄罗斯仍然坚持反对北约东扩。俄罗斯拒绝了美国提出的与俄方共同修改《反导条约》的要求,但美国一意孤行,于2002年正式退出该条约。俄罗斯对此没有做出强烈反应,但是其一方面继续通过外交途径表示反对美国部署国家导弹防御系统,另一方面也加紧研发突防能力更强的进攻性战略武器和更新俄罗斯的导弹防御系统。针对美国在中亚国家及独联体其他国家扩张军事政治影响的努力,俄罗斯采取了组建独联体集体安全条约组织并加强在该组织架构下的多边军事安全合作、加强与独联体国家的双边军事安全与经贸合作、推进欧亚经济共同体框架下的经济一体化进程等措施,以维护俄在独联体地区的传统影响。俄罗斯还在伊拉克战争、巴尔干事务等问题上展示了对美国的反对或不合作立场。

(二)普京政府特别重视发展与欧盟和德国、法国、意大利等欧洲主要国家的关系

欧洲是俄罗斯对外经济合作的首要方向,20世纪90年代末期,俄罗斯对

[①] 柳丰华:《"铁幕"消失之后——俄罗斯西部安全环境与西部安全战略》,华龄出版社,2005,第95页。

外贸易总额的40%、对外石油和天然气出口总量的50%以上、引进外资总额的约2/3均来自欧盟。①而同期俄罗斯与美国的贸易额仅占俄对外贸易总额的5%，可见欧洲在经济上对俄罗斯的重要性。不仅如此，欧洲还是俄罗斯文明认同的根源，是大部分俄罗斯人认可的民主、经济和社会发展的榜样。因此，奉行实用主义的普京特别重视发展与欧盟在经贸及其他领域的合作，期冀以此推动俄罗斯的经济复兴。2000年10月，俄罗斯—欧盟巴黎峰会启动俄欧能源对话，普京总统与欧盟主席普罗迪签订《俄欧战略性能源伙伴关系协议》。俄罗斯和欧盟希望通过建立能源伙伴关系的方式，加强能源合作，保障俄对欧盟市场的能源供应安全。2001年5月，俄罗斯—欧盟峰会通过关于准备第一批两个大型项目——建立共同经济空间和发展能源合作——的决议。2002年11月，在布鲁塞尔举行的俄罗斯—欧盟峰会上，双方就欧盟扩大所涉及的俄飞地加里宁格勒与俄本土过境运输和能源合作等问题达成共识，为欧盟实施东扩进程和进一步加强俄欧合作创造了条件。2003年5月俄罗斯—欧盟圣彼得堡峰会宣布建立俄欧四个共同空间（经济空间，内部安全和司法空间，对外安全空间，以及科学、教育和文化空间）的长期目标。2004年5月，俄罗斯—欧盟峰会在莫斯科举行，双方签署了《欧盟支持俄罗斯加入世界贸易组织的议定书》。这一时期，俄罗斯与欧盟进一步发展了在各个领域的合作，但是双方在俄罗斯民主、人权、法律至上、车臣局势以及欧盟"新邻国"政策等问题上仍存在很大的分歧。与此同时，俄罗斯尤为注重发展与德国、法国、意大利等国家的双边关系。这些国家不仅是俄罗斯的主要贸易和投资伙伴国，而且是俄发展紧密政治关系的欧洲主要对象国。2003年3月前后，俄曾与德国、法国展开外交合作，联合反对美国发动伊拉克战争。

（三）普京政府对独联体地区奉行实用主义外交政策

普京虽然重视独联体对于俄罗斯政治、军事和经济的战略意义，但是在独联体一体化以及俄对独联体政策问题上更加强调捍卫俄的国家利益。基于现实主义和实用主义原则，考虑到独联体各国政治经济发展水平的差异和不同层

---

① A. B. Торкунов（отв. ред.），Внешняя политика Российской Федерации 1992-1999，Москва：РОССПЭН，2000г.，c. 162.

次、不同速度的一体化等现实情况，普京政府在继续推进独联体多边合作的同时，将对独联体地区政策的重点转向经营集体安全条约组织和欧亚经济共同体、发展俄罗斯与独联体国家的双边关系，从而使俄与独联体其他国家的关系进入了一个新的发展阶段。

1. 俄罗斯将独联体《集体安全条约》改组为集体安全条约组织，加强该组织框架下的军事安全一体化

2002年5月，俄罗斯、白俄罗斯、亚美尼亚、哈萨克斯坦、吉尔吉斯斯坦和塔吉克斯坦六国决定将《集体安全条约》改组为集体安全条约组织。同年10月，集体安全理事会基希讷乌会议正式签署集体安全条约组织章程和《集体安全条约组织法律地位协议》。2003年4月，集安理事会杜尚别会议批准了集安理事会章程和外长理事会、国防部长理事会、安全会议秘书理事会条例和常设理事会、秘书处条例，以及有关组织和财政问题，包括预算份额摊派、秘书处组成及职位分配和2003年该组织预算等文件，建立起该组织的工作机构。2003年9月，《集体安全条约组织章程》和《集体安全条约组织法律地位协议》经成员国国内程序批准后正式生效。至此，集体安全条约组织成为一个多功能的军事政治一体化地区组织，并且拥有比较完备的领导、执行和磋商机构体系。

俄罗斯加强与其他成员国在共同使用军事设施、建设联合军事力量方面的合作。2003年10月俄罗斯在吉尔吉斯斯坦建立坎特空军基地，2004年10月将驻扎在塔吉克斯坦的俄201摩托化步兵师改组为俄罗斯第四军事基地，这两个军事基地的建立大大加强了集体安全条约组织的防御能力。在普京总统第一任期，集体安全条约组织取得了显著的成绩，主要包括：变成一个真正的国际组织；建立了集体安全体系的一系列国际机构；理顺了各种级别的经常性磋商和会晤机制；启用了对外政策协调机制；在军事政治和军事技术合作方面制定了相应的标准基础；在组织上和军事上建立、装备和巩固了成员国的国家武装力量；基本上完成了联合军团的建设，并在演练、首长司令部演习中开展实际协调；在抵御非传统安全威胁，如打击跨国毒品走私等方面也有建树。总的说来，自2002年起，集体安全条约组织框架下的同盟关系有所加强。但是，也存在一些影响集体安全条约组

织发展的问题，包括军事技术合作主要是在双边层面发展的，除了同白俄罗斯和亚美尼亚的军事一体化有所推进，俄罗斯与其他成员国的军事安全合作呈缩减态势等。①

2. 俄罗斯积极推进欧亚经济共同体框架下的经济一体化

2001年5月，欧亚经济共同体成员国元首明斯克会议通过了一系列规定共同体活动的基本文件，建立了共同体的领导机构，从而形成了该组织的基本架构。2002年5月，乌克兰和摩尔多瓦获得了欧亚经济共同体的观察员地位。2003年5月，亚美尼亚获得观察员地位。欧亚经济共同体建立了没有任何例外和限制的自由贸易区，消除了几乎所有的供货限制。共同体继续统一成员国的关税税率。2004年之前，俄罗斯、白俄罗斯和哈萨克斯坦统一了56%的商品目录进口税率。从2005年1月起在欧亚经济共同体范围内开始实行统一的贸易间接税征收原则，即原产地原则。共同体在协调包括成员国加入世界贸易组织的立场在内的经济政策方面取得了进展。2002年，俄罗斯、白俄罗斯、哈萨克斯坦和塔吉克斯坦在协调加入世界贸易组织谈判立场时，同意以俄罗斯的谈判立场作为基础。吉尔吉斯斯坦同意在欧亚经济共同体其他成员国达成加入世界贸易组织条件协议之后，启动变更自己加入共同体条件的程序。欧亚经济共同体着手实施旨在使成员国承运商在共同体范围内无障碍运输货物的运输协议，并在能源体系工作同步化方面开展合作。共同体成员国之间的贸易和投资显著增长，截至2003年底，俄罗斯对其他成员国累计投资额达7.17亿美元，2004年五国相互贸易总额达到539亿美元。② 实践表明，欧亚经济共同体在开展经贸合作和一体化方面成效显著，已经成为独联体地区经济一体化的火车头。

3. 普京政府重点加强与独联体国家的双边关系

为了抵制美国在独联体地区军事政治影响的扩大和维护俄在独联体国家的传统影响，俄罗斯根据各国对俄政策取向及双边关系具体情况，对独联体各国采取了不同的政策。

---

① 柳丰华：《俄罗斯与中亚——独联体次地区一体化研究》，经济管理出版社，2010，第82~84页。
② Отв. ред. Л. З. Зевин, Россия и страны Центральной Азии: взаимодействие на рубеже тысячелетий, М.: Наука, 2006г., с. 186.

一是全面加强与奉行亲俄政策的白俄罗斯、亚美尼亚、哈萨克斯坦、吉尔吉斯斯坦、塔吉克斯坦等国家的战略合作关系。俄罗斯通过频繁的高层互访和密切的政治对话等方式，充实了与白俄罗斯的联盟关系，巩固了同哈萨克斯坦和吉尔吉斯斯坦的睦邻友好和战略伙伴关系，强化了同塔吉克斯坦和亚美尼亚的面向21世纪的战略同盟关系。俄罗斯与这些国家扩大了在经贸、能源、交通等领域的合作，深化了在军事、军事技术、安全等领域的合作。

二是俄罗斯对乌克兰、格鲁吉亚、摩尔多瓦、阿塞拜疆和乌兹别克斯坦等对俄有抵触的国家采取打、拉结合，以拉为主的政策，力图滞缓它们疏离俄、投奔西方的步伐。俄罗斯利用各国对俄不同的需求，有针对性地进行拉拢或打压。反俄国家大多在维护领土完整方面依靠俄罗斯的支持，此外，乌克兰、格鲁吉亚和摩尔多瓦在进口俄罗斯能源方面，阿塞拜疆在石油出口过境运输方面，乌兹别克斯坦在打击宗教极端主义和恐怖主义方面，都对俄有依赖，俄以此对这些国家的外交政策施加影响。俄罗斯通过安全合作、在民主和改革等问题上支持卡里莫夫政府等方式加强了与乌兹别克斯坦的关系，2004年6月俄乌两国签署战略伙伴关系条约。尽管对俄有抵触的国家实行面向西方的对外经济政策，但是其工业和农业产品依然主要销往俄罗斯及独联体市场，俄积极通过经贸合作维持在这些国家的影响。俄罗斯还通过高层互访、签署俄乌边界条约、谈判解决包括刻赤海峡冲突在内的双边问题，在一定程度上改善了与乌克兰的关系。

三是对于奉行中立政策的土库曼斯坦，俄罗斯主要利用能源过境运输因素对其施加影响，以维护俄在土库曼斯坦的影响。俄罗斯与土库曼斯坦在能源勘探和开采领域的合作明显扩大，俄从土进口天然气的规模急剧增长，在一定程度上增强了俄在土的影响。

普京虽然放弃了普里马科夫复兴独联体的战略，但是并没有放弃关于发展独联体多边合作以巩固俄罗斯大国地位的思想。2001年11月，在独联体成立10周年前夕举行的莫斯科峰会通过的《独联体10年活动总结及未来任务》，可以看作俄罗斯努力统一各成员国对独联体存在价值和前景问题的认识、规划独联体下一步发展的成果。文件认为，过去的10年表明，独联体正在成为有利于所有成员国发展多边合作的最佳机制。独联体的主要成就不仅在于保障了原苏联各加盟共和国的"有序分家",而且延续了成员国间的传统联系,促进了独立主权国家的形成。虽然独联体暂时还未能成为保障有效合作、拉近各民族和各国关系的有效机制,但是它尚有相当大的积极潜力可待挖掘,建立有效的、真正实现多边合作的机制依然非常重要。这份文件还对未来独联体框架内合作的优先方向做出了规划。①俄罗斯继续发展独联体作为政治、经济和人文合作平台的作用,重点是建立独联体自由贸易区,开展在安全和人文等方面的合作。②"9·11"事件后,俄罗斯对独联体国家展开积极的外交,试图在参与国际反恐联盟方面形成独联体国家统一的立场,并组建统一的独联体反恐联盟,同时利用独联体反恐中心及其设在比什凯克的地区分支机构发展在独联体框架下的反恐合作。俄罗斯继续推动独联体国家间关于在相互贸易中向新的间接课税制过渡的程序和自由贸易制度中例外商品清单的谈判,以便为启动独联体自由贸易区创造必要的条件。

(四)普京对东方国家的政策具有浓厚的务实性,表现为注重经济效益,而非追求建立抵制单极霸权的战略同盟

1. 俄罗斯重视对华关系

俄罗斯淡化对华关系中反制美国的色彩。随着"9·11"事件后俄罗斯与西方关系再度改善,普京联华制美的战略需求大为减弱,他不仅将中俄战略协作的重点由此前的全球层面(联合抵制美国的单极霸权、推进世界多极化)转向双边与地区层面(维护地区安全与稳定、开展区域经济合作),而且更多地关注和增进俄罗斯的经济利益。在全球层面,维护《反导条约》一直是中俄战略协作的重要内容,但是2001年12月美国宣布退出《反导条约》后,俄罗斯对此反应平静,普京甚至公开承认美国有权退出该条约,还说"美国部署的导弹防御系统不会影响俄安全",这种表态与此前俄罗斯同中国一起坚

---

① Аналитический доклад "Итоги деятельности СНГ за 10 лет и задачи на перспективу", http://www.mid.ru/ns-rsng.nsf/OpenDocument.

② МИД Российской Федерации, Россия и СНГ: состояние и перспективы, http://www.mid.ru/ns-rsng.nsf/Open Document; Программа действий по развитию СНГ на период до 2005 года, http://www.cis.minsk.by/russian/6-04afhtm.

决反对美国退出《反导条约》的立场是格格不入的。在地区层面，俄罗斯与中国在巩固上海合作组织、维护中亚地区安全与稳定方面开展了卓有成效的合作。上海合作组织六个成员国签署《上海合作组织宪章》，宪章的签署为该组织奠定了坚实的国际法基础。上海合作组织相继建立起国家元首、政府首脑、外交部长、国防部长、执法与安全部门领导人、经贸部长、文化部长、交通部长、紧急救灾部门领导人、总检察长及国家协调员等的定期会晤机制，成立了上海合作组织秘书处和地区反恐怖机构，完成了上海合作组织初创阶段的机制建设。上海合作组织成员国还签署了《关于开展区域经济合作基本目标和方向及启动贸易和投资便利化进程的备忘录》《上海合作组织成员国多边经贸合作纲要》等文件，在政治、经贸、安全、人文等领域开展合作。在双边层面，中俄两国在政治、经济、军事和人文等领域的合作不断发展，取得丰硕成果。同时，普京政府在对华合作中既谋求本国利益最大化，又对中国持防范态度，比如阻止中国石油天然气集团公司参与俄罗斯斯拉夫石油公司股权竞拍、搁置安加尔斯克—大庆石油管道建设计划等，给中俄关系造成一些负面影响。

2. 俄罗斯深化与印度的战略伙伴关系

"9·11"事件后，国际安全形势发生了重大变化，俄罗斯和印度都感到有必要加强在反恐和其他领域的合作，以维护国家安全和促进经济发展。2002年12月，普京总统访问印度，双方签署《关于进一步巩固俄印战略伙伴关系的德里宣言》《关于加强和巩固俄印经济与科技合作的联合宣言》《俄印反恐合作谅解备忘录》等8份双边合作协议和文件。2003年11月，印度总理瓦杰帕伊对俄罗斯进行国事访问，两国元首签署了《俄印关于国际安全与稳定面临的全球挑战和威胁的宣言》以及关于两国在银行、航天、科技、文化等方面开展合作的一系列备忘录、议定书和协定。俄罗斯扩大了与印度在军事技术、经贸、科技、农业、能源等领域的合作。同对其他东方国家一样，普京政府对印度的外交也具有权宜性和实用主义色彩，并且淡化了此前想通过发展俄印战略关系来维护俄美均势、建立俄中印三国联盟来遏制美国单极霸权图谋而赋予对印关系的战略意义。

二 形成大国实用主义外交政策的原因

（一）国内层面原因

俄罗斯国内层面的原因主要有三个。其一，俄罗斯迫切需要解决国内的政治问题和经济危机，既没有意愿也没有实力奉行先前以遏制美国单极霸权图谋为主要目标的"多极化"外交政策。普京执政初期，在政治上不仅面临要通过第二次车臣战争全面彻底地解决车臣问题，从而有效遏止北高加索地区少数民族分立主义倾向的当务之急，而且还需要解决叶利钦执政时期俄国内积累的一系列迫切任务，包括加强中央政权的权力，理顺中央与地方的关系；理顺立法权力机关和执行权力机关之间的关系，增强国家政权的执政效率；解决"寡头"和"家族"势力干政、官员腐败、犯罪活动猖獗和贫困等问题，以确保国内社会政治稳定。在经济上，20世纪90年代俄罗斯国内生产总值几乎下降了50%，仅相当于美国生产总值的1/10或者中国生产总值的1/5。1998年经济危机爆发后，俄罗斯人均国内生产总值下降到3500美元，还不到七国集团平均水平的1/5。[1] "外部世界越来越频繁地预测俄罗斯会进一步削弱，甚至会解体。"[2] 俄罗斯经济长期高度依赖能源和原材料部门，加工制造业薄弱，国内投资严重不足而外国投资者又望俄却步，"影子经济"猖獗，这些问题都为俄经济复兴蒙上了浓重的阴影。有鉴于此，普京认为："俄罗斯正处于数百年来最困难的一个历史时期。大概这是俄罗斯近200~300年来首次真正面临沦为世界二流国家，甚至三流国家的危险。"[3] 因此，普京决定集中精力发展国内经济，并且利用外交为国内的社会经济发展创造良好的条件。

其二，普京政府既然把为国内经济社会发展营造良好的外部环境作为外交政策的优先任务，就必须改善与西方的紧张关系，并且与西方发展稳定的合作。西方是影响俄罗斯外部安全环境的首要因素，普京政府必须改善因为科索沃战争、导弹防御等问题而与西方恶化的关系，既要维护俄罗斯国家安全，又

---

[1] 〔俄〕普京：《千年之交的俄罗斯》，《普京文集》，中国社会科学出版社，2002，第2~3页。
[2] Совет по внешней и оборонной политике, Стратегия для России 4: повестка дня для президента-2000, http://www.svop.ru.
[3] 〔俄〕普京：《千年之交的俄罗斯》，《普京文集》，中国社会科学出版社，2002，第16页。

要为国内的经济建设提供一个较为有利的国际和周边环境。西方是俄罗斯吸引外资和获得先进技术的主要来源,只有在与西方保持正常政治关系的条件下,俄罗斯与西方国家的经济贸易合作才能顺利展开。

其三,尽管清醒地认识到国家实力的不足,认识到解决国内问题是首要的任务,但是普京政府仍然强调俄罗斯的强国意识和大国地位。普京认为:"俄罗斯过去是,将来也还会是一个伟大的国家。它的地缘政治、经济和文化不可分割的特征决定了这一点。在俄罗斯整个历史进程中,它们还决定着俄罗斯人的思想倾向和国家的政策。即使在今天它们依然起着决定性的作用。"① 因此,普京明确提出:"俄罗斯唯一现实的选择是选择做强国,做强大而自信的国家。"② 俄罗斯外交的目标之一就是维护其"在国际社会中牢固和权威的地位,这种地位应在最大程度上符合俄作为一个大国、当今世界的一个势力中心的利益。"③

(二)国际层面的原因

"9·11"事件后美国将反恐作为对外战略的首要任务,放弃了对俄罗斯的遏制政策,转而推行拉拢政策。在"9·11"事件之前,美国政府对外战略的首要任务是巩固美国作为世界唯一超级大国的地位,构建由美国领导的国际体系。为此,美国一直遏制俄罗斯等潜在大国的崛起,并促使其变成所谓的"正常国家",融入美国主导的国际秩序。"9·11"事件发生之后,反恐变成美国对外战略的首要任务,美国组建了国际反恐联盟,发动了阿富汗反恐战争。在新的形势下,美国需要俄罗斯的支持和援助,因而及时接住普京伸出的橄榄枝,改善了美俄关系,并与俄建立了反恐伙伴关系。

(三)个人层面原因

形成大国实用主义外交政策的个人层面原因是普京的欧洲文明认同及其实用主义和现实主义的个性。普京认为俄罗斯属于欧洲文明,这使他在外交上更

---

① 〔俄〕普京:《千年之交的俄罗斯》,《普京文集》,中国社会科学出版社,2002,第16页。
② 〔俄〕普京:《向俄罗斯联邦会议提交的2000年国情咨文》,《普京文集》,中国社会科学出版社,2002,第78页。
③ Концепция внешней политики Российской Федерациии, утвержденая Президентом Российской Федерации В. В. Путиным 28 июня 2000 г., www.scrf.gov.ru./dovument/decree/2000/07/-10.

愿意接近包括欧洲在内的西方。一位美国记者曾对普京的个性进行了深入的研究，其做出的结论被外界广泛引证。他认为普京的显著特点之一是"务实性和灵活性"，普京说的和做的事情都在经济问题上；普京的显著特点之二是现实主义，普京说他最欣赏的政治家是夏尔·戴高乐、路德维希·艾哈德和富兰克林·罗斯福，因为他们都在战争废墟和经济萧条后复兴了自己的民族和国家。"普京隐含了一个明显的宣示，那就是首先利用外交灵活性来复兴自己的国家，他不会将过多的精力耗费在与美国的矛盾和冲突当中……普京身上明显具有现实主义的特征并充满智慧，他希望在自己国家相对疲弱的时候能够获取最大限度的利益。"[①]

三 对大国实用主义外交政策的评估

普京的大国实用主义外交政策既取得了诸多成效，又没能完成一些重大的外交任务，但总体而言是积极的。

取得的成效主要包括以下两点。其一，为俄罗斯经济社会的发展创造了较为有利的国际环境，通过经济外交直接为俄经济复苏做出了重大贡献。普京政府通过支持美国的反恐战争和参与西方国际反恐联盟，实现了俄罗斯与西方关系的改善和再度接近，从而为俄与西方国家开展经贸合作创造了必要的政治条件。俄罗斯通过外交途径扩大了俄工业产品和油气资源在国际市场上的销售，为俄引进外资和高新技术，为俄企业在国外的投资项目保驾护航，这些务实外交举措直接促进了俄国内经济的复苏，保护了俄在国外的经济利益。到普京总统第一任期结束时，俄罗斯经济已经进入稳定的恢复性增长状态，人民生活水平有了明显的改善。

其二，增强了俄罗斯外交决策的独立性，也在一定程度上促进了俄大国地位的恢复。恢复俄罗斯大国地位一直是普京孜孜以求的外交目标。但是在俄罗斯经济衰弱，处处需要向西方伸手要经济援助、要贷款的时候，让西方承认俄大国地位是不大可能的，正如叶利钦时期俄罗斯的对外关系所示。随着普京时期俄罗斯经济的复苏，俄罗斯基本清偿了所欠西方的债务，并有余力在国外进行一定的投资。经济独立增强了俄罗斯外交决策的独立性。

---

① 〔俄〕罗伊·麦德维杰夫：《普京：克里姆林宫四年时光》，王晓玉、韩显阳译，社会科学文献出版社，2005，第235~237页。

但是，普京政府没能完成一些重大的外交任务，其中一些问题深刻触及俄罗斯的国家安全利益。俄罗斯没能阻止美国退出《反导条约》，从而使自己未来面临美国部署国家导弹防御系统的威胁。普京政府也没能阻止北约东扩的步伐，波罗的海三国加入北约不仅使苏联时期西部统一的国防空间被北约所撕裂，而且为其他原苏联加盟共和国加入北约提供了先例。与此同时，普京的个别外交举措也潜藏了对俄罗斯不利的后果。如普京为美国驻军中亚国家打击恐怖主义打开"绿灯"，这同时也使美国能够利用在该地区的驻军扩张军事政治影响，从而威胁俄罗斯的利益。

第四节　新斯拉夫主义外交（2005～2008年）

2004年9月俄罗斯发生"别斯兰人质事件"后普京采取旨在加强中央权力的改革引起美国的指责，同年11月美国在乌克兰策动"橙色革命"，俄美两国围绕乌克兰总统选举展开激烈的外交斗争。以这两大事件为标志，普京逐渐在内政上强调走适合俄罗斯国情的民主之路，而不再承认西方政治经济制度的普世性；在外交上放弃以妥协换取俄美合作和稳定关系的方针，转而推行与美国既合作又在涉俄核心利益领域进行坚决反击的政策。这种政策可以称为新斯拉夫主义外交政策。①

一　新斯拉夫主义外交政策的实施

（一）普京政府对美国政策：既合作又在涉俄核心利益领域坚决反击美方压制

1. 俄美之间的矛盾和斗争

其一，俄罗斯抵御美国在独联体地区策动的"颜色革命"。如果说格鲁吉亚的"玫瑰革命"只是引起了俄罗斯对美国通过更迭他国政权实施地缘政治扩张之举的警觉，那么，乌克兰的"橙色革命"则使俄罗斯认清了美国借助"颜色革命"控制俄传统势力范围独联体地区，甚至颠覆俄执政当局的战略图谋，坚定了普京政府反击"颜色革命"的决心。俄罗斯既预防本国发生"颜

---

① 柳丰华：《"梅普组合"的外交战略》，中国社会科学出版社，2012，第80页。

色革命",又积极帮助独联体其他国家抵御"颜色革命"。俄罗斯对独联体国家的支持举措包括进行高层访问、实施经济合作项目、提供经济援助,以及在独联体各国举行大选时派遣本国的和独联体的观察员团等。俄罗斯还吸取2004年干涉乌克兰总统选举的教训,在2005年吉尔吉斯斯坦议会选举事件中表现稳妥,左右逢源,使通过"郁金香革命"上台的巴基耶夫政权仍然保持了阿卡耶夫政府的亲俄方针,从而使美国在吉建立亲美反俄政权的企图落空。2005年5月乌兹别克斯坦"安集延事件"发生后,俄罗斯坚定地支持卡里莫夫政府顶住美国的谴责和民主改革呼吁,并利用卡里莫夫对美可能利用在乌驻军发动"颜色革命"的恐惧心理,说服他关闭了美驻乌的汉纳巴德空军基地,与俄缔结《俄乌联盟关系条约》,从而缩小了美在中亚地区的军事政治影响。同时,俄罗斯通过旨在控制国内非政府组织境外资金来源的《非政府组织法》、组建"我们"和"青年近卫军"这两个由政府直接领导的青年组织、发展四大(教育、住房、医疗和农村)改善民生的国家优先项目等措施,消除了在俄发生"颜色革命"的社会条件。在俄罗斯和有关国家的共同努力下,独联体地区的"颜色革命"逐渐退潮,美国在这一地区策动"颜色革命"的计划以失败告终。

其二,俄罗斯反对美国部署国家导弹防御系统和东欧导弹防御系统的计划。在俄美两国围绕美国部署国家导弹防御系统计划展开外交斗争的过程中,美国又以防止"伊朗导弹威胁"为借口,抛出了东欧导弹防御系统计划。2007年1月,美国正式宣布计划在捷克部署远程雷达系统、在波兰部署导弹拦截系统,并开始同捷、波两国就建立导弹防御基地问题进行谈判。自此,俄美两国围绕东欧反导问题展开了激烈的外交战。俄罗斯认为,美国在东欧部署反导系统是为了防止"伊朗导弹威胁"的说辞不可信,其真实目的是要取得对俄战略军事优势,是针对俄罗斯的。2007年2月,普京总统在慕尼黑安全问题会议上表示,伊朗现有的和计划研制的导弹不足以威胁欧洲,俄罗斯拥有能够轻易摧毁导弹防御系统的武器,并将继续沿着这条更经济的对付反导系统的道路前进。[①] 6月,普京警告美国总统小布什,不要因为反导问题而导致核

[①] 〔俄〕普京:《在慕尼黑安全问题会议上的讲话》,《普京文集(2002~2008)》,中国社会科学出版社,2008,第372~390页。

冲突。① 7月，俄罗斯宣布暂时停止履行《欧洲常规武装力量条约》。2008年2月，俄罗斯国家杜马国际事务委员会主席科萨切夫指出，美国计划在波兰和捷克部署的反导系统有可能成为俄瞄准的目标。② 在反对部署东欧反导系统的同时，俄罗斯也提出以俄同美国和北约共同使用阿塞拜疆境内的加巴林雷达站监视伊朗来代替东欧反导计划的建议，但是遭到美国的拒绝。在这种形势下，俄罗斯一边进行外交斗争，一边加紧研制针对反导系统的进攻性战略武器系统。

其三，俄罗斯反对美国将乌克兰和格鲁吉亚纳入北约新一轮东扩名单。普京政府本来是想用反恐合作换取美国的政治回报，其中包括承认俄罗斯在独联体地区的主导地位等，但是美国不仅没有投桃报李，而且继续在独联体地区扩大美国的军事政治影响，并将乌克兰和格鲁吉亚列为北约东扩的对象国。格鲁吉亚发生"玫瑰革命"后，萨卡什维利政权坚定地奉行反俄亲西方政策，积极要求加入北约。为此，格鲁吉亚不断催促俄罗斯尽快撤除其驻格军事基地，同时加强与北约的军事合作。2005年3月，格鲁吉亚签署《向北约提供空中、公路和铁路等交通通道协议》，为北约军队进入格鲁吉亚提供了可乘之机。2005年9月，"橙色革命"后的乌克兰政权开始与北约讨论乌北约成员国资格以及为此应做出的改革问题。2007年3月，美国国会通过一项法案，同意乌克兰和格鲁吉亚加入北约，并要求美国政府为两国提供财政支持，以助其达到入约标准。2008年1月，乌克兰正式向北约提交了加入北约"成员国资格行动计划"的申请，而加入该机制意味着乌获得了北约候选国资格。俄罗斯向乌克兰和格鲁吉亚施加政治压力，还利用提高天然气出口价格甚至停止天然气供应等手段，阻止两国向北约靠拢。俄罗斯坚决反对北约接纳乌、格两国的立场获得了法国和德国的支持，由于法、德两国的反对，2008年4月北约布加勒斯特峰会没有将乌克兰和格鲁吉亚列入"成员国资格行动计划"。

---

① Евгений Григорьев, Путин предупредил Буша о ядерном конфликте, Независимая газета, 4 июня 2007г.
② Косачев: ПРО США в случае размещения в Польше и Чехии будут «под прицелом» России, http://naviny.by/rubrics/abroad/2008/02/04/ic_news_118_285063, 4 февраля 2008г.

2. 俄美之间的合作

普京政府保持了与美国在反恐、防扩散、经贸等领域的合作。

其一，反恐合作。保持与美国的反恐合作符合俄罗斯的利益。俄罗斯继续在阿富汗反恐和伊拉克反恐方面与美国开展合作。普京政府在一些国际多边反恐倡议和行动中也采取了与美国合作的立场。2006年7月，八国集团圣彼得堡峰会不仅通过了《打击恐怖主义宣言》，而且通过了俄美共同提出的打击核恐怖主义的全球建议。同年9月，联合国大会通过了《全球反恐战略》，旨在促进制定有效的反恐国际法律和实际手段。11月，八国集团关于国家与企业界抵制恐怖主义的全球论坛莫斯科会议通过了联合反恐行动战略。

其二，经贸合作。俄美双边贸易虽然呈现不断增长的特点，但是贸易额并不大，2005年为192.2亿美元，2006年增长到245亿美元。[①] 俄美贸易结构单一，以2006年为例，俄罗斯主要向美国出口矿物燃料（油）、钢铁、铝和铝制品、无机化学制品、铝钙矿石及铸币，从美进口核反应设备、车辆、航空器以及电子音像设备等机械设备。俄美两国投资合作规模也不大，2006年美国对俄罗斯直接投资额为101亿美元，而俄对美直接投资额仅有9亿美元左右。基于双方共同的利益，俄罗斯和美国保持了在防扩散领域的合作。

（二）俄罗斯推进与欧盟的多领域合作关系

1. 加强政治对话与合作

每年两次的俄罗斯—欧盟峰会是双方进行政治对话与合作的最重要平台。在这个阶段具有里程碑意义的一次峰会，是2005年5月在莫斯科举行的俄罗斯—欧盟首脑会议，会上通过了关于建立欧俄四个共同空间"路线图"的一揽子文件。俄罗斯和欧盟都认为，这次峰会把双方关系提升到一个新的水平。但是，这些合作规划随后就被束之高阁了。究其原因，主要是俄罗斯和欧盟及其成员国在普京加强中央集权的政治改革、"颜色革命"、俄与"近邻国家"能源冲突、欧盟"新邻国"政策等问题上的矛盾所致，同时俄美围绕反导和北约东扩等问题进行的斗争也对俄欧关系的进展产生了消极影响。2006年5月，在俄罗斯—欧盟索契峰会上双方签署有关简化签证和遣返非法移民的两个

---

① 数据来自 U.S. Department of Commerce，http://tse.export.gov/NTDCChart。

协定，探讨了经济、安全、能源等领域的合作，讨论了伊朗核、朝鲜核及中东局势等国际热点问题。尽管2007年5月在俄罗斯伏尔加河沿岸城市陶里亚蒂举行的俄罗斯—欧盟峰会宣布，双方应尽快启动有关签署新的《伙伴关系与合作协议》的谈判，但是波兰因俄禁止进口其肉类产品而阻止启动俄欧新关系协议谈判，所以直到2007年12月俄罗斯和欧盟的《伙伴关系与合作协议》到期，俄欧双方在这个问题上都没有取得进展。

2. 发展经贸合作

俄罗斯与欧盟政治关系的停滞影响了双方经济一体化的趋势，但是没有对已经发展起来的双方经贸合作产生大的影响。欧盟是俄罗斯最大的贸易伙伴。2005年俄罗斯与欧盟的贸易额为1695亿欧元，同比增长30.4%；2006年为2133亿欧元，同比增长25.8%。[①] 在欧盟国家中，德国、意大利、荷兰、法国、芬兰和英国是俄罗斯的主要贸易伙伴，俄罗斯与这六个国家的贸易额占到俄与欧盟贸易总额的大部分。俄欧投资合作也有相当的发展。2005年，欧盟国家对俄罗斯直接投资总额从2004年的206.4亿欧元剧增到332.7亿欧元；2006年进一步增长到521.5亿欧元。[②] 荷兰、德国、英国、法国、瑞典和瑞士是俄罗斯的主要投资来源国。俄罗斯对欧盟的投资相对较少，2005年仅有约41亿欧元。

3. 巩固能源合作

俄罗斯和欧盟在能源领域早已形成了高度的相互依存关系：俄高度依赖欧盟市场，欧盟则高度依赖自俄油气进口。俄罗斯与欧盟成员国的能源合作不断扩大。俄罗斯天然气工业股份公司与德国公司签订了《建设波罗的海海底天然气管道合同》。俄罗斯和匈牙利签署了《将俄罗斯的"蓝流"天然气管线从土耳其经保加利亚和罗马尼亚延长到匈牙利的协议》。俄罗斯还与保加利亚和希腊签订了修建到保、罗两国的石油管道协议，这条拟建的石油管道将穿过黑海海底抵达保加利亚，再从陆上通往希腊。尽管如此，俄罗斯与欧盟在能源领域也有矛盾，如欧盟对俄一直拒绝批准《能源宪章条约》颇为不满，该条约

---

① 数据来自European Union, Eurostat, http://epp.eurostat.ec.europa.eu/newxtweb/mainxtnet.do。
② 数据来自European Union, Eurostat, http://epp.eurostat.ec.europa.eu/portal/page。

准许第三方以国内税率利用俄能源管道网。2006年初和2007年初相继发生俄罗斯与乌克兰的"天然气冲突"和俄罗斯与白俄罗斯的"石油战",俄对欧洲能源供应不同程度地受到波及,此后,欧盟开始更为明确地实施能源进口渠道多元化政策,以减少对俄能源的依赖,维护欧洲能源安全。总而言之,在这个阶段,俄罗斯和欧盟建立四个共同空间的合作构想毫无进展,虽然经贸与能源等领域的合作发展迅速,但是在政治领域的合作基本停滞不前,在俄民主和人权、"颜色革命"、欧盟的"新邻国"政策、签订新的《伙伴关系与合作协议》等问题上俄欧矛盾重重。

(三) 俄罗斯继续深耕独联体地区

普京政府的外交政策继续以发展集体安全条约组织和欧亚经济共同体以及俄罗斯与独联体国家的双边关系为重点,促进独联体框架下人文与安全等领域的合作,以加大俄在独联体地区的影响力。

1. 完善集体安全条约组织作为独联体地区军事安全一体化核心机制的集体安全体系

集体安全条约组织通过一系列文件,其中包括《2006~2010年全面巩固国际合作和发展集体安全条约组织框架下集体安全体系的主要措施计划》《2010年前及未来集体安全条约组织军事合作计划》《集体安全条约组织成员国关于进一步完善和提高该组织活动效率的宣言》,以及多项关于维和、军事经济合作、军事技术合作的决议等。这些文件规定了建立统一高效的集体安全体系的主要工作方向和成员国间合作的具体举措,同时要求该组织努力适应不断变化的政治现实并向多功能国际安全组织转变。2006年6月,集安理事会明斯克会议通过关于恢复乌兹别克斯坦集安组织成员国资格(乌于1992年加入《集体安全条约》,1999年退出)的决议,显示了该组织不断增长的吸引力和影响力,同时扭转了"9·11"事件以来在中亚地区美攻俄守的战略态势。集体安全条约组织定期举行代号为"渠道"的打击毒品走私的联合军事演习,建立了一些抵御新挑战和新威胁的工作机构。该组织还和联合国安理会、欧洲安全与合作组织、欧亚经济共同体、上海合作组织、独联体和国际移民组织等国际组织开展协作,不断扩大自身的国际影响力。

2. 推进欧亚经济共同体框架下的经济一体化

2006年欧亚经济共同体跨国委员会明斯克会议通过一项决议，要求所有成员国在年内完成关税同盟法律基础文件制定的国内程序。在所有成员国一起建立关税同盟尚不现实的情况下，欧亚经济共同体决定由成员国中三个一体化程度最高的国家——俄罗斯、白俄罗斯和哈萨克斯坦——根据在共同体和统一经济空间框架内签署的协定率先建立关税同盟，其他成员国可稍后加入其中。2007年，俄、白、哈三国在欧亚经济共同体跨国委员会杜尚别会议上开始了建立关税同盟的实际工作。在关税同盟完全建立之后，成员国将致力于实现一体化的最终目标——在欧亚经济共同体内部建立统一经济空间。同时，俄罗斯积极发展壮大欧亚经济共同体。2006年，中亚合作组织与欧亚经济共同体实现合并，乌兹别克斯坦完成加入欧亚经济共同体的程序，并签署了欧亚经济共同体的27份文件。欧亚经济共同体积极发展对外联系，参与联合国的各项活动，加入联合国下属的多个地区经济和社会委员会，与世界海关组织建立合作关系，还与欧洲安全与合作组织、欧盟、上海合作组织、黑海经济合作组织等区域国际组织开展定期交往。欧亚经济共同体框架下的一体化成效已经在成员国的经济发展指标中反映出来：2001~2006年，欧亚经济共同体成员国国内生产总值平均增长了46%，其中工业和农业生产分别提高了39%和24%，货运量提高了38%，基本建设投资增长了89%，成员国贸易总额增长了一倍多，达到750多亿美元。① 由于"橙色革命"后的乌克兰实行有限参与俄白哈乌（克兰）四国统一经济空间的政策，俄罗斯逐渐放弃了经营统一经济空间，转而全力发展欧亚经济共同体，力图使其成为独联体地区经济一体化的核心机制。

3. "颜色革命"是普京政府对独联体国家政策的分水岭

"颜色革命"对俄罗斯与独联体国家关系的主要影响在于：坚定了已经发生"颜色革命"的国家"去俄入欧"战略取向，动摇了亲俄国家对俄安全庇护可靠性的信心。"颜色革命"发生后，俄罗斯调整了对独联体国家的政策，主要表现为普京政府坚定地帮助即将进行大选的独联体国家现执政当

---

① Т. Мансуров, ЕврАзЭС: новый этап интеграции, Экономическое обозрение, №3 2007г.

局赢得选举，以遏止"颜色革命"。俄罗斯通过经济和政治等多种手段惩罚反俄亲美的格鲁吉亚和乌克兰，"以儆效尤"。例如，对乌克兰的天然气出口价格从2005年的50美元/千立方米提升到2006年的230美元/千立方米，对格鲁吉亚的天然气出口价格从2006年的110美元/千立方米提升到2007年的235美元/千立方米；改变过去支持格鲁吉亚领土完整的立场，公开表示支持南奥塞梯和阿布哈兹争取独立的努力。普京利用"颜色革命"的影响发展与乌兹别克斯坦的关系，特别是把握住了"安集延事件"后乌处于孤立境地的时机，将乌拉入亲俄罗斯阵营。俄罗斯通过增加独联体国家赴俄留学生名额、在独联体国家开设莫斯科大学分校、资助出版历史和文学等方面的教科书、与独联体国家建设共同的教育和信息空间等途径，扩大俄罗斯文化在独联体地区的影响，培养亲俄情结。此外，普京政府按市场原则与独联体国家进行能源结算，即使是俄罗斯最亲密的盟友白俄罗斯，其从俄进口天然气的价格也由2006年的46.68美元/千立方米上涨到2007年的100美元/千立方米。

4. 普京政府将对独联体组织政策的重点转向防止"颜色革命"、加强军事安全合作和发展人文合作等方面

俄罗斯和独联体国家阻遏"颜色革命"的协作主要是在双边范围进行的。在独联体框架下的共同举措主要包括派出独联体观察员团，向进行大选的国家执政当局提供政治和舆论支持，以及举行有针对性的联合军事演习等。俄罗斯积极推动独联体框架下的经贸合作，促进独联体国家的经济发展，以消除和缓解因贫困等诱发"颜色革命"的国内社会经济问题。俄罗斯继续推进独联体军事安全一体化。鉴于人文因素在独联体地区一体化进程中具有的重要意义，俄罗斯与独联体国家加快发展在人文领域的合作。2005年8月，在独联体喀山峰会上签署了人文合作协议。2006年5月，俄罗斯与亚美尼亚、白俄罗斯、哈萨克斯坦、吉尔吉斯斯坦、塔吉克斯坦和乌兹别克斯坦签署《关于成立独联体成员国人文合作基金会的协议》。同年11月，独联体国家政府首脑明斯克会议签署《关于建立独联体成员国人文合作委员会的协议》。独联体成员国人文合作委员会作为协调机构，负责确定主要的人文合作方式和合作方向，策划相关国际项目和活动，并与独联体成员国人文合作基金会相互配合，共同解

决人文合作中出现的问题。普京政府不断推动独联体改革，以完善其工作机制，提高其活动效率。

（四）普京政府赋予对东方国家外交以制衡西方的战略意义，同时注重从与这些国家的合作中获取经济收益

1. 俄罗斯加强与中国的战略协作，特别是在全球层面和地区层面的战略协作以及双边层面的经贸和能源合作

在全球层面，俄罗斯再度加强与中国在构建国际新秩序、反对太空武器化等方面的战略协作。2005年7月，两国元首在莫斯科签署《中俄关于21世纪国际秩序的联合声明》，再次宣示中俄两国建立多极世界与国际新秩序的主张。2008年2月，中俄两国再次在联合国裁军会议上提出反对太空武器化的法律文件，以阻止美国利用其科技和资金优势谋取太空霸权的政策。

在地区层面，俄罗斯与中国共同促进上海合作组织框架下的多领域合作，同时借助该组织抵御独联体地区的"颜色革命"浪潮。2005年7月，应俄罗斯和乌兹别克斯坦的倡议，上海合作组织阿斯塔纳峰会把要求美国制定从中亚撤军时间表的内容明确写入《上海合作组织元首宣言》，[①] 此举对热衷于推广"颜色革命"和在中亚地区扩张军事政治影响的美国形成了很大的政治压力。2007年8月，六国元首在比什凯克签署《上海合作组织成员国长期睦邻友好合作条约》，文件将六个成员国"世代友好、永葆和平"的精神用法律形式固定下来，对促进彼此间睦邻互信与互利合作、构建和平稳定共同发展的地区具有重要意义。

在双边层面，普京政府扩大同中国的全方位合作，尤其注重提高合作对俄罗斯产生的经济效益。中俄两国保持密切的高层交往，2004年10月签署《关于中俄国界东段的补充协议》，解决了历史遗留的边界问题，双方的政治互信显著增强。中俄军事安全合作深入发展，2005年8月，中俄两军在山东黄海与渤海附近海域举行代号为"和平使命-2005"的联合军事演习，共同演练战略级磋商、战役级指挥和战术级行动。中国与俄罗斯的贸易规模不断扩大，经济合作水平显著提升，中俄两国已经互为对方主要的经贸伙伴。2007年中俄

[①] 《上海合作组织元首宣言》，《人民日报》2005年7月6日。

贸易额进一步上升到481.7亿美元，① 中国成为俄罗斯第三大贸易伙伴，俄也成为中国第八大贸易伙伴。2006年4月，"泰纳线"（泰舍特—纳霍德卡输油管线）一期工程即从泰舍特到斯科沃罗季诺（离中国边界60公里）的石油管道正式动工，这标志着中俄原油管道项目进入实施阶段，中俄能源合作踏上新台阶。2006年在中国举办"俄罗斯年"，2007年在俄罗斯举办"中国年"，互办"国家年"活动促进了中俄人文合作，加深了两国人民的互相理解和信任。

2. 普京政府继续深化与印度的战略伙伴关系

2005年5月和12月，印度总统阿卜杜尔·卡拉姆和总理辛格先后访问俄罗斯，俄印重申将加强两国战略伙伴关系和在各领域的合作。2007年1月，普京总统访问印度，双方签署10项合作协议。为了应对美国与印度军事技术合作的发展，俄罗斯积极巩固其在印度军火市场的地位，2006年1月俄印两国签署一份价值为15.6亿美元的军事合作项目协议。2007年1月两国签署《俄印和平利用核能协议》，俄罗斯将帮助印度在南部库丹库拉姆电站再建4个核反应堆，其年发电量将达到2000兆瓦。2005年俄印贸易额约为31亿美元，2006年增长到约39亿美元，尽管贸易额持续增长，但是双方都认为这与两国的战略伙伴关系很不相称。2007年10月俄印两国签署合作协议，规定到2010年双边贸易额要实现100亿美元的目标。

二 形成新斯拉夫主义外交政策的原因

（一）国际层面原因

国际层面的原因主要有两个。其一，以美国为首的西方在独联体地区推行"颜色革命"，将该地区国家卷入进行"颜色革命"与维护本国政治制度稳定的斗争中。在美国和西方其他国家的直接推动和大力支持下，2003年11月，格鲁吉亚发生"玫瑰革命"，2004年11月，乌克兰爆发"橙色革命"，统称为"颜色革命"。"颜色革命"概念有三个构成要件：一是西方从外部提供资金和政治支持；二是当事国反对派以总统或议会选举结果有争议为借口，通过街头政治运动乃至暴力推翻国家政权；三是经过"颜色革命"后上台的新政

---

① 数据来自中国海关总署网站，http://www.customs.gov.cn。

权奉行亲美反俄政策。① 自苏联解体后，美国一直对新独立国家进行"民主渗透"和"民主扩展"。随着阿富汗局势渐趋稳定和美军在伊拉克大规模军事行动的结束，在美国对独联体地区的政策目标系统中，民主化目标超越安全目标，跃居首位。而在格鲁吉亚和乌克兰"颜色革命"相继得手后，美国对在独联体其他国家推广"颜色革命"以扩展"民主"的激情空前高涨。2005年1~2月，小布什先后在其第二届总统就职演说、《国情咨文》中多次强调："寻求和支持民主运动和民主制度在各个国家和各种文化下的发展成为美国的政策，其最终目标是结束世界上的暴政。"② 同年3月，美国国会通过了"2005年推进民主法案"，该法案将世界各国分为"完全民主""半民主""非民主"三个类型的国家，并指出美国的"神圣"责任就是促使那些"表面上允许反对党、公民团体和新闻自由的存在，但事实上却对其进行种种限制的""部分民主国家"向"完全民主国家"转变。③ 2005年3月，美国又在吉尔吉斯斯坦发动"郁金香革命"，企图将这个"中亚民主之岛"变成中亚"民主改造"的样板。但是令美国失望的是，通过"郁金香革命"夺得政权的巴基耶夫政府基于巩固政权、维护社会稳定和地缘政治利益等多方面的考虑，并没有推行亲美政策，反而延续了阿卡耶夫政权的亲俄政策。尽管如此，独联体地区"颜色革命"浪潮汹涌澎湃，地区内各国执政当局无不自危。美国策动"颜色革命"的目的是在独联体国家建立亲美反俄政权，以便将这些国家从俄罗斯的控制下解脱出来，纳入自己的势力范围。美国也将俄罗斯设置为"颜色革命"输出的目标国，为此不仅加大了对普京政权所谓"专制倾向"的批评力度，而且公开资助俄国内反对派的政治活动，这引起了普京的愤怒和反击。普京不仅开始怀疑"美式民主"的所谓"普世价值"，而且提出了"主权民主"思想，并联合独联体其他国家共同抵御"颜色革命"。

---

① 柳丰华：《俄罗斯与中亚——独联体次地区一体化研究》，经济管理出版社，2010，第221页。
② George W. Bush, "State of the Union Address at the U.S. Capitol," Feb. 2, 2005, http://www.whitehouse.gov/stateoftheunion/2005/index.html.
③ 109th Congress, 1st Session, H. R. 1133, Advance Democracy Act of 2005, http://www.theorator.com/bills109/hr1133.html.

其二，一直以来，以美国为首的西方占主导地位的现有国际秩序的合理性受到很多国家的质疑，而一段时间以来美国单边化和军事化的国际行为更是在相当程度上毒化了国际关系，其一些战略性军事安全政策和计划已经对包括俄罗斯在内的很多非西方国家构成了现实的或潜在的威胁。如果说美国在"9·11"恐怖袭击之后发动阿富汗反恐战争拥有合理理由和道义基础，并得到广泛国际支持的话，那么其紧接着又以反恐为名发动伊拉克战争就不再拥有法律依据和正当理由，因而受到国际社会包括美国的盟国德国和法国的反对。美国单方面退出《反导条约》和宣布部署国家导弹防御系统和战区导弹防御系统计划，既对国际裁军和军备控制进程造成沉重的打击，又引起俄罗斯和中国等东方国家的担忧和反对，从而孕育了新一轮军备竞赛。阿富汗战争和伊拉克战争的胜利、冷战后北约爆炸式的第二轮东扩的顺利实施，都进一步膨胀了小布什政府对美国实力的过高估计，使之力图将美国单极霸权的迷梦强加给世界各国。美国的种种单边主义政策、对于国际问题解决方案的军事化选择、对国际法准则的任意解释和滥用及其奉行的双重标准，特别是其极力推行的霸权主义政策，理所当然地遭到了国际社会正义力量的批评和抵制。

（二）国内层面原因

普京奉行新斯拉夫主义外交政策的国内层面原因主要包括三个。其一，俄罗斯政治稳定的局面来之不易，尚需要着力维护。叶利钦留给普京的俄罗斯是一个政治动荡不安、国家濒于分裂、经济深陷危机、国际地位低下和外交问题繁多的国家，而要解决这些问题，实现国家的大治和复兴，必须首先解决政治稳定问题，以便为国家在其他方面有效地开展工作创造必要的前提。在普京总统第一任期，他采取了一系列旨在重建国家垂直权力体系的措施：通过设置联邦区和任命驻联邦区全权代表，使联邦中央拥有了对地方当局进行控制的行政管理机制，从而为普京管理国家和推行其他联邦制改革提供了保障；将裁定地方领导人、地方议会违宪行为的权力收归联邦中央所有，建立了联邦中央约束地方精英的法律干预机制；通过改组国家议会上院——俄罗斯联邦委员会——的组成方式，将地方领导人的影响力限制在处理地方事务上，削弱了地方精英干预联邦中央决策的能力，同时使俄联邦委员会成为真正意义上的立法机关。① 同时，普京政府通过第二次车臣战争有效掌控了车臣共和国的局势，维护了国家的领土完整。通过打击寡头，消除了寡头干政问题。凡此种种政策举措，最终结束了俄罗斯自叶利钦时期以来的政治混乱，形成了难得的国家大治的局面。尽管如此，俄罗斯仍然面临着宪政制度有待巩固、从根本上实现车臣及北高加索其他地区的稳定与发展、提高居民生活水平、反腐败等问题，还需要为国家的长治久安打下牢固的基础。在这种情况下，普京当局不可能容忍美国支持俄罗斯反对派发动"颜色革命"，颠覆以自己为首的国家政权，破坏俄来之不易的社会政治稳定局面。

其二，"别斯兰人质事件"后普京总统更加坚定了改革地方权力机关组建模式、进一步强化中央权力的决心，其深化俄罗斯政治体制的改革势在必行，不会为外国的指责和干涉所动摇。强国富民一直是普京孜孜以求的治国目标，他所倡导的所有政治改革也都是为了实现这个目标。2003年10月发生的所谓"霍多尔科夫斯基事件"就是普京政府为了建立强大的国家而实施的一项重要的政治经济举措，其实际意义在于：改变叶利钦时期金融寡头干预国家政治经济政策的状况，加强中央政府的权力和权威，并将具有战略意义的能源部门重新置于国家的掌控之中。但是，这一事件的处理受到美国政府的严厉指责和干扰，对俄罗斯与西方的关系产生了消极的影响。2004年9月"别斯兰人质事件"发生后，普京认识到俄罗斯面临的最紧迫问题是加强国家权力机构，建立保障社会安全的有效机制。为此，普京提出并实施由总统提名任命地方行政长官、在国家杜马选举中实施比例制选举原则等多项政治改革措施，实际掌握了对地方行政长官的任免权，从而进一步强化了中央权力，有效遏制了地方主义倾向。普京的改革措施再次招致美国和西方其他国家对俄罗斯"民主的倒退""集权体制的复活"的批评，但是这些批评除了更加坚定普京坚持俄罗斯走适合自己国情的发展道路的决心之外，已不能产生任何作用。

其三，俄罗斯国力的显著恢复，为普京当局按照俄罗斯人自己的意愿推进国内政治改革和推行更加积极的外交政策奠定了物质基础。自1999年以来，受惠于国际市场石油价格的持续上涨等因素，俄罗斯经济连年快速

---

① 潘德礼：《解析普京的联邦制改革》，《俄罗斯中亚东欧研究》2005年第3期。

增长。2004年，俄罗斯国内生产总值为5823亿美元，同比增长7.1%；通货膨胀率为11.7%，居民实际收入增长率为9.9%，失业率是8.3%，收入低于最低生活保障线的人口比例下降到17.6%。① 国外对俄投资不断增长，俄罗斯成为对外资最有吸引力的国家之一。俄罗斯经济的发展还表现为对独联体国家吸引力的增长，每年都有大量的劳工从这些国家涌入俄罗斯。债务的清偿和国力的增强使俄罗斯能够根据本国的利益和意愿，独立地推行内外政策。

（三）个人层面的原因

个人层面的原因是普京秉持的执政理念和民主价值观。作为俄罗斯总统，普京首先关心的是俄罗斯能否继续存在，它的政治制度是不是独立的、有影响的，然后才关心俄罗斯将有什么样的政治制度。当然，普京倾向于集权的民主，他认为民主只有作为振兴俄罗斯的手段才能更有效也更有意义。普京对于市场经济也是这个态度。② 普京认为，俄罗斯是按照本国人民的意愿选择了民主制度的国家。在遵守所有通行的民主原则的同时，俄罗斯将就如何贯彻自由和民主原则做出自己的独立决定，而这方面的决定必须从本国的历史、地缘政治及现有国情出发。作为一个主权国家，俄罗斯能够也将自主地决定推进民主的时间和条件。③ 俄罗斯反对别国以任何形式进行的"民主输出"。普京坚决捍卫俄罗斯的主权。他公开表示，俄罗斯是一个独立自主的主权国家，它首先要维护自己的主权。"没有主权，俄罗斯就无法生存。它要么成为一个独立的主权国家，要么什么都不是。"④ 民主的俄罗斯政治体制应当服从于维护和加强俄罗斯主权的要求。俄罗斯反对别国以民主、人权和其他借口侵犯俄国家主权。

---

① 数据来自俄罗斯联邦统计局网站。

② Виталий Третьяков, Либеральный консерватор, *Российская газета*, 7 октября 2002г., 转引自郑羽、蒋明君总主编，庞大鹏卷主编《普京八年：俄罗斯复兴之路（2000~2008）·政治卷》，经济管理出版社，2008，第88页。

③ Обращение президента РФ Владимира Путина к Федеральному Собранию, опубликовано 25 апреля 2005г., http://www.regnum.ru/news/819231.html.

④ Встреча с участниками международного дискуссионного клуба «Валдай», 14 сентября 2007г., http://president.kremlin.ru/appears/2007/09/14/2105_type63376type63381type82634_144011.shtml.

三 对新斯拉夫主义外交政策的评估

普京的新斯拉夫主义政策总的说来是成功的，它取得了一系列的成就。其一，有效维护了俄罗斯的国家安全。普京政府通过对外推行反"颜色革命"外交，对内实施社会政治改革以消除或缓解那些可能诱发国内政权斗争的严重社会矛盾，使俄罗斯避免了"颜色革命"，从而确保了国家政权安全和社会安全。普京的内外政策维护了俄罗斯的主权和领土完整，有效遏止了车臣等联邦行政主体的地区分立主义倾向。

其二，维护了独联体地区的安全与稳定，强化了俄罗斯在该地区的传统影响。普京政府帮助独联体地区一些国家执政当局阻止了"颜色革命"，既加强了俄罗斯在独联体地区的主导地位，又维护了俄发展国内经济所必需的周边和平稳定环境。将一直在俄美两国之间搞平衡的乌兹别克斯坦纳入俄罗斯主导的独联体集体安全条约组织和欧亚经济共同体，使俄在同美国进行的中亚地缘政治竞争中占据了优势地位。

其三，在一定程度上巩固了俄罗斯的大国地位。在当今世界，一国仅仅靠领土面积、经济实力甚至军事武器之"大"来支撑大国地位是不够的，一个真正的大国还需要拥有强大的"软实力"。俄罗斯不仅帮助伙伴国阻止了"颜色革命"，而且提出了"主权民主"理论，旗帜鲜明地维护世界各国自主选择发展道路和决定本国事务的权利。俄罗斯的这种"软实力"改变了很多国家对其大国形象的认知。俄罗斯反对"科索沃模式"的政策，也获得了国际社会的尊敬和好评。此外，普京政府目的明确地利用能源工具维护本国的经济和地缘政治利益，提升了俄罗斯与其他国际行为体博弈的能力。

其四，促进了俄罗斯经济社会发展。俄罗斯外交对其经济发展的贡献主要表现为两个方面：为国内发展营造了较为有利的外部环境；在国外保护和增进俄国家和企业的经济利益。普京政府与美国斗而不破，与欧洲保持了正常的政治关系和积极的经贸合作，扩大了同中国的经贸与能源合作，维护了独联体地区的稳定并加强了同独联体伙伴国的多双边经贸联系，等等，这些为俄罗斯顺利开展对外经济合作做出了重要的贡献。

但是，普京政府并没有实现其外交政策的所有目标。俄罗斯未能通过外交手段阻止美国实施在东欧部署导弹防御系统的计划。虽然俄罗斯在北约布加勒斯特峰会上成功阻止了乌克兰和格鲁吉亚加入北约"成员国资格行动计划"的步伐，但是并没有解决北约向独联体地区扩大的问题。普京政府没能推进俄罗斯与欧盟建设四个共同空间的进程，而双方在欧盟的"新邻国"政策、签订新的《伙伴关系与合作协议》等问题上的矛盾也没有得到及时、妥善的解决。

第五节 "保稳"与合作外交（2009~2013年）

"梅普组合"执政之时，虽然俄罗斯与以美国为首的西方在反导和北约东扩等问题上矛盾甚深，但是包括俄西关系在内的俄对外关系总体上是正面的、稳定的。"梅普组合"认识到，俄罗斯尽管国内政治稳定，经济有所增强，但仍然面临着重大的任务，即实现现代化。显然，俄罗斯外交仍旧承担着为国内经济发展创造良好的国际环境的使命。在这种情况下，"梅普组合"在继承普京执政时期俄罗斯外交战略有效内容的基础上，推出了"保稳"与合作政策。"保稳"概念的含义包括：在国际战略层面上，俄罗斯保持国际环境的和平与稳定，保持与美国在核武器等进攻性和防御性战略武器领域的力量均衡与稳定，保持自身作为有全球影响力的地区大国地位，并谋求在现行世界秩序框架内渐进地恢复俄世界大国的地位；在对外关系层面上，俄保持与西方国家关系的稳定，维护独联体地区以及其他地区的和平与稳定，为发展国内经济和扩大对外经贸合作创造良好的外部条件；在国内政治层面上，俄保卫国家领土完整和政权安全，保持社会政治稳定。"合作"的内涵是俄罗斯外交政策要保障国家对外"合作"的方针、对外"合作"的性质以及对外"合作"的局面，避免与其他国家和国家集团发生对抗和冲突。[①] 2012年5月至2013年底，普京总统仍延续了"保稳"与合作外交政策，期望以此促进俄罗斯经济现代化，巩固其大国地位。

---

① 柳丰华：《"梅普组合"的外交战略》，中国社会科学出版社，2012，第116~117页。

一 "保稳"与合作外交政策的实施

(一) 俄罗斯继续推进独联体一体化

"梅普组合"时期俄对独联体地区的政策包括：发展俄罗斯与独联体其他国家的友好、战略伙伴或同盟关系，加强双边层次的经贸、人文与安全合作；重点推进俄白联盟、欧亚经济共同体和集体安全条约组织框架下的一体化；开展独联体框架下的多边政治对话与合作。[①] 但是，先是2008年8月爆发的俄格武装冲突，继之以同年9月由美国次贷危机演变而成的国际金融-经济危机，对"梅普组合"时期俄的独联体地区政策产生了重大的影响。俄格武装冲突在独联体地区产生了严重的"俄格冲突后遗症"，主要包括：格鲁吉亚从此与俄罗斯反目为仇，走上反俄亲美的不归路，于2009年8月正式退出独联体，并积极谋求加入北约；俄正式承认南奥塞梯和阿布哈兹的"独立"，同其建立外交关系，承担起两地的安保职责，并推动国际社会承认两地"独立"；独联体其他国家都对俄以武力惩罚伙伴国的行为模式恐惧不安，因而积极发展与美欧关系，借以平衡俄罗斯的影响。鉴于俄格冲突后独联体地区的形势变化，"梅普组合"时期俄对独联体国家政策做出相应的调整。俄罗斯通过支持南奥塞梯和阿布哈兹的"独立"、鼓动独联体其他国家承认两地"独立"、在格鲁吉亚周边地区进行军事演习以及暂时冻结俄格民间交往等措施，牵制格加入北约的举动。俄罗斯中断对乌克兰天然气供应、支持克里米亚等地区的亲俄运动，以惩罚乌，迫使其放弃加入北约计划。俄罗斯外交部对阿塞拜疆和摩尔多瓦等国表示无意复制"南奥塞梯模式"的立场，希望消弭对俄鼓动这些国家的分离主义地区独立的担忧。

俄罗斯积极开展反危机合作，以推进独联体地区多层次、多速度的一体化进程，加强俄在独联体国家的经济政治影响。一是推动欧亚经济共同体框架下的经济一体化，优先建设俄白哈三国关税同盟。俄白哈三国关税同盟自2010年1月起开始运作，从2011年6月起全面启动。在三国关税同盟基础上建立

[①] Концепция внешней политики Российской Федерации, Утверждена Президентом Российской Федерации Д. А. Медведевым 12 июля 2008 г., http: //www.kremlin.ru/text/docs/2008/07/204108.shtml.

的三国统一经济空间（商品、服务、资本和劳动力自由流动）从 2012 年 1 月起开始运作。"梅普组合"计划在 2015 年前建立欧亚经济联盟。① 二是发展独联体框架下的经济一体化，重点推进独联体自由贸易区建设。2011 年 10 月，独联体 11 国②签订自由贸易区条约，③ 此后俄罗斯、白俄罗斯、乌克兰、哈萨克斯坦、亚美尼亚、摩尔多瓦等国批准该条约，标志着泛独联体地区经济一体化取得重要进展。三是发展独联体集体安全条约组织框架下的军事安全一体化。2009 年，集体安全条约组织成员国成立了一支有 1.5 万人的集体快速反应部队，其职能是抵御军事侵略和非传统安全威胁。2010 年 12 月，集安理事会莫斯科会议通过《集体安全条约组织危机反应程序规章》，提高了该组织对危机形势的应对能力。四是对独联体国家仍然实行区别对待政策。俄罗斯对白俄罗斯和吉尔吉斯斯坦等亲俄国家既提供财政援助，帮助它们应对国际金融危机，又借此加强对这些伙伴国的政治影响。对反俄的乌克兰则实行以压促变的政策，在 2010 年 2 月亚努科维奇当选乌克兰总统之后，俄乌关系重归友好。对格鲁吉亚继续推行压制政策，俄格关系未能实现正常化。对中立的土库曼斯坦，俄罗斯仍然利用能源与经济合作等政策工具保持俄对土的影响。

（二）俄罗斯维持与欧盟的务实伙伴与合作关系

"梅普组合"时期俄致力于建立一个开放而民主的欧洲集体安全与合作体系，发展包括逐步建立四个"共同空间"在内的俄欧合作机制，与欧盟签署战略伙伴关系条约，以推动双方多领域合作。④ 2008 年 6 月俄罗斯总统梅德韦杰夫访问德国时，提出了制定并签署《欧洲安全条约》的倡议。梅氏提议通过该条约在欧洲—大西洋地区建立一个有效的、反映冷战后现实的集体安全体

---

① Послание Президента России Федеральному Собранию, 22 декабря 2011 года, http://www.kremlin.ru/news/14088.

② 俄罗斯、阿塞拜疆、亚美尼亚、白俄罗斯、哈萨克斯坦、吉尔吉斯斯坦、摩尔多瓦、塔吉克斯坦、土库曼斯坦、乌兹别克斯坦和乌克兰。

③ Договор о зоне свободной торговли от 18 октября 2011 года, 1 ноября 2012, https://cis.minsk.by/page/show?id=13922.

④ Концепция внешней политики Российской Федерации, утвержденая Президентом Российской Федерации Д. А. Медведевым 12 июля 2008 г., http://www.kremlin.ru/text/docs/2008/07/204108.shtml.

系，以保障这一地区内各国同等水平的安全。① 俄方提出该倡议的直接动机是希望与欧盟国家共同打消北约向独联体地区扩大的计划和美国在东欧部署反导系统的计划，最终目标是建立一个新的有利于俄罗斯的欧洲集体安全与合作体系，削弱美国对欧洲事务的影响。在俄罗斯—欧盟峰会、欧安组织等框架下，俄罗斯与欧洲国家多次磋商《欧洲安全条约》问题，但是欧洲国家无意签署该条约，更不愿意在现有的以北约为主导的欧洲安全体系之外另建新的集体安全体系。两个月后，俄格武装冲突对俄罗斯—欧盟关系造成严重影响。欧盟及其成员国都谴责俄罗斯侵略格鲁吉亚，要求俄尊重格主权和领土完整、立即从格撤军。在时任欧盟轮值主席国法国的斡旋下，俄格两国很快签署了停火协议。欧盟谴责俄罗斯承认南奥塞梯和阿布哈兹"独立"的举动，决定暂时搁置欧俄关系框架协议谈判，向格鲁吉亚提供政治支持和经济援助。尽管如此，欧盟并没有对俄罗斯实施经济制裁，而是以对话方式促进俄格冲突后续问题的解决。俄罗斯也采取了同欧盟对话的态度，力图维持与欧盟的务实合作关系。同年11月，在俄罗斯—欧盟尼斯峰会上，尽管双方在南奥塞梯与阿布哈兹是否应获得"独立"等问题上分歧依旧，但是都同意继续开展对话。国际金融-经济危机的爆发，促使欧盟搁置俄格冲突问题，与俄罗斯发展务实合作，因此俄欧关系得以回归伙伴关系与合作轨道。俄罗斯与欧盟积极拓展经贸合作，以期共同克服国际金融危机。2008年俄罗斯与欧盟贸易额达到3824亿美元，创历史最高纪录，欧盟仍是俄第一大贸易伙伴，俄是欧盟第三大贸易伙伴。2008年欧盟对俄罗斯投资836亿美元，保持了俄最大投资伙伴地位，俄对欧盟投资额为478亿美元。受国际金融危机的冲击，俄罗斯与欧盟贸易额在2009年下降38.2%，为2363亿美元。② 2010年俄欧贸易开始恢复性增长，全年贸易额为3061.7亿美元，③ 双方在投资和能源等领域的合作也快速回升。2010年5月，俄罗斯与欧盟发表联合声明，宣布共同启动"现代化伙伴关系倡议"，以扩大对关键创新领域的投资，深化经贸合作，促进中小型企业的发展。④ 同年12

---

① 俄罗斯总统网站，http：//www.kremlin.ru。
② 以上数据均来自俄罗斯经济发展与贸易部网站。
③ Игорь Гладков, Россия в системе европейской торговли: начало xxi в., Власть, №4 2012.
④ Совместное заявление саммита Россия-ЕС по «Партнёрству для модернизации», 1 июня 2010 года, http：//www.kremlin.ru/ref_notes/572.

月，双方签订关于欧盟支持俄罗斯加入世界贸易组织谅解备忘录，标志着俄在入世问题上取得重要突破。

(三) 俄罗斯"重启"俄美关系

"梅普组合"执政不久，俄即宣布了对美政策：争取在裁军和军备控制方面达成新协议，在导弹防御、防扩散、民用核能、反恐和调解地区冲突等领域开展合作。① 但是，俄格武装冲突给"梅普组合"以合作为取向的对美政策沉重一击，使俄美关系陷入危机。正是美国对格鲁吉亚的支持和怂恿，才使萨卡什维利政府敢于挑战俄罗斯的底线，将俄卷入南奥塞梯武装冲突。俄格武装冲突发生后，美国谴责俄罗斯对格鲁吉亚动武，不仅在政治和经济上支持格鲁吉亚，而且联合欧洲盟国孤立俄罗斯，在黑海地区举行联合军事演习，对俄施压。美国还利用东欧国家因俄格武装冲突而滋生的"恐俄症"，推进欧洲反导系统建设。2008年8月中旬，美国与波兰就美在波建立反导基地问题达成协议，标志着美国的欧洲反导系统计划进入实施阶段。美、波两国在俄格武装冲突之际推进反导合作，其针对俄方的意图昭然若揭。俄罗斯也针锋相对，于同年11月宣布将在加里宁格勒州部署"伊斯坎德尔"导弹系统。②

奥巴马入主白宫后"重启"对俄政策，"梅普组合"随即响应，使俄美关系获得"重启"。2009年1月，奥巴马总统通过电话和信函等方式表达了恢复美俄关系的愿望，梅德韦杰夫总统做出了积极的回应。4月1日，在二十国集团伦敦峰会期间，俄美两国总统举行首次会晤，宣布将为俄美关系设定新起点。7月，奥巴马总统正式访问莫斯科，俄美两国签署《对进一步削减和限制进攻性战略武器问题的共同理解》《核领域合作联合声明》《美军过境俄罗斯领土向阿富汗运输武器装备和人员协议》等文件。两国元首还宣布设立俄美总统发展合作委员会，以促进双方在军控、安全、外交和经贸等方面的合作。尽管上述文件多为俄美对合作意向的阐述，但足见两国都在致力于开展合作、

---

① Концепция внешней политики Российской Федерации, утвержденая Президентом Российской Федерации Д. А. Медведевым 12 июля 2008 г., http：//www.kremlin.ru/text/docs/2008/07/204108.shtml.

② Послание Федеральному Собранию Российской Федерации 5 ноября 2008 года, http：//www.kremlin.ru/appears/2008/11/05/1349_type63372type63374type63381type82634_208749.shtml.

减少矛盾。俄美关系之所以能够走出对抗，得到"重启"，主要是因为全球金融-经济危机促使俄美两国开展合作；两国在核裁军、防扩散、反恐等领域存在共同利益；两国领导人更迭，尤其是奥巴马政府对俄推行接触与合作政策。

俄美"重启"双边关系的成效主要体现在三个领域。一是核裁军。2010年4月俄美两国签署《关于进一步削减和限制进攻性战略武器措施的条约》。新条约规定，俄罗斯和美国将各自实际部署的战略核弹头限制在1550枚以下，将各自运载工具限制在800件以内。① 尽管两国仍旧没能就限制反导系统的研发和部署问题达成共识，但是新条约的签署有助于维持核裁军合作及改善俄美关系。二是防扩散。俄罗斯和美国在2010年5月《不扩散核武器条约》审议大会召开之前签订新的核裁军条约，表明两国将共同强化核不扩散机制。俄罗斯和美国于2006年提出的《打击核恐怖行动的全球倡议》的参与国已增加到75个，影响力进一步扩大。俄美两国在朝鲜半岛核问题与伊朗核问题上保持外交协调。三是经济合作。由于国际金融-经济危机等，2009年俄美贸易额大幅下降，两国积极采取措施提升贸易额。2010年6月，俄罗斯对美国重新开放禽肉市场，并决定采购50架波音737客机（价值40亿美元）。11月，梅德韦杰夫总统表示，俄罗斯将与美欧等国建立现代化伙伴关系，以扩大经贸与科技创新合作。②

俄罗斯和美国都将签订新的核裁军条约作为两国关系"重启"的主要成果，但是2011年奥巴马政府出台一项分阶段、更有效的欧洲反导系统部署方案，俄罗斯在劝阻失败后威胁将在本国西部和南部部署导弹，甚至表示将退出新的核裁军条约，预示"重启"的俄美关系再次"触礁"。2012年12月，美国通过《马格尼茨基法案》，以所谓"人权问题"干涉俄罗斯内政；2013年8月，俄罗斯向美国国家安全局前雇员斯诺登提供政治庇护，引起美方不满；9

---

① Договор между Российской Федерацией и Соединенными Штатами Америки о мерах по дальнейшему сокращению и ограничению стратегических наступательных вооружений, http：//news.kremlin.ru/ref_notes/512.

② Выступление на совещании с российскими послами и постоянными представителями в международных организациях, 12 июля 2010 года, http：//www.kremlin.ru/transcripts/8325. Послание Президента Федеральному Собранию, 30 ноября 2010 года, http：//www.kremlin.ru/news/9637.

月,俄罗斯以"化武换和平"方案打消美国对叙利亚动武计划;10月,美在罗马尼亚建设反导基地,并于11月公开表示支持乌克兰参与欧盟一体化。这些矛盾致使俄美关系结束"重启"状态,日益疏远。

(四) 俄罗斯进一步深化与中国的战略协作

"梅普组合"时期俄致力于加强俄中两国多领域的战略协作,特别重视使俄中经济合作规模和质量与彼此间高水平的政治关系相符合。①

1. 中俄两国高层会晤频密,互信增加

2008年5月,梅德韦杰夫总统访华,两国元首签署《中国和俄罗斯关于重大国际问题的联合声明》。11月,两国元首批准《〈中俄睦邻友好合作条约〉实施纲要(2009~2012年)》。2009年6月,中俄两国元首在莫斯科会晤,共同规划了下一步双边关系发展及优先合作领域。在中俄建交60周年庆祝大会上,胡锦涛主席盛赞"中俄关系日益成熟",梅德韦杰夫总统宣称1992年以来的俄中关系"堪称典范"。② 2010年9月,中俄两国共同发表《中俄关于全面深化战略协作伙伴关系的联合声明》,2011年6月,又发表《关于〈中俄睦邻友好合作条约〉签署10周年的联合声明》与《中国和俄罗斯关于当前国际形势和重大国际问题的联合声明》。除两国元首、政府首脑定期会晤之外,中俄还在议会、中俄战略安全磋商、政府部委以及中俄友好、和平与发展委员会等机制下进行对话与协作。两国坚定地支持对方的国家主权、统一和领土完整等核心利益。

2. 两国深化经贸合作

中俄贸易不断增长,2008年双边贸易额达到创纪录的568.3亿美元;受国际金融危机冲击,2009年下滑到387.9亿美元;③ 2010年回升到554.5亿美元;④ 2011年进一步增长到792.5亿美元,⑤ 中国跃居俄罗斯第一大贸易伙伴。

---

① Концепция внешней политики Российской Федерации, утвержденая Президентом Российской Федерации Д. А. Медведевым 12 июля 2008 г., http://www.kremlin.ru/text/docs/2008/07/204108.shtml.

② 《梅德韦杰夫在俄中建交60周年庆祝大会上的讲话》, http://news.xinhuanet.com/world/2009-06/18/content_11558146.htm。

③ 数据来自中国商务部网站。

④ 数据来自中国海关总署网站。

⑤ 数据来自中国商务部《国别贸易投资环境报告2012》,中国商务部网站。

中俄投资合作逐步扩大，2008~2010年，中国对俄非金融类投资分别为2.38亿美元、4.13亿美元和5.9亿美元；实际使用俄直接投资分别为5997万美元、3177万美元和3497万美元。① 中俄石油贸易不断扩大，中俄原油管道的建成和运营标志着两国能源合作迈上新台阶。三是中国与俄罗斯开展军事合作。中俄两军保持密切联系，两国国防部部长定期互访，在总参谋部战略磋商机制下经常会晤，定期开展联合军事演习。四是两国扩大人文合作。两国共同举办了2009年中国"俄语年"、2010年俄罗斯"汉语年"，促进了两国文化交流和民间交往。中俄在教育、文化、旅游、体育、卫生、新闻及出版等方面的交流与合作日益扩大。五是中俄两国在国际事务中密切合作。两国不断推动上海合作组织发展，在国际秩序改革和推动世界多极化、维护全球战略稳定、反恐、朝鲜核问题与伊朗核问题等方面进行了富有成效的合作。

二 形成"保稳"与合作外交政策的原因

（一）国内层面原因

俄罗斯国内层面的原因有四个。其一，俄罗斯中央集权制已经确立，政治稳定发展，总统选举实现政权平稳交接，这为俄参与国际事务提供了良好的政治保证。普京总统在执政八年期间，通过设置联邦区和总统向联邦区派驻代表制、修改俄罗斯联邦委员会组成方式、建立全国统一的法律空间、实行由总统提出联邦主体行政长官候选人和撤换地方行政长官的法令等政治改革，强化了中央集权制，理顺了中央和地方的主从关系。通过组建政权党并帮助其在议会选举中赢得更多议席、分化和削弱反对党等方式，普京改善了立法机构和行政机构的关系；通过废除混合选举制而改行比例选举制，在2007年12月举行的新一届俄罗斯国家杜马选举中，政权党"统一俄罗斯"党获得超过2/3（450个议席中的315个）的绝对多数议席，不仅使国家杜马中的反对党无足轻重，而且将国家杜马置于实际附属于总统的地位。上述举措大大加强了俄罗斯总统的权力。普京结束了叶利钦时期俄罗斯政治混乱的局面，实现了政治局势的稳定；而政治改革的平

---

① 数据分别来自中国商务部《国别贸易投资环境报告2009》《国别贸易投资环境报告2010》《国别贸易投资环境报告2011》，中国商务部网站。

稳推进、政治竞争的有序化和社会经济形势的日益好转，更为俄社会的长期稳定与发展创造了良好的条件。2008年俄罗斯总统大选的顺利进行、最高权力的平稳交接展示了俄宪政制度的可靠性和政治长期稳定的前景。内政的稳定为俄罗斯更加积极地参与国际事务、实现恢复其世界大国地位的目标提供了良好的政治保证。

其二，经济连年快速增长，综合国力显著恢复，俄罗斯不仅摆脱了西方的经济控制和政治影响，而且拥有了实施积极的对外政策的财政资本。1999~2007年，俄罗斯经济持续强劲增长，2007年国内生产总值达到1.3万亿美元，跻身世界经济七强之列；人均国内生产总值增长到9000多美元。稳定发展的经济大大增强了俄罗斯对未来的信心，2009年5月梅德韦杰夫总统批准的《2020年前俄罗斯联邦国家安全战略》规定，俄罗斯要在中期（2015年前）跻身世界经济五强之列。俄罗斯不仅不再需要从西方国家及其主导的国际金融机构获取贷款，而且积累了巨额国家储备资金，用以保障宏观经济稳定。经济的复兴使俄罗斯能够将更多的经费投入国防建设和军队现代化，以保持其世界军事大国地位，包括研发和更新战略性武器以维持俄美战略稳定。俄罗斯在政治、社会、科技和教育等领域也取得了世所公认的显著进步。综合实力的恢复加强了俄罗斯在与西方国家交往中的地位，为其恢复世界大国的外交注入了强劲的动力。

其三，强国思想复苏，日益富强的俄罗斯要求承担与其实力相称的国际责任，谋求更多的国际议程和国际规则制定权。大国传统和强国主义思想在俄罗斯具有深厚的社会基础，在经济和社会复兴的情况下，俄国内支持政府推行大国外交的呼声大增。俄罗斯民众支持政府保护本国的国家利益和推行更加进取的外交政策。一些有影响的政治家和学者甚至认为俄罗斯已经完全恢复了大国的诸多标志，因而应当实施扩张性的外交政策，在全世界扩展权力。例如，时任国防部部长谢·伊万诺夫公开宣称："俄罗斯已经完全恢复了大国地位，这样一个大国对全球形势和人类文明的未来负有责任。"[①] 一些主张在后苏联空间实行扩张政策的俄罗斯人认为，俄应通过承认独联体"不友好"国家——格鲁吉亚、阿塞拜疆和摩尔多瓦——分离主义地区的独立，亦即以"分而治之"的方式来扩大俄在独联体地区的政治影响力并遏制美国的影响。

---

① Сергей Иванов, Триада национальных ценностей, Известия, 14 июля 2006г.

第一章　1991~2021年俄罗斯外交政策的演变

其四，在遭受国际金融-经济危机的冲击之后，俄罗斯经济的复苏以及国家现代化战略的实施都要求"梅普组合"推行"保稳"与合作的外交政策，以便为实现这些目标创造有利的外部条件。突如其来的国际金融危机导致国际石油价格持续走低，严重打击了高度依赖能源出口的俄罗斯经济。从2008年11月起，能源出口收入减少，工业生产下降，外资撤离，卢布贬值，股市重挫，通货膨胀率居高不下，失业率持续上升，经济增长率下降，俄罗斯陷入了近十年来最严重的经济危机。俄罗斯出台《2009年俄罗斯联邦政府反危机措施纲要》等文件，实施一系列反危机举措，主要包括稳定金融体系和推进金融改革，扶持实体经济，发展创新型经济，吸引外资，等等。国际金融-经济危机暴露了俄罗斯资源型经济发展模式的弊端，使早在普京执政时期就已提出的经济现代化构想再次被提上政府的议事日程。2008年11月，普京总理批准了《2020年前俄罗斯联邦社会经济长期发展构想》。该文件不仅制定了2015~2020年俄罗斯国内生产总值进入世界五强等战略目标，而且规定了建立社会导向型创新经济发展模式等任务。[①] 2009年11月，梅德韦杰夫总统在俄罗斯联邦议会发表国情咨文，明确提出要实现国家全面现代化的战略目标，其中包括摆脱依赖能源出口的发展模式，走上创新型经济发展道路；重点发展医疗、能源、核能、空间技术与远程通信、信息技术五个战略方向。[②] 正如梅德韦杰夫总统在国情咨文中所说，俄罗斯的内政和外交政策都将只为包括实现国家全面现代化在内的各项实用目标服务。

（二）国际层面原因

国际层面的原因有三个。其一，"一超多强"的国际体系结构在相当长时期内难有实质性的改变，因此，在保持现行国际体系稳定的同时，对其进行适当的有利于提高自己国际地位的改革，符合俄罗斯的利益。"梅普组合"时期，俄一方面推出"保稳"与合作战略，继续促进公正民主的世界新秩序建设；另一方面也清醒地认识到，美国仍旧是当今世界唯一的超级大国，它拥有经济、军事、政治、文化、地缘政治和技术等各方面的力量优势。俄罗斯著名

[①] Концепция долгосрочного социально-экономического развития Российской Федерации на период до 2020 года, http://premier.gov.ru/events/1212.html.

[②] Послание Президента Федеральному Собранию Российской Федерации 12 ноября 2009 года, http://www.kremlin.ru/transcripts/5979.

智库俄外交与国防政策委员会做出预测：尽管到2017年前，美国的国际影响力会有所下降，但是任何其他力量极——欧盟、中国、印度、俄罗斯——都不具有实际能力和愿望来充当国际体系调节的担保者。① 正是基于这种对国际格局的远景评估，出于保护国际和平与安全从而为国内发展创造良好外部环境的考虑，俄罗斯主张建立一个稳定的基于国家平等、互相尊重与互利合作原则的以国际法为依托的国际体系；同时提高俄参与制定和落实国际议事日程的能力，提升俄在国际新体系中的地位。主张通过外交途径，通过维护国际法和国际关系准则、加强国际事务中的多边主义原则等方式，纠正美国建立单极世界、奉行单边主义、非法动用武力、把本国政治制度和发展模式强加于他国等不良习气，以净化国际关系，为建立公正民主的世界新秩序创造条件。

其二，这一时期国际安全形势总体上是稳定的，但是不稳定因素和新挑战不断出现，俄罗斯既有义务维护稳定的国际安全环境，又需要同国际社会特别是主要大国开展合作，共同应对新挑战和新威胁。作为联合国安理会常任理事国和具有国际影响力的大国，俄罗斯负有保卫国际和平与安全的责任。2008年7月梅德韦杰夫总统签署的《俄罗斯联邦对外政策构想》，重申俄对保障全球安全和地区安全负有责任，为此愿意与有关国家采取联合行动。② 同时，当代全球新的不稳定因素时有发生，具有跨国性甚至全球性的新的挑战和威胁不断出现，这就要求俄罗斯与世界各国特别是主要大国开展合作，共同保障国际安全与稳定。在国际军事政治领域，俄罗斯面临以下三个重大的问题。一是保持与美国的战略稳定问题。美国计划建立国家导弹防御系统和实际着手构建欧洲导弹防御系统，实质是要打破俄美战略平衡，取得对俄军事优势，从而确立美国单极霸权。俄罗斯对此不能接受，并做好外交上劝阻和军事上研发新式武器的两手准备。这个问题如果得不到妥善的解决，有可能引发国际军备竞赛，瓦解俄美两国已经达成的战略进攻性和防御性武器条约体系，进而破坏国际裁军进程，危及世界和平

---

① Совет по внешней и оборонной политике，Мир вокруг россии：2017 Контуры недалекого будущего，Москва，2007г.，с.47.
② Концепция внешней политики Российской Федерации，утвержденая Президентом Российской Федерации Д.А.Медведевым 12 июля 2008 г.，http：//www.kremlin.ru/text/docs/2008/07/204108.shtml.

事业。二是构建欧洲—大西洋地区安全新体系问题。冷战后美国不断推动北约东扩，企图构建一个以扩大的北约为基础、由美国领导的欧洲—大西洋地区安全体系。在这个安全体系中，美国只给俄罗斯预留了一个边缘化的位置。但是俄主张建立一个开放的、民主的全欧集体安全与合作体系，反对美国利用北约主宰欧洲安全事务。实际上，俄罗斯要求的是它能平等参与决策的欧洲—大西洋地区安全新体系，而这是美国不能接受的。三是北约接纳独联体国家问题。独联体地区是俄罗斯的"后院"，也是它实现大国崛起的战略依托，因此，俄不会容忍北约把独联体国家纳入麾下，从而形成对俄本土的军事包围之势。问题在于，无论俄罗斯怎样反对，北约都将继续东扩，只不过是时间早晚而已。上述三个问题不仅攸关俄罗斯的外部安全环境，而且攸关俄的国际地位。这些问题都需要俄罗斯与西方国家，首先是与美国达成相互可接受的解决方案，而任何一方的一意孤行只能引起对抗，造成国际和地区形势的动荡不安。

其三，经济全球化趋势深入发展，俄罗斯已经越来越深入地加入国际经济合作进程，国际金融-经济危机的爆发与蔓延更要求俄与世界各国广泛开展合作，以共同克服危机的后果。冷战结束以来，经济全球化加速发展，国际经济合作愈益密切，区域经济一体化蓬勃发展，国家间相互依存关系不断加深。俄罗斯积极参与经济全球化进程，并从中汲取了丰厚的经济利益，为俄经济复兴做出了贡献。普京执政八年，也是俄罗斯经济连续增长的八年。2007年俄罗斯国内生产总值不仅恢复到1990年的水平，而且成为世界第七大经济体。俄罗斯的经济成就首先得益于石油价格的连年攀升，石油、天然气和石油制品在俄出口中占比达到60%以上。此外，俄罗斯还从其他商品的进出口贸易中获益良多。俄罗斯通过引进外国的资金和先进技术，在一定程度上促进了一些产业部门的快速发展。俄罗斯积极发展与世界银行、国际货币基金组织、欧洲复兴与开发银行等国际金融机构的合作，推动欧亚经济共同体和独联体框架下的经济一体化进程，参与上海合作组织和亚太经合组织等机制下的区域经济合作。俄罗斯积极寻求加入世界贸易组织，以便更广泛、深入地融入国际经贸合作进程。但是2008年9月美国金融危机爆发并向全球蔓延，各国经济不同程度地受到冲击。同年11月俄罗斯一些主要经济指标呈现下降态势，开始陷入经济危机。在积极实施反危机政策和措施的同时，俄罗斯认识到，只有与国际社会携手应对国际金融-经济危机,才能实现复苏经济的目标。因此,俄罗斯加强了与美国、欧盟、中国等世界主要经济体以及八国集团、二十国集团等主要国际机制的协调与合作,积极为世界和本国经济复苏创造条件。梅德韦杰夫总统将俄罗斯的反危机措施与其未来长期发展战略结合起来,制定了国家现代化战略。为了配合该战略的实施,梅德韦杰夫总统又提出了"现代化"外交战略,其主要内容是俄罗斯将与欧盟、美国和中国等主要经济体结成现代化伙伴关系,发展经贸与科技创新合作,以促进俄国家全面现代化。总之,无论是出于主动融入经济全球化,在全球市场保持自己大国地位的考虑,还是出于被动应对国际金融-经济危机的严重冲击,为本国经济复苏创造条件的考虑,俄罗斯都将采取对外合作政策,通过国际合作去实现其预期目标。

三 对"保稳"与合作外交政策的评估

"保稳"与合作外交政策总体上是行之有效的,但是由于俄格武装冲突、国际金融-经济危机等突发国际事件以及其他因素,俄也有未能实现的目标。2009~2013年,俄罗斯外交的主要成就有三个。一是维护了俄罗斯国家主权和安全,巩固了其在独联体地区的主导地位。二是促进了国内经济发展。在俄格冲突之后,俄罗斯开展积极的外交,使俄美关系得以"重启",使俄与欧盟合作伙伴关系得以恢复,为顺利开展同西方经贸合作创造了必要条件。俄罗斯还施展经济外交,为其尽快摆脱国际金融危机后果、复兴经济做出了重要贡献。三是在一定程度上巩固了俄罗斯大国地位。俄罗斯通过对格鲁吉亚动武,使西方认识到不能忽视俄利益和立场。"梅普组合"积极利用经济和能源杠杆对独联体地区及其他国家施加影响,在一定程度上提升了俄罗斯的国际地位。

俄罗斯没有实现的对外政策目标有三个。一是未能阻止美国实施欧洲导弹防御系统计划,致使俄罗斯战略安全利益受损。而美国欧洲反导系统的建设势必对俄美战略稳定产生深远的消极影响。二是未能说服西方签署《欧洲安全条约》,也没能解决另一个与此相关的北约向独联体国家扩大的问题。俄罗斯与西方在欧洲安全新体系建构问题上的矛盾是原则性的,也是难以调和的。三是未能与欧盟签署新的《伙伴关系与合作协议》,至于俄欧四个共同空间建设计划更是被束之高阁。

第六节 大国权力外交（2014年至今）

2014年2月，乌克兰亲西方政党推翻亲俄的亚努科维奇政府，推行融入欧盟一体化进程的政策；3月，俄罗斯"兼并"克里米亚半岛，随后美国与欧盟对俄实施经济制裁和军事政治遏制。自此，俄罗斯被迫反制西方，改行反西方和"转向东方"的外交政策，笔者谓之"大国权力外交"政策。其基本内容是：将国家安全利益置于经济利益之上，强调维护俄罗斯主权和安全，捍卫俄国际权力和影响力，为此不惜对抗甚至动武。[①]

一 大国权力外交政策的实施

（一）俄罗斯奉行反西方政策，与西方对抗，同时在经贸及核裁军等极其有限的领域保持一定程度的合作

1. 俄罗斯与美欧展开经济和军事政治对抗

其一，经济制裁与反制裁。2014年3月，美国和欧盟对俄罗斯发起首轮制裁，包括对多名俄官员限制旅游、冻结资产等。美欧意欲以此打消普京政府兼并克里米亚的计划，但未能如愿。4月，乌克兰东部地区武装冲突爆发，美欧不断推出新的制裁措施，并将制裁范围扩大到俄罗斯的银行、能源和军工企业，进而禁止向俄受制裁企业提供贷款与融资，禁止购买俄银行发行的30天以上的债券、股权等。8月，普京政府宣布实施反制裁措施，禁止从美国和欧盟进口一系列食品和农产品。"制裁战"使俄罗斯与西方的经贸合作规模急剧缩减：俄与欧盟贸易额在2014年下降为3773亿美元，同比降幅为10%；[②] 俄美贸易额由2013年的380亿美元缩减到2014年的292亿美元；[③] 俄从西方引进资本的渠道严重受阻。西方制裁和国际石油价格下跌等使俄罗斯从2015年

---

① 柳丰华：《从大国经济外交到大国权力外交——普京总统第三、四任期的外交战略》，《国外理论动态》2019年第4期。
② 数据来自俄罗斯海关总署网站。
③ 数据来自 Давыдов А., Проблемы и ограничения российско-американских экономических отношений, США и Канада, №2. 2015г.；Торгпред: санкции США в торговле с РФ дали обратный эффект, https://ria.ru/interview/20150422/1060145931.html。

起陷入经济衰退。尽管如此,俄罗斯并没有屈服,没有按照美欧开出的条件寻求和解,因此俄与西方不断延长制裁与反制裁期限。

其二,军事政治对抗。美国与其欧洲盟国认为,仅对俄罗斯实施经济制裁是不够的,还要在军事上遏制俄,以阻止其对乌克兰及东欧其他国家的"侵略"。2014年9月北约决定在东欧前沿部署一支5000人的快速反应部队;2016年7月又宣布在波兰和波罗的海三国部署4个营,总兵力是4000人;同年3月美国宣布从2017年起在东欧国家部署3个旅,每个旅为4500人。北约派遣战机协助波罗的海三国保卫领空,频繁在乌克兰和东欧前沿进行联合军事演习。俄罗斯则在俄乌边界附近地区及黑海举行军事演习,派遣战机紧贴波罗的海三国及北约其他成员国的领空巡航,频繁发射"白杨"和"布拉瓦"等系列的洲际导弹。2016年1月,俄罗斯宣布将新建3个师,每个师约为1万人,并将其部署在西部和南部地区。俄罗斯同美国和北约的军事政治对峙不仅对乌克兰危机调解毫无助益,而且在东欧前沿形成紧张局势,波罗的海地区则沦为高风险的潜在冲突地区。

2. 俄美两国除了经济制裁和军事对抗,还在其他领域矛盾重重

其一,反导之争加剧。美国打造欧洲反导系统,旨在削弱俄罗斯核遏制能力,获得对俄军事优势。俄罗斯则大力增强突防能力和反导系统部署,极力保持俄美战略平衡。乌克兰危机发生后,美国加快建设欧洲反导系统,俄美展开战略军备竞赛。2016年5月美国在罗马尼亚建成第一个陆基反导基地,加上此前就已部署在西班牙的4艘装备雷达与拦截导弹的美国驱逐舰,美国的欧洲反导系统初具规模和实战能力。美国还在波兰建设第二个陆基反导基地,完善欧洲反导布局。俄罗斯则加强其战略核力量,研发新型导弹和反导系统,将5个导弹团投入战斗值班,在加里宁格勒部署"伊斯坎德尔"导弹,以反制欧洲反导系统。

其二,继续在乌克兰和叙利亚等国际问题上博弈。美国向乌克兰政府军提供援助,俄罗斯继续支持乌东部地区武装力量,乌东部冲突因此长期化。2015年2月,法国、德国、俄罗斯、乌克兰共同签署明斯克协议,此后美国不断敦促俄履行该协议。同年9月,俄罗斯空袭叙利亚境内的"伊斯兰国"组织,帮助叙政府军扭转战场颓势,稳住了巴沙尔政权。虽然俄罗斯扩大了在叙利亚的影响,但是挑战了美国在叙主导地位,俄美关系进一步恶化。美国采取叙利亚问题单独谈判策略,

俄罗斯不能以叙问题为地缘政治筹码，促使华盛顿调整对乌克兰问题的政策。

其三，"制裁战"加剧。2017年1月特朗普就任美国总统后，美俄关系继续恶化，美国不断追加对俄制裁措施。6月，美国财政部对38个俄罗斯组织和个人实施制裁，俄立即将对美反制裁措施有效期从2018年1月1日延长至12月31日。7月7日，普京总统和特朗普总统在二十国集团汉堡峰会期间举行首次会晤，就乌克兰冲突调解、叙利亚局势及网络安全等问题交换意见，虽然达成一项在叙西南部地区停火的协议，但是对俄美总体关系毫无促进。7月下旬美国国会通过一项制裁俄罗斯、伊朗和朝鲜的法案，8月初特朗普总统签署该法案。法案规定，美国将追加对俄罗斯相关个人和实体的经济制裁，阻止"北溪-2号"天然气管道项目建设，国会有权否决总统解除对俄制裁的决定等。该法案强化了美国反俄政策，也使对俄经济制裁长期化。

其四，外交纠纷增多。美国炮制对俄制裁法案时，普京政府对美政策转向强硬。俄罗斯首先清算一笔搁置的"外交账"：2016年12月奥巴马政府驱逐35名在俄驻美外交机构工作的情报人员，查封俄常驻纽约代表处与俄驻华盛顿大使馆郊区别墅，当时普京政府为了在特朗普上台后改善两国关系，隐忍不发。2017年7月28日，俄罗斯公布针对美国对俄制裁法案的反制措施：要求美驻俄外交机构在9月1日前削减755名工作人员，使双方外交机构互派人数对等；将从8月1日起禁止美驻俄大使馆使用谢列布里亚内博尔的外交别墅等房产。2018年，美俄两国因原俄罗斯间谍斯克里帕尔及其女儿在英国中毒事件，互相驱逐对方60名外交官。

其五，开启中导竞争。在反导之争纠缠不休的情况下，2017年美俄两国又掀起中导争端。两国互相指责对方研发被《中导条约》禁止的中短程导弹，美国意欲退出该条约，俄罗斯反对美退约。2018年2月美国发表《核态势评估》报告，声称要加强核武库，提升对俄核抗衡能力。[1] 普京政府视之为遏制俄罗斯核威慑力的宣言，3月1日普京总统发表2018年度国情咨文，向包括美国在内的外部世界展示了俄最新研发的一系列战略武器，其中包括"萨尔

---

[1] "Nuclear Posture Review," February 2, 2018, https：//www.defense.gov/News/Special-Reports/0218_npr.

马特"导弹系统、高超音速航空导弹系统和新型战略滑翔导弹系统等,同时强调俄将继续保持国际战略平衡和均势。[①] 10月,特朗普总统宣称美国将退出《中导条约》,普京总统立即表示俄罗斯将用军事技术及其他必要手段做出回应。2019年2月,美国启动退约程序,8月,美国与俄罗斯相继退出《中导条约》。自此,俄罗斯和美国公开研发陆基中短程导弹。

尽管俄美矛盾重重,但是两国仍然维系在核裁军领域的合作。《反导条约》和《中导条约》的相继废除,对《第三阶段削减战略武器条约》的命运产生了严重的影响。俄罗斯主张延长该条约,而特朗普政府对延续该条约和保持美俄核均势没有兴趣。支持核军控的拜登的上台使岌岌可危的美俄核裁军合作暂时得以维持。2021年2月3日,俄罗斯与美国终于在《第三阶段削减战略武器条约》到期前一天,完成了关于延长该条约有效期协议的国内审批程序,使该条约得以顺延五年。

(二)俄罗斯奉行"转向东方"政策,即优先发展与亚太国家的伙伴关系与经贸合作,融入亚太地区一体化

普京政府着力深化与亚太国家的合作,为俄罗斯及其远东地区的经济发展创造有利的条件,也为俄抗衡西方提供经济助力与政治支持。

1. 俄罗斯积极推进中俄全面战略协作伙伴关系

中俄两国在政治、经贸、能源、人文、外交、军事技术与安全、"一带一路"与欧亚经济联盟对接等各领域的合作均取得丰硕的成果。2016~2018年,俄罗斯是中国最大原油供应国,此后一直处于前三位。2018年1月,中俄原油管道第二条支线漠河—大庆管道投入商业运营,中国每年经由中俄原油管道进口俄罗斯原油的规模从1500万吨提高到3000万吨。2019年12月,中俄东线天然气管道开始对华供气,2020年输气量为50亿立方米,计划在2023年全线投产后每年的供应量为380亿立方米。2018年中俄双边贸易额达到1070.6亿美元,首次超过1000亿美元,增幅达到27.1%。2018年5月,中国与欧亚经济联盟签署经贸合作协定,规定双方致力于消除相互贸易中的非关税

---

① Послание Президента Федеральному Собранию, 1 марта 2018 года, http://www.kremlin.ru/events/president/news/56957.

壁垒，在海关便利化、消除技术性贸易壁垒、卫生与植物卫生措施、电子商务等九个领域发展合作。该协定的签署为中国与欧亚经济联盟发展经贸关系建立了制度性安排，表明"一带一路"与欧亚经济联盟对接"路线图"设计工作取得了重要成果。俄罗斯向中国出口先进的S-400防空导弹系统和苏-35战斗机，中俄两国空军在东北亚地区实施联合空中战略巡航，为维护亚太地区安全与稳定做出重要贡献。2019年，在中俄两国建交70周年之际，两国共同将中俄关系提升为"新时代全面战略协作伙伴关系"。

2. 俄罗斯加强与印度特惠战略伙伴关系、与越南的全面战略伙伴关系及与东盟的战略伙伴关系

新冠疫情流行以来，俄罗斯除了发展与越南、印度等国的经贸和军技合作，还开展抗疫合作。俄罗斯通过视频会议等方式参加在东盟地区论坛、东盟对话伙伴国和东亚峰会等机制下的对话，开展抗疫与经贸合作。2020年，欧亚经济联盟批准其与东盟2025年前经济合作纲要，正在研究与东盟及其更多成员国建立自由贸易区的可行性。同时，俄罗斯对美国拉拢印度和越南，特别是拉印参加"印太地区"四国合作保持警惕。俄罗斯与日本在开展互利合作的同时，保持了频密的对话，双方讨论了在南千岛群岛（日本称"北方四岛"）开展共同经济活动以及和平条约等问题，但是没有取得进展。急于同俄罗斯解决"北方四岛"争端的安倍晋三的去职，以及俄对领土争端政策的强硬化，使俄日关系前景不容乐观。

3. 俄罗斯致力于构建"大欧亚伙伴关系"

2015年12月普京总统在国情咨文中提出，俄罗斯将与欧亚经济联盟其他成员国同上海合作组织和东盟成员国商讨共建经济伙伴关系。[①] 2016年6月17日，普京总统在圣彼得堡国际经济论坛会议上又提出建立"大欧亚伙伴关系"倡议，进一步明确其对象国除了欧亚经济联盟成员国，还包括中国、印度、巴基斯坦和伊朗。[②] 一周之后，普京总统访问中国，中俄两国元首共同发表建立

---

① Послание Президента РФ Федеральному Собранию, 3 декабря 2015 года, http://www.kremlin.ru/events/president/news/50864.

② Пленарное заседание Петербургского международного экономического форума, 17 июня 2016 года, http://www.kremlin.ru/events/president/news/52178.

欧亚全面伙伴关系的倡议。自此，俄罗斯将构建"大欧亚伙伴关系"作为其外交政策的一个主要目标。俄罗斯建立"大欧亚伙伴关系"主要基于以下动因：应对乌克兰危机后俄与西方对抗长期化；应对当时美国推动的《跨太平洋伙伴关系协定》及《跨大西洋贸易投资伙伴关系协定》的挑战；对冲中国"丝绸之路经济带"倡议在独联体地区的进展；发展欧洲和亚洲区域合作等。[①] 俄罗斯的"大欧亚伙伴关系"倡议从另一侧面反映了俄"转向东方"政策的实质：虽然优先发展对亚太外交是被迫之举，但是俄仍然要做一个独立而强大的国际权力中心，既不从属于西方，也不依附于东方。[②]

（三）俄罗斯维护其在独联体地区的主导地位

1. 建立欧亚经济联盟，推动该联盟框架下的经济一体化

2014年5月，俄罗斯、白俄罗斯和哈萨克斯坦总统在阿斯塔纳签署《欧亚经济联盟条约》。根据该条约，欧亚经济联盟的总目标是在2025年前实现成员国境内商品、服务、资本和劳动力的自由流动，实行协调一致的经济政策。2015年1月1日，欧亚经济联盟正式成立，次日亚美尼亚加入；5月，吉尔吉斯斯坦也成为其成员国。在西方对俄罗斯经济制裁和俄经济陷入衰退的形势下，欧亚经济联盟的成立显示出普京政府推进欧亚地区一体化的决心。2018年1月，欧亚经济联盟新版海关法典生效，提高了成员国间海关合作效率。5月，该联盟接纳摩尔多瓦为观察员国。联盟已经建成统一的医药品市场，正在建设统一的电力、天然气、石油和石油产品、金融服务市场。成员国间贸易不断增长，俄罗斯积极推进在投资、服务贸易和数字经济等领域的合作。联盟与中国签署经贸合作协定、与伊朗签署建立自由贸易区临时协定，同时还在与多国商谈自贸协定。

2. 抑制独联体国家的离心倾向

乌克兰危机对俄罗斯与独联体其他国家关系的消极影响和美欧在这一地区的渗透，导致独联体国家新一轮对俄离心化：乌克兰加入欧盟自贸区并宣布退出独联体，格鲁吉亚和摩尔多瓦签署欧盟联系国协定，亚美尼亚与欧盟签订《全面和加强伙伴关系协定》，哈萨克斯坦进行哈语字母改革，白俄罗斯一度

---

① 柳丰华：《欧亚伙伴关系：中俄合作新议程》，《东北亚论坛》2017年第4期。
② 柳丰华：《从大国经济外交到大国权力外交——普京总统第三、四任期的外交战略》，《国外理论动态》2019年第4期。

要改国名为白罗斯。① 俄罗斯综合运用政治、经济、能源和抗击新冠肺炎疫情等领域合作，甚至通过施加军事压力，极力抑制独联体国家的脱俄倾向，发展与它们的合作。

3. 遏制西方在独联体地区发起的恶性竞争

西方持续对俄实施各种制裁和美国向乌克兰提供致命性武器等使乌俄关系不断恶化。2018年11月，俄罗斯与乌克兰在刻赤海峡发生冲突，几乎引发两国战争。2020年，在西方的干涉下，发生白俄罗斯总统选举事件、阿塞拜疆与亚美尼亚军事冲突和吉尔吉斯斯坦议会选举事件。俄罗斯坚定地支持卢卡申科维护社会政治稳定，促成阿、亚两国达成停火协议，支持吉维护社会秩序。

（四）俄积极扩展其在中东地区的影响

普京政府军事介入叙利亚事务并巩固俄罗斯在叙优势地位，积极扩大俄在中东地区的影响。

1. 军事介入叙利亚事务

2015年9月，俄罗斯军队空袭叙利亚极端组织"伊斯兰国"，自此开始武力干涉叙事务。俄罗斯此举意在将其与西方对抗的战线从乌克兰转移到遥远的叙利亚，同时维护其在叙利益，将支持车臣恐怖主义的极端组织"伊斯兰国"拒于俄边界之外。自然，美国不能容忍俄罗斯挑战其在叙利亚的主导地位，因此俄美在叙竞争加剧。俄罗斯的军事干预与援助使叙利亚政府军反败为胜，击溃了境内"伊斯兰国"武装势力，截至2018年10月，叙政府军已经收复超过95%的叙领土，管控90%以上的叙人口。② 俄罗斯加强了在叙利亚的军事和政治影响，并推动由俄主导的叙和解进程——阿斯塔纳进程。2018年12月美国公布从叙利亚撤军计划，意味其不得不正视俄罗斯在叙的军事政治存在。

2. 俄罗斯拓展与伊朗、土耳其的经贸、能源及军事技术合作，就叙利亚问题进行俄伊（朗）土三边协作

2016年，俄罗斯与伊朗加强了在叙利亚的军事合作，俄负责空中打击力量，伊提供地面部队援助。在特朗普政府宣布退出伊朗核协议后，俄罗斯明确支持

---

① 柳丰华：《普京总统第四任期内外政策走向》，《国际问题研究》2018年第4期。
② 《俄国防部长：叙境内"伊斯兰国"被彻底消灭》，新华网，http://www.xinhuanet.com/world/2018-10/21/c_1123588862.htm。

伊朗，并与中、法、德、英四国共同维护该协议。在土耳其发生未遂政变后，俄罗斯与土总统进行了互访，实现双边关系正常化。2018年9月，俄、土两国总统达成两国共同在叙利亚伊德利卜省设立非军事区的共识。2019年10月，两国又达成由俄土军队在叙利亚"安全区"联合巡逻的谅解备忘录。俄罗斯向土耳其出口俄S-400防空导弹系统，修建"土（耳其）流"天然气管道。俄罗斯与伊朗、土耳其建立了三方对话机制，加强在叙利亚问题上的协调。凭借有限的军事行动和颇有成效的外交斡旋，俄罗斯再次成为对中东地缘政治具有重要影响的大国。

二 形成大国权力外交政策的原因

（一）形成大国权力外交政策的直接原因是乌克兰危机

对俄罗斯而言，2014年2月亚努科维奇政府被推翻和基辅新政权的产生，意味着乌克兰从此将奉行反俄亲欧的政策，脱离欧亚一体化而融入欧盟一体化，甚至可能加入北约。这是俄罗斯绝不能接受的——尽管乌克兰是一个独立的主权国家，它有权决定自己的内外政策，但普京政府认为，乌克兰对俄罗斯具有非同寻常的意义。

1. 乌克兰是普京政府极力打造的欧亚经济联盟的重要发展对象国

无论是俄罗斯主导的独联体，还是俄建立的其他地区性一体化集团，都需要乌克兰的参与。乌克兰拥有发达的工农业、丰富的矿产资源，还是有着4550多万人口的大市场，是独联体地区大国，其政策走向对独联体范围内任何一体化组织的发展都有重大的意义。2003年9月，俄罗斯、白俄罗斯、哈萨克斯坦和乌克兰正式签署了建立"四国统一经济空间"的协议，该空间随后因乌克兰不实际参加而自我消失，普京的目标是在该组织架构下建立地区共同市场，并以此带动整个独联体经济一体化。但是"颜色革命"后乌克兰开始奉行反俄和疏离独联体一体化的政策，致使统一经济空间名存实亡，俄、白、哈三国只得将一体化的依托机制转向欧亚经济共同体。普京在他的第三个总统任期内，决心以俄白哈关税同盟为基础，打造欧亚经济联盟[①]，使之成为

---

① Послание президента Российской Федерации Федеральному Собранию, 12 декабря 2012 года, http://www.kremlin.ru/news/17118.

能够与美国、中国和欧盟并驾齐驱的地区一体化集团。在俄罗斯的积极拉拢下，2013年5月，乌克兰作为观察员国参与关税同盟，并探索与关税同盟发展合作的方式。俄罗斯希望乌克兰正式加入关税同盟，一心一意地融入俄主导的欧亚一体化进程。普京政府很清楚，乌克兰一旦同欧盟签署联系国协定和自由贸易协定，就将日益深入地参与欧洲一体化，这一进程将不可逆转，其结果自然是乌完全脱离欧亚一体化进程。这是普京不能接受的，也是俄罗斯千方百计阻止乌克兰"西进"的一个重要原因。

2. 乌克兰是俄罗斯实现大国复兴的重要地缘战略伙伴

重回世界大国之列一直是苏联解体以来俄罗斯历届政府外交的主要目标之一。独联体地区是俄罗斯重新崛起为大国的重要战略依托，而乌克兰则是其中具有战略意义的地缘政治支轴国家。正如美国战略家布热津斯基所言："没有乌克兰，（俄罗斯）以独联体或以欧亚主义为基础重建帝国都是不可行的。"[①] 乌克兰地处东欧，位于俄罗斯和欧盟交通要道，也处在俄罗斯与北约之间，加上它濒临黑海，地缘政治地位十分重要，因此备受东、西方重视。对俄罗斯来说，乌克兰至少具有两个地缘战略意义：作为俄罗斯的缓冲地带，使俄西南领土和北约成员国之间有一个纵深数千公里的缓冲带；其黑海港口城市塞瓦斯托波尔长期以来是俄罗斯黑海舰队基地，对俄保持其世界海军强国地位极为重要。乌克兰反俄政权的出现，意味着乌将不再是俄罗斯的缓冲地带，并有可能将俄黑海舰队逐出乌领土。

3. 乌克兰是俄罗斯与西方意识形态斗争的重要伙伴

在普京总统的第二个任期，俄罗斯与西方意识形态的斗争已经凸显，正是这种斗争催生了普京的新斯拉夫主义外交。[②] 2013年9月，普京总统在瓦尔代国际辩论俱乐部会议上表示，"世界上有一些国家甚至整个地区，它们不能按照通行的美国或者欧洲民主的样板生存"，因为它们的社会和传统与后者明显不同。[③] 乌克兰

[①] 〔美〕兹比格纽·布热津斯基：《大棋局——美国的首要地位及其地缘战略》，中国国际问题研究所译，上海人民出版社，1998，第148页。

[②] 柳丰华：《"梅普组合"的外交战略》，中国社会科学出版社，2012，第80~104页。

[③] Заседание международного дискуссионного клуба «Валдай», 19 сентября 2013 года, http://www.kremlin.ru/news/19243.

在俄罗斯维护其独特的文明和发展道路方面具有特殊的价值。俄罗斯族、乌克兰族、白俄罗斯族同属东斯拉夫人，他们所居住的土地在历史上曾被分别称作"大罗斯""小罗斯""白罗斯"。统一而强大的基辅罗斯是俄、乌、白三国共同的历史起源，基辅拥有"罗斯诸城之母"的美誉。公元988年，弗拉基米尔大公统治的基辅罗斯皈依基督教正教，东正教帮助罗斯建构了一种共同的身份认同，为东斯拉夫文化奠定了基础。白俄罗斯已经选择了与俄罗斯联合发展的道路，如果乌克兰也能加入进来，东斯拉夫三兄弟民族可再度联合建立斯拉夫联盟，形成一条有别于西方的、具有东斯拉夫特色的发展道路，这当然是具有相当合理性和说服力的，这也是普京想极力促成的一种前景。1922年12月，苏联就是在俄、乌、白三个斯拉夫加盟共和国和外高加索加盟共和国的基础上成立的，1991年12月签署"别洛韦日协定"、宣告苏联"作为国际法主体和地缘政治现实停止存在"的也是这三个斯拉夫加盟共和国，由此可见俄、乌、白三国联合的重要性。相反，如果乌克兰选择接受西方民主制度并融入欧盟，那么将大大削弱普京所维护的俄罗斯独特的发展道路的存在价值和推广价值，还将给普京积极推进的独联体地区一体化以沉重的打击。这也是普京极力拉住乌克兰，不让它投奔西方的一个重要原因。

（二）形成大国权力外交政策的深层原因是地缘政治矛盾

引发俄罗斯与西方对抗的乌克兰危机只是俄与西方地缘政治矛盾中的一个缩影，自冷战结束以来，双方积累了很多矛盾，这些矛盾非但没有随着时间的推移有所缓解，反而越来越朝着激化的方向发展。

1. 美国对俄罗斯的战略遏制

美国不仅谋求对俄战略军事优势，而且极力将反导系统等战略武器的部署基地向俄罗斯的邻近国家推进，以加强对俄战略遏制能力，俄罗斯被迫奋起反制。俄罗斯一直力图保持国际战略平衡，美国却极力突破美俄战略平衡，追求对俄优势。美国退出《反导条约》，开启美俄反导竞争。1972年，苏联与美国签署《反导条约》，旨在限制双方反导防御，确立苏美相互确保摧毁的核恐怖均衡。《第一阶段削减战略武器条约》等条约的签署，进一步确认苏美战略平衡。2002年，美国打着应对伊朗和朝鲜导弹威胁的幌子，退出《反导条约》。俄罗斯清醒地认识到，美国构建国家导弹防御系统和欧洲反导系统的目的是打

第一章　1991~2021年俄罗斯外交政策的演变

破俄美战略平衡，削弱俄核遏制潜力。① 2004年小布什政府在阿拉斯加和加利福尼亚部署陆基拦截导弹，2016年奥巴马政府启用驻罗马尼亚的陆上反导基地，美国还在波兰建设第二个欧洲陆上反导基地。与此同时，俄罗斯更新本国反导系统，重点加强导弹突防能力，以保持在反导领域的平衡。乌克兰危机后，俄美战略军事竞争从反导扩散到中导。美国以俄罗斯违反《中导条约》为由，于2019年2月退出该条约，俄罗斯随后也退约，自此两国开启中导竞争。未来美国是否在欧洲部署陆基中短程导弹，尚不可预测，可以肯定的是，在中导领域的竞争将会消极地影响俄美战略稳定及双方总体关系。

2. 俄罗斯与西方在欧洲安全新秩序方面的矛盾难以弥合

东欧剧变和苏联解体导致欧洲地区两极格局崩溃，构建地区安全新秩序的问题自然而然地出现了。美国及其欧洲盟国推行北约主导的欧洲安全新体系，俄罗斯则主张构建各国平等参与的区域集体安全体系，以维护其欧洲大国地位。20世纪90年代，美欧推动北约东扩，填补中东欧安全真空。俄罗斯抵制北约东扩，试图以强化欧安组织来抗衡北约中心主义，推动建立以欧安组织为基础的欧洲地区安全体系。2004年北约与欧盟双东扩表明，以北约为中心、以欧盟为辅助的欧洲安全新结构已然成为事实。俄罗斯面临是否和怎样参与其中的问题，而这同时也是由北约主导的欧洲安全新结构面临的问题，后者既不会给予俄所期望的平等的参与决策权，又意识到不能无视俄对地区安全事务的影响。此后，俄罗斯致力于维护其在独联体地区的传统影响，阻止北约接纳独联体国家，构建基于平等安全与安全不可分割原则的欧洲集体安全体系。但是，美国无视俄罗斯划定的北约东扩"红线"，鼓动北约吸纳格鲁吉亚和乌克兰，结果促使格铤而走险，引发俄格武装冲突。乌克兰危机虽然是由欧盟和俄罗斯争夺乌而起，实际上也与乌究竟留在独联体还是加入北约的问题密切相关。"梅普组合"所提出的签订欧洲安全新条约的倡议，欧盟成员国是只议而不受，美国则置之不理。俄罗斯与美国、欧盟及其主要成员国在欧洲安全新体系问题上的矛盾将长期地横亘于俄西关系之中。

3. 俄罗斯与西方在独联体地区的竞争持续不止

俄罗斯力图保持独联体势力范围，美欧则致力于将独联体地区纳入西方地

---

① Выступление и дискуссия президента РФ на Мюнхенской конференции по вопросам политики безопасности, 10 февраля 2007 года, http://www.kremlin.ru/events/president/transcripts/24034.

75

缘政治经济影响之下。俄罗斯一直要求美欧承认其在独联体地区的"门罗主义"，即承认该地区是俄"后院"，正如西半球之于美国。西方拒绝俄罗斯的要求，认为这是其帝国思维的残余，与民主国家的世界观格格不入。相反，西方不遗余力地支持独联体国家去俄罗斯化，融入国际社会。美国支持独联体国家巩固自身主权和独立，参与北约"和平伙伴关系"计划，支持该地区一些国家结成"古阿姆"集团，从事反俄活动。美国向独联体国家提供经济援助，与这些国家发展经贸合作，资助修建绕开俄罗斯领土的油气管道，以培育这些国家政治独立所必需的经济基础。欧盟也积极发展与独联体国家的政治和经济联系，通过实施"东部伙伴关系"计划等项目，促进这些国家的经济社会发展和政治经济改革。西方还通过在独联体国家发动"颜色革命"，直接催生反俄亲西方的政权。俄罗斯积极利用政治、经济、能源、文化、外交甚至军事等工具，软硬兼施，以抵制西方在独联体地区的渗透和扩张，抑制独联体国家的西倾政策，维护俄在该地区的传统影响。

（三）形成大国权力外交政策的主观原因是俄罗斯的大国思维及其对国际规则偏好

1. 俄罗斯的大国思维根深蒂固

俄罗斯认为，它是大国或曰强国，这种国际地位理应受到尊重。俄罗斯强大时通过建立一些国际机制以巩固其大国身份；衰弱时则维系一些既有国际机制，或者加入一些国际组织，来维系大国地位。乌克兰危机发生之后，普京政府在与西方的顽强对抗中，坚持"巩固俄罗斯作为一个世界领导国的地位"。[①] 普京的大国意识包括以下外交目标：维护俄罗斯作为当代世界多极之一的地位，构建公正民主和基于集体决策原则的国际体系；促进公正合理的全球经贸体系和金融体系的形成；维持国际战略稳定，维护俄在世界事务中的地位，等等。为此，普京政府武力介入叙利亚问题，有意重塑中东地区秩序；实施"大欧亚伙伴关系"倡议，期望构建欧亚—亚洲区域一体化新模式。

---

① Стратегия национальной безопасности Российской Федерации, Утверждена указом президента Российской Федерации от 31 декабря 2015 г., http：//www.scrf.gov.ru/documents/1/133.html#.

2. 俄罗斯在全球追求权力的外交传统难以割舍

作为乌克兰危机发生以来普京政府外交政策的关键要素之一，"权力"目标包括：保卫俄罗斯国家安全，维护俄在独联体地区势力范围及其"特殊利益"；巩固俄在叙利亚、朝鲜半岛核、伊朗核等国际问题上的影响力；保持俄美战略平衡与稳定；等等。为了实现这些"权力"目标，普京政府不放弃对乌克兰使用武力威胁和对叙利亚恐怖主义势力使用武力，也不惜与美欧进行经济和军事政治对抗。

3. 俄罗斯对国际法和国际机制的观点与美国不同

冷战后，美国以霸主自居，无视国际法和国际关系准则，推行单边主义，甚至擅自对他国动武，因此经常引发国际局势动荡，产生消极影响。俄罗斯作为一个衰落的大国和正在崛起的大国，重视借助于国际法和国际机制维护其权益。俄罗斯主张强化联合国作为国际关系调节中心的作用，反对单边主义和恃强动武；主张多边外交，反对集团政治；主张在平等安全和安全不可分割原则而不是在集团（北约）安全原则的基础上，建立欧洲地区安全新体系；主张维护国际法在国际关系中至高无上的地位，反对违反国际法的行为，反对任意解释不使用武力与民族自决权等国际法准则。[①] 俄罗斯主张将欧安组织建设成为全欧安全机制，反对北约主导欧洲安全事务。尽管如此，乌克兰危机后，俄罗斯对国际法的态度有所变化：普京政府明确宣示，俄首先使用政治、法律、外交等手段维护其利益，如果不能奏效，就使用武力。[②]

三 对大国权力外交政策的评估

俄罗斯大国权力外交政策尚在实施之中，对其还不能做出全面的评估。就其到目前为止的实践而论，成效是有限的，不足则是主要的。大国权力外交政策的成果包括：俄罗斯"兼并"了克里米亚，不仅使其黑海舰队再也不必租

[①] Концепция внешней политики Российской Федерации, Утверждена президентом Российской Федерации В. В. Путиным 30 ноября 2016 г., http://www.kremlin.ru/acts/news/53384.

[②] Стратегия национальной безопасности Российской Федерации, Утверждена указом президента Российской Федерации от 31 декабря 2015 г., http://www.scrf.gov.ru/documents/1/133.html#.

赁乌克兰海港作基地，而且增强了俄在黑海的军事地位；俄罗斯"转向东方"，加强了与亚洲国家的政治和经贸合作，尤其是提升了与中国的全面战略协作伙伴关系，与中国的各领域战略协作不仅促进了俄经济发展，而且支持了俄与西方的对抗；普京政府成立欧亚经济联盟，推动其框架下经济一体化取得重要进展，使其成为独联体地区最有成效的一体化机制，也通过与多个域外国家建立自贸区等合作，扩大了该组织的国际影响；俄罗斯对叙利亚问题的武力介入富有成效，不仅确立了俄在叙优势地位，而且通过发展与伊朗和土耳其等国的安全、军技及能源等合作，扩大了俄在中东的影响力。

　　大国权力外交政策的不足包括：俄罗斯和西方对抗长期化，俄与美欧的"制裁战"对俄经济社会发展造成长期的阻滞，俄同美国和北约的军事对抗则恶化了俄西部甚至国家安全环境，也消耗了大量的经济和外交资源；俄美两国在反导和中导领域的竞争，不仅对俄美战略稳定造成消极影响，而且对俄战略安全构成威胁；乌克兰因俄罗斯"兼并"克里米亚和支持乌东分离主义势力而与俄反目成仇，乌奉行反俄亲西方政策及其参与欧盟一体化进程，对俄重整独联体地区的政策是极其沉重的打击，未来还将发挥刺激更多独联体国家对俄离心力的作用；俄罗斯维护了某些地缘政治利益和权力，却为此丧失了国家经济现代化的前景。虽然普京大国权力外交政策并非没有经济外交的成分，但是在俄罗斯与其现代化的引导者西方长期对抗的条件下，其经济外交的主要目的只是维护经济稳定或促进经济增长，与国家现代化的目标相去甚远。[①]

[①] 柳丰华：《从大国经济外交到大国权力外交——普京总统第三、四任期的外交战略》，《国外理论动态》2019年第4期。

第二章 俄美关系

1803年10月28日,沙皇俄国宣布承认美国。1809年,俄美两国正式建立了外交关系。1917年十月革命后,美国政府拒绝承认布尔什维克政府的合法性。1917年12月6日,在布尔什维克推翻临时政府之后,威尔逊总统指示美国驻俄罗斯外交代表不要与布尔什维克政府进行任何直接接触。1917年至1933年,两国外交关系陷于停滞。1933年11月16日,随着欧洲局势的日益紧张,美苏恢复了外交关系。1991年12月25日戈尔巴乔夫宣布辞职后,美国总统乔治·布什立即向全国发表讲话,宣布承认俄罗斯联邦和其他新独立的国家,俄罗斯联邦为苏联的继承者,获得了安理会常任理事国席位,美国驻苏联大使馆转为美国驻俄罗斯大使馆。12月31日,俄美两国正式建立了外交关系。

如今的俄美关系是历史上苏美关系的继续。冷战时期,苏美争斗了近40年。1991年至2021年的30年,俄美关系是从战略合作、战略竞争走到战略对抗的30年,俄罗斯经历了从亲美、疏美到反美的进程。在叶利钦、普京第一阶段和"梅普组合"时期,俄美维持了基本的友好,俄罗斯摆脱了苏联时期被美西方孤立的状态,先后加入了世界银行、国际货币基金组织、世界贸易组织,成为八国集团成员,俄美经济和人文交流增多,俄罗斯经济取得了快速的增长,人民生活得到改善。与此同时,一些冲突的种子已被埋下。

2012年普京重新担任总统是一个转折点,此后俄美关系不断恶化。自2013年以来,俄美两国领导人没有实现互访。2014年的乌克兰危机让俄美矛盾公开化,此后由于一系列事件的叠加,双方的对抗越来越激烈,互相施加经济制裁，驱逐外交官，关闭领事馆，冻结外交资产，调整军事部署，频繁举行军事演习，不断研制新型武器，展开了新一轮军备竞赛。普京总统指出："美国近年对俄罗斯的政策很难称得上是友好。俄罗斯的合法权益被忽视，出现了一场持续的反俄战，以及越来越多的制裁，这些制裁都违背了国际法，毫无理由地强加给俄罗斯。我想强调，我们没有做任何事情来挑起这些制裁。过去数十年形成的国际安全结构正在被单方面地完全地拆毁，美国将俄罗斯视为主要威胁。"[1] 到2021年，俄美关系已经降到冷战后的历史最低点。按照俄罗斯前总统梅德韦杰夫的话："俄美关系已经从竞争走向了对抗，基本上重回冷战时代。"[2]

第一节　俄罗斯对美国政策

1989年的东欧剧变不仅使苏联失去了自己的军事集团，而且最终也瓦解了苏联自己。在1991年2月25日的布达佩斯政治协商会议上，华沙条约组织正式宣布解散，而北约仍然存在，统一的德国留在北约集团当中，欧洲的力量均衡被打破，俄罗斯成为较弱的一方。苏联是冷战的失败者，美国是胜利者，美国成为世界上唯一的超级大国，这是一个事实。但是很多俄罗斯人并不愿意承认这一点。

苏联解体后，美国仍然对俄罗斯抱有防范之心。这其中既有历史的惯性，也有现实的考虑，包括俄罗斯独特的文明、庞大的战略核力量、帝国的抱负和桀骜不驯的行事方式。在美国眼中，俄罗斯永远是一个"他者"，而不是"自己人"。尽管俄罗斯坚持自己是西方的一员，属于欧洲文明，但是美国和欧盟在精神文化上仍然把俄罗斯归为"异类"，这让很多俄罗斯政治精英愤愤不平。美国继续奉行"防俄""遏俄"政策，最明显的标志就是北约的东扩和欧

---

[1] "Presidential Address to Federal Assembly," February 20, 2019, http：//en.kremlin.ru/events/president/news/59863.

[2] "Relations between Russia & US have Shifted from 'Rivalry' to 'Confrontation' & are Back to Cold War Level- Ex-president Medvedev," April 23, 2021, https：//www.rt.com/russia/521894 - cold - war-confrontation-medvedev/.

洲反导系统的建设。

2021年6月22日，普京在德国《时代周报》刊文："我们希望冷战结束是一个欧洲共同的胜利。""北约本身就是冷战的遗产。毕竟，它就是为那个年代的对抗而专门创建的。""这个集团正在向东扩张，顺便说一下，当时苏联领导层实际上被说服，接受统一的德国加入北约，这成为后来欧洲相互不信任迅速增加的主要原因。那时的口头承诺，例如'这不是针对你'或者'集团的边界不会接近你'，这些承诺很快被遗忘。但是开创了一个先例。""1999年后，北约进行了5轮东扩。十四个新的国家，包括苏联前加盟共和国，加入了这个组织，这有效地粉碎了建立一个没有分界线的大陆的希望。"①

梅德韦杰夫谈到了当前俄美关系的困境："我不是在谈论古巴导弹危机，当时所有的东西都命悬一线。但是在某些方面，今天的形势更糟。""现在他们相信，至少目前，俄罗斯是一个垂死的国家。这个国家（俄罗斯）在外交政策话语中可以被无视或忽略，这就是为什么他们犯了许多错误的原因。""是的，有非常不同的时期，甚至古巴导弹危机。但是即使那样，从来没有人会想到切断所有的沟通渠道。""难以想象针对个人的制裁会施加于赫鲁晓夫或勃列日涅夫身上？不会，当然不会。为什么不会？因为那时我们的伙伴更加务实。"② 梅德韦杰夫强调，俄美对抗的螺旋桨完全是由美国和西方国家发动的，始于2014年的克里米亚入俄。

俄美双方的认同差距是导致双边关系紧张的重要原因。美国很多人认为，俄罗斯是一个"地区国家""伪装成国家的加油站""不断衰弱的国家"。奥巴马总统嘲讽俄罗斯，认为其只是一个威胁其"近邻"的"地区强国"（regional power）。③ 拜登总统贬低俄罗斯："和苏联相比，现在的俄罗斯不能

---

① Vladimir Putin, "Being Open, Despite the Past," June 22, 2021, http：//en. kremlin. ru/events/president/news/65899.

② "Current Relationship between Russia & US is, in Some Ways, Worse than during Cuban Missile Crisis, Says Former President Medvedev," June 1, 2021, https：//www. rt. com/russia/525347-medvedev-cuban-missile-crisis-russia-usa-phase/.

③ "Obama Says Russia is 'Regional Power,' Not America's Top Geopolitical Foe," http：//abcnews. go. com/blogs/politics/2014/03/obama-says-russia-is-regional-power-not-americas-top-geopolitical-foe/.

给世界提供任何清晰的西方民主的替代品。俄罗斯领导人只能求助于民族主义、民粹主义和国家主义的口号或主题。"[1] 美国政府批评俄罗斯搞"修正主义",力图修正冷战和苏联解体的结果,"侵犯"格鲁吉亚、乌克兰、摩尔多瓦等国的领土和主权。俄罗斯在国外搞"混合战",破坏现行的国际规则和秩序,干涉美国总统大选,对美国发动网络攻击,制造和传播各种虚假信息。俄罗斯违反《禁止化学武器公约》,使用隐秘的神经毒剂暗杀俄罗斯前特工斯克里帕尔(2018)和反对派领导人纳瓦利内(2020)。

俄罗斯则认为自己仍然是一个世界强国,是可以和美国平起平坐的国家,美国才是一个"衰弱的超级大国""正在走苏联的老路"。普京否认俄罗斯正在衰弱:"我想告诉其他国家那些仍然在期待俄罗斯实力衰退的人,我们唯一的担心是在你的葬礼上感冒。""确实,就像我说的,苏联不在了,但是还有俄罗斯。"[2] 俄罗斯批评美国仍然试图遏制俄罗斯,限制俄罗斯的政治影响力,削弱俄罗斯军事力量,支持俄罗斯国内的反对派,动摇俄罗斯政治体制,在俄罗斯周边煽动"颜色革命",支持各种"反俄""仇俄"势力。"在这种复杂的背景下,我们必须处理针对俄罗斯的所谓遏制政策。事实上,这是我们长期以来都了解的事情。这不是国际关系的自然竞争,而是美国一贯的侵略性的政策,目的是打断我们的发展,减缓我们的速度,在我们的周边和外围制造问题,挑动内部的不稳,破坏团结俄罗斯的价值观,最终削弱俄罗斯,迫使其接受外部管理,正如我们看到的,就像一些后苏联空间国家正在发生的事情。"[3]

俄美是天然的对手,俄罗斯的军事实力、国土面积、意识形态、行事方式使得美国天然地视俄罗斯为对手。苏联虽然解体了,但是俄罗斯仍然保有帝国的心态,一个帝国不能接受另一个帝国的存在。近年来,俄罗斯国内民族主义情绪不断高涨,很多俄罗斯人将美国视为俄实现大国抱负的最大障碍。在俄罗斯,反美变成一种"政治正确"。而在美国,反俄也成为一种"政治正确"。

---

[1] Joseph R. Biden and Michael Carpenter, "How to Stand Up to the Kremlin: Defending Democracy Against Its Enemies," *Foreign Affairs*, Vol. 97, Iss. 1 (Jan./Feb. 2018), p. 45.

[2] "Meeting of the Valdai Discussion Club," October 22, 2020, http://en.kremlin.ru/events/president/news/64261.

[3] "Federal Security Service Board Meeting: The President Held a Meeting of the FSB Board," February 24, 2021, http://en.kremlin.ru/events/president/news/65068.

2014年以后，俄美的"新冷战"已经成为一个事实，双方的斗争涵盖战略稳定、地缘政治、民主人权、网络安全、北极开发。仅30年时间，世界仿佛实现了一次轮回。

一 叶利钦时期的对美政策（1991~1999年）

叶利钦时期俄美关系以合作为主，间有分歧。叶利钦反对戈尔巴乔夫，反对苏维埃体制，反对苏维埃联盟，实行激进的自由市场经济改革（"休克疗法"），这些都得到美国不同程度的理解和支持。

叶利钦担任总统后，一直将俄美关系置于俄罗斯外交最优先的位置。从1992年2月到1994年1月，两国领导人多次会晤，双方的关系定位从"友谊和伙伴关系"到"民主和伙伴关系"，再从"成熟的战略伙伴关系"到"全方位伙伴关系"。在美国的支持下，1992年俄罗斯先后加入国际货币基金组织和世界银行。苏联解体后的困难时期，世界银行和国际货币基金组织向俄罗斯提供了巨额贷款，美国政府也向俄罗斯提供了一定的经济援助。

1993年4月，俄罗斯总统叶利钦与美国总统克林顿在温哥华举行会晤，决定成立一个俄美政府间经济技术合作委员会，这个委员会由美国副总统与俄总理领导，即"戈尔—切尔诺梅尔金委员会"。但是后来由于1999年的科索沃战争，双方关系日益紧张，到2001年该委员会终止了工作。

从1992年开始，叶利钦总统应邀参加了历次西方七国集团首脑会议，形成"7+1"模式。1998年，俄罗斯正式加入七国集团，形成了八国集团，表面上看，俄罗斯已成为西方的一员。2014年乌克兰危机爆发后，西方七国决定不参加原定在索契举行的八国集团峰会，而是在布鲁塞尔举办了将俄罗斯排除在外的峰会，八国集团再次变成七国集团。

1994~1996年和1999年，俄罗斯先后发动了两次车臣战争。克林顿政府批评俄罗斯对车臣进行军事干预；而叶利钦反对美国和北约对波黑和科索沃的军事干预，反对1999年北约空袭塞尔维亚。1999年6月11日，俄罗斯空降兵秘密进入科索沃北部的普里什蒂纳，抢先北约部队控制了机场，这是叶利钦时期俄罗斯对美国和北约的一次有限的反击行动。

北约东扩是一个渐进的过程。1991年苏联解体和冷战结束后，尽管俄罗斯一再表示反对北约东扩，但东欧国家纷纷申请加入北约，迄今北约已经实现了五次东扩。原是苏联加盟共和国的波罗的海三国已加入了北约，乌克兰和格鲁吉亚也递交了入约申请，在巴尔干地区只剩下塞尔维亚和波黑还不是北约成员国。俄罗斯感受到了越来越严重的地缘政治压力。

叶利钦对北约东扩持批评态度。他多次致信克林顿，对北约东扩表示不满，要求建立包括俄罗斯在内的泛欧安全体系。叶利钦甚至表示俄罗斯可以加入北约，但是要求获得独特的远超一般成员国的地位。"我们需要注意，俄罗斯与北约的特别协定要考虑俄罗斯在世界及欧洲事务中的角色和地位，要考虑到俄罗斯的军事实力以及我们国家的核地位……在广度和深度上，（俄罗斯）必须和其他国家有所不同。"[①] 俄罗斯要求的特殊地位即对重大事务具有否决权，这是美国不可能答应的。

叶利钦的对美政策主要是战略合作，尽管存在一些分歧和冲突，但是叶利钦尽量将这种分歧和冲突置于可控的范围内，两国关系没有公开破裂。叶利钦在困难时期也曾得到美国的支持，例如1996年的总统大选，美国支持叶利钦连任。叶利钦与美国两任总统老布什和克林顿都维持了基本友好的关系，就连选择普京作为继任者，叶利钦也提前告知了克林顿。

二 普京第一阶段的对美政策（2000~2008年）

1999年8月9日，普京被叶利钦任命为代理总理。2000年3月27日，普京当选俄罗斯联邦总统。由于自身经验不足、政治地位不稳，普京特别需要搞好俄美关系，获得美国的支持。上台伊始，2000年6月克林顿访问莫斯科时，普京也曾当面提出俄希望加入北约。"我记得我和克林顿总统在莫斯科最后一次会面时，我在会谈中说：'我们应该考虑俄罗斯加入北约的选项。'克林顿回答：'为什么不？'"但是美国代表团的其他成员听到后非常紧张。[②] 这是一

---

① "Russia Wants Special Status in NATO 'Partnership' Yeltsin Clears Up Confusion; but Some in Parliament Still View the Western Alliance as a Potential Adversary," *The Christian Science Monitor*, April 7, 1994.

② "Trust but Verify: Putin Asked if Russia Could Join NATO to Gauge Bloc Intentions," June 4, 2017, https://sputniknews.com/politics/201706041054299612-putin-russia-nato-request-analysis/.

种倾向，也是一种试探。

2000年普京总统上台和2001年小布什入主白宫后，美国和俄罗斯有过一段短暂的蜜月期。2001年"9·11"事件后，普京对美国表示同情和支持。俄罗斯大力支持美国打击"基地"组织和阿富汗塔利班，提供了大量情报，允许通过俄领土和领空向驻阿富汗美军和北约部队运输物资和人员，俄默许乌兹别克斯坦和吉尔吉斯斯坦同意美国使用两个靠近阿富汗的空军基地。北约驻阿富汗部队人员补充的30%、物资供应的65%、驻阿美军30%的燃料是经过俄罗斯领土的北线提供的。通过俄领土总共输送了35000名北约军人和职员。俄公司提供了12000次航班，支持阿富汗和伊拉克战争。① 2002年，出于经济和政治考虑，俄罗斯撤销了两个重要的海外军事基地，即设在古巴哈瓦那附近的电子情报监听站和设在越南金兰湾的军事基地。2002年5月28日，北约和俄罗斯通过了建立"北约—俄罗斯理事会"的《罗马宣言》，俄罗斯与北约的"20国机制"正式建立。

2003年3月20日，美国绕开联合国单方面发动伊拉克战争，普京对此予以批评。2003~2005年，格鲁吉亚、乌克兰、吉尔吉斯斯坦先后发生"玫瑰革命""橙色革命""郁金香革命"，在这些国家执政的"亲俄派"纷纷倒台，这被普京视为对俄罗斯传统势力范围的侵蚀。2004年3月，北约接纳了三个曾是苏联加盟共和国的爱沙尼亚、拉脱维亚和立陶宛，很多俄罗斯人认为这是对俄罗斯的一种冒犯。同时，普京开始在经济上重新实行国有化，在政治上推行"主权民主"，这令俄美矛盾日益尖锐。

2007年2月11日，普京在慕尼黑安全会议的讲话中严厉批评了美国的单边主义政策和滥用武力的行为。普京的慕尼黑讲话是一个标志性的事件，普京清晰地表明了自己的世界观，公开表达了对美国领导的世界秩序的不满。"什么是单极世界？尽管有人可以修饰这个词语，但是，归根结底它指向一种情况，即一个权力中心、一个力量中心、一个决策中心。这是只有一个主宰、一个君主的世界。""单极模式不仅是不可接受的，而且在当今世界也是不可能

---

① "U. S. -Russia Relations: 'Reset' Fact Sheet," http://www.whitehouse.gov/the-press-office/us-russia-relations-reset-fact-sheet.

的。""俄罗斯一直在接受民主教育,但是那些教育我们的人自己从来不学习。"①

2007年12月12日在接受美国《时代》杂志采访时,普京表示:"过去的15年间,俄罗斯不仅说过,也多次用自己的全部政策来表示,我们不仅愿意成为美国的伙伴,更希望成为美国的朋友。但有时我们会感觉到,美国并不需要朋友。我们觉得,美国需要的是听命于它的附庸。"② 普京认为,俄罗斯不可能在这种原则基础上建立与他国的关系,这就是经常导致俄美产生摩擦的原因。③

三 "梅普组合"时期的对美政策(2008~2011年)

2008年5月梅德韦杰夫担任总统后,俄美关系实现了一定程度的"重启"。2010年4月,梅德韦杰夫和奥巴马在布拉格签署了《新削减战略武器条约》,稳定了双边战略力量平衡,这是两国关系中一个巨大的成就。

从1993年开始,经过18年漫长的谈判,2012年8月22日,俄罗斯正式成为世界贸易组织成员,美国同意给予俄罗斯"永久性正常贸易国家关系待遇"。由于俄罗斯加入世界贸易组织以及梅德韦杰夫与奥巴马政府的合作,2011~2012年的俄罗斯经济增长达到一个高峰。

2010年6月9日,俄美合作通过联合国安理会第1929号决议,对伊朗实施了一系列新的制裁措施,包括禁止向伊朗出售重型武器装备。俄罗斯决定推迟履行2007年与伊朗签署的有关提供S-300防空导弹系统的合同,拒绝向伊朗交付导弹。直到2015年4月伊核协议达成后,俄罗斯才取消了对伊朗出口该系统的禁令。2016年,俄罗斯完成了这一武器系统的交付。2011年3月17日,在利比亚设立禁飞区的问题上俄罗斯在安理会投了弃权票,实际上默许了北约在利比亚的空袭行动,最后导致卡扎菲政府倒台。

在2009年7月的俄美莫斯科峰会上,梅德韦杰夫和奥巴马发起建立了美

---

① "Putin's Prepared Remarks at 43rd Munich Conference on Security Policy," February 12, 2007, http://www.washingtonpost.com/wp-dyn/content/article/2007/02/12/AR2007021200555.html.
② 〔俄〕普京:《普京文集(2002~2008)》,中国社会科学出版社,2008,第652页。
③ 〔俄〕普京:《普京文集(2002~2008)》,中国社会科学出版社,2008,第652页。

俄双边总统委员会（U. S. -Russia Bilateral Presidential Commission），这个委员会是一个庞大的机构，下辖16个工作小组，分别涉及核合作、太空、健康、军事、文化和体育交流、公民社会等，负责人由相关政府部长或副部长担任，两国外长担任委员会协调员。2014年乌克兰危机发生之后，美国中止了美俄双边总统委员会的工作。

在梅德韦杰夫任俄总统时期，俄美也存在纷争。2008年8月8日，发生了俄罗斯和格鲁吉亚之间的战争。2011年11月23日，梅德韦杰夫总统就美国的欧洲导弹防御计划发表了前所未有的强硬讲话，宣布了一系列反制措施：第一，在加里宁格勒地区部署导弹攻击预警雷达；第二，建立空天防卫体系，加强对战略核设施的保护；第三，为战略弹道导弹安装能够克制反导系统的先进装置；第四，研究能够摧毁西方反导系统的信息和控制系统。梅德韦杰夫总统还表示，俄可能在加里宁格勒部署"伊斯坎德尔"战术导弹，直接打击美国在欧洲的反导设施及雷达，还威胁说俄可能退出2010年签署的《新削减战略武器条约》。12月22日，梅德韦杰夫总统在国情咨文中批评美国干涉俄罗斯内政："人民有权利用合法的手段表达他们的观点，但是试图操纵俄罗斯公民，去误导他们和煽动社会动乱是不可接受的。我们不会允许煽动者和极端分子以他们不计后果的行为搅动社会，我们不会允许外国干预我国的内部事务。"[①]

总体上，美国认为梅德韦杰夫具有更为自由的思想意识，与普京相比，梅德韦杰夫是美国更愿意打交道的人物。但是，梅德韦杰夫只是一个过渡性的人物，俄外交政策的决定权主要还是掌握在时任总理的普京手里。

四 普京第二阶段的对美政策（2012~2021年）

2012年普京重新执政后，俄美矛盾不断激化。早在2011年普京表态重新竞选俄罗斯总统时，俄美两国关系就开始恶化。美国政府认为，"梅普易位"明显违背民主原则。2011年12月5日，美国国务卿希拉里公开指责俄罗斯12月4日举行的国家杜马选举"既不自由也不公正"。普京则指责希拉里和美国

---

① Dmitry Medvedev,"Address to the Federal Assembly," http：//eng.kremlin.ru/news/3268.

国务院,"发出了一个信号",企图煽动俄反对派起来闹事并干涉俄罗斯内政。

2011年叙利亚冲突爆发后,俄罗斯在联合国安理会多次否决美国和西方国家提出的有关叙利亚的决议草案,俄还向叙利亚政府提供了大量援助,努力维持阿萨德政府的存在。2012年12月,美国参众两院通过《马格尼茨基法案》,将俄安全机关、警察部门及看守所涉及马格尼茨基死亡的60多名官员列入黑名单,予以制裁。俄罗斯针锋相对,禁止侵犯俄罗斯公民权益的美国人入境,废除俄美2011年7月签署的收养协议,通过禁止美国公民领养俄罗斯儿童的《季马·雅科夫列夫法案》。2013年7月,俄罗斯为逃离美国的情报人员斯诺登提供政治庇护。

2014年乌克兰危机爆发。12月4日,普京表示:"对于我们的立场和乌克兰政变局势而言,这不是美国和其盟国神经质式的反应。我确信即使这些都没有发生……他们也会找出某些借口来限制俄罗斯能力的增长,去影响或者去利用它。遏制政策不是昨天才发明的,这个反对我们国家的政策被执行了很多年,一直是这样,至少有几十年,如果不是几个世纪的话。总而言之,一旦某些人觉得俄罗斯过于强大,过于独立,这些工具就会被立刻使用。"①

美国情报机构一致认定俄罗斯干预了美国2016年的总统大选。2016年10月7日,美国国家情报总监和国土安全部发布联合文件,对俄罗斯对美进行网络攻击提出了明确的指控。2017年1月6日,美国国家情报总监办公室发布报告,进一步指控"俄罗斯极力试图影响2016年美国总统选举,这个行为代表了莫斯科最近所表达的也是其长久以来的愿望——破坏美国领导的自由民主秩序,但是,这一行动相比(俄罗斯)以前的行动,在行为的直接性、行为的层级和范围方面均具有意义重大的升级。""我们评估,在2016年,俄罗斯总统普京下令发动一场有影响的行动,目标是美国总统选举。俄罗斯的目标是动摇美国民众对美国民主的信心,抹黑克林顿国务卿,降低其当选总统的可能性。我们进一步评估,普京和俄罗斯政府对当选总统特朗普表现了明显的偏

---

① Robert Nalbandov, *Not by Bread Alone: Russian Foreign Policy under Putin*, Potomac Books (University of Nebraska Press), 2016, p. 129.

好。""对于这些判断,我们具有高度的自信。""俄罗斯施加影响的行动紧随着一个信息战略,其中包括秘密的情报活动,例如网络活动以及由俄罗斯政府机构发动的公开的行动,例如俄罗斯国家投资的媒体、第三方中介机构、付费社交媒体用户以及网络喷子。"① 2019年3月结束的穆勒调查报告确认俄罗斯干涉了美国大选,目的是帮助特朗普赢得2016年总统选举。但是报告对于特朗普是否和俄罗斯存在勾结、是否存在滥用职权和妨碍司法行为的说辞则模棱两可,未做明确结论。

俄罗斯否认美国对其干涉大选的指控。普京公开反驳:"一些黑客攻破了美国民主党领导人的邮件账户。一些黑客这样做了。但是,就像美国当选总统(特朗普)强调的,谁知道这些黑客是谁?也许他们来自另一个国家,(但是)不是俄罗斯。也许一些人仅仅是从他们的沙发和床上发起的攻击。"② 普京批评美国的"通俄门"调查:"为什么俄罗斯黑客没有帮助特朗普重新当选?我相信这不是一个问题而是挑衅。俄罗斯黑客没有帮助美国现任总统第一次当选,也没有干预那个大国的内部事务。这不过是猜测,是贬低俄美关系的借口。这是出于美国国内政治的考虑,不承认美国现任总统合法性的借口。从这个意义上来说,俄美关系已经成为美国国内政治的人质。"③

以普京为首的新一代俄罗斯政治精英,对苏联解体的认识与叶利钦完全不同。在2005年国情咨文中,普京感叹"苏联解体是20世纪最大的地缘政治灾难"。④ 2018年,普京再次表述:"苏维埃联盟崩溃后,俄罗斯,海外称之为苏联或苏维埃俄国,失去了23.8%的领土、48.5%的人口、41%的国内生产总值、39.4%的工业潜能(几乎一半的工业潜力,我想强调),以及44.6%的军事能力(由于苏联原各加盟共和国对苏联武装力量的分割)。俄罗斯军队的武

---

① Office of the Director of National Intelligence, "Background to 'Assessing Russian Activities and Intentions in Recent US Elections'," https://www.dni.gov/files/documents/ICA_2017_01.pdf.

② "Vladimir Putin's Annual News Conference," December 23, 2016, http://en.kremlin.ru/events/president/news/53573.

③ "Vladimir Putin's Annual News Conference," December 17, 2020, http://en.kremlin.ru/events/president/transcripts/64671.

④ Владимир Путин, Послание Федеральному Собранию Российской Федерации, http://archive.kremlin.ru/appears/2005/04/25/1223_type63372type63374type82634_87049.shtml.

器装备变得过时,军队处于悲惨的境地。内战在高加索肆虐,美国观察员监督着我们先进的铀浓缩工厂的生产。"①

2011年10月4日,普京在俄《消息报》撰文,提出建立囊括俄、白、哈三国的欧亚经济联盟,并欢迎其他独联体国家的加入。《欧亚经济联盟条约》2015年1月1日正式生效,此前俄白哈关税同盟已于2010年1月1日启动。2015年3月20日,普京在阿斯塔纳欧亚经济联盟首脑会议上又提出要建立俄白哈"货币联盟"。② 很明显,这个"货币联盟"的主角只能是卢布。普京否认欧亚联盟是为了重建苏联,表示是要成为类似欧盟的超国家行为体,主要是协调成员国的经济与货币政策。2014年3月18日普京重提沙俄时期的"新俄罗斯"概念。在普京眼中,这个"新俄罗斯"不仅包括顿涅茨克和卢甘斯克,还包括哈尔科夫、第聂伯罗彼得罗夫斯克、扎波罗热、赫尔松、敖德萨,即乌克兰整个的东部和南部地区。普京的演讲让国际社会震惊。

2011年12月6日,美国国务卿希拉里在都柏林的新闻发布会上公开称普京"欧亚联盟"的设想是试图对这一地区"重新苏联化"(re-Sovietize)。她指出:"现在有这样一种动向,试图对这一地区(后苏联空间地区)重新苏维埃化。它也许不叫这个名字,而是被称为关税联盟,或是欧亚联盟,诸如此类。……在这个问题上,我们不要犯错误。我们知道它的目标是什么,我们正在寻求有效的方法,去推迟甚至阻止它。"③ 2016年12月1日,曾任美国中情局局长和国防部部长的帕内塔(Leon Panetta)表示:"不要再欺骗任何人……普京主要的兴趣是试图恢复苏联。我的意思是这就是他的驱动力。"④

普京斥责希拉里的讲话"完全是胡说八道"。他辩称:"由于拥有共同语言,一定程度上共同的思想、共同的交通和共同的能源基础设施,这个过程

---

① "Presidential Address to the Federal Assembly," March 1, 2018, http://en.kremlin.ru/events/president/news/56957.
② "Putin Proposes Currency Union with Belarus, Kazakhstan," March 20, 2015, https://www.rt.com/business/242553-russia-belarus-kazakhstan-currency/.
③ Charles Clover, " Clinton Vows to Thwart New Soviet Union," http://www.ft.com/cms/s/0/a5b15b14-3fcf-11e2-9f71-00144feabdc0.html#axzz2FZp9G9pX.
④ "Panetta: Putin Wants To Restore the Soviet Union," December 1, 2016, https://www.usnews.com/news/world/articles/2016-12-01/vladimir-putin-wants-to-restore-the-soviet-union-former-secretary-of-defense-says.

(欧亚国家的一体化)完全是自然的。"① 普京否认俄罗斯想重建帝国:"我们无意重建帝国或苏联,但我们应该捍卫自己的独立和主权。当然,我们过去和未来都会将此进行下去。"② 俄罗斯副总理苏瓦洛夫(Igor Shuvalov)强调,欧亚经济联盟不是一个政治计划,而是一个经济计划。"在全世界包括在联盟内部,很多人不理解欧亚经济联盟的本质,认为这是一个政治计划,是俄罗斯的政治计划。我想说这个计划最初是由哈萨克斯坦总统纳扎尔巴耶夫提出来的,他在20世纪90年代初期就提出欧亚经济一体化的想法。"③ 当然,普京设想的欧亚联盟和纳扎尔巴耶夫设想的欧亚联盟不完全一样。纳扎尔巴耶夫设想的是一个各成员国完全平等的纯粹的经济组织,而普京设想的是一个由俄罗斯主导的经济与政治联盟,这个联盟将成为独立的一极,可以和美国、欧盟、中国相抗衡。

普京第二阶段任期外交工作的重中之重,主要是重新组建以俄罗斯为主的经济与军事集团,即欧亚经济联盟和集体安全条约组织,这两个组织类似于过去的经济互助委员会和华沙条约组织。欧亚经济联盟包括五个成员国:俄罗斯、白俄罗斯、哈萨克斯坦、亚美尼亚、吉尔吉斯斯坦。集体安全条约组织则是一个完全由俄罗斯主导的区域性的军事同盟,包括六个成员国:俄罗斯、白俄罗斯、哈萨克斯坦、亚美尼亚、塔吉克斯坦和吉尔吉斯斯坦。欧亚经济联盟和集体安全条约组织是俄罗斯整合后苏联空间和欧亚大陆的两个工具,其成员国基本是重合的。这两个组织与北约和欧盟在欧亚大陆形成对峙,使俄美两国的对抗日益带有冷战时期那种集团对抗的性质。

普京的对美外交非常机敏,他支持能够给俄罗斯带来荣誉和利益的俄美合作,特别是在防止核扩散及反恐方面的合作,例如签署《钚管理和处置协定》(2000)、《俄美民用核技术合作协定》(2008)、《新削减战略武器条约》(2010)等条约,俄美在打击阿富汗塔利班、"基地"组织、"伊斯兰国"等问题上也存在合作。2019年12月29日,普京主动打电话给特朗普,感谢美

---

① "Putin Disavows 'Soviet Ambitions'," http://en.rian.ru/russia/20121210/178054163.html.
② 《普京:俄罗斯无意重建帝国而主要是为捍卫独立》,https://sputniknews.cn/politics/201510121016613028/。
③ "Moscow Refutes Claims about Eurasian Economic Union as Russian Political Project," August 22, 2017, https://sputniknews.com/20170822/russia-eurasian-union-kazakhstan-1056678328.html.

国向俄国提供情报，避免了圣彼得堡新年前夜的恐怖袭击。俄罗斯申请和举办2014年索契冬奥会和2018年足球世界杯，也得到了以美国为首的西方国家的支持。

第二节　俄美战略安全博弈

　　核对抗是典型的大国对抗、战略对抗、终极对抗，苏美的核对抗贯穿了整个冷战时期。苏联解体后，俄罗斯联邦继承了苏联的核国家地位，力图在战略核力量上维持和美国相同的能力。同冷战时期一样，俄美的核战略仍然基于相互确保摧毁的威慑战略，这一点没有任何变化。

　　1991年苏联解体后，由于俄美互信增加，核对抗开始降温，两国开始了大规模的核裁军过程，并卓有成效。叶利钦政府时期，由于政治动荡和经济衰退，俄罗斯的战略力量大幅度减弱，战略部队士气低落。普京上台后，将维持战略核力量的可靠性和威慑性作为压倒一切的优先任务。2008年俄格战争之后，特别是2014年乌克兰危机之后，俄美两国关系的紧张很快传导到了战略核武器领域，俄罗斯不断加速发展战略武器及其他高技术武器，力图重新恢复对美战略威慑，维护最后的战略平衡。俄罗斯领导人认识到，俄常规力量已经没有办法与美国和北约抗衡，剩下的唯有战略核武器。美国则力图维持冷战后形成的对俄军事优势，特别是战略武器优势。沉寂多年后，战略核武器重新成为俄美之间对抗的一个主要领域。

　　乌克兰危机期间，俄罗斯多次试射战略导弹，向美国及北约展示自己的核能力，表达绝不妥协的决心。2014年3月4日，即克里米亚危机高潮之时，俄罗斯战略火箭兵在俄西南部阿斯特拉罕州卡普斯京亚尔靶场试射了一枚"白杨"洲际弹道导弹。5月20日，顿巴斯战火燃起，俄再次在同一地点试射了一枚"白杨"洲际弹道导弹。2014年9月10日、10月29日和11月28日，俄三次在西北部白海地区试射"布拉瓦"潜射弹道导弹，落点为堪察加半岛库拉靶场，目标是尽快完成该款洲际导弹的定型。

　　《反导条约》《中导条约》《新削减战略武器条约》一起构成俄美军备控制领域的基础性条约，它们的签署和落实缓解了欧洲的紧张局势，避免了军备竞赛。美国批评俄罗斯有选择地执行《开放天空条约》、长期不执行《欧洲常规武装力量条约》、偷偷违反《中导条约》。2020年和2021年美俄已经相继退出1992年签署的《开放天空条约》。《反导条约》《中导条约》《新削减战略武器条约》三项基础性的军控条约只剩下《新削减战略武器条约》一个，冷战时期确立的苏美军控体系濒于解体。

俄美战略武器谈判的困境在于俄美两国之间总体战略互信的缺失，特别是在2014年乌克兰危机爆发后，两国的矛盾升级，每一方都将对方的行为视为进攻性的，不断采取反制措施，导致对抗螺旋上升。在2017年的瓦尔代论坛上，普京专门谈到苏联解体后的俄美核武器合作，反映了俄方的感受和对美国的强烈不信任。"17年前，俄罗斯已经批准了全面禁止核试验条约，美国至今没有批准。2002年，美国退出了《反弹道导弹条约》，尽管其是《禁止化学武器公约》的发起国，但美国没有遵守自己的承诺。美国迄今仍然是唯一的拥有这种大规模杀伤性武器的国家。而且，美国将自己销毁化学武器的期限从2007年推迟到2023年。与此相反，截至2017年9月27日，俄罗斯就已完成了销毁化学武器的进程。"① 普京强调，冷战后俄罗斯完全履行了自己和美国签订的条约责任和义务，并接受美国专家的监督，将500吨武器级铀转为民用，这些铀本可以制造20000枚核弹头，可俄罗斯得到了什么呢？普京抱怨说："（美国）完全忽略我们的国家利益，支持高加索的分离主义势力，绕过联合国安理会（采取）军事行动，轰炸南斯拉夫和贝尔格莱德，入侵伊拉克，等等。"②

北约东扩、部署欧洲反导系统、乌克兰危机等事件破坏了俄美之间的信任，加剧了俄美之间的对抗。由于感受到了威胁，俄罗斯不断暗中突破《中导条约》的限制，大力发展战略及高技术武器，力图恢复对美战略均衡甚至局部领先。美国则继续加强部署导弹防御系统和太空武器系统，并在中程导弹、高超声速武器方面奋起直追，试图维持对俄战略优势。双方不断发起遏制

---

① "Meeting of the Valdai International Discussion Club," Oct. 19, 2017, http://en.kremlin.ru/events/president/news/55882.

② "Meeting of the Valdai International Discussion Club," Oct. 19, 2017, http://en.kremlin.ru/events/president/news/55882.

与反遏制、封锁与反封锁、威慑与反威慑行动。冷战结束后战略核武器削减的势头已经逆转，俄美新一轮军备竞赛已经实质性展开。

一 俄（苏）美三个《削减战略武器条约》

1991年7月31日，苏联总统戈尔巴乔夫和美国总统老布什在莫斯科签署《第一阶段削减战略武器条约》（START I），条约于1994年底生效，期限15年，2009年12月5日到期。条约将双方实战部署的核弹头削减到6000枚，运载工具（陆基洲际弹道导弹、潜射弹道导弹、战略轰炸机）削减到1600件。

1993年1月3日，俄罗斯联邦总统叶利钦和老布什在莫斯科签署《第二阶段削减战略武器条约》（START II），决定将双方核弹头分别削减到3500～3000枚，销毁所有分导式多弹头陆基洲际弹道导弹。由于俄将批准条约与美国停止部署导弹防御系统挂钩，该条约最终未能生效。2002年6月13日，美国正式退出1972年签署的《反弹道导弹条约》。次日，俄罗斯即宣布不再履行《第二阶段削减战略武器条约》。2004年，俄罗斯正式退出了该条约，作为对2002年美国退出1972年《反导条约》的回应。

2002年5月24日，普京与小布什在莫斯科会晤，双方签署《削减战略武器条约》（《莫斯科条约》），明确两国以前签署的《第一阶段削减战略武器条约》依然有效，两国决定将战略核弹头的数量进一步削减到1700～2200枚，双方可以自行决定本国战略武器的组成与结构，条约有效期限至2012年12月31日。条约没有提及监督机制，双方援引仍在生效的《第一阶段削减战略武器条约》的内容，规定执行委员会每年举行两次会议。当《第一阶段削减战略武器条约》2009年到期后，该条约将无任何控制和检查规则。《莫斯科条约》因此成为一个临时性质的条约，2010年被《新削减战略武器条约》替代。

二 防止核扩散

1991年12月苏联解体前夕，美国出台了"合作减少威胁计划"（Nunn-Lugar Cooperative Threat Reduction Programs，即纳恩－卢格计划），该计划最初授予美国总统可以使用国防部的4亿美元来销毁核武器、化学武器和其他武器的权限，并建立可核查的安全措施以防止核扩散。根据这一计划，由美国支付资金，帮助后苏联空间国家处理苏联时期遗留下来的各种大规模杀伤性武器，主要是核武器与核材料。1992年，美国政府先后宣布俄罗斯、白俄罗斯、乌克兰、哈萨克斯坦可以获得该项资助。纳恩-卢格计划在克林顿政府时期继续执行，成为美国对后苏联空间最大也是最有效的援助项目，该计划于1999年和2006年两次被延长，直到2013年5月终止。美国一直希望延续该计划，但是俄罗斯担心美国通过这个计划单方面地获取有关俄罗斯核基地与核材料的大量情况，造成俄美核信息方面的不对等。

1991年12月苏联解体后，美国敦促后苏联空间四个拥有核武器的国家承担三项军控协定义务，即1968年的《不扩散核武器条约》（NPT）、1987年的《中程导弹条约》（INF）和1991年的《第一阶段削减战略武器条约》。1992年5月23～24日，美、俄、乌、白、哈五国外长在里斯本签署《削减战略武器条约议定书》。该议定书规定，乌、白、哈、俄作为苏联签署的《第一阶段削减战略武器条约》的继承国，共同履行该条约义务。乌、白、哈三国尽快以无核国家的身份加入《不扩散核武器条约》。在美国支持下，1992年7月6日，独联体首脑会议签署了《关于俄罗斯是唯一的苏联核地位继承国的协议》，确立了俄罗斯为后苏联空间新独立十五国中唯一的核国家身份。

1994年12月，美国、英国、俄罗斯分别与乌克兰、哈萨克斯坦、白俄罗斯签订了《布达佩斯备忘录》（Budapest Memorandum），乌、哈、白三国同意加入《不扩散核武器条约》，销毁或转移自己领土上的全部核武器，实现彻底的无核化。美、英、俄三国保证乌、哈、白三国的主权、领土完整以及现有边界。

冷战结束后，在世界范围内对核原料、核设备、核技术的控制方面俄美合作卓有成效。2010年4月，梅德韦杰夫总统出席了奥巴马创议的华盛顿核安全峰会。俄美两国签署了议定书，对2000年的《钚管理和处置协定》（Plutonium Management and Disposition Agreement）进行修改，双方承诺恰当处置68吨钚，这相当于17000枚核武器的用量。2010年，俄罗斯也关闭了最后一个使用武器级钚的核发电厂。[①] 此外，俄美合作从八个国家移除或处置了

---

① "U. S. -Russia Relations: 'Reset' Fact Sheet," http://www.whitehouse.gov/the-press-office/us-russia-relations-reset-fact-sheet.

475公斤可用于核武器制造的高浓缩铀燃料和钚。

2003年1月10日，朝鲜宣布退出《不扩散核武器条约》，并秘密研发核及导弹武器。2006年、2009年和2013年，俄美合作通过了联合国安理会第1718号（关于朝鲜首次核试验）、第1874号决议（关于朝鲜地下核试验）和第2087号决议（关于朝鲜发射卫星），谴责朝鲜进行核试验和发射卫星，并施加了各种制裁措施。

2010年6月9日，俄美合作在联合国安理会通过第1929号决议，禁止其他国家向伊朗提供重型武器装备，禁止伊朗进行运载火箭相关试验，加强对伊朗运输违禁品的检查，对伊朗一些个人和实体实施制裁。2015年7月，伊朗与美国、英国、法国、俄罗斯、中国和德国六国达成旨在解决伊朗核问题的伊核协议。根据该协议，伊朗承诺限制其核计划，不发展核武器，以此换取国际社会解除对伊朗的制裁。2018年5月，美国宣布单方面退出伊核协议并恢复对伊朗的制裁。

在朝鲜半岛核问题和伊朗核问题上，俄罗斯本质上并不希望朝鲜和伊朗发展核武器，因为防止核扩散符合俄罗斯的国家利益，但是俄罗斯确实乐于看到朝鲜和伊朗在某些领域挑战美国，所以俄罗斯在对待这两个核问题的政策上往往存在摇摆。俄罗斯一方面持续帮助伊朗建设布什尔核电站；另一方面又对伊朗的浓缩铀问题表示担心，"伊朗通过制定将铀浓缩至60%和生产金属铀的计划，这似乎走得太远了"[1]。朝鲜的核及导弹计划初期也曾得到俄罗斯的支持。美国和俄罗斯都强调必须在朝鲜实现"全面彻底可核查的无核化"目标[2]。但是对于如何实现朝鲜无核化、如何贯彻联合国对朝制裁措施，俄美明显存在不同的理解。

2014年乌克兰危机以后，俄罗斯对美国防止核扩散的努力做了某些抵制。2016年4月，俄拒绝参与美国发起的华盛顿核安全峰会。10月3日，普京签

---

[1] 《俄常驻国际原子能机构代表：伊朗在其浓缩铀行动上似乎走得太远了》，https://sputniknews.cn/politics/202107121034058248/。

[2] "Secretary Michael R. Pompeo and Russian Foreign Minister Sergey Lavrov at a Press Availability," December 10, 2019, https://www.state.gov/secretary-michael-r-pompeo-and-russian-foreign-minister-sergey-lavrov-at-a-press-availability/.

署行政命令，暂停履行俄美 2010 年签署的《钚管理和处置协定》，理由是美国对俄的敌视行为和美未严格履行条约。该协定规定在 2018 年底之前，双方分别处理至少 34 吨武器级钚（总共有 68 吨），将其转化为民用核燃料。目的是使这些核物质非武器化与非军事化，从而达到不可逆的核裁军目标。[①] 普京在提交国家杜马审理的提案中提到了恢复履行《钚管理和处置协定》的先决条件：美国削减在北约国家的军事基础设施和驻军；取消《马格尼茨基法案》和 2014 年通过的《支持乌克兰自由法》；解除美国所有对俄个别联邦主体、法人和个人的制裁。[②]

三 《反导条约》与《中导条约》

1972 年，苏美签署的《反弹道导弹条约》（简称《反导条约》），禁止双方研发和部署全国性的反导系统，只允许在各自的首都和一个洲际弹道导弹基地建立两个小型的试验性质的反弹道导弹系统，以确保双方的核威慑，维持核平衡。苏联解体后，特别是 2001 年 "9·11" 事件后，美国政府以防范来自所谓 "无赖国家" 的导弹攻击为借口，大力推动导弹防御计划的研发和实战部署。

1999 年 7 月 23 日，克林顿签署《国家导弹防御法案》（National Missile Defense Act of 1999），列出了最终部署导弹防御系统的四项评估标准：威胁、成本、技术、重新谈判《反导条约》。

2001 年 6 月 16 日，小布什与普京在斯洛文尼亚举行第一次会晤，双方就导弹防御和《反导条约》未达成任何协议。2001 年 1 月，小布什确定美国开始部署国家导弹防御系统。2001 年 12 月 13 日，小布什宣布美国将单方面退出《反导条约》。2002 年 6 月 13 日，美国正式退出《反导条约》。

2009 年 9 月 17 日，奥巴马政府宣布了 "欧洲分阶段适应方案" （European Phased Adaptive Approach，EPAA），准备分四个阶段在欧洲部署导

---

① 按照俄方说法，俄方钚处理需要 35 亿美元，其中美国提供了 4 亿美元，八国集团中的其他六国提供了 4.5 亿美元。"What is Russia-US Agreement on Plutonium Management，Disposition?" https://sputniknews.com/military/201610031045951708-russia-us-plutonium-agreement/。

② 《俄罗斯提出恢复俄美武器级钚处理协议的条件》，https://sputniknews.cn/russia/201610041020880714/。

弹防御系统，2018年完成第三阶段，2020年完成第四阶段。欧洲反导计划包括的国家有土耳其（部署反导雷达）、波兰、捷克和罗马尼亚（部署拦截装置）。"欧洲分阶段适应性导弹防御方案"的核心是部署海基宙斯盾反导系统（Aegis Ashore）。

欧洲反导系统不仅可以为欧洲提供导弹防御，也必然会增强美国本土的导弹防御能力。提出该计划伊始，美方就一再强调欧洲的反导系统是针对伊朗和朝鲜这样的"流氓国家"的弹道导弹威胁，这个系统只能拦截中程弹道导弹，对俄罗斯的洲际弹道导弹并不构成威胁。但是，俄方一直态度鲜明地激烈反对该计划，认为该计划实质上削弱了俄罗斯的战略威慑能力，破坏了俄美之间的战略平衡。2011年春天，俄罗斯正式提出"法律保证"的问题，即美国必须保证欧洲反导计划不是针对俄罗斯的战略力量。美方拒绝签署任何"法律保证"，美国一再强调在欧洲部署的拦截导弹的数量和性能短时期内只能应对小规模的弹道导弹威胁，根本不可能对俄罗斯庞大的战略进攻力量构成任何威胁。

俄罗斯开始采取各种措施进行反制。2011年12月1日，俄罗斯正式撤销了航天兵部队，组建了一个新军种——航空航天军。该部队职责包括防空及反导、宇宙空间监测、航天器发射及控制等。俄在加里宁格勒这个战略要地部署了新型导弹攻击预警雷达、S-400防空导弹系统和"伊斯坎德-M"导弹，对抗美国在罗马尼亚和波兰部署的欧洲反导系统。俄罗斯加紧在军事上对独联体国家进行整合。2018年8月，独联体成员国国防部长在白俄罗斯首都明斯克举行会议，研讨制订独联体国家统一的反导系统计划。俄罗斯、白俄罗斯、亚美尼亚、哈萨克斯坦、吉尔吉斯斯坦、塔吉克斯坦、乌兹别克斯坦七个国家的国防部代表团、集体安全条约组织联合参谋部代表、俄罗斯军工企业代表出席了会议。2018年3月1日，在接受美国全国广播公司的专访时普京明确表示："如果你们谈论（美俄）军备竞赛，军备竞赛开始的确切时间是美国选择退出《反弹道导弹条约》。"①

---

① "Exclusive: Putin Blames U.S. for Arms Race, Denies 'New Cold War'," https://www.nbcnews.com/nightly-news/video/exclusive-putin-denies-cold-war-1174558275948.

1987年12月8日，苏联领导人戈尔巴乔夫和美国总统里根签署了《中程导弹条约》（简称《中导条约》）。该条约规定，苏美两国无限期禁止试验、生产、储存和部署射程从500公里到5500公里的陆基巡航导弹和弹道导弹，双方将销毁这种导弹、发射装置及相关支持设备，条约不涉及弹头（包括常规弹头与核弹头）处置。该条约建立了严格的核查机制，设立了特别核查委员会，包括技术核查和现场核查。苏联解体后，美国与新独立的俄罗斯联邦、乌克兰、白俄罗斯、哈萨克斯坦继续承担该条约责任。2001年5月31日，现场核查终止，但是其他核查机制仍然保留。

2014年以后，由于乌克兰危机，俄美关系持续紧张。从2013年开始，美国政府多次和俄罗斯政府交涉，认为俄罗斯持续违背了《中导条约》。2014年7月28日，美国总统奥巴马给俄罗斯总统普京写信，指责俄罗斯违反1987年签署的《中导条约》，测试了一种陆基中远程巡航导弹"SSC-8"（北约代号）。这种导弹既能够打击美国的欧洲盟国，也能够对美国前沿部署的导弹防御系统构成威胁，例如部署在波兰、罗马尼亚、韩国、日本的导弹防御系统。2014年7月31日，美国国务院发布报告正式确认俄罗斯违反了《中导条约》。[①] 2018年2月美国发布的《核态势报告》对俄罗斯提出了全面指责："俄罗斯已经展示了其意愿，使用武力改变欧洲地图，将其意志强加于它的邻国。俄通过公开或含蓄地威胁首先使用核武器支持了这些行为。俄罗斯违反了它所做出的国际法和政治承诺，直接影响了其他国家的安全，包括1987年的《中导条约》、2002年的《开放天空协议》以及1991年美国总统的核倡议。"[②]

俄罗斯反驳美国的指控，称俄严格履行了《中导条约》，而美国则在三个方面违反了条约：陆上宙斯盾导弹防御系统、靶标弹道导弹（ballistic target missiles）、武装无人飞行器（armed unmanned aerial vehicles）。按照俄方观点，美国在东欧部署的导弹防御系统，例如部署在罗马尼亚和波兰的反导系统使用"标准-3"（SM-3）导弹的发射装置，类似于美国海军军舰上的发射装置，能

---

① "Adherence to and Compliance with Arms Control, Nonproliferation, and Disarmament Agreements and Commitments," July 2014, p. 8, https：//www.state.gov/documents/organization/230108.pdf.

② "Nuclear Posture Review," p. 6, February 2018, https：//media.defense.gov/2018/Feb/02/2001872886/-1/-1/1/2018-NUCLEAR-POSTURE-REVIEW-FINAL-REPORT.PDF.

够发射"战斧"式海基巡航导弹，属于中程导弹的范畴；美国用于测试导弹防御系统的弹道靶弹装上战斗部后就可以立即变身为中程导弹；美国的武装无人飞行器的飞行距离相当于中程导弹射程，具有同等的威胁；这些都违反了《中导条约》，对俄造成了威胁。

美方指责俄罗斯阳奉阴违，满口谎言。"俄罗斯的回复是一贯的：拒绝违反条约指控，要求美方提供更多信息，提出没有根据的反指控。在超过4年时间里，甚至当我们向他们提供大量的有关导弹性能和测试历史的信息之后，莫斯科仍然假装不知道美国提到的导弹和测试是什么。直到2017年11月，我们选择公开这种导弹的俄文名字，俄罗斯才最后承认这种导弹的存在。然后，俄罗斯改变了说辞，从不承认这种导弹存在，到承认这种导弹存在但认为这不违反条约。"[1] 按照美方的说法，俄罗斯从21世纪初期就开始进行SSC-8巡航导弹的飞行测试，最初所有的测试都在卡普斯京亚尔发射场（Kapustin Yar）进行，而且测试了固定及移动发射装置。到2018年底，俄已经部署了好几个装备SSC-8的导弹营。[2]

2019年1月15日，俄美在瑞士日内瓦就《中导条约》进行了最后一轮谈判，谈判以失败告终。美国要求俄罗斯销毁所有9M729导弹、发射装置器和辅助设备，并接受核查，遭到俄方拒绝。2月1日，美国国务卿蓬佩奥宣布，美国自2月2日起暂停履行《中导条约》，并开始启动为期180天的正式退出该条约的进程。6日，俄罗斯外长拉夫罗夫在土库曼斯坦首都阿什哈巴德表示，俄罗斯也将在6个月后退出《中导条约》，这一做法是对美国的对等应对措施。

2019年8月2日，美俄先后正式宣布退出《中导条约》。在俄美对抗的大背景下，俄美两国特别是俄罗斯缺少继续遵守该条约的意愿。普京的政策非常清楚，突破《中导条约》去发展中程导弹并以此反击美国退出《反导条约》而发展的导弹防御系统，俄罗斯并不想承担毁约的责任。最后的结果是：《反导条约》和《中导条约》这两个俄美军控的基础性条约都宣告终结。

---

[1] "Press Availability at NATO Headquarters," https：//www.state.gov/secretary/remarks/2018/12/287873.htm.

[2] "Press Availability at NATO Headquarters," https：//www.state.gov/secretary/remarks/2018/12/287873.htm.

四 《新削减战略武器条约》

2010年4月8日,梅德韦杰夫与奥巴马在布拉格签署《第三阶段削减和限制进攻性战略武器条约》(又称《新削减战略武器条约》"New START"),以取代1991年的《第一阶段削减战略武器条约》和2002年的《第二阶段削减战略武器条约》。条约规定在7年内将各自的核弹头削减到1550枚,运载工具的数量减至800件,其中实战部署的不超过700件。在这个总数量的限制下,双方可以自行决定各自核武器的结构。双方同意,战略轰炸机只计算为一枚弹头。该条约延续了1991年条约的核查条款,具体核查项目包括现场核查、数据资料交换、进攻性战略武器发射的通报和遥感勘测数据的交换。条约于2011年2月5日生效,有效期为10年,经双方同意可延长5年。条约规定,美国和俄罗斯只能在各自境内部署进攻性战略武器,双方可以通过现场检查监控双方对条约的遵守情况,双方需要交换各自的核弹头和运载工具的信息。

截至2021年9月,美国核弹头储备总数为3750枚。1967年最高点为31255枚,1989年为22217枚。从1994年到2020年,美国拆除了11683枚核弹头。自2017年9月30日以来,美国已经拆除了711枚核弹头。目前,大约2000枚核弹头已经退役,正在等待拆除。自1991年9月30日以来,美国非战略核武器"non-strategic nuclear weapons"即战术核武器的数量下降了90%以上。[1] 截至2021年3月,俄罗斯核弹头储备总数为4497枚,加上等待拆除的1760枚,现有核弹头总数为6257枚。[2] 总的看来,俄罗斯的总弹头数高于美国,美国的运载工具多于俄罗斯。

《中导条约》之争延伸到《新削减战略武器条约》。对于俄美之间唯一的军备控制条约《新削减战略武器条约》的存废,俄美态度稍有不同。美国对于是否延期一直犹豫不决,俄罗斯则持更为积极的态度。特朗普政府认为俄罗斯研发的诸多武器违反了《新削减战略武器条约》,曾明确表示不会延长该条

---

[1] "Transparency in the U.S. Nuclear Weapons Stockpile: Fact Sheet," October 5, 2021, https://www.state.gov/transparency-in-the-u-s-nuclear-weapons-stockpile/.

[2] "Nuclear Notebook: How Many Nuclear Weapons does Russia Have in 2021?" March 15, 2021, https://thebulletin.org/premium/2021-03/nuclear-notebook-russian-nuclear-weapons-2021/.

约。2019年12月5日，普京总统表示："对此我要重申俄方立场：俄罗斯愿意立即、尽快，也就是到今年年底前无条件延长该条约。"① 美国要求修改条约，削减内容应包括俄罗斯的战术核武器和新武器系统，俄罗斯则要求削减内容应包括美国的反导系统和太空武器系统。

拜登政府上台后改变了立场。2021年2月3日俄美双方互换照会，将2021年2月5日到期的《新削减战略武器条约》自动延长5年，至2026年2月5日，条约内容不变。拜登表示："核扩散的威胁仍然需要我们之间的谨慎外交与合作。我们需要透明度和沟通，以尽量减少战略误解或错误的风险。这就是为什么美国和俄罗斯不顾其他竞争，在我宣誓就职后，将《新削减战略武器条约》再延长5年。"② 这样双方可以得到5年的缓冲时间去争取达成一个新的战略武器条约。普京赞赏拜登的决定："我认为，对所有人来说，一个显而易见的事实是拜登总统做出了一个负责任的、在我们看来是绝对及时的决定，将《新削减战略武器条约》延长5年。"③

五 俄罗斯战略力量的发展

当前俄美战略核力量总体平衡，美国略占优势。美国的海基和空基核力量更为强大，俄罗斯的空基和海基导弹不如美国成熟，数量也更少。俄罗斯陆基战略导弹完全能够和美国抗衡。俄罗斯渴望和美国平起平坐、并驾齐驱，特别是在战略武器领域。俄罗斯一直强调："作为世界上最大的两个核大国，俄美两国对战略稳定和世界安全负有特殊责任。"④ 普京一方面强调俄美核合作的重要性，另一方面提醒美国不要试图打破战略核平衡。"在处理全球和地区问

---

① 《普京：俄罗斯愿在年底前无条件延长〈新削减战略武器条约〉》，http://sputniknews.cn/politics/201912061030180241/。
② "Remarks by President Biden at the 2021 Virtual Munich Security Conference," February 19, 2021, https://www.whitehouse.gov/briefing-room/speeches-remarks/2021/02/19/remarks-by-president-biden-at-the-2021-virtual-munich-security-conference/.
③ 《普京总统：拜登总统做出及时、负责任的决定，将新削减战略武器条约延长5年》，https://sputniknews.cn/politics/202106171033910589/。
④ "Foreign Minister Sergey Lavrov's Interview with the Newspaper Argumenty i Fakty," Moscow, May 24, 2021, https://www.mid.ru/en/web/guest/maps/ua/-/asset_publisher/ktn0ZLTvbbS3/content/id/4741307.

题上，俄美之间的合作对整个世界都有利。我们（俄罗斯和美国）有共同的责任，确保国际安全与稳定，强化（核武器的）防扩散机制。""我想强调，尝试去打破战略均势是非常危险的，这可能导致全球灾难。任何时候我们都不能忘记这一点。"①

普京政府持续加强俄罗斯的战略力量，努力恢复俄罗斯对美战略威慑能力。普京连续两年（2018年、2019年）在国情咨文中曝光了俄罗斯庞大的武器研制计划：包括"先锋"导弹、"萨尔马特"洲际弹道导弹、"佩列斯韦特"激光系统、"匕首"超音速弹道导弹、"海燕"核动力巡航导弹、"海神"核动力无人潜航器、"锆石"高超声速反舰导弹、俄罗斯版的国家导弹防御体系等。此外，俄一直在不断推进"北风之神"核潜艇和老式战略轰炸机"图-95MS"（Tu-95MS）和"图-160"（Tu-160）的改进，研制新式隐形战略轰炸机。俄罗斯还在不断加强中短程"伊斯坎德尔"导弹系统（Iskander-M/E），并进行前沿部署。俄罗斯新的武器研发计划非常庞大，几乎涵盖战略武器和高新技术武器的所有领域。

2020年6月2日，普京总统签署了《俄罗斯联邦国家核威慑政策基本原则》，第一次公开了俄核威慑政策，文件列举了4种可能使用核武器的条件：对方对俄罗斯或其盟国使用核武器或大规模杀伤性武器；对方使用常规武器入侵俄罗斯，致使国家处于生死存亡之际；收到对方发射弹道导弹攻击俄罗斯联邦或其盟国领土的可靠数据；对方攻击俄罗斯联邦关键的政府和军事地点以破坏核力量反应行动。这份文件没有明确谁是对方，但明确指出，俄罗斯核威慑针对"把俄罗斯联邦视为潜在对手的个别国家及其军事同盟或集团，其拥有核武器或大规模杀伤性武器，其常规部队拥有巨大战争潜力"。这无疑主要是指向美国和北约。

普京重建了俄罗斯武装力量，特别是战略核力量。普京强调："截至2020年12月中旬，普通部队的现代武器装备占比超过70%，核力量为86%。因此，我们的军队，最重要的是，我们的核三位一体已经达到保卫俄罗斯安全的

---

① "Presidential Address to the Federal Assembly," December 1, 2016, http://en.kremlin.ru/events/president/transcripts/statements/53379.

水平。""2021年，我们核威慑力量中现代化武器装备必须达到88.3%。普通部队现代化武器装备2024年必须达到75.9%。""苏联时期，普通部队的现代武器装备为54%，战略及核力量为65%~70%。2000年，普通部队现代化武器装备降低到12%，核威慑力量降低到35%。"①

普京提到："有史以来第一次——我想强调这一点——核导弹武器历史上第一次，包括苏联时期和现代，我们没有在追赶任何人，相反，其他领先国家还未制造出俄罗斯已经拥有的武器。这个国家的防御能力在未来数十年是可以确保的，但是我们不能躺在我们的荣誉上什么也不做。我们必须继续前进，仔细观察和分析世界各国在该领域的发展，创建下一代的作战系统和综合体。""俄罗斯作为一个其观点不容被忽视的国家，已经重返国际政治舞台。"②

第三节 俄美地缘政治博弈

俄美的地缘对抗自苏联解体后就一直存在，其主要区域围绕俄罗斯周边，以及俄罗斯传统的势力范围，例如巴尔干和中东地区。苏联解体后，美国一直在俄罗斯周边采取各种措施，扩大自己的影响力。美国试图固化苏联解体的地缘政治成果，而俄罗斯不甘心接受冷战的失败，试图修改和否定苏联解体所导致的地缘政治现实。俄美的地缘政治博弈主要涉及四个关键区域：波罗的海区域、黑海区域、北极地区、中亚地区。

俄罗斯建立安全"缓冲区"的思想根深蒂固，尽管"别洛韦日协定"规定独联体国家之间的边界不可更改，但是俄罗斯上层精英并不想完全遵守这一协定。俄罗斯实际上将后苏联空间（波罗的海三国除外）确立为自己的"后院"和势力范围，不容他国染指。在2008年布加勒斯特北约峰会上，普京直白地告诉小布什："你要知道，乔治，乌克兰甚至不是一个国家。乌克兰是什么？它的

---

① "Expanded Meeting of the Defence Ministry Board," December 21, 2020, http://en.kremlin.ru/events/president/news/64684.
② "Presidential Address to the Federal Assembly," January 15, 2020, http://en.kremlin.ru/events/president/news/62582.

领土部分是来自东欧，但是更大部分是我们给予的礼物。"① 俄罗斯认定自己在后苏联空间有"特殊权益"，而美国不承认俄罗斯在后苏联空间有"特殊权益"。俄罗斯也不想放弃一些有传统影响力的区域，例如塞尔维亚和叙利亚。

1991年12月苏联解体以后，美国对独联体地区政策的核心是防止俄罗斯"重建帝国"。俄美之间是一场"重建帝国"与"防止重建帝国"之战。美国支持双东扩，即北约东扩和欧盟东扩，以巩固冷战成果，压缩俄罗斯地缘政治空间。美国要东扩，俄罗斯要西拓，矛盾和冲突由此产生。波罗的海三国、乌克兰、白俄罗斯、格鲁吉亚、摩尔多瓦等国家和地区成为新的竞技场。

普京总统执政的20年，俄罗斯国内保守主义思潮涌动，民族主义情绪日渐高涨。普京实际鼓励并引导这股思潮为自己的战略目标服务。在普京任期内发起了四次军事行动：1999年的车臣战争、2008年的俄格战争、2014年开始的俄乌冲突、2015年开始介入的叙利亚战争。车臣战争属于国内战争，争议较少，而后三次属于对外军事行动，一开始就伴随着巨大的争议，一直延续至今。在这三次对外军事行动中，核心是与乌克兰的军事冲突，其不仅规模大，影响深，而且暂时还看不到尽头。俄格战争可以看成序幕，乌克兰则是主战场，介入叙利亚战争是一种延伸。乌克兰和叙利亚问题成为俄美地缘博弈的焦点。

叶利钦时期，先后爆发了波黑战争（1992~1995年）及科索沃战争（1999年），此后俄罗斯的影响力基本退出巴尔干半岛。2003年和2004年格鲁吉亚和乌克兰接连发生政治动荡，即格鲁吉亚的"玫瑰革命"和乌克兰"橙色革命"，"颜色革命"后建立的政府一般会采取"亲美反俄"的政策。俄罗斯感受到了越来越严重的地缘政治压力和周边国家越来越严重的离心倾向，俄指责这些"颜色革命"背后都有美国的支持。俄罗斯开始采取各种措施以阻止后苏联空间国家加入北约和欧盟。作为苏联解体的后遗症，今后白俄罗斯、摩尔多瓦、塔吉克斯坦、吉尔吉斯斯坦、哈萨克斯坦或许也会出现这样或那样的问题。

2014年以后，俄罗斯开始将力量向外投射。俄罗斯加大了在中东、亚太

---

① Nikolas K. Gvosdev, "Ukraine's Ancient Hatreds," https：//nationalinterest.org/feature/ukraines-ancient-hatreds-10736.

和非洲等地区的活动。俄罗斯向利比亚、中非等国派出了雇佣军。2020年，俄罗斯计划在苏丹境内建立一个俄海军后勤补给基地，以辐射红海、阿拉伯湾和印度洋区域。在苏丹建立海军基地的协议有效期为25年，在双方同意的情况下将自动延长10年。俄罗斯军事专家科斯京表示："俄罗斯虽然被认为是苏联的合法继承者，但是丢失了所有苏联在中东以及非洲的海军基地。当今我们只在叙利亚的塔尔图斯拥有海军物资技术保障点，在苏丹港设立的是真正的基地。我们的海军再次返回每个人都熟悉苏联海军军旗的地方。苏联曾在红海达赫拉克群岛设立海军基地，后来于1991年关闭。"① 俄罗斯与蒙古国、越南、印度一直保持着紧密的政治和军事关系。

在地缘政治博弈的过程中，俄罗斯批评美国对中东国家的干预导致出现恐怖主义。"正是美国不顾国际法，非法干涉伊拉克、利比亚、叙利亚内政，违反领土不可侵犯原则，在一定程度上导致以上这些国家中出现了最危险的令全球头疼的恐怖组织。"② 普京批评美国对乌克兰的干预导致了乌克兰危机。"许多国家被置于人为的抉择面前，要么与集体的西方在一起，要么与俄罗斯在一起。事实上，这就是最后通牒。这种侵略性政策导致的后果就是2014年的乌克兰悲剧。欧洲积极支持乌克兰的反宪法武装政变。这就是一切的开始。为什么必须这么做？当时的总统亚努科维奇已经接受反对派的所有要求。为什么美国要策划这场政变，而欧洲国家不由自主地支持政变，导致乌克兰的分裂和克里米亚的脱离？""现在整个欧洲安全体系已经明显退化。紧张局势正在加剧，新军备竞赛的风险正在成为现实。我们正在错过合作提供的巨大机会。"③

一 波黑战争与科索沃战争

巴尔干地区曾是俄罗斯传统的势力范围。南斯拉夫解体后，1992年4月至1995年12月，爆发了波斯尼亚和黑塞哥维那战争。1995年8月至9月，北

---

① 《俄军事专家：俄在苏丹建立海军基地是俄恢复苏联解体丢失影响的措施》，https://sputniknews.cn/military/202011181032547593/。
② 《俄外交部：美国的干预导致在伊拉克、利比亚、叙利亚境内出现恐怖组织》，https://sputniknews.cn/politics/202109091034438076/。
③ Vladimir Putin, "Being Open, Despite the Past," June 22, 2021, http://en.kremlin.ru/events/president/news/65899。

约大规模轰炸波黑塞族控制区，迫使南联盟（塞尔维亚和黑山）屈服。1995年11月21日，在美国主持下，南斯拉夫联盟、克罗地亚和波黑三方领导人在美国俄亥俄州代顿签署了《波黑和平协议》，波黑战争结束。

科索沃原系南斯拉夫塞尔维亚共和国南部的自治省，其主要居民包括阿尔巴尼亚族（信仰伊斯兰教的多数）和塞尔维亚族（信仰东正教的少数，主要位于科索沃北部），阿尔巴尼亚族独立情绪强烈。1999年3月至6月，以美国为首的北约空袭塞尔维亚，迫使塞尔维亚从科索沃撤军，承认科索沃自治，这引起了俄罗斯的强烈不满。1999年6月，联合国安理会通过决议，塞尔维亚军队撤离科索沃，科索沃自治，由联合国接管。2008年2月17日，科索沃议会宣布脱离塞尔维亚"独立"，建立"主权国家"。科索沃独立得到美国和欧盟国家的承认，俄罗斯和塞尔维亚拒绝承认。由于俄罗斯为联合国安理会常任理事国，科索沃独立没有得到联合国的认可。但是在2010年7月22日，联合国海牙国际法庭发表咨询意见（国际法院法官10票赞成，4票反对），宣布科索沃独立没有违反国际法。2016年8月5日，科索沃以"独立国家"身份首次参加了奥运会。

2008年8月俄格战争爆发后，普京曾将南奥塞梯和阿布哈兹两地与科索沃对比，认为它们独立于格鲁吉亚合理合法。2014年乌克兰危机爆发后，普京又拿科索沃和克里米亚对比，认为克里米亚归并俄罗斯合理合法。

目前，前南斯拉夫地区出现了七个国家，大都对美国和欧盟表示友好，只有塞尔维亚相对亲俄，而塞尔维亚也在积极寻求加入欧盟。2009年12月，塞尔维亚提出加入欧盟的申请。2012年3月1日，塞尔维亚获得欧盟候选国地位。2013年6月，欧盟正式开启塞尔维亚入盟谈判。塞尔维亚试图在欧盟和俄罗斯之间维持平衡。2014年乌克兰危机爆发后，塞尔维亚拒绝与欧盟一道制裁俄罗斯。但是，整体的地理位置和地缘态势决定了塞尔维亚最终将成为欧盟的一员。

2020年9月4日，在美国总统特朗普的调停下，塞尔维亚总统武契奇和科索沃总理萨奇在白宫达成了双边经济关系正常化协议。协议规定塞尔维亚与科索沃建立一个单一市场，双方保证人员、服务和资本的自由流动，一年内双方停止政治敌对行为。塞尔维亚仍然拒绝承认科索沃独立。这个协议最大的特点是排除了俄罗斯参与，这突出表明了俄罗斯在巴尔干影响力的下降。

二　格鲁吉亚战争

苏联解体后，格鲁吉亚日益亲美亲欧，申请加入欧盟和北约。俄罗斯一直通过格鲁吉亚境内的南奥塞梯和阿布哈兹两个自治共和国牵制格鲁吉亚。

2008年4月北约布加勒斯特峰会期间，俄罗斯外长拉夫罗夫公开表示，俄罗斯将全力阻止乌克兰和格鲁吉亚加入北约。普京在布加勒斯特北约峰会上发出警告："对于我们的格鲁吉亚朋友来说，正如他们相信的，在北约的庇护下借助武力，这是恢复他们领土完整的手段之一。这是一个古老的持续百年的格鲁吉亚人和阿布哈兹人（这是一个小的族群，人口只有20万）、奥塞梯人之间的种族冲突，这些冲突是种族性质的。要解决这些问题他们不需要加入北约。他们应该有耐心，与小的族群进行对话。我们尽力去帮助他们，帮助格鲁吉亚维护领土完整。尽管有科索沃的决定，我们不会承认这些小实体的独立，尽管他们要求我们（承认）很长时间了，有数十年。（但是）我们非常负责，非常小心，你们应该同样小心。"[1]

2008年4月的北约布加勒斯特峰会最后通过了一项政治声明，称乌克兰和格鲁吉亚将在未来成为北约成员国，但是拒绝这两个国家立刻加入"北约成员国行动计划"。2008年北约布加勒斯特峰会后，有关格鲁吉亚和乌克兰入约问题就暂时停下了，截至2021年没有实质性的进展。

2008年8月8日，格鲁吉亚主动发起进攻，意图控制南奥塞梯，俄格战争爆发。俄军迅速介入，战争持续了5天，格鲁吉亚先胜后败，基本丧失了对北部两个地区的控制权。2008年8月26日，俄罗斯宣布承认南奥塞梯和阿布哈兹独立。9月2日，格鲁吉亚断绝了与俄罗斯的外交关系。

美国政府宣称："支持格鲁吉亚在国际公认边界内的主权和领土完整，谴责俄罗斯2008年对格鲁吉亚阿布哈兹和南奥塞梯的入侵，这两个地区直到今

---

[1] "Text of Putin's Speech at NATO Summit（Bucharest，April 2, 2008），" https：//www.unian.info/world/111033-text-of-putins-speech-at-nato-summit-bucharest-april-2-2008.html.

天仍然被俄罗斯占领。"① 2009 年，美国和格鲁吉亚建立了战略伙伴关系，2011 年以后北约定期与格鲁吉亚举行联合军事演习。1992~2019 年，美国向格鲁吉亚提供了 18 亿美元的援助。② 2014 年，格鲁吉亚和乌克兰一起与欧盟签署了联系国协定。

三 乌克兰危机

乌克兰位于东欧平原的南部、黑海北岸，既是欧亚大陆东西交通的要道，又是南北交通的枢纽。在苏联原 15 个加盟共和国中，乌克兰享有"第二大加盟共和国"的称号，它的经济和人口一直排在第二位，仅次于俄罗斯联邦。基辅是苏联第三大城市，前两位是莫斯科和列宁格勒（圣彼得堡）。乌克兰拥有广阔的面积、肥沃的土地、发达的工业基础、高素质的人口，具有成为一个大国的所有潜质。苏联解体后，乌克兰成为俄罗斯西部最大的邻国，俄乌边界长达 2500 公里。乌克兰位于俄罗斯与北约成员国波兰、斯洛伐克、匈牙利和罗马尼亚之间，战略位置极为重要。正是因为乌克兰处于欧亚大陆的核心地带，其成为俄美争夺的一个焦点地区。

1991 年乌克兰独立后，乌克兰是向东还是向西、是亲俄还是亲欧（美）一直是一个问题。美国将乌克兰视为抵制俄罗斯"复兴帝国"的前沿和重要阵地，俄罗斯则将乌克兰视为自己的"后院"和势力范围。对美国来说，一个独立的乌克兰是阻止俄罗斯"重建帝国"的关键。而对俄国来说，一个归顺的乌克兰是俄罗斯"重建帝国"的保证。美国希望通过后苏联空间新独立的国家来遏制俄罗斯，而这些新独立国家也希望利用美国来平衡俄罗斯，这使整个欧亚大陆呈现复杂状态。

西边的欧盟和东边的欧亚经济联盟，乌克兰只能二选一。乌克兰加入了欧盟，就不可能加入欧亚经济联盟，普京重整欧亚大陆空间的计划就可能会流产。为此，普京政府采取各种或明或暗的措施，试图阻止乌克兰与欧盟签署联系国协定。2013 年 11 月 21 日，由于俄罗斯的引诱和压力，亚努科维奇突然

---

① "U. S. Relations with Georgia," August 7, 2021, https：//www. state. gov/u-s-relations-with-georgia/.
② "Georgia," September 8, 2021, https：//www. usaid. gov/georgia.

拒签与欧盟的联系国协定，导致乌克兰各地出现大规模持久的抗议，最后演变为大规模持久的暴力事件。2014年2月21日晚，亚努科维奇逃出基辅。

亚努科维奇政府倒台后，2014年3月21日，乌克兰临时政府总理亚采纽克立刻前往布鲁塞尔与欧盟签署了联系国协定的政治部分。6月27日，乌克兰总统波罗申科和欧盟理事会主席范龙佩、欧盟委员会主席巴罗佐、欧盟28个成员国的元首和政府首脑在布鲁塞尔举行的欧盟委员会会议上签署了与欧盟的联系国协定的经济部分，规定乌克兰将加入欧盟自由贸易区。同一天，欧盟也与格鲁吉亚和摩尔多瓦正式签署了联系国协定。

2014年2月26日，俄军突然采取行动，武装占领克里米亚全境。3月16日，当地举行全民公投，克里米亚共和国96.77%和塞瓦斯托波尔市95.6%的选民同意加入俄罗斯。3月18日，普京在莫斯科同克里米亚及塞瓦斯托波尔代表签署协议，同意克里米亚和塞瓦斯托波尔以"联邦主体身份"加入俄罗斯联邦，塞瓦斯托波尔成为俄罗斯的第三个"直辖市"。5月以后，乌克兰东部顿涅茨克和卢甘斯克两州爆发了大规模的激烈战斗，对阵的双方为乌克兰政府军和得到俄罗斯支持的乌东部民间武装，战争持续至今。2020年9月23日，乌克兰总统泽连斯基在联合国大会上强调，顿巴斯冲突已经导致1.4万人死亡，100万~150万人无家可归。①

2021年3月18日，俄军前总参谋长巴卢耶夫斯基大将在联邦委员会举行的"克里米亚回归祖国港湾的历史意义"圆桌会议上说："克里米亚的回归，确保我们预防性地挫败了北约在我国南部边境建立海军基地的计划。这是事实。北约曾有过这样的计划。克里米亚实际上是俄罗斯在黑海的不沉的航空母舰。""部署在克里米亚的军事基础设施和设备，使俄罗斯在该地区爆发战事时能迅速而有效地使用远程导弹武器攻击潜在敌人的目标。"②

---

① "Speech by President of Ukraine Volodymyr Zelenskyy at the General Debate of the 75th Session of the UN General Assembly," September 23, 2020, https://www.president.gov.ua/en/news/vistup-prezidenta-ukrayini-volodimira-zelenskogo-na-zagalnih-63889.

② 《俄前总参谋长：克里米亚入俄挫败北约计划》，https://sputniknews.cn/military/202103181033299789/。

乌克兰政府认为,乌克兰东部的冲突不是一场中央政府和地方分离主义势力之间的"内战",而是一场"外战",是一场俄罗斯与乌克兰之间的战争。乌政府认为,俄罗斯部队包括特种部队和成建制的部队直接参与了在乌的作战行动。如果没有俄罗斯的直接支持,乌克兰东部的分离主义势力无法维持。俄罗斯否认俄军介入了乌克兰冲突,俄罗斯政府和领导人多次强调,克里米亚是"自愿归附",俄罗斯没有介入顿巴斯的冲突,俄罗斯既不是乌克兰冲突的参与方,也不是《明斯克协议》的主体。

2015年9月28日,普京在联合国大会上公开批评美国,认为是美的妄自尊大和冷战思维导致了乌克兰危机。"冷战期间形成的思维方式,以及部分同僚力图扩大自己政治版图的行为占据了主导地位。首先,北约扩张这一路线还在持续。……在乌克兰,确实发生了这种情况,(北约和美国)利用大多数人民对当时乌克兰政府的不满,从外部挑动武装政变,最终导致内战爆发。"[1]普京将乌克兰危机归咎于美国的煽动:"这种情况的把戏在于,表面上看,(乌克兰)反对派主要是得到欧洲人的支持。但是我们确信,真正的主谋是我们的美国朋友。""他们帮助培训民族主义者,他们的武装团体在乌克兰西部,在波兰,某种程度上也在立陶宛,他们促成了此次武装政变。"[2]

2019年2月21日生效的《乌克兰宪法修正案》确定了乌克兰加入欧盟和北约的战略方针。乌克兰议会也通过了决议,宣布1997年5月31日签署的《俄乌友好、合作与伙伴关系条约》(1999年4月1日生效)将于2019年4月1日到期后自然终止。这样,乌克兰立国以来长期面临的"向东还是向西"的问题不存在了,乌克兰已决绝地倒向了西方,倒向了欧盟和美国。

因为乌克兰危机,美国对俄外交重拾经济制裁手段。2014年3月16日,克里米亚举行公投。3月17日,美国政府即发起对俄第一轮制裁,此后又发动多轮制裁。2014年12月,美国国会通过《支持乌克兰自由法案》。2017年8月,美国国会又通过《使用制裁反击美国敌人法》,将对俄制裁法律化。美国制裁内容主要包括冻结资产、取消签证、限制融资、禁

---

[1] 《普京:在第70届联合国大会上的发言》,http://en.kremlin.ru/events/president/news/50385。
[2] 俄罗斯电视纪录片《克里米亚:回家之路》,2015年3月15日在俄罗斯第一电视新闻频道播出。

止交易等。美国经济制裁主要针对普京周边的小圈子,针对俄罗斯的金融、防务和能源行业。

2014年乌克兰危机爆发之后,美国对乌克兰的支持强化了乌克兰对美国的信任。民主党的奥巴马总统和共和党的特朗普总统在很多政治问题上都存在严重分歧,但是在乌克兰问题上,美国的外交政策基本保持了连续性。美国拒绝承认克里米亚归俄,维持对俄经济制裁,持续向乌克兰提供经济援助,包括有限的武器援助。特朗普政府批准向乌克兰出售致命性武器,包括"标枪"反坦克导弹。从2014年至2021年8月底,美国已经承诺向乌克兰军队提供25亿美元,包括2021年的4亿多美元。同一时期,美向乌克兰提供了20亿美元的发展援助,仅在2021年就计划拨款4.63亿美元。[1] 2021年2月26日,在克里米亚事件7周年之际,拜登总统专门发表声明,强调克里米亚属于乌克兰,美国现在和未来都不会承认俄罗斯吞并克里米亚,美国将支持乌克兰反抗俄罗斯的侵略行为。[2]

2014年以后,俄罗斯采取各种措施,加强军事力量,改善基础设施,巩固对克里米亚的占领。2014年8月14日,普京批准了建立克里米亚军队集群的计划,力图将克里米亚打造成为俄罗斯南部的一个"堡垒"和"支点",这个军队集群能够独立作战,威慑黑海及乌克兰南部。2016年7月28日,俄罗斯总统普京签署命令,将克里米亚联邦区"并入"俄南部联邦区。俄罗斯突击建设连接克里米亚刻赤半岛和克拉斯诺达尔边疆区塔曼半岛的刻赤海峡大桥(铁路公路两用桥)。2018年大桥建成后,畅通了俄本土与克里米亚半岛的交通,俄实际控制了刻赤海峡航道,乌克兰东部亚速海沿海港口城市都被封锁,船只进出需要得到俄罗斯的允许。

俄罗斯对顿巴斯的要求可以概括为:联邦化(federalization)和中立化

---

[1] "Background Press Call by Senior Administration Officials on the President's Upcoming Meeting with President Zelenskyy of Ukraine," September 1, 2021, https://www.whitehouse.gov/briefing-room/press-briefings/2021/09/01/background-press-call-by-senior-administration-officials-on-the-presidents-upcoming-meeting-with-president-zelenskyy-of-ukraine/.

[2] "Statement by President Biden on the Anniversary of Russia's Illegal Invasion of Ukraine," February 26, 2021, https://www.whitehouse.gov/briefing-room/statements-releases/2021/02/26/statement-by-president-biden-on-the-anniversary-of-russias-illegal-invasion-of-ukraine/.

(neutralization)。乌克兰必须修改宪法，建立联邦制，保证说俄语居民的权利，同意顿巴斯地区高度自治。乌克兰的要求可以概括为：从被占领地区撤出非法武装团体和武器，恢复对国家边界（俄乌边界）的控制，在国际公认的边界内恢复乌克兰领土完整，之后再谈顿巴斯地区特殊地位问题。①

四 叙利亚战争

自苏联时期开始，俄罗斯和叙利亚一直保有传统的伙伴关系。2015年9月30日，俄罗斯突然直接大规模军事介入叙利亚，让世界大吃一惊。战争时断时续，持续至今。俄在叙的行动不是孤立的，在很大程度上，俄罗斯的叙利亚政策是其乌克兰政策的延续，也是俄领导人破解乌克兰僵局的一种手段，是在乌克兰外线的作战。俄罗斯希望借此转移美国及世界的注意力，获得战略及外交的主动权。

叙利亚内乱和战争始于2011年初爆发的"阿拉伯之春"，到2021年已经持续了10年。2011年利比亚政权更迭后，叙利亚在俄罗斯外交战略中的地位凸显，叙利亚成为俄在中东的最后一个据点。战争初期，俄罗斯并没有进行直接干预，而是给予阿萨德政府外交、经济、情报和军事装备上的支持。从2011年开始，俄罗斯多次派出各种军舰组成的编队前往叙利亚附近的地中海水域进行威慑，俄美两国海军曾在东地中海对峙。2011年之后，俄罗斯多次在联合国安理会否决西方国家支持的有关叙利亚问题的提案。2013年6月在北爱尔兰举行的八国峰会上，就叙利亚问题，普京与其他七国领导人产生了严重分歧。俄罗斯支持巴沙尔政权，坚持向其提供大量武器装备。而美国等西方国家则支持叙利亚反对派，认为巴沙尔政权已经失去民意支持，必须下台。

2013年8月21日，在大马士革郊区古塔（Ghouta）等地区发生化学武器袭击事件，造成大量人员伤亡。美国谴责阿萨德政府军实施了化武攻击，而俄罗斯认为化武袭击是叙反对派所为。美、法等国政府决定对叙动武。2013年9

---

① "Speech by President of Ukraine Volodymyr Zelenskyy at the General Debate of the 75th Session of the UN General Assembly," September 23, 2020, https://www.president.gov.ua/en/news/vistup-prezidenta-ukrayini-volodimira-zelenskogo-na-zagalnih-63889.

月10日奥巴马总统专门发表了全国讲话，并展开相关军事部署。9月11日，普京罕见地在《纽约时报》上刊登回应文章，针锋相对地否定巴沙尔政府的责任。"没有人怀疑叙利亚发生了化学武器袭击。但有充分的理由相信，使用化武的并非政府军，而是反对派武装在外国援助的情况下煽动局势。"① 普京指责美国："令人震惊的是，军事干预他国内部冲突似乎已成为美国的家常便饭。这是美国的长期利益吗？我对此表示怀疑。世界上数百万人越来越发现，美国不再是民主典范，而是依靠蛮力、联合盟友宣示'你要么支持我们，要么就是反对我们'的国家。"② 关键时刻，由于美国国内对于"动武"的支持不够，再加上俄罗斯适时提出了"化武换和平"倡议，这个建议被阿萨德政府和美国接受，战争危机暂时得以缓解。

2015年9月30日，俄罗斯以反对恐怖主义为名，突然直接动用军事力量对"伊斯兰国"及叙利亚反政府武装力量开展大规模的空袭，同时派出军事顾问和少量的地面部队协助和指导阿萨德政府军作战。俄罗斯在叙利亚突然介入的力量之大、动作之猛，让人惊奇。这是苏联解体后俄罗斯在中东地区进行的第一次大规模军事行动，其规模唯有1979年苏联入侵阿富汗可以比拟。

按照美国的说法，俄罗斯空袭不仅针对占据叙东部的"伊斯兰国"，同时也空袭了叙利亚西部的一些大城市，例如霍姆斯（Homs）和阿勒颇（Aleppo），而这些地区很多并不在"伊斯兰国"的控制范围之内，而是在美国所说的"温和反对派"的控制下，美国人认为他们是叙现政府的反对派，而不是恐怖分子。

2017年12月初，俄罗斯国防部表示，叙利亚全境所有城镇、居民点均已从恐怖组织手中解放，俄军在叙反恐任务已经完成。12月11日，普京飞赴叙利亚赫梅米姆空军基地宣布，俄军开始从叙利亚撤出。但是，俄驻叙利亚赫梅米姆的空军基地、俄海军驻叙利亚塔尔图斯的基地将照常运行。此后小规模的战争一直持续，叙利亚仍然维持分裂局面。

---

① Vladimir Putin, "A Plea for Caution from Russia: What Putin Has to Say to Americans about Syria," *The New York Times*, Sep. 11, 2013.
② Vladimir Putin, "A Plea for Caution from Russia: What Putin Has to Say to Americans about Syria," *The New York Times*, Sep. 11, 2013.

2017年1月18日，俄叙两国签署了《扩建俄海军驻叙塔尔图斯基地物资技术保障点协议》，协议规定将现有俄海军驻叙塔尔图斯物资技术保障点扩建成完全意义上的海军基地。协议规定，可以同时在塔尔图斯港停靠包括核动力舰艇在内的11艘俄罗斯军舰；在整个协议期内叙方将塔尔图斯港地区的土地和水域以及不属于官方公布的不动产设施移交俄罗斯免费使用；物资技术保障点人员、船员以及保障点的动产和不动产都拥有特权和豁免权；条约有效期49年，并可自动延长25年。①

俄罗斯政府对其介入叙利亚战争评价很高。2018年10月18日，普京在瓦尔代国际辩论俱乐部会议上表示，首先，这排除了恐怖主义蔓延到俄罗斯的风险。"一些恐怖主义分子被消灭，一些人决定离开，他们失去了对原有信仰的信心，放下了武器"，这是最重要的成果。其次，其"保护了叙利亚作为一个国家的地位，稳定了这个地区"。"我相信我们大体上达到了我们开始在叙利亚采取行动时所设立的目标。"②

2017年2月21日，俄罗斯国防部部长绍伊古在莫斯科国际关系学院的讲演中提到叙利亚战争的意义："'颜色革命'浪潮在世界各地区的势力配置中引起了世界政治的重大变化。南斯拉夫、格鲁吉亚、伊拉克、利比亚、乌克兰、叙利亚……这还是不完整的国家清单……我们不仅要消灭叙利亚境内的恐怖分子，使这个国家获得解放，还要解决问题，以使极端分子无法渗透我们国家。""在叙利亚动用我们的军队可以解决地缘政治问题……打断在中东和非洲散播'颜色革命'的链条。"③

目前，俄美在叙利亚仍然处于一种直接对峙状态，美国军队虽然大部分已从叙利亚撤出，但是仍然在叙利亚东南部保有据点，保持了数百人的驻军。美军和叙利亚库尔德人武装合作，控制了叙利亚东部的油气田，与俄罗斯支持的叙利亚政府军基本沿着幼发拉底河一线对峙。美国驻叙部队可以帮助控制伊拉

---

① 《普京签署批准俄叙扩建塔尔图斯海军基地协议的法律》，https://sputniknews.cn/russia/201712291024389599/。

② "Meeting of the Valdai International Discussion Club," October 18, 2018, http://en.kremlin.ru/events/president/news/58848.

③ 《绍伊古：俄在叙行动打断了"颜色革命"链条》，https://sputniknews.cn/russia/201702211021923759/。

克和叙利亚的边界，遏制俄罗斯和伊朗在叙利亚的扩张，维持对叙利亚局势的影响力。在叙利亚，反对"伊斯兰国"极端主义的战争正在被地缘政治角逐所替代。参加这场角逐的除了俄美两个全球大国，还有土耳其、伊朗、沙特、以色列这样的地区强国，形势非常复杂。俄罗斯获得了一些实际的地缘利益，同时也面临巨大的地缘政治风险。"通过在乌克兰和叙利亚的行动，俄罗斯清楚地表明了自己的意图，即恢复其作为世界强国的地位。不清楚的是，俄罗斯最近得到的这些能保持多久。"①

第四节　俄美经济关系

俄美关系主要是一种政治、军事与安全关系，两国之间经济联系薄弱，在两国关系中不占据主导地位。俄罗斯的主要经济合作伙伴是欧盟、独联体国家与中国。俄美之间的贸易和投资在各自国家中的比重不高。随着普京2012年3月重新当选总统，俄美政治关系不断恶化，经济关系也更为低迷。2014年以后，美国因克里米亚入俄、俄罗斯"干预"美国大选、斯克里帕尔中毒事件、网络攻击、纳瓦利内事件等对俄发动多轮经济制裁，使本就不好的俄美经济关系雪上加霜。俄美两国的经济关系既是政治关系的反映，也是俄罗斯本身经济和商业环境的反映。

一　俄美宏观经济比较

按照世界银行的统计，俄罗斯1991年国内生产总值为5179.63亿美元，人口1.484亿。2019年俄罗斯GDP为1.687万亿美元，人口1.444亿。美国1991年国内生产总值为6.158万亿美元，人口2.53亿。2019年美国GDP为21.433万亿美元，人口3.283亿（见表2-1）。俄罗斯GDP最高的年份是2013年，此后经济一直在低位徘徊，增长乏力，2014~2016连续三年负增长。2019年至2020年，由于新冠疫情的流行和俄罗斯与沙特之间的石油价格战，

---

① Fyodor Lukyanov, "Putin's Foreign Policy: The Quest to Restore Russia's Rightful Palace," *Foreign Affairs*, May/June 2016, p. 31.

俄罗斯经济再次陷入衰退。美国经济近年一直保持增长，尽管增幅不高。2019年，美国是世界第一大经济体，俄罗斯是第十一位的经济体，俄罗斯的经济规模不到美国的1/10，人口不到美国的1/2。无论是从人口还是从国内生产总值比较，两国差距巨大。

表2-1 俄美国内生产总值（GDP）比较

单位：万亿美元

年份	1991	2000	2012	2013	2014	2015	2016	2017	2018	2019
俄国	0.518	0.26	2.208	2.292	2.059	1.363	1.277	1.574	1.657	1.687
美国	6.16	10.25	16.20	16.79	17.53	18.24	18.75	19.54	20.61	21.433

资料来源："Russian Federation," https://data.worldbank.org/country/russian-federation; "United States," https://data.worldbank.org/country/united-states。

美国中央情报局估计，俄罗斯国内生产总值1998~2008年的平均增长率为7%，主要源于油价上涨。由于油价下跌、美欧的经济制裁以及俄经济固有的结构性问题，2015年俄经济陷入衰退，增速为-2.8%，2016年为-0.2%，2017年为1.83%，2018年为2.54%，2019年为1.34%。按照购买力平价（PPP）标准，俄罗斯国内生产总值2019年为3.968万亿美元，2018年为3.916万亿美元，2017年为3.819万亿美元。卢布兑美元汇率2013年大约为38.378卢布兑1美元，2014年为60.938卢布兑1美元，2020年为73.7569卢布兑1美元。① 如果按照购买力平价标准，俄罗斯国内生产总值约为美国的1/5。

两国差距不仅体现在数量上，而且体现在质量上。除了军事工业，当今俄罗斯基本丧失了现代制造业和高技术产业。《财富》杂志统计的2021年世界500强公司中，美国有122家，俄罗斯只有4家，即排在第84位的俄罗斯天然气工业股份公司，排在第125位的卢克石油公司，排在第195位的俄罗斯石油公司，排在第269位的俄罗斯联邦储蓄银行。这四家俄罗斯企业都是资源类或

---

① "Explore All Countries: Russia," August 18, 2021, https://www.cia.gov/the-world-factbook/countries/russia/#economy.

金融类企业，没有一家是制造类企业。相比其他新兴国家，世界前500强公司中，中国有143家（含香港9家、台湾8家）；印度有7家，巴西有6家，俄罗斯也不占任何优势。[①]

苏联20世纪30年代的工业化主要借助于两个重要的国家——德国和美国，当时苏联从美国输入大量机器设备和技术。如今俄罗斯发展仍然需要美国的资金、技术和设备。在经济和技术领域，俄罗斯和美国是不平等的，俄罗斯需要美国远甚于美国需要俄罗斯，这是一个客观事实。正是因为这一现实情况，美国可以制裁俄罗斯，而俄罗斯很难制裁美国，俄罗斯出台的一系列针对美国的反制裁措施没有任何实际上的意义，只有宣传的价值。"俄罗斯因制裁而受到相当大的损失。我到处重复这个数字：GDP增速因此要减少0.8~1个百分点。最初2年差不多1个百分点，现在要少些。每年如此。因此，说制裁无关痛痒是不对的。制裁严重影响我国经济，影响经济增长和生活水平。"俄罗斯财政部前部长库德林还补充道："把制裁当作政治工具来用就是另一回事了，这没有效果。这一点我同意。制裁对我国政治完全没有影响。"[②]

吸引外国投资、扩大对外贸易一直是俄罗斯政府的重要目标。在俄罗斯政府眼中，美国在经济上的重要性实际居于首位。尽管俄美贸易量不大，但是美国的政策具有标杆性的作用，会影响俄罗斯最大的贸易伙伴——欧盟，也会影响中东产油国和独联体国家。

综合投资环境和投资效益，美国长期是世界上吸引外国投资最多的国家，俄罗斯的排名则远远落后。根据联合国贸易和发展会议发布的《世界投资报告》，2019年美国吸引外国直接投资列第1位，流入2460亿美元。俄罗斯列第15位，流入320亿美元。[③] 2018年美国第1位，流入2520亿美元。俄罗斯排名第20位，流入130亿美元。2017年美国第1位，流入2770亿美元。俄罗

[①] 《2021年〈财富〉世界500强排行榜》，http：//www.fortunechina.com/fortune500/c/2021-08/02/content_394571.htm。

[②] 《俄前财长称俄经济因制裁每年少增长0.8~1个百分点》，https：//sputniknews.cn/russia/201610271021037952/。

[③] "Chapter 1-Global Trends and Prospects," *World Investment Report 2020*, https：//worldinvestmentreport.unctad.org/world-investment-report-2020/ch1-global-trends-and-prospects/.

斯排名第 14 位，流入 260 亿美元。① 不仅外资流入少，俄罗斯还存在大量国内资本外逃的情况。

1991 年 12 月 25 日俄罗斯联邦在苏联的废墟上成立后，1991～1992 年，1998～1999 年，2008～2009 年，2014～2016 年，2019～2020 年，俄罗斯经济多次进入衰退。美国认为俄罗斯缺乏法治，政府腐败，行政效率低下，所以看低俄罗斯未来经济增长。"由于低油价、结构性限制与经济制裁结合到一起，俄罗斯经济陷入深度衰退，2015 年萎缩 4%，2016 年萎缩 1%。2017 年由于油价反弹，俄罗斯经济才开始恢复温和增长。"② 2020 年，由于受到新冠疫情流行和俄罗斯与沙特之间石油战的双重打击，俄罗斯经济再次陷入衰退。

苏联解体 30 年，俄罗斯基本实现了"去工业化"，除了军事工业，俄罗斯的汽车工业、民用航空工业、电子工业已经出现空白，很多军工产品的关键零部件也依赖进口。2020 年 7 月 11 日，俄罗斯审计署署长库德林指出："俄罗斯经济目前处于萧条停滞状态，如果不采取有力的结构性改革，则无法摆脱这一状态。""如果官方今年经济预测得到实现，那么 GDP 可能下滑 5%，最近 10 年来平均经济增长将是 1%。这在历史上都是非常低的，10 年来我们的 GDP 增长如此低。""从 20 世纪 90 年代开始，俄罗斯经济总共增长 30%，从全球经济角度来说，这也是非常低的。"③

相比较而言，美国是一个全能型的国家，俄罗斯是一个单项型的国家，军事力量一枝独秀，经济与科技的落后是俄罗斯最大的短板。有些俄罗斯人非常清醒："我们面临着俄罗斯技术落后于世界的问题。这是非常严重的，我认为，近 10～15 年我们面临这个挑战。这意味着我们经济潜力的压缩及人们生活水平的降低。"库德林表示："我们存在国防潜力减弱的问题和对国家主权的威胁，如果我们不能成为技术强国。我应该说，甚至军事专家今天也称俄罗

---

① "Chapter 1-Global Trends and Prospects," *World Investment Report 2019*, https：//worldinvestmentreport. unctad. org/world-investment-report-2019/ch1-global-trends-and-prospects/#FDI-fell-for-the-third.

② "U. S. Relations with Russia: Bilateral Relations Fact Sheet," July 22, 2020, https：// www. state. gov/u-s-relations-with-russia/.

③ 《库德林：俄罗斯经济处于萧条停滞状态》，https：//sputniknews. cn/russia/202007111031782656/。

斯面临的技术挑战多于地缘政治和军事挑战。"①

2014年以后，俄罗斯农业的"进口替代"取得一定成功，农业可能是近年来俄罗斯经济中唯一的亮点。俄罗斯一改苏联时期粮食依靠进口的窘境，成为粮食出口国。根据俄罗斯农业部的报告，2020年俄出口了7900万吨农产品，价值307亿美元，同比增加20%，打破了2018年纪录（出口7850万吨农产品，价值258亿美元）。谷物、肉、鱼、蔬菜、乳制品和其他食品出口超过进口，自苏联解体以来首次成为农产品净出口国。按出口量计算，谷物占俄农产品出口的一半以上；按出口额计算，其约占俄农产品出口的33%。中国是俄农产品第一大进口国，占俄出口额的13%；其次是土耳其，占比为10%；哈萨克斯坦的占比为7%。②

二 俄美的投资

俄罗斯拥有丰富的自然资源，美国是俄罗斯主要的投资国之一，也许是最大的投资国之一，因为很多投资采取了隐蔽和间接的方式，不容易统计。③ 但是美国在俄投资的总金额远远少于在其他金砖国家——中国、印度、巴西——的投资（见表2-2）。美国企业对投资俄罗斯的态度非常谨慎，投资主要集中于能源和矿产领域。

表2-2　美国与金砖国家的贸易和投资（2016年）

单位：10亿美元

国家	中国	印度	巴西	南非	俄罗斯
货物贸易	578.6	67.7	56.5	13（2015年）	20.3
进口	462.8	46.0	26.2	7.3（2015年）	14.5
出口	115.8	21.7	30.3	5.5（2015年）	5.8

① 《俄前财长称经济技术落后风险是俄罗斯主要挑战之一》，https://sputniknews.cn/russia/201701131021602402/。
② 《2020年俄首次成为农产品净出口国》，http://www.mofcom.gov.cn/article/tongjiziliao/fuwzn/oymytj/202103/20210303044766.shtml。
③ "Surprise! Biggest Investor in the Russian Economy is … the United States," June 14, 2019, https://www.rt.com/business/461859-us-biggest-investor-russia/.

续表

国家	中国	印度	巴西	南非	俄罗斯
服务贸易	69.6	47.2	31.7	4.7(2015年)	不详
进口	16.1	26.8	6.8	1.7(2015年)	不详
出口	53.5	20.3	24.9	3.0(2015年)	不详
美国直接投资	74.6(2015年)	28.3	65.3(2015年)	6.2(2014年)	14.1(2014年)
对美国直接投资	14.8(2015年)	9.3	0.43	0.76(2014年)	6.3(2013年)

资料来源：转引自 Vadim Grishin, "U. S.-Russia Economic Relations: Myths and Realities," Center for Strategic and International Studies (2017), p. 5. United States Trade Representative (USTR), "Countries & Regions," https://ustr.gov/countries-regions/。

美国政府认为俄罗斯市场环境恶劣，存在官僚主义、腐败、垄断，市场要素不健全，与国际市场联结不紧密。2016年美国商务部的报告评估俄罗斯的投资环境"存在高度的不确定性、腐败和政治风险，对任何潜在的投资来说，彻底的尽职调查和良好的法律咨询至关重要"。[1]

美国国务院发布的2017年投资环境报告指出："虽然俄罗斯联邦2016年在减轻地方一级企业的负担方面取得了实质性的进展，但其经济治理中的根本性和结构性问题继续扼杀了外国直接投资。特别是俄罗斯的司法系统仍然严重偏向于国家，使得投资者在与政府发生法律纠纷时往往求助无门。政府官员腐败程度高，加剧了这种风险。俄罗斯政府在选择适用规则时，往往不透明或不采纳公众意见，造成严重的商业不确定性。此外，由于俄罗斯实施进口替代计划，外国竞争无法满足本地化的要求，这往往使得本地生产商拥有相当大的优势。此外，俄罗斯在乌克兰东部和克里米亚的行动导致美国和欧盟对俄罗斯的实体实施制裁，增加了美国公司遵守法律的成本，限制了美国公司在俄罗斯的商业活动类型。"[2]

美国驻俄大使馆建议："任何在俄罗斯经营的外国公司应配备称职的法律

---

[1] U. S. Department of State, Bureau of Economic and Business Affairs, "Investment Climate Statements for 2016," http://www.state.gov/e/eb/rls/othr/ics/investmentclimatestatements/index.htm#wrapper.

[2] "2017 Investment Climate Statements: Russia," https://www.state.gov/reports/2017-investment-climate-statements/russia/.

顾问，并制订一个全面的计划，以防警察的突袭。俄罗斯政府已经展示了一种模式——将民事案件转化为刑事案件，这会导致处罚更加严厉。简而言之，对于任何在俄罗斯运营的公司来说，遭遇毫无根据的诉讼或任意的执法行动的可能性是永远存在的。很多批评者认为，俄罗斯法院普遍缺乏独立的权威，在刑事案件中往往抱有偏见。实践中，俄罗斯法院往往忽视无罪推定，只有不到1%的刑事案件以无罪判决告终。在下级法院判决有罪提出上诉的案件中，只有不到百分之一被推翻。相反，当下级法院的裁决是'无罪'时，37%的上诉结果是有罪。""尽管立法禁止对外国投资搞国有化，但是在俄罗斯的投资者——特别是俄罗斯国内能源公司的少数股权投资者——应该谨慎小心。……在尤科斯一案（Yukos case）中，俄罗斯政府利用可疑的税收和法律程序，最终控制了一家大型俄罗斯能源公司的资产。其他例子还包括外国公司被迫以低于市场价格出售其在俄罗斯的资产。外国投资者特别是中小投资者在这种情况下几乎没有法律保护可以依靠。""2015年，俄罗斯对法律进行了修订，赋予俄罗斯宪法法院权力，如果国际仲裁机构的裁决与俄罗斯宪法相抵触，可以无视国际机构的裁决。"[1]

美国政府要求，在俄罗斯的美国投资者必须确保他们完全遵守美国在2014年3月俄吞并克里米亚后对俄实施的制裁。这些措施包括禁止为特定实体进行融资，限制向俄罗斯出口某些设备，以及禁止与美国财政部认定的实体或个人进行交易。美国政府持续要求俄罗斯改善投资环境、提高法治和透明度。另外，俄罗斯经济国有化程度偏高也限制了美国对俄投资。在很多美国投资者看来，俄罗斯有巨大的投资机会，但是也包含巨大的风险。

美国在俄较大的投资项目包括埃克森美孚（ExxonMobil）投资的萨哈林-1号项目（Sakhalin-1）、雪佛龙（Chevron）投资的里海管道财团项目（Caspian Pipeline Consortium）。里海原油管道连接哈萨克斯坦西部油田和俄罗斯里海沿岸油田至俄黑海港口新罗西斯克，管道全长1511公里，2001建成使用，是整个独联体区域最大的外资项目之一。2020年，里海管道财团累计运输原油超

---

[1] "2017 Investment Climate Statements: Russia," https://www.state.gov/reports/2017-investment-climate-statements/russia/.

过5900万吨，其中5170万吨为哈产原油，实现净利润6.3亿美元。里海原油管道是哈原油出口的主要通道，占哈管道输油总量的80%以上。里海管道财团股东包括俄罗斯持股31%（含俄管道运输公司持股24%）；哈萨克斯坦持股20.75%（含哈国家石油天然气公司持股19%、哈管道运输公司持股1.75%）；雪佛龙里海管道财团持股15%；LUKARCO公司持股12.5%；美孚里海管道公司持股7.5%；俄罗斯石油公司/壳牌里海管道公司联合体持股7.5%；BG海外控股有限公司持股2%；埃尼国际公司持股2%；Oryx里海管道公司持股1.75%。[1] 波音公司在莫斯科建立了一个设计中心，雇用了上千名来自俄罗斯及乌克兰的航空工程师。波音公司和俄罗斯阿维斯玛公司参与了乌拉尔地区斯维尔德洛夫斯克地区"钛谷"（Titanium Valley）的建设。阿维斯玛公司是世界上最大的钛生产商，产量占世界的45%。除了俄罗斯，另外只有四个国家能生产高端工业用钛，即美国、德国、日本和中国。

俄美之间经济关系的另一个特点是庞大的"影子经济"和转口贸易的存在。俄罗斯资本一直在秘密投资美国房地产和高科技企业，在纽约、伦敦、巴黎获得房产和签证仍然吸引着俄罗斯富人。普京政府加强了对官员的监管，加强了对流出资金的监管，但是俄罗斯资本继续秘密地大量地流向西方。

三　俄美的贸易

历年的俄美贸易额都非常小，按俄方的统计从来没有超过300亿美元，最高点出现在2012年。按照美方的统计，最高点是2011年的439亿美元。在俄美贸易中，美国长期处于逆差。俄罗斯主要的贸易伙伴是欧盟、中国、哈萨克斯坦、白俄罗斯。美国的主要贸易伙伴是中国、加拿大、墨西哥、欧盟、日本。俄罗斯从未跻身美国贸易伙伴前二十名。

从2014年3月起，由于乌克兰危机、斯克里帕尔中毒事件、俄罗斯"干涉"美国大选、纳瓦利内中毒事件等，美国对俄罗斯实施了一系列经济制裁，俄罗斯经济持续萎缩，俄美贸易也受到严重影响。2013年，美国对俄出口111

---

[1]《2020年里海管道财团实现净利润6.3亿美元》，http://www.mofcom.gov.cn/article/i/jyjl/e/202102/20210203038934.shtml。

亿美元，进口271亿美元。2015年，在美国实施制裁背景下，美国出口为71亿美元，进口为164亿美元。① 下降幅度明显。

2014年乌克兰危机后美的经济制裁主要针对俄罗斯的金融、能源和国防工业。制裁对俄美经济关系影响很大，导致俄罗斯卢布贬值、资本外流、贸易锐减。俄罗斯需要美国的技术和装备，例如北极开发所需的石油开采技术和民用航空发动机等。美国的制裁措施阻碍了俄罗斯从外国资本市场借款的能力，限制了其获得西方技术和直接投资的机会。俄罗斯采取了一些反制裁措施，俄美政府间经济对话机制中断。

为应对美国经济制裁，俄罗斯的对策包括实施"去美元化"和"进口替代"。俄罗斯一直在减持美债。2007年，俄罗斯持有美国国债1490亿美元。② 到了2021年5月，俄罗斯持有美国国债已经降至38亿美元。③ 2021年6月3日，俄罗斯财政部部长西卢阿诺夫在圣彼得堡国际经济论坛期间表示："俄财政部将在一个月内大幅调整国家福利基金的资产结构，未来会将美元比例从当前的35%降到0%，欧元比例从当前的35%提至40%，人民币从15%提至30%，英镑和日元各维持在5%不变，加入黄金，黄金比例将为20%。"④ 2021年2月，俄罗斯政府调整了国家福利基金币种结构，纳入日元（占比5%）和人民币（占比15%），将美元和欧元的比重从45%减少到35%，英镑比例维持在10%。⑤

俄罗斯国家杜马主席沃洛金表示："俄罗斯正在逐步摆脱对美元的依赖。例如，我们在欧亚经济联盟范围内使用本币结算的比例已经增长至74%。我

---

① U.S. Census Bureau, "Trade in Goods with Russia: 1992 – 2016," https://www.census.gov/foreigntrade/ balance/c4621. html#2013.
② 《俄罗斯再抛售三分之一美国国债》，https://sputniknews.cn/economics/201807181025910046/。
③ 《俄5月份对美国债投资减少1.5亿美元》，https://sputniknews.cn/economics/2021071710340 89517/。
④ 《俄副总理：俄方或因美国制裁在能源贸易结算中停用美元》，https://sputniknews.cn/russia/202106041033833213/。
⑤ 《俄财政部称国家福利基金将在一个月内摆脱美元资产》，https://sputniknews.cn/russia/202106031033824375/。

们正在有计划地增加对中国和土耳其本币结算的贸易规模。"① 俄罗斯央行的数据显示，俄中贸易中的美元结算比例在 2013~2015 年曾超过 90%；到 2018 年底时降至 50%，同时欧元结算比例升至 30%；自 2019 年第二季度以来欧元结算比例更是一直稳超美元。俄中贸易中卢布结算比例则从 2013 年的 1% 升至 2020 年的 10% 左右。② 2013~2019 年欧亚经济联盟内用卢布进行出口结算的比例由 53.8% 增长至 69.8%。俄罗斯联邦海关署和中央银行的数据显示，2015 年俄罗斯和中国之间 90% 的结算是用美元进行的，2016 年这一比例约为 80%，2019 年为 51%，2020 年第一季度俄中贸易以美元结算的比例达历史最低，为 46%。③

俄罗斯 Aricapital 资产管理公司的苏韦罗夫指出，俄中贸易结算"去美元化"的想法存在已久，但俄罗斯对中国的主要出口商品是石油和金属，这些商品在国际市场上都以美元标价，所以很难迅速实现非美元结算。④ 由于卢布币值波动剧烈、不可兑换，中国公司不太愿意接受卢布，而俄罗斯不愿接受中国经济的强势地位，也不愿接受人民币，这是中俄贸易"去美元化"中的最大问题。在目前美国主导的国际金融和贸易体系中，要真正实现"去美元化"还是非常困难的，俄罗斯"去美元化"的最后结果可能导致"欧元化"，而不是卢布的国际化。

由于感受到美国经济制裁的威胁，俄罗斯也在逐步建立自己的银行支付系统。俄罗斯总统新闻秘书佩斯科夫表示，克里姆林宫不排除美国 Visa 和 Mastercard 支付系统在境内使用受限的可能性。俄外长拉夫罗夫也指出，俄罗斯认为，与外国伙伴展开合作，结算时逐步摆脱美元、向本币或能替代美元的

---

① 《俄杜马主席：俄罗斯正逐步摆脱对美元的依赖》，https://sputniknews.cn/politics/202103111033251536/。
② 《俄专家：俄中贸易结算'去美元化'进程需要时间》，https://sputniknews.cn/russia/202103221033319043/。
③ 《俄银行家：俄罗斯和中国有必要对接本国银行系统》，https://sputniknews.cn/economics/202104291033599302/。
④ 《俄专家：俄中贸易结算'去美元化'进程需要时间》，https://sputniknews.cn/russia/202103221033319043/。

货币过渡、不再使用西方控制的支付系统具有很大的前景。[1] 俄罗斯担心美国会切断俄罗斯使用国际SWIFT银行清算系统，也试图打造自己的跨国银行支付系统。2014年后，俄罗斯中央银行建立了自己的金融信息传输系统，所有的俄罗斯银行以及一些外国银行已接入该系统。[2] 俄罗斯外长拉夫罗夫表示："俄罗斯具备打造替代SWIFT的基础，我相信政府和央行会竭尽全力保证其可靠性，确保其彻底独立并防止有人极力给我们带来额外的损失。"[3]

美国对俄罗斯出口的主要货物是民用飞机、直升机、航空器材、汽车及零配件、工业器械及钻井设备、信息技术产品、药品。俄向美出口的主要是精炼石油、原油、钢铁、铝、稀有金属（例如铂、钛）、核燃料、化肥，其中石油及金属长期占据俄对美出口总额的70%以上。俄对美出口是资源主导型，美对俄出口是技术主导型。俄对美出口可以替代，美对俄出口难以替代。非常典型的是，苏联解体后，出于安全性和经济性的考虑，俄罗斯民用航空公司大量使用波音和空客的飞机代替国产飞机。目前，俄罗斯也在坚持发展自己的民航工业，但是步履维艰。俄罗斯研制的苏霍伊超级100（SSJ-100）和MC-21民航客机都采用了很多美国设备，例如后者使用的就是美国普惠公司（P&W）的发动机。

俄罗斯向美国出口的火箭发动机是有限的工业品出口。1999年1月，俄罗斯向美国交付了第一台RD-180火箭发动机。截至2019年9月，总共已经交付了116台。RD-180火箭发动机主要配装美国的"宇宙神-3"号（Atlas Ⅲ）和"宇宙神-5"号（Atlas V）运载火箭，合同于2019年末执行完毕。俄罗斯航天集团总裁罗戈津表示："美国同行选择俄火箭发动机的重要原因是我们的发动机性价比更高。"[4]

---

[1] 《克里姆林宫谈Visa和Mastercard使用受限的风险：万事皆有可能》，https://sputniknews.cn/russia/202104131033470927/。

[2] 《俄银行家：俄罗斯和中国有必要对接本国银行系统》，https://sputniknews.cn/economics/202104291033599302/。

[3] 《俄外长：俄罗斯具有打造SWIFT同类系统的基础》，https://sputniknews.cn/russia/202104281033589986/。

[4] 《俄航天集团：美国购买俄罗斯火箭发动机是因为其物美价廉》，https://sputniknews.cn/politics/201909191029597431/。

世界银行的数据显示，根据美国的统计，1991年美国向苏联出口35.79亿美元，进口9亿美元。① 1992年美国对俄出口31.33亿美元，进口7.09亿美元。② 2000年美国对俄出口20.92亿美元，进口76.58亿美元。③ 2019年美国对俄出口57.87亿美元，占美国出口总额的0.35%，进口231.85亿美元，占0.9%，均微不足道（见表2-3）。④ 根据俄罗斯的统计，俄美进出口贸易额的数据如表2-4所示。

表2-3 美俄进出口贸易额（1991~2019年）

单位：亿美元

	美国从俄进口	美国向俄出口
1991（苏联）	9.004	35.79
1992	7.09	31.33
1993	18.45	29.67
1994	34.32	25.79
1995	42.69	28.26
1996	37.45	33.40
1997	45.23	32.89
1998	60.08	35.85
1999	60.17	18.45
2000	76.58	20.92
2001	62.64	27.16
2002	72.07	23.97
2003	91.06	24.47
2004	126.19	29.61
2005	161.78	39.62

① "United States Trade Balance, Exports and Imports by Country and Region 1991," https://wits.worldbank.org/CountryProfile/en/Country/USA/Year/1991/TradeFlow/EXPIMP.
② "United States Trade Balance, Exports and Imports by Country and Region 1992," https://wits.worldbank.org/CountryProfile/en/Country/USA/Year/1992/TradeFlow/EXPIMP.
③ "United States Trade Balance, Exports and Imports by Country 2000," https://wits.worldbank.org/CountryProfile/en/Country/USA/Year/2000/TradeFlow/EXPIMP/Partner/by-country.
④ "United States Trade Balance, Exports and Imports by Country and Region 2019," https://wits.worldbank.org/CountryProfile/en/Country/USA/Year/2019/TradeFlow/EXPIMP.

续表

	美国从俄（苏联）进口	美国向俄（苏联）出口
2006	207.31	47.17
2007	202.19	73.65
2008	279.32	93.35
2009	189.93	53.83
2010	265.39	59.94
2011	355.58	83.18
2012	293.64	106.95
2013	270.85	111.45
2014	244.65	107.53
2015	171.62	70.87
2016	152.92	58.31
2017	177.78	70.03
2018	215.96	66.59
2019	231.85	57.87

资料来源：WITS-World Integrated Trade Solution, https: //wits.worldbank.org/countrysnapshot/en/USA。

表2-4 俄美进出口贸易额（1996~2019年）

单位：亿美元

	俄国进口	俄国出口
1996	29.22	50.69
1997	40.60	44.86
1998	41.23	51.38
1999	23.89	47.14
2000	27.03	46.48
2001	32.60	41.99
2002	29.83	40.20
2003	29.67	42.74
2004	32.07	66.26
2005	45.73	63.66

续表

	俄国进口	俄国出口
2006	64.26	88.52
2007	94.08	73.19
2008	130.82	137.53
2009	92.04	92.86
2010	98.34	119.33
2011	120.88	156.26
2012	155.05	130.22
2013	167.18	111.77
2014	185.94	95.53
2015	114.90	83.93
2016	121.35	100.98
2017	142.83	117.91
2018	126.91	125.69
2019	134.29	131.89

资料来源：WITS-World Integrated Trade Solution, https://wits.worldbank.org/countrysnapshot/en/RUS。

俄美两国贸易统计数据不同，主要是因为存在转口贸易、进出口统计标准不同以及汇率等问题，这是一个普遍的现象。

结　语

苏联解体后，俄罗斯经历了长达10年（1990~2000年）的政治动荡和经济萧条。2000年以后，随着国内政治的稳定和国民经济的复苏，以及军事重建的有效推进，俄罗斯领导人更为自信。俄罗斯不愿意接受美苏冷战的结果，试图部分恢复甚至是扩大自己的权益。俄罗斯开始主动采取行动，坚决维护自己的利益，甚至不惜动用武力，特别是在后苏联空间。俄罗斯对外政策日渐大胆，行事风格愈益泼辣，展现出很多俄罗斯传统的特点。

30年来，俄罗斯对美政策经历了一个从战略收缩到战略进攻的过程。2008年以前，美国基本采取的是攻势，俄罗斯采取的是守势，标志就是北约的不断东扩、轰炸南联盟、退出《反导条约》、在东欧持续推进反导系统的部署。2008~2012年梅德韦杰夫总统任期内，俄美两国关系处于一个相对平缓时期，双方保持了合作状态，同时矛盾在累积。2012年以后，俄罗斯采取的基本是攻势，美国是守势，标志就是建立欧亚经济联盟、克里米亚入俄、介入乌克兰东部战事、出兵叙利亚等。这是俄罗斯力量恢复的结果，也是俄罗斯领导人政策选择的结果。普京头两个任期（2000~2008年）俄的经济增长和军事重建为这种反击提供了财政上和军事上的基础。2012年以后，我们看到新的俄美关系模式：俄罗斯不断展示武力，美国不断进行制裁，循环往复。

在俄美关系上，俄罗斯政府解释为美国是加害方，俄罗斯是受害方。而在美国和欧洲国家眼中，俄罗斯是加害方，美国和东欧国家是受害方。美国认为，波兰、罗马尼亚、波罗的海三国、乌克兰、格鲁吉亚、摩尔多瓦等国家是独立自由的国家，有权利自主选择加入欧盟和北约，俄罗斯没有权利加以干预。而俄罗斯认为，北约和欧盟的东扩违反了冷战后达成的默契，进入了俄罗斯的传统领地和势力范围，侵犯了俄罗斯的国家利益，损害了俄罗斯的尊严。这是认识上的根本不同。

普京总统十分重视发展俄美关系，因为一个稳定的俄美关系有利于重塑俄罗斯的国际威望，有利于俄引进资金和技术，有利于俄国内经济和政治的稳定，有利于其个人长期执政。但是，俄罗斯并不愿意放弃欧亚联盟的理想，不愿意在克里米亚、顿巴斯、格鲁吉亚、叙利亚等重大问题上做实质性的让步。俄罗斯的愿望是清晰的：美国承认克里米亚归属俄罗斯或至少不再提出异议；全面取消对俄经济制裁；将乌克兰和格鲁吉亚从北约东扩的目标中排除；保证俄在后苏联空间的控制权；承认叙利亚阿萨德政府的合法性。作为回报，俄美可以在三大领域开展合作：战略核谈判可以继续；可以合作防范和打击恐怖主义；共同制约第三国的崛起。

在对美问题上，普京总统秉持高度的实用主义，远比苏联领导人灵活，该对抗的对抗，该妥协的妥协，该合作的合作，力争斗而不破，避免两国发生直接的军事冲突。普京一直将美国排在其外交目标的第一位，是俄罗斯外交的重中之重。普京深知，如果俄美关系得不到改善，俄欧关系也得不到改善；如果俄美关系紧张，俄罗斯整个外交态势也难以摆脱僵局。普京并不寻求主动地、彻底地切断与美国的联系，特别是经济联系。相反，普京政府不断发声，鼓励美国企业赴俄投资。普京非常清楚，俄罗斯要实现现代化的发展目标、实现国家的复兴，美国的资金、技术和装备不可或缺。

事实证明，普京总统也有过一系列的误判：任职初期对俄加入北约等西方阵营有着不切实际的想法；相信只要有俄罗斯的支持，亲俄的乌克兰总统亚努科维奇完全可以维持乌政局；判断美国关注重点已经转向亚太以防范中国的快速发展，不会对俄罗斯在欧洲的行为做出过于激烈的反应，俄罗斯应适时地利用这一机会；美国和欧盟有不同的利益，不可能在对俄问题上结成统一战线，俄罗斯可以分而治之；美国在世界上的声誉已经因伊拉克战争和阿富汗战争一落千丈，美国正在衰落，俄罗斯正在崛起；美国和欧盟对俄的经济制裁不会过于剧烈也不会持久，因为经济制裁将损害美国和欧洲自己的利益，西方公司和民众也不会支持；相信俄罗斯在乌克兰和叙利亚可以一击制胜，战争不会久拖不决。

普京对美国的批评很犀利。"我并不同意奥巴马所说的美国例外主义的观点，他说，美国的政策使'美国与众不同，让我们出类拔萃'。怂恿人们认为自己与众不同是非常危险的事，无论出于何种动机。世界上有大国和小国、富国和穷国，有具有悠久民主传统的国家与正在寻找民主之路的国家。各国的政策也不尽相同。我们都是不同的，但当我们寻求上帝的恩典时，我们不能忘记，上帝造人，生而平等。"① 俄美斗争的实质是一方要维持冷战后的单极霸权，而另一方要打破这种霸权。美国试图维持苏联解体后取得的对俄战略优势，而俄罗斯则试图重新恢复对美战略平衡。

俄罗斯与美国交往的30年有得有失，总体处于被动局面。俄罗斯总体的经济与科技实力远远弱于美国，俄罗斯有求于美国的远远超过美国有求于俄罗斯的，这是最根本的原因。近年，美国的国力和威望确实有所下降，然而只是

---

① Vladimir Putin, "A Plea for Caution from Russia: What Putin Has to Say to Americans about Syria," *New York Times*, Sep. 11, 2013.

相对的下降。而在普京总统的领导下，特别是2012年普京重新担任总统以后，俄罗斯的国力和威望并没有上升。2014年和2015年在有关谴责克里米亚公投和设立马航MH17航班国际刑事法庭的联合国安理会的表决中，俄罗斯都是一票否决，突出表明了俄罗斯在国际社会的状况。克里姆林宫局部的短暂的外交成功，没有从根本上改变俄罗斯在世界上总体的被动地位，没有改善俄罗斯在世界上的国家形象，没有让俄罗斯在和美国的对垒中取得决定性优势。乌克兰、格鲁吉亚、摩尔多瓦、塞尔维亚都在申请加入欧盟或北约。在整个欧亚大陆，美国领导的北约和欧盟同俄罗斯领导的欧亚经济联盟和集体安全条约组织之间的斗争仍很激烈而复杂。

第三章 俄罗斯与欧盟关系

欧盟是俄罗斯传统的重要外交方向之一。俄罗斯人心中一直有一个"欧洲梦"。从彼得大帝开始,这个"欧洲梦"便深深根植于俄罗斯人尤其是包括知识分子在内的精英者的精神和思想中。陀思妥耶夫斯基曾说,对他那个时代受过教育的俄罗斯人来说,欧洲就是第二个祖国,有时甚至是第一祖国。在俄罗斯人心里,欧洲,尤其是西欧,是俄罗斯文明的发源地和精神家园。也是从彼得大帝决定走向欧洲开始,关于俄罗斯到底是应该根据自身的历史文化特点和民族特性走自己独特的发展道路,还是完全向西投入欧洲的怀抱、融入欧洲的讨论,便成为俄罗斯从政府到学界,甚至是普通民众热烈讨论而至今却仍无明确结论的问题。俄罗斯横跨欧亚大陆的独特地理位置注定了其"向西"还是"向东"的选择是决定其发展方向甚至国家命运的重大问题。回顾俄罗斯的历史可以看出,尽管关于"向西"和"向东"的激烈争论从未停止,但自始至终俄罗斯的选择只有一个——"向西",走向欧洲。俄罗斯一直在努力走向西方,试图融入欧洲,内心渴望得到欧洲国家的认同与接纳。历经冷战时期与西方阵营的尖锐对抗,苏联解体后俄罗斯做出了"欧洲选择",并称此为"回归"。但是俄罗斯的"回归"之路走得并不顺利。苏联解体30年来,俄罗斯从立国之初与欧洲的"蜜月期"到乌克兰危机后与欧洲的外交关系日渐激化,从提出建设"大欧洲"到提出"大欧亚伙伴关系"构想,从坚守欧洲中心主义到决定"向东转",俄罗斯与欧盟的关系始终跌宕起伏,既有经济上的密切合作,也充满了政治上的激烈博弈。

第一节　俄罗斯对欧盟[①]政策

　　苏联解体后，为了实现经济重建，在国际上确立大国地位，新生的俄罗斯将加入"西方民主大家庭"确定为国家的发展方向。为实现这一目标，俄罗斯选择了融入欧洲。俄罗斯的"欧洲选择"（европейский выбор）基于其对本国地理位置、历史、文化、政治、经济等多方面因素的考量。俄罗斯国土广袤，横跨欧亚大陆，相较人口稀少、经济落后的东部地区，俄领土欧洲部分在经济、文化和人口方面占据绝对优势。俄罗斯视欧洲为自己文明模式与文化的根源所在，认为无论是过去、现在还是未来俄罗斯都是欧洲国家，是欧洲不可分割的一部分。20世纪90年代，欧洲发达的社会经济、科学技术、发展模式和生活方式对立国之初的俄罗斯充满了吸引力，被认为是俄罗斯实现现代化的必然之选，否则俄罗斯将会失去大国地位继而被边缘化。随着国家政治制度的日趋稳定和经济实力的恢复，俄罗斯对欧盟的政策日渐成熟，从最初对欧盟的亦步亦趋发展为提议建设拥有共同经济和安全空间的"大欧洲"。但2014年发生的乌克兰危机给俄罗斯与欧盟的关系按下了暂停键，随着克里米亚"并入"俄罗斯，双方在外交层面的关系完全倒退。俄罗斯苦心经营了20多年的俄欧关系也因此基本"归零"。

　　为便于分析，本文以俄罗斯总统任期为节点，结合俄罗斯对欧盟政策的制定和影响俄欧关系的重大事件等综合因素，将苏联解体后的俄罗斯对欧盟政策大体分为三个阶段：第一阶段是叶利钦执政时期，即从1991年12月25日苏联解体叶利钦担任俄罗斯首任总统至1999年12月31日叶利钦辞去总统职务；第二阶段为普京总统的第一任和第二任时期，以及"梅普组合"时期，即从2000年普京就任总统起至2012年梅德韦杰夫卸任总统的12年，其中又可细分、4年的"梅普组合"时期，即从2008年至2012年；第三阶段为普京总统第三任和第四任时期，即从2012年5月普京总统第三任时期开始至今。俄欧关系在该阶段发生重大转折，欧盟因克里米亚"并入"俄罗斯而中断了与俄

[①]　此文中的欧盟包含欧共体时期，下不标注。

罗斯的政治对话，同时对俄罗斯实施经济制裁，俄罗斯则报以反制裁。双方的制裁与反制裁持续至今，目前俄欧关系处于历史最低点。

一 叶利钦时期俄罗斯对欧盟的政策（1992～1999年）

苏联解体前，戈尔巴乔夫在外交上推行其"新思维"，于1989年与欧盟的前身欧共体签署了贸易合作协议，双方还决定缓和政治关系，并确定了欧洲方向上的外交目标，即俄罗斯与欧盟共建"共同的欧洲家园"。这一理念认为，俄罗斯与欧洲其他国家"都居住在一个家里，但一些人从一个入口走进家门，而另一些人从另外一个入口走进家门"，欧洲各国之间"需要合作，在家里建立起交流关系"。[①]

苏联解体初期，新生的俄罗斯认为，以美国为首的西方国家是世界政治经济的中心，俄罗斯要巩固新生的国家主权、确立其在国际上的大国地位、获得西方对俄社会经济改革的支持和急需的经济援助，必须加入西方"民主阵营"。因此，在继承苏联政治、经济和军事遗产的同时，俄罗斯在外交政策上也承袭了戈尔巴乔夫的"新思维"理念，将加入以美国为首的西方"民主国家大家庭"作为最重要的外交目标，发展和美国的关系、得到美国的信任和西方的经济援助成为俄罗斯外交最重要的任务。融入欧洲，与欧洲一起建设"共同的欧洲家园"被俄罗斯视为加入"民主国家大家庭"最理想也最顺理成章的途径。为了尽快打通"回归欧洲"之路，1992年一年之内俄罗斯与英国、法国、德国和意大利签署了双边协议，表明了新生的俄罗斯与苏联时期意识形态和政治制度的彻底切割、在意识形态和政治立场上坚决与西方站在一起的坚定态度，以及加入西方阵营的强烈愿望。

在这一时期，为了获得西方的政治支持和经济援助，俄罗斯在对西方外交上奉行全盘西化的"一边倒"政策。俄罗斯主动在国家利益上做出大幅度的让步，以迎合西方对俄罗斯在政治、经济和军事上的各项要求。军事上，俄罗斯表示不再将核武器对准美国和欧洲，在战略武器裁减上也主动让步；政治

[①]〔俄〕米·谢·戈尔巴乔夫：《孤独相伴·戈尔巴乔夫回忆录》，潘兴明译，译林出版社，2015，第338页。

上，俄罗斯按照西方政治体制模式进行政治体制改革，全盘接受西方在国际事务中的游戏规则和行为标准，为了与西方在重大国际问题上保持完全一致，俄罗斯甚至远离和背叛了昔日的盟友和友好国家；经济上，俄罗斯按照西方的标准进行经济改革，在西方经济学家的指导下对国内经济施行"休克疗法"。为了获得西方的经济援助，叶利钦在西方奔走呼号，极力向美欧等西方国家示好。1992年1月在联合国安理会特别会议上发言时，叶利钦表示俄罗斯不仅将美国和其他西方国家视为伙伴，更视为盟友。对于西方国家就经济援助提出的各种附加条件，俄罗斯也尽力满足。然而，俄罗斯以"欧洲大西洋主义"理论为指导，放弃本国利益完全追随美西方的"乞讨"式的外交政策和举措并未收到预期的效果，既未能换来西方的信任和平等的态度，也未能等来迫切需要的西方新"马歇尔计划"的援助。实行全盘西化和融入欧洲外交政策的惨淡结果令俄罗斯深感失望，并在俄罗斯国内遭到强烈质疑并引发了激烈争论。

经过激烈的外交辩论，俄罗斯对之前的外交政策进行了反省和校正，放弃了对西方不切实际的幻想，从"一边倒"的"亲西方"政策回归理性，开始实行东西方并重的"双头鹰外交"，独联体在俄罗斯外交政策中的地位开始得到重视。1993年4月23日，俄罗斯出台了独立后的第一部《俄罗斯联邦对外政策构想》（以下简称《对外政策构想》）。在该版《对外政策构想》中，俄罗斯周边新独立的"近邻国家"——独联体国家和波罗的海国家——被列为俄首要外交方向。对于欧盟，该版《对外政策构想》指出，与欧洲国家在双边以及各种国际组织和论坛中的合作对于俄罗斯加入民主国家行列和在新条件下确保安全具有重要的意义。俄罗斯将欧洲分为西欧和东欧，以及波罗的海国家，针对三个地区在地缘政治上对俄罗斯的不同意义分别制定了不同的外交政策。

对西欧国家外交政策的主要目标是：巩固正在形成中的伙伴关系，充实其具体内容，以便俄罗斯能利用与西欧的新伙伴关系确保自己的安全；解决国内经济发展的问题，使俄罗斯经济能够进入欧洲市场及世界经济体系；与西欧国家之间关系的建设性发展将为俄罗斯与东欧国家和波罗的海国家建立睦邻友好关系提供良好的背景。

第三章　俄罗斯与欧盟关系

东欧国家历史上就是与俄罗斯利益密切相关的地区，对俄罗斯有着重要的意义。苏联解体后，围绕俄罗斯形成了一条由乌克兰、白俄罗斯、摩尔多瓦、立陶宛、拉脱维亚和爱沙尼亚形成的新的主权国家带，俄罗斯与东欧其他国家的关系必然会影响俄与这些国家之间的相互关系。俄罗斯将在完全摆脱苏联时期帝国主义和自我中心主义心态的全新战略基础上，与东欧国家发展平等互利的关系。在东欧国家方向上的战略任务是不允许西方大国将俄罗斯排挤出东欧地区；巩固与东欧国家在恢复互信、建立去意识形态化的平等关系方面已经达成的共识，进一步推动双方关系发展；同时，还将采取有力措施恢复与东欧国家之间的经济联系。

在波罗的海国家方向上，1993年版的《对外政策构想》指出，与波罗的海三国建立睦邻友好的互利关系符合俄罗斯的长远利益；同时还要寻求彼此都能接受的方式来解决包括俄罗斯族人的权利保护、俄罗斯撤军以及建立规范国家间合作在内的迫切问题。

俄1993年版《对外政策构想》还特别写明了俄罗斯对欧洲安全与合作会议的立场与政策。俄罗斯认为，在东欧国家和近邻国家政局越来越不稳定的情况下，欧安会作为一个在"从温哥华到符拉迪沃斯托克"空间各领域中维护和平与安全的国家间合作机制，其建设性的意义越来越重要。推动欧安会的发展是当前确保俄罗斯广泛参与欧洲事务和形成"欧洲-大西洋"和"欧亚"共同体的主要渠道。促进欧安会的发展并进一步使其制度化，使其在形成中的国际共同体中发挥更大作用符合俄罗斯的利益。参与欧安会有助于俄罗斯与欧洲的一体化、消除不稳定的因素，促使俄罗斯与欧洲达成更多具体的措施和协议来推动伙伴关系发展。同时，欧安会也将在人权和少数民族领域重要的民主问题上促进俄罗斯法律向国际标准靠近。俄罗斯的独联体伙伴全面参与欧安会并严格履行所有因此而产生的义务符合俄罗斯的利益。

俄1993年版《对外政策构想》详细系统地明确了俄罗斯对外政策的目标和方向。俄罗斯在欧洲的利益和对欧洲的政策也更加明晰，此后随着时局的变化俄罗斯不断对《对外政策构想》进行更新和调整，以使其更加符合现实条件和俄罗斯的现实利益。1994年2月叶利钦发表的第一份国情咨文指出，参与建设一个和平、统一、民主的大欧洲是俄罗斯在欧洲方向的重要外交任务之一。

1993年11月1日,《马斯特里赫特条约》生效,欧盟正式成立。次年6月24日,俄罗斯与欧盟签署了《伙伴关系与合作协议》,有效期10年。该文件确定了俄罗斯与欧盟之间合作的主要目标、方向和合作机制,以及在所有经济领域的合作计划。尤其重要的是,该文件规定每半年举行一次俄欧首脑会晤,成立合作委员会,并在委员会框架内举行部长级政治对话。《伙伴关系与合作协议》是俄欧关系的奠基性文件,具有里程碑意义。时间证明,该协议几乎是俄欧之间唯一没有流于空转的文件。由于1994年12月车臣战争的爆发,《伙伴关系与合作协议》迟至1997年12月1日才得以正式生效。

1996年1月,普里马科夫出任俄外交部部长。普里马科夫坚决反对"一边倒"的亲西方外交政策,强调俄要加强在后苏联空间的影响力,建立俄罗斯能在其中发挥主导作用的一体化方案成为俄罗斯外交的优先方向。[①] 从此俄罗斯放弃了单纯从"民主"意识形态出发的外交政策,不再将西方作为首要的外交优先方向,转而实行"全方位"外交。反对单极世界、主张国际秩序多极化成为俄罗斯外交追求的目标。在俄罗斯外交政策发生转向的背景下,欧盟在俄罗斯外交中也不再享有之前仅次于美国的重要地位。受普里马科夫外交理念的影响,叶利钦在1997年的国情咨文中指出,俄罗斯的外交方向是建设一个以多极世界为出发点的国际关系体系,在这个多极世界中任何力量中心都不应居于主导地位。与以往不同,叶利钦在国情咨文中以大量篇幅阐述了俄罗斯与白俄罗斯的一体化以及与独联体国家的关系,对于与包括欧盟在内的西方国家关系的重要性以及如何发展这一关系却只字未提,涉及欧盟关系时更多的是强调俄罗斯对北约东扩的担忧。

尽管俄罗斯不再如最初那样"一边倒"地追随西方,而是将独联体国家作为首要外交优先方向,但从戈尔巴乔夫在苏联时期推行"外交新思维"到新独立的俄联邦实行"欧洲大西洋主义"的外交政策,再到调整后立足现实的对欧盟政策,俄罗斯始终将自身定位为欧洲国家,视己为欧洲文明不可或缺

[①] Алексей Куприянов, Прагматичный реалист, почему доктрина Примакова актуальна и сейчас, 29 октября 2019, https://iz.ru/937080/aleksei-kupriianov/pragmatichnyi-realist-pochemu-doktrina-primakova-aktualna-i-seichas.

第三章 俄罗斯与欧盟关系

的一部分，俄罗斯最终将"回归欧洲"这一理念也在俄罗斯上下达成了共识。在俄罗斯人心里，充满魅力的、文明的、先进发达的欧洲的吸引力远高于亚洲国家，即便是北约东扩都未能影响欧洲在俄罗斯人心目中的美好形象。但北约针对南联盟的军事打击彻底扭转了俄罗斯对欧盟的看法与政策。

1999年3月24日，北约无视俄罗斯的强烈反对，在没有联合国授权和许可的情况下对南联盟发动了代号为"联盟力量"的军事打击。时任俄罗斯总理普里马科夫在出访美国途中得知美国关于打击南联盟的决定，当即命令正飞行在大西洋上空的专机调头返回莫斯科。普里马科夫此次访美中途的"转向"也成为俄罗斯对西方政策"转向"的开始。北约无视俄罗斯的反对而对南联盟进行持续78天的轰炸，这彻底摧毁了俄罗斯对西方的所有幻想，在车臣武装分离主义倾向愈演愈烈的形势下，俄罗斯不能不担心自己会否成为继南联盟之后下一个受西方打击的目标。俄罗斯从此彻底告别了亲西方政策，在涉及国家利益的国际问题上俄罗斯不再唯西方之命是从，而是直接与之对抗。欧盟在科索沃危机上的双标、参与对南联盟的军事行动及其与北约千丝万缕的难以切割的密切关系促使俄罗斯丢掉了之前一厢情愿的和不切实际的融入欧洲的幻想，开始质疑欧盟所倡导的民主和人权的真实性。当然，欧盟在轰炸南联盟问题上与美国的分歧也令俄罗斯看到了俄欧关系进一步发展和提升的契机。

1999年6月，欧盟出台了《欧盟对俄罗斯共同战略》，确定了未来俄欧关系的发展目标和方向。俄罗斯随即做出回应，于1999年10月通过了《俄罗斯与欧盟关系中期战略（2000~2010年）》，该文件详细阐述了俄欧在政治、贸易与投资、金融、基础设施等领域的合作目标。俄罗斯希望通过与欧盟的合作实现俄罗斯的地缘政治目标，强化俄罗斯作为地区大国的作用和地位，最终建立一个没有分界线的联合的欧洲。值得注意的是，在该文件中除了在精神上依然对欧洲有所向往，俄罗斯对欧盟的态度有了更多的现实考量和理性，并明确表示作为一个横跨欧亚大陆的世界性的大国，俄罗斯应当保留制定和实行本国内政外交政策的权利和能力，保持自己作为欧亚国家和独联体最大国家的地位和优势，保障自己在国际问题上独立的立场和活动的自由，并明确说明俄罗斯不会提出加入欧盟，也不会与欧盟建立"联系国关系"。

20世纪90年代，俄罗斯面临国家初立时期稳定政局、经济改革、确定国家国际地位、打击分裂主义势力、捍卫国家主权和领土完整等一系列重大问题,俄罗斯把与拥有雄厚经济实力、在国际上拥有绝对话语权的西方保持良好关系看作确立自己国际地位和解决国内经济问题的法宝。与此同时,欧洲的政治制度、经济、科技、文化以及生活方式也令俄罗斯向往。融入欧洲成为俄罗斯外交政策中最重要的任务。但是过犹不及,俄罗斯对西方的盲目追随不仅没有得到其想要的,反而严重损害了其国家利益。普里马科夫认为,在苏联解体后的非意识形态化鼓噪中,俄罗斯外交部"准备将俄罗斯驶入美国指定的航道并充当其附庸国。……一个精心设计的方案逐渐把作为一支独立力量存在的俄罗斯挤出世界政治舞台。这对我们国家来说是一个致命打击"。"当我国顺从地把自己捆绑到以美国为首的'西方文明'战车上,当俄罗斯外交部部长把剩下的其他国家称作'窝囊废'之时,俄罗斯的前景就不妙了,它就丧失了独立性,并且越来越深地陷入美国冒险政策的泥潭。"[①] 也就是说,在叶利钦执政时期,俄罗斯没有在美国主导的"欧洲-大西洋"体系内确立其所希望的大国地位,没有完成1993年版俄罗斯《对外政策构想》中"确保俄罗斯在世界影响力平衡、调节世界经济和国际关系中发挥符合大国地位的作用"的任务,也没有实现其融入欧洲的目标。

欧洲方面,欧盟正式成立后,其重要议程是推行欧元、制度改革以及扩员等重大问题,无暇过多顾及与俄罗斯的关系。总体而言,在俄欧双方都没有对发展双方关系投入足够精力的背景下,俄欧关系在叶利钦执政时期并未得到实质性的深入发展,俄罗斯对欧盟的政策也缺乏战略性规划。

二 普京总统第一任期和第二任期以及"梅普组合"时期对欧盟的政策(2000~2012年)

这一阶段的前8年为普京总统第一任期和第二任期,之后为"梅普组合"时期。"梅普组合"时期俄对欧盟政策与普京总统第一任期和第二任期的政策一脉相承。

[①] 〔俄〕叶·普里马科夫:《思想之声》,李成滋译,中央编译出版社,2012,第133~134页。

(一) 普京总统第一任期和第二任期对欧盟的政策 (2000~2008年)

叶利钦于1999年12月31日辞去总统职务，时任俄罗斯总理的普京出任代总统。2000年3月26日俄罗斯举行了总统大选，普京胜出当选，俄罗斯从此进入普京时代。

普京就任总统后很快便于当年6月制定了新的《俄罗斯联邦对外政策构想》。2000年版《对外政策构想》指出，俄罗斯外交的重要任务就是给国家提供可靠的安全保障，对全世界的进程施加影响以形成稳定、公正和民主的国际秩序，为俄罗斯的发展创造有利的外交条件；沿俄罗斯边界形成一条睦邻友好带，在解决决定俄罗斯国家优先方向所确定的问题时寻求与外国的协商和共同利益，保护在外国的俄罗斯公民的权益，推动世界对俄罗斯的正面认识。2000年版《对外政策构想》认为当前世界正处于根本性的变化当中，这些变化对俄罗斯的利益及其公民有着深刻的影响，而俄罗斯则是这一进程的积极参与者。国际关系的变化、俄罗斯的不断改革等拓宽了国际合作的可能性，全球核战争的危险已经被最小化，在这种情况下，在处理国家间关系时除仍需要保留强大的军事力量，经济、政治、科技、生态和信息因素的作用会越来越大。

2000版俄罗斯《对外政策构想》明确指出，与欧洲国家的关系是俄罗斯外交政策传统的优先方向，其主要目标是建立一个稳定、民主的欧洲安全与合作体系。欧盟正在发生的所有重大进程，如扩员、统一货币、制度改革、确定统一的外交政策和安全政策及防卫认识等，正深刻影响着欧洲的发展形势，俄罗斯视其为欧洲发展的客观组成部分，并将合理考虑自己的利益，包括在与欧盟单个成员国处理双边关系领域。俄罗斯视欧盟为自己最重要的政治和经济伙伴之一，与欧盟的关系具有重要意义，不论局势如何变化都将努力发展与其密切、稳定和长期的合作。该版《对外政策构想》强调，《伙伴关系与合作协议》决定了俄罗斯与欧盟的关系特点，但该协议尚未完全发挥作用。主要问题是在欧盟扩员和改革过程中未能充分考虑俄方的利益，这些问题将在《俄罗斯与欧盟关系中期战略》的指导下加以解决，同时俄罗斯将对欧盟正在形成的政治军事特性给予特别关注。

和1993年版一样，2000年版《对外政策构想》也对欧洲国家按不同区域实行不同的外交政策。俄罗斯认为,与西欧国家之间的协作,尤其是与有影响力的英国、德国、意大利和法国的合作是俄罗斯在欧洲和世界事务中维护国家利益以保障俄罗斯经济稳定增长的重要资源;保持与中东欧国家之间已有的人员、经济和文化联系以及克服各类危机事件并按照新的条件和俄罗斯的利益推动合作是俄罗斯的迫切任务;在与波罗的海国家关系上,俄罗斯主张与立陶宛、拉脱维亚和爱沙尼亚之间的关系应回归互利合作的轨道,其必要条件是这些国家尊重俄罗斯的利益,包括保护其国内说俄语人口的权利这一核心问题。在2000年版的《对外政策构想》中俄罗斯特别指出了对巴尔干国家的政策,即俄罗斯将在国际社会协商解决的基础上尽一切努力推动巴尔干局势得到公正持久的调解,俄罗斯认为,保持南联盟的领土完整、反对将其肢解是非常重要的,否则将导致无法预测结果的全巴尔干冲突。

在2001年的国情咨文中,普京再次强调了俄罗斯对欧盟的外交政策:"欧洲目前正在发生迅猛的变化,大型欧洲组织、地区论坛的作用正在改变。毫无疑问,进一步努力与欧盟建立伙伴关系的意义不断增长。与欧洲一体化方针是我们外交政策的重要方向之一。"

在第一任期里,普京总统提出了著名的"大欧洲"构想。"大欧洲"构想是普京对欧盟政策中极为重要的一部分。2001年9月25日访问德国时,普京在联邦议院用德语做了演讲,表明了俄罗斯融入欧洲的选择,并呼吁欧盟与俄罗斯共建一个安全、统一的"大欧洲"。2002年普京在俄罗斯外交部驻外使节扩大会议上指出,俄罗斯在欧洲方面的基本任务就是直接参与并推动形成一个统一的经济空间。在2003的国情咨文中,普京再次强调俄罗斯要融入欧洲:"我国外交的重要方面是与欧洲广泛接近和切实融入欧洲。当然,这是一个复杂和长期的过程,但这是我们的历史性选择。我们已经做出了选择。这种选择正在逐步变成现实。在现阶段,要活跃双边关系,发展与欧盟的战略伙伴关系,积极参与欧洲委员会的工作。"普京也再次提到了"大欧洲":"显而易见的还有,我们的利益和共建'大欧洲'都需要采取全新的高质量举措以促进相互接近。无论是国家,还是俄罗斯联邦的公民、实业界、文化界以及科学团体都希望这样做。我们关于发展全欧进程前景的建议大家都知道。这就是让公民之间能够自由来往,建立统一经济区。"①

俄罗斯重视与欧盟的关系,既是经济和政治上的需要,也是文化上和精神上的特殊需求。经济上,欧盟一直是俄罗斯最大的贸易伙伴,发展与欧盟的良好关系、实现欧洲的经济一体化有利于俄罗斯吸引欧盟的投资,学习欧洲的先进科学技术,有利于俄罗斯经济的发展,最终实现与世界经济的一体化;同时,欧盟也为俄罗斯商品,特别是俄罗斯的油气资源提供了一个稳定的广阔市场。政治上,俄罗斯希望借助与欧盟的良好关系制衡美国,提升俄罗斯的大国作用和地位。文化和精神上,俄罗斯始终认为自己是欧洲文明不可分割的一部分,融入欧洲对于俄罗斯人而言不仅是政治上的选择,而且是精神上的回归。

俄罗斯与欧盟在政治层面保持着密切的对话与合作。俄罗斯希望通过政治对话与欧盟在重要国际问题上形成一致立场,提高俄在欧洲和国际事务中的影响力,消除俄罗斯对欧盟出口商品方面的障碍,并促使欧盟取消对俄罗斯公民实行的签证制度。根据《伙伴关系与合作协议》确定的对话机制,俄欧双方每年举行两次元首峰会,就现实中的关系问题进行磋商。俄欧之间的政治对话取得了很大成效。

2007年普京批准了《俄罗斯联邦对外政策概论》。《俄罗斯联邦对外政策概论》既对俄欧关系做出了阶段性总结,又在新形势下对俄罗斯对外政策的战略目标、迫切任务等重要问题做出详细阐释。在欧洲方向上,欧盟被确定为俄罗斯在欧洲的主要伙伴,与俄罗斯在欧洲的大部分利益密切相关。与欧盟之间的优先任务是启动关于制定俄欧基础条约的谈判,以替代将于2007年12月1日到期的《伙伴关系与合作协议》;落实莫斯科峰会关于建立四个共同空间的"路线图"计划;阐明欧盟要求俄罗斯批准的《能源宪章》和签署过境议定书中的规定不符合俄罗斯的国家利益;与欧盟之间实行公民往来免签证制度仍是俄罗斯的目标。《俄罗斯联邦对外政策概论》认为俄罗斯与欧盟战略伙伴关系的发展总体上是建设性的,关于广泛合作的对话正变得越来越充实和具体。同时,俄罗斯也表达了对欧盟扩大后自己合法权益可能受到损害的担忧,

---

① 〔俄〕普京:《2003年致联邦会议的国情咨文》,《普京文集(2002~2008)》,中国社会科学出版社,2008,第32页。

因此强调欧盟应当履行欧盟扩员前夕俄欧双方于2004年4月27日签署的《关于欧盟扩员及俄欧关系的联合声明》中规定的义务，尤其是要保障在拉脱维亚和爱沙尼亚的少数民族的权利。

在普京总统第一任期和第二任期内，在俄欧关系日趋密切的同时也发生了诸多对双方关系产生重大负面影响的事件，如霍多尔科夫斯基事件、美国发动伊拉克战争、西方在俄罗斯第二次车臣战争中的立场、欧盟东扩、"别斯兰人质事件"、后苏联空间内接二连三爆发"颜色革命"等，以及包括欧盟在内的西方在俄罗斯反恐问题上的双标、人权问题上对俄罗斯的指控、北约违背承诺东扩、对俄罗斯利益的无视等都令俄罗斯对西方感到失望。在这种情况下，相较第一任期，普京总统第二任期内（2004~2008年）俄欧关系的发展态势出现一定的停滞。随着国家政治和经济形势的好转，以及国际油价的上涨，俄罗斯的国力逐渐恢复，自我认同意识和民族尊严感也日益增长，西方对待俄罗斯的傲慢态度和对俄罗斯利益的忽视态度开始引发俄罗斯的强烈不满，由此普京在慕尼黑安全会议上发表了著名的对单极世界秩序和北约东扩提出尖锐批评的讲话，普京也因此被贴上了"反西方"的标签。俄罗斯从此走上了与西方对抗的道路，对西方的态度发生了转变，不再一味妥协迎合，也不再屈从于西方的价值观，在重大问题上坚决维护自己的利益。美国和欧盟对俄罗斯的批评和指责，以及俄罗斯对美国和欧盟态度的变化直接影响了俄罗斯对欧盟的政策，在与欧盟的合作中俄不愿再充当恭顺的学生角色，而是要求享有与欧盟平等的权利。如在《欧洲常规武装力量条约》问题上，俄罗斯认为自己不仅签署而且履行了该条约的全部条款，而西方国家在没有批准该条约的情况下还要求俄罗斯从格鲁吉亚和德涅斯特河沿岸地区撤军。基于这一看法，普京于2007年7月签署了终止履行该条约的命令。

总体而言，在普京的高度重视下俄罗斯对欧盟实行积极的外交政策，双方关系在普京总统第一任期内快速升温，发展迅速。寻求与欧盟在经济上的合作、借助欧盟的科技力量促进俄经济的发展是俄罗斯对欧盟政策的主要核心。但随着2004年北约和欧盟相继东扩，普京总统第二任期内俄罗斯与"新欧洲"之间的矛盾骤然增多，俄欧之间的合作受到极大的影响和牵制。如由于波兰和立陶宛的阻挠，在《伙伴关系与合作协议》即将到期时，俄罗斯与欧盟无法就新的俄欧关系基础条约进行谈判；建立四个共同空间的"路线图"计划也仅仅具有宣言性质，虽然包含了大约 400 个合作范例，却未能形成具体的落实机制。在这种形势下，俄罗斯放弃了对欧盟一厢情愿的幻想，对欧盟政策开始从积极主动靠近转为更现实的"实用主义合作"，俄欧关系的蜜月期随之结束。此外，尽管俄罗斯在与欧盟的关系中开始坚决捍卫自己的利益，态度越来越强硬，但俄罗斯也看到在诸如伊拉克战争等重大国际问题上德国、法国、意大利等欧盟重要国家与美国之间的分歧，这也为俄罗斯在欧盟与美国的关系缝隙中寻找合作机会提供了条件。

（二）"梅普组合"时期俄罗斯对欧盟的政策（2008~2012 年）

"梅普组合"时期总体上继承了普京时期对欧盟的政策，但根据时局变化也做了适当调整，以使其更符合俄罗斯的国家利益。

梅德韦杰夫于 2008 年 7 月 15 日批准了新版《俄罗斯联邦对外政策构想》。该版《对外政策构想》是对 2000 年版的补充与发展。有关对欧洲政策的阐述与 2000 年版有所不同。2008 年版《对外政策构想》中俄罗斯对欧政策的目标是"建立一个真正开放的、民主的全地区集体安全与合作体系，以确保从温哥华到符拉迪沃斯托克（海参崴）的欧洲-大西洋地区的统一，防止其产生新的碎片化和再次出现以前的集团态势，这种形成于冷战时期的集团惯性仍存在于当前的欧洲"。从中可以看出俄罗斯对欧盟扩员后可能出现冷战思维的担忧。在这一背景下，俄罗斯不再强调欧安组织的作用，转而主张签订新的《欧洲安全条约》，通过确保俄罗斯、欧盟和美国的协作来实现欧洲没有分界线的真正统一。具体到对欧盟政策上，扩员后的欧盟从俄罗斯"最重要的政治和经济伙伴之一"变为"主要的经贸和外交伙伴之一"，但俄罗斯仍将大力加强与欧盟的协作机制，在经济、外部和内部安全、教育、科学和文化领域建立共同空间，并希望与欧盟签订《战略伙伴关系条约》，与欧盟在所有领域建立平等互利的合作关系，在未来实现免签制度。在对欧盟的区域划分上，俄罗斯重点强调西欧国家对俄罗斯经济发展的重要性，指出在欧洲和世界事务中西欧国家是俄罗斯推进国家利益、促进俄罗斯经济转向创新发展的重要资源。俄罗斯重点指出的还有波罗的海三国，由于波罗的海三国曾是苏联加盟共和国，与俄罗斯的关系较之其他国家更为复杂。俄罗斯愿与拉脱维亚、立陶宛和爱沙尼亚三国本着睦邻友好关系在相互考虑彼此利益的基础上进行协作，并指出根据欧洲和世界法律遵守保障说俄语民众权利以及加里宁格勒州的生活供应问题对于俄罗斯来说意义重大。

2008年的俄格冲突令俄欧关系急转直下。但在共同面临国际金融危机、能源合作彼此不可或缺的情况下，俄欧双方均从实用主义出发，通过各种协调措施降低对抗和冲突风险，始终保持着政治对话和经贸合作。在2009年欧盟与其东部邻国启动"东部伙伴关系"问题上，俄欧双方也通过对话达成了理解。在这一时期，普京作为俄罗斯总理进一步推动其"大欧洲"构想。经过多年发展，"大欧洲"构想的内涵较之以前更加充实、具体。2010年11月25日，普京在访问德国前夕于德国《南德意志报》发表题为《俄罗斯与欧洲：从理解危机教训到伙伴关系新议程》的文章，提出了俄罗斯与欧盟共建"从里斯本到符拉迪沃斯托克（海参崴）的欧洲共同经济空间"的构想，阐述了俄欧在扩大伙伴关系基础上加强合作的前景。普京呼吁俄欧在危机与挑战面前应加强合作以共克时艰，建设一个从里斯本到符拉迪沃斯托克（海参崴）的和谐的经济空间，未来将其发展为自贸区甚至更先进的经济一体化区域，最终形成数十亿欧元的共同的欧洲大市场。工业上，俄欧应挖掘技术和资源潜力制定共同的工业政策，在欧洲大陆形成新的工业潮，实施对中小型企业联合扶持的计划；在造船、汽车和航空工业、空间技术、医药以及核能和物流等领域建立战略联盟。能源方面，普京认为应避免将俄欧能源合作政治化，在切实考虑彼此战略利益的情况下建立统一的能源综合系统。科技领域，普京建议俄欧双方彼此向重要的科技项目投资，并加强相关科技人员的交流和往来。普京认为，签证制度阻碍了俄欧之间人员和商务往来，应当予以取消，以此确保经济发展的活力。

但是，德国总理默克尔对普京从里斯本到符拉迪沃斯托克（海参崴）的"大欧洲"的宏大蓝图和发展前景并未表现出过多的兴趣，整个欧盟也是应者寥寥。默克尔不赞同俄罗斯与白俄罗斯、哈萨克斯坦建立关税同盟，认为这意味着俄罗斯已经选择了另一个方向，而普京关于建立从里斯本到符拉迪沃斯托克（海参崴）的统一经济空间的倡议与其经济政策并不相符，因此对这一倡议表示怀疑。①

务实合作是梅德韦杰夫执政时期俄欧关系的重要特点,加强与欧盟的经济合作以促进国内经济实现现代化是俄罗斯对欧盟政策的主要目标。在俄欧关系因俄格冲突遭遇危机时,在国际金融危机和彼此均有能源合作需求的背景下,俄欧双方都立足实用主义绕过政治上的分歧坚持进行经济上的务实合作,即使在双方矛盾巨大的情况下,一年两次的俄欧首脑峰会也未曾中断。虽然俄罗斯关于与欧盟实现免签证制度、签署新的《伙伴关系与合作协议》以及《欧洲安全条约》的提议未能得到欧盟方面的响应,但从对欧盟的实用主义外交政策中俄罗斯仍然收获良多,取得了相对丰硕的成果。尤其值得一提的是,在2010年12月7日举行的俄欧布鲁塞尔峰会上双方签署了关于结束俄罗斯加入世贸组织谈判的谅解备忘录,在持续谈判17年后,欧盟为俄罗斯打开了进入世贸组织的大门。

三 普京总统第三任期和第四任期对欧盟的政策（2012年至今）

2012年5月7日,普京总统开始了其第三任期。次年2月,普京签署了2013年版《俄罗斯联邦对外政策构想》。该版《对外政策构想》用大量篇幅详细阐述了俄罗斯对欧盟的政策,凸显了普京政府对欧盟的重视。2013年版《对外政策构想》更强调俄罗斯与欧洲在地理、经济、历史以及深厚的欧洲文明根源上的不可分割性,将与欧洲-大西洋地区国家的关系作为俄罗斯外交的优先发展方向。同时俄罗斯主张通过与欧盟和美国真正伙伴式的协作来实现欧洲地区没有分界线的统一,以此应对跨国恐怖主义的挑战与威胁。俄罗斯对欧洲的外交政策旨在以安全、平等合作和互信不可分割的原则为基础形成一个和平、安全和稳定的共同空间,主张将关于安全的政治宣言转变为具有法律约束力的制度。

2013年版《对外政策构想》对俄罗斯对欧盟的政策做了非常详细的阐述,主要内容有如下几点。

其一,俄罗斯作为欧洲文明不可分割的一部分,推进建立从大西洋到太平

---

① Виталий Петров, От Лиссабона до Владивостока: Владимир Путин рассказал о перспективах сотрудничества России и Европы, https://rg.ru/2010/11/26/putin.html, время последнего посещения 27 сен. 2020.

洋的统一的经济和人文空间是俄与欧盟关系中的重要任务。

其二，俄罗斯将欧盟看作主要的经贸伙伴和重要的外交伙伴，主张加强与欧盟的合作，同时强调建立环境和能源合作的经济空间，自由、安全和司法合作空间，外部安全空间以及科技、教育和文化空间等四个共同空间的重要意义。俄罗斯支持在平等互利原则上与欧盟签署新的战略伙伴关系基础协议，促进俄罗斯与欧盟《现代化伙伴关系》倡议的有效落实，发展互利能源合作，以便在严格遵守现有双边和多边条约义务的基础上建立俄欧联合能源综合体，并与欧盟建立统一市场。

其三，相互取消公民短期往来签证在俄罗斯与欧盟关系中占有特殊地位。签证制度仍是发展俄罗斯与欧盟之间人员交往和经济联系的主要障碍。取消签证制度将成为俄罗斯与欧盟真正实现一体化的强大动力。

其四，鉴于欧盟在国际事务中的重要作用，俄罗斯将与欧盟在外交议程的主要问题上保持密切、互利的政治对话，进一步推动外交和军事领域的切实协作，在安全领域创造相应的合作机制，以便联合做出决策并加以落实。

其五，与德国、法国、意大利、芬兰以及其他欧洲国家积极进行双边互利合作对俄罗斯在欧洲和国际事务中推进国家利益十分重要。

从2013年版《对外政策构想》中可以看出，欧盟在俄罗斯对外政策中的分量较以往更重，这既是俄罗斯推动其"大欧洲"构想、早日实现建立统一的经济和人文空间以及统一市场的需要，也是加强与欧盟的经济合作以改善国内经济，同时逐步实现与欧盟之间取消签证制度的需要。

2013年底爆发的乌克兰危机严重影响了俄罗斯与欧盟的关系。随着克里米亚于2014年3月18日"并入"俄罗斯，俄罗斯与西方的关系断崖式地跌入谷底。西方对此反应强烈，俄罗斯被踢出了八国集团，欧盟单方面取消了即将召开的俄欧首脑峰会，并对俄发起了针对个人的制裁和针对金融、能源、军工企业的经济制裁。俄罗斯对欧盟采取了反制裁措施，对其实行农产品禁运。欧盟将解除对俄制裁与《明斯克协议》的执行情况挂钩，俄罗斯则将撤销反制裁与欧盟是否解除对俄制裁挂钩。在《明斯克协议》未能得到完整执行的情况下，经济上的相互制裁和政治上的对话中断，令俄欧之前20多年的外交努力瞬间"归零"，所有已确定的外交政策也被架空。

第三章　俄罗斯与欧盟关系

在乌克兰局势剧烈动荡，俄与西方关系日趋紧张之时，普京依然坚定地推行其从里斯本到符拉迪沃斯托克（海参崴）的"大欧洲"构想。2014年1月28日，普京在布鲁塞尔参加俄欧峰会期间再次提议共同建设一个从里斯本到符拉迪沃斯托克（海参崴）的统一的经济和人文空间，并建议考虑在欧盟和正在筹建中的欧亚经济联盟之间建立自贸区。欧盟委员会主席巴罗佐虽然支持普京的想法，却将从里斯本到符拉迪沃斯托克（海参崴）的统一经济空间称为"梦想"。2014年4月普京在直播连线中强调，必须建设一个从里斯本到符拉迪沃斯托克（海参崴）的"大欧洲"，以免俄罗斯沦为一个"什么都做不了主的小玩家"。普京认为，如果建成了这样的"大欧洲"，那么俄罗斯"就有机会在未来世界中占据应有的位置"，而如果走另一条路，"就会从事分离主义，导致欧洲、欧洲价值观、欧洲人民之间的分裂，那么我们所有人都将变成无足轻重、无人关注的玩家，无法对世界的发展甚至是自己个人的发展施加任何影响"。①随着乌克兰危机的进一步加深，俄罗斯与欧盟之间的政治对话完全中断，经济合作与往来也随着双方的制裁与反制裁而跌落谷底，俄欧双方关系回到了零点。面对俄欧之间前所未有的敌对形势，普京在2014年的国情咨文中感叹："有些国家的政府试图在俄罗斯周边建一道新的铁幕。"② 2015年，俄罗斯外交事务委员会主席、俄罗斯"大欧洲"构想的坚定支持者、前外长伊万诺夫不得不遗憾地宣布俄罗斯的"大欧洲"构想无果而终。

除了1993年出台的第一版《对外政策构想》，之后2000年、2008年和2013年版的《对外政策构想》均是紧随当选总统的宣誓就职出台的，以作为其任期内外交政策的纲领性文件。如普京总统第一任期刚开始时批准了2000年版《对外政策构想》，第二任期继续延用2000年版《对外政策构想》。梅德韦杰夫2008年5月宣誓就职，7月出台了2008年版《对外政策构想》。2012年5月普京宣誓就任俄总统，开始其第三总统任期，2013年2月就出台了2013年版《对外政策构想》。2016年版的《对外政策构想》则不同，其出台

---

① Путин предлагает создавать Европу от Лиссабона до Владивостока，https：//rg.ru/2014/04/17/bolshaya-evropa-anons.html，время последнего посещения 25 июня 2020г..

② Путин, Послание Президента Российской Федерации от 04.12.2014 г., б/н, http：//www.kremlin.ru/acts/bank/39443，время последнего посещения 14，авг. 2020г..

时适逢普京第三总统任期中间时段。这说明俄罗斯面临的国际形势发生了急剧变化，原有的外交政策纲领已经无法解决俄罗斯外交面临的新问题，不再适用于新的形势，迫切需要对其重新加以修订和修改。

面对新的国际形势，俄罗斯于2016年11月重新制定了《俄罗斯联邦对外政策构想》。与之前各版《对外政策构想》不同，在最新版的《对外政策构想》中，俄罗斯不再强调俄罗斯是欧洲文明不可分割的一部分，而是强调在长期前景内，俄罗斯在欧洲-大西洋地区的外交政策将致力于在安全、平等合作和互信不可分割的原则基础上建立和平、安全与稳定的空间。同时，俄罗斯对北约和欧盟不愿建立全欧安全与合作体系，无视自身的问题一味进行地缘政治扩张，从而在俄罗斯与西方国家之间引发严重危机提出了强烈的批评，俄指出美国及其盟友对俄罗斯实行的遏制政策以及在政治、经济、信息和其他领域施加的压力动摇了地区和全球的稳定，损害了所有各方的长期利益，与不断增长的以合作应对跨国挑战和危机的需求相矛盾。2016年版《对外政策构想》指出，欧盟仍是俄罗斯重要的经贸和外交伙伴，俄罗斯愿与欧盟国家在平等、相互尊重彼此利益的原则基础上进行建设性的、稳定的和可预见的合作。俄罗斯还呼吁完善俄欧合作的条约法律基础和制度机制，在欧洲一体化和欧亚一体化对接的基础上建立共同的从大西洋到太平洋的经济和人文空间，防止在欧洲大陆出现分界线。同时俄罗斯也表明愿与欧盟就迫切的外交问题保持密切、互利的对话，并进一步推动双方在外交和军政领域的具体协作。同时与之前各版《对外政策构想》一样，2016年版《对外政策构想》指出俄与欧盟互免签证制度将会极大促进俄欧之间在经济、人文、文化、教育及其他领域中的交流。

与2016年版《对外政策构想》同时发表的还有普京当年的国情咨文。其中对于欧盟没有过多的论述，而是较为详细地说明了与亚太国家的合作，尤其是中俄、中印关系，只是在谈及"大欧亚伙伴关系"构想时提到可与欧盟就这一构想进行对话，还特别强调了俄罗斯加强与亚太国家的合作并不意味着与欧盟和美国关系的降温，而是俄罗斯国家长期利益和世界发展趋势使然。"大欧洲"构想未获响应后，普京提出了更加宏大的"大欧亚伙伴关系"，即以欧亚经济联盟、上合组织和东盟为基础，构建一个从里斯本到雅加达即不以欧洲为中心的统一的经济合作、发展和安全空间。在欧亚大陆这个统一而开放的空间里，俄罗斯与欧盟平等地比邻而居，不谋求融合，而是平等相处。

2015年9月，俄罗斯应叙利亚政府请求出兵叙利亚。俄罗斯以此打破了西方对俄罗斯的政治孤立，倒逼欧盟重回谈判桌，与俄罗斯就严峻的反恐、难民潮、中东局势等问题进行磋商。欧盟认识到要解决困扰欧洲的恐怖袭击、难民潮以及其他重大国际问题离不开与俄罗斯的合作。与此同时，作为对俄制裁的发起方，欧盟经济也未能在与俄罗斯的相互制裁中独善其身，在俄欧经济高度相互依赖的情况下，欧盟所蒙受的经济损失不比俄罗斯小。① 2016年3月召开的欧盟外长例行会议通过了欧盟对俄关系五大原则：（1）全面遵守《明斯克协议》，此为俄欧关系中的重要组成部分；（2）加强欧盟与东部伙伴及其他邻国之间的关系；（3）加强欧盟内部稳定，尤其是保障能源安全；（4）在欧盟感兴趣的具体国际问题上有选择地与俄罗斯进行协作，如伊朗、叙利亚和中东局势问题；（5）支持欧盟同俄罗斯社会和俄罗斯民众之间的交往。这五项原则的基础符合《欧盟宪法条约》里对欧盟价值观的描述，即欧盟对人的尊严、自由、民主、平等、法治、人权的尊重。

2020年2月，俄副外长格鲁什科在慕尼黑安全会议上提出了与欧盟关系正常化的三个条件：（1）欧盟应将对俄态度具体化，欧盟奉行的对俄关系"五原则"制定于2016年，但这"五原则"并未明确地表明欧盟对俄的具体立场；（2）北约应当改变对俄罗斯的遏制政策，停止将俄罗斯拖进冷战时期的安全体系，北约也不应强化其在东欧的军事潜力，因为欧洲真正的风险来自欧洲以南；（3）在与俄罗斯的关系上欧盟应表现出更多的自主性，即应摆脱美国的影响，美国在力图阻碍俄欧关系的正常化。俄罗斯认为，这三个问题是影响并决定俄欧关系的最根本因素。

尽管俄罗斯认为2016年的欧盟对俄关系五项原则已经不合时宜，但欧盟依然坚持以此为基础来决定欧盟的对俄政策。尤其是坚持以欧盟的价值观来决定欧盟与俄关系的走向。在这一条件下，纳瓦利内中毒事件成为俄欧关系再度恶化的导火索，引发了双方之间的激烈对抗。2020年8月20日，俄罗斯异见

---

① ООН：Евросоюз несёт большие потери от санкций, чем Россия, https://russian.rt.com/world/news/615547-es-poteri-sankcii.

人士纳瓦利内在从托木斯克飞往莫斯科的途中因昏迷被紧急送往鄂木斯克的医院救治。反腐基金会秘书认为纳瓦利内是被人下毒，但医院方面的诊断结果显示其昏迷的原因为血糖急剧下降而引起的代谢紊乱，在其体内并未发现有毒物质。纳瓦利内随后被转送至德国治疗，并于2021年返回俄罗斯，但其在抵达莫斯科后便在机场被捕。围绕纳瓦利内中毒案俄罗斯与欧盟又展开了新一轮的制裁与反制裁，双方关系跌回克里米亚"并入"俄罗斯之初的冰点状态。

乌克兰危机以来，尽管俄罗斯与欧盟的关系在外交层面处于低谷，但在国家之间的双边关系上发展顺利，与欧盟的关系也在不断向好，但纳瓦内利中毒案再次使形势完全向相反的方向发展，欧盟认为纳瓦利内中毒案是俄罗斯侵犯人权、打击政治异见人士、破坏民主和法治的典型案例，与欧盟的价值观完全相悖。2021年6月15日，欧盟委员会主席冯德莱恩表示，俄罗斯没有发展成欧盟的战略伙伴，但欧盟愿意与俄罗斯在可能的领域展开对话，希望俄欧关系能更具有可预见性；同时冯德莱恩也提出了对话的必要条件，即俄应遵守国际法、保护人权，欧盟反对俄"破坏欧洲价值观的企图"。① 以欧盟价值观的标准来衡量，俄欧恢复正常关系并非易事。

奉行实用主义外交、政冷经热是乌克兰危机后俄罗斯与欧盟关系的鲜明特点。在外交关系和政治对话中断的情况下，实用主义是主导俄罗斯对欧政策的指导思想，欧盟亦是如此。在因俄欧首脑峰会中断而缺乏直接对话平台、《明斯克协议》执行与否已经成为俄欧双方撤销制裁的硬性标准的情况下，俄罗斯与欧盟迫于政治和经济需求只能通过双边关系就重大国际问题进行磋商并进行经济合作。例如，在实用主义思想指导下，2018年的俄间谍中毒案发生后绝大多数欧盟国家只是象征性地驱逐了几名俄外交官以迎合美国提出的制裁要求；针对刻赤海峡事件欧盟也只是做了口头谴责，反对额外追加对俄制裁。而俄欧双方都重视的能源合作并没有被双方列入制裁范围，没有因双方实施的制裁与反制裁而中断，"北溪-2"项目也在美国的高压之下向前推进。

俄欧持续了多年的制裁与反制裁仍在继续，俄欧首脑峰会仍未重启，俄罗

---

① В ЕС выступили за предсказуемые отношения с Россией, https://ria.ru/20210615/evropa-1737110548.html.

斯与欧盟外交层面的关系至今仍未实现正常化。双方实际上只能通过双边经济合作来解决种种经济问题，这种状态妨碍俄欧关系的正常发展。正如梅德韦杰夫所说："谈到俄罗斯与欧盟的关系，那么现在是零。当然，没有这种关系我们也能过得去，我们可以与很多欧洲国家发展双边关系，但这不正常。"①

新俄罗斯独立至今的30年里，与欧盟的关系始终是俄罗斯最重要的外交方向之一。俄罗斯希望与欧盟共同建成一个没有分界线的欧洲，实现与欧洲的一体化，融入欧洲，而北约和欧盟的东扩阻碍了这一目标的实现，乌克兰危机更是让俄欧关系停滞至今。双方关系"归零"后，俄罗斯对苏联解体后的俄欧关系和对欧政策进行了深刻反思。普京在回答西方记者提问时曾说："我们在与西方关系中最主要的错误就是我们过于信任你们，而你们的错误在于你们把这一信任看作软弱并滥用了这一信任。"② 俄罗斯认为，欧盟一直以冷战胜利者的姿态对待俄罗斯，从未将俄罗斯看作平等的伙伴，无视俄罗斯的利益，并试图改造俄罗斯。但即便如此，对俄罗斯而言，欧盟在政治和经济上的重要性依然巨大，不可或缺。从制裁与反制裁开始起，俄罗斯便不断向欧盟释放希望恢复关系的信号，但同时也表示，未来即使实现了正常化，俄欧关系也不会"一切照旧"地回到从前，因为"'师生'关系早已成为过去"③。可以预见，在未来与欧盟的关系中俄罗斯将追求与欧盟平起平坐，从自己的利益出发去构建全新的俄欧关系，即"未来俄罗斯与欧盟不是在一起（всесте），而是并行（рядом）"④。

第二节　俄欧在经济和能源领域的合作

欧盟是俄罗斯重要的经济伙伴，俄罗斯非常重视与欧盟的经济合作。苏联

---

① Медведев заявил, что отношения России и Евросоюза находятся "на нуле", https://ria.ru/20190909/1558500047.html?in=t.
② Путин рассказал о взаимных ошибках России и Запада, https://russian.rt.com/world/news/441289-putin-oshibki-rossiya-zapad.
③ Лавров пожелал Европе понять, что Россия не ее ученица, https://www.gazeta.ru/politics/news/2017/05/10/n_10028723.shtml.
④ Россия и Европейский союз: три вопроса о новых принципах отношений, https://ru.valdaiclub.com/a/reports/rossiya-i-evropeyskiy-soyuz/.

解体之初,欧洲发达的社会经济体系、领先的科学技术水平以及高标准的生活水平都令俄罗斯充满了向往。长期以来,在欧盟的援助下改善俄罗斯经济状况、实现国民经济现代化都是俄罗斯与欧盟合作的重大战略任务之一。独立之初,俄罗斯国内经济凋敝,百废待兴,尤其是西方建议的"休克疗法"不仅未能令俄罗斯经济形势好转,反而使俄经济濒临崩溃的边缘。在融入欧洲外交战略指导下,与欧盟之间建立稳定的经济合作机制是俄罗斯最迫切的需要。

一 俄罗斯与欧盟的经济合作

经济合作是俄罗斯与欧盟合作的重要内容之一。学习借鉴欧盟的科学技术、吸引欧盟对俄直接投资,以此实现俄经济的现代化升级,这是俄罗斯与欧盟经济合作的目标。根据俄罗斯与欧盟经贸合作的发展进程,大致可将其分为两个阶段,即乌克兰危机前与乌克兰危机后。

(一)乌克兰危机前的俄欧经济合作

俄罗斯重视与欧盟的经济合作。当俄国内政治局势稳定之后,为了加强与欧盟的经济合作,俄罗斯主动提议与欧盟签署了多项相关协议,为双方能够持续有序地进行合作奠定了法律基础,为经济合作的发展规划了目标与方向。

俄罗斯与欧盟之间的经济合作与政治对话合作一样,也是在俄欧关系最重要的奠基性文件《伙伴关系与合作协议》所规定的框架内进行的。1994年,俄罗斯与欧盟签署了《伙伴关系与合作协议》。《伙伴关系与合作协议》是俄欧关系的奠基性文件,既是双方进行政治对话的基础,也是其进行经济合作的基石。该协议还补充有部门协议,除了政治对话,也调解经济、贸易、科技、教育、能源、环境和运输等领域俄欧合作的问题。《伙伴关系与合作协议》于1994年签署,但由于第一次车臣战争,直至1997年才开始生效。推动俄罗斯与欧盟之间的贸易与投资、发展双方的经济关系是该协议的主要目标之一。该协议有效期10年,2007年到期。2008年,俄罗斯与欧盟开始就签订新协议进行谈判,但由于在贸易和投资部分未达成有效共识,谈判于2010年中止,2014年初乌克兰危机爆发后有关协议的谈判便被无限期搁置。

1997年,俄罗斯与欧盟工业家之间还创建了"俄罗斯和欧盟工业家圆桌会议"。圆桌会议为俄欧双方工业家之间的合作搭建了有效的对话平台。2003

年12月，俄总统普京在"俄罗斯和欧盟工业家圆桌会议"召开期间专门在克里姆林宫会见了参加会议的代表，他在讲话中表示建立自由贸易区是俄罗斯和欧盟发展新型经济关系的主要方向，运输、科学、教育、生态和通信等领域是俄欧合作的优先领域，在这些领域的成功合作有助于加强双方在国际上的竞争力。"俄罗斯和欧盟工业家圆桌会议"一直很活跃，定期举行会议，直至2014年俄罗斯与欧盟因乌克兰危机而开始相互制裁。

2001年的俄欧峰会双方开始讨论建立俄欧共同经济空间问题，在2003年5月的圣彼得堡峰会上已经就建立四个共同空间展开热烈讨论，即建立共同的"环境和能源合作的经济空间""自由、安全和司法合作空间""外部安全合作空间""科技、教育和文化空间"，并签署了《关于建立四个共同空间的协议》。在2005年5月的莫斯科峰会上俄罗斯与欧盟通过了关于建立四个共同空间的"路线图"，确定了建立四个共同空间的不同阶段和措施。俄欧双方还在2005年就俄罗斯加入世贸组织的问题达成了妥协。

为了解决国内经济现代化问题，梅德韦杰夫在2009年11月的俄欧斯德哥尔摩峰会上提出了"现代化伙伴关系"计划，即通过推动与欧盟的合作促进俄罗斯经济的增长，实现经济的现代化转型。但俄欧双方在这一计划的实施上出现了较大分歧。俄罗斯提出该计划的目的仅仅是出于经济考虑，而欧盟却更多地从价值观出发要求俄罗斯同时也实现法律和政治上的现代化，要求俄罗斯按欧盟标准改革其社会和政治体系，双方最终达成了妥协，在2010年5月31日至6月1日的俄欧峰会上宣布启动"现代化伙伴关系倡议"。

俄欧经贸合作取得了快速且稳定的增长，贸易额增长尤为迅速。欧盟常年稳居俄罗斯最大贸易伙伴之位，对俄罗斯的直接投资也是连年增长。同时，俄罗斯也成为欧盟的第三大贸易伙伴国，双方之间的贸易额占俄罗斯贸易总额的一半以上。尽管贸易额增长，但双方的经济合作中仍有很大不足。由于俄罗斯与欧盟在人权、民主等价值观上存有分歧，双方在经济领域签署的合作协议常常难以落实到位。如《关于建立四个共同空间的协议》的落实。俄欧双方在2005年5月的莫斯科峰会上通过了关于建立四个共同空间的"路线图"，确定了建立四个共同空间的不同阶段和措施。这些协议看上去令人鼓舞，但双方并没有制定落实这些协议的机制，也就是说这些协议最终只是宣言性质的，并没有得到实际执行。再如"现代化伙伴关系"的建设,俄欧双方在该倡议的落实上存在严重分歧。俄罗斯提出该倡议是希望通过与欧盟在高科技领域的深入合作提高本国的科技水平,实现社会经济的现代化,因此关注的是技术合作与创新;而欧盟的出发点与俄罗斯完全不同,欧盟关注的"现代化"首先是俄罗斯社会政治的现代化,希望通过该计划将俄罗斯社会的各项制度提升到欧洲水平,因此,俄罗斯要吸引欧盟投资和引进欧盟技术就必须满足欧盟提出的政治条件,即提升其国家治理水平、改革司法体系、保护投资方权利和知识产权等。对俄罗斯而言,欧盟将这些政治条件与计划的落实挂钩是对俄内政的干涉,是欧盟以"教师爷"自居对俄罗斯态度傲慢的表现。此外,在计划的落实机制上双方也分歧巨大,欧盟主张"从下到上"地实施计划,而俄罗斯则恰恰相反坚持计划的落实应"从上到下"。在该计划的其他细节上俄欧也无法达成一致。俄欧双方的互不相让令"现代化伙伴关系"难以顺利落实。2012年普京重新回归总统职位后,欧盟便不再关注该计划,"现代化伙伴关系"计划从此名存实亡,不再被提起。

(二)乌克兰危机之后俄罗斯与欧盟的经济合作

2013年底,亲俄的乌克兰总统亚努科维奇拒绝签署与欧盟的联系协定从而引发乌克兰危机,次年,克里米亚"并入"俄罗斯,乌东部顿涅茨克和卢甘斯克爆发军事冲突。欧盟开始对俄罗斯实施经济制裁,俄罗斯则针对欧盟启动反制裁。俄罗斯与欧盟的经济合作呈断崖式下跌。经过最初两年的制裁博弈,双方最终无法承受彼此经济制裁带来的巨大损失,又开始恢复经济合作,双方的贸易额也逐渐恢复增长。

1. 2014~2015年,俄罗斯与欧盟经济合作中断,损失惨重

在已经发动了两轮制裁之后,欧盟对俄罗斯启动了第三轮制裁,即将针对个人的制裁转向俄罗斯的金融机构和能源、军工企业等重要经济部门。2014年7月31日,欧盟宣布从8月1日起将对俄罗斯联邦储蓄银行、俄罗斯对外贸易银行、俄罗斯天然气工业银行、俄罗斯发展及对外经济事务银行和俄罗斯农业银行实施制裁,禁止欧盟投资者购买这五大银行发行的期限超过90天以上的债券和股票,禁止欧盟国家的公司向俄罗斯石油公司提供设备和服务,同时禁止欧盟国家从俄罗斯进出口武器。俄罗斯国防军工企业金刚石-安泰(Алмаз-Антей)集团和执飞克里

米亚航线的俄罗斯廉价航空公司"Добролет"也被列入制裁名单。

随着乌克兰局势的进一步恶化,以及马航 MH17 航班被击落,欧盟加大了对俄制裁力度,出台了新的制裁名单,对俄罗斯国家石油公司、俄罗斯石油运输公司、俄罗斯天然气工业股份公司实施制裁,禁止欧洲企业在深水石油和北极石油以及页岩油开发项目上对这些公司提供勘探和生产服务,禁止向包括俄罗斯联合飞机制造公司、乌拉尔车辆制造厂、卡拉什尼科夫等 9 个俄罗斯国防工业公司、军工企业出售军民两用商品。同时再次提高俄罗斯国有银行在欧洲的贷款准入门槛,贷款期限也被缩短。此外又有俄罗斯国家杜马的 5 名议员被列入个人制裁名单。

在欧盟出台对俄经济制裁措施后,普京随即于 8 月 6 日签署《关于采取特定经济措施以确保俄联邦安全的命令》,对参与对俄制裁的国家施行农产品禁运。次日梅德韦杰夫宣布,由于局势变得非常复杂,俄罗斯不得不采取反击措施,将全面禁止从美国、欧盟国家、澳大利亚、加拿大、挪威进口牛肉、猪肉、水果和蔬菜、禽类、鱼类、牛奶和奶制品、坚果以及奶酪、粮食等农产品,期限为一年,并强调只有当西方取消对俄罗斯制裁后才会撤销反制裁。随后俄政府又宣布限制对这些国家轻工业产品的采购。

2015 年 2 月签署《明斯克协议》后,欧盟开始将协议的执行情况作为取消或延长对俄制裁的评定标准。俄罗斯的反制裁措施与欧盟的制裁挂钩,欧盟延长制裁,俄罗斯也相应地延长反制裁。由于《明斯克协议》的执行情况未能达到预期标准,俄罗斯与欧盟的经济制裁与反制裁至今仍在进行。

俄欧实施的制裁与反制裁令双方都付出了沉重的经济代价。

俄罗斯方面,经济制裁实实在在地让俄罗斯经济遭遇寒冬。欧盟的经济制裁直指俄罗斯的经济命脉——金融、能源机构和军工企业,并且收到了立竿见影的效果。俄罗斯的银行体系与世界银行体系一体化程度较高,极易受到后者的影响。欧盟对俄罗斯金融机构的制裁使俄罗斯一些银行无法进入欧洲资本市场以实现融资并获得欧洲廉价贷款,同时导致俄信贷利率提高、通胀率上升、卢布贬值,欧盟多数国家还被禁止向俄罗斯公司投资并购买其股份。制裁还刺激了俄外资外流、税收提高。世界石油价格的下跌更令俄罗斯经济雪上加霜。此外,欧盟禁止向俄罗斯出口高科技产品、机器制造产品、药品和一些食品等，而俄罗斯经济对此类产品的进口依赖度极高，国民经济的发展因此受到严重制约。俄罗斯经济因欧盟制裁瞬间跌入低谷：2014年第二、三季度俄GDP经季节性因素调整后增长率为0，第四季度增速为0.1%，全年GDP增长率为0.6%，而消费价格指数却增长了11.4%。2015年俄GDP为负增长（-3.7%），消费价格指数增长了12.9%。直到2016年俄各项经济指数才开始有所改善，GDP虽仍为负增长，但出现缓慢回升迹象，为-0.2%，消费价格指数也略有下降，为5.4%。①

欧盟方面，欧盟对俄制裁持续产生"回旋镖效应"，在制裁俄罗斯的同时欧盟自己的经济也遭到了制裁的反噬。根据奥地利经济研究所的报告，仅在2015年除克罗地亚外（因缺少数据）的27个欧盟国家就损失了176亿欧元和40万个工作岗位，其中德国损失最大，损失了60亿欧元和9.7万个工作岗位，法国和波兰分别损失16亿欧元和13亿欧元，奥地利的经济损失约为5.5亿欧元，并裁减了7000个工作岗位。

俄罗斯是欧盟最重要的农产品出口市场，欧盟的农业受到俄罗斯农产品禁运的沉重打击。一些欧盟国家试图通过第三方将农产品运进俄罗斯，但俄罗斯对走私的打击力度非常大，走私入境的欧盟农产品全被销毁。欧盟各国农民损失惨重，不少农庄濒临破产。德国是俄罗斯在欧盟最大的贸易伙伴国，遭受的损失也最重。据德国世界经济研究所统计，德国承担了整个西方因与俄罗斯经贸关系恶化所造成的损失总额的40%，而其他西方国家如英国（7.9%）、法国（4.1%）、美国（0.6%）则少得多。在德国所遭受的贸易损失中因食品禁运损失的只占9%，其余91%的损失来自德国银行对俄罗斯公司的进口融资机会减少。德国经济东部委员会专家在2017年6月发表的报告中指出，实施制裁以来，德国公司在俄罗斯的代表处从6000个减少为5300个，失去了6万个工作岗位。从2015年1月到2016年12月德国对俄商品出口额减少了41%。②

乌克兰危机发生前俄罗斯是欧盟的第三大贸易伙伴国，欧盟是俄罗斯的最

---

① 数据引自俄联邦经济发展部，http：//old.economy.gov.ru/minec/activity/sections/macro/monitoring/monitoring2014。

② Германия больше других пострадала от санкций против России，https：//www.kommersant.ru/doc/3495903。

大贸易伙伴，双方之间每年的贸易额几乎都接近俄罗斯全年贸易额的一半。相互制裁之后俄欧贸易额锐减，俄罗斯降为欧盟第四大贸易伙伴，但即便如此欧盟依然保持着俄罗斯最大贸易伙伴的地位。2014年俄欧开始相互制裁后，当年双方之间的贸易额就减少了10.7%，2015年更进一步锐减37.6%。德国既是俄罗斯在欧盟的最大贸易伙伴，同时也是仅次于中国的俄第二大贸易伙伴，2014年德国与俄罗斯的贸易额减少了6.5%，2015年减少了34.7%，2016年仍呈下降趋势，但德国依然是俄罗斯在欧盟的第一大贸易伙伴。[①]

2. 2016年至今，俄罗斯与欧盟之间贸易额触底反弹，经济合作逐渐恢复

俄欧相互制裁令双方在经济上两败俱伤，欧盟各国从政治到经济各界要求停止制裁的呼声越来越高。在欧盟仍坚持继续对俄制裁的情况下，欧盟一些国家和很多企业逆势而上，继续保持与俄罗斯的合作关系。如，意大利总理亲自率团参加2016年圣彼得堡国际经济论坛，其间，意大利企业与俄罗斯签署了总价值超过13亿欧元的合同，俄罗斯还收获了在俄意联合企业生产直升机、与意大利造船企业Fincantieri公司联合造船的协议。受俄欧制裁影响最大的德国企业因受制裁限制无法对俄出口，便开始在俄罗斯建厂。据德国央行统计，在制裁刚开始时撤离俄罗斯的德国资本于2015年重新对俄投资，投资额增至创纪录的17.8亿欧元，且仍在继续增长。克里米亚港口也受到欧盟的制裁，但欧盟一些企业或在商船上悬挂不受制裁约束的国家的国旗，或是选用第三方国家服务的方式继续运货至克里米亚，有的甚至在抵达克里米亚港口时采取直接关闭定位系统的方法。

在这种逆制裁合作趋势下，俄罗斯与欧盟之间的贸易额从2016年起开始止跌回升，从2017年起，在制裁与反制裁背景下双方之间的贸易额开始增长，大型项目的合作也推进迅速。俄联邦海关署的统计数据显示，2017年俄罗斯与欧盟之间的贸易额为2465亿美元，增长了22.7%，其中俄出口为1596亿美元，增长22.1%，进口869亿美元，增长24.4%，俄罗斯的贸易顺差达727亿美元；2018年俄罗斯与欧盟之间的贸易额增长了19.3%，俄罗斯对欧盟出口增长了28.3%，从欧盟进口增长2.7%，欧盟在俄罗斯对外贸易总额中的份额

---

① 数据引自俄联邦海关总署网站，http：//customs.ru/folder/511？page=6#document-6715。

从42.1%增长到了42.7%。① 石油和天然气等能源产品价格的增长是俄罗斯与欧洲贸易总额增长的主要原因，能源是俄罗斯对欧盟出口的最重要物品。2018年"北溪-1"天然气管道的供气量为588亿立方米，这也是该条管线建成投入运营以来最大的年输气量。

2018年，俄罗斯与欧盟之间贸易额达2941.669亿美元，同比增长19.3%。德国、荷兰、意大利进入了当年俄罗斯五大贸易伙伴国之列（第一位是中国、第四位是白俄罗斯）。俄罗斯与所有欧洲贸易伙伴之间的贸易额都呈增长态势，与德国之间增长最大。多年来德国一直是仅次于中国的俄罗斯第二大贸易伙伴国，2018年俄德贸易额达596.068亿美元，较上年增长19.3%。2018年荷兰与俄罗斯之间的贸易额达471.643亿美元，较上年增长19.4%，意大利与俄罗斯的贸易额为269.86亿美元，增长了12.7%。②

2019年欧盟仍然是俄罗斯的最大贸易伙伴。2019年突发事件不断，国际油价也随之跌宕起伏。能源和原材料在俄罗斯与欧盟的贸易结构中占比较大，因此双方之间的贸易额较上年同期有所下降，为2777.96亿美元，同比下降5.6%，其中出口1891.659亿美元，同比下降7.8%，进口886.302亿美元，同比下降0.8%。虽然贸易额下降，但2019年德国仍是俄罗斯在欧盟的最大贸易伙伴国，双方之间贸易额占俄罗斯对外贸易总额的8.7%，之后依次为荷兰、意大利、波兰和比利时。③

2020年，由于新冠疫情席卷全球，俄罗斯与欧盟之间的经济往来受到极大影响，贸易额有所下降，为2188.072亿美元，占俄罗斯同期贸易额的38.5%。其中对欧盟出口1366.72亿美元，同比下降27.9%，进口821.352亿美元，同比下降8.4%。俄罗斯是欧盟的第五大贸易伙伴，位于中国、美国、英国和瑞士之后。在天然气、石油和石油产品的供应上俄罗斯都名列前茅。④

在俄罗斯与欧盟的贸易结构中，欧盟对俄罗斯的出口商品主要是设备、运

---

① В 2018 году товарооборот между Россией и ЕС вырос на 19.3%，https：//russian.rt.com/business/news/600178-oborot-torgovlya-es-rossiya-rost.
② 数据引自俄联邦海关总署网站，http：//customs.ru/folder/511？page=6#document-6715。
③ 数据引自俄联邦海关总署网站，http：//customs.ru/folder/511？page=6#document-6715。
④ 数据引自俄联邦海关总署网站，http：//customs.ru/folder/511？page=6#document-6715。

输工具、药剂、化学制品和其他工业品。俄罗斯对欧盟主要出口原料制品，尤其是石油（原油和成品油）、天然气，以及金属（首先是铁、铝、镍）；其他还有葡萄酒和烈酒。

在俄欧经贸联系如此紧密、经济依赖度如此之高的情况下，经济制裁无异于一把双刃剑。普京在2019年6月20日的电视连线节目中谈到俄欧经济制裁结果时表示，俄罗斯在被制裁期间损失了500亿美元，而欧盟却损失了2400亿美元，制裁使欧盟国家失去了俄罗斯市场和大量就业岗位。经过2014年和2015年的低谷期，俄罗斯与欧盟都因无法承受经济制裁带来的巨大损失而开始从实用主义出发，规避制裁，重续合作，经贸往来开始逐渐恢复并上升。

二　俄罗斯与欧盟的能源合作

能源合作是俄罗斯与欧盟合作中极为重要的内容。俄罗斯拥有世界上最大的天然气储量，同时还是仅次于沙特的石油生产和出口国。欧盟虽然能源生产不足，却是能源消费大户，因此进口能源是欧盟经济发展的刚性需求，其一半所需能源依靠进口。俄罗斯与欧盟在地理位置上比邻而居，是天然互补的能源生产供应方与消费市场方。

（一）俄罗斯与欧盟的能源合作

与政治对话和经济合作一样，俄罗斯与欧盟的能源合作最初也是按照《伙伴关系与合作协议》所规定的机制进行。直到2000年10月，双方在巴黎举行的俄欧首脑峰会上签署了《俄欧能源战略伙伴关系协议》，建立了专门的能源对话机制。2003年俄罗斯出台了《2020年前俄罗斯能源战略》，确定了2020年前俄罗斯能源发展的方向与指导方针。该战略指出，欧洲是俄罗斯燃料能源的主要销售市场，双方将加强对话，落实投资项目，并吸引欧洲国家对俄罗斯的石油开采领域投资。

在天然气输送上，俄罗斯和欧盟作为天然气的供应方与消费方，保障输气管线的安全、可靠、不受地缘政治因素干扰、避免类似于2006年初俄罗斯与乌克兰"斗气"事件再次发生是俄欧双方的共识。为了增加对欧供气，同时避免政治因素对输欧天然气管道的影响，俄罗斯与欧盟共同批准了"亚马尔-

欧洲"大型天然气管道项目建设,该管道将俄罗斯西伯利亚亚马尔半岛的天然气经白俄罗斯和波兰输往德国及其他欧洲国家。"亚马尔-欧洲"管线于1999年建成投产。2009年8月,俄罗斯与土耳其签署了天然气和石油合作协议,土耳其允许俄罗斯和意大利修建的"蓝溪"天然气管道通过土耳其领海。该条管道经白俄罗斯、波兰到德国柏林,管道全长约2000公里,费用由俄罗斯和意大利平摊,于2015年11月建成通气。2005年俄罗斯与德国就铺设"北溪"天然气管道达成协议,该管道通过波罗的海海底将俄罗斯列宁格勒州的维堡港与德国港口城市格赖夫斯瓦尔德连接起来。"北溪"天然气管道无须过境第三国,直接将俄罗斯的天然气输往德国,安全性高的同时成本也相对低廉。"北溪-1"管道于2011年11月8日正式投入使用。为了确保能源的可靠运输,在已有"友谊"石油管道、波罗的海管道、里海和黑海管道三条输油管道的情况下,2007年6月14日,俄总统普京签署命令批准了俄罗斯与保加利亚、希腊三国共同签署的《关于铺设布尔加斯至亚历山德鲁波利斯的跨巴尔干石油管道协议》。该管道的初始运输能力为每年3500万吨,之后将会提高至每年5000万吨。

俄罗斯与欧盟在能源领域合作中也存在分歧。"尤科斯事件"后,俄罗斯将对能源的控制权力收归国有,欧盟认为俄罗斯国有能源公司,如俄罗斯天然气工业股份公司在能源领域事实上处于垄断地位,导致石油天然气的价格不合理且不稳定,因此希望俄罗斯能尽快批准《能源宪章》,以此对俄罗斯产生一定约束以促使俄罗斯在能源价格和供应上做出保障,但俄罗斯认为《能源宪章》以及其他有关过境议定书中的规定不符合俄罗斯利益,因此俄虽然于1996年6月便签署了《能源宪章》,却迟迟不予以批准。此外,俄罗斯也不准许外国参与俄罗斯有战略意义的能源产业,只有俄罗斯持股高于51%的公司才能参与能源产业内的竞拍。同时,俄罗斯希望进入直接面对消费者的欧盟能源市场,甚至以减少天然气供应相威胁。俄方的态度令欧盟极度不安和担忧,担心俄欧之间的能源问题"政治化"。因此,在选择铺设天然气管线的问题上俄欧双方之间存在一定的矛盾与冲突。欧盟希望能够实现天然气供应多元化,彻底摆脱对俄罗斯的依赖,并避免受俄罗斯地缘政治因素的影响,俄罗斯则希望能将自己国内产量巨大的天然气输往欧洲,尤其是西欧终端,同时最大限度地实现对欧洲天然气供应的垄断。油气资源作为战略资源，必然会引起俄欧之间的地缘博弈。

为了实现能源供应多样化，摆脱对俄罗斯天然气的依赖和俄罗斯的地缘政治影响，欧盟一直在寻求建设绕过俄罗斯的天然气管线。2013年6月26日，欧盟支持了11年的纳布科天然气管道在与跨亚得里亚海天然气管道竞争中落败，希腊与阿塞拜疆沙丹尼兹财团代表在雅典签署了跨亚得里亚海天然气管道东道国协议。为了削弱能源供应方对市场的过度控制，欧盟于2009年通过了"第三能源一揽子文件"，规定了对能源纵向一体化企业在持有和管理能源运输网络方面的限制，即从事天然气开采的公司不得成为地区天然气管道的运营者。

2021年11月，经过4年半建设的跨亚得里亚海天然气管道投入运营。2021年1月1日，位于克罗地亚克尔克岛地区的液化天然气站开始运行。这是两项避开俄罗斯的天然气供气工程。同样是在2021年1月1日，俄罗斯天然气工业股份公司宣布"土耳其溪"天然气管道正式投入运营，开始直接向塞尔维亚以及波黑供应天然气。

为了摆脱对石油和天然气等石化能源的依赖，同时为实现减排目标，2019年欧盟出台了"绿色欧洲协议"，通过利用清洁能源、发展循环经济、恢复生物多样性、减少污染等措施，力争在2050年前实现"碳中和"，保持可持续发展。对俄罗斯来说，欧盟减少对石化能源的依赖也是其面临的巨大挑战。

乌克兰危机对俄罗斯与欧盟之间政治和经济关系的影响极其深远，但在俄罗斯与欧盟不遗余力相互制裁、双方经济均遭受重创之时，能源合作却得以在夹缝中生存。

能源合作是俄罗斯与欧盟经济合作的重要组成部分。俄能源部部长与欧盟委员会能源委员始终保持着定期联络。法国道达尔公司依然与俄罗斯进行能源合作，持有俄罗斯"亚马尔"项目20%的股份；俄总理梅德韦杰夫和德国总理默克尔在2018年亚欧会议期间专门会晤商谈"北溪-2"天然气管道项目问题，在美国的强大压力之下该项目不仅没有中断反而得到推进。2017年和2018年俄罗斯与欧盟贸易额从绝对数值上看并不引人注目，但将石油天然气价格低位运行和经济制裁仍未取消的因素考虑在内则说明双方之间的能源交易量在持续增长。

俄欧双方在彼此实施经济制裁的背景下依然能够进行能源合作，首先是出于俄罗斯提振经济、实现能源出口多样化的需要；其次是欧洲对俄罗斯能源，尤其是对其石油和天然气存在刚性需求。这两点是双方在制裁尚未取消和美国的压力之下仍加强能源合作的根本原因。自俄罗斯与乌克兰2006年和2009年"斗气"后已过去多年，欧洲实现能源供应多样化的计划仍未实现，俄罗斯在可预测的未来前景内也仍将是欧洲能源最重要的供应者，而且几乎是唯一可靠的能源供应国。在现实面前，欧盟在如何对待俄罗斯的问题上选择了实用主义，在不断延长制裁期限的同时，与俄罗斯之间的能源合作始终照常进行。

虽然俄罗斯与欧盟在能源合作中的矛盾与分歧不少，但在没有新的能源替代品出现前，俄罗斯作为拥有巨大能源储量的石油和天然气供应方，欧盟作为拥有巨大能源缺口的能源市场，二者必然将在相互妥协中合作下去。2018年，俄罗斯与欧盟启动了"北溪-2"天然气管道项目。在乌克兰、波兰等东欧国家的强烈反对和美国的持续打压下，该项目依然建成并于2021年10月4日开始注气测试。俄罗斯方面不断声明该项目没有任何"政治意图"，不会把能源供应和能源过境问题政治化。

（二）俄罗斯与欧盟在"北溪-2"天然气管道建项目上的合作

"北溪-2"天然气管道铺设项目是近年来俄罗斯与欧盟最重要的能源合作项目。

在"北溪-1"天然气管道超负荷运行的情况下，2018年俄罗斯天然气工业股份公司与法国ENGIE集团、奥地利石油天然气集团（OMV Group）、荷兰皇家壳牌、德国Uniper公司和德国Wintershall公司合作推出"北溪-2"天然气管道项目。该管道将穿越波罗的海沿岸国家及其专属经济区将俄罗斯与德国连接起来，建成投产后的总输气量为每年550亿立方米。德国是"北溪-2"项目在欧洲最有力的支持者，项目建成后俄罗斯的天然气将直达德国，德国不仅自身受益，还可将俄罗斯天然气输往其他欧洲国家。由于"北溪-2"项目通过波罗的海海底直接将俄罗斯与项目终端德国连接起来，绕过了波罗的海三国、乌克兰以及东欧其他国家，导致这些天然气输送过境国无法收取过境费，也无法对过境天然气施加影响，因此遭到这些国家的强烈反对。与此同时，美国认为"北溪-2"项目实际上暗藏地缘政治目的，同时为了在欧洲市场推销自己的液化天然气，该项目自诞生之日起便一直遭到美国的反对与制裁。

由于涉及美国的利益，自2018年开工建设以来"北溪-2"便命运多舛，不断受到美国的威胁和打压。

2019年，随着"北溪-2"项目趋近完工，美国对该项目的施压也逐渐加大。年初，美国驻德国大使理查德·格勒奈尔给一些德国公司发送邮件，暗示这些公司若支持"北溪-2"项目将受到美国制裁。德国外交部称美国的这一行为是挑衅。5月21日，美国能源部部长佩里在基辅参加泽连斯基的总统就职典礼后向记者表示，美国强烈反对"北溪-2"项目建设，称美国参议院将通过法案，制裁参与"北溪-2"项目建设的公司。佩里的这一言论引发俄罗斯和德国的强烈不满和反对，德国经济和能源部表示坚决不接受美国的"超地域适用的制裁"。美国总统特朗普认为，"北溪-2"项目将让德国成为俄罗斯的"人质"，而在美国向德国提供保护的情况下德国与俄罗斯做生意对美国不公平，因此美国考虑制裁该项目。12月20日，特朗普最终签署了2020年度国防授权法案，决定对参与"北溪-2"项目的公司实施制裁。法案公布后，由于担心受到美国制裁，负责管道铺设任务的瑞士Allseas公司宣布停工。"北溪-2"项目也因此一度暂停。美国的制裁引发欧盟和俄罗斯的强烈批评，项目的主要参与方俄罗斯和德国均表示仍将继续推进该项目的建设。

2020年1月11日，德国总理默克尔访问俄罗斯。在会谈结束后的联合记者会上默克尔和普京批评了美国的"长臂管辖"和"域外制裁"。默克尔表示"北溪-2"是非常重要的项目，不仅仅是俄罗斯和德国，欧洲其他国家也将从中受益，因此必须有始有终。"北溪-2"项目已完成90%，普京表示俄方有信心也有能力单独完成该项目。

6月30日，为了阻止项目施工，美国参议院将对"北溪-2"项目的新制裁列入了国防预算法案。德国前总理施罗德认为在经济衰退时期美国对北约盟国实施制裁是蓄意解除跨大西洋伙伴关系，是对欧洲经济、欧盟主权和能源安全的侵犯。默克尔强调美国的域外制裁不符合欧盟对法律的理解，欧盟应该完成该项目。

7月15日，美国国务卿蓬佩奥称美国已经将"北溪-2"项目和"土耳其流-2"项目列入了《以制裁反击美国敌人法案》下的制裁项目。根据该法案，所有与俄罗斯出口天然气管道有关的投资和行为都可能受到美国制裁。蓬佩奥明确表示："这是对那些参与俄罗斯有恶意影响项目的公司的明确警告。立即退出，否则后果自负。"① 欧洲各国已经向该项目投入了巨额资金，有120多家公司参与了相关工作，美国的新制裁措施使所有参与公司都面临制裁威胁。因此德国认为美国对"北溪-2"项目的制裁是对欧盟能源主权的空前干涉。德国外长马斯表示欧洲拒绝域外制裁，欧洲的能源政策应由欧洲制定，而不是由美国做主。

7月29日，美国国防部部长埃斯珀表示计划撤离1.2万名驻德美军官兵，位于德国的两大作战司令部也将从德国撤出。至于其中原因，时任美国总统特朗普称是由于德国在贸易中占美国便宜，没有支付北约足够的军费，美国保护德国免受俄罗斯伤害，而德国却每年向俄罗斯支付数十亿美元购买天然气。

除了出台各种制裁措施，美国同时也对"北溪-2"项目的参与方施以口头威胁。8月，美国的3名参议员通过电话要求德国萨斯尼茨港停止对"北溪-2"项目所需商品的服务和支持工作，否则其资金链将遭到打击。美国参议员的威胁被德国视为"经济战宣言"。

美国对"北溪-2"的制裁受到俄罗斯与德国强烈抵制。德国外长马斯在8月与俄外长拉夫罗夫的会晤中说："对德国政府而言，跨大西洋关系多年来一直具有重要意义，不仅对我们，而且对整个欧洲都是如此。它们比任何政治形势都要深远。但同时，我们必须明确，伙伴国家之间的制裁是一条不正确的道路，是一条错误的道路。最后，我们将从哪里购买能源，这是我们的主权决定，任何国家都不能借助威胁方法对欧盟的能源政策发号施令。"拉夫罗夫也表达了对项目建设的坚定信心："'北溪-2'项目的参与方，包括俄罗斯参与者、德国参与者和其他国家的参与者，都确定应该完成这个项目的建造。我认为有理由相信，这个项目将在不久的将来建成。"②

10月20日，美国将"北溪-2"项目纳入了《欧洲能源安全保护法》

---

① США пригрозили новыми санкциями против "Северного потока—2"，https://ria.ru/20200716/1574414847.html.

② 《美将加强制裁"北溪-2"项目，德外长：外国不能左右欧盟能源政策》，https://baijiahao.baidu.com/s? id=1674805572186252882&wfr=spider&for=pc.

（PEESA）制裁范围，向参与该项目建设的船只提供服务、设备和资金的公司也将受到制裁。

12月，德国海洋和水文局宣布已经停工一年的"北溪-2"项目将于12月5日重启，恢复海底管道的铺设工作。

12月11日，美国参议院通过了2021财年《国防预算授权法案》，"北溪-2"天然气管道项目仍是被制裁目标。虽然该法案随后被特朗普否决，但12月28日美国众议院驳回了特朗普的否决。

对于"北溪-2"项目的复工，美国表示将继续采取各种措施对其实施制裁，直至其彻底停工。

2021年9月23日，美国众议院以316票支持、113票反对的结果通过一项规模约为7800亿美元的国防预算法案，进一步扩大了对俄罗斯的制裁。

2021年9月，俄罗斯天然气工业公司宣布已完成"北溪-2"管道铺设工作，10月4日，"北溪-2"项目运营公司Nord Stream 2 AG发布消息称，该公司开始向"北溪-2"管线支线注气。同日，丹麦能源署指出，"北溪-2"管道的B支线已可以投入使用。

"北溪-2"天然气管道铺设项目对欧盟来说具有重要的价值和优势。随着欧盟天然气开采量的减少，"北溪-2"项目能够保障对欧盟可靠稳定且价格优势明显的天然气供应，也能够实现欧盟天然气来源的多元化，最重要的是还能够避免重复当年因俄罗斯与乌克兰"斗气"而发生的"断气"现象，确保欧盟的能源安全。德国尤其能从该项目中受益，其将逐步减少核电的使用和生产，对天然气的需求量必然大增，俄罗斯的天然气无疑是最实惠便捷的选择。因此，尽管"北溪-2"天然气管道项目从开始建设起便一直受到美国的制裁和打压，在纳瓦利内中毒事件后欧盟内部也有声音反对继续该项目的建设，但欧盟依然在重压之下与俄罗斯保持一致，将其建设完工。

第三节 俄欧地缘政治经济博弈

苏联解体后俄罗斯选择了欧洲道路。融入欧洲、加入西方"民主国家大家庭"成为俄罗斯的外交政策战略目标。在俄罗斯看来，俄罗斯摒弃了苏联的意识形态和社会主义制度，和西方一样同是冷战的胜利者，因此包括欧盟在内的西方自然应当视俄罗斯为战胜社会主义的"战友"，是"自己人"，应当张开双臂拥抱"回归欧洲"的俄罗斯。但事实证明，在走向欧洲的道路上伴随俄罗斯的不是其所预期的掌声和鲜花，不是扶持和协助，而是较量、是博弈。也就是说，西方从来没有把俄罗斯看作"共同的欧洲家园"和"民主国家大家庭"中的一员，从始至终俄罗斯都被西方看作对手。俄罗斯继承了苏联的核武库、国际地位、资源禀赋和广袤的疆土，也继承了苏联为西方天然对手的身份。只要俄罗斯不接受西方的"改造"和"安排"，变成西方所希望看到的俄罗斯，那么俄罗斯就一直是对手，两者之间的博弈也就不会停止。苏联解体后俄罗斯与欧盟关系的30年也是双方地缘政治博弈的30年。

（一）北约东扩

欧盟成员国与北约成员国高度重叠，27个成员国中有21个是北约成员国。很多时候俄罗斯在具体事务中难以把作为政治经济组织的欧盟与作为政治军事组织的北约完全明确地区分开来，对俄罗斯来说，形势往往因此而变得十分复杂。俄罗斯一直努力想把欧盟与北约和美国区分开来，将欧盟看作一个在外交上和与俄罗斯关系上不受美国和北约制约的、拥有独立自主决策权的组织，但这在具体实践中并非易事。

1991年7月，华约宣布解散。5个月后的12月，苏联解体。以美国为首的西方赢得了冷战。华约解散了，但北约没有随着传统对手的解散而解散，相反开始朝着军事政治组织转变，并开始酝酿向东扩张。为了安抚俄罗斯，北约一方面不再强调俄罗斯是需要遏制的对手和敌人，提出与俄罗斯在应对国际恐怖主义和防止大规模杀伤性武器扩散等问题上合作；另一方面则延续冷战思维，在对手不复存在的有利形势下保留原有任务和职能的同时顺势加强自己的军政实力，不断扩大和强化其在新形势下维护和平与安全的职能，扩大自己的地缘政治利益。

1. 北约的首轮东扩

当北约决定东扩时，虽然俄罗斯坚决反对，但为了得到西方的援助，时任俄罗斯总统叶利钦向波兰等东欧国家表示俄罗斯将尊重其加入北约的选择，是否加入北约是这些国家自己的事，俄罗斯不会加以干涉。但当越来越

第三章　俄罗斯与欧盟关系

多的东欧国家纷纷表示希望加入北约时，俄罗斯开始感到不安，开始强烈反对北约东扩，但俄罗斯最终未能阻止北约东扩的脚步。1995年9月，北约理事会通过了《关于北约扩大问题的研究报告》，开始实质性地筹划北约扩大进程。《关于北约扩大问题的研究报告》激起俄罗斯的强烈反应，叶利钦在联合国大会上对北约进行了严厉抨击，表明了俄罗斯坚决反对北约东扩的态度。在与北约成员国激烈的讨价还价中，俄罗斯提出了自己的要求，即北约应保证不在新成员国领土上部署核武器，不在这些国家长期派驻外国军队和相关军事设施。并要求根据不使北约军事机器推进到威胁俄罗斯边境的距离的原则，确定修改欧洲常规军事力量条约的"框架"原则：一是建立俄罗斯—北约磋商机制，使触及俄罗斯利益的问题能够得到协商解决；二是北约应得到改进，放弃"传统军事"路线，加强该组织中欧洲的作用；三是确定俄罗斯与北约关系的文件应具有义务性，不应是空洞的条文或公报，而应该是由俄罗斯和北约成员国国家元首签署的文件。[①]

1996年7月，俄罗斯时任外长普里马科夫在与英国外交大臣马尔科姆·里夫金德会晤时说明了俄罗斯在北约东扩问题上的两条"红线"："在北约扩展问题上有两条'红线'是我们不允许越过的。纵线是我们不能接受在加入北约的新成员国领土上部署军事设施并威胁性地向我国领土推进；横线是我们不能接受波罗的海国家和后苏联空间国家加入北约。"[②] 经过几轮激烈的讨价还价，1997年3月，俄美两国在赫尔辛基达成妥协，美国就俄罗斯所担忧的问题做出承诺，如不在北约新成员国境内部署核武器，不利用其留下的军事设施，等等；同时，俄罗斯将得到经济援助和40亿美元贷款，并被七国集团接纳为正式成员。5月，俄罗斯与北约经过艰难而持久的谈判签署了双方关系的基础性文件——《俄罗斯与北约关于相互关系、合作与安全的基本文件》。文件规定，俄罗斯与北约彼此不将对方视为潜在敌人，将加强双方间的互信与合作，并决定成立俄罗斯—北约理事会等。1999年3月12日，北约正式接纳波兰、匈牙利和捷克为成员国，完成了首轮东扩。由于国力屡弱，对于北约东扩

[①] 〔俄〕叶·普里马科夫：《大政治年代》，焦广田等译，东方出版社，2001，第220页。
[②] 〔俄〕叶·普里马科夫：《大政治年代》，焦广田等译，东方出版社，2001，第221页。

俄罗斯无力阻止，首轮博弈以俄罗斯的退让而告终。

俄罗斯对北约的无能为力不仅仅体现在无法阻止北约东扩上，而且在反对北约实施的军事行动方面俄也是心有余而力不足。1999年3月24日，刚刚完成首轮东扩的北约绕过联合国向南联盟发动了军事打击。轰炸持续了78天，至6月10日才结束，最终南联盟战败。美国在开始轰炸的前一刻才通知俄方，当时赴美国访问的普里马科夫正在飞往美国的途中，得知这一消息后，普里马科夫当即命令飞机调转方向返回了莫斯科。在南联盟科索沃冲突中，俄罗斯反对北约对南联盟动武，反对科索沃脱离南联盟并改变其地位，反对升级对南联盟的制裁，但俄罗斯的反对意见和利益完全不在北约的考虑范围之内。这一事件不仅沉重打击了俄罗斯与北约的关系，也成为俄罗斯外交政策的分水岭，成为俄罗斯"反西方"的开始。

2. 北约的第二轮东扩

2002年5月28日，俄罗斯与北约十九个成员国在罗马签署了关于建立北约-俄罗斯理事会的《罗马宣言》。之前俄罗斯已经与美国签署了《削减和限制进攻性战略武器条约》，发表了俄美新型战略关系的联合声明。北约-俄罗斯理事会的成立使俄罗斯能够以平等的身份与北约在打击恐怖主义、防止核扩散、军控、海上搜寻与救援以及参加国际维和行动等9个领域进行合作。舆论普遍认为理事会的成立标志着北约和俄罗斯的关系进入了一个新阶段。但从《罗马宣言》中可以看出，在与以美国为首的北约问题上俄罗斯做出了巨大让步：美国取得了更大的核战略优势；支持美国反恐，允许美军进入俄传统势力范围中亚地区；默认北约进一步东扩；等等。在北约与俄罗斯之间力量完全失衡、与北约东扩前签署的各种协议不足以约束北约的形势下，俄罗斯只能进行战略收缩，在现实条件下谋求最大利益，即获得美国对俄罗斯打击车臣分裂主义和恐怖主义势力的支持，争取西方对俄罗斯的经济援助，在加入世贸组织问题上得到西方支持，为恢复国内经济和重振大国地位创造安全有利的外部条件，等等。北约-俄罗斯理事会成立不久，2002年11月12日，普京与北约秘书长乔治·罗伯逊举行了会谈。在之后举行的记者招待会上有记者问俄罗斯是否会加入北约，普京回答说："如果北约进一步演变，如果北约与俄罗斯的合作符合俄罗斯联邦的安全利益，如果我们认为北约能够成为解决我们共同面临的问题和促进相互合作的工具,那么俄罗斯参与北约工作的方式将会发生改变,我们将考虑更广泛地参加北约的工作"。①但是实际上俄罗斯在与北约的合作中并非完全平等。

俄罗斯在与北约的博弈中完全处于下风。在入侵伊拉克的战争中,俄罗斯的利益和反对意见同样被北约无视。最终,北约突破了俄罗斯的"红线",决定将波罗的海三国纳入北约。2002年,北约决定接纳爱沙尼亚、拉脱维亚、立陶宛、斯洛伐克、斯洛文尼亚、罗马尼亚和保加利亚为北约成员国。2004年,这七国正式加入北约,北约第二轮东扩完成。两轮东扩之后北约仍没有停下扩张的步伐,2009年阿尔巴尼亚和克罗地亚加入北约,2017年黑山加入北约,2020年北马其顿加入北约,整个欧洲大陆几乎完全处于北约的控制之下。

2004年和2005年,格鲁吉亚和乌克兰分别发生了以颠覆亲俄政府为目的的"玫瑰革命"和"橙色革命",并取得成功,亲西方的反对派领袖萨卡什维利和尤先科分别在格鲁吉亚和乌克兰上台。2008年俄格战争后,时任美国总统布什表示希望北约吸收格鲁吉亚和乌克兰加入"成员国行动计划"。尽管加入"成员国行动计划"并不意味着格鲁吉亚和乌克兰就一定会加入北约,但加入该计划的确是加入北约的重要前奏。俄罗斯认为格、乌两国加入北约将严重危及俄罗斯的安全,因此对美国的这一主张反应激烈,俄武装力量参谋长巴卢耶夫斯基对北约发出警告,如果格、乌两国加入北约,俄罗斯将采取保障自身安全利益的行动。乌克兰危机发生后,乌克兰依然表示希望加入北约,2021年6月10日,普京在电视直播连线节目中谈到这一问题时指出,如果乌克兰加入北约,北约导弹从哈尔科夫或第聂伯罗彼得罗夫斯克飞到莫斯科的时间将缩短至7~10分钟,因而普京再次重申乌克兰加入北约的问题是俄罗斯不可触碰的"红线"。

通过两轮东扩,北约将包括苏联前加盟共和国爱沙尼亚、拉脱维亚和立陶宛在内的中东欧国家收入囊中,势力范围直接扩大至俄罗斯的东部边界,俄罗斯作为苏联的继承者完全输掉了二战后苏联在东欧取得的主导地位和影响力。

---

① 《普京提出俄罗斯加入北约的三项条件》:http://www.people.com.cn/GB/guoji/22/84/20021112/864271.html。

自此北约可以在俄罗斯东部边界外任意举行各种军演和部署包括美国反导系统在内的军事设施，毋庸置疑，所有这些军演的假想敌都是俄罗斯。俄罗斯认为，在欧洲的安全问题上北约奉行单边主义政策，欧安组织已经被西方变成了清谈馆和干涉他国内部事务的工具。2007年，美国总统布什提出在捷克和波兰两国部署反导系统的问题，并专门就这一问题访问了两国。美国的这一主张遭到俄罗斯的强烈反对，作为回应，普京总统签署了暂停执行《欧洲常规武装力量条约》以及与其相关的国际协议。2008年，针对欧洲的安全问题俄罗斯提出签署新的《欧洲安全条约》，即所有国家，无论其加入了哪个军事政治联盟，在欧洲-大西洋地区建立一个统一的政治军事安全空间。签署该文件的目的是赋予那些已经在各种级别和各种形式的组织中得到反复确认的安全不可分割原则以法律性质。根据安全不可分割原则，任何人都不能以牺牲他国的安全为代价来加强自己的安全。俄罗斯将俄方起草的条约草案送交给包括北约和欧盟在内的各国和各个国际组织的领导人，但是未得到任何回应。为了加强欧洲的安全，俄罗斯还曾于2009年向北约发送过《俄罗斯与北约之间关系基础协议》草案，同样也未得到对方回应。在2010年于里斯本举行的俄罗斯-北约理事会峰会发表的联合声明中写有建立真正的战略伙伴关系的义务，俄罗斯就更有效地联合应对共同的安全挑战（包括反导防御领域）提出了建议。然而文件中有关欧洲大西洋共同体中所有国家的安全不可分割，以及北约与俄罗斯的安全相互关联的条款在实践中并未得到真正体现。在俄罗斯看来，北约已成为损害全欧洲和全球安全需求以实现狭隘的集团利益的工具。

  北约的扩张以及对俄罗斯利益的无视最终引发了俄罗斯的强烈抨击，也让俄罗斯最终放弃了对西方的幻想。在2007年的慕尼黑安全会议上，普京公开对美国主导下的单极世界秩序和北约东扩表达了强烈不满，提出了尖锐的批评："我认为，单极世界对当代来说不仅难以接受，而且完全不可能。这不仅仅是因为在当代世界一国既没有足够的军事政治资源也没有足够的经济资源来独揽领导权力，更重要的是这种模式本身毫无作用，因为它首先不具备也不可能具备当代文明的精神基础。"普京公开质问北约东扩针对的目标是谁："我认为，北约扩大进程显然与组织自身的现代化或保障欧洲安全没有任何联系。相反，这是降低相互信任水平的严重挑衅行为。我们也有权公开质问，这种扩大针对谁？华沙条约组织解散后西方伙伴们做出的保证如何了呢？这些声明如今何在？甚至已经没人会记得它们了。"[①] 2012年，普京再次对美国和北约提出强烈批评："我一贯认为，各个国家的安全与杜绝滥用暴力和遵守基本的国际法准则是不可分割的，这可以算是最重要的一条公理。正是有了这种共识，我们才认为美国和北约组织的某些行径不符合当代发展的逻辑，它们的行径都建立在已经定型的集团化思维基础上。大家都明白我指的是什么，没错，就是北约的扩张，包括北约在欧洲布置新的军事设施以及该组织（以美国为主导）在欧洲建立反导弹防御系统的计划。如果这些把戏没有直接触及俄罗斯的国境，如果它们没有威胁到俄罗斯的安全，如果它们不危害世界的稳定，我也不会谈及这个话题。"

2014年初克里米亚"并入"俄罗斯后，欧盟中止了当年的俄欧峰会，北约也中止了北约-俄罗斯理事会会议，暂停了与俄罗斯之间的所有合作。北约与俄罗斯的对话通道中断。美国和欧盟对俄罗斯实施了经济制裁，在国际上对俄罗斯采取孤立政策，在解决重大国际问题的讨论中将俄罗斯排除在外。2015年9月，俄罗斯作为叙利亚的重要盟友应叙利亚政府请求出兵叙利亚，通过介入中东局势实现了对西方孤立政策的逆袭，强势重回国际政治舞台中心，欧盟不得不与重新"回到游戏中"的普京坐下来讨论重大国际问题，北约-俄罗斯理事会也在中断两年之后重启。2016年4月20日，北约-俄罗斯理事会在布鲁塞尔举行了大使级别会议，讨论乌克兰、阿富汗等问题，但由于双方之间的分歧过大，会议未取得成果。北约认为只有当俄罗斯遵守国际法时双方才能恢复实质性的合作，俄罗斯常驻北约代表亚历山大·格鲁什科则强调，北约如不采取切实措施，减弱在俄罗斯邻近地区的"军事行动"，双方就不可能建立起互信，不可能实现有意义的对话接触。

俄罗斯-北约理事会会议结束两个月后，7月8日，北约峰会在华沙召开。强化与俄罗斯的军事对峙是此次峰会的鲜明特点。北约决定于次年起向波兰和波罗的海三国部署4个营的多国部队，美、英、加、德四国将分别率领派驻在

---

① 〔俄〕弗·普京：《打破单极世界幻想，构建全球国际安全新结构》，《普京文集（2002~2008）》，中国社会科学出版社，2008，第377页。

波兰、爱沙尼亚、拉脱维亚和立陶宛的北约多国部队,同时北约还将加强在东南欧的军事存在,时任美国总统奥巴马表示北约的大门对格鲁吉亚和乌克兰是敞开的。俄联邦委员会国际事务委员会主席科萨乔夫认为此次北约华沙峰会的决议相当于再次开启了冷战,将其比作建起了"第二座柏林墙"。2017年9月28日,在召开了5次会议后,北约以俄罗斯和白俄罗斯举行"西方-2017"联合军演为由冻结了北约-俄罗斯理事会。2020年全年未举行过会议,2021年北约多次邀请俄罗斯召开北约-欧盟理事会会议,但俄方认为只有讨论降低军事紧张的具体议题举行会议才有意义,而北约关于希望与俄关系正常化的声明与其的实际行动存在明显矛盾,因此俄以对方缺乏诚意拒绝了邀请。

特朗普任美国总统时期,美国作为北约的首领所关注的是哪个成员国在"占美国便宜",哪个没有交足"保护费",哪个应该提高"保护费"缴纳数额,并不特别关心北约的对手和敌人是谁,以及该如何与其对抗。因此,美国未与北约盟友协商也未通知盟友直接从叙利亚撤军后,马克龙公开表示北约已经"脑死亡"。得益于北约"脑死亡",俄罗斯在特朗普总统任期内也有了难得的喘息机会。但是特朗普落败总统大选,拜登就任美国总统后立即宣布"美国回来了"。随即熟悉的北约也"回来了",俄罗斯东部边界外的北约军演又重新开始密集上演。5月初,25年来北约最大规模军演"欧洲捍卫者-2021"在爱沙尼亚拉开帷幕,5月17日至6月5日,"春季风暴"军演也在爱沙尼亚举行。

俄前总理普里马科夫认为,美国试图通过建立单极世界来确立美国的霸权,北约东扩即是这一目的的体现。但是,北约东扩"违背了美国和西方国家在冷战结束前向苏联领导人做出的承诺。美国单方面退出旨在限制军备竞赛的《反导条约》,而且北约在未经联合国安理会授权情况下,根据美国的命令轰炸了南联盟,根本不顾及部分成员国领导人对该行动感到的不快。"[①] 普里马科夫在其所著《走过政治雷区》中记述了俄外交部存有西方国家领导人为了促使苏联从东德撤军而向苏联领导人口头保证北约不会东扩的谈话录音一事。俄罗斯一直指责北约违背了当年美国和西方国家向苏联领导人做出的不向东扩展的承诺。普京曾就此在讲话中表示:"一次又一次地被欺骗,他们背着我们做决定,让我

---

① 〔俄〕叶·普里马科夫:《思想之声》,李成滋译,中央编译出版社,2012,第134页。

们面对既成事实。北约东扩如此,在我们边境部署军事设施也是如此。而当我们提出问题时却被告知:'嗯,这和你没关系。'说起来很轻松,没关系。"① 但是西方和北约一直否认曾有过这一承诺。2021年6月,俄外交部发言人扎哈罗娃发布了有关西方政客承诺北约不东扩的相关录音,指出这些材料证明北约违反了当年关于尊重苏联利益和不扩张的协议,欺骗了整个国际社会。

不论北约当年是否对苏联做出过不东扩的承诺,北约东扩都已既成事实。北约秘书长斯托尔滕贝格评价称,北约与俄罗斯的关系已达到了冷战结束以来的最低水平,遏制俄罗斯是北约的首要任务,甚至是北约存在的理由。俄罗斯视北约为其国家利益的风险和威胁,北约认为俄罗斯侵占他国领土、破坏他国稳定、在北约边界附近增加军力、威胁北约成员国安全。俄罗斯和北约对安全的看法完全不同,这也注定双方之间的矛盾无法调和。俄罗斯与北约之间的竞争与冲突不会消失,双方在欧洲大陆的博弈还将继续。

北约和欧盟的东扩改写了欧洲政治地图,也改变了俄欧关系之前平稳发展的态势,俄罗斯在欧洲重大问题的解决上逐渐被边缘化,尤其是在其极其重视的安全领域。加入北约和欧盟的"新欧洲"国家不再重视欧安组织,拥有自己共同外交政策工具的欧盟在危机管控和解决冲突上也不再依靠欧安组织。随着欧安组织被边缘化,作为欧安组织成员国的俄罗斯在欧洲安全问题上的话语权也越来越少。北约和欧盟的边界直抵俄罗斯的东部边界,直接危及俄罗斯的国家安全。欧洲或者说欧盟是俄罗斯向往且努力争取融入的目标,北约则是危及俄罗斯国家安全的对手,两者成员国的高度重合令俄罗斯与欧盟的关系变得更为复杂棘手。

(二) 欧盟东扩

与北约东扩平行推进的是欧盟的东扩。有北约东扩在前护航,俄罗斯更无力阻挡欧盟东扩的脚步。

1993年11月1日,欧共体成员国签署的《马斯特里赫特条约》开始生效,欧盟成立。欧共体的发展过程本身就是一个不断扩员的过程,从一开始的

---

① Путин: Обращение Президента Российской Федерации, 18 марта 2014 года, http://www.kremlin.ru/events/president/news/20603.

六个创始国发展到欧盟宣告成立时的十五个成员国。2004年5月1日，欧盟完成了其历史上最大规模的扩员，马耳他、塞浦路斯、波兰、匈牙利、捷克、斯洛伐克、斯洛文尼亚、爱沙尼亚、拉脱维亚、立陶宛十个中东欧国家加入了欧盟，欧盟从原来的十五个成员国扩展为二十五个。出于历史的原因，东欧国家加入欧盟令俄罗斯与欧盟的关系变得更加复杂，合作也变得更加艰难，俄罗斯"回归欧洲"之路也更加艰难。

欧盟东扩前，俄罗斯忙于稳定国内混乱的局势无力他顾，也因为俄欧双方提前就欧盟东扩问题进行了沟通，双方达成了谅解，俄罗斯的紧张情绪在一定程度上得到了缓和。为了确保欧盟东扩后不在欧洲形成新的分裂，确保俄欧之间的关系与合作不受欧盟扩员影响，同时为了打消俄罗斯的顾虑，欧洲委员会于1997年签署了《布达佩斯宣言——为了没有分界线的大欧洲》。2004年4月27日，即在新成员国正式加入欧盟的前三天，欧盟与俄罗斯签署并发表了《关于欧盟扩员及俄欧关系的联合声明》和《〈伙伴关系与合作协议〉议定书》，其中规定俄欧《伙伴关系与合作协议》的所有条款都将推及新成员国，扩员后因位于欧盟境内而成为飞地的加里宁格勒州与俄本土之间的货物运输将自由往来不受边界限制，并将免除关税和各种过境费用。此外，欧盟也与准成员国就其履行之前欧盟所签国际协议的责任签署了《新国家加入欧盟条约》，以法律条约的形式确保俄罗斯的利益不受损害。后者正式入盟后将成为欧盟与第三方国家及国际组织所有已签协议的签署方，因此应履行这些协议所规定的各项条款，包括俄欧《伙伴关系与合作协议》。因此，俄罗斯虽然也担心利益受损，但接受了现实，最初对欧盟东扩并没有表现出强烈的负面反应，甚至将其看作促进俄经济发展的一次机遇。普京在2004年4月26日发表的国情咨文中表达了对欧盟东扩的肯定："欧盟东扩，我们需要的不仅是地理意义上的相互接近，而且是经济和精神层面的接近。我认为，这不仅是俄罗斯经济，也是整个欧洲经济取得成功的前提。这意味着新市场和新投资的出现。总之，未来的大欧洲将会面临新的机遇。"[1]

---

[1] 〔俄〕弗·普京：《2004年致联邦会议的国情咨文》，《普京文集（2002~2008）》，中国社会科学出版社，2008，第124页。

然而，当欧盟真正实现了东扩，俄在与扩员后面貌全新的欧盟合作时，扩员为双方合作所带来的负面影响便即刻显现。其中俄欧双方所签署文件的执行受到的影响最为显著。俄罗斯发现，在现实实践中，之前欧盟为消除俄罗斯的顾虑与俄罗斯所签署的各种协议被事实证明并没有多少约束力，较之扩员前的"老欧洲"，俄罗斯与"新欧洲"的沟通十分艰难。典型的例子就是俄欧关系的奠基文件《伙伴关系与合作协议》的更新问题，即在欧盟与俄罗斯就即将到期的俄欧《伙伴关系与合作协议》举行新协议谈判一事上。该协议将于2007年12月1日到期。关于新协议的谈判工作原本计划在2006年11月的俄欧峰会开始，但是波兰以俄罗斯撤销对波兰肉制品的进口禁令为条件否决了欧盟委员会关于开启谈判的动议。当俄罗斯与波兰解决了波兰肉制品对俄出口的问题，即将开始谈判的最后一刻，立陶宛又要求俄恢复"友谊"输油管道的供应、对被俄罗斯驱逐人员进行赔偿以及调解摩尔多瓦和格鲁吉亚"被冻结的冲突"，谈判再次被搁浅。随后就俄罗斯加入世贸组织问题的讨论使谈判再次中断半年之久。2014年乌克兰危机的爆发和克里米亚"并入"俄罗斯后，该协议的更新便被无限期搁置。

根据之前签署的协议，在加里宁格勒州与俄罗斯本土之间的货物运输在欧盟东扩后将自由往来不受边界限制，并将免除关税和各种过境费用。但是尽管有约在先，立陶宛和波兰仍根据《申根协定》关闭了加里宁格勒与俄罗斯本土在其境内的过境边境。欧盟不得不另行签署《加里宁格勒州与俄罗斯其余领土之间人员过境宣言》作为《新国家加入欧盟条件协议》的附件。

欧盟实行协商一致原则，一个国家反对便造成一项决议和方案的搁浅，这也导致欧盟的工作效率低下，尤其在外交政策上严重束缚了欧盟的手脚。欧盟内部对俄罗斯的态度差别明显。"老欧洲"的西欧国家对俄罗斯态度相对缓和，而"新欧洲"的东欧国家则不同。由于历史积怨，"新欧洲"对俄罗斯的态度十分敌视，在与俄罗斯相关的事务上往往与俄罗斯和"老欧洲"逆向而行，且极力主张美国和北约在欧洲的军事存在，甚至主动提供场所让北约部署军事设施。乌克兰危机后俄罗斯与欧盟相互实施制裁措施，双方经济因此遭受难以估量的损失，"老欧洲"国家普遍希望解除对俄制裁，但是"新欧洲"国家却坚决主张继续制裁，并且希望加大制裁力度，认为"老欧洲"在执行对俄制裁措施上不够严厉。德国对"北溪-2"天然气管道项目极其重视,顶着美国压力持续推进项目建设,"新欧洲"则坚决反对。因此,在俄罗斯看来,"新欧洲"国家加入欧盟增加了俄罗斯与欧盟之间沟通的难度,"新欧洲"国家的一些领导人是俄欧关系中的"麻烦制造者"。因此有俄罗斯学者称这些人为"感染了历史复仇病毒的新欧盟人"①,梅德韦杰夫在谈到与波罗的海国家关系时也愤怒地说:"不能这么行事……当然,我们是大国,他们是小国,但这不意味着需要蛮横无理到这种程度。"②

俄罗斯认为,欧盟东扩不仅增加了发展俄欧关系的困难,也不利于其自身的发展,甚至会导致欧盟内部出现危机和分裂。西欧国家和中东欧国家经济发展水平不同,其各自利益诉求不同,对待俄罗斯的态度也不尽相同。欧盟协商一致的原则、新老欧洲之间的差异导致欧盟工作效率低下,在对俄政策上更是难以保持一致,俄罗斯与欧盟的合作因此也出现了各种新的冲突与矛盾。

(三) 分界线之争

在与欧盟关系中俄罗斯最担心的就是在欧洲大陆出现新的分界线。俄罗斯认为,虽然俄罗斯是苏联的合法继承者,但俄罗斯终结了苏联和共产主义意识形态,因此与苏联不同,俄罗斯不是西方的对手和敌人,而是与西方共同战胜独裁与专制的胜利者和盟友,俄罗斯已经跨过了将欧洲与苏联分隔开来的分界线,与欧洲并肩站在民主的一侧。然而,20世纪90年代初俄罗斯在西方的外交失败令俄罗斯深刻地意识到,那条将欧洲与苏联隔开的分界线实际上并没有随着苏联的消亡而消失,依然隐性地横亘在欧洲与俄罗斯之间。这条分界线阻断了俄罗斯"回归欧洲"的路,摧毁了俄罗斯"融入欧洲"的战略目标。因此,普里马科夫在其文章《地平线上——多极世界》中论及向多极世界过渡的条件时第一条就是"不能容许新的分界线代替旧的对抗阵线"③。

---

① Лев Клепацкий, Стратегия отношений России и Евросоюза, Международная жизнь, 4 номера 2008 года, https: //interaffairs. ru/jauthor/material/1305, время последнего посещения 12 сен. 2020г.

② 《梅德韦杰夫:小国也不能蛮横无理 俄罗斯不是大熊》, https: //world. huanqiu. com/article/9CaKrnJvdzF。

③ Примаков Е. М., На горизонте—многополюсный мир, Международная жизнь. —1996. —№ 10. —С. 3-13.

欧盟东扩最让俄罗斯担忧的就是在欧盟与俄罗斯之间人为地划定一条分界线。为打消俄罗斯的顾虑，欧洲理事会在1999年5月的布达佩斯外长委员会上通过了《布达佩斯宣言——为了没有分界线的大欧洲》，明确规定了各成员国在建设"没有分界线的大欧洲"上的责任。俄罗斯在其《俄罗斯与欧盟关系中期战略（2000~2010年）》中也指出，实施该战略的前提条件就是建设一个统一的没有分界线的欧洲，俄欧伙伴关系也体现为在平等的没有分界线的基础上共同致力于在欧洲创建有效的集体安全体系。

但是，继欧盟东扩后，欧盟又针对俄罗斯周边国家出台了"欧洲睦邻政策"和"东部伙伴关系"计划。在俄罗斯看来，欧盟这两项计划的潜在目的是拉拢后苏联空间的国家，使其疏远俄罗斯，围绕欧盟打造一个"友好国家圈"和"安全地带"，以降低俄罗斯的地区影响力，进而削弱俄罗斯的政治和经济实力。而这个"友好国家圈"和"安全地带"恰好充当了俄罗斯与欧盟之间的分界线。欧盟通过新的分界线来孤立俄罗斯，阻止其参与全欧发展进程，这无疑令一心要"融入欧洲"的俄罗斯深感痛苦："共同的欧洲空间今天已经变形了，出现了新的分界线、'中间地带'。这就是欧盟-15[①]的行为及其扩员政策的结果。……在这种情况下，欧盟所声明的一个稳定民主繁荣的俄罗斯是没有新分界线的统一的欧洲不可分割的一部分又有什么意义呢？"[②] 普京在2014年乌克兰危机发生后发表的国情咨文中表达了对被排除在欧洲事务之外的愤怒："我已经说过，在关于乌克兰与欧盟的联系国协定问题上俄欧是没有任何对话的。他们告诉我们说，'这事儿和你没关系'。如果用老百姓的话来说，就是你们滚远点儿。俄罗斯和乌克兰都是独联体自贸区成员，在工业和农业上我们有历史形成的深度合作，有真正统一的基础设施，所有这些理由、这些论据不仅没有人愿意看，甚至连听都不想听。"[③]

俄罗斯还认为，欧盟不仅在政治上、地理上制造了新分界线，同时也在人

---

① 欧盟-15即东扩前的欧盟，其成员国有15个。——作者注
② Лев Клепацкий, Стратегия отношений России и Евросоюза, 4 номера 2008 года, https://interaffairs.ru/jauthor/material/1305, время последней посещения 12 сен. 2020г..
③ Путин, Послание Президента Российской Федерации от 04.12.2014 г. б/н, http://www.kremlin.ru/acts/bank/39443.

们的心理上划分了界线："欧盟说着共同的欧洲价值观，却以此为基础把伙伴们分成'自己人'和'外人'。"① 而俄罗斯无疑就是欧盟眼中不认同共同欧洲价值观的"外人"。在俄罗斯看来，欧盟拒绝取消与俄罗斯之间的签证制度就如同在俄欧之间筑起一堵无形的新的"柏林墙"，是在俄欧之间划定了新的分界线。近年来在难民潮、民粹主义盛行等诸多难题的重压之下，明确欧洲的边界、区分"自己人"和"外人"更加成为欧盟的一种心理需求。"从这个意义上来说，俄罗斯又一次处在幕的那一边，尽管不是铁幕。"②

俄罗斯对北约扩员感到不安也是基于对欧洲出现新"分界线"的忧虑。普京在慕尼黑安全会议讲话中说："现在有人企图把新的分界线和隔离墙强加给我们，尽管它们是虚拟的，但仍然分裂了我们共同的大陆。难道这种新的隔离墙又要经过漫长的年代和政治家的更替之后才能被拆除吗？"

无形的新"分界线"隔开了俄罗斯与欧洲，对于俄罗斯来说，如果北约扩员，而俄罗斯只能置身事外，不能与欧洲机构和集体安全机构实现一体化，那么俄就如同身处这条新分界线的另一边。

（四）后苏联空间内的政治博弈

普里马科夫曾说："不将经济手段用于自私的政治目的是国际经济关系民主化的重要组成部分之一。"③ 在俄罗斯看来，欧盟恰恰是以其雄厚的经济实力在中东欧国家和独联体国家扶植亲西方反对派，掀动政治波澜以实现其颠覆亲俄政府的目的。苏联解体后，美国针对前华沙条约国家和后苏联空间国家出台了"推进民主"战略，向中东欧国家提供资金助其经济重建，而与这些资金捆绑在一起的就是推进民主战略，欧盟也参与其中，最终形成这些国家在经济上倚靠欧盟，在安全上仰仗美国，而与俄罗斯渐行渐远甚至势如水火之势。

进入21世纪后独联体国家相继爆发"颜色革命"，亲西方的反对派发动

---

① Лев Клепацкий, Стратегия отношений России и Евросоюза, 4 номера 2008 года, https://interaffairs.ru/jauthor/material/1305, время последней посещения 12 сен. 2020г..

② Ольга Буторина, ЕС и Россия: портнерство без страгении, 25 апреля 2013, https://russiancouncil.ru/analytics-and-comments/analytics/es-i-rossiya-partnerstvo-bez-strategii/?sphrase_id=49144405, время последней посещения 12 авг. 2020г..

③ Примаков Е. М., На горизонте—многополюсный мир, Международная жизнь.—1996.—№10.—С. 3-13.

"街头民主"抗议活动,迫使亲俄政权下台,反对派取而代之建立亲西方政府。而在这些国家发生的"颜色革命"中或前台或背后都有欧盟的参与和资助。

2003年11月格鲁吉亚爆发了由亲西方反对派领袖萨卡什维利领导的"玫瑰革命"。反对派指控格鲁吉亚议会选举舞弊,不承认选举结果,并发动了大规模示威抗议活动,最终迫使格总统谢瓦尔德纳泽下台。2004年3月萨卡什维利登上总统宝座。有西方支持背景的格鲁吉亚"玫瑰革命"打开了后苏联空间"颜色革命"的潘多拉魔盒,在独联体地区引发了多米诺骨牌效应,这也终结了俄欧关系的蜜月期。

2004年10月,乌克兰反对派领袖尤先科发动了"橙色革命"。10月31日乌克兰进行总统大选,经过两轮投票,时任乌克兰总理亚努科维奇以微弱优势胜选,但反对派指控其选举舞弊,不承认选举结果。尤先科领导的反对派走上街头进行了声势浩大的示威活动,要求取消选举结果。迫于压力,乌克兰最高法院宣布选举结果无效。12月26日,乌克兰再次举行总统选举,亚努科维奇败选,尤先科成功登上总统宝座。

2005年2月,吉尔吉斯斯坦2月开始举行议会选举,经过两轮投票,西方支持的反对派落败,亲俄的阿卡耶夫政府获胜。反对派指责当局在选举过程中舞弊,效仿格鲁吉亚和乌克兰,发动支持者走上街头游行示威,要求总统下台,重新选举。由于局势最终失控,4月4日,阿卡耶夫被迫辞去总统职务,出走俄罗斯。反对派领袖巴基耶夫在7月举行的总统选举中当选总统。

2005年5月,乌兹别克斯坦发生了"安集延事件"。5月12日夜间,乌兹别克斯坦安集延市一群武装分子袭击警察和部队,抢夺大量武器弹药,冲击监狱并释放犯人。次日,武装骚乱人员要求总统下台。乌总统卡里莫夫对骚乱事件实行强力镇压,事件得以迅速平息。根据官方公布的数据,在此次骚乱中共有169人死亡。

与格鲁吉亚和乌克兰不同的是,中亚地区的"颜色革命"虽然也实现了政府更迭,但获胜的反对派并不亲西方。

此外还有不成功的"颜色革命",如2006年白俄罗斯发生的"矢车菊革命"和2009年摩尔多瓦发生的"丁香花革命"。2010年吉尔吉斯斯坦还爆发了第二次"颜色革命"——"甜瓜革命"。还有一些国家和地区爆发了"无色革命"。

历次"颜色革命"的套路基本如出一辙,有很多共同的特点,如都以选举舞弊为理由,同时都以颠覆亲俄政府并扶持反对派领袖登上总统宝座、建立亲西方傀儡政府为目标。21世纪初的"颜色革命"如此,2020年白俄罗斯因总统大选而爆发的反政府风波亦是如此。

2020年8月,白俄罗斯举行总统选举。根据官方所公布的数据,白俄罗斯现任总统卢卡申科赢得了超过80%的选票,再次当选。反对派竞选人季哈诺夫斯卡娅及其支持者拒绝承认选举结果,并称自己才是选举获胜者。反对派发动民众走上街头抗议,事态不断发酵,最终,季哈诺夫斯卡娅出逃立陶宛。俄罗斯情报部门称有确凿证据证明美国和欧盟是白俄罗斯此次政局动荡的幕后推手和金主。"瑞安"航空公司客机"迫降"明斯克国际机场事件发生后,欧盟对白俄罗斯实施了经济制裁。

"颜色革命"和"无色革命"在一些国家的成功极大地压缩了俄罗斯的势力范围,进一步削弱了俄罗斯在后苏联空间的影响力。俄罗斯视后苏联空间的"颜色革命"如洪水猛兽,而每一次"颜色革命"的背后都有欧盟的推手和资金支持。"颜色革命"加大了俄罗斯对欧盟的不信任,也加大了双方之间的对抗。

(五)制裁与反制裁

俄罗斯与欧盟因乌克兰危机而引发的相互制裁已经从2014年持续至今。俄罗斯对欧盟的反制裁与欧盟是否撤销对俄制裁挂钩,所以双方的相互制裁局面还将持续下去。此次制裁的规模之大、持续时间之长在双方关系史上前所未有。时至今日,俄罗斯与欧盟仍处于对峙当中,外交层面的关系仍处在低谷。

2013年底,亲俄的时任乌克兰总统亚努科维奇推迟与欧盟签署联系国协定从而引发乌克兰危机,次年危机进一步升级,克里米亚"并入"俄罗斯,乌东部顿涅茨克和卢甘斯克爆发军事冲突。欧盟对俄罗斯的制裁自此一步步全面展开。

2014年3月6日欧盟召开紧急峰会,决定在克里米亚紧张局势得不到缓解的情况下对俄罗斯施压,并宣布将对俄分三阶段实施制裁。当天欧盟即开始实施第一阶段制裁，取消了将于6月举行的俄欧峰会，并中止了与俄罗斯关于免签证和新伙伴关系与合作协议的谈判。八国集团也临时召开特别会议，决定拒绝参加索契峰会并将俄罗斯从"八国集团""开除"。克里米亚"并入"俄罗斯后，欧盟启动了第二阶段制裁——对被认为导致克里米亚局势升级的个人实施制裁。此后欧盟数度以导致乌克兰局势激化和破坏乌克兰领土完整和主权为由扩大俄被制裁人员名单，不断有俄罗斯、乌克兰和克里米亚高级官员受到制裁。受制裁人员半年内被禁止入境欧盟，其设在欧盟国家的账户也被冻结。克里米亚的部分官员以及黑海石油天然气公司等大型公司也进入被制裁名单。

随着乌克兰局势的进一步恶化，以及马航MH17航班被击落，欧盟启动了第三阶段制裁，开始将针对个人的制裁转向俄罗斯的金融机构和能源、军工企业等重要经济部门。2014年7月31日，欧盟宣布从8月1日起将对俄罗斯联邦储蓄银行、俄罗斯对外贸易银行、俄罗斯天然气工业银行、俄罗斯发展及对外经济事务银行和俄罗斯农业银行实施制裁，禁止欧盟投资者购买这五大银行发行的期限超过90天以上的债券和股票，禁止欧盟国家的公司向俄罗斯石油公司提供设备和服务，同时禁止欧盟国家从俄罗斯进出口武器。俄罗斯国防军工企业金刚石-安泰（Алмаз-Антей）集团和执飞克里米亚航线的俄罗斯廉价航空公司"Добролет"也被列入制裁名单。

2014年9月12日，欧盟再次加大制裁力度，出台了新的制裁名单，对俄罗斯国家石油公司、俄罗斯石油运输公司、俄罗斯天然气工业股份公司实施制裁，禁止欧洲企业在深水石油和北极石油以及页岩油开发项目上向这些公司提供勘探和生产服务，禁止向包括俄罗斯联合飞机制造公司、乌拉尔车辆制造厂、卡拉什尼科夫集团等9个俄罗斯国防工业公司、军工企业出售军民两用商品。同时再次提高俄罗斯国有银行在欧洲的贷款准入门槛，贷款期限也被缩短。此外又有俄罗斯国家杜马的5名代表被列入个人制裁名单。

2015年2月《明斯克协议》签署，欧盟开始将协议的执行情况作为取消或延长对俄制裁的评定标准。此后，欧盟一直将《明斯克协议》的执行情况与对俄制裁挂钩，每半年审核一次，根据《明斯克协议》的执行程度决定是否对俄撤销制裁。

俄罗斯国家杜马副主席谢尔盖·涅韦罗夫认为西方对俄制裁实际上等于宣

布"冷战"。在制裁刚开始实施之初俄外交部就表明了自己的立场："用制裁语言跟俄罗斯讲话不合适，而且适得其反。……毫无疑问，我们将对每一次充满敌意的攻击做出应有的回应。"①，在欧盟出台对俄经济制裁措施后，普京随即于8月6日签署《关于采取特定经济措施以确保俄联邦安全的命令》，对参与对俄制裁的国家施行农产品禁运。次日梅德韦杰夫宣布，由于局势已非常复杂，俄罗斯不得不采取反击措施，将全面禁止从美国、欧盟国家、澳大利亚、加拿大、挪威进口牛肉、猪肉、水果和蔬菜、禽类、鱼类、牛奶和奶制品、坚果以及奶酪、粮食等农产品，期限为一年，并强调只有当西方取消对俄罗斯的制裁后俄才会撤销反制裁。随后俄政府又宣布限制政府对这些国家轻工业产品的采购。俄罗斯的反制裁措施与欧盟的制裁挂钩，欧盟延长制裁，俄罗斯也相应地延长反制裁。

俄欧相互制裁的早期，即2014年和2015年，俄罗斯经济遭受了沉重打击，GDP一度跌至负增长；欧盟也未能在制裁中独善其身，而是遭到其对俄制裁的反吞噬，经济损失甚至更甚于俄罗斯。之后，经过制裁下的磨合，俄罗斯与欧盟通过规避制裁的方式重续经济合作，双方贸易触底反弹后快速增长。虽然经济合作、能源合作仍在继续，但对双方来说，尤其是对俄罗斯来说，俄欧外交关系处于低谷，失去政治对话平台，双方关系仍处于非正常状态。

（六）纳瓦利内中毒案

在俄欧经济和能源合作形势乐观的背景下，俄罗斯期待尽快与欧盟恢复正常的外交关系。但是，俄反对派领袖纳瓦利内中毒一案沉重打击了俄罗斯的这一期望，双方矛盾又骤然激化。

2020年8月20日，俄罗斯反腐基金会创始人纳瓦利内在乘飞机从托木斯克飞往莫斯科的途中出现身体不适，飞机在鄂木斯克紧急降落后被送往医院救治。反腐基金会秘书认为纳瓦利内的昏迷是被人下毒所致，但医院方面的诊断结果显示是由血糖急剧下降而引起的代谢紊乱，在其体内并未发现有毒物质。两天后纳瓦利内被转送至德国柏林治疗。救治纳瓦利内的德国医院初步诊断结

---

① МИД: разговаривать с Россией языком санкций контрпродуктивно, https://www.gazeta.ru/politics/news/2014/03/20/n_6027049.shtml.

果认为其症状为中毒引起。9月2日,德国政府声明纳瓦利内是诺维乔克类毒剂中毒,之后又表示这一结论已经得到瑞典和法国实验室的支持。美国、欧盟、北约及部分西方国家就纳瓦利内中毒案对俄罗斯进行了严厉谴责,俄罗斯则坚决否认下毒指控,反对将纳瓦利内的身体问题政治化。

纳瓦利内中毒一案成为俄欧关系再度恶化的导火索,引发了双方之间的激烈对抗。俄罗斯多次呼吁欧盟与俄罗斯共同调查纳瓦利内中毒案件,但均遭对方拒绝。根据德国与法国的提议,10月12日,欧盟成员国外长会议决定就纳瓦利内中毒一案制裁俄罗斯。15日,欧盟理事会宣布对6名俄罗斯官员以及俄罗斯科学院生物有机化学研究所实施制裁。列入制裁名单的官员包括俄总统办公厅第一副主任谢尔盖·基里延科、俄联邦安全局局长亚历山大·博尔特尼科夫、俄总统办公厅内政局局长安德烈·亚林、俄总统驻西伯利亚联邦区全权代表谢尔盖·梅尼亚伊洛和俄国防部副部长帕维尔·波波夫和阿列克谢·克里沃卢奇科。禁止被制裁人访问欧盟,冻结其作为自然人和法人的资产,并禁止欧盟的自然人和法人向被制裁人提供资金。俄罗斯认为,欧盟的指控没有证据,无法令人信服,且拒绝与俄方合作对事件进行调查,其行为更像是挑衅。11月12日,拉夫罗夫在视频记者会上表示,由于欧盟对俄罗斯的制裁涉及俄总统办公厅官员,俄方将采取相应的对等措施,对欧盟发起制裁,受制裁的个人同样也将涉及德国、法国领导人办公室的高级官员。针对纳瓦利内本人称是俄罗斯安全部门人员给其下毒的声明,普京直接指出纳瓦利内背后有外国情报部门的支持。12月22日,俄罗斯外交部发表声明,称欧盟对俄罗斯的制裁为非法制裁,完全不可接受,并决定"扩大禁止欧盟成员国和机构代表进入俄罗斯的名单"。

2021年1月19日,纳瓦利内回到俄罗斯,旋即在机场被捕,理由是多次违反保释期规定而被通缉。随后,纳瓦利内的支持者开始组织示威游行活动,2月2日,莫斯科地方法院以诈骗罪判处纳瓦利内三年半监禁。2月4~6日,欧盟外交与安全政策高级代表博雷利访问莫斯科,要求俄方无条件释放纳瓦利内,被俄拒绝。5日,俄罗斯外交部宣布,因非法参与支持纳瓦利内的游行,3名德国、波兰和瑞典外交官被俄方驱逐出境。博雷利离开莫斯科时发表文章对俄罗斯提出批评,认为俄罗斯在与欧盟脱钩,与欧盟渐行渐远。俄外长拉夫罗夫则回应称欧盟打着多边主义的幌子推行西方例外，并称欧盟是一个虚伪且不可信的伙伴。2月22日，欧盟外长理事会会议决定就纳瓦利内案对俄罗斯相关人员追加新的制裁，并且将在此轮制裁中首次动用"欧盟全球人权制裁制度"。

在俄罗斯迫切希望与欧盟改善关系之际，纳瓦利内中毒事件导致双方再次陷入你来我往无休止的"口水战"。针对欧盟委员会主席冯德莱恩称"俄罗斯没有成长为欧盟的战略伙伴"，拉夫罗夫回应说："我们之间的问题不仅仅是能不能一切照旧的问题，而是能否与欧盟共事的问题。我想说，要求我们报告欧盟所认为的我们犯下的罪过，是欧盟高高在上、目空一切地傲慢地看待俄罗斯。我认为，我们什么都不用报告，因为我们有自己的宪法、自己的法律。"①"所有事实都说明欧盟作为一个机构不打算实现与俄罗斯关系的正常化。"②

乌克兰危机以来，尽管俄罗斯与欧盟在外交层面上关系极为紧张，但在国家之间的双边关系上发展顺利，与欧盟关系也在不断向好，但纳瓦内利中毒事件却使形势完全向相反的方向发展，俄罗斯和欧盟围绕纳瓦利内中毒一案的冲突其实反映了俄欧在关于人权价值观上的冲突。欧盟认为纳瓦利纳中毒事件是俄罗斯"侵犯人权""打击政治异见人士""破坏民主和法治"的典型案例，与欧盟价值观完全相悖。在俄欧关系发展历程中，欧盟将是否符合其价值观作为决定和评价是否与俄罗斯合作的标准。但在俄罗斯看来欧盟显然是在玩弄双重标准。

纳瓦利内中毒事件之所以激起俄罗斯的强烈反应，甚至令外长拉夫罗夫不惜发出断绝关系的威胁，除了出于对欧盟动辄以人权问题对俄施压、欧盟在人权问题上的双标、以人权问题来衡量与俄罗斯的经济合作外，还有对欧盟的双火车头——德国与法国——的失望与不满。与2018年发生的斯克里帕尔中毒事件不同，在纳瓦利内中毒事件中德法两国发挥着主导作用，而在斯克里帕尔中毒事件中力主对俄罗斯实施制裁的是美国和英国，德法两国仅出于盟友关系

---

① Лавров заявил, что отношения с Евросоюзом едва ли будут хорошими в ближайшей перспективе：14 ОКТ. 2020，https：//tass. ru/politika/9712493.

② Лавров констатировал неготовность ЕС к диалогу с Россией：16 декабря 2020，https：//iz. ru/1100655/2020-12-16/lavrov-konstatiroval-negotovnost-es-k-dialogu-s-rossiei.

象征性地驱逐了几名俄罗斯外交官。据德国《明镜周刊》报道,德国总理默克尔曾秘密会见在柏林医院治疗的纳瓦利内。欧盟就此次事件对俄罗斯发起制裁也是由德法两国提议而出台。俄罗斯与德国历史上一直保持着十分密切的关系,法国总统马克龙也多次强调与俄罗斯合作的重要性,俄罗斯也因其肯定俄罗斯的欧洲国家身份而对其充满好感。因此,德法两国在纳瓦利内中毒事件上的做法令俄罗斯备感失望。

从 1991 年 12 月 25 日苏联解体至今,俄罗斯与欧盟的关系走过了 30 年历程。不论是在叶利钦时期,还是在 2000 年以后的普京时期和"梅普组合"时期,与欧盟的关系都是俄罗斯外交政策中重要的优先方向之一。俄罗斯将"融入欧洲"作为新俄罗斯的发展方向,认为俄罗斯是欧洲文明不可分割的一部分,但乌克兰危机后的现实令俄罗斯重新思考国家的身份与定位。俄罗斯与欧盟之间的隔阂与冲突既是地缘政治上的冲突,也是与欧盟在价值观上的冲突。但政治对话的中断无法阻止俄欧双方现实的经济合作,尤其是在能源领域的合作。持现实主义态度,从实用主义出发,在制裁与反制裁仍未撤销、外交层面关系仍然紧张的背景下,俄罗斯与欧盟的经济和能源合作依然在持续。

第四章　俄罗斯与独联体地区

独联体地区是伴随苏联解体出现的一个单独的地缘政治区域，呈现出"一大多小""一强多弱"的地区结构。在俄罗斯主导下，独联体各国在政治、经济、人文和军事上建立了紧密的联系。独联体地区构成了俄罗斯的战略安全和战略发展空间，是俄罗斯的"战略利益区""传统利益区""切身利益区"，对俄罗斯具有重要的地缘政治意义。多年来，俄罗斯在独联体地区构建了以俄罗斯为主导地位发展与地区国家友好关系的架构，依靠独联体、联盟国家、集体安全条约组织及欧亚经济联盟等组织框架内的合作，积极推动地区一体化建设的政策体系，并在其外交实践中不断发展完善这一政策体系。美欧对独联体地区的介入与影响日益突出，极大恶化了俄罗斯的地缘战略环境，使俄在该地区的政策实施受到掣肘。尽管国际形势瞬息万变，独联体地区在俄罗斯对外战略中占有重要地位和优先方向这一原则不会改变。独联体地区是俄罗斯"重振大国地位"的重要依托。

第一节　俄罗斯对独联体地区政策

苏联解体30年来，俄罗斯对独联体的政策演变大致经过了叶利钦时期、普京前两任时期、"梅普组合"时期和普京第三任期至今等几个阶段。俄罗斯在其外交理论与实践中形成了相对成熟的独联体政策体系，这一政策体系还在不断发展和完善。

一 俄罗斯对独联体政策的演变

（一）叶利钦时期：从"甩包袱"到"重新整合"

苏联解体初期，叶利钦实行向西方"一边倒"的外交政策，对独联体采取"甩包袱"策略。但西方的"口惠而实不至"、北约的持续东扩，以及俄国内严重的经济危机使俄罗斯意识到，俄只有依托独联体才能重新恢复其大国地位。1993年4月出台的《俄罗斯联邦对外政策构想基本原则》对独联体进行了重新定位，表明"俄要与独联体国家建立全新的平等互利关系"[①]。1995年9月出台的《俄罗斯联邦对独联体国家战略方针》将独联体地区置于俄"切身利益区"的地位，并强调要"加强俄罗斯在独联体的主导作用"[②]，这标志着俄罗斯对独联体政策的基本战略原则开始形成。俄罗斯开始积极与独联体各国发展双边和多边关系，并签订了一系列条约。但叶利钦时期，独联体框架下的政治、经济、安全领域一体化发展缓慢，同时，这一地区还出现了诸如亲西方的"古阿姆联盟"等非俄罗斯主导的一体化倾向，以及1999年4月格鲁吉亚、阿塞拜疆和乌兹别克斯坦三国退出集体安全条约的逆独联体一体化现象。叶利钦的继任者普京面对的是一个亟待整合的独联体。

（二）普京前两任时期：从"整体一体化"转向"次区域一体化"

21世纪之初的俄罗斯面临复杂的国际国内环境：北约刚刚实现了冷战结束后的第一次大规模东扩，波兰、捷克和匈牙利三个东欧国家加入；独联体凝聚力不强，整体一体化受挫；俄国内经济危机深重。普京在内外交困的形势下，调整了叶利钦时期的外交政策，他转向实用主义方针，将维护国家经济利益和国家安全利益作为俄外交政策的基本出发点。

2000年1月出台的《俄罗斯联邦国家安全构想》提出，将发展同独联体国家关系、与独联体国家进行符合俄罗斯利益的军事安全合作，以及维护独联

[①] Основные положения концепции внешней политики Российской Федерации утверждены Распоряжением Президента Российской Федерации Б. Н. Ельцина от 23 апреля 1993 г., https：//docviewer. yandex. by.

[②] Стратегический курс России с государствами-участниками Содружества Независимых Государств, Российская газета，23 сентября，1995г. .

体成员国边界安全作为确保俄罗斯国家安全的主要任务之一。① 当年 6 月普京批准的《俄罗斯联邦对外政策构想》进一步指出，与独联体国家发展符合俄国家安全任务的多边和双边合作是俄罗斯对外政策的优先方向；与独联体所有成员国发展睦邻友好关系和战略伙伴关系是重要任务。② 这两份战略文件从安全层面和对外政策层面赋予了独联体特殊而重要的位置，成为普京独联体政策的基石。普京 20 年来对独联体的政策从未偏离过这个总的指导方针。

在此基调下，普京第一任期在独联体地区展开了一系列外交活动。

在合作机制方面，多次组织召开独联体国家元首级的会议，通过一系列法律文件，明确独联体多边合作的优先方向，通过渐进的方式完善合作机制，并督促检查决议的落实情况。

在经济合作方面，2000 年 10 月 10 日，在俄罗斯的主导和推动下，俄、白、哈、塔、吉五国组成的欧亚经济共同体成立，标志着原来五国关税同盟的合作在深度与广度上又更进了一步。2003 年，俄倡导成立俄、白、哈、乌四国统一经济空间，将游离于经济一体化进程之外的乌克兰纳入一体化机制。

在军事方面，2000 年 6 月，在独联体框架内"国防部长俱乐部"和"独联体反恐怖主义中心"两个多边军事合作机制开始运作，独联体国家间的军事安全合作开始加强。2001 年，鉴于吉尔吉斯斯坦南部局势紧张，为稳定地区局势，在《集体安全条约》框架下，组建了中亚集体安全区集体快速部署部队。2002 年 5 月 14 日，《集体安全条约》被赋予国际区域组织的地位，正式更名为"集体安全条约组织"，俄罗斯强化了在该组织的主导地位。

此外，普京还重视进一步巩固俄白联盟国家框架内的合作，积极落实已签订的项目，确保其成为独联体地区一体化水平最高、发展速度最快的次区域一体化组织。

在双边关系方面，普京出访白俄罗斯、乌克兰以及中亚、外高加索等国

---

① Концепция национальной безопасности Российской Федерации, Независимая газета, 14 января 2000.
② Концепция внешней политики Российской Федерации, http://docs.cntd.ru/document/901764263.

家，恢复俄与这些国家的传统联系，加强和改善双边关系；与独联体各国发展经济、军事、安全领域的合作。

2003年底至2005年3月，格鲁吉亚、乌克兰、吉尔吉斯斯坦在美国的直接和间接支持下先后发生了亲西方的"玫瑰革命""橙色革命""郁金香革命"。独联体地区"颜色革命"的发生使俄罗斯再次经受了地缘政治的重大损失，其独联体政策面临空前严峻的挑战，普京被迫重新调整对独联体的外交政策。

这一阶段，俄罗斯继续强化机制内的合作，但对独联体国家采取了区别对待的原则。2005年，俄与独联体各国签署《独联体人文合作宣言》，加大在人文领域的合作，在文化上加强对独联体的控制；深化与亲俄国家白俄罗斯、亚美尼亚、哈萨克斯坦、吉尔吉斯斯坦和塔吉克斯坦的双边关系，抓住2005年"安集延事件"后乌兹别克斯坦与美国交恶的时机，成功拉拢乌兹别克斯坦重回集安组织和加入欧亚经济共同体；通过提高天然气价格、减少能源供应等方式惩罚亲西方的格鲁吉亚、乌克兰和摩尔多瓦。

综上所述，普京前两个任期的独联体政策比叶利钦时期的独联体政策更加务实、明晰。普京放弃了叶利钦追求独联体整体一体化这个不切实际的理念，在完善与独联体各国机制建设的基础上，根据独联体成员国不同发展速度和水平与其发展双边关系，并以集体安全条约组织、关税同盟（后来是欧亚经济共同体）、俄白联盟国家等次区域一体化组织为抓手推动独联体政治、经济、军事的一体化进程。这在该时期俄罗斯的外交政策文件和外交实践中均有反映。

同时，在独联体地区发生"颜色革命"之后，普京能及时调整政策，灵活处理与独联体各国的关系，并强化独联体次区域一体化组织的建设。普京前两任时期，虽然独联体地区仍有逆一体化的现象，但俄罗斯巩固了其在独联体的地位，这为后来"梅普组合"时期的独联体政策奠定了基础。

（三）"梅普组合"时期：政策延续，细节调整

2008年5月，梅德韦杰夫接替普京出任总统，普京担任总理，"梅普组合"时期开启。与此同时，随着美国次贷危机引发的金融危机在全球蔓延，俄罗斯经济也面临严峻挑战，俄罗斯与美西方的矛盾也在持续尖锐。这一时期，梅德韦杰夫依然延续普京前两个任期时的独联体外交政策总原则，发展与独联体成员国的双边和多边合作仍然是俄罗斯外交政策的优先方向。①

2008年8月的俄格冲突使独联体一体化建设中的诸多矛盾凸显，加深了独联体国家对俄罗斯的恐惧和疑虑，独联体国家纷纷通过发展与欧美等大国的关系来平衡俄罗斯的影响。阿布哈兹和南奥塞梯的"独立"并没有得到独联体其他国家的承认，独联体的凝聚力又一次受到重创。现实要求俄罗斯必须对独联体政策有所调整。

俄格冲突之后，俄罗斯加快了独联体地区的经济一体化进程，加强人文合作；推动次区域一体化组织欧亚经济共同体和集安组织的建设；有区别地与独联体各国发展双边关系。2011年10月18日独联体十一国签署的《自由贸易区协定》标志着独联体地区在整体经济一体化方面取得战略性突破；同时，《独联体成员国文化领域合作构想》和《2020年前独联体成员国国际青年合作战略》等文件的签署表明独联体成员国在人文领域的交流与合作进一步扩大。

欧亚经济共同体框架内的合作取得了显著成效：2010年1月1日，俄、白、哈三国关税同盟开始运行；7月6日，《关税同盟海关法典》在三国生效；2011年7月，三国相互间取消海关；2012年1月1日，俄白哈统一经济空间正式启动。至此，一个幅员辽阔的实现商品、劳务和资本自由流动的共同市场基本形成。

独联体集体安全条约组织成员国合作进一步加强，集体力量已经成为解决独联体国家安全危机的一种方式。2009年在俄罗斯主导下成立了由2万人组成的集安组织快速反应部队，这是对北约东扩和干涉独联体事务做出的回应，也是集安组织由相对松散状态向真正的军事政治联盟转变的关键一步。

俄罗斯在与独联体国家的双边关系上继续与亲俄国家保持友好关系，给予好处，并表达不会重复南奥塞梯的模式，以减少这些国家的疑虑；对于仇俄、远俄的格鲁吉亚和乌克兰等国则采用了压制、惩罚等手段。

"梅普组合"时期的独联体政策是普京时期独联体政策的延续。鉴于当时

---

① Концепция внешней политики Российской Федерации, 15 июля 2008 года, http://www.kremlin.ru/acts/news/785.

国际和地区环境的变化，政策在细节上有所调整：第一，进一步致力于发掘地区和次地区一体化潜力，以及加强独联体框架下成员国之间的相互协作；第二，俄罗斯认为"集安组织是各国应对地区挑战和军事政治及军事战略威胁的主要工具，欧亚经济共同体是经济一体化的核心以及落实各种项目的工具"①，将它们作为支撑独联体地区一体化的政策工具大力发展；第三，鉴于独联体一些国家离心倾向加大，俄积极促进独联体成员国在人文领域的合作，增强独联体地区"软实力"的建设。

（四）普京第三任期至今：加强主导地位，加快推进一体化进程

2011年10月3日，普京在《消息报》发表题为《新欧亚一体化计划——未来诞生于今日》的文章中提出了建立欧亚联盟的设想。当时，俄罗斯经济已经复苏并逆势增长，普京希望建立"一个强大的超国家联盟模式，能够成为当今世界的一极，并成为连接欧洲和蓬勃发展的亚太地区的纽带"。② 这是普京以总统身份重返克里姆林宫前夕发表的俄罗斯外交新学说，同时也等于含蓄地发表了俄罗斯整合后苏联空间、加强其在独联体主导地位的宣言。2012年5月，普京开启了其第三任期，其对独联体的外交政策基调不变，一些政策原则再次被强调和强化。

经济上，推进欧亚经济联盟战略。2012年9月，俄主导下的新版《独联体框架内自由贸易区协议》生效，打破了成员国之间的贸易壁垒，促进了彼此之间的经贸合作。军事上，进一步推动集体安全条约组织转型。在俄罗斯的主导下，集安组织进一步明确了其发展目标和方向，并多次举行联合军事演习。

这个阶段，俄罗斯与除乌克兰以外的其他独联体成员国关系发展平稳。当时，在欧盟、美国和俄罗斯两股力量的影响下，乌克兰的外交政策一直呈现摇摆性。在对待乌克兰是加入欧盟还是加入关税同盟的问题上，俄罗斯官方明确

---

① Стратегия национальной безопасности Российской Федерации до 2020 года, http://www.kremlin.ru/supplement/424.

② Владимир Путин: Новый интеграционный проект для Евразии—будущее, которое рождается сегодня, Известия, 3 октября 2011.

表示，乌克兰只能二选一，没有中间路线可走。① 2013年底，乌克兰在欧盟和关税同盟之间的摇摆政策引发了一系列连锁反应，最终导致了乌克兰危机的发生。

2014年对俄罗斯外交来说是转折的一年，克里米亚"公投入俄"这一事件导致俄乌关系降到冰点。乌克兰放弃不结盟地位，恢复加入北约的路线，与欧盟签署准成员国协定，并宣布退出独联体（目前仍没有退出）。克里米亚"并入"俄罗斯再次引起独联体国家对俄的警惕和忧虑，甚至有些国家担心被"芬兰化"②。西方制裁以及与西方关系变冷迫使俄罗斯重新看待国际格局。

俄罗斯开始进一步强化欧亚经济联盟的战略。在欧亚经济联盟框架内深化并扩大与亚美尼亚、白俄罗斯、哈萨克斯坦和吉尔吉斯斯坦的一体化是非常重要的任务。③ 2014年5月，俄、白、哈三国签署《欧亚经济联盟条约》、2015年欧亚经济联盟成立和成功扩员，以及后续的稳步发展表明俄罗斯在独联体地区推行的欧亚经济联盟战略获得了初步成功。欧亚经济联盟的外部联系也不断扩大，已经同越南、新加坡、塞尔维亚等国签署了自贸区协定。2018年5月14日，欧亚经济联盟最高理事会接纳摩尔多瓦为联盟观察员国，摩成为该组织第一个观察员国。

同时，俄罗斯主张实质性地发展集安组织，使其转型成为有威信的、多功能的国际组织。④ 2016年10月集安组织在埃里温集体安全委员会会议上通过了《2025年前集体安全条约组织战略》，明晰了进一步挖掘集安组织联合潜力的理念，旨在将集安组织变成确保欧亚地区和平与安全的最有效的政策工具之一。

乌克兰危机之后，俄乌关系一直交恶，乌克兰成了独联体地区最大的不确定因素。2019年4月，泽连斯基当选乌克兰新总统，虽然他仍奉行加入欧盟和北约的政策，但是俄乌双边关系在一些实际问题上有所进展，两国关系有所改善。2019年10月1日，在乌东问题上，乌克兰问题联络小组在明斯克会议

---

① Послание Президента Федеральному Собранию, http://www.kremlin.ru/news/19825.
② "芬兰化"指的是一个弱小的国家近乎无底线地听命于强大邻国的政策决定，基本上属贬义词语。类似冷战时芬兰和苏联两国之间的关系，第二次世界大战之前的丹麦对纳粹德国也是如此。此词出现于20世纪60年代后期的西德（联邦德国），为当时西德保守派为批评重视同共产主义国家对话的时任西德总理勃兰特所新造的词。
③ Концепция внешней политики российской федерации（30 ноября 2016 г.），http://www.kremlin.ru/acts/bank/41451.
④ Концепция внешней политики российской федерации（30 ноября 2016 г.），http://www.kremlin.ru/acts/bank/41451.

期间就"施泰因迈尔方案"达成共识。2019年末,俄乌的天然气问题也得到一定程度的解决。

乌克兰危机是俄美在欧亚地区博弈的结果,危机导致俄罗斯与西方关系彻底恶化,至今未能缓和。乌克兰危机之后,俄罗斯进一步加强在独联体地区的主导作用,推进该地区经济、军事的融合。在对待独联体国家关系上,一方面,针对乌克兰危机后独联体地区逆一体化的严峻形势,俄更加重视与独联体成员国双边关系的构建,尤其在对待独联体第二大国乌克兰的态度上,俄在相关政策文件中表达了重新修复和定位与乌克兰关系的愿望。① 另一方面,对独联体地区悬而未决的冲突问题提出了解决思路。这些情况表明俄对独联体政策进一步细化,并加大了对独联体事务的主导和控制。

二 俄罗斯对外政策中的独联体组织

"独立国家联合体"(简称"独联体")是由苏联大多数原加盟共和国组成的进行多边合作的国际组织,成立于1991年12月8日。当日,苏联的俄罗斯、乌克兰和白俄罗斯加盟共和国领导人在白俄罗斯的别洛韦日森林签署协议,宣布成立独立国家联合体,确认苏联解体的事实。后来,除了波罗的海三国,苏联其他加盟共和国都先后加入这一组织。乌克兰没有签署和批准早在1993年通过的《独联体宪章》,但它是独联体的创始国,多年来参与独联体的活动。② 2005年8月,土库曼斯坦宣布退出独联体,后以联系国的方式参与独联体的活动;2009年8月18日,格鲁吉亚正式退出独联体。目前广义上认为独联体框架内有十一个国家。③

---

① 俄罗斯有意与乌克兰在相互尊重的基础上发展多种多样的政治、经济、文化和意识形态方面的交流,建立起符合自己国家利益的伙伴关系;在与所有相关国家和国际机构的合作中,俄罗斯将为通过政治和外交手段解决乌克兰内部冲突做出必要的努力。Концепция внешней политики российской федерации (30 ноября 2016 г.), http://www.kremlin.ru/acts/bank/41451。
② 2014年和2018年乌克兰都宣布过退出独联体,但至今没有走完退出程序。2014年之后,乌克兰不再参加独联体活动,并不再缴纳会费。
③ 成员国阿塞拜疆、亚美尼亚、白俄罗斯、哈萨克斯坦、吉尔吉斯斯坦、摩尔多瓦、俄罗斯、塔吉克斯坦、乌兹别克斯坦,以及联系国土库曼斯坦和创始国乌克兰。它们统称为"独联体国家"或"独联体参与国"。在俄罗斯和中国的某些学术著作中,模糊了"参与国"和"成员国"的概念,如非特别强调,有时将它们等同起来。

如没有特别强调，独联体一般指组织范畴，有时候也可以是独联体地区的简化。独联体地区即后苏联空间，是指由加入独联体的苏联原12个加盟共和国组成的区域，是地缘政治的范畴。即使后来土、格两国退出独联体这一组织，它们在空间上还属于独联体地区。

考虑到该地区国家与俄罗斯的历史渊源以及地理位置，它们基本上可以被分成几个板块。东欧板块：白俄罗斯、乌克兰、摩尔多瓦；外高加索板块：亚美尼亚、格鲁吉亚、阿塞拜疆；中亚板块：哈萨克斯坦、乌兹别克斯坦、土库曼斯坦、塔吉克斯坦和吉尔吉斯斯坦。鉴于俄罗斯在这一地区占优势地位，通常被视为独立范畴。[1]

苏联解体后，除了曾为苏联最大加盟共和国的俄罗斯勉强可以运转下去，后苏联空间其他国家均举步维艰，只有先联合才能生存下去，于是，在俄罗斯的主导下，独联体地区一体化开始推进并逐步发展。

独联体地区的一体化并非从零开始。各国之间还保存着共同的交通基础设施、交通通信网络和能源系统。得益于过去统一的国民经济综合体，以及历史上形成的劳动分工和生产力地域配置，绝大部分加工部门被联结在统一的工艺"链条"中。同时，相互依存的技术、统一的教育体系、相同的军事设置，以及无障碍的语言沟通都是后苏联空间得以重新整合的"优势"。于是，在独联体框架内经济、人文和安全合作很快建立并逐步发展起来，构成了全面而宏大的一体化空间。

（一）共建统一经济空间

1993年，独联体各国签署了《经济联盟条约》，当时并不是所有独联体国家都有此意愿。1994年，独联体成员国签署了关于建立独联体自由贸易区的协议，迈出了经济合作的第一步。1995年，独联体一体化最积极的国家俄罗斯、白俄罗斯和哈萨克斯坦建立了关税同盟，消除了三国经济合作的壁垒，保证商品的自由流动和良性竞争。吉尔吉斯斯坦和塔吉克斯坦分别于1996年和1999年加入了该关税同盟。虽然建立了同盟关系，但实际效果并不理想，成

---

[1] Ольга Лебедева, Основные направления дипломатии России на постсоветском пространстве, Международная жизнь, 2020. No1.

员国设想以欧盟为样本建立合作机制的初次尝试未能成功。

但是,后苏联空间的经济一体化并没有停滞下来。在后期发展中,俄罗斯、白俄罗斯、哈萨克斯坦、吉尔吉斯斯坦、塔吉克斯坦、亚美尼亚建立了各种形式的区域经济联合体,如1999年成立的俄罗斯和白俄罗斯的联盟国家、2000年成立的欧亚经济共同体,以及后来成立的欧亚经济联盟。

到2015年,欧亚经济联盟有俄罗斯、哈萨克斯坦、白俄罗斯、亚美尼亚和吉尔吉斯斯坦五个成员国。至此,作为独联体地区一个新兴的次区域一体化组织,欧亚经济联盟成员国的面积达到2028多万平方公里,占世界陆地面积的13.62%,人口超过1.821亿,占世界人口的2.55%。[①] 欧亚经济联盟的目标是在2025年前实现联盟内部商品、服务、资本和劳动力自由流动,并推行协调一致的经济政策。2017年和2020年,摩尔多瓦和乌兹别克斯坦分别成为欧亚经济联盟的观察员国。作为一个开放性的组织,欧亚经济联盟在自身发展的同时也在扩大与外部世界的联系,谋求改善与欧盟的关系,重视发展同亚太国家间关系,积极对接中国"一带一路"倡议,与越南、伊朗、塞尔维亚和新加坡等国家分别签署了自贸区协定。欧亚经济联盟的建立和发展意味着后苏联空间的经济一体化进入了相对成熟的阶段。

(二)共建统一人文空间

曾经共存于同一母体的后苏联空间国家在语言、文字、文化传统上有着天然密切的联系,即使苏联解体也无法阻断这种联系。人文空间的建立和发展在教育、信息、科技、文化、体育、青年等领域广泛展开。

其一,建立统一教育空间。1992年5月15日,独联体国家政府首脑签署了关于教育合作的协议。在该协议框架内定期举行独联体国家教育部长会议。1997年1月17日,独联体国家通过了《关于建立独立国家联合体统一教育空间的构想》,签署了建立独联体统一教育空间的合作协议,并建立了教育合作委员会,商讨和制定相关教育标准、起草高等教育和职业教育学历学位相互承认文件、培训普通教育机构教师等。2014年11月28日,独联体成员国议会

---

① Отчет евразийской экономической комиссии 2012–2015, c. 45, http://eec.eaeunion.org/ru/Documents/EEC_ar2015_preview.pdf.

大会通过了《关于跨国教育》的文件，为独联体国家在建立独联体高等教育统一教育空间，以及保证其在跨国教育领域统一教育立法方面奠定了法律基础。

此外，独联体教育空间特别关注发展远程教育计划和成人教育。其中最重要的举措是建立独联体网络大学。在这个平台上，兄弟院校之间实施联合学士培养计划。

其二，建立统一信息空间。信息空间作为"新政治空间"在21世纪成为国际舞台上的重要议程。建立独联体共同信息空间的主要目的是在互利基础上保证各国信息间的合作。为此独联体实行了协调的信息政策。

1992年10月9日通过的《信息合作协议》、1993年11月15日签署的《独联体国家获得和利用信息程序的条例》、1993年12月24日通过的《关于"和平"跨国电视公司无障碍和独立开展活动的国际法保证的协议》、1995年5月26日通过的《关于实施协调政策建立独联体统一信息空间的决定》、1996年10月18日通过的《关于建立独联体信息空间构想的决定》，以及1998年11月11日通过的《独联体成员国自由获取和交换科技信息的程序的协议》等文件成为独联体框架下信息一体化的法律基础。2004年成立的独联体成员国国家信息署联合会和2007年成立的独联体成员国国家和社会电视广播机构领导人理事会，促进并提高了各类信息交换水平和效率，联合各方力量及时宣传关于独联体国家国内方方面面的客观信息。

时至今日，后苏联空间信息合作最成功的项目之一是"和平"跨国电视广播公司。该公司成立于1992年，是根据独联体国家首脑会议通过的协议建立的，目的是介绍独联体国家一般政治、经济和文化生活。播放信号送达23个国家，包括独联体国家和周边国家。

其三，在科技、文化、体育、青年等领域的合作。为进一步加强独联体成员国在科技领域的联系，独联体国家国际科学院联合会、跨国宇宙委员会、跨国科技创新委员会等一系列组织应运而生。依托这些组织，独联体国家经常举办独联体国家科学节、国际青年科学论坛，以及独联体国家间的国际会议。

2005年5月8日，在卫国战争胜利60周年前夕，独联体国家首脑签署的《关于独立国家联合体人文合作的联合声明》指出，今后各方将更加优先关注人文合作问题。当前，就后苏联空间人文合作的深度以及广度而言，世界上其他国际组织尚无法匹敌。俄罗斯深刻意识到文化软实力的重要性，大力扶持在后苏联空间的人文合作，形成了以俄语为交流语言的人文合作圈。独联体30年来的实践表明：人文合作是一体化的精神动力。

（三）共建安全统一空间

苏联的解体打破了欧洲的战略平衡，第二次世界大战后出现的欧洲安全体系不复存在。《欧洲常规武装力量条约》执行不力，北约开始东扩步伐，其军事基地越来越接近俄西部边界。同时，阿富汗局势复杂化，高加索地区局势紧张，后苏联空间众多刚刚从苏联独立的国家实力尚弱，深感国家安全受到威胁，希望通过安全领域的实质性合作来规避风险，后苏联空间的安全合作由此拉开序幕。

1992年5月15日，亚美尼亚、哈萨克斯坦、吉尔吉斯斯坦、俄罗斯、塔吉克斯坦和乌兹别克斯坦总统在乌兹别克斯坦首都塔什干签署了《集体安全条约》。1993年，格鲁吉亚、阿塞拜疆和白俄罗斯先后加入该条约。1999年4月，亚美尼亚、白俄罗斯、哈萨克斯坦、吉尔吉斯斯坦、俄罗斯和塔吉克斯坦六国总统在莫斯科签署《关于延长集体安全条约的议定书》。议定书规定了自动将《集体安全条约》有效期延长至下一个5年期限的规则。但是，阿塞拜疆和格鲁吉亚未签署该议定书，乌兹别克斯坦也宣布暂时退出该条约。

2001年"9·11"事件后，世界反恐形势日益复杂，后苏联空间安全形势更加严峻，集安条约成员国对在新形势下维护国家安全更加重视。2002年5月14日，集体安全理事会在莫斯科通过了一项决定，《集体安全条约》被赋予国际区域组织的地位，正式更名为"集体安全条约组织"。2002年10月7日，集体安全条约组织成员国在摩尔多瓦首都基希讷乌签署了《集体安全条约组织章程》，在法律上完成了集安全组织的构建。至此，后苏联空间的集体安全空间被正式构建起来。

《集体安全条约组织章程》明确规定了该组织的性质是在外交政策、军事和军事技术领域，以及应对跨国挑战和应对国家与人民安全威胁方面延续并发展密切而全面的同盟关系；目标是巩固和平、维护国际和地区安全稳定、集体维护成员国领土完整和主权独立。为实现这些目标，成员国认为应该优先采取政治手段。①

为了抵御对成员国安全的挑战与威胁，集体安全条约组织建立了有效的集体安全体系。目前，集安组织的武装力量由联合军队集群和地区军队集群构成。联合军队集群包括：快速反应部队、维和部队、集体空军部队和联合防空及反导系统。地区军队集群分三个板块：东欧地区的白俄罗斯与俄罗斯区域军队集群、高加索地区的亚美尼亚与俄罗斯联合军队集群，以及中亚地区的中亚集体安全区集体快速反应部队和中亚军队集群。

集安组织不仅仅局限于建立联合武装力量，还在军事技术、军事经济和内部人员培训等方面进行了卓有成效的合作。这也是集安组织能够保持活力和效率的重要原因。同时，为了完成集体安全条约组织各方面的任务，确保组织成员国形成统一的外交立场，在该组织框架内建立了各种实际合作机制和机构，包括紧急磋商机制、联合声明机制、秘书长会晤与磋商机制、危机反应机制，以及外交部长理事会阿富汗问题工作组等。

除了集体安全条约组织，在独联体地区还成立了独联体反恐中心。2000年12月1日独联体国家首脑会议在明斯克通过《反恐中心条例》，确定了反恐中心的职能、任务、编制和结构，反恐中心正式启动。独联体反恐中心是独联体地区反对恐怖主义的重要机构，在维护地区稳定、打击恐怖主义方面发挥了积极的作用。

独联体地区的安全空间是依托集体安全条约组织和独联体反恐中心建立起来的。安全空间的建立推动了后苏联空间国家在政治军事方面的合作，进一步强化了该地区国家间的政治军事联系。

综上所述，苏联解体后，独联体地区各国在经济、人文和军事上建立了紧密的联系。这种联系是历史的惯性，也是现实的必然。

（四）独联体存在的意义

考察独联体30年的发展历程可以看出独联体本身已经发生很大变化，已经从一个最初文明"离婚"的平台变为包括多个次区域一体化机制的合作组织。独联体最大的作用是确保苏联各加盟共和国文明"离婚"，阻止去一体化

---

① Устав организации договора коллективной безопасности, https://odkb-csto.org/.

趋势，为成立欧亚经济联盟创造了条件。但由于自身发展中的许多问题，其经济一体化停留在自贸区较低层面，独联体许多国家发生过"颜色革命"，该地区有很多矛盾没有得到妥善解决，如纳卡、德涅斯特河左岸、阿布哈兹和南奥塞梯、乌克兰东部等问题，这极大地削弱了独联体的凝聚力。尽管如此，独联体依然有存在的意义。

首先，在后苏联空间目前尚未有一个组织能够取代独联体的功能，欧亚经济联盟目前不能取代独联体。虽然欧亚经济联盟现在是独联体空间经济一体化进程核心，但其是一个相对较新的机制，目前的成员国只涵盖五个独联体国家。它更侧重于经济联合，是经历了自由贸易区、关税同盟、统一经济空间几个阶段后发展起来的一体化程度更高的经济联盟，况且其建立初衷就是和独联体并行存在，而不是要取而代之。欧亚经济联盟可以被看作独联体地区一体化进程的一部分。

其次，目前独联体是唯一在政治、经济、文化、人文和军事等各领域团结后苏联空间国家的多边合作机制。独联体条约的法律基础非常宽泛，有些领域是欧亚经济联盟和集体安全条约组织不能涵盖的，如人文、司法领域的合作等，并不是所有独联体国家都加入了欧亚经济联盟和集体安全条约组织，它们对区域合作的愿望和利益只能通过独联体这个平台来实现。

最后，独联体有许多多边合作项目，如根据独联体框架内的协议调节成员国公民变换居住地（国）养老金保障、医疗救护等问题。这些合作对独联体地区一体化具有重要意义，目前独联体国家的合作离不开这个平台。

因此，至少目前来看，欧亚经济联盟和独联体是并行发展的，并不存在取而代之的问题，它们的存在都有必然性。独联体在相当长一段时期内仍会存续。当前，独联体国家面临推动经济现代化、迎接新挑战、对抗新威胁和建立更为公正的国际政治经济新秩序的共同任务。在解决这一任务的道路上需要独联体各成员国在包括建立共同经济空间、完善地区安全治理体系、提升独联体的国际威望等一系列问题上加深合作。

从叶利钦执政中后期开始，恢复俄罗斯在后苏联空间的影响力就成为俄罗斯对外政策的重中之重。与其他区域一体化组织相比，独联体最大的特殊性在于它的成员国曾共存于同一母体——苏联，这决定了它们在经济、政治、军事、人文以及社会各个方面都有着千丝万缕的联系。作为苏联继承国的俄罗斯是独联体的主导者，俄罗斯领导人曾多次强调，独联体地区是俄罗斯的"战略利益区""传统利益区""切身利益区"，该地区对俄罗斯具有重要的地缘政治意义。

在俄罗斯历次颁布的《俄罗斯联邦对外政策构想》中都将独联体地区作为俄罗斯外交的最优先方向，俄罗斯致力于推动该地区的一体化、发展与成员国的友好关系。多年来俄罗斯在独联体地区的外交实践也证明了这一点，只是根据国际和地区形势的变化在具体政策上有所调整。

第一，俄罗斯根据国力实际情况，运用多种政策工具，推动了独联体地区一体化。由于独联体地区各国经济发展不均衡，国家的道路选择也不统一，独联体地区的整体一体化非常艰难。俄罗斯以独联体为平台，依靠欧亚经济共同体（后来是欧亚经济联盟）、集体安全条约组织和俄白联盟国家等机制，大力发展次区域一体化，发展与成员国的关系，并根据情况区别对待。

第二，目前，独联体政策虽有成效，但是俄罗斯经济上的短板限制了其作用的进一步发挥和目标的实现。俄罗斯在运用硬实力的同时，还需要增强软实力的影响，减少独联体成员国对它的忧虑和恐惧，建立对这些国家有吸引力的发展模式。俄罗斯整合独联体地区、推动各国在各领域的深入一体化还有很长的路要走。

第三，美国、欧盟对独联体事务的深度介入，极大地影响了俄罗斯在该地区政策的实施。欧盟的"东部伙伴关系"计划囊括了独联体地区六个国家，对俄罗斯在该地区的影响构成竞争。美国在"9·11"事件后不断扩大在独联体地区的影响力，利用北约干涉独联体事务。2013年底乌克兰危机的爆发也是美西方与俄罗斯在乌克兰争夺的结果。由于俄罗斯在独联体的主导角色，并存在乌克兰的走向以及克里米亚归属等问题，俄罗斯同西方国家的政治冲突将不可避免地长久存在。

第四，独联体地区是俄罗斯重新崛起的重要依托地带，俄罗斯独联体政策的目标是把后苏联空间的大多数国家团结在自己周围。俄罗斯将一如既往地加强在该地区的主导作用。一旦失去独联体，俄罗斯将失去安全和发展的战略空间。毫无疑问，俄罗斯对这一核心地区的关注将一直存续下去，"再没有比这更重要的任务，俄罗斯的未来取决于此"[①]。

第二节 俄罗斯对欧亚经济联盟政策

欧亚经济联盟是俄罗斯主导，以白俄罗斯、哈萨克斯坦为主力，亚美尼亚、吉尔吉斯斯坦参与的在后苏联空间形成的新型区域经济一体化机制。历史地看，欧亚经济联盟是俄罗斯主导的，继独联体经济联盟、欧亚经济共同体、俄白哈乌（克兰）四国统一经济空间后的第四个多边区域经济一体化机制。自2015年成立以来，欧亚经济联盟成员国间各领域的合作在增长、规模在扩大、成果不断涌现。应该说，欧亚经济联盟框架下的区域一体化取得了一定成效。然而，欧亚经济联盟发展的局限性也逐步显现，即欧亚经济联盟是"下有保底、上有封顶"的有限区域一体化进程。"下有保底"指的是以欧亚经济联盟为重要基础、以俄罗斯为核心的欧亚次地区体系趋于稳定；"上有封顶"指的是欧亚经济联盟属于政府间合作机制，而非超国家机制，难以发展成类似于欧盟的主体。当前，欧亚经济联盟成员国贸易事权已经移交至欧亚经济委员会。与此同时，在能源、投资、服务贸易等领域，成员国间政策协同性也在提高，正在朝共同市场水平前进。以欧亚经济联盟为机制载体的欧亚一体化更是俄罗斯强国战略下的"引领式一体化"，既是俄罗斯面对东西方地缘政治经济压力，为拉紧周边中小国家而推行的"维系式一体化"，也是俄罗斯周边中小国家的"追随式一体化"。

一 俄罗斯对欧亚经济联盟政策的地缘政治逻辑

（一）弥赛亚意识

弥赛亚意识是俄罗斯主导欧亚经济联盟的思想动力。"弥赛亚"原本是个宗教概念，意为"受膏者"（俄文：помазанник）。古犹太人封立君主和祭司

---

① Путин считает интеграцию со странами бывшего СССР ключевой задачей РФ, http：//ria.ru/politics/20120411/623237387.html#ixzz2I7F2Rv5a.

时，受封者额上被敷以膏油（受膏者），意味着他可以与上帝沟通。犹太亡国后，传说上帝将派遣一位"受膏者"来复兴国家，于是把"复国救主"称为"弥赛亚"（俄文 мессия 音译）。① 因此，弥赛亚意识或弥赛亚主义（俄文：мессианство 或 мессианнизм）意译为"救世主义"。弥赛亚意识是贯穿俄罗斯民族思想的主线。1000 多年来，俄罗斯民族的弥赛亚意识先后有 5 种表达方式，依次是"神圣罗斯"、"第三罗马"、"三位一体"、"第三国际"，以及今天普京倡导的"强国主义"。

第一，"神圣罗斯"。神圣罗斯可以追溯到 11 世纪。② 督主教伊拉里昂指出，第一个接近上帝的是犹太人，最后一个接近上帝的是罗斯人。根据基督教"我是首先的，我是末后的；我是初，我是终"的逻辑，最后一个加入基督教的罗斯民族不是普通民族，而是一个"新的、神选的民族"。③ 简单地说，罗斯人民是"上帝的选民"，罗斯的历史是"神选民族的历史"。④

第二，"第三罗马"。15 世纪，"第三罗马"思想诞生。1453 年，东罗马拜占庭帝国覆灭。普斯科夫修道院的修士菲洛费依（Филофей）在写给罗斯大公伊万·瓦西里耶夫（1515~1524）的信中首次提出"第三罗马"思想。在他看来，西罗马帝国和东罗马帝国覆灭之后，世界上只有一个民族能成为东正教下一个也是最后一个载体，那就是俄罗斯。作为"第三罗马"，俄罗斯将担负起拯救世界的责任，带领世界人民走向上帝之国。

第三，"三位一体"。1833 年沙俄帝国教育大臣乌瓦洛夫（С. С. Уваров）提出"东正教、君主专制、人民性"三位一体的构想。所谓三位一体是指："（1）东正教是唯一正统的、上帝的宗教；（2）君主不是外在于人民的独立现象，他与人民一体；（3）有了君主这位救世主，人民才完整而坚强有力，才可以走出苦难，得到拯救；（4）俄罗斯君主的独特性以及人民对他的信仰使得俄罗斯民族的历史与众不同。东正教、君主和人民组成一个整体，共同完成

---

① 郭小丽：《俄罗斯的弥赛亚意识》，人民出版社，2009，第 2 页。
② 督主教伊拉里昂（1037~1050）在《法与神赐说》（俄文 Слова о законе и благодати）中最早表达了民族的自我意识。参见郭小丽《俄罗斯的弥赛亚意识》，人民出版社，2009，第 3 页。
③ 郭小丽：《俄罗斯的弥赛亚意识》，人民出版社，2009，第 2 页。
④ Успенский Б. А. Борис и Глеб: Восприятие истории в Древней Руси, Москва: Языки русской культуры, 2000. 40-48.

上帝赋予的世界使命。"①

第四,"第三国际"。在全世界实现共产主义的第三国际思想是苏联时期的官方哲学。别尔嘉耶夫(Н. А. Бердяев)认为:"在俄罗斯,第三国际成功取代了第三罗马,而且第三罗马的诸多特点转移到了第三国际身上。第三国际本身就是神圣的帝国,同样建立在一个正宗的信仰基础上。其实,第三国际并不是共产国际,而是俄罗斯的民族思想……俄罗斯所说的共产主义比大家一般认为得更为传统,是古老的俄罗斯弥赛亚意识的转化和变形。"② 可以说,苏联所实践的马克思主义是俄罗斯化的马克思主义,是马克思主义与俄罗斯弥赛亚意识相结合的产物。

第五,"强国主义"。普京所倡导的强国主义与俄罗斯千百年来的弥撒亚意识有着千丝万缕的联系。强国主义强调俄罗斯的独特性、国家领土完整、维护国家安全、大国地位,以及拯救世界的历史使命感,这些正是弥赛亚意识的基本元素。普京曾直言:"俄罗斯人民永远追求第一,俄罗斯民族性格中有战胜一切去追求自由和独立的力量。"③ 2015年12月颁布的新版《俄罗斯国家安全战略》中指出,巩固世界领导大国地位是俄罗斯国家利益中不可或缺的一部分。④

应该说,弥赛亚意识在俄罗斯民族思想谱系中占有重要位置,与诸多思想相交相融。关于弥赛亚意识的发展,我国学者郭小丽精辟地总结道:"神圣罗斯理念为它奠定了基础,第三罗马思想的提出标志着它的最终形成,19世纪俄罗斯宗教哲学思想的勃发使之再次高扬,而苏联旨在'解放全人类'的行为则是这一民族思想的政治实践,弥赛亚意识乃是新时期(俄罗斯)强国主义的渊源,乃是传统民族思想在当下的传承方式和某种坚定的信仰。"⑤

---

① 郭小丽:《俄罗斯的弥赛亚意识》,人民出版社,2009,第4~5页。
② Бердяев Н. А. Истоки и смысл русского коммунизма. Москва: Наука. 1990. 118, 152.
③ Путин В. В. Выступление на расширенном заседании Государственного совета «О стратегии развития России до 2020 года». 8 февраля 2008 года, http://www.kremlin.ru/events/president/transcripts/24825.
④ Стратегия национальной безопасности от 31 декабря 2015 года.
⑤ 郭小丽:《俄罗斯的弥赛亚意识》,人民出版社,2009,第7页。

当前俄罗斯以强国主义[①]为指导思想的外交战略中，弥赛亚意识更多地体现为一极思想。俄罗斯的一极思想主要体现在两个方面。其一，俄罗斯是多极化世界格局中的一极。在俄罗斯看来，苏联解体后，美国主导下的单极世界并不符合世界发展潮流，甚至是"人类新悲剧的根源"。[②] 2008年世界金融危机后，俄罗斯精英阶层认为，金融危机加速了世界政治经济结构的多极化趋势，西方逐渐丧失了世界领导地位。[③] 普京清楚地看到："原来唯一的'力量极'已无力维护全球稳定，新的力量中心则羽翼未丰。世界经济、军事、政治进程包含着极大的不可预见性。"[④] 在此背景下，俄罗斯要成为多极世界中强有力的一极，把维护世界与地区和平视为己任，体现出了"救世主义"情结。其二，俄罗斯是连接西方与东方、欧洲与亚洲的中心极，而不是边缘带。要实现成为东西方和欧亚之间中心极的前提是整合后苏联空间。如果丧失在后苏联空间的地缘战略优势地位，意味着俄罗斯将沦为一个地区大国。从国家利益角度看，这个结局是俄罗斯完全不能接受的。[⑤] 正如普京所说，欧亚经济联盟就是要成为当代多极世界中的一极，发挥连接欧洲和亚太地区的纽带作用。[⑥] 因此，欧亚经济联盟是俄罗斯一极思想及弥赛亚意识的载体。可以说，弥赛亚意识是俄罗斯主导欧亚经济联盟建设的内在思想动力。努力确立对后苏联空间国

---

① 关于强国主义，俄罗斯国内学界有不同看法。俄罗斯学者 А. П. 齐甘科夫（А. П. Цыганков）提出了俄罗斯强国主义外交的三种类型：（1）结盟型强国主义，顾名思义，就是通过与西方结盟，实现共同外交利益；（2）平衡型强国主义，当与西方的联盟中不能取得相应利益时，俄罗斯往往采取对西方孤立的政策，与非西方国家加强外交关系，在平衡中获得利益；（3）进攻型强国主义，在与西方关系中采取进攻态势，采取强势外交。在 А. П. 齐甘科夫眼中，俄罗斯的强国主义与西方化、现代化并不矛盾，而是实现西方化、现代化发展，拓展国家海外利益的工具，而不是国家发展的目标。参见 Цыганков А. П. Международные отношения：традиции русской политической мысли. Москва：АЛЬФА-М，2013. 126-129。

② Путин В. В. Выступление и дискуссия на Мюнхенской конференции по вопросам политики безопасности. 10 февраля 2007 года，http：//archive. kremlin. ru/appears/2007/02/10/1737_type63374type63376type63377type63381type82634_118097. shtml。

③ 相关表述参见 Концепция внешней политики Российской Федерации（2013）。

④ 〔俄〕普京：《普京文集（2012~2014）》，世界知识出版社、华东师范大学出版社，2014，第8页。

⑤ Кулик С. А.，Спартак А. Н.，Юргенс И. Ю. Экономические интересы и задачи России в СНГ. Москва：Библиотека Института современного развития，2010. 82。

⑥ Путин В. В. Новый интеграционный проект для Евразии-будущее，которое рождается сегодня. Известия，4 октября 2011 года。

家的控制权，构建俄罗斯的欧亚战略，谋求俄欧亚强国的地位，逐渐成为俄罗斯社会的共识。[①]

（二）近周边外交优先

俄罗斯政界与学界通常把俄罗斯的周边分为近周边（ближнее зарубежье）和远周边（дальнее зарубежье）。近周边指除波罗的海三国的后苏联空间，更精确地讲应该是"历史俄罗斯"（историческая Россия）地区，相当于1917~1918年沙俄帝国解体前后俄罗斯所辖的领土范围。远周边指的是近周边外的周边国家和地区，包括中国、日本、韩国、朝鲜、中东地区、土耳其、欧盟等。历史上，近周边地区与俄罗斯都属同一国家。几百年来，俄罗斯与近周边国家的关系是中央与地方的关系。苏联解体后，各加盟共和国纷纷独立，俄罗斯与近周边国家转变为国家间关系。尽管如此，近周边国家与俄罗斯的政治、经济、社会联系至今仍十分密切。可是，近年来，该地区传统及非传统问题犬牙交错，西方势力不断渗透，因此近周边地区已成为俄罗斯的"后院"及"柔软的下腹部"。正因为如此，俄罗斯高度重视近周边外交，把其定为"外交中的内政，内政中的外交"，排在对外政策优先方向之首，而推动欧亚一体化正是俄罗斯近周边外交战略的核心环节。

早在1993年2月，叶利钦就首次表达了俄罗斯欲强化在后苏联空间影响力的想法。他说："我相信包括联合国在内的国际组织是时候赋予俄罗斯维护独联体地区和平与稳定的特殊权力。"[②] 1993年4月，《俄罗斯联邦对外政策构想》中首次提出俄罗斯对独联体政策的总体框架。[③] 1995年叶利钦签署的《俄罗斯对独联体国家战略方针》提到，俄罗斯对独联体的战略目标是将其发

[①] Нил Макфарлейн. Понять Россию: самосознание и внешняя политика. Время новостей, 19 июня 2008 года.

[②] F. Hill, P. Jewett, "Back in the USSR: Of the Former Soviet Republics and the Implications for United States Policy Toward Russia," Washington D. C.: Brookings Institute, January 1994.

[③] 1993年4月叶利钦签署的《俄罗斯联邦对外政策构想》中强调为了维护后苏联空间政治军事与经济利益，以及遏制地区"分散化"趋势，俄罗斯要与近周边国家建立稳定的良性互动关系，推动独联体一体化实现突破性发展。参见 Основные положения концепции внешней политики Российской Федерации от 23 апреля 1993 года.

展成在世界上占有一席之地的政治经济一体化集团。①1996年，叶利钦罢免了奉行"大西洋主义"的外长科济列夫（А. В. Козырев），任命主张欧亚平衡、重视独联体地区的普里马科夫（Е. М. Примаков）为外长。从1993年提出政策转变到1996年完成人事调动表明，俄罗斯已经完成了对独联体地区战略的转变，开始重视与近周边国家关系，并开始摸索重新整合该地区的一体化路径。

2000年，普京上台后高度重视近周边国家，把推动近周边一体化列为外交优先，积极推动欧亚经济共同体、集安组织、俄白联盟国家等以俄罗斯为核心的区域一体化机制建设。②时任俄副外长特鲁勃尼科夫（В. И. Трубников）明确指出："天然形成的地理位置决定了俄罗斯是一个欧亚国家、独联体国家。假如俄罗斯不主导独联体地区一体化，那么俄罗斯将失去在独联体地区的影响，丧失自己的利益势力范围。"③2008年，梅德韦杰夫提出独联体地区是俄罗斯的"特殊利益"地区。他说："俄罗斯像其他国家一样，都有自己的特殊利益地区。在这些地区专心经营与近邻的友好关系是俄罗斯外交的出发点。"④

2012年，普京第三次当选总统。普京把建立和发展欧亚经济联盟视为其独联体地区战略的重要支撑之一。2012年5月7日，普京签署的《关于落实俄罗斯联邦外交措施总统令》中指出，俄罗斯在独联体地区需要继续深化俄白哈关税同盟与统一经济空间框架内的欧亚一体化进程，在2015年1月1日建成欧亚经济联盟。次日，普京重申："独联体地区一体化对俄罗斯来说目前是未来也是头号优先方向。"⑤由此可见，主导欧亚经济联盟属于俄罗斯近周边外交战略范畴。推动欧亚经济联盟发展是俄罗斯未来近周边外交战略的主攻方向，是维持在独联体地区传统影响力的有力抓手。

---

① Стратегический курс России с государствами-участниками Содружества Независимых Государств от 14 сентября 1995 года.
② Концепция внешней политики Российской Федерации（2000）．
③ Фокин Ю. Е. Дипломатический вестник-2002, Москва: Научная книга, 2003. 64.
④ Интервью Дмитрия Медведева телеканалам «Россия», Первому, НТВ. Сочи, 31 августа 2008 года. http://archive.kremlin.ru/appears/2008/08/31/1917_type63374type63379_205991.shtml.
⑤ Пленарное заседание Государственной думы. Москва. 8 мая 2012 года, http://kremlin.ru/events/president/news/15266.

(三) 提升地区软实力

2007~2008年，在俄、白、哈三国宣布组建关税同盟前后，俄罗斯在独联体地区的软实力正处于颓势状态。从表4-1中可知，首先，俄罗斯在继承苏联遗产、地缘优势等客观方面依然能得到独联体地区国家认可，如第1、5、8点。但是，对这些方面的认可并不能说明独联体地区国家对俄罗斯抱有积极的憧憬，而只能说明这些国家对历史的承认；其次，在大部分软实力领域，独联体地区国家对俄罗斯的态度出现了两极分化，认可与排斥参半，这里指的是第2、3、6、9点。最后，在文化包容性、历史继承性等方面，俄罗斯逐渐丧失了原有的优势地位，如第4、7点。

表4-1 俄罗斯在独联体地区的软实力内容及前景评估

	独联体地区国家眼中的俄罗斯	前景评估
1.	俄罗斯拥有世界最大的领土面积和丰富的自然资源	独联体国家把俄罗斯视为廉价自然资源的来源地
2.	俄罗斯是能够对国际事务产生重要影响的国家	除了欧亚经济共同体和集安组织成员国，其余独联体国家慢慢地不这么认为了
3.	俄罗斯拥有较高的文化、科学、艺术水平	乌克兰等国逐渐放弃了这个看法，但是中亚国家仍然把俄罗斯视作实现现代化的支持力量
4.	俄罗斯具有较强的文化及宗教包容性	俄罗斯的"帝国意识"，以及对劳动移民的排外心理影响了这方面软实力的发挥
5.	俄罗斯是独联体地区稳定与发展的保障	大多数独联体国家依旧认可俄罗斯在维护地区稳定方面的能力和作用
6.	俄罗斯是对抗美国及西方统治的重要力量	关于这点，独联体地区出现两极分化：乌克兰、摩尔多瓦、格鲁吉亚并不这么认为；其余国家，尤其是集安组织成员国依然坚持这个看法
7.	俄罗斯是苏联各民族共同过去的继承者	坚持这个看法的主要是老一辈人，还有就是左派力量
8.	与其他世界大国相比，俄罗斯与独联体国家更为接近	这点依旧保持
9.	俄罗斯是独联体地区一体化的核心力量	关于这点同样是两极分化：集安组织和欧亚经济共同体成员国表示认可，但剩余部分尤其是"古阿姆"成员国反对这点

资料来源：Казанцев А. А., Меркушев В. Н. Россия и постсоветское пространство: перспективы и использования «мягкой силы». ПОЛИС, 2008, (2): 122-135.

造成俄罗斯在独联体地区软实力颓势的原因是多方面的，既有内因，也有外因；既有主观原因，也有客观原因。首先，俄罗斯本身缺乏具有吸引力的发展模式。历史上，俄罗斯大多是在追赶欧洲的时光中度过，是一种"模仿式现代化""追赶式现代化"。① 在 18 世纪，一些俄罗斯知识分子甚至还把自己及整个俄罗斯民族看作"蛮夷"（варвар）。② 当前，俄罗斯经济发展以能源型模式为主，严重依赖国际油气市场及外来资本。应该说，历史上的追赶式发展及当前不健康的经济发展模式对近周边国家没有多大吸引力。其次，新独立国家内部民族主义浪潮兴起。独联体地区新独立国家常常通过"去俄罗斯化""反宗主国"思潮来团结国内各派势力，强调自身的"国家性"（государственность）和"独立性"（независимость），有时还会刻意与俄罗斯拉开距离，以达到维护国内政治及社会稳定的效果。比如，2015 年白俄罗斯总统选举时期，卢卡申科有意与俄罗斯和普京保持距离；在乌克兰危机中，白俄罗斯、哈萨克斯坦都没有与俄罗斯站在一起，反对西方对俄的经济制裁。最后，来自欧美软实力的攻势。苏联解体后，欧美对新独立国家的公共外交攻势一直没有减弱，目的是要在独联体地区建立一批"亲西方"政权。

在此背景下，俄罗斯主导欧亚经济联盟也是为了重塑"俄式"意识形态，提升自己在这一地区的软实力。苏联解体后，统一意识形态瓦解，在独联体地区出现意识形态真空，各类新的、旧的、内生的、外来的意识形态纷至沓来，一时间出现"意识形态大检阅"（идеологический парад），造成意识形态危机。在摸索新意识形态未果后，俄罗斯认识到："在共同文化-历史及精神遗产基础上建立欧亚意识形态是比较现实的办法。……在美国自由主义和中国儒家社会主义之间依旧要选择具有自身文化-文明特点的身份认同。"③ 尽管没有像欧盟那样提出"欧洲公民"概念，以法律形式构建共同身份认同，④ 然而，

---

① Куренный В. Мыслящая Россия: картография современных интеллектуальных направлений. Москва: Некоммерческий фонд «Наследие Евразии», 2006.

② Васильев Л. С. История Востока. Москва: Высшая школа, 1998, http://www.bulgari-istoria-2010.com/booksRu/VASILEV_ISTORIA_VOSTOKA_1_2.pdf.

③ Подберёзкин А. И., Боришполец К. П., Подберёзкина О. А. Евразия и Россия, Москва: МГИМО, 2013. 146.

④ 《马斯特里赫特条约》第二部分"联盟公民身份制度"。参见欧共体官方出版局编《欧洲联盟法典（第一卷）》，苏明忠译，国际文化出版公司，2005，第 16~17 页。

欧亚经济联盟高度重视在人文、教育、文化、人才等领域的协作，用实际行动来构建共同身份认同。正如纳扎尔巴耶夫所言："欧亚经济联盟是为年轻人所建，年轻人可以自由地在成员国内接受高质量的教育，提高专业技能。今天的事情（成立欧亚经济联盟）将为下一代提供新机遇。"① 另外，欧亚经济联盟是对西方尤其是欧洲一体化模式的回应。俄国家杜马国际事务委员会主席普什科夫（А.К. Пушков）说："对欧亚经济联盟的怀疑主要来自西方。有人称：'经济一体化只有西方国家行，独联体国家是不行的，它们只能成为西方一体化集团的附庸。'"② 欧亚经济联盟正是要打破这种怀疑，来证明俄罗斯主导的欧亚经济联盟是独联体地区一体化，即欧亚一体化的最佳模式。

（四）与集体安全条约组织共同构建综合安全体系

从俄罗斯角度看，集安组织具有传统（军事）安全、非传统安全，以及地区多边外交协调三层意义。

第一，集安组织是俄罗斯主导的地区安全网，对保障国家安全、制衡西方战略挤压有着十分重要的意义。集安组织的传统安全意义主要体现在以下两个方面。首先，集安组织构成俄罗斯海外军事基地网。冷战年代，苏联在全球范围内编织了安全网，在东欧地区有华沙条约组织，在其他地区也建立了军事基地。虽然不能与美国海外军事基地的数量相比，但在鼎盛时期，苏联在全球范围内也设立了相当数量的海外军事基地（港口）或派遣军事人员长期驻扎。苏联解体后，俄罗斯放弃了苏军的海外军事基地，仅在近周边国家保存20余个军事基地，其中绝大多数部署在集安组织成员国境内。但是，面对北约东扩的战略挤压，俄罗斯的军事战略纵深几近触底。③ 因此，在集安组织境内重新编织海外军事基地网是俄罗斯抵御西方军事压力、保障国家军事安全的理性选

---

① Заявление для прессы по итогам заседания Высшего Евразийского экономического союза. Астана, 29 мая 2014 года, http://www.kremlin.ru/events/president/transcripts/45790.

② Пушков: создание ЕАЭС рушит стереотипы Запада о евразийской интеграции. РИА-Новость, 29 мая 2014 года, http://ria.ru/politics/20140529/1009863977.html.

③ 俄罗斯主导的集安组织与北约从各个指标上看都不在一个当量上。北约拥有全世界11%的人口、40%的GDP、70%的军费开支、80%的武器采购量、90%的科技研发投入。在欧洲地区的军力部署方面，集安组织仅为北约的1/3。参见Проблемы безопасности Евразии и перспективы развития ОДКБ, Россия и новые государства Евразии, 2012, (3): 21-36。

择。例如，2013年俄空军4架苏-27战斗机开始部署在白俄罗斯西部与波兰相接的布列斯特州；① 2015年俄白两国决定在白俄罗斯博布鲁伊斯克建立成建制的俄空军基地，计划部署24架苏-27战斗机、② 一定数量的米-8运输直升机及S-300地空导弹系统。③ 这意味着俄罗斯在白俄罗斯境内建立起了第一个具有核打击能力的空军基地。④ 有俄国学者称："把我们（俄罗斯）的战机部署到离边境越远的地方，那么敌方对我国打击的可能性也就越小。"⑤ 在2008年俄格战争后，俄罗斯加强了对集安组织的领导，2009年专门组建了快速反应部队（КСОР）。这支部队和俄罗斯与中亚地区的集体快速部署部队（КСБР），以及集安组织维和部队构成集安组织三大常备军事力量。其次，俄罗斯依托集安组织还能组成与北约相抗衡的地区核威慑力量。冷战结束以来，以美国为首的北约利用中东欧地区权力真空之机，先后通过两轮东扩，把原东欧社会主义阵营国家及波罗的海三国收入囊中，还与诸多独联体国家建立了"和平伙伴关系计划"，存在进一步东进的可能。在常规武器威慑不占优势，甚至被北约压一头的情况下，俄罗斯把目光投向了核威慑。俄罗斯科学院罗格夫（С. М. Рогов）院士认为，在可预见的未来，美国在欧洲地区没有足够的反导装备来抵御俄罗斯的战略核打击，主要原因是美国在欧洲地区只有陆基导弹拦截装备，而俄罗斯则具备空中、海上，甚至太空等多种核打击能力。⑥ 应该说，在欧洲地区俄罗斯的核威慑比北约更胜一筹。为了提高核威慑效果，俄罗斯主要依托集安组织在两方面着手：一是在集安组织框架内明确新的集体核

---

① В Белоруссии появилась авиабаза РФ, Независимая газета, 30 декабря 2013 года.
② Небо на двоих: Россия создаст в Белоруссии авиабазу. Российская газета, 21 сентября 2015 года.
③ Белоруссия может стать ядерным форпостом России. Независимая газета, 25 сентября 2015 года.
④ 需要指出的是，博布鲁伊斯克空军基地位于白俄罗斯中南部，在苏联时期，该基地就是苏军重要的并且具有核打击能力的空军基地。该基地部署过近20架图-22战术轰炸机。同时，该基地还拥有近200枚核弹头的核武库。苏联解体后，图-22战术轰炸机和核弹头均被运到俄罗斯，但是该空军基地的核基础设施依然完好。参见 Белоруссия может стать ядерным форпостом России. Независимая газета, 25 сентября 2015 года.
⑤ Сивков: авиабаза в Белоруссии отодвинет угрозы от границы России. РИА-Новость, 19 сентября 2015 года. http://ria.ru/defense_safety/20150919/1263246745.html.
⑥ Проблемы безопасности Евразии и перспективы развития ОДКБ. Россия и новые государства Евразии, 2012, (3): 21-36.

安全观;① 二是建立集安组织集体防空体系。② 由此可见,北约的常规威慑和集安组织的核威慑构成欧洲军事安全的力量均势。

第二,集安组织是俄罗斯应对地区非传统安全威胁的有力保障。俄罗斯在独联体地区面临的非传统安全威胁多种多样,其中以国际贩毒和恐怖主义活动为主。针对前者,自 2003 年起,集安组织秘书处直接领导名为"通道"（Канал）的长期反毒行动。③ 集安组织成员国打击非法毒品交易部门领导理事会自 2012 年起组织"雷霆"（Гром）系列反毒行动演习。结合以上两大"招

---

① 1995 年集安组织发布的《集体安全条约组织集体安全构想》中明确说明:"俄罗斯的战略核武器依照俄罗斯联邦军事学说,履行遏阻对集体安全条约成员国可能采取入侵的职能。"需要指出的是,1993 年叶利钦总统批准的《俄罗斯联邦军事安全学说基本要点》没有公布,到 2000 年俄罗斯才发布第一部军事学说,因此 1995 年的《集体安全条约组织集体安全构想》在对核武器运用方面立场不明。2000 年版的《俄罗斯联邦军事学说》指出,俄罗斯在以下情况下有权使用核武器:（1）对俄罗斯及其盟友采取核打击或使用其他大规模杀伤性武器的情况下;（2）对俄罗斯及其盟友采取大规模常规武器入侵的情况下。俄罗斯承诺不对《核不扩散条约》成员国使用核武器,但入侵俄罗斯及其盟友的国家除外。2010 年版的《俄罗斯联邦军事学说》沿用了这个立场。2010 年集安组织成员国签署的《集体安全条约组织集体安全体系军事力量组建与运作规范协议》指出:"俄罗斯联邦核武器是遏阻对集安组织成员国采取大规模入侵、维护成员国军事安全及国际稳定的工具。"通过以上论述,我们可以得出:（1）俄罗斯为集安组织成员国提供"核保护伞";（2）集安组织任何成员国不管遭受核武威胁,还是常规武器入侵,俄罗斯均有权使用核武器;（3）集安组织成员国也有权使用俄罗斯的核武器来维护自身安全。参见 Концепция коллективной безопасности государств-участников Договора о коллективной безопасности; Военная доктрина Российской Федерации (2000); Военная доктрина Российской Федерации (2010); Соглашение о порядке формирования и функционирования сил и средств системы коллективной безопасности Организации Договора о коллективной безопасности.

② 2005 年 6 月 23 日,集安组织集体安全理事会通过《关于发展和完善集体安全条约组织成员国联合防空的决定》。目前,集安组织联合防空体系以俄罗斯为核心,建立起了俄白、俄亚、俄哈三大防空体系。未来吉尔吉斯斯坦、塔吉克斯坦也有望加入。参见 На ратификацию в Госдуму внесено Соглашение между Россией и Казахстаном о создании Единой региональной системы противовоздушной обороны. 7 ноября 2013 года, http: // www.kremlin.ru/acts/news/ 19582; Россия работает над созданием Объединенных систем ПВО с 4 странами СНГ. РИА-Новости, 8 сентября 2015 года, http: // ria. ru/defense_safety/20150908/1238442726. html.

③ 2015 年 5 月 18~22 日,在集安组织成员国境内开展了"通道-巡逻队"（Канал-Патруль）反毒严打活动,共查处 1.618 吨毒品,其中有 126 千克大麻、976 千克海洛因、108 千克合成毒品,此外还有 2.39 吨的易制毒品。自 2003 年"通道-巡逻队"行动执行以来,已经查获 245 吨毒品,包括大约 12 吨海洛因、42 吨大麻、5 吨可卡因,以及 9300 多支枪支和近 30 万发子弹。参见 В Кыргызстане в г. Ош подведены итоги антинаркотической операции ОДКБ, 23 мая 2015 года, http: // www. odkb - csto. org/news/detail. php? ELEMENT _ ID = 4868; Организация Договора о коллективной безопасности. http: // www. odkb-csto. org/structure/。

牌"活动，集安组织在打击贩毒方面取得一定成果。在打击跨国恐怖主义活动方面，集安组织亦卓有成效。2005年以来，在集安组织框架下举行的各种规模军事演习20多次，较为著名的有"边界""牢不可破的兄弟""协作"等系列军演，有效震慑了跨国恐怖主义活动。

第三，集安组织是俄罗斯与近周边国家多边政治对话的重要平台。20世纪90年代，从苏联新独立的国家一方面沐浴在获得国家主权的兴奋之中，另一方面则陷入苏联解体所带来动荡的痛苦之中。为了分配苏联军事遗产、解决局部地区冲突、实现地区稳定发展，1995年《集体安全条约》应运而生。进入21世纪，恐怖主义与宗教极端主义势力抬头，非法贩毒屡禁不止，非法移民日益增多等非传统安全威胁成了集安组织关注的焦点。此外，西方在多个独联体国家煽动"颜色革命"，导致政权更迭，政权安全一时间也成为集安组织的重要议题。在以综合国力竞争为主旋律的今天，俄罗斯试图把集安组织从传统的政治-军事组织转变为以"实现现代化的安全伙伴关系"（партнёрство безопасности ради модернизации）① 为核心的综合安全组织，着眼于建立"跨欧亚地区新型多功能集体安全机制"，② 培养集安组织维护经济安全、发展安全的能力，为成员国实现经济现代化创造良好的外部环境。正因为如此，集安组织成为俄罗斯与独联体其余成员国围绕共同关切问题进行外交磋商的理想机制。

基于上文可知，集安组织在俄罗斯维护传统安全、非传统安全，以及与独联体国家开展外交协调等方面有着重要意义。有俄罗斯学者这样评价，同样是10年的初期发展，集安组织要比北约在20世纪50年代所取得的成绩更为显著。③ 但是，客观地看，集安组织毕竟年轻，尚处在组织发展的初始运作阶段，在诸多方面仍存在不足，难以支撑起俄罗斯的地区外交及安全战略。不足方面主要有以下几个方面。

第一，集安组织尚缺乏宏观性、长期性、统一性的战略规划。造成该状况

---

① Никитин А. И. Реформирование и развитие ОДКБ. Вестник МГИМО-Университета，2011，(6)：23-25.
② Ежегодник ИМИ МГИМО（У）МИД России（2012），Москва：МГИМО，2012. 114-127.
③ Ежегодник ИМИ МГИМО（У）МИД России（2012），Москва：МГИМО，2012. 114-127.

的原因主要有以下几点。其一，集安组织成员国分属不同地区，且安全诉求也不同。集安组织由三个军事合作机制组成：针对东欧地区的俄白军事合作机制、针对南高加索地区的俄亚军事合作机制、针对中亚地区的俄罗斯与中亚三国军事合作机制。上述三个军事合作机制分属不同的地区，应对的安全威胁也各不相同，即俄白军事机制主要应对北约东扩；俄亚军事机制主要应对南高加索地区问题（如纳卡问题，北约东扩等）；俄罗斯与中亚三国的军事机制主要应对中亚地区非传统安全威胁。因此，三个军事合作机制对集安组织缺乏统一的集体认同，在实践中更多的是各行其是。① 其二，集安组织在功能上涉及面过广，缺乏重点。集安组织的合作领域从传统安全到非传统安全，从抵御外部势力干涉到外交政策协调，从军事力量调度到军事技术与经济合作，涉及了政治-军事一体化的方方面面，广度有余，但深度不够。因此，集安组织的动作看似灵活，实质上是属于应对性、战术性的"头疼医头，脚疼医脚"。②

第二，集安组织尚缺乏危机应对机制，难以成为俄罗斯外交的支撑力量。设计中的集安组织危机应对机制应该包含三个层面：一是应对地区冲突——寻求政治协调；二是应对安全威胁——建立政治协商机制；三是应对入侵——集体采取反击措施。③ 而在现实中，集安组织的危机应对机制却迟迟没能建立起来。为了使集安组织能在国际及地区事务上统一发声，成为俄罗斯在国际舞台上的支持力量，自2011年以来，俄罗斯一直试图对其进行改革。改革的重点在于把集安组织决策机制从"一致通过"原则改为"多数通过"原则，通过此举来加强俄罗斯对集安组织的控制力。由于乌兹别克斯坦退出集安组织，其余成员国也表示反对，俄罗斯对集安组织的改革步履维艰，在绝大多数有关独

---

① Захаров В. М. Военное строительство в государствах постсоветского пространства, Москва： РИСИ，2011. 21.

② 自集安组织成立以来，成员国间缺乏核心议题，往往只是着眼于当下，就短期内成员国共同关切的问题进行协商。如集安组织成立之初的合作重点是组织机制建设、反恐合作。在"颜色革命"及后来的"阿拉伯之春"冲击下，集安组织的主要任务是防止外部势力干涉本国内政，维护政权安全。之后，阿富汗问题及抵御"伊斯兰国"等热点问题又成为集安组织的重要关切。

③ Проблемы безопасности Евразии и перспективы развития ОДКБ. Россия и новые государства Евразии，2012，（3）：21-36.

联体地区问题和国际问题中集安组织未能集体发声,声援俄罗斯。①

第三,集安组织自身定位模糊。这主要体现在以下两方面。其一,内部定位不清。根据上文可知,俄罗斯把集安组织定位为多功能新型集体安全机制,除了应对传统安全、非传统安全威胁,集安组织还应为地区经济发展保驾护航,成为外交上的支撑力量。然而,其他成员国大多把集安组织定位为维系与俄罗斯传统政治军事盟友关系,借俄罗斯力量应对内外安全威胁,获得俄罗斯军事技术装备支持的对话机制。因此,俄罗斯与其他成员国对集安组织的定位存在明显差异。其二,外部定位不清。集安组织把自身定位为不针对任何第三方的集体安全机制,绝非传统意义上的政治军事集团。而西方则认为,集安组织是俄罗斯主导的、意图对抗西方的"小华约"。除了与联合国、上合组织②、欧安组织等建立合作关系,集安组织未能与欧盟、北约③建立实质性合作关系。尽管在阿富汗问题上,集安组织和北约都主张向阿富汗提供军事装备支持和军事人才培养,但是两个安全机制始终没能找到合作突破口,北约依旧向独联体国家推销"和平伙伴关系计划",挤压集安组织的空间。

应该说,在缺乏共同经济基础的情况下,俄罗斯仅依靠政治-军事机制,难以整合后苏联空间。在俄罗斯外交战略中,欧亚经济联盟与集安组织是相辅相成、相互借重的关系。历史地看,2007年,集安组织就开始与欧亚经济共同体在交通、能源等经济合作领域进行对接。2015年欧亚经济联盟成立,取代了欧亚经济共同体。集安组织与欧亚经济联盟的对接实际上是与欧亚经济共

---

① 如在2008年俄格冲突,以及2014年的乌克兰危机中,都没有看到集安组织的集体表态。俄罗斯依旧独自应对,得不到集安组织的支持。
② 2007年上海合作组织与集安组织签署相互理解备忘录,启动了两个组织间在反恐、反毒等领域的沟通与合作。塔吉克斯坦学者伊斯坎达洛夫认为,以集安组织和上合组织为基础,加上阿富汗可以构建维护地区安全的国家集团(коалиция)。集安组织发挥其管控地区安全职能,管控来自阿富汗的安全威胁,上合组织利用经济优势,重在解决阿富汗的经济社会问题,起到"双管齐下"的效果。参见 Искандаров А. Безопасность и интеграция в Центральной Азии: роль ОДКБ и ШОС. Центральная Азия и Кавказ, 2013, 16 (2): 18-28.
③ 在欧亚地区,除了集安组织拥有常备武装力量,欧盟和北约也是拥有集体武装力量的国际组织,有能力介入欧亚地区冲突,这是上海合作组织和欧安组织所不能及的。欧盟有危机情况反应部队,北约有快速反应部队。

同体对接的延续与发展。① 欧亚经济联盟为集安组织夯实成员国间经济联系，消除经贸壁垒，带动地区经济发展，靠地区经济发展来优化区域安全环境。也就是说，欧亚经济联盟填补了集安组织的经济缺失。与此同时，集安组织又能为欧亚经济联盟提供安全保障。除了应对传统及非传统安全威胁，为发展提供良好的外部环境，集安组织还通过深化成员国多边政治-军事同盟关系，为欧亚经济联盟夯实高级政治合作基础。进一步说，欧亚经济联盟和集安组织两者并不是互为独立、各行其是，而是一种相辅相成、相互借重的关系，构成俄罗斯近周边外交战略的两大战略支撑。

二 俄罗斯对欧亚经济联盟政策的地缘经济逻辑

（一）经济实力增长为主导区域经济一体化提供物质条件

1999~2008 年俄经济的快速增长为俄罗斯主导欧亚经济联盟、再次整合后苏联空间提供了现实条件。

第一，从宏观经济指标来看，1999~2008 年是俄罗斯经济发展的"黄金期"。② 这一时期，俄罗斯 GDP 从 2597.1 亿美元增长到 1.7 万亿美元，年均增长率为 6.96%，远高于该阶段世界 GDP 年均增长率 3.04%。2007 年对俄罗斯经济而言具有划时代意义。该年俄 GDP 总量恢复到苏联解体前水平，相当于 1989 年 GDP 总量的 102%。同样在 2007 年，俄罗斯步入世界 7 大经济体行列，成为世界经济大国。可以说，无论是经济规模，还是增长速度，俄罗斯都表现出色。普京言道，俄罗斯已经彻底渡过了漫长的生产衰退期，站在国家复兴道路的起点上。③

---

① Бордюжа Н. Н. ОДКБ-эффективный инструмент противодействия современным вызовам и угрозам. Международная жизнь, 2007, (1-2): 43-49.
② 我国学者陆南泉认为，2000 年俄罗斯经济实现快速增长主要有以下原因：（1）1998 年金融危机后卢布大幅度贬值，它一方面抑制了进口的增长，同时实行需求转换的政策刺激了本国经济的发展；（2）当时整个世界经济形势继续改善，2000 年世界经济平均增长为 4.1%；（3）税制改革取得了明显的进展，一方面加强了对税收的监管，增加了税收收入，另一方面降低了增值税，对投资实行免税，刺激了投资；（4）国际金融机构同意俄罗斯外债重组，使得俄罗斯免去了 165 亿美元的外债；（5）普京执政后，俄罗斯国内政局稳定。参见陆南泉《苏联经济体制改革史论（从列宁到普京）》，人民出版社，2007，第 788~789 页。
③ Послание Федеральному Собранию Российской Федерации, 26 апреля 2007 года.

第二，俄各项经济指标均有起色，国民经济稳定性加强，居民生活水平显著提高。首先，俄罗斯工业产值稳步上升，尤其在2000年，年增长率为11.9%，2003年和2004年也出现7%以上的高增长率。其次，俄罗斯利用高油价获得的外汇收入偿还了大量外债。1998年世界经济危机后，俄罗斯外债为GDP的146.4%，到2008年其外债仅为GDP的5%左右。再次，俄罗斯外汇储备也大幅增加。2008年初俄罗斯外汇储备为4845亿美元，仅次于中国和日本，位居世界第三。居民实际收入从2000年也开始增长，一直保持了9%以上的增长率，其中2003年的增长率最高，为14.9%。最后，俄通货膨胀率从2000年的20.2%降至2008年的13.28%，2009年继续降至8.8%。

第三，国家加强对战略经济部门的控制。普遍认为，实行私有化是从计划经济向市场经济转型的必经之路。在叶利钦时期，俄罗斯进行了最为激进的"休克疗法"[①]，对国家经济实行快速私有化。客观地说，叶利钦时期的私有化浪潮的确打破了国家对经济的垄断，摧毁了公有制经济基础，基本建立起多种经济成分并存的市场经济基础。然而，过于激进的私有化改革所带来的问题也是显而易见的，比如国有资产流失、经济效益依旧低下、失业人数增加、社会问题严峻、国家预算紧缺、国家政权"寡头化"等。[②] 2000年普京上台后继续奉行私有化，以完善市场经济机制，但私有化的步伐有所放慢，开始强调国家在国民经济中的调控作用。在普京第二个任期内，政府对油气、军工、飞机制造、重型机械、核能、远洋运输等战略经济部门进行了"再国有化"（ренационализация）。2009年，俄罗斯GDP中的国有成分比例已达到45%~50%，[③] 国家对经济的控制力明显加强。以俄罗斯天然气工业股份公司（Газпром）、俄罗斯铁路总公司（РЖД）、俄罗斯石油公司（Роснефть）、俄罗斯核电集团公司（Росатом）为代表的大型国企已经成为俄罗斯开拓海外利

[①] 俄罗斯著名经济学家阿巴尔金（Л. И. Абалкин）认为，激进式的"休克疗法"有以下特点：（1）短时间内彻底摧毁现有结构；（2）消除市场机制运作的所有障碍；（3）大量减少国家订货，几乎完全取消国家对价格和收入的控制；（4）大范围地向新的所有制形式过渡。参见《俄罗斯著名经济学家阿巴尔金经济学文集》，李刚军等译，清华大学出版社，2004，第91页。

[②] 陆南泉：《苏联经济体制改革史论（从列宁到普京）》，人民出版社，2007，第712~716页。

[③] Государство увеличивает долю, Взгляд, 2 июля 2009 года.

益的载体。

第四，积极参与国际经济合作。普京执政以来，俄罗斯充分发挥区位与资源优势，同时与中国、欧盟开展经济合作。与此同时，俄罗斯还积极与印度、越南、埃及、伊朗、韩国、日本等国发展经贸关系。值得注意的是，俄罗斯还注重恢复与拉美、非洲国家的经济联系，双边贸易量虽小，但发展势头良好。2012年俄罗斯正式成为世贸组织成员，这为俄罗斯进一步融入世界经济体系提供了契机。

（二）创新经济外交思想

历史上俄罗斯就不是一个善于发展经济的国家。对俄罗斯而言，国家安全和地缘政治影响力在对外政策中长期占据优先位置，经济利益和地缘经济影响力则屈居次要地位。[①] 辽阔的地域、帝国使命、专制传统、间歇性动荡、追求大国地位等因素始终是俄罗斯与外部世界打交道的基石。[②] 因此，对俄罗斯的政治、军事、社会、经济四方面综合考察来看，经济无疑一直是俄罗斯发展的短板。一个经济羸弱的俄罗斯难以在国际舞台上施展富有成效的外交战略。在经济全球化不断深入，以综合国力竞争为主旋律的今天，重振经济是俄罗斯重新崛起成为欧亚强国的必备条件。早在2000年普京就指出"务实和经济效益"是俄罗斯对外政策的基础，提出了俄罗斯外交必须注重经济效益。2008～2012年，梅德韦杰夫任总统时期，俄罗斯在全球范围内构建"现代化伙伴关系"，把经济外交、科技外交推向高潮。

进入21世纪以来，俄罗斯经济外交思想的发展可以分为三个阶段。第一阶段是普京总统的前两个任期（2000～2008年）。这一阶段，俄罗斯经济外交的指导思想是为国家经济复苏寻找外部资源和稳定的国际环境，阻止俄罗斯国际处境的进一步恶化，重建俄罗斯的大国地位。[③] 当时，俄罗斯经济外交的具体任务有：促进宏观经济稳定和发展、改变经济结构单一的状况、平等参与国

[①] Шмелев Н. П. В поисках здравого смысла: двадцать лет российских экономических реформ, Москва: Весь Мир, 2006. 409.

[②] 〔美〕罗伯特·A. 帕斯特：《世纪之旅：七大国百年外交风云》，胡利平等译，上海人民出版社，2001，第172页。

[③] 郑羽、柳丰华卷主编《普京八年：俄罗斯复兴之路（2000～2008）·外交卷》，经济管理出版社，2008，第11页。

际经济组织、协助本国企业走向外部市场、吸引外资、解决外债问题等。①

第二阶段是"梅普组合"时期（2008~2012年）。在外部高油价和内部经济改革的推动下，俄罗斯经济实力显著提升，步入新兴经济体行列。"梅普组合"时期的经济外交思想不仅反映了俄罗斯经济的自信，而且还明显带有进攻性，希望在经济形势一片大好的条件下，进一步促进经济发展，建立国际金融中心，谋求与世界主要经济体平起平坐，参与世界经济议题制定。可以说，俄罗斯经济外交已经"由被动转为主动，从以解决难题为主转为自主决定外交议程"。② 然而，"梅普组合"执政不久，俄罗斯经济受全球金融危机的影响而急剧下滑，这又一次印证了俄罗斯经济的脆弱性。

第三阶段是普京第三次当选总统以来（2012年至今）。在乌克兰危机、西方经济制裁、国际油价下跌的背景下，俄罗斯经济陷入困境，出现财政危机。③ 在这一阶段，俄罗斯经济外交的重心由西方转向东方。在与欧美经济合作受阻的情况下，俄罗斯积极推动欧亚经济一体化，建立欧亚经济联盟，加强与"金砖国家"、亚太国家经贸联系。防止经济严重衰退，实现经济逆境增长，降低外部环境恶化对国民经济产生的冲击是这一阶段俄罗斯经济外交思想的核心。

独联体地区对俄罗斯重新崛起的经济意义是不言而喻的。2010年，俄罗斯现代化发展研究所发表《俄罗斯在独联体的经济利益和任务》报告，该报告要求俄罗斯进一步加深欧亚一体化进程，直到形成共同经济空间。该报告明确了俄罗斯在独联体地区的9个基本经济利益，核心内容有：通过控制该地区的能源和原料提升自己在国际上的地位和作用；加强国防、核能、航空、航天

---

① 李中海：《俄罗斯经济外交：理论与实践》，社会科学文献出版社，2011，第52~53页。
② 李中海：《俄罗斯经济外交：理论与实践》，社会科学文献出版社，2011，第56页。
③ 围绕俄罗斯经济是否存在危机这一问题，国内外学界争论不已。一派观点认为，俄罗斯无法完成普京2012年上台后制定的经济发展目标，如进入世界经济前五、人均收入3.5万美元、增加2000万个就业岗位、创新经济占国民经济的25%以上等，因此，俄罗斯经济存在危机。另一派观点认为，从金融系统和财政情况两个指标来看，俄罗斯经济不存在危机。主要依据是金融系统远比1998年稳定，不会爆发大规模金融危机；财政收入的降低并不会引发社会动荡。笔者认为，俄罗斯经济虽然远比1998年坚挺，但是在石油价格暴跌、西方制裁、外部环境恶化的条件下，俄罗斯正在经历21世纪以来最严重的经济困难，这将延长俄罗斯重新崛起的过程。

等领域的合作；开拓市场；在加工业实施共同合作项目；有效利用独联体劳动力市场；吸引该地区的知识精英；充分挖掘独联体的地缘战略潜力；建立共同的经济空间；完成欧亚强国的使命。① 具体而言，欧亚一体化应该在俄罗斯现代化发展、推动建立从里斯本到符拉迪沃斯托克（海参崴）的大欧洲过程中发挥建设性作用。②

（三）解决本国经济发展问题

1. 改变资源型经济增长方式

强国富民是普京执政的重要目标。1999年末，普京接手的俄罗斯是一个面临数百年来首次沦为二流甚至三流国家危险的经济弱国。普京明确指出："应保证在比较短的历史时期里消除持续已久的危机，为国家经济和社会快速与稳定发展创造条件……达到应有的增长速度，不仅仅是一个经济问题，这也是一个政治问题。我不怕讲这个词，从某种意义上来说，这是意识形态问题。更准确地说，它是一个思想问题、精神问题和道德问题。"③ 普京的言语中表露了他对实现俄罗斯经济增长的迫切感。

然而，俄罗斯在复兴道路上却始终险象环生。从1999年至今，俄罗斯GDP的增长总体保持上升趋势，但其过程经常是大起大落，缺乏稳定性。俄罗斯经济属于能源型经济，出口石油、天然气所获得的收入占财政总收入的一半以上。国际油价变化对俄罗斯经济有着直接影响。当油价上升时，俄的GDP就增长，卢布趋于坚挺；当油价下跌时，俄的GDP就缩水，卢布大幅贬值。日本学者久保庭真彰等认为："俄罗斯的经济问题与'荷兰病'（The Dutch disease）不同，应该是自身特点鲜明的'俄罗斯病'，即俄罗斯经济是受油价摆布的资源型经济，并没出现由于油价暴涨而造成的宏观增长与制造业增长停滞的'荷兰病'。"④

进入21世纪以来，俄罗斯的经济增长大致可以分为三个阶段：第一阶段

---

① Кулик С. А., Спартак А. Н., Юргенс И. Ю. Экономические интересы и задачи России в СНГ, Москва: Библиотека Института современного развития, 2010. 8-9.
② Иванов И. С. Внешняя политика России（том 2），Москва: Аспект Пресс, 2012. 244.
③〔俄〕普京：《普京文集（2002-2008）》，中国社会科学出版社，2008，第6~7页。
④〔日〕久保庭真彰、李婷、阎德学：《俄罗斯经济的转折点与"俄罗斯病"》，《俄罗斯研究》2012年第1期，第40~91页。

是1999~2008年。2000~2007年间，国际原油价格（按布伦特原油价格）从每桶25.5美元涨至每桶135.3美元。在油价上涨的拉动下，俄罗斯经济在1999年至2002年间出现恢复性增长，[1] 2003年后继续保持高速增长。

第二阶段是2008年至2014年。原油价格从2008年6月每桶135.3美元暴跌至2008年12月每桶43.6美元，俄罗斯2009年的GDP随之下滑7.9%，近10年的经济高速增长戛然而止。自2009年起油价开始反弹，2012年3月回到每桶124.4美元，之后又出现小幅下降，2014年6月的价格为每桶111.7美元。与之相适应的是，2010年、2011年和2012年，俄罗斯GDP也出现增长，分别增长了4.5%、4.3%和3.4%，三年平均增速是4.06%，与世界平均增速4.1%相当。而2013年和2014年俄罗斯GDP出现低速增长，分别为1.3%和0.2%，两年平均增速是0.75%，明显低于世界平均增速2.8%。学界把2013年至2014年的俄罗斯经济状况称为"停滞"（застой）、"放缓"（торможение）或"滞涨"（стагфляция）。[2]

第三阶段是从2014年至今，原油价格从2014年6月每桶111.7美元跌至2015年12月底每桶36.9美元，俄罗斯GDP出现负增长。根据国际货币基金组织（IMF）估算，2015年俄罗斯GDP的增长下滑至3.8%，2016年继续下降至0.6%。[3]

因此，摆脱能源型经济困扰、寻找新的经济增长点、实现经济稳健增长是俄罗斯主导建立欧亚经济联盟的重要诉求。欧亚经济委员会工作会议委员瓦洛娃娅（Т. Д. Валовая）坚信，在外部经济环境恶化的形势下，欧亚经济联盟可以成为地区经济发展的驱动力。[4] 据预测，到2030年欧亚经济联盟成员国

---

[1] "恢复性增长"概念是苏联早期经济学家格罗曼（В. О. Громан）提出的。他认为，恢复性经济增长是在利用以前所建立起来的生产设备、以前所培训的有经验的劳动力基础上所实现的一种增长，其特点在于通过对原有生产能力的重组和恢复原有经济联系，重新组织生产要素进行生产。参见Громан В. О. О некоторых закономерностях, эмпирических обнаруживаемых в нашем народном хозяйстве, Плановое хозяйство, 1925, (2): 32.

[2] 程伟：《冷静聚焦普京新政下的俄罗斯经济颓势》，《国际经济评论》2014年第6期，第58~74页。

[3] "World Economic Outlook: Adjusting to Lower Commodity Prices," Washington D. C.: IMF, 2015, (10): 2.

[4] Министр ЕЭК Татьяна Валовая: «В условиях внешних шоков ЕАЭС станет драйвером роста для всех стран-участниц», 11 декабря 2015 года, http://www.eurasiancommission.org/ru/nae/news/Pages/14-12-2015-3.aspx.

GDP 总共可增长 13%。①

2. 恢复与后苏联空间国家的产业联系，解决经济结构单一问题，打造"新型经济"

在工业领域，俄罗斯不仅继承了苏联以工业为主、工农业比例严重失调的产业结构，还承受了因苏联解体而导致与其他原加盟共和国产业链断裂所带来的冲击。2012 年，普京第三次当选总统后，把建立"新型经济"（новая экономика）定为俄罗斯经济发展的目标。所谓"新型经济"："应当是多元经济，是高生产率和低能耗的高效经济，是就业岗位高效高薪的经济，是技术不断更新的经济，是小企业至少占就业市场半壁江山的经济。"② 照此逻辑，矫正历史形成的畸形产业结构、恢复与后苏联空间其他国家的产业联系、共同挖掘高新技术潜能是俄罗斯主导欧亚经济联盟、解决自身经济发展问题的重要考量之一。具体而言，主要有以下几个方面。

第一，矫正历史形成的畸形的产业结构。1960 年，苏联的工业比重为 79.4%，农业比重仅为 20.6%；到 1980 年，其工业比重上升至 84.9%，而农业比重进一步缩小到 15.1%。③ 在工业中，重工业是重中之重。苏联工业化时期，全部工业投资的 84% 用于重工业；在总投资额中，对重工业投资的比重一直占 30% 左右，有时甚至高达 40%，而对轻工业的投资最多时也没超过 7%。④ 值得注意的是，在重工业部门中，资源开采业的比重较大。苏联占世界资源开采量的 1/3，而其工业产值仅占世界产值的 1/5。1960～1982 年，苏联采掘工业在工业产值中的比重为 7%～9%，如果用生产性固定基金和就业人数这两个指标来衡量，该比例将更大。⑤ 苏联解体后，俄罗斯继承了苏联这种畸形的产业结构。

俄罗斯充分意识到，依靠资源出口来获得经济收益的能源型经济不足以支撑起其未来在世界经济体系中的地位，恢复并发展农业、机械制造、航空工

---

① Прирост ВВП стран ЕАЭС к 2030 году может составить 13%, Казахстанская правда, 30 октября 2015 года.
② Путин В. В. О наших экономических задачах, Ведомости, 30 января 2012 года.
③ 陆南泉、张础、陈义初编《苏联国民经济发展七十年》，机械工业出版社，1988，第 29 页。
④ 陆南泉、姜长斌、徐葵主编《苏联兴亡史论》，人民出版社，2002，第 406 页。
⑤ 金挥、陆南泉、张康琴主编《苏联经济概论》，中国财政经济出版社，1985，第 152 页。

业、制药等其他产业势在必行。但是，这并不意味俄罗斯否定资源部门对国民经济发展所做出的贡献。① 在不降低能源部门对国民经济贡献情况下，如何发展多元经济、实现新型经济模式是俄罗斯当前及未来面临的主要问题之一。

第二，恢复与独联体其他国家的工业联系，共同挖掘高新技术潜能。经济合作与发展组织（简称"经合组织"，OECD）国家中高新技术部门在工业产值中的占比为7%~14%，而在欧亚经济联盟国家却只占2%~4%。欧亚经济联盟国家，特别是俄罗斯，无法向国际市场提供具有高附加值和高市场竞争力的工业产品，难以引领世界新技术革新。关键在于欧亚经济联盟国家的工业综合体内缺乏完整的技术结构和产业链。②

因此，在工业与科技合作领域，欧亚经济联盟的主要任务有：提高成员国工业生产速度和规模；推动成员国间产业合作；提高成员国工业产品在联盟境内的市场份额；研发具有高市场竞争力的新技术产品；在联盟层面取消工业产品流动壁垒；加大对工业企业的投资力度。③ 俄罗斯希望到2020年能将高科技产业和知识型产业在GDP中的比重提高至50%，高新技术产品出口翻一番。

3. 解决非法移民问题

与欧盟、美国、中国等国家相比，为独联体国家提供就业机会是俄罗斯的一项独特优势，这一优势是历史形成的。苏联地区的区域劳动分工体系形成于沙俄帝国时期，发展于苏联时期。百余年来，在俄罗斯经济体系中，欧洲部分一直是沙俄帝国乃至后来苏联的工业、教育、科技、文化中心地区，中亚、南高加索地区则是为中心提供资源、廉价劳动力的边缘地区。在沙俄帝国和苏联

---

① 关于俄罗斯经济增长高度依赖油气资源出口所带来的利好和弊病，国内外学界已经有充分研究。Гурвич Е. Т. Нефтегазовая рента в Российской экономике, Вопросы экономики, 2010, (11); Эдер Л. В., Филимонова И. В. Экономика нефтегазового сектора России, Вопросы экономики, 2012, (10): 76-91; Кудрин А. Л. Влияние доходов от экспорта нефтегазовых ресурсов на денежно-кредитную политику России, Вопросы экономики, 2013, (3): 4-19; 庞大鹏：《俄罗斯的欧亚战略——兼论对中俄关系的影响》，《教学与研究》2014年第6期；李新：《俄罗斯经济再转型：创新驱动现代化》，复旦大学出版社，2014，第78~82页；[日]久保庭真彰等：《俄罗斯经济的转折点与"俄罗斯病"》，《俄罗斯研究》2012年第1期，第40~91页；季志业、冯玉军主编《俄罗斯发展前景与中俄关系走向》，时事出版社，2016，第71~81页。

② Основные направления промышленного сотрудничества в рамках ЕАЭС.

③ Основные направления промышленного сотрудничества в рамках ЕАЭС.

第四章　俄罗斯与独联体地区

时期，劳动移民属于国内迁徙。苏联解体后，俄罗斯依然是后独联体国家劳动移民的首选目的地，只是由原来的国内迁徙转变成了国际移民。目前，俄罗斯吸收了中亚和南高加索国家70%～90%的劳动移民。莫斯科大学学者伊瓦赫纽克（И. В. Ивахнюк）把当前独联体国家的劳动分工体系称为"欧亚移民体系"，并解释说："欧亚移民体系是从统一国家发展而来。在沙俄帝国和苏联时期，人员流动属于国内人口迁徙，并不是国家间的移民活动。[①] 时至今日，苏联虽然已经解体，但是它遗留下来的区域劳动分工体系并没因此而瓦解。"[②]

客观地说，外来劳动移民能给俄罗斯经济带来积极的和消极的两个方面效应。就积极效应而言，首先是弥补劳动力缺口。据俄政府统计，2012年俄罗斯需要外籍劳工174.5万人，其中缺口较大的行业有：建筑、资源开采业需要53.1万人，低端服务行业需要41.9万人，农业和水产养殖业需要11.2万人等。此外，2012年俄罗斯还缺乏11.1万名司机、7.4万名装配钳工、2万名理工科专家。[③] 2014年，俄罗斯需要外籍劳工的数量为163万人。[④] 从地域分布来看，外籍劳工在俄罗斯境内的分布比较集中，其中近20%的劳动移民集中在莫斯科市，17%左右的劳动移民在圣彼得堡市，8.8%的劳动移民在莫斯科州。[⑤] 另外，在克拉斯诺达尔斯克（4.2%）、汉特-曼西斯克（3.6%），以及滨海边疆区（2.9%）也有相当数量的外籍劳工。从行业分布来看，外来劳动移民大多从事建筑、资源开采、服务业等。其次，以劳动移民为载体，俄罗斯能与独联体其他国家继续保持紧密的社会联系。

就消极方面而言，大量移民涌入也会引发俄罗斯国内社会问题，其中最严

---

① 在苏联时期，联盟内部迁徙是一件正常的事情。在苏联解体前，有5430万人没有居住在本民族共和国内，这个数量占苏联总人口的19%，其中就有2530万俄罗斯族人没有居住在俄罗斯联邦境内，这个数量占当时俄罗斯联邦总人口的17.4%。参见 Государственный комитет СССР по статистике, Национальный состав населения СССР, Москва: Финансы и статистика, 1991. 52-92。

② Ивахнюк И. В. Формирование миграционной системы в постсоветской Евразии, Уровень жизни населения регионов России, 2007, (10): 22-35。

③ Рязанцев С. В. Миграционные мосты в Евразии, Москва: Экон-информ, 2012. 42。

④ Постановление Правительства Российской Федерации об определении потребности в привлечении в Российскую Федерацию иностранных работников и утверждении соответствующих квот на 2014 год, 31 октября 2013 года。

⑤ Рязанцев С. В. Миграционные мосты в Евразии, Москва: Экон-информ, 2012. 43。

重的是非法移民问题。非法移民一般分两类：一类是非法入境；另一类是非法就业。由于俄罗斯对大部分独联体国家实行免签制度，所以不存在非法入境问题。也就是说，俄罗斯的非法移民问题大多是指非法就业。在俄罗斯造成非法就业问题的原因主要有以下几点。一是俄罗斯办理就业许可的行政程序烦琐，打"黑工"现象普遍。在俄罗斯办理工作许可需要花上2~3个月时间。也就是说，在这2~3个月内，外来劳工是不允许就业的。然而，来俄罗斯务工的劳动移民大多对薪资需求十分迫切，因此，相当部分劳动移民会选择直接就业，也就是打"黑工"，工作2~3个月后回国，逃避办理工作许可。① 二是用人单位不按规定办事，打法律"擦边球"，愿意用"黑工"。一些地方的用人单位专门设立2~3个月的短期工，工作完成后劳动移民可直接回国。由于俄罗斯在移民事务管理上出现了漏洞，非法就业问题日益严重。在2012年颁布的《俄罗斯至2025年国家移民政策发展构想》中，俄罗斯也承认，现行的移民政策已经不适合劳动力市场的要求，需要进行调整。②

因此，依托欧亚经济联盟，制定多边移民政策、加大对移民监管力度对俄罗斯治理非法移民来说十分必要。在欧亚经济联盟劳动共同市场框架内，俄罗斯意图推动以下工作。一是制定统一的移民政策。不仅在双边层面，而且在多边层面，都要提高政府在移民事务管理中的作用，必须建立和发展针对移民的社会保障体系。二是完善移民领域的法律建设。这涉及推动移民管理体系朝透明化、公正化、高效化发展；建立针对移民的职业培训机制，提高移民的劳动技能；完善针对移民的社会及医疗保障体系，完善移民信息管理体系。目前，俄对后苏联空间国家移民尚未健全信息管理体系，对移民数量、工作能力、跨境汇款等方面缺乏数据统计和监管。③

---

① Последствия вступления Кыргызстана в Таможенный союз и ЕЭП для рынка труда и человеческого капитала страны, Санкт-Петербург: Евразийский банк развития, 2013, (13): 9.

② Концепция государственной миграционной политики Российской Федерации на период до 2025 года (2012).

③ Власова Н. И. Развитие интеграционных процессов в сфере миграции на пространстве СНГ, Российский внешнеэкономический вестник, 2011, (10): 52-58.

（四）维护地区经济利益

众所周知，俄罗斯把独联体国家视为其欧亚强国地位的支撑，在外交实践中，俄罗斯强调经济利益，试图在独联体国家建立一个介于欧盟与东亚之间的经济区。[①] 欧亚经济联盟就是俄罗斯维护其在独联体国家经济利益的工具。

1. 商品贸易领域

独立初期，独联体国家领导人普遍认为，依托苏联遗留的经济联系，能够维系新独立国家间的经贸关系，稳步向市场经济过渡。显然，这一估计太过乐观。2008年，独联体内的贸易额只占成员国对外贸易总额的21.5%，而从横向比较来看，欧盟内贸易要占成员国对外贸易总额的65%，北美自贸区的这一数据占比也达40%之高。[②] 在贸易领域，俄罗斯在欧亚经济联盟商品共同市场框架下的利益诉求有以下几点。

第一，提高独联体国家在对外贸易中的比重。独立以来，俄罗斯与独联体国家的经贸关系逐渐淡化。独联体在俄罗斯对外贸易中的占比从1994年的24%降至2009年的14.6%。2010年关税同盟成立时，按国际组织划分，欧盟占俄罗斯对外贸易的比重为50%，亚太经合组织国家为21.8%，欧亚经济共同体仅为8%；按国家划分，荷兰占比为10%，中国占比为9%，德国占比为8.1%，意大利占比为6.6%，乌克兰占比为5.6%，白俄罗斯占比为4.4%，其余独联体国家均未进入俄罗斯对外贸易伙伴前十位。[③]

第二，实现贸易结构多元化。俄罗斯与独联体国家贸易结构中燃料资源、金属矿产品占比较大。如表4-2所示，2000~2008年，俄罗斯向独联体国家的出口结构中燃料资源的比重在原有基础上继续上升，而金属矿产品、交通工具、机械设备等的出口却持续下降。因此，在俄罗斯与独联体国家贸易结构中，提高非燃料资源商品的比重、促进贸易结构的多元化势在必行。

---

① 〔俄〕德米特里·特列宁：《帝国之后：21世纪俄罗斯的国家发展与转型》，韩凝译，新华出版社，2015，第160页。
② Кулик С. А., Спартак А. Н., Юргенс И. Ю. Экономические интересы и задачи России в СНГ, Москва: Библиотека Института современного развития, 2010. 12.
③ Статистика и контрабанда: Анализ таможенных данных позволяет различного рода нарушения, Российская Бизнес-газета, 7 сентября 2010 года.

2. 跨国投资领域

国际投资主要由两部分构成：一是向国外投资，将本国剩余资本向国外转移，以获得海外高额利润；二是吸引外资，也叫国际筹资，利用外国资本来发

表4-2　2000年与2008年独联体国家在俄罗斯出口总额中的比重

单位：%

年份	燃料资源	金属矿产品	交通工具、机械设备等
2000	53.8	21.7	8.8
2008	69.6	13.3	4.9

资料来源：Кулик С. А., Спартак А. Н., Юргенс И. Ю. Экономические интересы и задачи России в СНГ, Москва: Библиотека Института современного развития, 2010。

展本国经济。[1] 在欧亚经济联盟中，俄罗斯在跨国投资领域的利益诉求主要有以下两个方面。

第一，推动资本扩张。从投资对象国来看，俄罗斯资本几乎控制着亚美尼亚和吉尔吉斯斯坦的战略经济部门，如能源、交通、金融、电信、基础设施等。[2] 哈萨克斯坦和白俄罗斯是俄罗斯资本亟待突破的两个国家，但这两国的情况不同，俄罗斯所要采取的策略也不同。哈萨克斯坦经济私有化程度高，外资比例较大且多元，俄罗斯将与其他经济体（欧盟、中国、美国、日本等）进行资本竞争。2012年对哈投资前三名的分别是荷兰（490亿美元）、英国（247亿美元）和中国（182亿美元），之后是美国（179亿美元）和法国（86亿美元），而俄罗斯只有53亿美元，与日本的51亿美元相当。[3] 俄罗斯的投资额仅占哈外国投资总额的1.6%。与哈萨克斯坦相反，白俄罗斯经济国有化程度高。降低白俄罗斯经济国有成分，推动其私有化，是俄罗斯资本大规模进入白俄罗斯市场的动力之一。因此，《欧亚经济联盟条约》第106条专门要求白俄罗斯农业领域的国有成分比重必须下降22%。[4] 从投资领域来看，目前俄

---

[1] 李建民：《独联体国家投资环境研究》，社会科学文献出版社，2013，第9页。

[2] 关于该部分内容请参见本章第4、5节。

[3] Нацбанк раскрыл главных инвесторов Казахстана, 12 января 2013, http://tengrinews.kz/markets/natsbank-raskryil-glavnyih-investorov-kazahstana-226516/.

[4] Договор о Евразийском экономическом союзе, статья 106.

罗斯资本大多集中在战略经济部门，且投资主体单一。① 国有能源企业是俄罗斯对外投资的主力军，投资领域也大多集中在能源领域及其相关领域。在欧亚经济联盟内建立资本共同市场有助于俄罗斯资本在周边地区的扩张，实现投资领域多元化，从能源、基础设施领域为主的战略经济部门向其他经济领域外溢。

第二，改善投资环境，吸引外资进入。"改善投资环境"是欧亚经济联盟工作的重点方向之一，优先程度仅排在"确保宏观经济稳健发展"之后。② 值得注意的是，在基础设施建设领域，欧亚开发银行资金缺口较大。目前，基础设施建设是欧亚经济联盟吸引外资的重点领域。

3. 油气资源领域

苏联是资源大国，资源开采业占工业比重较大。能源出口所得的收入是苏联财政收入的一个大项。苏联解体后，原有统一的能源开采、供给和加工体系被打破，重要油气田、运输管道及加工产业被新独立国家各自占有。俄罗斯天然气工业股份公司失去了它在苏联时代拥有的石油管道的1/3和天然气储备的1/3。③ 由于哈萨克斯坦、阿塞拜疆、土库曼斯坦及乌兹别克斯坦等油气资源丰富的国家开始奉行独立的、多元的能源政策，俄罗斯在后苏联空间的能源垄断地位受到威胁。为此，俄罗斯在后苏联空间维护能源利益方面有以下做法。

第一，继续扩大与后苏联空间国家在油气领域的合作。俄罗斯国有能源公司将加大对欧亚经济联盟其他国家的投资力度，积极参与油气资源开采、运输和加工。关于这方面内容将在下文详细探讨。

---

① 郭连成、潘广云：《俄罗斯对独联体的对外直接投资——基于经济及政治层面的分析》，《俄罗斯中亚东欧研究》2007年第3期，第41~47页。

② 2015年10月16日最高欧亚经济委员会通过的《欧亚经济联盟经济发展重要方向》文件中明确了欧亚经济联盟至2030年工作的9大优先方向，依次如下：（1）确保宏观经济稳健发展；（2）改善投资环境；（3）发展创新经济，推动现代化发展；（4）建立稳定的金融市场；（5）大力发展基础设施，发挥过境潜力；（6）加大人力资源开发；（7）提高能源利用率；（8）推动地区发展；（9）推动对外贸易发展。参见 Решение Высшего Евразийского экономического совета №28 «Об Основных направлениях экономического развития Евразийского экономического союза», 16 октября 2015 года.

③ Панюшкин В., Зыгарь М., Резник И. Газпром: Новое русское оружие, Москва: Захаров, 2008. 22.

第二，加强对油气管道控制。为了扩大国际能源市场份额，降低对俄罗斯的依赖，那些油气资源丰富的新独立国家纷纷试图绕过俄罗斯直接与消费市场建立点对点的供应关系。俄罗斯对此举表示不满，有时百般阻挠，有时又无可奈何。目前，绕开俄罗斯的油气管线主要有三个方向。其一，东向。2009年开通了"中国—中亚"天然气管道。该管道的A、B、C线从土库曼斯坦经乌兹别克斯坦、哈萨克斯坦到中国；D线从土库曼斯坦经塔吉克斯坦、吉尔吉斯斯坦进入中国。在石油方面，有中哈石油管道。其二，西向。2006年巴库（阿塞拜疆）—第比利斯（格鲁吉亚）—杰伊汉（土耳其）石油管道开通，打破了俄罗斯在里海地区的石油运输垄断地位。2014年，从阿塞拜疆到南欧的"南方天然气走廊"正式动工。哈萨克斯坦也利用巴库—第比利斯—杰伊汉石油管道向土耳其、欧洲出口石油。其三，南向。从土库曼斯坦经阿富汗、巴基斯坦到印度的"塔—彼"（TAPI）天然气管道于2015年11月开始动工。此外，与过境国矛盾也影响到了俄罗斯能源出口的安全性，如2006年与2009年俄乌两度"斗气"事件。为此，俄罗斯采取的具体措施有两种：一是与哈萨克斯坦组建"里海管道财团"，强化对北向油气管道的控制；二是绕开过境国，直接与消费国对接，如从俄罗斯经波罗的海到德国的"北溪"（Северный поток）天然气管道。

第三，加强对出口天然气价格的调控，利用价格杠杆影响与后苏联空间国家的关系。2004~2005年，在国际油价上涨的背景下，为了扩大财政收入，俄罗斯决定不再向后苏联空间国家提供优惠的天然气价格，要以市场价供气。然而，俄罗斯对调控对象国进行了划分，分为"亲俄"和"离俄"两类。以白俄罗斯和乌克兰为例。2005年"橙色革命"后，乌克兰尤先科政府奉行"亲西方"的外交战略，与俄罗斯渐行渐远。2014年乌克兰再起风波，与欧盟签署了联系国协定，站在了俄罗斯的对立面。在天然气价格上，除受国际石油价格波动影响，俄罗斯一直主张提高对乌供气价格，从2006年每千立方米88.6美元升至2016年每千立方米230美元。① 与之相反，俄罗斯给白俄罗斯的供气

---

① Цены на газ для Украины и Европы: график, http://info.vedomosti.ru/special/gaspriceschange.shtml.

价格则要低得多。从时间上看，俄罗斯给白俄罗斯的天然气价格是先提高，后下降。从 2006 年每千立方米 100 美元，升至 2014 年每千立方米 168 美元。2015 年欧亚经济联盟启动后，俄罗斯降低了对白俄罗斯供气价格，降至每千立方米 154~155 美元，[①] 2016 年继续降至每千立方米 135~140 美元。[②] 显然，从油气价格调控也能看出俄罗斯对周边国家是亲疏有别。

第三节　俄罗斯对集体安全条约组织政策

集体安全条约组织是由独联体框架内的《集体安全条约》机制发展而来。1992 年 5 月 15 日，俄罗斯、哈萨克斯坦、乌兹别克斯坦、塔吉克斯坦、亚美尼亚和吉尔吉斯斯坦的国家首脑签订了《集体安全条约》。1993 年 9 月 24 日，阿塞拜疆加入该条约，1993 年 12 月 9 日，格鲁吉亚加入该条约，1993 年 12 月 31 日，白俄罗斯加入该条约。该条约于 1994 年 4 月 20 日正式生效。1999 年 4 月《集体安全条约》到期，俄罗斯、哈萨克斯坦、白俄罗斯、塔吉克斯坦、亚美尼亚和吉尔吉斯斯坦签订了《集体安全条约续约备忘录》，阿塞拜疆、格鲁吉亚和乌兹别克斯坦三国未签署该备忘录，即退出了《集体安全条约》。2002 年 5 月，《集体安全条约》缔约国领导人通过决定，将《集体安全条约》机制改组为区域性国际组织。2002 年 10 月，六国领导人签订了《独联体集体安全条约组织章程》及相关法律文件，此后该组织的法律条文及体制机制不断发展完善。经过 20 余年的发展历程，集体安全条约组织已经成为一个有影响力的区域性组织。

俄罗斯在集体安全条约组织（集安组织）发展历程中一直是主导力量，其角色和作用无可替代。集安组织的发展脉络和节奏与俄罗斯独联体政策的调整密切相关，俄罗斯对集安组织的政策经历了一个不断调试的过程。俄罗斯期望集安组织成为其在欧亚地区推进一体化、增强影响力和巩固优势地位的重要

[①] Цена газа из РФ для Белоруссии в 2015 г. Составит $ 154-155 за тыс. кубов. РИА-Новости, 17 декабря 2014 года, http：//ria.ru/economy/20141217/1038693631.html.

[②] Александр Суриков: Цена на газ России для Беларуси в 2016 году может снизиться, http：//www.soyuz.by/news/union-business/23353.html.

工具，但在现实中，作为多边机制的集安组织并非完全由俄罗斯摆布。

俄罗斯对集体安全条约组织（自《集体安全条约》签订时算起）的政策以其整体对外政策为背景，经历了一个从无到有、逐步加强的过程。进入21世纪，俄罗斯的大力推动是集安组织快速发展的重要因素。

一　源于历史遗产的俄罗斯"集体安全"政策

俄罗斯独立之初，不再像苏联时期那样将西方视为战略威胁，而是将其视为能助俄罗斯尽快摆脱旧体制、实现西方民主制的帮手，所以满怀融入西方的希望和热情，实行了"一边倒"的亲西方政策。但西方并不像俄罗斯所想象的那样和蔼可亲，也不像其期望的那样慷慨大度。俄罗斯经济上采取的"休克疗法"没有成功，西方许诺的援助也大打折扣。现实困境使俄罗斯幡然醒悟：从西方得不到其所需要的支持和帮助。另谋出路成为俄罗斯不得已的选择。

俄罗斯与西方度过短暂的"蜜月"期之后，双方的地缘政治竞争便日渐凸显。随着后来北约和欧盟的东扩，俄罗斯与西方之间地缘政治较量的空间也越来越向俄罗斯方向靠近。西方从西往东挤压俄罗斯外部地缘政治空间的活动成效明显，同时，在俄罗斯的"后院"——独联体区域内的渗透也从未停歇。如何在独联体区域内巩固自己传统的优势地位并加强影响力，成为俄罗斯不得不面对的问题。

1993年4月，俄罗斯颁布了《俄罗斯联邦对外政策构想》，提高了对独联体地区的重视程度。1994年2月，叶利钦明确提出了国家利益至上的外交原则。在独联体地区，俄罗斯一方面强调要与各国建立牢固的双边关系；一方面注重倡导地区内多边机制的发展。

1995年俄罗斯颁布的《俄罗斯联邦对独联体国家战略方针》中指出，同独联体国家的关系在俄罗斯政策中占有优先地位，俄罗斯对独联体政策的主要目标包括：建立经济和政治一体化的联合体；增强俄罗斯在独联体地区政治和经济关系体系中的主导作用；加快独联体内的一体化过程等。[1] 同时寻求构建

---

[1] 郑羽：《独联体十年：现状·问题·前景（1991~2001）》下卷，世界知识出版社，2002，第895页。

集体安全体系，将独联体作为恢复俄罗斯大国地位的战略依托。

独联体成立之时，其成员国曾打算以独联体联合武装力量总司令部来接管苏联武装力量，构建独联体统一的武装力量，但由于成员国分歧较大，这一构想未成现实。原加盟共和国将苏联遗留的军事遗产瓜分殆尽，并纷纷组建本国的武装力量。俄罗斯获得了苏联75%的部队、80%的战略核力量、50%的武器装备和70%的军工生产企业。同时，在阿塞拜疆、格鲁吉亚、摩尔多瓦等国的军队，特别是重要的技术兵器也主要在俄罗斯的控制之下。[1] 俄罗斯凭借继承的苏联军事遗产，在其他独联体国家保留了大量的军事存在，这使俄罗斯保持了对当事国的军事影响力。

独联体地区出现的一系列民族冲突和地区动乱，不仅直接损害了当地俄罗斯人的利益，造成大量难民流入俄罗斯，而且也严重恶化了相关国家与俄罗斯的关系。鉴于上述情况，俄罗斯政府开始重视独联体国家间在军事安全领域的合作以保证地区稳定的问题。[2] 为应对独联体区域内的安全问题，针对区域内的地区武装冲突，俄罗斯与相关国家成立了独联体维和部队。比如在南奥塞梯由俄罗斯、格鲁吉亚和南奥塞梯共同组成的维和部队，在阿布哈兹由俄罗斯、格鲁吉亚和阿布哈兹组成的维和部队，以及后来在塔吉克斯坦由俄罗斯、哈萨克斯坦、乌兹别克斯坦、吉尔吉斯斯坦组成的维和部队。这些维和部队基本上都是以俄罗斯武装力量为主。另外，苏联解体后，独联体一些国家的边界安全保障工作仍由俄罗斯来承担，比如亚美尼亚、哈萨克斯坦、吉尔吉斯斯坦、塔吉克斯坦、乌兹别克斯坦和土库曼斯坦等国。尽管俄罗斯国内经济、安全形势不佳，甚至有些俄罗斯精英抱有"甩包袱"的思想，但其在维护独联体地区安全稳定方面仍发挥了重要作用。

虽然俄罗斯调整了独联体政策，开始寻求加强在独联体地区的影响力，推进独联体地区的一体化进程，但俄罗斯国内经济安全状况及地区形势牵制了俄罗斯独联体政策的推进和落实。在20世纪的最后几年里，俄罗斯倡导的独联

---

[1] 郑羽：《独联体十年：现状·问题·前景（1991-2001）》上卷，世界知识出版社，2002，第383页。

[2] 郑羽：《独联体十年：现状·问题·前景（1991-2001）》上卷，世界知识出版社，2002，第151~152页。

体一体化未取得明显的进展。

第一，社会经济困境使俄罗斯缺少足够的精力投入对外政策的实施。俄罗斯采取的"休克疗法"没有成功，工农业生产出现负增长（见表4-3），国际债务加重。经济形势的恶化除了体现在经济指标上，更表现在人民生活状况的恶化上。由于整体经济状况不佳，社会大众生活水平大幅度下滑的同时，俄罗斯继承苏联的社会保障体系已经无法正常运转，各种因素导致俄罗斯国内人口持续减少。从1993年开始，俄罗斯人口总量出现下降，到1994年1月，其人口总数比上年同期减少了20万。至此，除1995年1月的人口总数比上年同期有所增加外，在接下来的13年里俄罗斯的人口总数都在持续下降。为了恢复和发展经济，俄罗斯做了很多努力，直至2000年普京执政后，经过一系列大刀阔斧的改革，俄罗斯经济才有了起色。在国家处于困难时期，俄罗斯没有给予人口问题以足够的关注，更缺乏有效的应对之策。进入21世纪之后，在经济和社会形势出现好转的情况下，俄罗斯政府提高了对人口问题的重视程度，并投入大量资源改善居民生活条件，采取相关措施鼓励生育、吸收移民、延长人均寿命。由于政策效果的滞后性，直到2010年俄罗斯人口增长趋势才出现转机（见表4-4）。

表4-3 1991~1999年俄罗斯经济增长率

单位：%

年份	1991	1992	1993	1994	1995	1996	1997	1998	1999
GDP增长率	-5.0	-14.5	-8.7	-12.7	-4.1	-3.6	1.4	-5.3	6.4

资料来源：参见陆南泉主编《俄罗斯经济二十年（1992~2011）》，社会科学文献出版社，2013，第74页。

表4-4 俄罗斯常住居民年动态一览

单位：百万人

年份	人口总数	年份	人口总数
1990	147.7	2001	146.3
1991	148.3	2002	145.2
1992	148.5	2003	145.0
1993	148.6	2004	144.3
1994	148.4	2005	143.8
1995	148.5	2006	143.2

续表

年份	人口总数	年份	人口总数
1996	148.3	2007	142.8
1997	148.0	2008	142.8
1998	147.8	2009	142.7
1999	147.5	2010	142.8
2000	146.9	2011	142.9

资料来源：1990~2000 年数据来自俄罗斯统计委员会网站，http://www.gks.ru/scripts/db_inet/dbinet.cgi?pl=2403012；2001~2011 年数据来自俄罗斯统计委员会网站，http://www.gks.ru/wps/wcm/connect/rosstat_main/rosstat/ru/statistics/population/demography/#。

第二，国内安全困扰牵制俄罗斯对外政策的步伐。1991 年苏联解体，车臣分离主义势力趁着政局动荡、中央政府顾不到边远地区之际，开始谋求独立。同年 10 月，在阿富汗战争中曾被授予"苏联英雄"称号的退役将军杜达耶夫当上车臣共和国的总统。他一上台就公开宣布车臣独立，并建立了车臣的第一支正规部队国民卫队，人数最多时达到 6 万人。1992 年，车臣一分为二，西部的印古什地区宣布加入俄罗斯联邦。1993 年，印古什以外的车臣地区再度宣布独立，大量俄罗斯族人移出车臣地区。1994 年 12 月 11 日，叶利钦签署《解除"非法"武装和在车臣境内恢复宪法法律制度》的命令，俄联邦武装力量和内务部部队约 3 万人向车臣开进。经过数月的激战，俄罗斯付出惨重代价，却没有达到目的。1995 年 8 月底，俄罗斯官方与车臣非法武装签订了《哈萨维尤尔特协议》，双方同意无条件停止使用武力和以武力相威胁解决冲突，并在 2001 年以前解决车臣地位问题。虽然车臣问题暂时得以缓和，但车臣武装分子对俄罗斯领土完整和国家安全稳定造成的威胁并未消解。与此同时，车臣问题还在国际上给俄罗斯造成负面影响。首先，导致独联体其他国家担忧俄罗斯为达目的使用暴力，并在一定程度上对俄罗斯倡导的地区一体化产生疑虑。其次，西方一些国家因车臣问题而批评俄罗斯领导人"破坏民主"和"践踏人权"，有些国家还对俄罗斯实施经济制裁。直到第二次车臣战争之后，车臣问题才得以解决，使俄罗斯的内外处境有所缓和。

二 俄罗斯积极推动集体安全条约组织发展

进入21世纪之后,随着普京政权的确立,俄罗斯在独联体地区的政策进一步调整,独联体在俄罗斯外交战略中的地位得到持续巩固和提高。在继续加强与独联体国家双边关系的同时,俄罗斯对多边机制的重视程度也迅速提升。2000年的《俄罗斯联邦国家安全构想》中明确规定俄罗斯与独联体国家发展关系、推进独联体范围内的一体化是俄罗斯外交的主要目标之一。[①] 俄罗斯根据独联体地区发展状况差异及自身能力,不再贪大求全,而是提出分层次、分速度地推进独联体一体化的思路,在不同的领域发挥自己的能力,在一定范围内实现有效的一体化发展。俄罗斯采取的具体做法是在经济领域主推欧亚经济共同体,在安全领域主推集体安全条约组织。2002年普京在向俄罗斯联邦议会提交的国情咨文中再次指出:"今后也将根据我们的能力和国家利益——军事战略、经济和政治利益,绝对务实地制定俄罗斯对外政策。独联体是保证世界广大地区稳定的现实因素,是一些具有共同任务和利益的国家组成的有影响力的联合体。独联体国家的工作是俄罗斯外交重要的优先方面。"[②] 在2003年的国情咨文中普京再次强调,俄罗斯外交的主要任务是维护其国家利益,俄罗斯把独联体地区看作自己的战略利益范围。[③] 2008年的《俄罗斯联邦对外政策构想》明确提到,发展同独联体成员国的双边和多边合作是俄罗斯外交政策的优先方向。[④] 2009年5月俄罗斯总统批准的《2020年前俄罗斯联邦国家安全战略》指出,在独联体自身以及集体安全条约组织和欧亚经济共同体框架下,俄罗斯将在独联体成员国区域内努力发展区域能力和次区域一体化合作中

[①] Концепция национальной безопасности Российской Федерации, http://www.scrf.gov.ru/documents/1.html, 2011-11-07.
[②] 〔俄〕普京:《普京文集》,中国社会科学出版社,2002,第602~623页。
[③] 〔俄〕普京:《普京文集(2002-2008)》,中国社会科学出版社,2008,第18~36页。
[④] Концепция внешней политики Российской Федерации. http://www.mid.ru/bdomp/ns-osndoc.nsf/e2f289bea62097f9c325787a0034c255/de43a8a4bcd17daac325784500296ef8/$FILE/%D0%9F%D1%80%D0%B8%D0%BB%D0%BE%D0%B6%D0%B5%D0%BD%D0%B8%D0%B5%20%E2%84%96%201.doc.

的作用和影响力。① 2013年2月12日普京批准新版《俄罗斯联邦对外政策构想》，其中指出：发展与独联体国家的双边和多边合作、进一步巩固独联体是俄罗斯外交政策的优先方向；俄罗斯将集体安全条约组织视为独联体地区现代安全保障体系的重要组成部分；有必要将集体安全条约组织进一步转变成能够应对现代挑战和威胁的综合性国际组织。② 俄罗斯对独联体地区保持着高度的热情，也给予集体安全条约组织足够的重视。2014年12月俄罗斯联邦发布的《俄罗斯联邦军事学说》再次将集安组织作为安全合作的优先方向，指出："与集安组织成员国共同增强集安组织集体安全体系的力量和手段，以保障集体安全和联合防卫。"③

随着俄罗斯独联体政策的进一步调整及其国内形势的好转，俄罗斯对集安组织机制发展的推动有所加强。由于独联体范围内的复杂形势，以及各国发展状况和关注问题的差异，俄罗斯凭一己之力无法推行整个独联体范围的一体化。鉴此，俄罗斯开启了分层次、分速度地推进独联体一体化的思路，持续加强俄罗斯在独联体地区的影响力。俄罗斯在独联体范围内不再贪大求全，而是在不同的领域按照自己的能力推出有效的一体化发展计划。俄罗斯的具体做法是在经济领域主推欧亚经济共同体，在安全领域主推集体安全条约组织的发展。

两个因素促使俄罗斯对集体安全条约组织的重视程度和投入力度不断加强：其一是不断加重的恐怖主义和极端主义等威胁；其二是应对美国和西方在独联体尤其是在中亚国家的渗透。世纪交替之际，恐怖主义和宗教极端主义势力活动加剧，尤其在中亚地区，由于各国无力控制局势，"三股势力"不仅对中亚各国安全和地区稳定构成严重威胁，同时向周边地区蔓延。俄罗斯也深受恐怖主义威胁之苦，对打击国际恐怖主义很是关切。在这种情况下，俄罗斯与

---

① Стратегия национальной безопасности Российской Федерации до 2020 года, http://www.scrf.gov.ru/documents/99.html.

② Концепция внешней политики Российской Федерации, Утверждена Президентом Российской Федерации В. В. Путиным 12 февраля 2013, http://www.mid.ru/brp_4.nsf/0/6D84DDEDEDBF7DA644257B160051BF7F.

③ Военная доктрина Российской Федерации, http://news.kremlin.ru/media/events/files/41d527556bec8deb3530.pdf.

中亚国家签署《集体安全条约》，在打击恐怖主义和宗教极端主义方面加强了合作。

2001年"9·11"事件之后，美国借反恐战争之机，在中亚和整个独联体地区实施积极进入的政策。在与美国进行反恐合作思想的指导下，俄罗斯没有反对美国和北约军事基地进驻中亚。于是，美国的军事基地有史以来第一次出现在这一地区，并呈现迅速扩展的趋势。从2001年10月起，几个月内美国在中亚五国先后获得了领空通行权和七个机场的使用权。这对打击塔利班提供了有力支持，但随着美国和西方力量在中亚地区的发展，其作用和影响逐渐超出了反恐所需要的范围。美国在南高加索和中亚及乌克兰的影响也得到明显加强。受美国和西方的支持，"颜色革命"在独联体地区频繁发生。北约东扩对俄罗斯战略空间造成挤压和冲击。美国和北约在欧洲紧锣密鼓地推进部署反导弹防御系统计划给俄罗斯带来不安。俄罗斯亟须采取应对措施，展现自己在地区事务中的积极态度和作用，增强自己在独联体地区的威信和影响。现实给予俄罗斯足够的动力来推进集体安全条约组织机制发展，把它建设成有实际活动能力的机制，使之在解决现实问题中发挥建设性作用，以保持俄在南高加索地区和中亚地区的影响力，平衡和遏制美国在中亚急速扩大的影响。

非传统安全威胁为俄罗斯积极主导集体安全条约组织发展提供了契机。2001年5月独联体国家集体安全理事会会议期间，普京在答记者问时指出《集体安全条约》地区各国面临着严重的恐怖主义、极端主义和毒品走私威胁，表示各国"希望联合起来反对任何形式的恐怖主义和极端主义"。① 普京在2003年的国情咨文中指出："世界上发生的事情证明我们朝着建立集体安全条约组织方向迈进的选择是正确而及时的。因为出现了现实而非虚构的威胁——恐怖主义、跨国犯罪和毒品渗透——的策源地就在我们附近，我们必须与集体安全条约组织的伙伴保障独联体大部分地区的稳定与安全。"②

同时，俄罗斯国内局势的发展成果和趋势也为俄罗斯的对外政策提供了有

---

① 〔俄〕普京：《普京文集》，中国社会科学出版社，2002，第302~304页。
② 〔俄〕普京：《普京文集（2002~2008）》，中国社会科学出版社，2008，第18~36页。

力的保障。随着普京政策的逐渐发力，俄罗斯国内政治经济形势慢慢好转，俄罗斯在集体安全条约组织中的主导地位不断得到加强。综合国力逐渐恢复和提升尤其是军事建设能力的恢复，为俄罗斯主导集体安全条约组织发展提供了必要的基础和支撑。

普京在2006年的国情咨文中讲道："军队的情况发生了质的改变。武装力量的现代化结构建立起来了，正在用新的现代化军事技术武装军队。"[1] 2008年的《俄罗斯联邦对外政策构想》指出："将集体安全条约组织作为保持独联体稳定与安全的重要工具予以全面发展，尤其要重视将集体安全条约组织建设为能够适应各种安全形势的多功能一体化机制，使集体安全条约组织成员国能够进行及时有效的联合行动，把集体安全条约组织转变成能够保障独联体区域内全面安全的重要机构。"[2] 2009年5月俄罗斯总统批准的《2020年前俄罗斯联邦国家安全战略》再次强调，集体安全条约组织被视为应对区域军事政治和军事战略性挑战和威胁以及打击毒品和精神药物非法交易的重要国家间工具。[3] 2013年2月12日普京总统签署的《俄罗斯联邦对外政策构想》中再次强调，俄罗斯将集体安全条约组织视为独联体区域现代安全保障体系中最重要的机制之一；在集体安全条约组织责任区及其邻近地区各种全球性和区域性因素影响不断加强的情况下，促进集体安全条约组织进一步向一个多功能的国际组织转型，以应对当代的各种挑战和威胁；促进集体安全条约组织的发展，将其作为维持集体安全条约组织区域稳定与安全的重要工具；重点加强快速反应机制及其维和能力，并注重集体安全条约组织成员国之间对外政策的协调。[4]

调整政策立场的同时，俄罗斯加大了推动集安组织建设和运行方面的力

---

[1] В. Путин: Послание Федеральному Собранию Российской Федерации, http://archive.kremlin.ru/text/appears/2006/05/105546.shtml.

[2] Концепция внешней политики Российской Федерации, http://www.mid.ru/bdomp/ns-osndoc.nsf/e2f289bea62097f9c325787a0034c255/de43a8a4bcd17daac325784500296ef8/$FILE/%D0%9F%D1%80%D0%B8%D0%BB%D0%BE%D0%B6%D0%B5%D0%BD%D0%B8%D0%B5%20E2%84%96%201.doc.

[3] Стратегия национальной безопасности Российской Федерации до 2020 года, http://www.scrf.gov.ru/documents/99.html.

[4] Концепция внешней политики Российской Федерации.

度。2000年6月23日，俄罗斯联邦总统普京签署了《集体安全条约缔约国间军事技术合作基本原则协定》[1]。根据该协定，各成员国可在该组织框架内以优惠条件获得军用产品供应。集安组织框架内俄罗斯无偿为成员国军事安全部门培养人才，有近千人在俄罗斯军事院校和普通高校里接受培训。[2] 俄罗斯的军事力量是集安组织军事力量组成中的重要部分，包括俄罗斯驻在吉尔吉斯斯坦的坎特联合军事基地、驻在塔吉克斯坦的201军事基地、俄罗斯－白俄罗斯区域集团部队和在高加索地区的俄罗斯－亚美尼亚联合部队。集安组织成员国在构建联合防空体系方面的工作也是以俄罗斯牵头的双边合作为基础，已成立的有俄罗斯和白俄罗斯之间的联合防空体系、俄罗斯与亚美尼亚的区域防空体系。俄罗斯与哈萨克斯坦《关于成立俄哈区域防空体系的协定》也于2013年1月30日在阿斯塔纳签订。[3]

三　俄罗斯对外政策中集安组织的价值和局限

俄罗斯把独联体地区看作自己的"势力范围"，集安组织逐渐成为俄罗斯推进独联体一体化、巩固和加强俄罗斯在独联体地区地位和影响力、抵制和阻止西方向独联体地区挤压与渗透的工具。

鉴于独联体地区"独"与"联"的两种倾向及域内相关国家"亲俄"与"疏俄"的两种态度，俄罗斯采取了灵活务实的地区政策，通过双边多边等多重手段，力求巩固和加强俄罗斯与域内国家的关系。俄罗斯积极推动集安组织的发展是其在该地区保持地位及影响力的重要方法和途径之一。集安组织具有军事联盟性质，成员国间互为盟友。俄罗斯作为集安组织的主导力量，在该组织框架内与其他成员国形成"不对称安全依赖"。集安组织是俄罗斯向其他成

---

[1] О подписании Соглашения об основных принципах военно-технического сотрудничества между государствами-участниками Договора о коллективной безопасности от 15 мая 1992 г..

[2] 19 декабря в Секретариате ОДКБ состоялся «круглый стол» на тему «Взаимодействие власти и общества в целях противодействия внешнему вмешательству и «цветным революциям», http://www.odkb-csto.org/presscenter/detail.php?ELEMENT_ID=3132.

[3] На ратификацию в Госдуму внесено Соглашение между Россией и Казахстаном о создании Единой региональной системы противовоздушной обороны, http://www.kremlin.ru/acts/19582.

员国提供安全保障机制，也是将它们套牢在俄罗斯"圈子"里的强力纽带。在笼络独联体地区的过程中，俄罗斯并未过分依赖集安组织。一定程度上可以说，集安组织是俄罗斯对双边机制的一个扩展和补充。在相互尊重主权独立的基础上，俄罗斯与伙伴国家之间的关系已达到很高的水平，俄罗斯在双边关系层面继续加强对相关国家影响的空间有限。在此情况下，俄罗斯以高水平的双边关系为基础，发展以俄为主导的多边机制成为其实现地区内政策目标的重要选择。因为在多边机制框架下，可以规避双边关系机制中无法接受的"主权让渡"问题。比如集安组织机制中规定："成员国决定在自己领土上部署非组织成员国的军队（武装力量）、军事基础设施，须先与其他成员国进行磋商（达成一致）。"① 这种事关主权独立的条款在俄罗斯与其他成员国的双边关系框架中很难存在，而在集安组织框架内却变得可被接受，从而帮助俄罗斯限制非成员国军事力量进入该地区。

根据《集体安全条约》《集体安全条约组织章程》等法律文件及集安组织机构和职能来看，集安组织的主要功能包括以下几个层面。第一，应对区域内矛盾冲突和防御外来入侵。第二，应对恐怖主义、跨国犯罪、非法移民、贩毒及紧急状态等非传统安全问题。第三，面对复杂的世界和地区形势成员国间进行外交协调。《集体安全条约》的内容表明，其功能包括以下几个方面。第一是协调缔约国之间的关系、规范解决缔约国之间矛盾的方式，强调在相互关系中应该放弃采取武力和以武力相威胁，坚持以和平方式解决自身与其他国家间的矛盾分歧。第二是协调对外关系，条约不损害缔约国与其他国家签订的双边和多边条约及协议所规定的权利和义务，不针对第三国，缔约国将不加入军事同盟或参与任何国家集团以及反对其他缔约国的行动，缔约国间应就所有涉及缔约国利益的重大国际安全问题进行磋商，并协调立场。第三是应对侵略威胁，当一个或多个缔约国领土完整和主权安全遇到威胁或是国际和平与安全受到威胁时，缔约国应立即进行共同磋商、协调立场并采取措施消除威胁；如果一个缔约国受到来自某一国家或国家集团的侵略，则将视为针对本条约所有缔

---

① 《集体安全条约组织章程》，Устав Организации договора о коллективной безопасности, http：//www.dkb.gov.ru/b/azg.htm, 2012 年 12 月 4 日。

约国的侵略,当出现对任一缔约国的侵略行为时,其他缔约国将向其提供包括军事援助在内的必要援助,并遵照《联合国宪章》第51条运用实施集体防御法可支配手段提供支持。《集体安全条约组织章程》中规定,集安组织的目标包括巩固国际和地区和平、安全与稳定,在集体基础上保护成员国独立、领土和主权完整,成员国要提供政治资源以优先实现这些目标。

近年来,集安组织在反恐,以及打击贩毒、跨国有组织犯罪和非法移民等应对非传统安全方面表现活跃,在防止阿富汗乱局外溢殃及中亚地区方面有所作为,成为维护欧亚地区安全的积极因素。这些既符合集安组织成员国的现实安全利益,也符合俄罗斯的地缘政治利益。但与此同时,集安组织在面对不涉及所有成员国广泛利益的问题时,常常表现为无所作为。无论是面对2008年俄罗斯与格鲁吉亚的战争、2014年以来俄罗斯与乌克兰的冲突,还是面对亚美尼亚与阿塞拜疆的"纳卡"冲突等,在无法得到集安组织有效支持的情况下,俄罗斯仍然只能凭借自身实力予以应对。

集安组织框架内各成员国的角色和地位并不一致,成员国对该组织的诉求和态度也不尽相同。俄罗斯为组织建设和发展提供的资源最多,出的人力、物力最多,并力图以己为中心来推进集安组织的发展方向和组织模式。随着俄罗斯与美国和西方关系的恶化,集安组织在一定程度上被俄罗斯赋予了对抗美西方及北约的"使命"。相比之下,集安组织其他各成员国对集安组织的诉求与俄罗斯存在明显差别。出于国家安全现实需要,它们对集安组织有依赖,同时也担心在安全方面对集安组织的过度依赖会损害本国的独立主权和现实利益。各成员国尤其不希望集安组织沦为俄罗斯对抗美西方的工具。这种状况使得其他成员国在集安组织的发展进程中并非完全跟着俄罗斯的节奏走。

俄罗斯在该组织的建设和发展中发挥着主导作用,但并不意味俄罗斯可以在集安组织"搞一言堂",或随心所欲地掌控该组织。比如,2011年秋天俄罗斯提出改变集安组织的表决机制,"放弃一致原则(即所有成员国一致赞成的原则),改为多数通过原则"。[①]但该建议却未受到欢迎,而且2012年6月乌

---

① 该建议是由俄现代发展研究所提出的,而该研究所的管理委员会主席是时任俄罗斯总统梅德韦杰夫。Михаил Тищенко. Беспокойный союзник: Узбекистан уходит из ОДКБ, http://www.lenta.ru/articles/2012/06/29/again,2012年10月8日。

兹别克斯坦再次退出集安组织也与此建议不无关系。虽然乌兹别克斯坦退出集安组织还有其他的原因，但对俄罗斯试图随意改变多边机制游戏规则的不满，无疑是乌兹别克斯坦退出集安组织的重要原因之一。

在世界局势的发展变化及俄罗斯国家实力和外交战略的调整等多重因素共同作用之下，俄罗斯对集安组织的政策仍会面临新的问题和挑战，继而具有持续探索的空间。

第四节　俄罗斯与独联体国家关系

俄罗斯与独联体各国的关系是一个复杂的命题。在这个由十二个国家（现有九个成员国）构成的区域内，每个国家在俄罗斯对外战略中的地位并不相同，俄罗斯对各国的政策亦有差别。因此，本节以力求反映俄罗斯与各国关系实质为目的，择取俄罗斯与独联体国家关系中的关键点来阐述。

一　俄白联盟进程中的俄白关系

俄罗斯和白俄罗斯的双边关系是两国在不断一体化进程中建立发展起来的，因此，俄白两国的一体化进程可以最大限度地反映两国关系的进展及实质。

（一）俄白一体化的建立与发展

俄白一体化是在复杂的地缘政治环境中发展起来的。首先，从内部联系来看，几个世纪以来两国兄弟般的关系、相互依存的经济，以及共同的语言、传统和文化使两国加强关系成为必然。[1] 其次，从外部环境看，北约和欧盟的双东扩极大地挤压了俄罗斯的战略空间，俄面临来自西方巨大的地缘政治压力；而位于俄罗斯和西方东扩前沿的白俄罗斯同样面临来自西方的安全威胁。根据联盟理论，面临的威胁越严重，易受攻击的国家越有可能寻求联盟。[2] 于是，两国开始在弥漫着无望和失败主义氛围的独联体地区寻求创造性联合，在苏联

---

[1] Союзное государство: 20 лет совместного развития, https://www.postkomsg.com/files/tilda/20years_of_union_state/.

[2] 〔美〕斯蒂芬·沃尔特：《联盟的起源》，周丕启译，上海人民出版社，2018，第23页。

灾难性分裂之后采取"制衡"①的方式结盟，在某种程度上遏止了俄在后苏联空间地缘政治上的进一步退让。根据其不同时期的特点，俄白一体化进程可以分为三个时期。

1. 第一个时期：1991~1999年

在这一阶段，俄罗斯和白俄罗斯在复杂的地缘政治环境下探索和尝试建立高度一体化的联盟国家。

俄白一体化的思想最早由1991年时任白俄罗斯总理的克比奇提出，他认为，白俄罗斯与原苏联各加盟共和国有着密不可分的经济联系，主张把加强同独联体各国特别是与俄罗斯的政治经济合作作为白俄罗斯对外政策的优先方向。② 1992年6月26日，俄白两国建立外交关系。1994年6月，白俄罗斯举行大选，当时年轻的政治家亚历山大·卢卡申科认为，斯拉夫民族是能够把原苏联各民族联合起来的核心。③ 作为竞选口号，他主张把与俄罗斯的融合作为白俄罗斯外交政策的核心，直到最终融为一个国家。当选总统后，他也没有食言，开启了与俄罗斯深度一体化的进程。

1995年2月21日，俄白两国总统签署了《俄罗斯联邦和白俄罗斯共和国友好、睦邻和合作条约》。1996年4月2日，两国首脑在莫斯科签署了《关于组建俄罗斯和白俄罗斯共同体条约》，自愿组成一个深度融合的政治和经济共同体。俄白共同体的建立是两国在社会经济和政治领域接近道路上最重要的步骤，这个共同体建立在两国友好、睦邻和合作条约以及1995年5月白俄罗斯全民公决结果和1995年10月俄罗斯联邦委员会两院决议的基础之上。共同体条约的签署标志两国建立了同盟关系，俄白一体化正式启动，并成为建立"俄白联盟国家"的前奏。

此后，两国希望在经济和社会其他领域更多地实现有效一体化，这促使双方决定把共同体改组为拥有更多权限的一体化组织——联盟。1997年4月2日，

---

① 国家在面临外部威胁的挑战时，或者采取制衡行为，或者追随强者。"制衡"是指与其他国家结盟以反对具有优势一方的威胁；"追随强者"是指与引发危险者结盟。〔美〕斯蒂芬·沃尔特：《联盟的起源》，周丕启译，上海人民出版社，2018，第17页。
② 郑羽主编《列国志·独联体1991~2002》，社会科学文献出版社，2005，第77页。
③ 郑羽主编《列国志·独联体1991~2002》，社会科学文献出版社，2005，第78页。

第四章 俄罗斯与独联体地区

两国在莫斯科签署了《白俄罗斯和俄罗斯联盟条约》，1997年5月23日《俄白联盟章程》通过，1997年6月11日这两个文件生效。俄白共同体升级为俄白联盟，两国的一体化水平有了进一步提升。

1998年12月25日，卢卡申科和叶利钦签署了一系列新文件，如《白俄罗斯和俄罗斯进一步联合的声明》《俄白两国公民平等权利条约》《为俄白两国经济主体建立平等条件的协定》等。在第一个声明中两国承认俄白联盟是成功的，并认为有必要通过建立一个成熟的联盟国家来进一步深化一体化。一年后即1999年12月8日，在莫斯科签署了《建立联盟国家条约》①，并通过了《俄罗斯联邦和白俄罗斯共和国落实联盟国家条约条款行动纲领》，"俄白联盟国家"成立。联盟国家标志着两国联合成民主法治国家的进程进入新阶段。②

根据《建立联盟国家条约》，联盟国家的目标是："1. 保证两国人民兄弟友谊和平民主地发展，巩固友谊和提高人民生活水平；建立统一经济空间以保证在联合物质智力潜力和利用市场经济机制的基础上实现社会经济发展；在公认的原则和国际法准则基础上遵守人和公民的基本权利和自由；实施协调的对外政策和防御政策；建立民主国家的统一法律基础；实施协调的社会政策，为保证人的体面生活和自由发展创造条件；保证联盟国家的安全，与犯罪做斗争；为巩固欧洲和世界和平与安全开展互利合作，发展独立国家联合体。2. 联盟国家目标的实现将根据经济和社会问题的需要按照优先原则分步骤进行，具体措施以及落实具体措施的期限由联盟国家相关机构决定，或者参与国通过签署其他条约来决定。3. 随着联盟国家的发展，将考虑通过其宪法。"③

联盟国家的机构设置为：联盟国家最高国务委员会、联盟国家议会、联盟国家部长会议、联盟国家法院、联盟国家审计署。这些机构的职能和权限取决于联盟国家主管的问题。

---

① 白俄罗斯在1999年12月24日批准该条约，俄罗斯在2000年1月2日批准该条约，2000年1月26日，在两国议会批准该条约后，该条约正式生效。
② Договор о создании союзного государства, Статья 1, http://www.soyuz.by/about/docs/dogovor5/.
③ Договор о создании союзного государства, Статья 2, http://www.soyuz.by/about/docs/dogovor5/.

《建立联盟国家条约》的签订具有深远的意义,当时白俄罗斯领导人卢卡申科说:"我们可以在国防和安全领域进行更密切的合作,在国际舞台上用一个声音说话,签署条约是历史的必然,该条约是进入21世纪我们两国关系的基础。"而叶利钦握着卢卡申科的手说道:"直到永远。"[①]

俄白一体化的第一阶段一直持续到1999年底,这一阶段是俄白一体化集大成时期,双方历经俄白共同体、俄白联盟、俄白联盟国家发展三部曲,签署了一系列务实合作条约。两国关系发展紧密,在国际舞台上相互协作,互相支持。

2. 第二个时期:2000~2010年

在这一时期,俄白联盟国家进一步发展,同时起到引领欧亚一体化发展的作用。

2000年初,普京就任俄罗斯总统,俄白一体化开启了第二个阶段。普京将加强与独联体国家的合作视为俄罗斯外交政策的优先方向,将加强俄白联盟关系视为头等重要的任务。[②] 2003年1月,俄白两国签订了《联盟国家社会发展构想(2003~2005年)》,双方规划了各个领域的合作项目并规定了实现时间。此外,普京积极落实《为实现联盟国家条约的行动纲要》中提出的一系列项目,在增长联盟预算、推进货币一体化进程、强化社会各领域交流以及起草联盟宪法等方面做了大量工作。

普京在密切俄白关系的同时积极推动欧亚一体化进程。2000年10月10日,欧亚经济共同体成立,这是包括俄罗斯、白俄罗斯、哈萨克斯坦、吉尔吉斯斯坦和塔吉克斯坦五个国家的国际经济组织。它的建立是欧亚一体化实践中的转折点,[③] 随着独联体整体一体化进程受挫,欧亚经济共同体成为俄罗斯、白俄罗斯和中亚国家一体化的组织。该组织以经济合作为重点,旨在统一法律,并在协调经济结构改革进程的基础上进行更密切的合作。它的建立发展借鉴了许多俄白联盟国家的经验。

---

① Союзное государство: 20 лет совместного развития, https://www.postkomsg.com/files/tilda/20years_of_union_state/.
② Концепция внешней политики Российской федерации, 2000г., http://docs.cntd.ru/search/intellectual/q/.
③ Нурсултан Назарбаев: Евразийский Союз: от идеи к истории будущего, Известия, 25 октября 2011.

这一时期，俄白之间的能源关系发生了变化。"9·11"事件之后，俄罗斯与西方反恐合作加大，关系有所好转，俄对白俄罗斯的地缘战略需求下降，俄国内开始更多从经济角度审视两国关系。俄罗斯领导层启动了一项为期五年的计划，即从2006年底开始逐步取消给白俄罗斯的能源补贴，这首先包括2006～2011年俄供应给白俄罗斯天然气价格分阶段增长，直至达到欧洲平均水平。根据普京的设想，到2011年底，"天然气折扣"将逐渐停止运作，供应白俄罗斯的天然气将符合市场价格。

其实，普京从当选俄罗斯总统起就在逐渐改变俄白两国业已形成的能源格局，逐渐提高俄供给白俄罗斯的天然气价格，这显然引起了白俄罗斯的不满。俄白两国在能源领域的频繁摩擦在某种程度上影响了两国关系以及一体化进程。2008年5月，梅德韦杰夫正式担任俄联邦总统，他基本继承了普京时期的俄白联盟国家政策。

在这一阶段，俄白联盟国家项目进一步发展，但速度有所放缓，俄罗斯领导层在发展俄白关系的同时，开始更多关注欧亚地区一体化的发展。在这一时期，俄白联盟国家主要发挥了引领欧亚一体化的作用。

3. 第三个时期：2011年至今

这一时期主要是在欧亚一体化新形势下探索俄白联盟国家发展途径。

2011年10月3日，普京在第三任期开始前夕在《消息报》发表题为《新欧亚一体化计划——未来诞生于今日》的文章，提出了建立欧亚联盟的设想，也开启了加速欧亚一体化的进程。普京希望建立"一个强大的超国家联盟模式，能够成为当今世界的一极，并成为连接欧洲和蓬勃发展的亚太地区的纽带"。[①] 普京提出的"欧亚联盟"设想首先得到哈萨克斯坦和白俄罗斯领导人的支持。

纳扎尔巴耶夫在《欧亚联盟：从理念到未来的历史》一文中提出了"从国家和人民利益出发的自愿一体化是通向繁荣的最短途径"[②] 的观点。卢卡申

---

① Владимир Путин: Новый интеграционный проект для Евразии—будущее, которое рождается сегодня, Известия, 3 октября 2011.
② Нурсултан Назарбаев: Евразийский Союз: от идеи к истории будущего, Известия, 25 октября 2011.

科随后发表在《消息报》上的《我们的一体化命运》一文中热烈地支持普京的设想：创建一个重要的联盟是通向世界稳定的切实一步，没有一体化是行不通的。① 同时，他特别强调国家的主权和独立："无论对于俄罗斯还是其他国家来说，真正的成功是在平等互惠基础上与其邻国建立牢固的关系，而且只能遵循这样的原则，否则俄罗斯及其邻国都没有稳定和安全可言。"② "志同道合者和伙伴国都不会把联盟建立在不平等的关系上，这是公理。……恰恰是这样的思想正在流入我们新的联盟。"③ 可见，无论是哪种形式的一体化，白俄罗斯首先考虑的都是主权问题。

2015年1月1日，欧亚经济联盟成立。它是独联体地区新的经济一体化组织。它的启动是欧亚一体化的重要事件，俄罗斯把工作重心放在了这个组织上，俄白联盟国家的发展速度有所减缓，但这并不意味着联盟国家失去了存在的必要。独联体研究所所长康斯坦丁·扎图林认为："欧亚经济联盟的发展不应导致联盟国家的废除。俄白联盟国家的发展潜力似乎比欧亚经济联盟的发展潜力更深刻，联盟国家的消失会使俄罗斯利益受损，并对后苏联空间的融合起到反作用。"④

俄白联盟国家和欧亚经济联盟不是相互排斥的，两个一体化机构相得益彰，可以并行发展。俄白联盟国家的发展为欧亚经济联盟提供了前车之鉴，将来欧亚经济联盟在向政治一体化过渡时可充分利用俄白联盟国家建设的经验。联盟国家应该被视为整合欧亚经济联盟的核心，它将客观地加强欧亚联盟的形成，使后苏联空间的融合过程本身不可逆转。⑤

通过以上三个发展阶段可以看出，"融合"是俄罗斯和白俄罗斯的国家理念，两国领导人积极推动联盟在各领域的合作以及项目的落实，使联盟国家在既定的轨道上前进。

---

① Александр Лукашенко: О судьбах нашей интеграции, Известия, 17 октября 2011.
② Александр Лукашенко: О судьбах нашей интеграции, Известия, 17 октября 2011.
③ Александр Лукашенко: О судьбах нашей интеграции, Известия, 17 октября 2011.
④ Константин Затулин: Потенциал Союзного государства гораздо более глубокий, чем потенциал ЕАЭС, http://www.materik.ru/rubric/detail.php?ID=19901&phrase_id.
⑤ Л. Е. Криштапович: Союзное государство как исторический выбор Беларуси и России, http://www.materik.ru/rubric/detail.php?ID=15992&phrase_id.

（二）俄白联盟国家的特点

俄白联盟国家与该地区其他一体化组织相比有其自身特点。

第一，建立在经济密切联系基础上的全方位一体化。无论从广度还是从深度上来说，俄白联盟国家的一体化程度都非常高，这是独联体地区其他一体化组织无法企及的。独联体其他次区域组织通常把目标首先定为经济一体化，而俄白一体化从一开始的定位就是两国全方位的高度融合，即包括经济一体化在内的涵盖政治、军事、社会、人文、外交政策全方位的一体化。《建立联盟国家条约》签署20年以来，俄白关系蓬勃发展，签署了150多个几乎涉及两国所有关键领域的合作协议，并且大部分都得到了落实。俄白两国密切经济联系，加强共同防御能力，在国际舞台上采取协调一致的立场；在科技领域实现高水平的互利合作，建立了稳定的区域联系；俄白两国公民在工作权、养老金和医疗保健、居住地选择，以及教育方面享有平等的权利。全方位的一体化使两国的融合更加充分，结合更加紧密。

第二，密切的军事合作与共同的防御政策。军事合作的密切程度是衡量两国关系的重要指标。虽然两国都与世界上很多国家发展军事和军事技术合作，但俄白两国在军事上互为最重要的战略伙伴。

在成为联盟国家之前，双方就为了保证安全签署了一系列军事合作条约和协议，并成立了国防部联合部务委员会。1999年签订的《建立联盟国家条约》第18条规定，联盟国家主要目标之一是"建立联合防御政策，协调军事建设领域的活动，发展成员国武装部队，共享军事基础设施，以及采取其他措施保持联盟国家的防御能力"。[1]

两国认为建立俄白两国在集体安全保障方面的合作具有重要意义。无论是在集安条约组织框架内发展军事和军事技术合作，还是配合国际社会寻找应对带有全球性质的新挑战和新威胁的方法，都需要两国建立完善和密切的军事合作系统。[2]

卢卡申科认为双方在石油、天然气、食品及其他领域出现的问题都能解决，但在两国共同边界安全和国防问题上无论如何都不能出现问题，绝对不能

---

[1] Договор о создании союзного государства, Статья 18, http://www.soyuz.by/about/docs/dogovor5/.
[2] 《两国元首签署巩固集体安全体系宣言》，俄罗斯卫星网，http://sputniknews.cn/russia/2008062342181909/。

讨价还价。① 他还认为俄白在军事安全领域的合作最为密切，双方与第三国的合作远达不到这个程度，俄白军事合作堪称典范。②

2017年10月，普京签署了《关于批准俄罗斯与白俄罗斯之间军队联合技术保障协议》的联邦法案，并批准了《对共同保卫俄白联盟外部领空边界的协议进行修改和增补的议定书》，旨在加强联盟国家外部领空边界的防御能力。2019年2月7日，白俄罗斯国防部部长拉夫科夫向记者表示，因美国决定退出《中导条约》，白俄罗斯和俄罗斯必须加强俄白联盟国家的军事合作。俄大使巴比奇在接受卫星通讯社采访时说：莫斯科和明斯克有能力做出决定，将北约可能改变地区力量平衡的措施"化为乌有"。③

第三，共同的种族、历史、语言、文化和宗教信仰使俄白联盟国家成为东斯拉夫人民紧密连接的一体化组织。公元4~6世纪分支出来的东斯拉夫人是俄罗斯人、乌克兰人和白俄罗斯人的祖先。④ 俄白在宗教源头上是相同的，10世纪，它们共同受洗，接受了东正教。18世纪俄普奥三国瓜分了波兰立陶宛大公国之后，白俄罗斯成为俄国的一部分，自此以后，俄白两个民族共同生活直到苏联解体。两个斯拉夫民族并肩作战共同抵御过1812年拿破仑的入侵、共同经历了两次世界大战，两个民族的命运紧紧联系在一起。

在白俄罗斯，国语是白俄罗斯语和俄语⑤，俄语和白俄罗斯语具有同等重要的地位，两个斯拉夫民族在语言沟通上毫无障碍。俄罗斯东正教会牧首阿列克谢二世认为，俄罗斯和白俄罗斯应该保持神圣的东正教的统一，两国人民将会统一。⑥

---

① 《白俄总统：不会缩减两国军事合作》，俄罗斯卫星网，http://sputniknews.cn/politics/201703201022137638/。
② 《卢卡申科认为俄白安全领域的合作堪称典范》，俄罗斯卫星网，http://sputniknews.cn/russia/2013050643760432/。
③ 《俄大使：不存在白俄罗斯加入俄联盟的建议》，俄罗斯卫星网，http://sputniknews.cn/politics/201903141027922623/。
④ 于沛、戴桂菊、李锐：《斯拉夫文明》，福建教育出版社，2008，第3~4页。
⑤ 〔白〕А. А. 科瓦列尼亚主编《白俄罗斯简史》，赵会荣译，王宪举校，社会科学文献出版社，2016，第1页。
⑥ Под редакцией Г. А. Рапоты, Р. А. Курбанова: Союзное государство Белоруси и России, Москва 2019, ООО «Издательство Юнити Дана», стр. 17.

正是共同的种族、历史、语言、文化和宗教信仰这些因素构成了俄白联盟国家的内核，成为两国得以接近并结成联盟的根本原因。

第四，地缘上互相倚重，互为重要的安全保障。俄罗斯与白俄罗斯两国毗邻，对于俄罗斯来说，一方面，白俄罗斯可以成为俄西部的缓冲地带，构成俄西部稳固的战略屏障，加大了俄与西方战略博弈的空间；另一方面，白俄罗斯是俄罗斯通往欧洲的西部门户，俄可借助这个运输走廊实现与中西欧主要贸易伙伴的陆路联系。对于白俄罗斯来说，与俄罗斯结盟有助于保障国家安全。苏联解体后，白俄罗斯面临的地缘政治环境并不乐观，特别是卢卡申科上台后，欧美国家对白实施了一系列制裁措施。与俄罗斯的合作特别是两国在军事领域的密切合作提高了白俄罗斯的安全系数，扩大了其外交回旋余地。

（三）在危机中强化的俄白关系

俄白联盟国家具有独联体地区其他一体化组织所没有的特点，正是这些特点使俄白联盟国家独树一帜，在后苏联空间成为相对稳固的联盟。尽管如此，联盟国家在20多年的发展过程中也面临很多问题，两国在各个领域进行全方位的合作，但是联盟国家的最终目标没有达成，建立统一经济空间的设想也发展滞后。[①] 如何在政治经济一体化变化的情况下平衡两国关系是需要思考的重要问题。[②] 转机出现在2020年8月的白俄罗斯大选危机后，俄白两国的一体化进程得以大大推进。

2020年初，由于没有就能源价格达成一致，俄白产生龃龉。美国趁机向白俄罗斯抛出了橄榄枝，承诺能帮助其解决能源问题，白俄罗斯一度表现出对欧美的热情。8月9日，白俄罗斯举行总统大选。计票结果显示，现任总统亚历山大·卢卡申科的得票率为80.23%，第六次当选白俄罗斯总统。大选结果公布后，白俄罗斯反对派发起了规模较大的抗议运动，欧美国家纷纷表示支持反对派，向卢卡申科施压，逼迫其下台。

8月10日，独联体国家观察员小组组长谢尔盖·列别杰夫在新闻发布会

[①] Алексей Викторович Шурубович, Российско-белорусская интеграция вновь на перепутье, Мир перемен, 2020. No1.

[②] Андрей Суздальцев, Кризис союзного государства Белоруссии и России, Мировая экономика и международные отношения, 2020. No3.

上表示，白俄罗斯总统大选符合法律规定，公开透明，具有竞争性，实现了公民意志的自由表达。独联体国家议会大会观察员小组协调员奥列格·梅利尼琴科参议员向卫星通讯社表示，明斯克的抗议活动明显带有挑衅性，不能证明白俄罗斯总统大选投票结果有问题。

同日，俄罗斯克里姆林宫新闻处发布消息，俄总统普京祝贺亚历山大·卢卡申科连任白俄罗斯总统。电文中强调："我期望，您主持国家事务将有助于进一步发展各个领域互利的俄白关系，加深联盟国家框架内的合作，加强欧亚经济联盟和独联体一体化进程，以及集体安全条约组织中的军事政治联系。这毫无疑问符合俄罗斯和白俄罗斯兄弟人民的根本利益。"[1]

白俄罗斯大选危机之后，俄罗斯立场鲜明地站在卢卡申科一边，认可大选结果，批评西方国家干涉白俄罗斯内政，并承诺必要时在联盟国家和集体安全条约组织框架内协助白俄罗斯解决面临的问题。9月14日，白俄罗斯大选后卢卡申科首次出访，在索契与普京会晤。双方就联盟国家框架内的一体化前景及两国战略关系进行了一对一的深入交谈。莫斯科将履行15亿美元的贷款协议。卢卡申科认为，白俄罗斯的边境就是联盟国家的边境，未来两国应进一步加强军事合作，抵御西部地缘压力。正是在俄罗斯的支持下，卢卡申科开始稳定局势，一场"颜色革命"浪潮逐渐退去。

白俄罗斯大选之后，欧美却完全换了一副面孔。对比近年来欧盟对白俄罗斯的"友善"和美国在2020年初许诺给白俄罗斯供应石油时的热情，白俄罗斯遭遇了欧美态度的急转直下。欧美拒绝承认卢卡申科是合法总统这一事实使白俄罗斯多年来奉行多边外交和与西方国家改善关系的努力前功尽弃。其实，对于东欧小国白俄罗斯，欧美并没有特别浓厚的兴趣。而在白俄罗斯背后的俄罗斯才是它们真正博弈的对象。美国和欧洲的政治家担心俄白日益融合可能改变欧洲的"力量均衡"。因此，美西方不遗余力分化瓦解俄白联盟，防止其达到更高的一体化水平。

在2020年8月的白俄罗斯大选危机中，欧美借机釜底抽薪，俄罗斯则力

---

[1] 《俄罗斯总统普京向白俄罗斯当选总统卢卡申科致贺电》，https://www.sohu.com/a/412450726_260616?_trans=000014_bdss_dknfqjy。

挽狂澜。在联盟国家框架内俄成功助白俄罗斯化解大选危机，为两国关系发展注入新的动力，两国关系得以强化。2021年9月，俄白两国就有关联盟国家的所有28项合作计划达成一致，并宣布两国开始经济一体化。① 多年来一直不温不火的俄白联盟国家议程大踏步地向前推进了。

综上所述，俄罗斯对白俄罗斯政策的关键点是：在独联体、联盟国家、欧亚经济联盟及集体安全条约组织框架内积极推动与白俄罗斯的一体化进程；利用共同的历史、语言、文化和宗教信仰等因素，巩固两国关系发展的精神内核；确保白俄罗斯成为俄罗斯西部稳固的战略屏障，保证俄罗斯西部安全；确保白俄罗斯政权稳固，亲俄领导人执政。

二 "渐行渐远"的俄乌关系

苏联解体后，俄罗斯与乌克兰的关系由两个加盟共和国的关系演变为两个独立国家的关系。在俄罗斯与独联体国家双边关系中，俄乌关系虽谈不上最密切，但理应属于最重要的一组关系。②

（一）乌克兰危机前的俄乌关系发展历程

经过了最初的调整期，自1995年开始，在俄罗斯的对外战略中，独联体始终位于其对外政策的优先方向。在北约和欧盟双东扩的大背景下，位于俄罗斯西部的邻国乌克兰就拥有了更加重要和特殊的意义。

1991年8月24日，乌克兰最高苏维埃宣布乌克兰独立。独立后的乌克兰把维护国家独立、领土完整和中立国地位作为对外政策的基本原则，通过与欧洲欧盟一体化和美国合作提高乌克兰国家地位，平衡俄罗斯对乌克兰的影响。③ 1994年当选的乌克兰总统库奇马在外交上采取更加务实、灵活的政

---

① 2021年9月，俄白两国就有关联盟国家的所有28项合作计划达成一致，并宣布开始两国经济一体化。俄白双方同意奉行共同的宏观经济政策，协调货币政策。两国计划进一步深化税收和海关关税一体化，并继续推进单一货币、货币监管以及国家支付系统的整合。同时，俄白开始举行年度最大规模的军事演习，以回应北约在边境地区不断进行的军事挑衅。俄白两国还就敏感的俄能源定价问题达成一致，2022年俄对白天然气出口价格将继续维持在2021年的水平。
② 郑羽主编《列国志·独联体1991~2002》，社会科学文献出版社，2005，第318页。
③ 参见沈莉华《苏联解体后的俄罗斯与乌克兰关系研究》，黑龙江大学出版社，2017，第89、103页。

策。他在执政期间把乌克兰融入欧洲作为对外政策的首要目标,并将其明确写入《乌克兰宪法》《乌克兰对外政策基本方针》《乌克兰国家安全构想》等重要文件中①,同时他也积极发展与俄罗斯的良好关系。1997年5月30日,俄乌两国签署了为期10年的《乌俄友好、合作和伙伴关系条约》,奠定了两国友好关系的基础。

乌克兰对俄罗斯的能源依赖非常强,其80%的石油和天然气都从俄罗斯进口。普京出任俄罗斯总统之后,俄罗斯依然在能源价格上给予乌克兰优惠政策。在与乌克兰关系上,俄罗斯以能源促合作。政治上,2003年5月,俄乌签署了战略伙伴关系宣言;经济上,2003年9月,俄、乌、白、哈、摩"独联体自由贸易区"②建立。

在库奇马执政的1994~2004年,俄乌关系虽有摩擦,但总体来说比较平稳。俄乌关系的第一次转折出现在2004年底。在乌克兰新一次大选中,爆发了"橙色革命"。美西方支持的乌克兰反对派候选人尤先科战胜亚努科维奇当选为乌克兰新一任总统(2005~2010年)。尤先科上台后,施行了激进的亲西方政策,将加入北约作为乌克兰对外政策的首要任务。执政期间,其在俄格冲突中公开支持格鲁吉亚、在乌克兰人文领域排挤俄语地位、破坏与俄罗斯的能源联系、与欧洲就天然气供应达成交易等一系列作为,使俄乌关系降到了历史低点。

2010年2月当选的乌克兰总统维克托·亚努科维奇反对前任总统尤先科奉行的"亲欧疏俄"政策,主张在欧洲和俄罗斯之间寻求更加平衡的外交政策。他认为乌克兰是东西方的桥梁,乌应该继续保持不结盟的身份,参与欧洲和独联体一体化进程。乌俄关系一度发展顺畅。特别是2010年春天,俄乌签署了将黑海舰队的驻扎期延长至2042年的协议,两国迎来了"蜜月期"。但是到2011年俄乌之间的"蜜月期"似乎已经结束,双方在天然气价格和乌克兰加入关税同盟的前景等问题上争论不休。2011~2013年乌克兰在关税同盟和欧盟之间一直举棋不定,反复无常。"俄罗斯官方对待乌克兰在该方面做法的态度非常明确,不能接受乌克兰'脚踏两条船',若其与欧盟结盟,关税同盟

---

① 参见沈莉华《苏联解体后的俄罗斯与乌克兰关系研究》,黑龙江大学出版社,2017,第103~104页。
② 2002年7月30日,乌克兰议会批准了《独联体自由贸易区协定》。

将果断采取贸易保护措施。"① 事实证明，希望在两个存在竞争关系的国际组织中都得到实惠是不可能的。

2013年11月下旬，乌克兰政府突然暂停了与欧盟签署准成员协定的筹备进程，当时距离计划在维尔纽斯的"东部伙伴关系"峰会上签署该协定的时间仅剩一周。乌克兰反对派对这个决定表示不满，不断组织示威活动对政府施压，要求政府辞职，并要弹劾总统。最终，乌克兰总统亚努科维奇流亡国外。

（二）乌克兰危机后的俄乌关系

2014年5月，波罗申科当选为乌克兰新一届总统，他依然实行融入欧洲的政策。乌克兰危机是俄乌关系史上的重大分期。2014年12月，乌克兰议会对两部法律做出修订，放弃国家的不结盟地位。根据其新版军事学说，乌克兰将恢复加入北约的路线，并应在2020年前保障其武装力量与北约成员国的军队完全兼容。乌克兰不断强化加入欧盟和北约的政策，2014年3月和6月乌克兰先后与欧盟签订了准成员国协定的政治和经济部分②，此时俄罗斯已经很难阻止乌克兰西去的步伐了。2015年12月中旬，乌总统波罗申科在访问布鲁塞尔期间签署了乌克兰和北约"国防与技术合作路线图"。

此后几年，乌克兰与俄罗斯的关系持续交恶，俄乌外贸额大幅度下降，并没有向好迹象。2018年4月12日，乌克兰宣布退出独联体。这是继2014年克里米亚"并入"俄罗斯后乌宣布退出独联体后的又一次表态。当时，乌克兰因失去克里米亚宣布退出独联体，但最终并没有退出。乌克兰的一系列举动意在得到西方认可，以便快速加入欧盟和北约。

《消息报》认为，乌克兰总统波罗申科宣布退出独联体是对所谓的"俄罗斯侵略"的某种回应。③ 俄罗斯官方对此反应比较克制："乌克兰退出独联体将损害自身及该国人民的利益，进一步恶化其经济情况，独联体框架内的自由贸易区对成员国在能源等诸多领域有特定的贸易优惠，乌克兰切断与独联体联

---

① Послание Президента Федеральному Собранию, http://www.kremlin.ru/news/19825.
② 乌克兰于2014年3月21日与欧盟签订了准成员国协定的政治部分，6月27日签订了经济部分，规定将同欧盟建立自由贸易区。
③ Алексей Забродин, Николая Поздняков: Уйти чтобы, остаться, Газета Известия, 19 апреля 2018г..

系的行为是不明智的。"① "独联体是成员国日常交流和对话的平台，乌克兰退出独联体就失去了这个平台，限制了自己的外交资源，是巨大损失。"② 可以看出，俄罗斯官方和学者对乌克兰宣布退出独联体持否定态度，希望乌克兰继续留在独联体内。

2018年12月6日，乌克兰最高拉达（议会）通过终止《乌俄友好、合作和伙伴关系条约》的决议。该条约签署于1997年，它是两国关系的基本文件，规定了两国战略合作伙伴关系。乌克兰的这一举动使俄乌关系变得更加复杂。2019年在后苏联空间俄罗斯最棘手的外交方向仍然是乌克兰。③ 2月，乌克兰最高拉达正式通过宪法修正案，把乌加入欧盟和北约的方针作为国家基本方针写入宪法。俄乌关系进一步疏远。

2019年4月23日大选获胜上台的乌克兰总统弗拉基米尔·泽连斯基把成为北约成员国作为乌克兰的优先事项。2020年8月，乌克兰退出了独联体国家在民用航空领域缔结的七项国际条约。2014年4月，乌克兰当局开始向当年2月发动政变后自行宣布成立的"卢甘斯克人民共和国"和"顿涅茨克人民共和国"发动军事行动，乌克兰东南部地区的问题非常严重，冲突双方持续交火。到2021年为止，冲突已造成1.3万多人死亡。但是基辅无法也无意通过执行《明斯克协议》来解决该问题。这些事件表明乌克兰政府实行的对外政策已经远离了俄罗斯。

（三）俄乌关系中的美西方因素

不可忽视的是，在俄罗斯与乌克兰的关系当中，美国因素一直存在。美国对乌克兰的政策就是使其脱离俄罗斯影响，进入西方轨道。2003年12月25日，墨菲和麦凯恩在基辅独立广场"人民会议"上发言表示美国支持乌克兰加入欧盟的诉求。2014年，俄罗斯国家杜马主席纳雷什金认为美国厚颜无耻

---

① 《俄罗斯上院议长说乌克兰切断与独联体联系不明智》，http://www.xinhuanet.com/world/2018-04/14/c_1122681960.htm。
② Неприемлемо представлять Содружество в качестве враждебной украинцам организации, Газета Коммерсантъ, № 68 (6306) от 19.04.2018, https://www.kommersant.ru/doc/3606613.
③ МИР без иллюзий и конфронтации: Россия и постсоветские страны в 2019-м Что изменилось в политике Кремля в ближнем зарубежье, https://news.ru/world/bez-illyuzij-i-konfrontacii-rossiya-i-postsovetskie-strany-v-2019-m/.

且不负责任的政策正将世界推向新"冷战"的边缘。① 在该年度的国情咨文中普京直言，美国直接或者间接地影响了俄罗斯同邻国之间的关系，关于和邻国的关系，有的时候还不如直接和美国政府沟通。②

美国还为乌克兰提供大量资金援助，向乌克兰出售武器。最近几年内，美国每年向乌克兰拨款2.5亿美元用于"应对俄罗斯的侵略行为"。这些费用用于培训乌克兰军人、购买武器和装备。2019年9月12日，美国参议院拨款委员会又通过2020财年国防预算案，批准为乌克兰拨款2.5亿美元作为对其安全援助。③ 9月16日，美国五角大楼代表表示，美国政府希望额外向乌克兰划拨1.415亿美元用于安全领域的援助项目。④

2019年10月，美国国务院再次批准向乌克兰出售价值近4000万美元的"标枪"反坦克导弹系统，其中包括150枚"标枪"导弹及相关设备。2018年3月，美国已经向乌克兰出售过总价值约4700万美元的武器。乌克兰外长普里斯泰科表示，美国军援款项的一部分将用于采购致命性武器。⑤

俄罗斯一再警告美国不要向乌克兰提供武器，因为这只会导致顿巴斯冲突的升级。俄总统新闻秘书佩斯科夫多次表示，美国向乌克兰提供武器的行为无助于顿巴斯问题的解决，也无助于《明斯克协议》的实施。

除了美国，北约对乌克兰的影响也极为深刻。2014年末乌克兰恢复加入北约路线后，北约领导人多次表达了支持。俄罗斯认为，乌克兰加入北约意味着北约军事基础设施进一步接近俄边界，这不会有助于加强欧洲安全，乌克兰加入北约问题虽不直接涉及俄罗斯，但它在很大程度上间接涉及俄罗斯。⑥ 2020

---

① 《俄议长：美国不负责任政策将世界推向新冷战边缘》，http://www.chinanews.com/gj/2014/09-16/6597642.shtml。
② Послание Президента Федеральному Собранию，http://www.kremlin.ru/news/47173。
③ 《美国参议院委员会批准2020财年向乌克兰拨款2.5亿美元》，http://sputniknews.cn/politics/201909131029547534/。
④ 《美国希望向乌克兰额外提供1.415亿美元用于安全领域的援助》，http://sputniknews.cn/economics/201909171029572725/。
⑤ 《乌克兰与美国签约采购第二批"标枪"反坦克导弹系统》，http://sputniknews.cn/military/201912271030327086/。
⑥ 《总统新闻秘书：乌克兰接近北约将不会有助于加强欧洲安全》，http://sputniknews.cn/politics/201707101023076326/。

年6月12日，北约向乌克兰提供了加强型伙伴国地位，乌成为北约第六个加强型特殊伙伴国。① 俄罗斯认为这不利于巩固欧洲安全与稳定。② 显然，以追求主导未来欧洲安全体系为目标的北约，"弱俄""遏俄"是其必然选项，这也导致独联体地区主导国家俄罗斯必然在乌克兰加入北约的问题上与美国和西方"迎头相撞"。乌克兰加入北约就意味着与俄罗斯直接进行对抗，这将导致乌克兰与俄罗斯陷入最为严重的对立。

综上所述，俄乌关系中俄罗斯对乌克兰的政策目标是：尽力将乌克兰留在独联体框架内，使乌克兰成为该框架一体化进程的参与者；对乌克兰加入北约持坚决反对态度，这是俄对乌政策红线；在乌俄罗斯族人的安全与发展也在俄罗斯的考虑之中。长期以来，乌克兰积极加入北约和欧盟的政策直接触及了俄罗斯对乌政策底线，这是俄乌关系持续交恶的重要原因。同时，以美国为首的北约对乌克兰的染指是西方干涉独联体事务的缩影，这是导致俄罗斯与西方直接对峙的重要原因之一。这一矛盾近期无法解决，俄与西方的博弈在独联体地区特别是在乌克兰仍将持续上演。

三 俄罗斯与中亚地区

中亚地区是指后苏联空间的哈萨克斯坦、吉尔吉斯斯坦、塔吉克斯坦、乌兹别克斯坦和土库曼斯坦五国。30年来，中亚各国在独立后各自走上了民族国家建设和发展道路，基本上都完成了独立主权国家的建设过程。在社会经济发展方面，由于历史、政治、经济、文化、传统、人口和资源禀赋的关系，各国发展差异较大。对于俄罗斯来说，中亚国家是历史形成的俄特殊利益地区，是俄军事政治、经贸和人文领域优先合作的重要伙伴，也是保证欧亚国家南部安全的重要伙伴。

俄罗斯尊重后苏联空间各国人民的选择，支持其独立和自主的发展道路。俄罗斯与中亚所有国家都建立了战略伙伴关系，与大多数国家建立了同盟关

---

① 2014年北约引入"增强版"伙伴国地位，以便一些国家与北约建立更深入、专门的双边关系。此前获得该地位的国家包括澳大利亚、芬兰、格鲁吉亚、约旦和瑞典。
② 《俄白联盟国家国务秘书：白俄大选中未发现违法行为》，http://sputniknews.cn/politics/202008101031937136/。

系，这意味着在遭到侵略和其他重大安全威胁时双方将相互提供援助。俄罗斯与中亚国家形成了定期高层会晤机制。国家领导人之间保持着高频率接触。

目前，俄罗斯与中亚在双边基础上，以及在独联体、集体安全组织、欧亚经济联盟和上合组织等一体化组织框架内进行富有成效的互动。

（一）俄罗斯与中亚国家经济、人文关系

其一，经济方面。俄罗斯与中亚国家的联系非常活跃，地区间的横向经济合作迅速发展。俄罗斯与中亚国家关系的快速发展主要得益于有雄厚的法律基础，目前，双方总共签署900多个双边和跨政府合作协议，其中70%是关于经济合作的。俄罗斯是中亚国家最大的投资者，俄罗斯对该地区投资总额达200亿美元（其中47%在能源领域，22%在有色金属领域，15%在电信领域），中亚地区有1万多个俄罗斯参股的合资企业。[1] 2018年，俄罗斯与中亚国家贸易总额达258亿美元，其中与哈萨克斯坦贸易额为182亿美元，与吉尔吉斯斯坦贸易额为18.8亿美元，与塔吉克斯坦贸易额为8.93亿美元，与土库曼斯坦贸易额为4.44亿美元，与乌兹别克斯坦贸易额为43.8亿美元。[2] 贸易结构方面，除原材料，主要有工业品、农产品、化工产品、药品、金属、汽车以及机电产品等。

俄罗斯还帮助中亚国家解决可持续发展问题。2008~2019年，俄罗斯提供了总数达60多亿美元的资金，其中42亿美元是双边项目，近20亿美元通过联合国等国际组织提供。[3] 俄罗斯帮助中亚国家建立和更新经济贸易和工业基础设施，发展医疗和教育，保证地区国家粮食和生态安全。

其二，人文方面。俄与中亚各国对区域和全球议程主要问题的看法一致或非常接近，经贸关系十分密切，人文交流稳步推进，俄语仍然是中亚地区民族间的主要交流语言。俄重视对中亚地区俄语教师的培训。

大约有17.2万名中亚国家的学生在俄罗斯大学就读，其中5.9万人由俄罗斯联邦预算提供资助。中亚各国都有俄罗斯重点高校代表处或者分校，比如

---

[1] Россия и Центральная Азия, https://www.mid.ru/rossia-i-problemy-central-noj-azii.
[2] Россия и Центральная Азия, https://www.mid.ru/rossia-i-problemy-central-noj-azii.
[3] Россия и Центральная Азия, https://www.mid.ru/rossia-i-problemy-central-noj-azii.

莫斯科大学、普列汉诺夫经济大学、莫斯科航空学院、莫斯科动力学院、俄罗斯石油天然气大学、莫斯科国立技术大学等。2019年5月，俄罗斯莫斯科国际关系学院第一所分校在乌兹别克斯坦开办。吉尔吉斯斯坦和塔吉克斯坦与俄罗斯联合开办的大学有吉尔吉斯斯坦-俄罗斯斯拉夫大学、俄罗斯-塔吉克斯坦斯拉夫大学。在阿什哈巴德开办的俄罗斯-土库曼斯坦普通教育学校——普希金学校也很受欢迎。目前俄正与哈萨克斯坦商议在哈萨克斯坦创办俄哈大学和普通教育学校。俄罗斯高校在中亚国家的分校培养了数以万计的年轻专家。此外，在中亚国家中俄语学校学习可以使中亚国家学生获得考入俄罗斯高校的平等机会。

其三，劳动力市场。俄罗斯与中亚国家（土库曼斯坦除外）的免签证制度、安全合作以及没有语言障碍等因素使中亚国家公民对俄罗斯劳动市场保持很高的兴趣。各国政府在移民调节领域密切合作，不断完善有关立法基础。2017年，俄罗斯与乌兹别克斯坦签署《关于有组织地挑选乌兹别克斯坦公民在俄罗斯联邦工作的政府间协议》，这是一个良好的"创举"。俄罗斯与塔吉克斯坦也准备签署类似协议，与吉尔吉斯斯坦也在起草类似的政府间文件。目前有400多万名中亚国家公民在俄长期工作。2013~2018年，中亚国家的侨汇收入为552亿多美元。据有关专家估计，外来移民创造了俄罗斯近10%的GDP。[①]

（二）俄罗斯与中亚安全问题

在安全方面中亚国家对俄罗斯的意义重大，尤其是中亚的安全形势对俄罗斯有很大影响，中俄两国的许多大型项目也与中亚地区局势息息相关。俄罗斯欧亚经济联盟战略与中方的"一带一路"倡议都需要一个统一稳定、没有冲突的中亚，无论中国还是俄罗斯，目前都不会减少对中亚地区的关注。[②]

目前，中亚地区面临的安全威胁主要有以下几个方面：一是中亚地区主要的安全威胁来自阿富汗；二是外国军事恐怖分子在参与西亚北非战争后企图回国的频繁跨境流动；三是独联体国家加入"圣战者"的人数估计有数千人；四

---

① Россия и Центральная Азия https://www.mid.ru/rossia-i-problemy-central-noj-azii.
② 《专家：孱弱的中亚对俄中稳定构成威胁》，http://sputniknews.cn/politics/201702221021926394/。

是恐怖主义与有组织犯罪和贩毒有密切联系。① 俄罗斯特别重视在上海合作组织地区反恐怖机构框架内加强各国的合作，该地区几乎所有国家，包括阿富汗，都是上合组织的成员国、观察员国或对话伙伴国。此外，集体安全条约组织对维护地区稳定非常重要。其任务包括打击恐怖主义、非法贩毒和网络威胁。

俄罗斯与中亚各国在集体安全条约组织、独联体和上海合作组织框架内的反恐和反毒品合作具有不可替代的作用。2019~2021年，俄罗斯给塔吉克斯坦拨款350万美元用于抵制毒品威胁。② 俄罗斯与联合国禁毒署有合作项目，为中亚国家、阿富汗和巴基斯坦培训"缉毒"后备人才。

随着美国从阿富汗撤军，中亚安全问题再次引起俄罗斯与有关国家的关注。中亚的塔吉克斯坦、乌兹别克斯坦和土库曼斯坦与阿富汗接壤，其中塔吉克斯坦与阿富汗的边界长达1400多公里，乌兹别克斯坦与阿富汗的边界长114公里，土库曼斯坦与阿富汗的边界长800多公里。保障这一漫长边界的安全，阻止境外恐怖主义和非法贩运毒品行为渗透，是摆在俄罗斯与中亚国家面前的重大任务。

（三）俄美在中亚的博弈

俄罗斯与中亚国家的关系时常受到美国掣肘。美国在"9·11"事件后不断扩大其在独联体地区的影响力。在中亚方向，"9·11"事件后，美国借反恐之名进驻中亚国家，大幅度提升了美国在中亚的影响力，并力图将中亚国家打造为美国反恐战略的重要"支点"。2005年之后，美国又积极推行"大中亚计划"③，运用政治、经济、军事、人文等综合手段加大对中亚国家的介入，削弱俄罗斯在该地

---

① Сергей Лавров, Министр иностранных дел России: К 25-летию установления дипотношений со странами Центральной Азии, 《Международная жизнь》, No 3, 2017 г., https://interaffairs.ru/jauthor/material/1813.
② Россия и Центральная Азия, https://www.mid.ru/rossia-i-problemy-central-noj-azii.
③ 这是由美国学者提出、最终上升为美国政府层面的针对中亚和南亚地区的对外政策构想。2005年8月，美国霍普金斯大学中亚问题专家斯塔尔在《外交》季刊上发表题为《美国与大中亚：合作与发展伙伴关系计划（GCAP）》的文章，首次提出了"大中亚计划"，强调美国的战略目标要求其在大中亚地区建立涉及政治、经济与安全的多边机制，以阿富汗为立足点，通过共同利益与共同需求将阿富汗与中亚五国及印度、土耳其连接成一个地缘板块，以促进该地区发展和民主改造，帮助美国应对极端主义。该计划很快得到美国政府的认可，美政府官员在国会听证会、政府战略报告等场合和文件中进一步阐述了"大中亚计划"的构想，并争取中亚国家的支持。

区的影响力，以便重塑中亚地缘政治格局。目前，美国对中亚的重视程度与日俱增，通过各种传统影响手段和"C5+1"机制在中亚培养了大批亲美精英，哈萨克斯坦、乌兹别克斯坦外交政策中表现出的独立自主成分，除本国政治进程因素外，也不同程度地受到美西方的影响。[①]

中亚地区是俄罗斯重要的利益空间，俄罗斯对中亚国家的政策是：巩固和发展与中亚各国的良好关系，保持俄罗斯在中亚的主导地位；加强与中亚国家的安全合作，防止中亚安全局势恶化外溢效应对俄产生影响；深化与中亚国家在欧亚经济联盟、集体安全条约组织，以及在上合组织框架内的密切合作。

在独联体地区，俄罗斯与中亚国家长达30年的一体化融合使俄在中亚地区占得先机。受美欧政策影响，乌兹别克斯坦等中亚国家的政策呈现摇摆性，但仍无法动摇俄罗斯在这一地区的优势地位。

四 俄美地缘博弈中的外高加索

高加索地区是具有重要地缘政治意义因而为大国关注的战略要地。高加索山脉自西北和向东南横贯黑海和里海之间。苏联解体前，整个高加索地区，除土耳其外，均是苏联领土。苏联解体后，高加索成为大欧洲和大中东的分界线。北高加索包括俄罗斯的车臣共和国、印古什共和国、达吉斯坦共和国、卡巴尔达-巴尔卡尔共和国、北奥塞梯共和国等。外高加索亦称南高加索则是指格鲁吉亚、阿塞拜疆和亚美尼亚三国所在的地理区域。

（一）外高加索重要的地缘政治意义

外高加索地区是多种民族、多种文化、多种宗教聚集地区，苏联解体后其成为大国竞争的重要地区。首先，外高加索地区拥有丰富的自然资源，尤其是高品质的石油和天然气资源。其次，外高加索的地理位置决定了它的地缘政治意义。在某种程度上，控制了高加索地区就等于控制了进入欧亚大陆的通道。外高加索的阿塞拜疆、格鲁吉亚和亚美尼亚不仅受到接壤国家即俄罗斯、土耳其和伊朗的关注，也受到美国、欧盟、中东国家的关注。

对于俄罗斯来说，在地缘经济方面，外高加索是里海石油和天然气通

---

① 李永全：《欧亚地缘政治形势与大国博弈》，《俄罗斯研究》2020年第4期。

往欧洲的通道，中亚的石油和天然气也需要经过外高加索地区输往欧洲；在地缘政治方面，外高加索是成为俄罗斯的安全屏障还是成为其安全威胁，对俄罗斯的安全环境影响巨大。

对于美国和欧洲来说，防止俄罗斯控制外高加索是其长远的地缘战略。美国从苏联解体后就开始经营外高加索。在美国看来，阿塞拜疆的位置使它成为地缘政治支轴。它是"一个至关重要的'软木塞'，控制着一个装着里海盆地和中亚富饶资源的'瓶子'的通道"[1]。美国必须与阿塞拜疆建立良好的关系，防止其倒向俄罗斯。因而，美国向格鲁吉亚提供巨大的政治、经济、军事援助，并策动"颜色革命"。俄格战争之后，美国趁俄格交恶之机，促格签订了《格鲁吉亚与美国战略伙伴关系宪章》，进一步强化了美格之间在安全防务、经济贸易、文化教育等领域的合作。多年来，美国一直为亚美尼亚提供丰厚的援助，并与亚美尼亚在能源开发等领域有所合作。

土耳其对外高加索地区也有其自身利益诉求。一方面，土耳其要进入欧洲，外高加索是它的必经之路；另一方面，如果土耳其欧洲化的步伐停顿下来，则阿塞拜疆和格鲁吉亚将会向俄罗斯方向发展。因此，土耳其扩大在高加索地区的影响既是土耳其地缘政治抱负的必然举动，也成为美欧战略的补充。

（二）俄罗斯对阿布哈兹、南奥塞梯问题和纳卡冲突的立场

外高加索的地缘政治意义使它成为大国博弈的重要地区。博弈导致地区热点问题不断升温。格鲁吉亚的阿布哈兹和南奥塞梯问题、阿塞拜疆和亚美尼亚之间的纳戈尔诺-卡拉巴赫问题是最显著的热点问题。俄罗斯对该地区热点问题的立场显示了其对外高加索的影响力仍在，甚至起到主导作用。

阿布哈兹和南奥塞梯原本是格鲁吉亚领土。1991年春天，当格鲁吉亚宣布退出苏联时，阿布哈兹表示希望留在苏联。阿布哈兹大多数居民参加了关于保留苏联的全民公决，没有参加关于格鲁吉亚独立的全民公决。苏联解体后，阿布哈兹和格鲁吉亚领导人之间在宪法问题上的分歧加剧。1992年夏天，格鲁吉亚最高苏维埃决定恢复1921年的《格鲁吉亚宪法》，阿布哈兹最高苏维

---

[1] 〔美〕兹比格纽·布热津斯基：《大棋局：美国的首要地位及其地缘战略》，中国国际问题研究所译，上海人民出版社，2007，第39页。

埃宣布恢复1925年阿布哈兹苏维埃社会主义共和国《宪法》（基本法），其中核心问题是强调阿布哈兹与格鲁吉亚之间是条约关系。双方的分歧最后发展为武装冲突，导致1.7万人丧生。直到1994年4月，在俄罗斯和联合国的努力下阿布哈兹才实现暂时和平。2008年的格俄战事扩大到了阿布哈兹地区，随后阿布哈兹在俄罗斯的帮助下清除了格鲁吉亚军队，宣布独立，并得到俄罗斯等少数国家的承认。

南奥塞梯位于大高加索南坡的中央地带和外高加索内卡尔特利平原北端，苏联时期其占格鲁吉亚领土的18%。北与俄罗斯接壤（北奥塞梯）。1990年9月，南奥塞梯宣布退出格鲁吉亚，引发了格鲁吉亚当局的镇压，冲突造成400多名南奥塞梯人死亡。苏联解体后，1992年1月19日，南奥塞梯举行了全民公决，超过98%的人同意南奥塞梯共和国独立并与俄罗斯合并。20世纪90年代初爆发的武装冲突导致大批南奥塞梯人离开家园，逃难到俄罗斯。

多年来，俄罗斯与格鲁吉亚积极谈判，签订了一系列协议，暂时稳定了地区局势。但南奥塞梯和格鲁吉亚方面的局部冲突一直没有中断。2004年上台的格鲁吉亚总统萨卡什维利对南奥塞梯和阿布哈兹实行了强硬政策，地区形势再次恶化。

2008年8月，格鲁吉亚突然出兵南奥塞梯，希望快速控制局势。随后，俄罗斯立刻出兵格鲁吉亚，单方面宣布承认南奥塞梯和阿布哈兹独立。2008年8月俄格战争后，俄罗斯领导人对后苏联空间"未被承认的国家"问题的态度发生了巨大变化。8月25日，俄罗斯联邦委员会和俄罗斯联邦国家杜马一致呼吁俄罗斯总统承认阿布哈兹和南奥塞梯的独立。8月26日，俄罗斯总统梅德韦杰夫签署法令，承认阿布哈兹和南奥塞梯"独立"。2008年的"八月炮火"极大恶化了俄格关系。格鲁吉亚于2009年8月正式退出了独联体。

纳戈尔诺-卡拉巴赫问题一直是影响亚阿两国关系的重要因素，也是影响独联体地区一体化进程的因素之一，该问题因其复杂性而久拖不决。俄罗斯发展同亚美尼亚与阿塞拜疆的关系，积极推动纳卡问题的解决。

纳戈尔诺-卡拉巴赫共和国，作为未被承认的共和国，是阿塞拜疆的一部分。纳卡问题具有深刻复杂的历史根源。苏联后期，各加盟共和国纷纷要求独立。各加盟共和国内部的民族问题也逐渐显现出来并不断激化，导致各层次的民族问题集中爆发。

1988年2月,纳戈尔诺-卡拉巴赫自治州人民代表苏维埃非常会议通过了《关于退出阿塞拜疆和加入亚美尼亚的声明》。这个举动导致大规模族际冲突,结果是阿塞拜疆大多数城市和地区开始驱逐亚美尼亚人。亚美尼亚则以牙还牙。到1989年初,几乎所有阿塞拜疆人被迫离开了亚美尼亚,同时几乎所有亚美尼亚人被迫离开了阿塞拜疆(不包括纳卡自治州)。苏联解体后的1992~1994年,亚美尼亚和阿塞拜疆之间的族际冲突发展为在纳戈尔诺-卡拉巴赫的大规模武装冲突。纳卡防御力量在亚美尼亚的支持下控制了与阿塞拜疆接壤的若干地区。1992年,为了调节纳卡冲突,成立了欧安组织明斯克小组。1994年5月5日,在明斯克小组和俄罗斯共同倡议下,冲突各方在吉尔吉斯斯坦首都比什凯克签署了《比什凯克议定书》,根据该文件达成的共识实现停火。这个协议给纳卡地区带来了暂时的和平。从这之后,阿亚双方就纳卡问题开始了艰苦的谈判之路。

进入21世纪,阿塞拜疆凭借石油收入加快武装力量建设,购买了大量先进武器装备,大部分购自土耳其。与此同时,亚美尼亚经济形势日益严峻。2015年12月和2016年4月,阿塞拜疆武装力量和纳卡自卫队发生武装冲突。2018年,亲西方的帕什尼扬担任亚美尼亚总理,开始重新审视对俄政策,与美国走近。2020年9月,阿塞拜疆和土耳其抓住时机,向纳卡及被亚美尼亚占领的地区发起史无前例的"大规模战争"①,除地面装备还动用了空中力量。

在纳卡地区发生的这场持续了六个星期的战争中,阿塞拜疆在土耳其的援助下赢得战争,收回被亚美尼亚占领的纳卡以外的领土。战争造成大量人员伤亡。2020年11月,在俄罗斯的积极调节下,俄罗斯、亚美尼亚和阿塞拜疆领导人签署在纳卡地区停火的联合声明:纳卡地区自11月10日起全面停火;阿塞拜疆和亚美尼亚停留在当前位置并交换战俘;俄罗斯维和人员进驻纳卡地区。俄罗斯总统新闻秘书佩斯科夫表示,俄罗斯珍惜与亚美尼亚和阿塞拜疆的友好关系,正是这种立场,使俄罗斯在纳卡局势中起到了公正调停人的作用。② 在没

---

① Кавказский Узел, https://www.kavkaz-uzel.eu/articles/90997/.
② 《克宫:普京在解决纳卡冲突中发挥了关键作用》, http://sputniknews.cn/russia/202011131032521495/。

有损失一兵一卒的情况下，俄罗斯的维和人员成功进驻纳卡。该事件表明，俄罗斯仍然是外高加索地区的主导力量。

（三）俄罗斯对外高加索政策

俄罗斯重视外高加索的稳定与安全，致力于发展与外高加索各国的互利友好关系。俄罗斯通过经贸领域和人文领域一些富有前景的项目，发展与亚美尼亚和阿塞拜疆的战略伙伴关系。相比较而言，俄罗斯与亚美尼亚的官方关系更加密切：俄罗斯在集体安全条约组织和欧亚经济联盟中与亚美尼亚保持联系。对于格鲁吉亚，俄罗斯也没有完全关上大门，2012年俄罗斯对已经退出独联体的格鲁吉亚抛出橄榄枝：俄罗斯认为格鲁吉亚重返独联体不存在障碍，如果格方提出倡议，不会等很长时间。

俄罗斯一直没有放弃在该地区的主导地位。2013年12月2日俄罗斯总统普京表示俄罗斯打算加强其在外高加索的地位。普京强调："为了俄罗斯从祖先那里得到的一切会更好，为了发展与包括亚美尼亚在内的所有地区国家的友好关系，俄罗斯从没有打算过离开外高加索，相反，俄准备加强在外高加索的地位。"[①]

俄罗斯在积极推动纳戈尔诺-卡拉巴赫问题的解决过程中，凸显了其在外高加索事务中的主导作用。2021年9月，俄土两国领导人在俄罗斯南部城市索契会见时，对于土耳其在外高加索地区咄咄逼人的地缘政治抱负，普京总统暗示埃尔多安，土耳其的经济是脆弱的；如果土耳其继续卷入南高加索事务，俄罗斯将会对土经济的薄弱环节动手，俄罗斯有足够的手段。虽然土耳其开始公开更大力度地卷入欧亚事务，尤其外高加索事务，但是其影响力仍然在俄罗斯的可控范围之内。

综合独联体30年发展历程以及俄罗斯对外高加索的外交实践，可以总结出俄罗斯对该地区政策的关键点：其一，俄罗斯希望与外高加索各国建立稳定友好关系；其二，俄罗斯仍然是独联体地区影响力最大的国家，俄要在外高加索保持主导地位，不允许域外国家在欧亚地区获得主导地位；其三，俄罗斯的

[①]《普京：俄罗斯计划加强其在外高加索的地位》，http://rusnews.cn/guojiyaowen/guoji_cis/20131202/43925501.html。

外高加索政策必然与在该地区有利益企图的美西方发生碰撞，它们在外高加索地区的博弈将长期存在。

虽然摩尔多瓦是独联体地区东欧板块的一个小国，但它与俄罗斯的关系也不容忽视。摩尔多瓦独立后，其对外政策取向也是加入欧洲。2014年6月，摩尔多瓦与欧盟签署了建立全面自贸区的联系国协定。此后，莫斯科与基希讷乌的关系恶化。俄罗斯担心欧盟产品经过摩尔多瓦再出口，开始对摩某些品种的产品征收进口关税，取消对摩尔多瓦的自由贸易待遇，改为提供最惠国待遇。这给摩尔多瓦的经济造成了一定冲击。

2016年12月13日，摩尔多瓦社会党人伊戈尔·多东当选为新总统。多东在位期间，积极恢复与俄合作。他认为，俄罗斯市场是摩尔多瓦商品的传统市场，与欧盟签署联系国协定后，摩损失了大约50%的对俄出口。摩丢掉了市场，却没有获得任何其他的东西。[①] 多东表示，如果国民在公投中要求废除与欧盟的联系国协定，他愿意予以支持。[②] 多东还明确拒绝了北约在基希讷乌开设联络处一事，认为在目前阶段，这样做将为德涅斯特河沿岸问题的谈判进程制造障碍。2018年5月14日，摩尔多瓦成为欧亚经济联盟第一个观察员国。

2020年末，马娅·桑杜成为新一任摩尔多瓦总统。她为摩尔多瓦选择的是欧洲发展路线。不仅在经济问题上，而且在德涅斯特河沿岸问题的调解上都采取了与前总统伊戈尔·多东不同的政策。她的当选使俄摩关系面临进一步复杂化的风险。尽管有融入欧盟的意愿，但是在解决贸易、移民和德涅斯特河沿岸共和国的问题上，若没有俄罗斯的支持摩尔多瓦将会非常艰难，这是摩尔多瓦必须面对的现实情况。

[①]《摩尔多瓦总统：与欧盟签署联系国协定有损无益》，http://sputniknews.cn/politics/201612161021415299/。

[②]《摩尔多瓦总统称或支持废除该国与欧盟的联系国协定》，http://sputniknews.cn/politics/201702081021801784/。

第五章 俄罗斯与亚太地区

俄罗斯地跨欧亚两大洲，其亚太外交是俄重塑世界大国地位、追求强国外交不可或缺的组成部分，亚太地区也成为俄对外战略中重要的战略方向和依托。近年来，俄不断强化和推动亚太外交，积极推进开放和多元化的"转向东方"政策，其亚太外交一直平稳发展，成为俄外交中的亮点。"转向东方"政策分为对内和对外两个部分。对内，发展俄远东地区，进一步明确了远东地区面向亚太的外向型经济发展模式，并以此创造全俄的经济增长点；对外，积极推进以构建"大欧亚伙伴关系"为核心的"转向东方"政策，巩固和拓展与亚太国家（日本、韩国、印度、东盟国家等）的关系，体现了俄罗斯外交政策的多元化。俄提出的"大欧亚伙伴关系"其实是"东方不亮西方亮"的产物，反映了俄将走一条不会依附于西方，以及避免依附于中国的独立外交之路，这既是俄朝自己熟悉的地缘政治和战略板块的转向，也是俄真正意义上的战略转向尝试，其实质是构建欧亚地区的地缘政治经济秩序，助力俄成为真正意义上的全球大国。俄罗斯融入亚太地区将是个漫长的过程，所存在的障碍也体现了俄战略思想和文化属性中的深层矛盾。俄试图将确保安全利益与发展地区经济关联在一起，但在实践中仍然不能完全走出"边缘和安全为重"的魔咒。俄国内的欧洲中心主义论者仍然认为，俄现在"转向东方"只是暂时性和战术性的，俄罗斯的战略重心还是在欧洲方向，俄的历史、文化底蕴是属于欧洲的。俄亚太外交政策的实质是寻求自身发展与地区发展相结合，维护自身安全与维护地区安全相统一，以发展促安全，在这个过程中逐渐形成"大欧亚伙伴关系"框架下地区经济和安全机制。美国的"印太战略"与俄罗斯的"大欧亚伙伴关系"存在潜在激烈的地缘政治博弈。

第一节 俄罗斯对亚太地区政策

苏联解体，俄罗斯独立。俄罗斯 30 年来的亚太外交是其重塑大国、追求强国外交中不可或缺的组成部分，彰显了俄地跨欧亚两大洲的优势地位，亚太地区逐渐成为俄对外战略中重要的战略方向和战略依托。

叶利钦时期，俄外交政策一度全面倒向西方，疏远了亚太地区的传统友好国家。尽管普里马科夫担任外长后确定了多方位外交政策，但是由于目标和手段的不匹配，俄罗斯在亚太地区的作用和影响均不大。普京担任总统以来十分重视追求俄大国地位，其外交长袖善舞，具有务实性和灵活性的特点。乌克兰危机爆发后，俄罗斯与美国关系呈现对抗态势，西方对俄的经济制裁对俄经济发展产生重大的负面影响。在这种情况下，俄罗斯外交政策有两个重要的目标：一是整合国家的政治实力、战略谋划能力和军事外交资源，巩固已取得的地缘政治利益，维护国家安全，保持俄在国际舞台上的地位；二是妥善应对来自西方的威胁和挑战，重新在东方寻找技术和市场，为国内经济发展创造一个增长点。俄罗斯亚太外交也正是以上述任务为出发点的，俄罗斯的新亚太战略要完成三个基本任务：一是确保俄罗斯远东地区地缘政治安全，通过积极参与亚太地区安全对话与机制构建发挥俄罗斯的影响力；二是吸引投资和技术，发展俄罗斯远东地区的经济；三是打破西方对俄的外交孤立，拓展对外交往的空间，加强同亚太国家的地缘经济联系。

一 俄罗斯亚太外交助力俄重塑全球大国和欧亚地区秩序

（一）普京前两个任期强调安全，并恢复与亚太国家传统关系

普京前两个任期的亚太政策基本内容是以国家安全、经济利益为目标，确保西伯利亚和远东地区的团结和地缘政治安全，积极参与亚太地区安全结构的构建，同时发展俄西伯利亚和远东地区的经济，拓展与亚洲国家的地缘经济联系。

俄亚太外交的活动是围绕双边和多边合作展开。双边层面上，恢复和巩固与传统友好国家印度、朝鲜、越南的关系，纠正叶利钦时期对这些国家疏离和轻视的政策；发展与日本、韩国的关系，为远东经济发展寻找更多的投资和技术来源。多边层面上，积极推动安全机制的构建，参与朝核危机六方会谈，参加东盟地区安全论坛举行的各种活动。为推动俄罗斯远东地区融入亚太经济一体化进程，俄尤为重视参与亚太经合组织的活动，发展与东盟国家的经济关系。

在普京前两个任期中，俄罗斯奉行全方位的外交政策，即"立足西方，稳定南方，走向东方"，俄罗斯看重自己横跨欧亚的地理优势，突出了东西方并重、欧亚平衡的外交，但在实践中俄更加重视与西方的关系。俄国内亲西方派认为，亚洲国家的发展道路毫无吸引力，俄罗斯发展的出路在西方。因此，尽管俄出台了发展西伯利亚远东地区的经济纲要，但这些纲要基本被束之高阁，没有去落实，对该地区在促进俄罗斯崛起中的作用尚认识不足。

（二）"梅普组合"时期展现大国外交的亚太外交

"梅普组合"时期俄亚太外交基本上延续了普京前两个任期的亚太外交政策。这一时期，亚太地区成为世界经济增长最快的地区，俄亚太外交的经济意义更加凸显，俄认为迎来了西伯利亚与远东地区发展的机遇，这个时期的亚太外交为俄融入亚太经济一体化做了充分的准备。梅德韦杰夫将亚太地区尤其是东亚地区视作俄进行全面现代化建设的技术伙伴，强调参与亚太地区经济一体化对俄来说是一项积极紧迫的任务。在具体的外交实践中俄加大了与亚太国家的经济合作：一是加大引进日本、韩国等国投资和技术的力度；二是首次参加了东亚峰会、东盟+俄罗斯会议，积极筹备2012年在俄符拉迪沃斯托克（海参崴）召开的亚太经合组织领导人非正式会议。

在促进与亚太地区经济融合的同时，俄也不断加强在亚太地区的安全合作。首先，围绕朝鲜半岛问题积极斡旋，展示了俄在半岛问题上无可替代的重要作用；其次，举行了"东方-2010"大型军演，同时，梅德韦杰夫高调登上与日本有争议的岛屿，并加强了俄在越南军事基地的活动。

"梅普组合"时期亚洲力量格局的变化促使俄罗斯开始真正重视亚太外交，但由于俄将外交资源更多地用于应对国际金融危机，以及缓和俄格冲突导致的俄与西方的紧张关系，作为过渡人物，梅德韦杰夫在亚太政策方面能有所作为的时间和空间都不多，在开发远东方面仍是说得多做得少，尽管俄在亚太地区增强了存在感，但是与其制定的目标尚存在很大的差距。

（三）普京第三个任期以来以建设"大欧亚伙伴关系"为推手重构欧亚地区秩序的亚太外交

2012年普京总统第三任期开始后，国际环境发生了巨大变化。乌克兰危机爆发，俄与西方关系紧张对峙，外交上受到西方的围堵和孤立，经济上遭受严厉的制裁。因此，普京总统第三个任期开始后再一次将目光投向亚洲，积极推进"转向东方"政策，加快开放俄远东地区，强调要扩大与亚太地区的经济合作。与此同时，2016年俄罗斯还推出了"大欧亚伙伴关系"战略构想，明确了"转向东方"政策的核心目标是在欧亚地区构建新的地缘政治和经济秩序。

这一时期的俄亚太外交，对内，是进一步确立远东地区面向亚太地区的外向型经济发展模式；对外，是积极推进以构建"大欧亚伙伴关系"为核心的"转向东方"政策。从双边层面看，俄与亚太国家关系显著发展，体现了开放性和多元化。除了与中国巩固和深入发展战略协作伙伴关系，俄罗斯还与日本、朝鲜半岛国家、印度、东盟国家巩固和扩大联系，尽可能做到与亚太国家关系均衡与充实。从多边合作层面看，俄希望首先形成以欧亚经济联盟为核心的地区经济一体化机制，推动"大欧亚伙伴关系"发展，从而实现其多极世界构想，在欧亚地区构建新的地缘政治和经济秩序。

二 俄亚太外交政策的进展

（一）远东地区的开放政策及成效

近些年，通过提振远东地区经济的"一公顷"土地开放政策，以及构建超前经济发展区、自由港区、东方经济论坛等主要制度工具和长效机制，远东地区成为俄改革开放、消除壁垒的象征，经济社会发展取得初步成绩。到2019年，远东地区工业产值增速（5.8%）超过全俄工业产值增速（2.4%）1倍；远东地区平均工资增长速度（3.1%）也快于全俄平均工资增速（2.3%）；2019年上半年远东地区国民平均收入是3.5万卢布，高于全俄平均收入的10.2%。联邦政府在远东地区共扶持了2176个项目，创造了4.4万个工作岗位，其中仅2019年就创造了1.6万个就业岗位。2020年远东地区得到联邦额外拨款943亿卢布，以支持建设493个项目，其中有329个为改造项目，包括医院、技术学校、医生和老师的住房。2015~2019年，全俄外国投资的33%投向远东地区。超前经济发展区吸引的外国投资占比9.3%，自由港区吸引的外国投资占比4.7%。

（二）进一步巩固和开拓与亚太国家的关系和市场

近20年来，俄日、俄朝、俄韩、俄印、俄越关系保持积极发展态势。俄罗斯对日本政策一直遵循先发展经济合作，在此过程中再寻找解决领土问题办法的思路。而日本延续奉行政经不可分的政策。因此，在普京前两个任期和"梅普组合"时期，俄日关系渐行渐远。2012年安倍晋三再次当选日本首相后，看准普京复任后俄罗斯因乌克兰危机而与西方国家紧张对抗的时机，提出"新思维"，以签订和约为目的，积极推动对俄外交，俄日关系持续缓和。从2012年到2019年底，俄日领导人会晤28次。俄日经贸合作平稳发展，尤其在高科技、能源方面的合作突出。在领土问题上重启了和约谈判，并启动了在有争议岛屿上的经济合作。

俄罗斯与朝鲜半岛国家关系均衡发展。2018年随着朝鲜半岛局势逐渐缓和，俄韩加强了政治经济联系。韩国提出"新北方政策"，其与俄罗斯合作的热情超过了历史上任何时期。俄朝一直保持高层联系，朝鲜对俄与韩、朝在天然气、铁路等领域的合作表现出极大的热情。俄罗斯与朝鲜半岛国家的经济合作逐渐提上日程。

俄印建立了全面特惠战略伙伴关系，不仅巩固了传统友好合作，还在地缘战略上相互信任。印度是俄罗斯提出的"大欧亚伙伴关系"中重要的伙伴，起到连接欧亚大陆的支点作用。俄印战略项目的合作一直很稳定，俄罗斯看重印度包括能源、国防、太空和核能领域的广阔市场，此外，俄印还不断推动本币结算、印在俄远东地区投资及南北交通走廊建设等方面的合作。

俄越关系更加牢固，俄以越南为轴心进一步加强与东盟的关系。俄将越南视为俄在东南亚的战略支点。欧亚经济联盟与越南签订自贸区协议后，俄越贸易额增长了80%以上。与东盟关系从对话伙伴国发展到战略伙伴关系后，2019年10月普京首次访问新加坡，出席东盟峰会，这是俄罗斯总统第一次出席东亚峰会。欧亚经济联盟向外突破，进一步拓展亚太市场，与新加坡签署了自贸区协议。新加坡和越南都成为俄罗斯进入东盟市场的最佳入口。俄罗斯与东盟关系显著推进，从最初的低级阶段到当前的战略伙伴关系，双方在能源、高科技、反恐等领域的合作进一步扩大。

（三）俄罗斯布局亚太能源市场初见格局

随着世界能源市场油气价格下跌，俄罗斯下决心让其能源出口更多面向亚洲，加快了与中国及亚洲其他国家合作的步伐。日本与俄罗斯建设"能源桥"，双边贸易额中的70%以上是油气交易。俄罗斯的油气供应到韩国、印度尼西亚、菲律宾和中国台湾等国家和地区。在液化气市场方面，开发北极亚马尔液化气，修建远东液化气中转站，亚太国家成为俄液化气的主要市场。在管道建设方面，2019年12月，中俄西伯利亚力量东线天然气管道开通，两国元首出席了开通仪式，这是乌克兰危机爆发后俄罗斯"转向东方"政策取得的新的重大进展。2020年1月，"土耳其流"天然气管道也正式开通，开通后俄气直输土耳其，并筹划在朝鲜半岛南北铺设天然气管道，等等，俄进一步筑牢了在亚洲能源供应的格局。

（四）亚太地区是俄罗斯军技产品的主要市场

相比油气出口，俄武器出口额相对稳定，30年来俄罗斯一直稳占世界武器市场份额的25%，俄罗斯军工的亚太市场承载着振兴俄罗斯经济的重任。中国、印度、越南等国家都是俄罗斯武器的传统市场，基本上占到这些国家武器市场份额相当高的比例，均超过一半以上。俄与亚洲国家的军事合作不仅在数量上取胜，而且在质量方面也较突出。

（五）构建与地区国家的经济一体化

东盟国家越南、新加坡相继与欧亚经济联盟签订了自贸区协议，俄与印度、中国和韩国等国家已开启自贸区谈判。欧亚经济联盟不仅从外部获得了生命力，也为俄罗斯亚太外交政策充实了具体内容，更为俄罗斯重构欧亚地区经济秩序奠定了基础。

三 俄罗斯亚太外交政策存在的问题

（一）经济和安全的关系问题

普京总统已经将确保地缘安全利益与发展地区经济关联在一起。但是在实践中，仍然不能完全跳出"经济边缘和安全为重"的魔咒，① 对于外资的审查、对外资企业政策的朝令夕改等都成为制约远东地区发展的障碍。

（二）与亚太国家经济合作水平仍然不高

亚太地区已成为世界经济发展的中心，亚太市场快速发展，很有前景，但俄始终处于边缘化的状态，比如游离于 RCEP 的合作之外。俄与亚太国家双边贸易额较低，俄与日、韩的贸易额在 250 亿美元上下波动；与东盟的贸易额接近 200 亿美元，只占俄总贸易额的 2.7%。主要原因：一是俄国内经济较弱，财政捉襟见肘，对远东的投入不断减少；二是俄不仅不甘心成为亚洲国家原料的附庸，还希望主导亚太地区的经济一体化，这从推动欧亚经济联盟与亚洲国家的合作中可窥一斑。

（三）人口问题

俄罗斯远东地区人口仍然在减少，每年移民出去的人口多于前来定居的人口。人口和市场是相辅相成的关系，与缺少资金相比，缺人更是一个严重制约远东发展的问题。

（四）俄罗斯亚太外交中对冲战略的含义较大

俄罗斯的志向是融入西方，只是冷战结束后这一进程遭受了重大挫折，不得已才转向东方。在乌克兰危机造成俄罗斯外交孤立后，俄对外政策再次"转向东方"的背景下，俄国内的欧洲中心主义论者仍然认为，俄转向东方只是暂时性、战术性的，俄罗斯的战略重心还是在欧洲方向，俄的历史、文化是属于欧洲的。②就资源投入而言，俄对外贸易额一半以上是与欧盟的贸易，俄罗斯的外国投资有 80% 来自欧盟。俄未来的发展是否主要依赖亚太地区尚值得探讨。③这些会影响俄亚太外交战略的实施，并将制约俄融入亚太经济一体化进程的速度和程度。从安全角度看，俄罗斯更需要一个稳定的远东地区，实施"转向东方"政策也是出于不能东西线同时作战的战略

---

① 李勇慧：《2018 年俄罗斯亚太外交——兼论印太战略与大欧亚伙伴关系战略构想的关系》，《俄罗斯学刊》2019 年第 2 期。
② Т. В. Бордачев, Е. А. Канаев, Успокоить Запад, уравновесить Восток: новая стратегия России в Азии, http://www.globalaffairs.ru/number/Uspokoit-Zapad-uravnovesit-Vostok-16929.
③ Владислав Иноземцев, Открыть закрытый порт, https://www.gazeta.ru/column/vladislav_inozemcev/6661477.shtml.

考虑，俄东部要维护战略安全，需要一个对其不构成威胁的中国、日本，以便集中精力来应对来自西方一线从波罗的海到东欧再到黑海的威胁。

四 对俄罗斯亚太外交的展望

俄罗斯的亚太外交政策逐渐强化了俄罗斯旨在大国复兴的对外战略的最终目标。面对俄与北约在西部边境的紧张对峙、俄美在核军控方面大部分协议的崩塌、美西方对俄持续的制裁，俄对与美西方出现实质性的缓和已不抱太多幻想，俄抛出的"大欧亚伙伴关系"实质是意在欧亚地区重构地缘政治经济秩序，使俄成为真正意义上的全球大国。

大国复兴、"大欧亚伙伴关系"的构建必须要拥有硬实力，要有与大国相匹配的发达的经济。未来俄罗斯亚太外交政策将更加重视与亚太地区的经济合作，加大与地区国家优势互补的力度。只有充分利用已形成和挖掘潜在的外交资源，投入更多所积累的外交资本和开放自然资源丰富的西伯利亚及远东地区，与亚太地区运输互联互通，俄才能够真正融入亚太市场，搭上亚太经济快速发展的便车。同时，地缘经济上的合作又是地缘安全的纽带，能够有效维护俄远东地区的安全利益。

未来俄罗斯亚太外交政策将面临的挑战主要来自两个方面。第一，俄日领土问题和朝鲜半岛核问题。一是俄日领土问题陷入僵局。近30年俄日为了改善两国关系都分别显示过在解决领土问题上的诚意和政策灵活性，但是最终这一僵局仍难以打破。二是朝核危机导致局势的紧张化使东北亚地区的军备竞赛日益激烈，而且朝核问题有可能引起局部战争、核泄漏、难民等问题。对俄来说，这两个问题的发展态势无论在其谋求地缘政治利益、保障国家安全稳定方面，还是在促进地区经济发展方面都有着十分重要的意义，它们的走向将决定俄亚太外交政策的成败。

第二，欧亚地区秩序重构中俄"大欧亚伙伴关系"与美"印太战略"的竞争与合作。俄罗斯亚太外交政策的核心内容是强化俄在亚洲的政治经济影响力，加紧推进构建"大欧亚伙伴关系"战略构想，进一步巩固俄世界大国的地位，其实质是要主导欧亚地区的政治、经济秩序。但在这个地区秩序重构的进程中，俄罗斯的"大欧亚伙伴关系"、中国的"一带一路"倡议与美国提出的"印太战略"的博弈会加剧。显然，中俄在地区秩序重构中的关系是合作大于竞争的关系，双边经济和安全的合作与上合、东盟、欧亚经济联盟等多边层面的合作将推动地区秩序更加公正合理。然而，中俄欧亚地区的秩序构建理念与美国的"印太战略"在地理范围和内容上是相互排斥的，对美国来说，推出"印太战略"是出于在欧亚地区对中俄双遏制的战略考虑，如果美国用零和博弈的思维来看待地区安全利益，以西方结盟式的思维来看待中俄关系，那么在这个地区中俄与美国的经济、安全合作就是竞争的关系。随着"大欧亚伙伴关系"、"一带一路"倡议和"印太战略"的实施，地区各种力量势必分化组合，形成长期的竞争态势，这增加了俄亚太外交政策目标实现的难度，欧亚地区秩序重构的复杂性和竞争性将大大增强。

第二节　俄罗斯对东北亚地区政策

俄罗斯在东北亚的存在主体是其远东地区[①]，该地区经济落后，但蕴藏着丰富的自然资源、聚居着多民族以及部署着重要的军事设施，这一地区的发展关乎俄罗斯大国的复兴战略。300多年间，俄罗斯国家发展道路的选择一直伴随着"东西向之争"，[②] 俄对东北亚的政策经历了从领土扩张到提倡发展经济和构建安全机制。普京时代积极的"转向东方"政策既包含了俄参与东北亚政治经济格局的重构，以显示其亚洲身份的定位，也反映了其维护现实安全和经济利益的地缘战略追求。受到内外因素的制约，俄罗斯在东北亚的政策也面临挑战。

一　俄罗斯"东西向之争"及东北亚政策的历史回顾

俄罗斯的"东西向政策之争"主要指俄罗斯的发展道路是"转向东方"还是"面向西方"的问题。从19世纪开始随着沙皇俄国国力强大，俄国内开

---

① 本章节中远东地区指远东西伯利亚地区。
② 从沙俄开始俄国内出现关于探索国家发展道路和规律的思想大讨论，主要流派有西方派、斯拉夫派和欧亚派，这些流派至今仍然在争论俄罗斯国家发展道路究竟应面向何方。

始探索国家进一步发展的历史规律及道路选择,出现西方派、斯拉夫派和欧亚派的大辩论。西方派强调俄是欧洲的一部分,仍然要学习欧洲,"面向西方";斯拉夫派强调应该从俄历史传统中寻找发展动力,而不应一味追随西方;欧亚派强调东方对于俄的重要性,应重点"转向东方"。当时欧亚派的代表、俄罗斯科学和教育奠基人、俄语改革者罗蒙诺索夫源于地理环境的研究首次综合地提出三个战略任务,其中指出俄罗斯将来的强大必须依靠在西伯利亚和北太平洋站稳脚跟。[①] 沙俄由此掀起了向太平洋地区扩张的浪潮。苏联时期,由于苏美对抗,苏联国内的"东西向之争"暂时偃旗息鼓。

苏联解体后,俄罗斯在欧洲的疆界被压缩至几百年前,即俄罗斯开始扩张前的范围内。俄国内再次引发了关于国家地缘政治、文明、文化属性的激烈争论,即俄罗斯应该纳入西方文明还是转向东方文明。俄罗斯发展道路是向东还是向西的选择将决定其国际地位以及在世界舞台上的作用,而这一方向的选择最终还是取决于俄罗斯国内发展情况和外部环境变化。俄独立初期,俄亲西方的外交政策经历了失败。此后,俄国内各派在向西还是向东的问题上激烈交锋。普京当选俄罗斯总统后,俄罗斯外交政策的总体特点是从亲西方的"一边倒"转为体现欧亚派思想的东西方平衡的"双头鹰"外交。

二 普京执政后的东北亚政策解析

(一) 普京确立东北亚政策的内外动因

1. 国际因素

首先,从1999年开始东北亚地区的安全形势渐趋复杂和紧张,这些变化要求俄必须调整安全战略,更加积极地介入该地区的安全事务。俄罗斯独立以来把国家安全的重点放在防范西部北约东扩和南部国际恐怖主义势力渗透方面,主要是守住独联体地区这个战略底线,东部的安全威胁相对较轻。进入21世纪,东北亚地区热点问题与领土海洋争端时起时伏,传统与非传统安全问题交织凸显。朝核危机使朝鲜半岛形势持续紧张;美国战略东移,奉行

[①] 〔俄〕米·列·季塔连科:《俄罗斯的亚洲战略》,李蔷薇等译,中国社会科学出版社,2014,第56页。

"亚太再平衡"的政策，美日、美韩军事同盟不断强化其存在和影响；本地区原本存在的俄日领土争议等，如不能得到有效控制和缓解，有可能强化冷战思维，甚至有可能出现"新冷战"局面。加强危机管理，制止冲突升级，势在必行。

其次，亚太地区经济高速发展。近10年亚太地区已逐渐成为全球力量的中心、世界经济发展的引擎。20世纪90年代中后期亚太地区经济开始蓬勃发展，但俄当时一心向西，错过了亚太经济发展的第一波浪潮，远东地区也错过了巨大的发展机遇。① 面对亚太地区经济的高速发展，俄罗斯不可能长期无动于衷，更不愿意被边缘化，或是处于亚太地区经济一体化的进程之外，而是希望分享亚太国家经济发展的红利。②

2. 俄罗斯国内因素

首先，这是俄谋求重新崛起为全球性大国的需要。俄罗斯学者认为，落后的远东地区应该随着本国现代化的进程，与蓬勃发展的亚太国家一起尽快地得到发展，只有这样才能助力俄罗斯的崛起。③ 2012年普京第三次担任总统后指出"俄罗斯的重建时期已经终结",④ 强势提出俄罗斯的文明模式、伟大历史、地理位置和文化基因决定俄罗斯能够也应当以重振大国地位为核心战略目标，并在全球发挥应有的作用。其中加紧推进"转向东方"是其主要战略政策内容之一，要变传统上的"欧洲大国"为"欧亚大国""太平洋大国"。⑤

其次，这是振兴远东地区的需要。远东地区发展潜力巨大，但长期以来受资金短缺和国家重视不够的影响，始终未能得到开发。俄罗斯远东联邦区总面积约为695.2万平方公里，占全俄总面积的40.6%，人口822.2601万（2018年），占全俄人口总数的5.6%，人口密度为每平方公里1.18人。为了加快远

---

① 2010 год. Россия смотрит на Восток? Международная жизнь, январь, 2011. стра. 71.
② 李勇慧：《追求经济利益和地缘战略布局的务实外交——2015年俄罗斯亚太外交表现及评价》，李永全主编《俄罗斯发展报告（2016）》，社会科学文献出版社，2016。
③ Россия и Азия, Международная жизнь, март, 2011. стр. 126.
④ Послание Президента Российской Федерации от 12.12.2012 г., http://www.kremlin.ru/acts/bank/36699.
⑤ Россия и меняющийся мир: Статья Владимира Путина в «Московских новостях», http://www.mn.ru/politics/20120227/312306749.html.

东地区的开放，2018年12月13日普京发布命令，将远东联邦区行政中心从哈巴罗夫斯克（伯力）迁至著名港口城市符拉迪沃斯托克（海参崴）。俄远东地区蕴藏着丰富的油气资源，分别占全俄的90%和70%。已发现和探明的矿物有70多种，集中了全俄84%的金刚石矿藏；已探明铁矿石44亿吨，占全俄的8%~10%；已探明煤田100多处，占全俄总储量的44%；远东的海岸线长1.77万公里，占全俄海岸线总长的29%。

俄罗斯只有改善东西部地区经济发展失衡的状况，促进区域平衡发展，才能实现强国目标。俄罗斯远东地区的经济地理状况与俄罗斯其他地区相比具有得天独厚的优势：毗邻世界经济最有活力的亚太地区，拥有发展地缘经济的优势；旅游资源潜力巨大，靠近世界最大的旅游市场；自然资源极为丰富，矿产品原材料和燃料能源资源丰富，森林覆盖面积广大，拥有俄罗斯最大的渔业综合体，具有农业优势；拥有北极圈内最重要的北方航线、最长的跨西伯利亚大铁路，以及开发筹备中的国际走廊运输项目"滨海1号"和"滨海2号"，拥有飞往亚洲国家的多条航线；科学教育水平较高；等等。

再次，增加人口维护地区安全的需要。俄罗斯远东西伯利亚地区近些年人口逐年递减，影响该地区的开发和地区安全的维护，威胁到俄罗斯国家陆地边界的安全。"与远东西伯利亚地区相邻的国家中，中国边界地区人口为2.8亿，朝鲜人口为2400万，韩国人口近5000万，菲律宾人口为9500万，越南人口5500万。尽管远东地区现在人员流失的数量有所减少，但是并未停止。以上这组数字说明了俄罗斯加快开发远东西伯利亚地区的迫切性。如果远东西伯利亚地区长期得不到发展，人口还将会流失，届时远东西伯利亚地区经济发展和地区安全都将无法得到保障。"[①]

最后，俄罗斯政治知识精英开始高度关注远东西伯利亚地区和东北亚地区。乌克兰危机爆发后，一大批重要的俄罗斯智囊人物不断发出声音，呼吁推动远东地区发展和奉行积极的亚太政策，强调国家拥有亚洲属性的新欧亚主义受到重视。俄罗斯国际关系学院东亚与上海合作组织研究中心主任卢金指出：

---

① 李勇慧：《软硬实力的交互运用：2011年俄罗斯的亚太外交》，李永全主编《俄罗斯发展报告（2012）》，社会科学文献出版社，2012。

"尽管乌克兰危机之前俄罗斯也在强调'转向东方',但是,那时的亚洲政策只是作为俄罗斯和西方国家关系的补充,而如今西方割断了同俄罗斯的关系,迫使俄罗斯改变立场,这使得国内精英明白了加强同亚洲国家的相互合作是别无选择的!"①

简言之,俄罗斯对东北亚政策的变化是其国内"东西向之争"趋势变化的反映,是俄罗斯谋求成为世界大国的战略选择,是由亚太地区政治经济安全形势决定的选择。2016年11月30日普京批准的《俄罗斯联邦对外政策构想》明确指出,俄罗斯将加强本国在亚太地区的地位视为具有战略意义的外交政策方向。②

(二) 普京东北亚政策的战略目标及内容

俄罗斯在东北亚的主要战略目标是维持在东北亚力量格局的均势,加快开发远东地区,进一步部署其亚洲能源供应格局,加强军事合作等。积极发展与深化同东北亚国家的关系是俄罗斯上述战略目标实现的主要路径。

1. 维护俄罗斯地缘政治安全,构筑有利于俄的东北亚安全格局

面对俄远东地区地广人稀、经济落后的局面,确保该地区的安全成为重要课题。从实力上看,俄罗斯不可能在该地区采取扩张的政策,因此,其政策的"最关键点是将周边建成友好睦邻与互利合作的地带",③其地缘政治安全战略的重点在以下几个方面。

首先,从均势出发,在东北亚地区维持大国博弈的平衡。中国的崛起打破了亚太地区以美国为主导的格局,美国"重返亚太"的战略无疑主要针对的是中国。在东北亚大国博弈中,美日韩同盟日益加强,俄罗斯在该地区的影响力日渐弱化,但俄不希望看到任何一国的力量在东北亚地区占有压倒性的优势,出现力量上失衡的局面。一方面,俄罗斯在该地区与中国相互借重,共同抵御美国的霸权企图,2016年6月中俄两国签署关于加强全球战略稳定的联

---

① Александр Лукин, Консолидация незападного мира на фоне украинского кризиса: Россия и Китай, ШОС и БРИКС. международная жизнь, 2015.02.
② В России-новая концепция внешней политики РФ, https://rg.ru/2016/12/01/vladimir-putin-utverdil-novuiu-koncepciiu-vneshnej-politiki-rf.html.
③ 〔俄〕伊·伊万诺夫:《亚洲之于俄罗斯与俄罗斯之于亚洲》,《今日亚非》2004年第1期。

合声明就表明了中俄进一步维护地区及国际战略平衡与稳定的决心；另一方面，俄罗斯还希望尽可能地缓和与日本的关系，以对冲过度依赖中国的问题，争取自身利益在东北亚的最大化，从而推动东北亚乃至全球的多极化。

其次，致力于构筑地区安全新格局。俄罗斯认为东北亚地区正在成为军事政治竞争的中心，地区热点、难点问题较多，东北亚地区需要一个开放的集体安全机制，应将半岛六方会谈机制纳入东北亚安全机制中，让这个平台起到均衡器的作用，并显示和强化俄在该地区的存在。[1] 2016 年 6 月中俄联合声明中，再次共同呼吁在东北亚建立相互信任和安全的多边机制。[2]

最后，增进俄蒙战略信任及合作。俄罗斯一直与传统盟友蒙古国关系密切，在经济方面免除了蒙古国的债务，还加大了对蒙古国的投资。在拉住蒙古国的同时，响应中国提出的建设中俄蒙经济走廊的建议，在"一带一路"的框架下加强三国的战略合作。

2. 加快开放，发展远东地区

东北亚扑朔迷离的政治安全局势为落后的远东地区平添了几分危险性，但资源丰富的远东地区也为东北亚地区的经济合作提供了广阔的平台。俄罗斯远东地区经济如能得到发展将会助力俄整体实力的上升，同时也将增强该地区的安全保障。2015 年以来，包括在远东地区实施"一公顷"土地开放政策，以及建设超前经济发展区、自由港区（以下简称"一区一港"）政策，使远东地区经济出现起色。

首先，"一公顷"土地开放政策使生活在全俄罗斯的居民都能在远东免费获得一公顷土地。2019 年 12 月，俄罗斯正式启动一个优惠按揭贷款项目，为获得远东"一公顷"土地并建设住房的居民及年轻家庭提供年利率为 2% 的贷款，最高期限为 20 年，金额上限为 500 万卢布。

其次，俄积极打造"一区一港"，推动远东地区加速发展。"一区一港"政策是在乌克兰危机爆发后俄罗斯积极实施"转向东方"政策背景下出台的提振远东地区经济的最主要政策工具，表明俄罗斯希望激活远东地区的经济发

---

[1] Т. В. Бордачев, Е. А. Канаев, Успокоить Запад, уравновесить Восток: Новая стратегия России в Азии, http://www.globalaffairs.ru/number/Uspokoit-Zapad-uravnovesit-Vostok-16929.

[2] 李勇慧：《乌克兰危机与俄罗斯亚太战略》，《东北亚学刊》2015 年第 2 期。

展增长点,是俄罗斯进行经济结构深层次改革的有机组成部分,也是俄罗斯面向亚洲的一次开放改革。俄通过完善基础设施、提供税收优惠、简化行政程序等措施,改善远东地区营商环境,提升其投资吸引力,增加地区就业,推动远东地区的发展,从而带动整个国家经济的崛起。截至2019年9月,远东地区已经设立了20个跨越式发展区,有369家企业入驻,入驻企业投入了3448亿卢布,创造了2万多个工作岗位。目前入驻企业的协议金额为2.5万亿卢布,将提供6万多个新工作岗位。与此同时,在符拉迪沃斯托克(海参崴)自由港建设过程中,有1404家企业入驻,签约金额为7000亿卢布。目前已经有952亿卢布的投资,创造了1万多个工作岗位。企业全部投入运营后,将提供大约6.8万个工作岗位。[1] 目前,在跨越式发展区和自由港已经成功实施264个项目,已启动和实施完成的项目投资额超过5500亿卢布。[2]

最后,确立东方经济论坛为远东发展的长效机制。[3] 2014年乌克兰危机爆发,2015年俄罗斯创建了东方经济论坛来推动其"转向东方"政策,东方经济论坛于每年9月初在符拉迪沃斯托克(海参崴)举行。6年来,普京总统每年都与联邦中央和远东各联邦主体的政府要员出席论坛活动,俄各大战略性公司的总裁也悉数到场。亚洲主要国家的领导人多次率领工商代表团参加论坛,在过去的5年中共有8位亚洲主要国家的领导人参加了论坛。2018年中国国家主席习近平出席了东方经济论坛;2017年韩国总统文在寅出席了论坛;蒙古国总统、日本首相、印度总统每年都出席论坛。论坛召开期间举行多场俄罗斯与各国对话的会议和分论坛、CEO峰会、各领域的圆桌会议等。东方经济论坛不仅是商务合作的平台,也是耕耘亚太市场的平台。2020年1月在东方经济论坛组委会会议上俄罗斯联邦副总理兼总统驻远东联邦区全权代表特鲁特涅夫表示,东方经济论坛应成为一个长效机制,在东方经济论坛下举办的活动将贯穿全年,包括在远东地区以外的会议,在这些活动中讨论的问题将构成最

---

[1] Пленарное заседание Восточного экономического форума, http://www.kremlin.ru/events/president/news/61451.

[2] Юрий Трутнев провёл совещание о реализации планов социального развития центров экономического роста Приморского края, http://government.ru/news/38883/.

[3] 李勇慧:《2019年俄罗斯"向东看"政策实施评述》,孙壮志主编《俄罗斯发展报告(2020)》,社会科学文献出版社,2020,第89页。

终论坛的议题和日程。他强调，东方经济论坛不应作为一项单独的活动存在，而应该成为远东发展制度的要素之一。2020年因为新冠疫情的流行，当年的东方经济论坛未举办。

3. 积极布局能源供应网构建亚太能源供应新格局

在2009年推出的《2030年前俄罗斯能源战略》中，俄确定了能源"向东"发展的方向，在这个战略中东北亚地区是俄亚洲能源供应网络中最重要的一环。[①] 俄拟在2020年前将对亚太天然气出口从目前不足亚太市场的3%提高到20%，将天然气出口从以欧洲为重点、以亚太为辅助转变为在欧洲守成、在亚洲进取，俄特别重视东北亚在俄亚太能源格局中的地位。

在天然气合作方向上，俄罗斯不仅在2014年5月与中国结束了持续10年的谈判，签署了东线天然气管道合同，还于11月与中国签署了《沿西线管道从俄罗斯向中国供气的框架协议》。除了在中国部署天然气管线，俄罗斯还将油气管线从远东西伯利亚地区延伸到蒙古国、朝鲜半岛、印度、东盟国家。普京总统向蒙古国提出"草原之路"倡议，蒙古国将会从俄罗斯建设经蒙古国通往中国的天然气管道中获益。俄罗斯已经取得朝鲜的同意，将过境朝鲜向韩国输送俄罗斯天然气。2015年11月，俄罗斯向日本提出建设能源桥的计划，俄罗斯计划对日能源（液化天然气）供应达到占日本能源进口总量的15%~20%。

在电网合作方向上，跨境电力贸易是合作的主要方向，包括区域性的电力连接，主要是跨境贸易、电力出口、国家和地方电力系统的互连等。俄罗斯计划通过与地区国家能源战略项目对接，使俄成为东北亚电网互联合作的火车头。韩国提出涵盖朝鲜半岛、日本、蒙古国、中国和俄罗斯远东地区的电网合作项目。蒙古国可以将利用戈壁沙漠风能和太阳能生产的电力输送给东北亚地区。如果这些项目建成，将是形成亚洲超级电网的重要组成部分。目前俄罗斯与韩国的电网合作不仅证实了可行性和有效性，而且证实了创建这种连接的技术可能性。俄计划在滨海边疆区建设前景广阔的远东（以前称为滨海边疆区）

[①] 该战略认为，尽管欧洲仍然是俄罗斯油气出口的主要方向，但是整个油气出口的增长将主要取决于东部方向的发展。俄罗斯将重点开发远东地区和北极地区的新油气田。

核电站，这将在东北亚电网互联项目的实施中发挥重要作用。日本自从福岛核电站事故后核电站运行受到限制，俄罗斯希望将电力出口到日本，基本路线是从萨哈林岛的火力发电厂通过东北亚电网联通日本，这样的合作既能降低日本的电力成本，又能为俄罗斯出口创汇。①

近年来，东北亚地区主要大国力量消长，战略互动频繁。拜登上台后强化日韩同盟，在盟国进行前沿部署以增强军事机动能力，维护美在亚太地区的安全主导地位，将盟国牢牢捆绑在自己的战车上。美日韩在东北亚的军事同盟将加大对中国在第一岛链的钓鱼岛和台海问题上的安全压力，同时，对俄远东地区也存在潜在的军事威胁。中俄关系在新冠疫情中经受住了考验。两国在东北亚地区双边层面的战略协作和多边的国际合作中共同利益大于分歧，所存在的利益差异对两国关系以及在东北亚地区的相互合作不构成阻碍因素。中俄在国际事务和热点问题上的战略协作不断增加和密切，在东北亚地区也不断加大合作力度，中俄在东北亚地区的安全合作有利于维护亚太地区的和平与稳定。

中俄在东北亚的安全合作主要包括三方面内容。一是对冲来自美国及其盟国的安全压力。中俄除了加深双边军事合作，包括预警和进攻性装备的合作，两国还继续定期在东北亚海上和陆上进行联合军演，以及在防空识别区进行空中巡航。二是以开放对话促安全合作。在中俄战略协作的基础上与美国及日韩进行战略安全对话，确保东北亚战略稳定和平衡，议题可以包括朝核问题、核不扩散、军控、和平利用核能以及亚太地区的安全机制构建等。三是分化美韩同盟。俄罗斯在分化美欧同盟方面具有丰富的经验，在解决朝核问题上，韩国十分看重中俄的作用，中俄在此问题上的作用也受到朝鲜的看重。同时，韩国国内认为中国快速发展对韩国而言是发展机遇大于威胁，中俄通过与朝鲜和韩国在朝核问题上的合作，可以适当地拉开韩国与美国的关系。

长期以来，东北亚经济一体化合作未能见到成效。地区国家间的双边合作较为积极，但多边合作囿于复杂的原因较为滞后。随着后疫情时代的到来，东北亚地区合作因为供应链的相对缩短且较为完整而受到地区国家的青睐，这也

---

① Региональная интеграция в Северо-Восточной Азии на примере сотрудничества в сфере электроэнергетики, https://russiancouncil.ru/analytics-and-comments/analytics/regionalnaya-integratsiya-v-severo-vostochnoy-azii-na-primere-sotrudnichestva-v-sfere-elektroenerget/.

给东北亚国家合作带来机遇，应开拓以中俄为主导的多边经济合作，带动俄远东地区和中国东北地区融入地区经济一体化的发展中。

对中国而言，随着经济体量的增大，中国开始重视区域发展，希望在地区经济发展以及和平稳定方面发挥重要的作用和影响力。加强同东北亚国家的合作，等同于搞好周边关系，是中国对外政策的优先方向。"一带一路"倡议更加明确地提出努力推动区域一体化，这也可被视为中国区域发展新观念。与此同时，俄罗斯与东北亚国家的合作具有广阔的前景，俄具有得天独厚的地缘政治和资源优势，能源、矿产等领域的合作是东北亚地区国家与俄合作的主要方向。未来中俄在东北亚地区推动构建多边合作有以下几个很好的平台。

一是中蒙俄经济走廊建设。新冠疫情使中蒙俄三国经济遭受重大损失，因用于合作的资源有限，经济走廊建设被按下暂停键。后疫情时代，中蒙俄经济走廊建设不仅具有政治优势，而且将面临东北亚新型区域经济合作的机遇。未来中蒙俄应更加重视国家发展战略项目的对接合作，推进中蒙俄经济走廊建设"软联通"，加强三边层面的制度性、机制性建设；以互联互通为基础，以多元化合作机制为特征，以三国合作共赢为建设原则，以实现东北亚命运共同体为目标，为后疫情时代顺利推进中蒙俄走廊建设奠定法律和制度基础。此外，加强民心相通也是建设中蒙俄经济走廊的社会基础和取得进展至关重要的保障。

二是以北方海航道为重点的交通运输网络合作。苏伊士运河堵塞事件再一次增加了国际贸易选择北方海航道的机会，突出了北方海航道的竞争优势。随着航线沿途港口等基础设施的修建和完善，俄罗斯利用北方海航道可以实现能源出口的多元化；对于中日韩三国来说，经过北方海航道的货物运输和围绕北方海航道的各产业链合作都是重要的合作内容。

三是中俄北极合作。北极具有重要的经济和战略价值，北方海航道是中俄北极合作中的一个重要组成部分，除此之外，北极基础设施的建设、高科技、科考、生态环保等方面都是中俄合作的重要内容。北极也是中俄与美国合作的平台，不应排斥与美国在北极的科学合作。

四是加入以中日韩为轴心所形成的产业链集群。新冠疫情让中日韩经济一体化的谈判停止，但是《区域全面经济伙伴关系协定》（RCEP）的签署为三国在东北亚地区的产业合作提供了条件，贸易自由化为贸易转移和创造提供了产业链合作的机遇，服务贸易和投资开放扩大了产业合作的领域。这一模式也为俄罗斯提供了合作的机遇。

五是中国提出加入《全面与进步跨太平洋伙伴关系协定》（CPTPP）。彼得森国际经济研究所的研究数据称，中国加入CPTPP后将为自身及现有成员国带来巨大的经济利益。俄罗斯也可考虑加入该组织，建立亚太经济伙伴关系。

六是加强核能安全建设。世界上有457个原子能核反应堆，[①] 其中约1/4在东北亚国家，为了核能利用的安全，应成立东北亚核能安全咨询机构。

七是加强东北亚地区人文合作交流。东北亚各国山水相连，经济利益相互交织，但复杂的历史因素导致这一地区无法形成统一的认同。加强本地区的人文交流，促使人员流动起来，将使东北亚地区增强认同感，要特别推动地区青年人之间的交流。

后疫情时代东北亚地区合作将面临的一个最重要问题就是应对国际秩序重构的加速，以及中美关系发生的重大变化。中俄应在地区政治安全和经济合作中与地区内大国共同维护利益共同点，不断寻求利益平衡点，强调多元治理、多边合作。这是一个非常艰难和复杂的过程，尤其在当今世界逆全球化和保守主义势力抬头的背景下，在东北亚复杂的力量格局变化过程中，任何多边合作、多元治理都不会顺利推进。道路虽然曲折，但前途光明。

第三节 俄罗斯与日本

第二次世界大战结束前夕，苏联参加对日作战，出兵占领了日本北部的四个岛屿。然而，二战已经结束70多年后的今天，两国仍未签订和平条约，这在国际关系史上也是罕见的。最根本的原因是两国间存在一直未能得到解决的复杂的领土争议问题。该问题难于解决的主要原因有三。一是俄方主张按照苏

---

① 国际原子能机构2019年8月数据。

日1956年签订的共同宣言来解决这一问题，即先签订和平条约，再移交两个岛屿——齿舞和色丹；日方则坚持先明确四岛的主权，再签订和平条约。二是日本在领土问题上遵循政经不可分原则，即在签订和平条约之前，日本不会与俄罗斯进行大规模的经济合作。三是俄在有争议岛屿上部署军事基地，事实上绝不可能将哪怕是两个小岛归还给日本，俄视日美同盟为对俄远东领土的安全威胁。因此，俄日之间一直未能创造有益的政治氛围来打破领土问题的僵冷局面，双边关系处于既非和平也非战争状态。[1]

一 叶利钦时期的俄日关系

苏联解体后，俄罗斯面临极为复杂的国内和国际形势。俄罗斯的对外政策不仅随着国际形势的发展在不断调整，而且随着国内各派政治力量的斗争和力量对比的变化而不断变化。俄罗斯外交政策经历了从向西方"一边倒"到东西方平衡的转变。日本属于西方国家，在俄罗斯外交政策调整的这一阶段，俄日关系也受到羁绊。亲西方派和反对派在俄日领土问题上争论不休，俄日关系处于曲折中发展的态势。

首先，叶利钦访日从被取消到成行，俄日关系重启受到领土问题的阻碍。

1991年12月苏联解体，俄罗斯独立，1992年俄日外长互访，为叶利钦访日做准备。当年9月俄方宣布叶利钦访日计划推迟。俄日外交严重受挫。叶利钦推迟访日的真正原因是：俄日双方对访问目的及所能达成的协定方面存在巨大的分歧。对俄来说，尽快获得日本的经济援助是俄日进行外交接触的真实意图，答应就领土问题进行谈判，只是为了获得援助的一个形式上的让步。对日本来说，只有俄在领土问题上做出实质性的让步才能给予俄大规模的援助。在双方无法达成一致的情况下，双方叫停了高访，俄日关系受到巨大冲击。最终，叶利钦于1993年正式访问日本。此后到1996年前，俄罗斯和日本没有再举行过最高级会晤。

其次，凭借"不打领带"的非正式会晤签订"叶利钦-桥本计划"，俄日关系得以在苏联解体后全面发展。

---

[1] 李勇慧：《俄日关系》，世界知识出版社，2007，第2页。

1997年7月，日本首相桥本龙太郎提出"欧亚大陆外交"新战略，对俄放弃政经不可分的原则，采取"多层次接触"政策。1997年11月，叶利钦总统和桥本首相在俄罗斯举行了"不打领带"的非正式会晤，并发表了涉及双边关系各方面内容的"叶利钦-桥本计划"。同时叶利钦总统还许诺将在2000年签订和平条约。此次会晤使俄日关系达到了历史最高水平，促使俄日关系摆脱领土问题的束缚，开始走向全面发展。1997年，日本确立了对俄罗斯的多层次接触政策。1998年，俄日两国建立创造性的伙伴关系，双边关系开始全面发展。

二 普京执政后乌克兰危机前后的俄日关系

普京执政以来俄罗斯对日本政策一直遵循先发展经济合作，在此过程中寻找解决领土问题办法的思路，而日本延续奉行政经不可分的政策。因此，在普京前两个任期和"梅普组合"时期，俄日关系渐行渐远。2012年安倍晋三再次当选首相后，看准普京复任后俄罗斯因北约东扩等问题而与西方国家紧张对抗的时机，提出"新思维"，以签订和约为目的，积极推动对俄外交，俄日关系持续缓和。从2012年到2019年底，俄日领导人会晤28次。俄日经贸合作平稳发展，在高科技、能源方面的合作显著增加。在领土问题上重启了和约谈判，并启动了在有争议岛屿上的经济合作。

（一）乌克兰危机前的俄日关系

乌克兰危机前，俄日加强政治对话，增进互信，确立高层定期会晤机制，重启两国签署和平条约问题的谈判，双边关系得到缓和。

安倍晋三自2012年12月当选日本首相后，非常注重与俄罗斯发展关系，谋求实现对俄罗斯的访问，探讨解决领土问题的办法。2013年4月22日，安倍在访俄前夕接受俄通社-塔斯社副社长专访时表示："日俄关系是最有发展前景的双边关系之一。俄罗斯地大物博，日本拥有先进技术，两国理应发展互补型合作。"安倍晋三此次访俄的目的有三个，即同总统普京建立个人之间的信任关系；发展与俄罗斯全方位的合作；寻找领土争端问题的合理解决方案，从而促进日俄和平条约谈判的恢复。陪同他访问的是一个由120人左右组成的空前庞大的"经济使团"。这些代表将同俄罗斯同行就城市环境、医疗、农业和粮食生产等领域的合作展开讨论。① 2013年4月28日,安倍正式访问俄罗斯,这次访问距离上次日本首相访俄已经过去整整10年。会谈结束后,俄日两国签署了有关发展俄日伙伴关系的联合声明,双方表示将通过谈判消除现有在领土问题上的分歧,根据已有文件和协议,推动和平条约的谈判进程,力争签署和平条约。两国领导人签署了发展俄日伙伴关系的联合声明,双方在交通、能源、金融、反洗钱和人文等领域签署了一系列合作文件,其中涉及建立俄日投资平台、互设文化中心等。此后,俄日两国领导人分别利用二十国集团峰会、亚太经合组织会议、G8会议等各种多边的国际场合举行会晤,在乌克兰危机前,普京和安倍共会面五次,双方加强对话,增进了解。甚至在2014年2月索契冬奥会期间,安倍不顾欧美国家领导人抵制普京的意愿,亲赴索契参加冬奥会,并邀请普京在2014年秋天访问日本。

俄日首脑莫斯科会晤后,两国关系渐暖,确立了重大问题会谈机制。首先,2013年8月两国重新开启了副外长级的有关领土问题的磋商,2014年1月举行了第二次磋商。双方首先讨论了当前双边关系发展中的一些问题,并就签署和平条约谈判所涉及的领土问题交换了意见。其次,2013年11月在日本首次举行了日本外相和防卫大臣与俄罗斯外长和防长"2+2"会谈。俄外长拉夫罗夫表示,"2+2"会谈将成为俄日两国合作的新形式,希望这种形式能够推动两国关系进一步发展。② 俄日双方仅与为数不多的几个国家建立这种会谈机制。俄罗斯是日本与美国和澳大利亚建立"2+2"会谈机制后的第三个"2+2"会谈机制国;日本是俄罗斯与美国、英国、法国、意大利"2+2"会谈机制后的第五个"2+2"会谈机制国。双方就亚洲未来安全架构、未来联合军演、日本陆上自卫队与俄罗斯陆军互派军演观察员等问题进行了商讨。俄日两国强调,升格俄日国防关系旨在为俄罗斯和日本的国家利益服务。

(二) 乌克兰危机爆发后的俄日关系

乌克兰危机爆发后,日本参与对俄罗斯制裁,导致普京推迟访日,双边关

---

① Синдзо Абэ рассчитывает обсудить с Путиным двусторонний мирный договор, http://itar-tass.com/arhiv/615745.

② Сергей Лавров: Россия и Япония искренне настроены на укрепление двустороннего сотрудничества, http://itar-tass.com/glavnie-novosti/754794.

系出现倒退。

因日本希望主动改善同俄罗斯的关系，并在乌克兰危机爆发前频频向普京示好，取悦于俄，故在乌克兰危机爆发后，在追随美国对俄制裁问题上，日本为了避免过度刺激俄罗斯，采取的制裁措施相对温和。尽管如此，随着乌克兰危机的不断升级，在美国的压力下，日本不断对俄罗斯追加制裁，导致俄日关系出现很大的倒退。

2014年3月18日，日本政府宣布对俄罗斯实施制裁，俄日暂停了关于简化签证制度的磋商以及刚启动的三个谈判，即有关投资合作、开发宇宙空间合作和预防危险军事活动的谈判。5月，日本放弃了与俄罗斯的定期副外长级的领土磋商会晤，并表示日本将考虑七国集团的意见来确定下一轮谈判开始的时间，但目前不是恢复谈判的时候。① 7月24日，日本又临时停止向俄罗斯23个国家部门的领导人和其他人员签发签证。马航事件之后，以美国为首的西方加大了对俄罗斯的制裁。8月5日，日本内阁正式批准就乌克兰危机对俄罗斯追加制裁措施，冻结包括俄政府官员在内的40名个人以及2个实体在日本的资产。同时，日方将按照欧洲复兴开发银行最新决定，冻结对俄罗斯境内新项目的投资，此外，还将限制进口克里米亚生产的所有商品。9月24日，日本又对俄罗斯追加第四轮制裁，禁止对俄出口武器，限制俄银行在日本的融资活动等。

针对日本的制裁，俄外交部即时做出明确反应，宣布推迟俄日官方交流。俄罗斯外交部新闻司副司长扎哈罗娃对媒体称，俄日两国副外长原定8月底就南千岛群岛（日本称北方四岛）争议领土问题举行磋商，但由于日方批准对俄实施新一轮制裁，俄罗斯认为在此背景下举行类似磋商不合时宜，因此磋商将推迟举行。日本内阁官房长官菅义伟对俄方推迟两国副外长级会谈表示"极为遗憾"，他同时透露，双方现阶段没有就俄总统普京访日事宜做出决定。而此次被推迟的两国副外长会谈原本应为普京访日铺路。俄罗斯自8月11日起连续10天在南千岛群岛举行了近年来最大规模的军事演习。

---

① Синдзо Абэ: Япония продолжит диалог с РФ по вопросу о подписании мирного договора, http://itar-tass.com/mezhdunarodnaya-panorama/1338973.

第五章 俄罗斯与亚太地区

1000多名军人、近百架战斗机和5架米-8直升机参加军演。机枪、火炮与无人机组成沿海防御,米-8直升机直接降落在南千岛群岛的一座岛屿上。8月13日,日本首相安倍晋三发表声明,称俄罗斯在南千岛群岛的军演是让人不能接受的,这些岛屿是日本不可分割的领土,日本政府对此提出"严正抗议"。[①]8月22日,日本驻俄罗斯大使接到俄外交部限制部分日本公民入境的名单。[②] 这份名单是针对日本对俄罗斯签证制裁开出的。9月24日,俄总统办公厅主任伊万诺夫亲赴南千岛群岛中的择捉岛,参观了新建成的军用机场,表明俄对日本加大对俄制裁力度强烈不满。

在俄罗斯开始反制裁后,日本不甘心俄日关系就此受到影响,制裁力度也不及欧美国家。日本既不希望得罪美国,也不愿惹怒俄罗斯,担心俄以此为借口,关闭与日本进行争议岛屿谈判的大门。7月,安倍通过外交渠道转交给普京一封信,信中安倍向普京解释说,日本作为7国集团不得不采取对俄制裁,不管怎样,日本高度重视与俄罗斯发展关系,寻求解决有争议领土问题的办法。[③] 7月24日,日本首相安倍晋三在会见曾居住在南千岛群岛上的日本人时表示,尽管目前局势复杂,日本还是打算继续同俄罗斯进行岛屿归属的谈判。日本在8月5日宣布追加对俄制裁措施后,内阁官房长官菅义伟表示,日仍希望保持俄日关系稳定,将继续同俄罗斯对话。9月8日,日本前首相森喜朗出席在俄罗斯举办的第二届俄日论坛,森喜朗将安倍的亲笔信转交给普京。安倍在信中表达了希望持续扎实推进对话的意思。日本对俄首鼠两端的态度并未能挽回俄日关系的破碎,普京总统还是决定推迟原定的访日计划。2014年9月11日,俄驻日大使阿法纳西耶夫表示,受日本因乌克兰局势而对俄实施制裁的影响,俄总统普京秋天访日计划将被推迟,"精心准备的访日计划被打乱

---

① Премьер-министр Японии назвал неприемлемыми военные учения РФ в районе Курильских островов, http://mir-politika.ru/16119-premer-ministr-yaponii-nazval-voennye-ucheniya-rf-v-rayone-kuril-nepriemlemymi.html.

② МИД РФ: новые санкции Японии против России отбрасывают назад двусторонние отношения, http://ria.ru/world/20140825/1021291900.html#ixzz3BOOENKDP.

③ Япония выбивается из G7, http://maxpark.com/community/4765/content/2858648.

了"，是否访日最终将由普京自己决定。① 9月21日，安倍主动与普京进行电话会谈，提议在APEC会议期间举行首脑会谈。看得出，安倍仍希望避免两国关系出现过度恶化的情况。

随着日本加大对俄罗斯的制裁，2014年俄日经贸关系也受到一定程度的影响。2013年因政治关系的改善，俄日经贸关系迅速发展，两国在能源、农业、医疗等方面都准备加强合作。2013年5月底，俄日石油企业签署协议，商议共同开发俄远东马加丹州近海油田。此外，日本企业尝试性地在俄远东进行大豆和荞麦等农作物的种植并取得初步成功。但是，进入2014年后，随着美西方与俄罗斯的制裁与反制裁愈演愈烈，2014年1~3月俄日贸易额只为66亿美元，比上年同期下降了15%。9月底，俄罗斯宣布东西伯利亚的天然气只向中国及俄远东地区供应，取消对日供应。

（三）以签订和约为目的，日本首相安倍积极推动俄日关系

乌克兰危机的爆发使稍有缓和的俄日关系重新跌入低谷。从2015年到安倍辞职，安倍连续四次出席东方经济论坛，展示要与俄罗斯改善关系的决心。2015年8月，梅德韦杰夫总理再次登上俄日有争议的南千岛群岛，再次向日本表明了俄在维护领土主权上的态度。安倍一直谋求的普京访日未能实现。2015年11月，在布局亚太能源供应战略过程中俄罗斯向日本提出建设能源桥的计划，俄罗斯计划对日能源供应达到占日本能源进口总量的15%~20%。如果俄日能在能源合作方面有所突破，将带来两国关系的缓和。

2016年，安倍政府不顾西方对俄持续进行的严厉经济制裁，继续加大对俄外交力度。2016年5月，在西方对俄罗斯持续采取严厉制裁的背景下，安倍实现了其执政以来对俄罗斯的第二次访问，安倍在索契与普京会晤时强调，要以"新思路"来推动日俄关系的改善，主动提出日俄合作的方案，该方案涉及八个领域的合作，包括石油和天然气等能源开发、涵盖港口和机场建设以及耕地开发等远东地区产业振兴、缓解交通拥堵以及加固给水管道等城市基建、建设最先进医院等。围绕9月在俄罗斯远东城市符拉迪沃斯托克（海参

---

① 《俄驻日大使称因日本对俄制裁，普京将推迟访日》，http://world.huanqiu.com/article/2014-09/5135394.html。

崴）召开的第二届东方经济论坛，安倍政府更是做了精心准备：成立了日俄交流委员会，任命经济产业大臣世耕弘成担任对俄经济合作大臣，专门负责与俄罗斯的经济合作；参加此次论坛的日本企业数量比参加第一届论坛的日企多出了1倍；日本各家银行也表示将向俄罗斯项目提供特别贷款。在此次论坛上安倍特别向普京阐述了今后经济合作的具体路线图。

2016年12月15~16日，普京总统访日。姗姗来迟的普京访日促进了俄日关系的改善，以此打开了两国经济合作的新局面。普京与安倍举行了三次会谈，共同发表了联合声明。访问期间，两国企业和机构共签订68份各类协议和备忘录。俄日将在能源、渔业、核能、人员往来、旅游、医疗、环境、投资、税收、劳动就业等领域进行合作。双方还讨论了朝鲜半岛问题。声明指出，双方就在有争议岛屿上进行共同经济活动的磋商达成一致，同时强调，共同经济活动对两国有关签署和平条约的立场不构成损害。

对俄罗斯来说，此次访问基本上符合其对日政策的框架，即政经分离，发展经济合作及全方位的双边关系，领土主权问题留待将来解决。而且通过外交文件的形式，使俄日经济合作得以扩大和深入发展，使日方经济援助从承诺转入加快实施，似乎得分不少。对日本来说，日本如果同意在有争议岛屿上进行共同的经济活动相当于间接承认了俄罗斯对其的主权所有。但在声明中写入在有争议岛屿上开展经济活动对两国有关和平条约的立场不构成损害，实质上是保留了日本在领土问题上的立场，即日本对四岛的主权主张。这是俄日为了绕过领土问题进行经济合作所选择的折中方案。

关于领土问题，在声明中没有重申1956年宣言的有效性，说明日本在关键性的领土主权问题上没有取得任何实质性进展，而普京表示要将纷争之源的南千岛群岛变为推进长远合作的动力，不过是宣告了关于解决领土主权的遥遥无期。①

俄日关系出现改善局面的主要原因，对俄罗斯而言，从外交层面看，乌克兰危机爆发后，俄内忧外困。在此种背景下，2012年以来安倍积极的对俄政

---

① 《中国专家：普京访日打开俄日经济合作的新局面》，http://sputniknews.cn/politics/201612161021419325/。

策得到俄罗斯的欢迎。从政治层面看，日本是西方七国家集团的成员，又是乌克兰危机爆发后西方国家对俄进行制裁的国家之一。如果俄罗斯能与日本缓和关系，将突破西方对俄的外交孤立，瓦解西方国家对俄的打压。从经济层面看，俄罗斯希望日本加大对其投资和技术输出，助俄摆脱经济危机和西方的技术封锁，以弥补美西方对俄制裁带来的巨大经济损失，这对俄来说不啻为雪中送炭。从长远的战略层面看，与日本缓和关系有助于俄罗斯"转向东方"政策的多元性，避免俄远东地区发展形成依赖中国的局面，同时也是制衡中国的一步棋。加强与日本的关系，能够改善由于远东经济落后俄在东北亚的衰弱地位，并在新一轮的东北亚地区主导权之争中提升俄在该地区的影响力。2016年索契会晤后，普京显示出就有争议岛屿问题对话的意愿。尽管他强调不可能用领土换取日本的经济合作，但表示："我们愿意同包括日本在内的所有伙伴进行对话。缔结和平条约及由此衍生展开磋商的领土问题都包括在内。"

对日本而言，安倍政府执政后，中日关系严重恶化，外交困境难以摆脱，其在经济上走出衰退的政策毫无建树，内外政绩乏善可陈，因此试图在日俄关系领域有所突破。同时，以经济合作突破日俄关系中有关领土问题的死穴，从而进一步稳固自民党的执政地位，为修宪打开外交局面。解决有争议岛屿问题是日本成为"正常国家"和实现"领土完整"的重要步骤，也是为让美国撤出驻日军队、最终改变"战后体制"做长远铺垫。因而，从长远目标看，日本不会因为美国反对日俄缓和而完全敛手屏足，而是希望美俄都能交还和撤出日本领土，使日本成为真正的"正常国家"，成为亚洲乃至全球的政治军事大国。

安倍所谓的"新思路"就是要放弃日本坚持多年的政经不可分原则，采取政经分离的政策，即经济合作与和平条约谈判平行进行，合作不受和平谈判进程的影响。同时，可能不再要求俄首先明确四岛的主权归属。安倍试图用"新思路"打开与俄签署和平条约、彻底解决领土问题的突破口。

2018年成功连任俄罗斯总统后，普京继续奉行积极的"转向东方"政策，日本是俄"转向东方"政策中的重要国家，日本的技术和投资对于俄远东地区开发和俄融入亚太经济一体化有重大的意义。从2012年到2019年安倍与普京共举行了近 30 次会晤，这创造了俄日关系史上最高领导人连续 7 年会晤的记录。安倍是日本历史上执政时间最长的首相，他的政治抱负很远大，力图通过与俄罗斯解决领土问题、签订和平条约来体现日本战后成为"正常国家"的战略目标。2019 年 1 月，安倍给父亲安倍晋太郎扫墓，他的父亲曾致力解决日苏关系及签署和平条约问题，在父亲的墓碑前安倍发誓要完成父亲的事业，他在任期间要将领土问题画上句号。[1] 在安倍积极的推动下俄日关系出现了缓和的迹象，主要表现为以下几点。

第一，元首外交作用突出，推动高层政治安全对话。

2018 年俄日两国元首进行了 4 次会晤，加强了相互了解，增进了信任。5 月 24~25 日，安倍对俄罗斯进行了正式访问，并出席了圣彼得堡经济论坛之俄日商务对话辩论。访问期间俄日双方签署了一揽子双边文件，同时普京和安倍还共同出席了俄日国家年的开幕式。9 月 10 日，安倍率领庞大经济代表团再次出席了在俄远东符拉迪沃斯托克（海参崴）举办的东方经济论坛，双方讨论了双边经济、人文及军事合作问题，签署了许多合作协议；普京与安倍还一起参观了日本马自达汽车公司在远东的汽车发动机生产线。11 月，两国元首又在新加坡共同出席东亚峰会的时候举行了会晤，双方共同决定开启新的和平条约谈判机制，将努力推动和平条约的谈判，在 1956 年苏日联合宣言的基础上签署和约。同月在阿根廷 G20 峰会上普京与安倍再次会晤，进一步明确了签订和约的决心。2019 年俄日领导人有 3 次会晤。1 月 22 日，日本首相安倍晋三应普京的邀请对俄罗斯进行了工作访问，主要会谈内容是讨论签署和平条约的相关问题。6 月 29 日，普京总统在大阪二十国峰会上与安倍晋三会晤，双方签署了一系列合作文件。2019 年 9 月，俄日领导人在东方经济论坛上的会晤确立了双方关系的发展速度和方向。日本首相安倍晋三已经是第五次出席东方经济论坛，也是他 2012 年以来第 28 次与普京会晤。安倍晋三将东方经济论坛看作改善日俄关系的重要外交场合，为参加东方经济论坛，他精心准备，除了 5 次出席外，还带去庞大的代表团。安倍晋三在东方经济论坛全体会议上发表演讲，强调缔结日俄和平条约是历史使命，呼吁普京一同尽到责任。两国

---

[1] 《安倍给父亲扫墓，誓言签署日俄和平条约》，http://sputniknews.cn/politics/201901071027291322/。

议会之间的交流也定期开展。2019年10月，日本天皇举办登基大典，俄联邦委员会副主席乌马哈诺夫出席；2019年9~11月，俄联邦委员会与日本议会进行了多次交流。俄日还不断加强地方间的合作，中断9年的俄日省长委员会也于2019年恢复工作。

在两国领导人的推动下，俄日在外交和安全领域的对话也得到了加强，2018年7月举行了"2+2"的外交+安全对话，除"2+2"会谈机制，两国安全委员会与国防部门还定期接触，交流信息。3月，俄外长拉夫罗夫对日本进行了工作访问，推动进行以外交人员为主要成员的领土问题定期谈判。

两国议会间的交流不断加强，推动党派间交往与经济合作。2018年4月，日本议会代表团在自民党总干事二阶俊博率领下访问了莫斯科和圣彼得堡。负责日俄经济合作的日本经济产业大臣世耕弘成6月22~25日访问了俄雅库特共和国，出席俄日议会间和地区间合作磋商委员会第三次会议。7月，俄罗斯联邦委员会国际事务委员会主席科萨切夫率领议员代表团访问了日本。同月日本议会顾问团主席率团访问了俄罗斯，俄联邦委员会主席马特维延科和国家杜马主席沃洛京会见了该代表团成员。2018年，日本众议院议长在俄罗斯联邦委员会全会上进行了演讲，这是俄日关系史上日本议长第一次在俄议会发表演讲。

第二，俄迎合安倍希望尽快先签订和平条约、后解决领土问题的想法。

一是安倍在领土问题上表现出妥协姿态，由此普京表态准备克服困难签署和平条约。2018年11月14日普京与安倍在新加坡举行会晤，双方商定在1956年"苏日共同宣言"基础上加快和平条约谈判进程。此前日本坚持先确定四岛主权再签署和约，因此，外界认为安倍的打算是承认以1956年宣言为基础，即不再追究四岛的主权归属问题，首先签订和约，然后再讨论在什么条件下拿回齿舞和色丹两岛。2019年1月22日，安倍再次前往莫斯科与普京讨论了签署和平条约问题。会谈后安倍表示要努力推动尽快签署和约，普京则表示，有关这一问题的谈判是一项"艰苦的工作"。[①] 2019年2月7日是日本的"北方领土"日。当日安倍在出席归还"北方领土"全国大会上首次未使用俄罗斯

---

① 《佩斯科夫解读是什么影响俄日签署和平条约》，http://sputniknews.cn/russia/201901281027496270/。

"非法侵占"岛屿的说法,同时他表示,日本将继续就和平条约问题与俄罗斯进行谈判,以寻求双方都能接受的解决方案。他指出,将通过签署和平条约进一步加强两国人民的信任和友谊。日本媒体认为,安倍放弃日本一贯的说法是为了营造相对缓和的气氛,与两国关系改善以及和平条约谈判密集进行有关。安倍已经改变了过去坚持四岛主权的立场,并且寻求双方都能解决的方案。可以认为,安倍发出了重大的妥协信号,以期在其执政期间签署和约。从俄立场看,俄能够接受的方案是:承认四岛主权归属俄罗斯,只是在签订和平条约后出于善意,俄会将两个小岛即齿舞和色丹转交给日本。

二是俄日开启和平条约谈判。2018年11月双方首次组成了以副外长级为团长的和约谈判队伍。2019年1月14~15日,日本外相河野访俄,两国外长正式开启和平条约谈判,河野与俄外长拉夫罗夫举行第一轮会谈,从发布的新闻来看,双方在领土问题上存在显著分歧,"但两国领导人令俄日关系实现全面正常化的政治意志激励两国开展对话"[①]。为配合和约谈判,俄罗斯派出外交官和学者两个代表团赴日进行沟通,试图通过官方和民间的二轨渠道,探讨在未解决领土问题条件下签署和平条约的可能性。

三是日本国内舆论发生变化。2019年1月28日《日本经济新闻》报道称,大多数日本人认为在解决南千岛群岛问题之前有可能与俄罗斯签订和平条约。42%的受访者支持在解决领土争端前与俄罗斯签订和平条约,还有46%的人持相反观点,10%的受访者认为日本根本不应向俄罗斯要求任何岛屿。支持签署和平条约的比例比2018年11月的民调数据多出3%。[②]

第三,俄日经济合作取得一定进展。

安倍首相连续4年参加俄东方经济论坛以推动俄日两国经济合作。安倍提出的八个经济合作方向与普京总统提出的任务很吻合,比如首先在俄远东地区实现技术和投资突破,改善人民生活质量,发展基础设施等。[③] 双方将在八个

---

① 《俄外长:俄日在和平条约问题上还存有显著分歧》,http://sputniknews.cn/politics/201901141027354501/。
② 《民调:约42%的日本人支持在解决岛屿争端前与俄签订和平条约》,http://sputniknews.cn/politics/201901281027493373/。
③ Россия и Япония: на пороге инвестиционного прорыва, http://www.ng.ru/kartblansh/2018-09-06/3_7305_blansh.html?print=Y.

方向上进行合作，主要包括能源、工业、卫生、农业、城市环境、中小型企业协作、高科技、人文交流。具体来说，新的药品合作生产正在启动，医疗中心开始建设，正在实施提高生产力和数字经济的智慧城市计划，以期改善城市生活质量。① 俄日还不断加强地方间的合作，中断了9年的俄日省长委员会也于2019年恢复工作。

日本是俄罗斯第十大贸易伙伴，2018年1~9月俄日经贸额达到159亿美元，比2017年同期增长了18.61%。2018年两国双边贸易总额已近200亿美元，全年增加18%。② 2019年1~10月俄日经贸额为171.6亿美元，相比2018年同期缩减了2.3%。③

投资合作稳步推进。从安倍首相提出与俄罗斯在八个方向上进行经济合作后，日本对俄远东地区的投资已经达到140亿美元。2018年俄日启动了价值2亿美元的项目，日本在俄罗斯超前经济发展区和自由港区入驻了10家企业，涵盖高科技、医疗保健、天然气化学、生物燃料、基础设施和公用事业等领域。3月，日本国际合作银行（JBIC）与远东吸引投资和支持出口机构，以及远东和贝加尔湖地区发展基金共同创建了一个支持日本在远东投资的10亿美元基金平台。该平台旨在促进日本公司对远东超前经济发展区和自由港区的投资，并与俄罗斯当局互动，为参与生产、物流基础设施建立和服务等各种项目的日本公司提供咨询和其他服务。④

2019年在大阪合作协议中，俄日双方明确了国家发展战略对接的内容，表示要加强经济技术合作，利用日本的技术和投资积极参与俄罗斯国家战略纲要中的项目。在能源领域，双方正式签署了由三井财团和日本国家石油、天然气和金属公司（JOGMEC）在"北极-2"液化气项目上投资近30亿美元的协

---

① Товарооборот между Россией и Японией превысит аналогичный показатель сотрудничества с США，http：//economy.gov.ru/minec/about/structure/depasiapacific/201812096.
② Владимир Путин и премьер-министр Японии Синдзо Абэ сделали заявления для прессы по итогам переговоров，https：//www.putin-today.ru/archives/75684.
③ Премьер-министр Японии заявил о запуске двух новых авиарейсов во Владивосток，https：//primamedia.ru/news/850998/.
④ Тоёхиса Кодзуки：Взаимодействие между Японией и Россией в экономической сфере развивается беспрецедентными темпами，https：//www.eastrussia.ru/material/toyekhisa-kodzuki-vzaimodeystvie-mezhdu-yaponiey-i-rossiey-v-ekonomicheskoy-sfere-razvivaetsya-bespr/.

第五章 俄罗斯与亚太地区

议,这表明俄日在北极的合作取得进展,这将进一步保障日本的能源供应。在该项目的框架内,日本三井 OSK Lines 公司将通过北海航线将北极生产的液化天然气运送到亚洲和欧洲,包括日本本土。

在远东地区的合作主要是在交通和基础设施领域,日本国土交通省与俄罗斯铁路公司合作,正在开展试点项目,以促进跨西伯利亚铁路的使用。2020年,第一列从日本到欧洲的一个完整的集装箱班列发车,这表明在推动使用西伯利亚大铁路方面取得了进展。参与试点项目的日本公司表示,由于新冠疫情大流行,日本和欧洲之间的物流很不稳定,可以考虑使用西伯利亚大铁路作为继海运和空运之后的第三种选择。日本物流公司 Toyo Trans 自 2021 年 2 月开始定期为通过西伯利亚大铁路到欧洲(到波兰的波兹南市)的带有拼箱货物的集装箱提供服务,货件可在 22 天内抵达波兰的波兹南,运输时间比海路减少一半左右。

在高科技领域,考虑建立一个新的日欧高速数据传输通道项目,其中包括铺设从纳霍德卡到新潟的海底电缆。在核技术领域,正在制定各项举措,以便对二手核燃料进行再处理,并在第三国开展可能的联合工作。此外,双方还决定根据日本的经验和技术,在哈巴罗夫斯克(伯力)建立预防医学和诊断中心。俄日双方批准了两国的数字经济合作计划,并通过了有关气候变化和提高能效问题的谅解备忘录。[①] 2019 年 12 月召开的第 15 次俄日政府间经贸委员会提出,全方位和高质量发展是俄日经贸合作的主要任务。大阪协议正在得到落实,经济对话机制发挥了重要的作用。日本在伏尔加格勒建立了甲醇生产厂,在哈巴罗夫斯克(伯力)建立了俄日预防医学和诊断中心,并签署了在奥布宁斯克建立第一个俄罗斯重离子癌症治疗临床中心的协议,安倍提出的八个经济合作方向都在积极推进。2019 年 1~10 月俄日经贸额为 171.6 亿美元,相比 2018 年同期缩减了 2.3%。[②]

能源合作进一步扩展。"北极-2"液化气项目是俄日最大的合作项目,标志着俄日经济合作进一步加深。日本是世界上最大的液化天然气进口国,在拓展

---

① Межгосударственные отношения России и Японии, https://ria.ru/20190629/1555926705.html.
② Премьер-министр Японии заявил о запуске двух новых авиарейсов во Владивосток, https://primamedia.ru/news/850998/.

市场和发展价格机制方面拥有丰富的经验，而俄罗斯拥有丰富的自然资源，俄日间的经济互补性很强。双方不仅在传统的油气田开发领域，而且在节能和可再生能源（RES）领域，包括风力发电以及福岛第一核电站退役等方面的合作也在稳步发展。同时，俄日重视在北方航线上的合作，尤其是北极电能开发与合作。2018年，日本政府对俄罗斯北极项目拨款以进行技术研发，第二条亚马尔液化气技术生产线投产。2018年2月，日本新能源和工业技术发展组织与俄远东萨哈共和国签署了建造风力柴油综合系统的试点项目协议，目前该项目已经开工。

在农林渔业领域，2020年1月，俄罗斯和日本的有关部门签署了《提高俄罗斯远东地区农渔业生产效率的日俄联合项目合作备忘录》。该合作涉及三个领域，并使用了日本私营公司的专有技术。一是提高俄农业生产力并增加大豆、玉米和其他作物的出口潜力；二是通过增加雅库茨克和其他城市的蔬菜温室面积来增加蔬菜产量；三是增加俄罗斯国内外鱼类和海产品的生产和供应。雅库茨克的温室蔬菜种植项目是一个特大项目，打造的温室可以在恶劣气候和永久冻土地区全年种植新鲜蔬菜，该项目2016年开工建设，2021年全面竣工。此外，日本Prospect Co.公司和俄罗斯RFP集团达成了股东协议，共同投资建设一家年生产9万吨木材和农业废料颗粒（用作生物质发电的燃料）的工厂。2020年10月，这座位于哈巴罗夫斯克边疆区阿穆尔斯克市的工厂建成投产。①

俄日在有争议领土上的经济合作也取得进展。日本积极推动五个项目在岛上落地实施，主要包括海产品养殖、建设蔬菜大棚、开放旅游线路、开发风能以及回收垃圾的措施。日本从2017年开始先后派出三个代表团访问南千岛群岛，以考察经济合作的项目及可行性。当前在有争议领土上进行经济合作还受到日方法律的约束，因此，需要研究两国的法律，必须在不违反法律的基础上进行合作。

第四，俄日人文交流进一步加深。

2018~2019年俄日互设国家年，在俄日关系史上还是第一次举办这样的国家年活动。2019年俄日互设"国家年"活动结束，两国领导人共同出席"国家年"活动闭幕式，总结了互办"国家年"的成果。这期间，俄日举行了近

---

① Посол Японии в Москве: Токио намерен наращивать сотрудничество с Россией в экономической области, https://www.interfax.ru/interview/764861.

700多场活动，涵盖文化、教育、旅游、体育等领域。普京访问大阪时，俄联邦旅游署与日本国家旅游局签署了2020～2023年旅游领域联合行动计划。两国领导人表示，争取在2023年前将相互旅游的人数增加到每年至少40万人次，包括通过举办橄榄球世界杯赛以及东京奥运会和残奥会等活动。日本还决定简化向俄罗斯465所高校学生发放签证的手续，以加强青年之间的交流。2020年俄日互办"地方交流年"。"地方交流年"的举办将会推动俄罗斯地方与日本各县的全方位合作。为了鼓励双方人员增加交流，日本对俄商务人士发放5年内多次往返签证；2017年俄赴日人数比2016年增加了40.8%，2018年比2017年增加了25%。[①] 过去日本只有客船到达南千岛群岛，从2017年起开通了一条包机航线飞往南千岛群岛，乘客中有曾经住岛的居民，有生态学者，也有博物馆工作人员和医务工作者等。

在签订和平条约问题上，2018～2019年关于和约谈判已经进行了三轮，包括外长级和副外长级的领事磋商。俄罗斯的立场是：首先日本应完全承认二战结果，俄罗斯对南千岛群岛拥有没有争议的主权；然后双方在此基础上签订和平条约；最后再通过谈判划定两国的边界线。日本的立场是：坚持以1956年"苏日共同宣言"为基础进行谈判，在解决领土主权归属后，签订和平条约。安倍晋三接受了普京在2019年12月底的邀请，准备出席在莫斯科举行的纪念二战胜利75周年的活动，以期为和平条约谈判创造较好的氛围。

2020年新冠疫情全球大流行，日本驻俄罗斯大使认为，俄日间计划的落实较少受到疫情的影响，日俄经济领域的合作也在八点合作计划的基础上稳步发展，甚至在2020年还取得了许多重大成果。此外，两国还加大了在抗疫方面的合作，俄罗斯直接投资基金联合日本有关机构共同研发新型冠状病毒快速检测试剂盒。日俄合资企业（Evotek-Mirai Genomix LLC）于2020年3月研发了一种能够快速检测新冠病毒的方法，这是是一种高精度、快速可移动的测试系统，自2020年8月以来已在莫斯科三大国际机场（谢列梅捷沃、伏努科沃

---

① Абэ отметил беспрецедентный уровень отношений между Японией и Россией，https：//russian. rt. com/world/news/710453 - abe - rossiya - otnosheniya？utm_source = yxnews&utm_medium = desktop&utm_referrer = https%3A%2F%2Fyandex. ru%2Fnews.

和多莫杰多沃）使用。如今，它也被俄罗斯其他部门广泛使用，以确保其人员（包括轮班工作人员）的安全。俄还借助这个测试系统对俄罗斯超级联赛的足球运动员和足球俱乐部的人员进行了测试。

三 后安倍时期俄日关系冷淡

2020年8月，安倍因为身体问题辞去首相职务，接替日本首相职位的是菅义伟。菅义伟沿袭安倍对俄政策，高度重视日俄关系，并打算在包括缔结和平条约问题在内的政治、经济、人文交流领域发展合作。9月，俄日两国领导人通电话，双方表示，近年来俄日两国成功推进了双边对话，发展了两国政治、经贸和人文多领域的合作。两国领导人在通话中讨论了包括新冠疫苗研发在内的医学领域合作的前景。双方还一致表示愿意遵循两国人民利益和亚太地区整体利益，继续努力推动俄日关系全面发展。疫情使两国领导人并未举行面对面的会晤。随着拜登政府上台后加大了与日本巩固同盟关系的力度，俄罗斯出于对有争议岛屿安全的考虑，俄日关于和约的谈判暂停。俄罗斯在2020年宪法修正案中再次强调禁止对领土进行割让，俄日之间有关领土的问题似乎进入了死局。

2021年，菅义伟执政下的日本外交政策紧随美国，日本与邻国的关系都有不同程度的倒退。俄罗斯总统普京在9月3日的东方经济论坛上提出在南千岛群岛实行免税10年的优惠政策，鼓励本国和外国的企业到那儿去投资建厂。① 日本认为俄此举违背了国际法，俄罗斯的政策等同于宣示俄日之间不存在任何领土争议问题。②

2021年9月24日，在联合国第76届大会期间，日本外相茂木敏充和俄外长拉夫罗夫举行会晤，俄日外长会晤因新冠疫情中断了1年多。双方就俄日关系热点问题交换了意见，话题涉及人道主义交流、经济、安全并讨论了缔结和平条约及在南千岛群岛开展联合经济活动等，日本外相茂木

---

① На Курильских островах создадут особый налоговый режим，https：//ria.ru/20210903/kurily-1748482876.html.
② Япония назвала особый налоговый режим на Курилах «неприемлемым»，https：//vz.ru/news/2021/9/24/1120665.html.

敏充告诉拉夫罗夫，俄在南千岛群岛的特殊税收制度是日本不可接受的。他指出，日俄双方需要在不损害两国法律的情况下，在南千岛群岛开展联合经济活动。双方还讨论了落实领导人关于全面发展双边关系协议的前景，以将双边关系提升到一个全新的水平，扩大在经贸领域的互利合作。①

2021年10月日本再次更换首相，岸田文雄成为第100任日本首相。在领土问题上，岸田文雄首相的立场很鲜明，即主张归还日本四岛。日俄仍将各说各话，保持不好不坏的关系或许将是后安倍时代俄日关系的常态。岸田文雄在竞选辩论中表示，他的任务是让四个岛屿全部归还日本，他将从实力出发，全力保护国家利益和领土完整。这个立场比起安倍时期更加大胆和激进。安倍没有直接喊出四岛全部归还的口号，甚至暧昧地同意可归还四岛中的两个小岛——齿舞和色丹。② 10月5日，日本外相茂木敏充在连任新首相岸田文雄政府的外相后，在首次举行的记者会上表示，日本政府打算继续与俄罗斯就签订和平条约进行谈判，并利用各种机会继续对话，以发展双边关系。③ 拉夫罗夫就此回应说，虽然与日本外相有工作合作，但是现在评论俄日关系发展前景还为时过早。看得出，俄罗斯对岸田这届政府持比较谨慎的态度。

总结俄罗斯独立30年来的俄日关系，不难发现，横亘在俄日之间的、影响两国关系发展的最重要的因素是领土问题；其次是美国因素。其实在2012年安倍上台执政后，俄日之间曾经有一个可能签署和平条约的窗口期，但是俄日都没有抓住这个机会。首先，这个机会来自安倍的政治意愿，他希望在任期内找到解决领土问题的突破口或者说是切入点，从而与俄罗斯签署和平条约。原因之一是他希望尽早结束与俄罗斯的战争状态，改善同俄罗斯的关系，以便共同应对中国的崛起；原因之二是他想实现其父亲的遗愿，他曾在其父亲的墓

---

① О встрече Министра иностранных дел России С. В. Лаврова с Министром иностранных дел Японии Т. Мотэги, https: //www. mid. ru/organs/-/asset _ publisher/AfvTBPbEYay2/content/id/4865311.

② Японская пресса: Новый премьер намерен говорить с Россией по вопросу островов с позиции силы, https: //topwar. ru/187711-japonskaja-pressa-novyj-premer-nameren-govorit-s-rossiej-po-voprosu-ostrovov-s-pozicii-sily. html.

③ В новом Правительстве Японии заявили о планах продолжить диалог с РФ по мирному договору, https: //life. ru/p/1440464.

碑前立下誓言。其次，这个机会来自普京的愿望。普京和安倍都属于政治强人，有解决领土问题的魄力，普京和安倍在签署和约上有一定的共识和强烈的决心。2018年11月普京与安倍在出席东亚峰会期间举行双边会谈，对以1956年"苏日共同宣言"为基础加速和平条约的谈判达成一致；最后，这个机会来自美国的政策，时任美国总统特朗普奉行孤立主义政策，对俄日签署和约将会产生的重大地缘政治意义没有过多的讨论和认识。

然而，俄日两国都很清醒，即便以"苏日共同宣言"为基础达成和约签署的意向，最终也绕不开领土争议问题对俄日关系的困扰。日本坚决认为这四岛的主权归属是两国和约签署的先决条件，而俄方则认为两国应在缔结和约后再谈领土问题。俄日两国根据自己的利益采取了不妥协的立场，让稍纵即逝的窗口期一闪而过。现在可以悲观地说，在大国地缘政治博弈激烈的当下，随着美日同盟的强化，以及以美印日澳四方机制为核心的"印太战略"的出台和加强，俄日之间领土问题的解决和签署和平条约的可能性几乎为零。俄日领土争议问题产生在二战结束时，领土问题不仅是俄日缔结和约的现实障碍，而且也涉及"战后安排""战后体制"的历史观分歧。因此，俄日关系不会有太多的改善，将长期维持这种既非战争状态也非和平状态的关系。

第四节　俄罗斯与东盟

东南亚连接太平洋和印度洋，战略位置重要。冷战时期，东南亚是苏美争夺的焦点，苏联以越南为战略支点，拥有越南金兰湾军事基地，与美国展开地缘政治的激烈争夺。到戈尔巴乔夫时期，苏联采取了全球收缩的战略，与东南亚国家缓和关系，发展经贸合作。苏联解体后，俄罗斯独立初期，叶利钦奉行亲西方的"一边倒"政策，对东南亚关注较少。之后俄调整对外政策，奉行东西方平衡的对外政策，东盟与俄罗斯的关系在20世纪90年代得到恢复和发展。通过不断建立各种合作机制，俄罗斯与东盟的互信关系不断增强，并且确立了双方合作的主要领域。普京执政20年来，根据亚太地区经济发展的态势和俄罗斯地缘政治的目标，俄加强了与东盟的联系，旨在构建新的欧亚地区秩序，俄罗斯对东盟政策是在"大欧亚伙伴关系"框架下寻求区域一体化合作。俄罗斯高度重视与东盟十国在政治和安全领域的互动，重点是在亚太地区形成平等、平衡、透明的国家间关系体系，通过欧亚经济联盟与东盟国家建设自贸区，打造"大欧亚伙伴关系"框架下的地区一体化合作。俄罗斯一贯主张加强东盟在地区事务中的核心作用，寻求在东亚峰会（EAS）、东盟地区安全论坛（ARF）、东盟国防部长会议和"东盟+对话"框架内深化与东盟的协调合作。俄罗斯与东盟合作的重要领域除了军事技术和打击恐怖主义、跨国犯罪和贩毒之外，区域经济合作也是应有之意，并且这是具有地缘战略意义的合作。

一 俄罗斯与东盟经济关系的历史

俄罗斯于1996年成为东盟的对话伙伴。在发展对话伙伴关系的最初阶段，讨论的主要议题是外交政策和安全问题。随着2002年贸易投资合作工作组的成立，对话框架内的讨论开始涵盖经济合作问题。2005年12月在马来西亚举行的第一次俄罗斯-东盟峰会的主要成果中，签署了俄罗斯与东盟关于在经济领域发展合作的协议，以及2005~2015年俄罗斯和东盟发展合作的综合行动计划。根据俄罗斯与东盟于2005年12月10日签署的经济与发展合作协议，俄罗斯与东盟贸易、经济和投资合作的路线图是根据以下原则制定的：平等、相互尊重、相互理解、仁慈、互助、支持。路线图应支持俄罗斯西伯利亚和远东地区的社会经济进步以及与东盟的区域一体化，路线图的主要目标是在贸易领域建立全面的对话机制，以促进俄罗斯和东盟的合作，同时兼顾地区和全球发展。路线图致力于实现以下目标。

其一，为俄罗斯与东盟之间的贸易和投资发展创造有利环境。

其二，在共同感兴趣的领域进行互动，包括技术规范、标准、合格评定程序、卫生和动植物检疫规范、贸易监管方法、知识产权和电子商务，以促进货物和服务贸易以及投资合作。

其三，发展其他领域的合作，包括中小企业、科技、能源、金融和银行、农业、医药、交通、信息和通信技术、人力资源开发、旅游和自然资源等。

在确定俄罗斯-东盟合作中共同感兴趣的领域时，还考虑了在东盟互联互通总体规划中最重要领域合作的可能,即支持东盟在最不发达的成员国推进区域一体化,以缩小发展差距。该路线图成为俄罗斯和东盟高级经济官员历次会议议程的主要议题。2010年8月在越南举行的俄罗斯-东盟(AEM-Russia)经济部长第一次会议前夕的俄罗斯-东盟高级经济官员第二次(SEOM-Russia)磋商期间,该机制获得了制定双边贸易、经济和投资合作路线图的授权。当时,东盟的部长们还注意到俄罗斯、白俄罗斯和哈萨克斯坦之间建立了关税同盟。

二 乌克兰危机爆发后俄罗斯对东南亚政策:"大欧亚伙伴关系"框架下寻求区域一体化合作

乌克兰危机爆发后,俄罗斯更加积极、主动、全面地"转向东方",俄罗斯对东盟的外交表明了其"转向东方"政治经济政策的多样性。在普京提出的"大欧亚伙伴关系"中,俄罗斯将东盟视为其欧亚地缘战略的支点,俄罗斯欲重塑亚太政治经济新格局及提振俄远东地区经济的现实需求,并加快了与东盟地区一体化的进程,欧亚经济联盟与东盟建立自贸区的谈判使俄罗斯与东盟的关系进入一个全新的阶段,有利于俄罗斯在东南亚区域一体化进程中提升主导权。但大国关系、周边外交、各种区域和次区域合作、地区热点问题等多方面因素也为俄罗斯和东盟的合作增添了复杂性和挑战。

(一)"大欧亚伙伴关系"的理论含义

"大欧亚伙伴关系"的概念是俄罗斯总统普京于2016年6月在圣彼得堡国际经济论坛全体会议上发表讲话时提出来的。他呼吁建立连接亚洲和欧洲的"大欧亚伙伴关系"。普京在讲话中提出建立一个有欧亚经济联盟、独联体各国和印度、中国等国家和地区组织参加的"大欧亚伙伴关系"。他主张在灵活的一体化结构框架内加大各方的协作;他认为在当今客观形势下,只有大家共同努力、相互协作,才能有效地完成所面临的一系列生产和经济任务。普京认为,目前地缘政治的紧张局势在很大程度上是经济困难造成的。[①]

[①] Владимир Путин выступил на пленарном заседании Петербургского международного экономического форума, https://rg.ru/2016/06/17/reg-szfo/stenogramma-vystupleniia-vladimira-putina-na-pmef-2016.html.

1. "大欧亚伙伴关系"透射出普京的地区主义理念

乌克兰危机爆发后,在西方对俄罗斯进行外交孤立、经济制裁的背景下,俄罗斯的外交更多表现出突围的色彩。"转向东方"政策既是俄为突破西方的围困,也是其长期的发展战略,其中地区机制安排被视为最好的解围和防御手段。"大欧亚伙伴关系"的提出就是试图通过与地区合作达到最好的突围解困效果,同时俄也追求对地缘安全利益的最大化。大欧亚主义体现了以下几个方面的含义。

其一,追求地区内的新秩序和格局是实现构建新世界格局的一种方法。2016年11月新出台的《俄罗斯联邦对外政策构想》中提到,当今世界正处于深刻变革的历史阶段,其本质在于多中心的国际体制日益形成。国际关系的结构变得愈加复杂。全球化进程催生了新的经济和政治影响力中心。实力与发展潜力逐步分化且朝着亚太地区转移。[①] 普京提出的"大欧亚伙伴关系"是由欧亚联盟构想发展而来的。他曾指出,欧亚联盟将成为国家之上的联合体,与欧盟、美国、中国和亚太经合组织、东盟等平行,成为世界的一极。[②] 欧亚联盟提出后不少学者将它看成俄恢复苏联的战略构想,后来欧亚联盟演变为欧亚经济联盟,欧亚经济联盟也被视为既有经济意义又有政治意义的多向性的组织。按照普京的设想,欧亚经济联盟将与地区内的多个力量中心对接、合作,推动以世界贸易组织为基础的全球多边贸易体系的有效运作,并助力俄发展地区经济一体化进程。[③]

其二,促进地区国家间的跨国交往与合作。作为地区主义建构主要行为体的民族国家具有地缘意义上的关系,但并不一定要接壤。同时国家间关系可以是多层次的,包括经济、政治(安全)、社会(文化)等方面。普京构想的

---

① Концепция внешней политики Российской Федерации (утверждена Президентом Российской Федерации В. В. Путиным 30 ноября 2016 г.), http://www.mid.ru/foreign_policy/news/-/asset_publisher/cKNonkJE02Bw/content/id/2542248.

② В. Путин, Новый интеграционный проект для Евразии: будущее, которое рождается сегодня, Известия, 2011, 3 октября.

③ Концепция внешней политики Российской Федерации (утверждена Президентом Российской Федерации В. В. Путиным 30 ноября 2016 г.), http://www.mid.ru/foreign_policy/news/-/asset_publisher/cKNonkJE02Bw/content/id/2542248.

"大欧亚伙伴关系"的地理界线具有伸缩性和灵活性,即包括欧洲和亚洲,可以"东起符拉迪沃斯托克,西至葡萄牙的里斯本"。①"大欧亚伙伴关系"包含了以欧亚经济联盟为主导,与地区国家和各组织的经济合作对接,以及签署自贸协定。2016年欧亚经济联盟与东盟的合作为"大欧亚伙伴关系"填充了最现实的内容。

其三,地区主义建构的选择是自愿的,而且是从跨国交往、国家合作进而到一体化的多层次的过程,一般先形成一定的制度组织安排形式,甚至走向更高级别层次的组织安排——地区国家。这样地区主义也包括了一般意义上区域层次的合作与联盟聚合以及更深层次的一体化。② 当前"大欧亚伙伴关系"还没有发展到这个阶段。欧亚经济联盟和东盟的合作就是自愿的,由相互开放对接合作逐渐达成自贸协定,进而推动经济一体化进程加快发展。2016年5月,俄罗斯与东盟领导人在双边合作20周年峰会上签署的《索契宣言——通向互利的战略伙伴关系之路》(简称《索契宣言》)表达了东盟各国与俄罗斯进一步加强在地区合作的战略意愿。

2. "大欧亚伙伴关系"中的新欧亚主义内涵

普京担任总统以来其执政思想就是爱国主义、强国主义、国家主义和社会团结,以复兴俄罗斯全球大国地位为己任,谋求俄罗斯的重新崛起。普京对内统治理念具有浓厚的斯拉夫主义特征。但是,普京清醒地认识到,强国离不开与外部的联系,因此,他的对外政策中又包含很浓厚的新欧亚主义的主张。

首先,新欧亚主义确定俄罗斯国家幅员辽阔,是地跨欧亚大陆、多民族合作和相互配合、多元文明相互交融、自然资源极其丰富的伟大国家,对国家而言这是团结稳定的内涵。其次,新欧亚主义强调利用国际因素实现地缘政治目标,强化俄的国际地位和影响力,包括与邻国合作开发远东和西伯利亚地区。再次,鉴于俄罗斯的欧亚地缘政治现实,俄罗斯不能奉行"一边倒"的政策,否则只会引起社会的震荡、文化和经济的分裂。最后,新欧亚主义是各民族文

---

① 普京在2010年11月访问德国时在德国报纸发表文章,就俄罗斯与欧盟建立新型经济合作模式提出建议,并呼吁建立覆盖全欧洲的经济共同体。
② 〔美〕詹姆斯·多尔蒂、小罗伯特·普法尔茨克拉夫:《争论中的国际关系理论》,阎学通等译,世界知识出版社,1987,第78~85页。

化间内部对话和俄罗斯文明统一的核心思想目标,忽略之,将会导致俄罗斯文明"链"的断裂。①

2012年复任总统后,普京格外重视亚太地区经济发展态势和俄的国际影响力。乌克兰危机爆发后,俄与西方加强合作的希望破灭,俄罗斯国内再次出现激烈的争论,新欧亚派认为,只有加快发展与亚洲国家的关系,俄罗斯才能不断强化自己在亚洲地区的影响力,彰显其世界大国的地位。俄罗斯开启了新一轮的向东转政策,加快了其重返亚太的步伐。其中一项重要的内容就是致力于拓展与亚洲国家的地缘经济联系,积极寻求亚太地区经济一体化合作,俄罗斯与东盟的合作为其远东发展和从外部推动欧亚经济联盟的发展提供了机遇。

3. "大欧亚伙伴关系"框架下的俄罗斯与东盟关系现状

东盟是亚洲最有成就的区域合作组织,在近20年里经济稳定增长,并奉行大国平衡政策。与动荡的中东和欧盟所出现的问题相比,表现出高水平一体化的富有活力的东盟对于俄罗斯和欧亚经济联盟来说更为弥足珍贵。双方关系突出表现在以下几点。

其一,俄与东盟建立对话伙伴机制,双方政治关系日益紧密。

自1996年俄罗斯与东盟形成对话伙伴关系至今,俄罗斯不断加强与东盟的政治互信和务实合作。2005年12月,首届俄罗斯-东盟峰会在马来西亚举行,双方签署《关于发展全面伙伴关系的联合宣言》,并达成《2005~2015年推进全面合作行动计划》,这标志着双方的对话伙伴关系已经达到一个新的水平。2010年10月,第二届俄罗斯-东盟峰会在越南召开,双方签署了经贸、文化等多个领域的合作协定,尤其是达成了制定双方经贸和投资路线图的意向。2011年8月在印度尼西亚举行的俄罗斯-东盟经济部长级磋商会议上,双方发表声明称,东盟支持俄罗斯在2011年底前加入世界贸易组织,双方还讨论了俄罗斯以关税同盟新模式与东盟合作的前景问题。② 2016年是俄罗斯与东盟建立对话伙伴关系10周年。2016年5月19~20日,第三届俄罗斯-东盟峰会在俄索契召开,这是2016年俄罗斯国内最重要的国际活动,东盟各国领导

---

① 〔俄〕米·列·季塔连科:《俄罗斯的亚洲战略》,李蔷薇等译,中国社会科学出版社,2014,第53~59页。
② 李勇慧:《俄罗斯与亚太经合组织关系研究》,《俄罗斯学刊》2016年第1期。

人齐聚俄罗斯索契。一天之内，普京总统会见了东盟十国的领导人及代表。会后共同发表了《索契宣言》和《俄罗斯与东盟2016~2020年发展合作综合行动计划》。①《索契宣言》提出欧亚经济联盟与东盟签订自贸区议题，为双方关系发展注入强劲动力。

2018年11月14日在新加坡举行了俄罗斯-东盟第四次峰会，普京总统参加了这次峰会，双方将对话伙伴关系提升到战略伙伴水平。在俄罗斯-东盟峰会期间，普京与东盟各国代表就深化贸易、投资、人道主义领域合作以及加强东盟与上合组织和欧亚经济联盟联系等问题进行了讨论。俄罗斯与东盟发表了联合声明。声明表示，俄罗斯与东盟继续支持深化区域一体化，鼓励上合组织秘书处与东盟秘书处定期互动。②

俄罗斯与东盟成员国的双边关系在20多年里得到进一步加深。以越南为例，俄罗斯与越南的全面战略伙伴关系进一步深化，高层互访形成机制。在能源合作和军事合作两个轮子的驱动下，双方的政治关系、经济关系齐头并进，在战略上相互借重。2015年5月俄罗斯总理梅德韦杰夫访问越南，欧亚经济联盟与越南签订自贸区协定，俄以此为重要抓手，加快与东盟其他国家就自贸区问题的磋商。在俄罗斯融入东盟国际组织活动中，越南起到重要作用，越南是俄罗斯在东南亚的战略依托。

越南与欧亚经济联盟签订自贸区协定之后取得了巨大成绩，亚太国家相继与欧亚经济联盟进行自贸区协定谈判。2017年，印度、伊朗、新加坡、韩国和中国与欧亚经济联盟或开启或即将结束自贸区谈判。欧亚经济联盟不仅从外部获得了生命力，也为俄罗斯"转向东方"政策充实了具体内容，更为俄罗斯融入地区经济一体化奠定了基础。2017年越南与欧亚经济联盟各国的合作顺利，贸易额明显增加，各种投资和项目也在发展。2017年1~8月越南与俄罗斯的贸易额比上年同期增长了29%，其中越南出口额增长了37%。自贸区协定成为推动双方经贸关系发展的新动力。俄罗斯对越南投资位于在越南投资的114个国家中的第17位，其中俄在能源、开采业、生产和旅游业的投资超

---

① Саммит Россия-АСЕАН，http://www.mid.ru/summit-russia-asean.
② 《俄罗斯-东盟峰会在新加坡举行》，https://baijiahao.baidu.com/s?id=1617166595202234491&wfr=spider&for=pc。

过了 20 亿美元。① 白俄罗斯与越南的贸易增长明显,尤其是机械制造业。越南与哈萨克斯坦的贸易额也大幅增长,自贸区协定的签署使得越南与欧亚经济联盟成员国哈萨克斯坦实现零关税,2017 年上半年哈萨克斯坦出口到越南的商品额为 1.46 亿美元,而 2014 年只有 170 万美元。未来这还将推动哈萨克斯坦尽快进入有 6 亿人口的东盟市场。

其二,俄罗斯与东盟的贸易额不大,但潜力巨大。

俄罗斯与东盟的贸易额逐年上升,但在俄罗斯贸易总额中占比较小,贸易结构不平衡。从 2005 年召开首届俄罗斯-东盟峰会到 2013 年,双边贸易额增长了 4 倍多。2013 年俄罗斯总贸易额为 8676 亿美元,与东盟的贸易额为 175 亿美元,比上年增加了 12.1%,但是东盟在俄罗斯总贸易额中的占比仅为 2%。2014 年俄罗斯与东盟贸易额为 225 亿美元,② 2015 年由于世界石油价格下跌,俄罗斯与东盟的贸易额为 137 亿美元。2016 年第一季度,俄罗斯与东盟的贸易额为 30 亿美元,与越南和印度尼西亚的贸易额有所上升,分别为 7.96 亿美元和 6.37 亿美元,比上年同期分别增长了 20% 和 13%,这与全球经济危机和油价下跌有直接关系。与越南贸易额上升是因为欧亚经济联盟与越南签订了自贸区协定。东盟市场容量很大,双方在能源加工工业、基础设施建设、电力、民用核能和高科技产业等方面的合作潜力巨大。

2017 年俄罗斯在东盟贸易总量中只占 0.8%,而且贸易品种较为单一,矿产原料,纺织品和电子设备占到双方贸易量的 67%。2017 年中国与东盟的贸易额是 4416 亿美元,欧盟与东盟的贸易额为 2612 亿美元,美国与东盟的贸易额为 2351 亿美元,日本与东盟的贸易额为 2190 亿美元,韩国与东盟的贸易额为 1530 亿美元,印度与东盟的贸易额为 736 亿美元,澳大利亚与东盟的贸易额为 591 亿美元,俄罗斯与东盟的贸易额为 168 亿美元,加拿大与东盟的贸易额为 138 亿美元,新西兰与东盟的贸易额为 95 亿美元。

---

① Итоги первого года зоны свободной торговли Евразийского союза и Вьетнама. Мнение вьетнамского эксперта, http://eurasia.expert/itogi-zony-svobodnoy-torgovli-evraziyskogo-soyuza-i-vetnama/.

② 李勇慧:《2015 年俄罗斯亚太外交表现与评价》,《俄罗斯发展报告(2016)》,社会科学文献出版社,2016。

其三，俄罗斯积极推动欧亚经济联盟与东盟的一体化。

欧亚经济联盟成立的目标之一是通过自贸区模式同独联体以外的国家建立合作关系。2015年5月欧亚经济联盟与越南签订的自贸区协定具有里程碑的意义，标志着俄罗斯与东盟经济融合和开放趋势将进一步扩大。同年底普京在国情咨文中提议在欧亚经济联盟、上合组织及东盟间就建立更大规模的经济伙伴关系开展磋商。2016年5月索契峰会上，东盟各国对欧亚经济联盟与东盟对接合作一致表示支持，认为东盟与欧亚经济联盟的合作将赋予东盟与俄罗斯更加强劲的动力，将在国家间形成商品、资本和服务的自由流动。① 新加坡、印度尼西亚、柬埔寨和泰国均有意与欧亚经济联盟建立自由贸易区。其中，新加坡已于2018年与俄罗斯完成自贸区谈判。

除俄罗斯，早在关税同盟阶段，欧亚经济联盟其他成员国就已经与东盟建立了相互合作的关系，并在实践中不断深化这一关系。2013年，白俄罗斯在东盟秘书处设立了自己的代表，希望双方在农业和保障粮食安全方面进行合作。2014年哈萨克斯坦向东盟秘书处派出自己的代表，东盟在阿斯塔纳成立了东盟国家委员会，推动与哈萨克斯坦的合作。② 欧亚经济联盟与东盟两个组织间也有很多相似之处，从目标上看，它们都是真正统一的经济空间，保证了真正的经济自由，当下和中期计划里有许多对接的项目。东盟与区域一体化组织欧亚经济联盟和上合组织将进一步发展经济合作和贸易自由化。2015年12月，俄罗斯提出在区域组织之间建立这种互动机制的倡议，双方确定了57项投资项目。2016年索契峰会提出欧亚经济联盟与东盟建立自贸区的问题，8月，欧亚经济联盟与东盟间建立自贸区的设想进入实践阶段，在俄罗斯与东盟经贸部长会谈上商定为此组建可行性研究工作组。

2019年，俄罗斯-东盟经济部长磋商会晤批准了欧亚经济联盟-东盟2019~2020年合作计划，2020年8月，经济部长会议将双方合作计划延长至2025年。该文件是为了加强官方和专家层面的互动，改善一体化成员国的商业环境，建立欧亚经济联盟与东盟商业协会之间直接对话的机制，并在其他国

---

① АСЕАН：Новый виток интеграции и позиции России，http：//russiancouncil.ru/asean-russia.
② История отношений России и АСЕАН，http：//tass.ru/info/3290942.

际平台上发展共同立场。目前，正在考虑建立一个单独的欧亚经济联盟-东盟对话伙伴关系的可能性。①

其四，俄罗斯与东盟合作的主要方向是能源和军工领域以及非传统领域安全合作。2011年东亚峰会扩容后，俄罗斯正式成为东亚峰会成员。对于能源丰富的俄罗斯来说，东盟是一个能体现俄供应多样化的、潜力巨大的市场。修建中的由西伯利亚通往太平洋沿岸的油气管道、符拉迪沃斯托克港口基础设施都将为俄与东盟的能源合作提供有利的基础设施保障。和平利用核能也是俄罗斯与东盟国家开展合作的强项，通过核电站的建设，将带动俄罗斯机电设备的出口。与此同时，俄罗斯还为东盟国家培训相关核电站技术人员，以此体现与东盟国家的经济技术合作。此外还有电能、能源勘探等项目都在推进中。

东盟国家是俄罗斯军火销售的主要市场，俄罗斯为其提供多种军事装备，市场潜力巨大。斯德哥尔摩国际和平研究所（SIPRI）的数据显示，从2010年到2014年，俄罗斯占全球武器出口市场的份额为27%。亚太地区对于俄罗斯来说是非常能够赢利的市场，2010～2014年，俄罗斯66%的武器出售给该地区的国家。1995～2010年俄对越的军售总额超过236亿美元，占越进口武器总额的89%，越南成为俄第五大武器出口国，到2014年越南95%的武器都来自俄罗斯。此外，马来西亚、印度尼西亚、老挝等国也是俄军售对象。印度尼西亚进口的军事装备中有1/3由俄罗斯提供，俄罗斯是印度尼西亚第一大军备供应商。②

近些年俄罗斯与东盟在反恐、打击海盗和有组织跨国犯罪等非传统安全方面的合作越来越紧密。《索契宣言》表明，东盟非常肯定俄罗斯在打击全球恐怖主义方面的积极作用，希望联合俄罗斯一同对"伊斯兰国"恐怖主义组织进行严打。联合军演是双方安全合作的主要形式之一，双方还将在交换情报和人员培训方面加大合作。③ 2016年4月召开了首次东盟与俄罗斯国防部长会议，首批确定的合作项目包括打击国际恐怖主义、海上安全、协助消除自然灾

---

① Диалоговое партнерство Россия-АСЕАН，https：//www.economy.gov.ru/material/directions/vneshneekonomicheskaya_deyatelnost/mnogostoronnee_ekonomicheskoe_sotrudnichestvo/dialogovoe_partnerstvo_rossiya_asean/.
② 李勇慧：《俄罗斯与亚太经合组织关系研究》，《俄罗斯学刊》2016年第1期。
③ По итогам саммита Россия-АСЕАН принята декларация и план развития сотрудничества с РФ，http：//tass.ru/politika/3301017.

害和人为灾难后果、军事医学、人道主义扫雷等。① 随着俄罗斯与东盟关系的进一步深化，双方的安全和军事合作也将进入新阶段。

（二）俄罗斯积极发展与东盟关系的主要原因

东盟十国的合作体现了区域合作质量的提升、深化、多方位和综合性，东盟经济一体化使得东南亚地区成为快速发展、富有竞争力的地缘经济共同体，同时，其保障各成员国经济高速增长、政治社会相对可控。东盟在亚太地区经济合作和多边合作倡议中发挥中心作用，在全球事务发展中具有影响力。东盟的经济合作内容和鲜明的地缘政治特点非常符合俄罗斯的经济利益和战略考虑，俄罗斯积极推动欧亚经济联盟与东盟对接，视这一对接为发展"大欧亚伙伴关系"重要的合作内容。俄罗斯认为与东盟的合作将为"大欧亚伙伴关系"填充具有战略性的内容：一是俄希望能尽快融入地区一体化进程，建立自贸区，发展经济，使其成为"大欧亚伙伴关系"的新纽带；二是利用两个区域组织的对接逐步改变欧亚大陆的经济格局，以利于俄掌握主动权，重塑亚太地区的经济新格局。俄罗斯对东盟的战略考虑也是俄整体亚太外交战略的主要组成部分，其内涵主要体现在以下几个方面。

第一，回应西方打压，谋求重新崛起，做全球性大国

乌克兰危机爆发、克里米亚"并入"俄罗斯后，俄罗斯与美欧关系陷入谷底，欧洲上空开始笼罩"新冷战"的阴影。由于美欧在政治、金融、能源、高科技、军事等多个领域对俄罗斯采取严厉制裁，加之国际油价下跌，俄国内资本外逃、卢布大跌，俄罗斯经济陷入危机之中。俄罗斯在其西部难以施展有效的外交，而东部正在形成新的力量格局，俄与东盟各国良好的政治关系、此地富有活力和广阔的市场，促使俄罗斯再一次将外交资源集中投向亚洲。此外，俄罗斯远东地区蕴藏着丰富的资源，发展潜力巨大，俄加紧实施包括欧亚经济联盟与东盟建立自贸区的亚太战略布局，不仅能弥补在西部与美欧关系交恶所带来的政治孤立和巨大的经济损失，而且还能借亚太经济快速发展的机遇，大力发展远东地区，改善俄东西部地区经济发展失衡状况，促进区域平衡发展，实现强国目标。索契峰会的成功举办表明了西方对俄罗斯实行孤立政策

---

① Россия и асеан: новые горизонты сотрудничеств, http://www.iarex.ru/articles/52443.html.

的失败。

第二，提升俄罗斯影响力，重构亚太安全格局

欧亚经济联盟与东盟的对接体现了俄罗斯对自己亚洲身份的进一步认同，在新一轮的亚太主导权之争中，俄罗斯希望在"大欧亚伙伴关系"框架下凭借自身的亚太属性以及在亚太的地缘政治和资源优势，加强俄罗斯与亚太地区的合作，提升其在亚太地区的影响力，在构筑亚太安全新格局中成为主导力量。美国实施"重返亚太战略"，抢夺亚太战略主导权，尤其是深化与日韩等传统盟国的军事合作关系，意在从东部遏制俄罗斯和中国。东盟奉行大国力量平衡政策，认为大国在相互制衡中将保持地区的和平与稳定，不至于使地区陷入混乱和无序的崩溃边缘。东盟的这个国际关系理念符合俄罗斯在该地区的战略利益，因此，俄罗斯试图将东盟拉入俄提出的构建亚太新安全机制的战略构想中，以对冲美国的单极化政策，形成亚太安全格局多边对话的机制，从而牵制美国的一家独大。

第三，加入经济一体化进程，通过建立自贸区在区域合作中得到发展，并逐步改变欧亚经济格局。

世界尚未走出经济危机，各大国经济增长缓慢，导致民粹主义泛滥，并成为世界经济发展的最大威胁。亚太地区正在经历第三次现代化和工业化浪潮，地区发展进入一个新阶段，经济发展的成果将得到进一步巩固。

东盟是一个拥有6亿人口的大市场，是世界经济增长中心之一。东盟各国的 GDP 之和为 23 万亿美元，东盟是一个非常巨大且不断增长的消费需求市场，近15年来东盟每年的人口大致增长5%，到2025年，消费者数量将翻倍。[①] 东盟作为一个区域合作组织，在聚拢东亚国家参与区域合作方面发挥了特殊的作用。欧亚经济联盟与这样一个充满活力和前景的组织对接和合作，也将证明其自身所具有的生命力和吸引力。

三 俄罗斯与东盟区域一体化合作发展前景

俄罗斯目前的经济形势使其还不能在亚太地区进行大量的投资，与大国竞

---

① Евразийский союз укрепляется в Юго-Восточной Азии, http://russiancouncil.ru/blogs/eurasian-chronicle/? id_4 = 2647.

争，但俄采取了逐渐增加在该地区影响力的步骤，"大欧亚伙伴关系"的提出就有这方面的战略考量。① 随着亚太地区在国际政治经济格局中的重要性越来越突出，未来俄与东盟的关系会受到地区化潮流、大国关系、地区热点和俄罗斯自身条件的影响，充满复杂性和挑战性。

第一，各方战略考虑不相同。

美国拜登政府继续奉行特朗普时期提出的"印太战略"，强化与盟国的关系，遏制中国的政策更为明确和突出，并推出"新印太战略"，构建该战略的核心——美英澳三边安全伙伴关系，加大与中国的战略竞争。在这样的背景下，地区平衡和稳定的态势将会被进一步动摇。东盟的大国平衡战略也受到美国战略的冲击，东盟国家不得不面临选边站的问题。实际上，美国抛出的新"印太战略"及美、英、澳三边安全伙伴关系也侵蚀了以东盟为支柱形成的地区多边合作形式，美国的过度介入和重塑主导权的努力对东盟的整体团结和发展也是一个威胁，使得一些进程难以按东盟的核心设计发展。俄罗斯外长拉夫罗夫指出，地区所创立的多边综合合作机制，如东亚峰会、东盟安全论坛、东盟国防部长和伙伴会晤、"东盟+"和其他一些机制都是采取协商一致原则，相互平等和考虑相互关切，包括中国、印度、日本和俄罗斯无一例外。美国的"新印太战略"则将摧毁尊重安全不可分的原则和公开宣布对中国的遏制。②

欧亚经济联盟与东盟的对接合作是俄罗斯寻求谋划亚太经济安全新格局的重要手段。"该地区地缘政治方面的意义在于，美国试图维护霸权主义及其在亚太地区的支配地位，但是该地区出现了几个新的力量中心，美国不愿意承认它们的影响力，因此，美国必须要设立一个新的国际体系和规则，以及重新划定的势力范围。"③ 这样一来，东亚地区的一体化进程因同时存在几个主要世界大国的博弈而变得复杂，大大增加了决策的难度和不确定性。东盟如何找到自己的新位置，如何运用自己的集体力量维持地区力量平衡，如何维护地区合作的

---

① Азия и евразия: угроза популизма и перспективы роста экономики, http://ru.valdaiclub.com/a/highlights/aziya-i-evraziya-ugroza-populizma/? sphrase_id=11065.

② Лавров: создаваемые США альянсы AUKUS и Quad размывают форматы сотрудничества в АТР, https://tass.ru/mezhdunarodnaya-panorama/12562757.

③ Азия и евразия: угроза популизма и перспективы роста экономики, http://ru.valdaiclub.com/a/highlights/aziya-i-evraziya-ugroza-populizma/? sphrase_id=11065.

大框架与利益均衡，使自己处于"四两拨千斤"的中心位置，对它来说将是一个新的考验。① 欧亚经济联盟和东盟两个组织的合作也面临挑战。

第二，欧亚经济联盟成员国内部经济和东盟内部经济形势不容乐观。

保证两个一体化组织对接的基本条件是其内部经济运行平稳，但是从目前来看，欧亚经济联盟和东盟都有各自的经济问题。根据联合国2016年发布的亚洲及太平洋地区经济社会发展情况考察报告做出的认定，2015年东盟经济增速近4.3%，低于2011～2013年的5%。② 东盟区域经济一体化的计划正在面临经济增速放缓的挑战。

欧亚经济联盟各国工业化水平较低，经济形势令人担忧。俄罗斯是欧亚经济联盟的主导力量，但俄经济低迷，发展模式落后，技术水平不高。俄罗斯遭受西方制裁多年，其间还经历了世界油价大跌和卢布贬值，资金外逃加速，俄经济衰退态势明显。2019年俄联邦预算收入低至20年来最低点（占GDP的13.3%），经济可能由低迷转为停滞。③ 欧亚经济联盟其他成员国的经济运行情况也差强人意，加上各国经济同质化严重，经济互补性差，俄罗斯在欧亚经济联盟的经济和军事领域占有主导地位，俄经济陷入困境将导致欧亚经济联盟的根基不稳，给欧亚经济联盟与东盟对接合作的未来平添变数。

第三，欧亚经济联盟一体化水平的现实与理想差距大。

从欧亚经济联盟内部来看，俄罗斯虽是欧亚大国，但其贸易开放程度和一体化水平与本地区其他主要国家相比处于相对较低的层次。俄只与世界较少国家签订了自贸区协定，而且这些国家主要是独联体国家，此外，仅与东盟的成员国越南和新加坡签署了自贸区协定。从已有的商务实践看，按照一体化商品、服务、资本和劳动力四大要素自由流动的要求，欧亚经济联盟与东盟在可见的未来的一体化进程中主要还是货物贸易。由于存在法律不健全和国内经济发达程度较低、产业结构不合理、政策不配套等问题，服务贸易本身的问题还未解

---

① 张蕴岭：《如何认识和理解东盟：包容性原则与东盟成功的经验》，《当代亚太》2015年第1期。
② 《东盟经济发展的机会与挑战》，《时代金融》2016年第19期。
③ Варвара ремчукова：что мешает торговле между еаэс и асеан，http：//www.ng.ru/ideas/2016-06-03/5_asean.html.

决，关于赋予所有国家全面投资权和国家间劳动力自由流动问题的谈判也不可能很快启动并彻底解决。此外，自贸区高标准的开放政策有利于促进贸易自由化，但是给各成员国不同产业带来的影响不尽相同，得失也不同。"除了欧亚经济联盟成员国发展水平不一，东盟国家的发展也是参差不齐，从老挝、缅甸到新加坡，这决定了对待贸易自由化会有不同的立场，包括在东盟内部和东盟与欧亚经济联盟之间的关系方面。"① 投资协定中遇到的环保生产高标准、保护知识产权、贸易争端等问题都可能造成自贸区协定谈判的漫长和难以实施。

第四，地区热点问题亟待解决，这也影响着一体化进程。

南海问题仍然悬而未决，时刻有升温并引发局势紧张的可能性。如果有关国家固守零和博弈思维，把这些问题作为牵制对手的地缘战略工具，不仅不利于问题的解决，还将破坏地区安全、稳定，阻碍亚太经济一体化发展，也增加俄罗斯融入地区一体化的复杂性。

综上所述，"印太战略"和"大欧亚伙伴关系"给俄罗斯与东盟带来的影响截然不同。东盟面对"印太战略"将会承受更大的压力，也会尽量避免选边站，"印太战略"的发展也对俄与东盟20多年的相互协作和对话带来消极影响。"大欧亚伙伴关系"是俄罗斯的一体化战略，也是未来俄罗斯实施地缘战略最重要的工具。在"大欧亚伙伴关系"框架下，俄罗斯与东盟的经济一体化合作既有经济潜力，也有政治意志，俄罗斯既会注意地缘政治的特点，也会考虑地缘经济的差异，全方位地经营与东盟的区域合作。

第五节　俄罗斯与朝鲜半岛核问题

围绕朝鲜核开发计划，美国和朝鲜在1993年和2002年先后两次爆发核危机。从2009年到2013年，朝鲜又进行了三次核试验，声称自己已是拥核国，并将"拥核"写入宪法。2016年1月，朝鲜进行了第四次核试验，朝方称这是一次成功的氢弹试验。2016年9月9日为庆祝国庆节，朝鲜再次进行了核

---

① Потенциал евразийского всеобъемлющего партнёрства, http：//ru.valdaiclub.com/events/posts/articles/potentsial-evraziyskogo-partnyerstva-sessiya-3/.

试验，为此，联合国安理会通过了对朝鲜进行最严厉制裁的决议。2017年9月，朝鲜进行了第六次核试验。金正恩上台后朝鲜半岛核问题进入新的阶段。其在核问题上的表态非常强势，坚持拥有核自保战略，并在核问题上采取一系列新举措，强化核遏制力。在美国特朗普执政期间朝美关系出现较大变化，但在解决朝鲜半岛无核化问题上未取得实质性进展，美朝关系继续陷入僵局。作为朝鲜的邻国俄罗斯在朝核问题上是利益相关国，俄罗斯主张在联合国、六方会谈和双边关系层面密切协作，积极协调各方立场，在朝核问题协商解决中发挥了举足轻重的作用。

一 俄罗斯在朝核问题上的战略考量

维护国家的安全利益是俄罗斯在东北亚地区最大的利益诉求。在解决朝核问题上俄一直寻求更大的话语权并积极参与地区安全事务，其也是解决朝鲜核问题不可或缺的一方。

东北亚地区是冷战体制结束后唯一一个还笼罩在冷战阴云里的地区。这里集中了世界上几个重要的军事大国和核大国——中国、俄罗斯、美国和潜在的核国家——韩国、日本以及无法估计其能力的核国家朝鲜。美日韩军事同盟在该地区的联系越来越紧密，导致军备竞赛不断升级。朝核问题如同东北亚地区的火药桶，一直影响着东北亚地区的安全与稳定。与半岛两国的平衡发展与合作一直是俄罗斯对朝鲜半岛的战略重点，旨在通过经济合作提升俄与朝韩两国的政治互信以及俄在解决朝核问题中的影响力。

（一）维护国家安全是俄在朝核问题上的首要利益

俄罗斯在朝鲜半岛地区的安全利益主要表现在以下几个方面。一是阻止朝鲜发展核武器，实现朝鲜半岛无核化。这是俄罗斯在朝鲜半岛首要的利益追求。俄罗斯始终认为，如果朝鲜拥有核武器，日本和韩国必然会以"朝鲜核威胁论"为借口谋求发展自己的核武器，由此东北亚地区很有可能出现各国竞相发展核武装的局面。[1] 俄罗斯不希望朝鲜拥有核武器，除了担心自己被核

---

[1] Георгий Толорая, Северокорейский фактор и укрепление позиций России в Азии, Международная жизнь, 2014, 03.

武国家包围之外，更担心朝鲜会同一些国家和组织在核武领域中合作，给俄罗斯带来威胁。① 二是维护朝鲜半岛的稳定，这关乎俄远东地区的安全和发展，朝核危机直接影响远东地区的环境安全，威胁俄在东北亚的安全和经济利益。

（二）维护俄在朝鲜半岛的地缘战略利益

麦德金说过，谁控制了欧亚大陆的中心和边缘，谁就控制了世界。朝鲜半岛位于欧亚大陆边缘，冷战年代，朝鲜与中苏结为盟友，其处在相对的战略平衡中。冷战后朝鲜半岛的地缘政治结构发生巨大变化。俄罗斯由于自身的国力衰弱和亲西方的政策，朝鲜半岛的地缘政治地位在俄外交中明显下降。在最初爆发的朝核危机中，俄罗斯的主张不甚明确，也没有得到相关国家的重视，尤其是在谈判建立朝鲜半岛安全机制的问题上，俄罗斯也处于相对不利的地位。与此同时，俄积极与韩国交好也并未带来预期的效果。普京总统第一任期内，俄国力逐渐恢复，俄转向奉行全方位外交政策，普京力主恢复与亚太国家的传统关系和传统影响力，以平衡美国从俄西部对俄的战略挤压。在俄罗斯东向政策中，朝鲜半岛的地缘战略地位有所提升，成为俄维护远东安全并显示其在亚太存在的重要一环。俄罗斯对解决朝核危机的六方会谈表现出很大的兴趣，积极参与协调。2010年后美国战略东移，奉行亚太再平衡战略，以及朝鲜的几次核试验，使俄罗斯更加重视其在朝鲜半岛的战略利益及在朝鲜半岛的影响力。

（三）维护俄罗斯在朝鲜半岛的经济利益

俄在朝鲜半岛拥有重要的经济利益，发展与朝韩的经济关系也有助于实现半岛和平与稳定的战略目标。与朝鲜和韩国的经济合作成为俄与半岛两国加强政治互信，以及对朝核问题施加影响力的最有效途径。同时，朝韩也希望通过与俄的经济合作推动半岛两国的经济融合。

冷战时期，作为朝鲜的盟国，苏联与韩国少有交往。苏联解体后，俄罗斯基于意识形态和经济利益的考虑，减少了与朝鲜的往来，开始奉行向韩国"一边倒"的外交政策，积极与韩国开展经济合作。普京执政后，又将半岛政

---

① "Prospects for DPRK-Russia Relations in 2015," http：//www.kinu.or.kr/eng/pub/pub_05_01.jsp? bid = EINGINSIGN.

策调整为与朝韩平衡交往的政策，以加强俄在半岛问题上的地位和作用。

俄朝贸易从1992年到2009年下降速度很快，从1992年的3亿多美元下降到2009年的940万美元。乌克兰危机的爆发使俄罗斯进一步受到西方的战略挤压，俄罗斯强化了与朝鲜的关系。2014年3月，俄朝签署了包括能源合作在内的贸易协定，计划到2020年双边贸易额突破10亿美元。① 5月，普京又签署了批准取消朝鲜对苏联100亿美元债务的法律，并希望未来能与朝鲜在能源、卫生、教育等领域加强合作，从而将两国合作关系又推进了一大步。俄朝还于2014年启动了总投资约250亿美元的朝鲜铁路现代化改造项目。2011年，当时的朝鲜最高领导人金正日访问俄远东地区，并与时任俄总统德米特里·梅德韦杰夫会谈，双方同意推动建设连接跨西伯利亚大铁路的朝鲜半岛铁路。后因朝鲜半岛局势紧张，该项目未能取得重大进展。不过，俄罗斯的煤炭在2014年12月首次通过朝鲜的罗津港进入韩国。②

俄罗斯与韩国的经济合作从1992年开始，经贸关系顺利发展，2000年两国贸易额为27亿美元，2013年已达到252亿美元。2013年韩国已是俄罗斯在亚太地区的第三大经贸合作伙伴。俄罗斯向韩国出口的产品以能源和原材料为主，韩国向俄罗斯出口的产品主要是机器和设备。

俄罗斯推动与朝韩两国的经济关系包括推进半岛铁路建设、天然气管道联通等经济合作，是有其战略意图的。其中能源合作将促进东北亚地区的稳定和发展。从俄罗斯修建经朝鲜通往韩国的东西伯利亚—太平洋油气管道，以及开发萨哈林-2项目，可以让韩国企业得到数百万美元的设备订单。俄罗斯在铁路联通方面与朝韩两国的合作使西伯利亚大铁路与朝鲜半岛的铁路系统实现了对接。2014年，韩国总统朴槿惠提出欧亚倡议，与普京在半岛的经济战略意图有许多契合之处，也与俄罗斯的欧亚经济联盟、中国的"一带一路"建设有许多对接点。2017年9月，在东方经济论坛上俄罗斯与韩国总统文在寅讨论了朝鲜半岛局势，提出建设联通半岛的天然气管线和铁路，以加强半岛和俄

---

① Г. Толорая, А. Торкунов, Северокорейский фактор и укрепление позиций России в Азии, «Международная жизнь», 2014, №3, Р. 70-85.

② Россия помирит две Кореи с помощью железной дороги, http: //www.rg.ru/2014/08/04/korei-site-anons. html.

罗斯的经济一体化合作。俄认为,实施由俄朝韩三方参与的经济项目将为朝鲜半岛的和解提供巨大的机遇。连接西伯利亚大铁路和朝鲜半岛铁路、架设连接俄罗斯与朝韩的输电线路,以及铺设天然气管道能从根本上改变该地区的地缘政治形势,促进半岛国家关系正常化,进而解决朝鲜半岛核问题。[①] 俄罗斯还建议韩国参与开发北方海路。

实施油气管道联通、铁路连接等项目,对于稳定半岛地区局势、缓和朝鲜与韩国的关系,以及解决朝核问题都具有积极的作用。通过对半岛政策的调整,俄罗斯不仅增强了其在半岛的影响力,而且还夯实了其在半岛事务上与其他大国合作的基础。

二 俄在朝核问题上与中国的合作

在朝核问题上俄罗斯强调与中国在对朝政策上的同步性和协调性。俄罗斯认为中俄在朝核问题上有相同的地缘政治利益,因此中俄的共同立场将有助于解决朝核问题。俄中东北亚安全定期对话是讨论朝核问题的一个重要机制。

第一次朝核危机期间,俄罗斯正陷入国内严重的政治经济危机之中,基于当时俄对西方采取"一边倒"的政策,俄朝鲜关系在20世纪90年代上半期处于冷淡状态,俄基本上被排除在朝核危机解决进程之外。从第二次朝核危机起,普京政府开始积极参加六方会谈,力图对危机的解决施加更大的影响。随着国内经济的恢复和对亚太外交的重视,俄罗斯逐渐恢复了在朝鲜半岛问题上的传统影响力和发言权。虽然俄罗斯是后来才跻身六方会谈,但是与其他几方相比,俄手中更有牌可打,这就是俄罗斯对朝鲜的传统影响力。其在解决朝核问题上的地位和作用不容忽视。俄罗斯在朝核问题上的基本立场和主张是:坚持朝鲜半岛无核化地位,遵守《核不扩散条约》,无条件地保证这一地区的和平、安全与稳定;通过政治途径解决危机。俄罗斯主张通过联合国、六方会谈以及中俄双方对朝鲜半岛的共识这三个层面推动朝核问题以外交途径而非使用武力解决。俄罗斯的主张及其在半岛的国家利益与中国的主张和国家利益基本

---

① 《俄驻韩大使:正推动韩国航运公司参与开发北方海路》,http://sputniknews.cn/economics/201802061024648286/。

一致,这也成为中俄在朝核问题上合作的基础。

(一) 中俄两国在联合国的合作

朝鲜第一次核试验后,中国外交部发表声明,对朝鲜实施核试表示坚决反对,要求朝方信守无核化承诺,停止一切可能导致局势进一步恶化的行动,重新回到六方会谈的轨道上来,同时呼吁有关各方冷静应对,坚持通过协商和对话和平解决问题。俄罗斯总统普京表示,俄坚决谴责朝鲜的核试行为,此举严重破坏了国际社会防止大规模杀伤性武器扩散的努力,希望朝鲜重新回到谈判轨道上来。

2009年5月朝鲜第二次核试验后,中国外交部发表声明,表明中国坚决反对朝鲜再次核试的坚定立场,要求朝方信守无核化承诺,停止可能导致局势进一步恶化的相关行动,重新回到六方会谈的轨道上来,同时呼吁各方冷静应对,坚持通过协商和对话和平解决问题。俄总统新闻秘书表示,朝鲜核试违反联合国安理会决议,使东北亚紧张局势升级,威胁地区安全与稳定。

2013年2月,朝鲜第三次核试后,中国外交部发表声明,表明坚决反对朝鲜第三次核试的坚定立场,强烈敦促朝方信守无核化承诺,不再采取可能恶化局势的行动,同时呼吁各方冷静应对,坚持通过对话协商,在六方会谈框架下解决半岛无核化问题。俄外交部发表声明称,朝鲜再次无视国际法准则和安理会决议进行新的核试验,不符合国际准则,应受到国际社会的谴责和相关制裁。

针对朝鲜的核武项目及其对国际和平与安全带来的威胁,至2017年12月底,联合国安理会共通过十次决议,对朝鲜实施制裁,中俄作为联合国安理会常任理事国均投了赞成票,立场一致。

2018年,中国外交部部长王毅在联合国安理会就朝核问题举行的辩论上发表讲话。他指出,朝鲜半岛发生了重要和积极的变化,半岛问题重新回到了对话与谈判的正确轨道。朝韩领导人实现了年内第三次会晤,北南关系实现了全面改善与发展;朝美领导人2018年6月在新加坡举行了历史性会晤,双方就实现半岛完全无核化和建立半岛和平机制达成了重要共识。王毅部长指出:"鉴于朝韩、朝美关系当前的积极进展,结合朝鲜在无核化问题上的重要承诺和行动,中方认为,安理会有必要考虑启动可逆条款,从而鼓励朝鲜以及有关各方朝着无核化的方向迈出更大的步伐。"

2019年12月17日，中俄两国共同向联合国安理会提交了关于政治解决朝鲜半岛核问题的决议草案，提议部分解除对朝制裁，显示了中俄推动对话政治解决朝核问题的决心。

（二）中俄在六方会谈中的合作

六方会谈是指由朝鲜、韩国、中国、美国、俄罗斯和日本六国共同参与的旨在解决朝核问题的一系列谈判。2003年8月2日，经过中国积极的外交斡旋，促成解决朝核危机的谈判，开启六方会谈，以此为对话机制讨论朝核问题，并确立了通过谈判和平解决朝鲜危机的原则。到2007年9月30日为止，共举行过六轮会谈。六方会谈可分为两个阶段：第一个阶段从2003年到2005年7月，尚未取得实质性的进展；第二阶段从2005年9月到2007年，取得了实质性的进展。比较六方会谈的最初阶段，俄罗斯在第二阶段发挥了较为现实和重要的作用。主要原因：一是朝核问题中的主要矛盾是朝美关系；二是当时布什政府不仅在伊拉克问题上陷入困境，而且在解决伊朗核危机问题上也陷入僵局，因而美国的立场有所松动，希望其他大国和国际社会更多地参与朝核危机问题的解决。从2005年开始，六方会谈的步伐加快，俄罗斯的作用逐渐显露。俄罗斯提出与朝鲜在能源等方面合作，并将朝鲜债务问题同朝鲜核计划联系在一起，力图使新一轮六方会谈取得具体成果。归纳起来，俄罗斯在六方会谈中的立场是：希望有关各方本着相互妥协和让步的精神，共同促成六方会谈取得进展；认为目前没有必要对朝鲜进行惩罚，强调应用和平的、政治的、非武力的方式解决朝核问题；肯定六方会谈对解决朝核问题具有重要意义，并表示愿意为会谈取得进展做出自己的贡献。

自2009年朝鲜宣布退出六方会谈之后，六方会谈至今一直没有复会。在重启六方会谈的过程中，美国一直希望中国推动朝鲜重返六方会谈。俄罗斯也利用自身对朝鲜的影响力，积极从中斡旋。其间，2012年9月在中国大连举办的东北亚合作对话使六国又坐在一起，这是自2009年六方会谈停止后的首次聚首。2013年5月25日，朝鲜特使崔龙海在与习近平会谈时表示朝方愿意进行六方会谈。2013年11月27日，六方会谈美方团长、美国朝鲜政策特别代表格林·戴维斯在访问朝鲜周边国家时表示，如果朝鲜不改变态度，六方会谈恐难得到重启。2014年11月，朝鲜特使崔龙海访问俄罗斯，向俄外长表示愿意无条件恢复朝鲜半岛核问题六方会谈。俄罗斯表示积极支持朝鲜这一立场。2014年12月4日，中国政府朝鲜半岛事务特别代表武大伟应约与日本外务省亚大局局长伊原纯一在北京举行会谈，就推进半岛无核化进程和重启六方会谈等问题交换了意见。

（三）中俄在双边场合在朝核问题上的合作

中俄在朝核问题上的合作是两国战略协作的重要内容。中俄为缓解朝鲜半岛紧张局势做出的努力也体现了两国战略协作加强的趋势。自冷战结束后，中俄与朝鲜的关系都经历了调整。尤其随着朝鲜半岛一连串事件的发生，以及美国战略重心的转移，中俄朝三国都感到外部压力增大，中俄与朝鲜的关系不断加强。金正恩上台后，俄朝关系逐渐加强。尽管中朝、俄朝关系曲折发展，但是，中俄对朝核问题的看法较为一致，立场也是一贯的。

综合十几年来的有关公报和声明，中俄在朝核问题上的立场：一是中俄都主张朝鲜半岛实现无核化；二是强调同时保障朝鲜的国家安全，反对武力威胁和全面制裁的做法；三是主张通过六方会谈来解决朝核问题，同时鼓励美朝相互妥协；四是呼吁有关方降低在该地区的军事活动强度；五是共同建立东北亚新的安全机制。

2003年5月27日胡锦涛主席访俄期间发表的中俄联合声明指出，双方主张保障朝鲜半岛无核化地位，遵守全球不扩散大规模杀伤性武器制度，同时保障朝鲜民主主义人民共和国的安全，并为其社会经济发展创造条件。联合声明指出，武力施压和使用武力是不可接受的，强调保证朝鲜安全和为其社会经济发展创造条件的必要性。[①] 2011年6月16日，中国国家主席胡锦涛和俄罗斯总统梅德韦杰夫在莫斯科签署《中华人民共和国和俄罗斯联邦关于当前国际形势和重大国际问题的联合声明》。声明指出，双方一致认为，朝鲜半岛核问题只能在六方会谈框架内通过政治外交方式加以解决，重申双方将相互并同六方会谈其他各方继续保持密切协作，在恪守2005年9月19日中朝俄韩美日联

---

① 《中华人民共和国与俄罗斯联邦联合声明》，http://www.fmprc.gov.cn/mfa_chn/ziliao_611306/1179_611310/t24245.shtml。

合声明的基础上尽快重启六方会谈进程。双方坚信，降低该地区的军事活动强度将有利于创造恢复谈判的条件。双方还表示，将继续致力于建立东北亚和平与安全多边保障机制。①普京于2012年6月5日访问中国，中俄发表了《中华人民共和国和俄罗斯联邦关于进一步深化平等信任的中俄全面战略协作伙伴关系的联合声明》。双方重申，维护朝鲜半岛和平稳定、实现半岛无核化，符合有关各方的共同愿望，实现这一目标对维护亚太地区的和平、稳定与安全至关重要。双方坚决反对任何有损于朝鲜半岛和平稳定和不利于实现半岛无核化的行为，希望有关各国保持克制，避免半岛局势进一步复杂化。双方认为，对话协商是解决朝鲜半岛核问题的唯一有效途径。中俄呼吁有关各国早日重启六方会谈，以和平方式均衡解决有关各方关切，实现本地区的长治久安。②

2014年5月20日，普京访华并参加亚信峰会期间，中俄双方再次重申，维护朝鲜半岛和平稳定、实现半岛无核化，通过对话协商解决有关问题符合有关各方的共同利益，对维护东北亚及亚太地区的和平、稳定与安全至关重要。中俄认为，六方会谈是解决朝核问题的唯一现实有效途径，希望有关各方相向而行，多做有利于地区和平稳定的事，为推动重启六方会谈，实现半岛地区的长治久安而共同努力。朝鲜半岛核问题悬而未决，地区政治军事局势持续紧张，双方对此表示担忧，强调各方应采取切实措施，缓解紧张局势。双方一致认为，该地区的问题不应以武力方式而应通过谈判解决。中俄双方将开展密切的协调与协作，致力于在东北亚地区建立有效的和平安全机制。③2015年5月8日，习近平出席卫国战争胜利70周年庆典并访俄，其间中俄发表了《中华人民共和国和俄罗斯联邦关于深化全面战略协作伙伴关系、倡导合作共赢的联合声明》。双方重申，维护朝鲜半岛和平稳定、实现半岛无核化、通过对话协商解决有关问题符合共同利益，对本地区的和平、稳定与繁荣具有重要意义。双方认为，六方会谈是解决朝鲜核问题的有效方式，希望有关各方相向而行，

---

① 《中华人民共和国和俄罗斯关于当前国际形势和重大国际问题的联合声明》，http：//www.fmprc.gov.cn/mfa_chn/ziliao_611306/1179_611310/t831556.shtml。
② 《中华人民共和国和俄罗斯联邦关于进一步深化平等信任的中俄全面战略协作伙伴关系的联合声明》，http：//www.fmprc.gov.cn/mfa_chn/ziliao_611306/1179_611310/t938682.shtml。
③ 《中俄关于全面战略协作伙伴关系新阶段的联合声明》，http：//www.fmprc.gov.cn/mfa_chn/ziliao_611306/1179_611310/t1157763.shtml。

为重启六方会谈创造条件。

在朝鲜半岛核问题上,中俄双方立场一致,一直保持着密切的沟通和协调。2017年7月5日,中俄元首共同发表了关于当前世界形势和重大国际问题的联合声明。在谈到有关朝鲜半岛核问题时双方指出,各方应保持最大限度的冷静和克制,努力推动局势缓和。朝鲜作为联合国会员国,有义务切实遵守联合国安理会的有关决议。双方坚持实现朝鲜半岛无核化目标,强调对话协商是解决朝鲜半岛核问题的唯一有效途径,敦促有关各方积极呼应中俄推动重启半岛问题对话谈判的努力,为实质性解决问题发挥建设性作用。中俄双方根据中方"双轨并行"的思路和"双暂停"的倡议以及俄方分步走的设想提出了共同倡议。中俄的共同倡议是充分考虑并努力平衡和兼顾了各方关切的合情合理方案,有助于推动半岛核问题的妥善解决。[①] 2017年10月,中俄第八次中俄东北亚安全磋商在莫斯科举行,中俄再次呼吁有关各方积极回应中俄以"双暂停"倡议、"双轨并行"思路和"分步走"路线图为基础提出的共同倡议,敦促各方早日重回对话协商轨道。

2018年1月13日,俄外交部副部长莫尔古洛夫和中国外交部副部长孔铉佑在莫斯科举行了会晤,双方表示将在联合提出和平倡议的基础上调解地区系列问题。[②] 俄罗斯和中国制定了解决朝鲜半岛核问题的路线图("双暂停"倡议),该计划分为三个阶段:首先,朝鲜应放弃核试验和导弹发射,以此减缓军事方面的紧张局势,美韩则应相应暂停在该地区举行的联合军演;其次,启动朝美、朝韩间的直接谈判;最后,各方就在东北亚地区建立和平安全机制开展多边谈判。2018年1月,在美国加大对朝鲜制裁的背景下,朝鲜决定参加在韩国举行的平昌冬奥会,迎来了朝鲜半岛局势短暂的缓和。美韩演习推迟、朝鲜参加奥运会、中止核导试验,这意味着中俄计划第一阶段所规定的内容正在得以实现。中俄的"双暂停"正在被接受。[③] 2018年朝鲜半岛的局势

---

① 《中华人民共和国和俄罗斯联邦关于当前世界形势和重大国际问题的联合声明(全文)》,http://ru.china-embassy.org/chn/zxdt/t1475442.htm。
② http://sputniknews.cn/politics/201801131024473513/。
③ 李勇慧:《2018年俄罗斯亚太外交总结与展望》,孙壮志主编《俄罗斯发展报告(2019)》,社会科学文献出版社,2019。

表明中俄提出的"双暂停"是可行的，中俄的计划并未被拒绝：朝鲜没有进行核试验，美韩也没有进行军演。但是2019年2月美朝元首在越南会晤的失败，让相关各国更加看清了朝核问题中的主要矛盾，不解决朝鲜的安全问题，是无法让朝鲜首先弃核的。俄罗斯常驻联合国代表涅边贾表示，设置前提条件的对话是无助于解决朝核问题的，尽管相关国家不肯承认这一点。

综上所述，朝鲜近几年的发展已经向世界表明其拥核保安全的战略意图，朝核问题已经进入关键时期。俄罗斯在朝核问题上与中国的合作对朝核问题的解决具有举足轻重的作用。

由于朝鲜在军事、能源等合作领域有求于俄罗斯，俄罗斯对朝鲜的影响力还会上升。2019年4月，金正恩访俄，与普京在符拉迪沃斯托克（海参崴）举行了会晤。双方就双边、制裁、朝美和俄美关系、朝鲜半岛无核化等主要议题交换了意见。朝鲜希望俄罗斯能充当朝美之间的调解人，在解除制裁和完全放弃核试验的先后顺序上与美国磋商。俄罗斯希望联合国能分阶段解除对朝鲜的制裁，以换取朝鲜在国际法律安全和主权保障下，在核导试验方面的逐步让步；而美国则坚持朝鲜必须首先彻底放弃核导弹。[1] 分阶段解除朝鲜的制裁也是中俄共同的目标，2019年4月普京与金正恩的会晤时间安排在普京来中国参加"一带一路"国际合作高峰论坛之前，这样的安排也是为了让普京能够在北京与中国领导人进行充分的沟通。中俄对朝鲜的影响力尚在，应推动有关方面尽快重启六方会谈，避免美国以朝核危机为借口加大其在东北亚的军事存在，对中俄形成军事上的围堵。中俄在朝核问题上的合作将有利于东北亚的安全、稳定和经济发展，也有助于破解以美国为主导的地区安全格局，从而构筑新的东北亚政治安全格局。

---

[1] Россия и КНДР: ключевые точки взаимодействия, https://interaffairs.ru/news/show/22345.

第六章 中俄关系三十年：战略支柱和共同理念的形成

2021年是《中华人民共和国和俄罗斯联邦睦邻友好合作条约》（简称《中俄睦邻友好合作条约》）签署20周年。2019年，两国隆重地庆祝纪念中俄（苏）建交70周年，总结了70年间中俄关系的成就和经验，并将中俄关系提升为新时代全面战略协作伙伴关系。中苏关系42年历史的经验教训非常重要，中俄关系30年的成就和启迪则更为积极而长远：两国奠定了足以支撑双边关系可持续发展的物质基础，摸索到双边关系特有的相处之道，建立了相互关系长期发展的结构模式和运作机制。系统研究这30年间两国关系的发展进程，深入分析和总结其物质基础和共同理念，探讨存在的问题及解决之道，对于推进双方新时代全面战略协作伙伴关系十分重要。在中国实现民族复兴、世界格局深刻调整的关键期，经营并利用好中俄关系，无论是对于中俄各自的复兴，还是对于构建新型大国关系和新型国际格局，都具有重要的意义。

第一节 从睦邻友好到新时代全面战略协作伙伴关系

苏联解体后，中俄关系不断发展，连升三级：友好关系（1992~1994年）、建设性伙伴关系（1994~1996年）和战略协作伙伴关系（1996年至今）。其间，2011年中俄两国建立全面战略协作伙伴关系，2019年又建立新时代全面战略协作伙伴关系。这两种表述反映了中俄两国战略协作范围的扩展、深度的加大和水平的提升，但是在实质上并没有超越战略协作模式，因此仍归入战略协作伙伴关系阶段。

中国与俄罗斯继承了中苏业已实现的关系正常化，并将中俄关系提升到友好国家水平。从戈尔巴乔夫访华实现中苏关系正常化之后，中苏国家间关系恢复正常，双方多领域合作日渐增多，还达成了中苏边境相互裁减军事力量和加强军事领域信任协定、中苏东段边界协定等。冷战结束后，中国与俄罗斯都致力于继承和发展相互睦邻关系。一方面，中国继续改革开放和建设现代化国家，俄罗斯忙于社会政治转型，两国都需要维持中俄边界安全，为各自国内发展创造必要条件；另一方面，中国要发展同周边国家和发展中国家的合作，同时稳定与西方国家的关系，俄罗斯既要与独联体其他国家划分苏联遗产，又要与外部世界建立新关系，因此两国都希望发展中俄友好与合作。1992年12月，叶利钦总统访华，两国共同发表中俄相互关系基础的联合声明，宣布"相互视为友好国家"，发展睦邻友好与互利合作关系。双方声明，将通过谈判解决历史遗留的中俄边界问题，将中俄边境地区的军事力量裁减到与两国睦邻关系相适应的最低水平。[①]

国际形势的变幻促使俄罗斯加强对东方外交，俄方的主动倡议和中国的积极回应促成中俄关系由友好国家向建设性伙伴关系升级。就俄罗斯而言，一方面，经济危机持续加深，执行权力机关和立法机关之间权限划分斗争导致政权危机，车臣等地区分离主义问题日益严重，这要求俄调整内外政策，其中包括实行全方位的而不是向西方"一边倒"的外交；另一方面，西方对俄罗斯不仅吝于经济援助，而且利用俄衰落之机，筹划北约东扩，意欲将原属于苏联势力范围的中东欧地区全部纳入麾下。俄罗斯认识到有必要调整外交政策，恢复其大国地位，为此需要加强与中国的关系。与此同时，中国开始从社会主义计划经济体制向社会主义市场经济体制迈进，并积极利用外部世界的资源，推进国内改革和经济建设。美国企图利用台湾和"人权"等问题遏制中国，中国在维护主权和安全的同时，必然要反对霸权主义和强权政治，推动建立公正合理的国际政治经济新秩序。在中俄贸易和军事技术等领域合作快速发展的同

---

① 《中华人民共和国和俄罗斯联邦相互关系基础的联合声明》，《人民日报》1992年12月19日。

时，两国越来越认识到有必要加强在政治和国际事务等领域的合作，因而在1994年9月双方建立了建设性伙伴关系。与此前的中俄友好关系相比，建设性伙伴关系的进步之处在于，两国在保持既有领域合作的同时，将合作范围扩展到双边安全与国际政治方面。

冷战后国际格局的变化、美国对中国和俄罗斯的遏制政策以及中俄国内形势的发展等因素，促使中俄两国进一步结成战略协作伙伴关系，并且不断地充实和深化这种新型国际关系。美国在世界范围推广西方自由民主和市场经济，巩固并拓展其所主导的国际安全体系，而俄罗斯和中国希望建立多极世界，认为这样才能更好地维护世界各国的利益；美国通过扩大北约和巩固独联体国家主权等方式遏制俄罗斯，通过支持台湾地区对抗大陆、限制先进技术出口中国、发展与亚太盟国的军事安全合作等方式遏制中国，迫使中俄两国加强合作，共同应对来自美国的压力。1994年俄罗斯发动第一次车臣战争、1995年左翼政党赢得俄国家杜马选举等形势，这也促使俄调整亲西方政策，推行以多极化为宗旨的大国外交。在这种内外形势下，俄罗斯提出与中国建立战略协作伙伴关系的倡议，这得到中国的支持，1996年4月，两国宣布建立战略协作伙伴关系。这种新型大国关系的基本特点是：在不结盟、不对抗、不针对第三国的前提下，开展平等互利的战略协作。当时中俄战略协作的主要领域包括：维护各自主权和权益，保持国际战略稳定，推动世界多极化，建立世界政治经济新秩序等。① 随后，中俄两国陆续建立起一整套定期会晤机制，包括两国元首、总理和各部部长的会晤等，用以磋商、规划和实施双方战略协作。

中俄战略协作不断发展，涵盖全球、地区、双边和多边层次。1996~2001年，中俄两国在反对单极霸权、反对以美国为首的北约发动科索沃战争、反对美国退出《反导条约》等方面进行了密切的协作；两国共同引领，将旨在解决中国与苏联遗留的边境地区裁军和安全问题的"上海五国"会晤机制升级为上海合作组织，发展地区安全与经济等合作。"9·11"事件后，普京政府利用反恐合作，改善了俄罗斯与美国及欧洲的关系，中俄在全球层面的战略协

---

① 《中俄联合声明》，新华网，http://news.xinhuanet.com/ziliao/2002-11/27/content_642464.htm；《中俄关于世界多极化和建立国际新秩序的联合声明》，《人民日报》1997年4月24日。

作有所松懈,但是在双边和地区层面的合作得以保持。2004~2013年,随着美国对外战略重点从反恐向遏制地区大国——俄罗斯和中国——的回归,中俄两国再度加强战略协作,在经贸、能源和共同抵御中亚地区"颜色革命"等领域取得丰硕成果,并于2011年建立全面战略协作伙伴关系。乌克兰危机发生后,美国同时遏制中国和俄罗斯,促使中俄两国进一步加强多层面、各领域的战略协作,特别是开启了"一带一盟"对接合作,强化在维护全球和亚太地区战略稳定方面的合作,2019年又建立了中俄新时代全面战略协作伙伴关系。

第二节 不断巩固的三大战略支柱

共同利益是形成中俄睦邻友好与战略协作关系并推动其持续发展的现实基础。30年间,两国在交流与合作中为中俄关系奠定了宽广而牢固的基础,包括政治、经济、能源、军事安全、人文和国际事务等领域,其中最重要的三个战略支柱是地缘政治合作、经济合作,以及在内政问题上的相互尊重和理解。

一 地缘政治合作

冷战后由战略环境改变所形成的地缘政治共同利益是促使中俄关系连续升级的最重要动力,也是中俄战略协作伙伴关系的首要战略支柱。苏联解体后,美苏两极格局坍塌,美国踌躇满志地营建其所主导的单极世界,这种战略环境的巨大变化,促使极力遏制国力衰落的俄罗斯和正在快速发展的中国选择摆脱中苏对抗的阴影,迅速接近,建立起战略协作伙伴关系,以共同应对美国的遏制及其主导的西方的压力。中俄两国主要通过外交协作来维护共同的地缘政治利益。

(一)反对单极霸权,推动多极化,维护全球战略稳定

冷战结束后,美国凭借其超强实力,借助同盟体系,企图建立单极霸权。一方面,遏制地区大国俄罗斯和中国,特别是推动北约东扩,打造欧洲安全新秩序;另一方面,绕开联合国,凭一己之力或者依靠北约等西方集团来领导国际事务。在处理波黑内战、科索沃等国际问题时,美国不仅不顾俄罗斯和中国等国的立场,而且撇开联合国,自行裁处甚至使用武力,引起中俄两国深切忧

虑。1997年，中俄两国共同发表《中华人民共和国和俄罗斯联邦关于世界多极化和建立国际新秩序的联合声明》，明确表示反对霸权主义和强权政治，主张推动世界多极化和建立国际新秩序，同时维护联合国在保障世界和平与安全方面的中心地位。[1] 1999年，中俄两国都反对以美国为首的北约对南斯拉夫联盟共和国使用武力，并通过外交斡旋使科索沃问题最终在联合国框架内得到政治解决。此后，中国和俄罗斯先后于2005年、2008年、2011年和2017年就国际形势和重大国际问题发表联合声明，重申两国共同维护以联合国为中心的基于国际法的现行国际体系，努力推进世界多极化。与此同时，中俄两国反对美国破坏全球战略稳定的举动。除了两国元首发表的有关联合声明之外，两国还于2016年发表《中华人民共和国和俄罗斯联邦关于加强全球战略稳定的联合声明》，反对美国在欧洲和亚太部署反导系统，2019年又发表《中华人民共和国和俄罗斯联邦关于加强当代全球战略稳定的联合声明》，反对美国退出《中导条约》，提醒美国注意破坏《中导条约》将对《俄美第三阶段削减战略武器条约》造成不利影响。

（二）维护中俄两国毗邻地区和亚太地区的稳定

首先，中亚毗邻中俄两国，其稳定攸关中国西部和俄罗斯南部的安全，因而成为中俄协作维稳的重要地区。中俄两国引领"上海五国"安全合作进程，并将"上海五国"会晤机制升级为上海合作组织，使之成为维护中亚地区安全的重要国际机制。2005年，美国在中亚地区推动"颜色革命"，以行地缘政治扩张之实，因遭到中国、俄罗斯和中亚国家的联合抵制，无果而终。

其次，中俄两国在朝核问题上开展合作，共同维护朝鲜半岛与东北亚和平。中国和俄罗斯都主张朝鲜半岛无核化，反对有关国家以武力解决争端，在有关国家间积极劝和促谈，2017年又共同提出朝鲜半岛问题调解"路线图"倡议，为维护朝鲜半岛和平做出了积极贡献。

最后，中俄两国共同维护亚太地区战略稳定。在美国建设亚太地区反导系统的形势下，2014年和2015年中俄两国分别签署S-400防空导弹系统供应合

---

[1] 《中俄关于世界多极化和建立国际新秩序的联合声明》，《人民日报》1997年4月24日。

同和苏-35战机供应合同,2019年俄罗斯协助中国建造导弹预警系统。① 这些先进武器装备的引进,有利于维护亚太地区军事平衡和战略稳定。2019年和2020年,中俄两国战略轰炸机两度在日本海和东海空域实施联合巡航,以示共同维护地区战略稳定之意。2020年10月,针对美国退出《中导条约》之后在亚太地区部署陆基中短程导弹的计划,普京总统表示,俄罗斯和中国将观其行,评估其威胁,然后共同采取应对举措。②

二 在内政问题上相互尊重和理解

外交是内政的延续,中俄两国虽然政治制度不同,但是既求同以增进合作,又不因异而损及相互关系。两国在内政问题上的相互尊重、理解和支持是中俄政治关系的重要内容,也是双方发展其他领域合作的必要条件。自1991年底以来,中俄两国在内政领域的共识日益增多,合作日益密切,主要表现在以下三个方面。

(一) 在相互关系中,遵循互相尊重主权和领土完整、互不干涉内政等和平共处五项基本原则及其他公认的国际法准则

中俄双方尊重对方人民自由选择其发展道路的权利,尊重彼此社会制度和意识形态的差异,不对对方国内问题指手画脚。这些原则不仅反映在自1992年以来中俄两国元首会晤后发表的各种联合声明和《中华人民共和国和俄罗斯联邦睦邻友好合作条约》等重要双边关系文件中,而且体现在两国相互交流与合作的实践中。中俄两国完全理解和坚定支持对方维护国家统一、主权和领土完整的政策举措。俄罗斯承认中华人民共和国政府是中国唯一的合法政府、台湾是中国领土不可分割的一部分,支持中国防止"台独"的政策。中国支持俄罗斯打击车臣分裂势力、维护国家统一的行动。

---

① Айсель Герейханова, Путин: РФ помогает Китаю создать систему предупреждения о ракетном нападении, 3. 10. 2019, https://rg.ru/2019/10/03/putin-rf-pomogaet-kitaiu-sozdat-sistemu-preduprezhdeniia-o-raketnom-napadenii.html.

② Заседание дискуссионного клуба «Валдай». Владимир Путин в режиме видеоконференции принял участие в итоговой пленарной сессии XVII ежегодного заседания Международного дискуссионного клуба «Валдай», 22 октября 2020 года, http://www.kremlin.ru/events/president/news/64261.

（二）共同解决历史遗留的边界问题

两国以有关中俄边界的条约为基础，根据公认的国际法准则，本着协商一致的原则，通过谈判，公正、合理地解决了两国间的边界问题。1994年两国签署《中华人民共和国和俄罗斯联邦关于中俄国界西段的协定》，2004年又签署《中华人民共和国和俄罗斯联邦关于中俄国界东段的补充协定》，从而确定了中俄边界全线走向。中俄边界问题的全面解决，为两国进一步提升政治关系水平，深化在其他各个领域的战略协作，消除了最后一道现实的政治障碍。

（三）中俄两国共同维护国家主权原则，反对外部势力干涉主权国家内部事务

2000年俄罗斯明确宣布，俄不允许外部势力干涉中国台湾问题。2003～2005年，美国及其盟友在独联体地区推行"颜色革命"，中俄两国旗帜鲜明地反对"颜色革命"，反对从外部将社会政治制度模式强加于他国，公开呼吁保障各国根据本国国情选择发展道路的权利，尊重和维护世界文明的多样性和发展模式的多样化。[1] 中国和俄罗斯给予中亚国家外交支持，为后者抵御"颜色革命"和维护社会政治稳定做出了积极贡献。2020年，中国全国人大常委会通过《中华人民共和国香港特别行政区维护国家安全法》后，遭到美国的诋毁；俄罗斯全民投票通过宪法修正案后，也受到美国等西方国家的非议。中俄两国坚定地支持对方，共同反对美国以民主和人权问题为借口干涉主权国家内政。[2]

三 经济合作

中俄经贸合作持续发展，在两国之间形成经济相互依存关系，为中俄战略协作伙伴关系的长期发展提供了扎实的物质基础。

（一）中俄贸易不断发展，双方互为重要贸易伙伴国

1992～1999年，中俄贸易处于转型、调整和起伏不定的状态，两国贸易额保持在50亿～77亿美元。就贸易商品结构而言，中国对俄罗斯出口以纺织和

---

[1] 《中俄关于21世纪国际秩序的联合声明》，http://news.xinhuanet.com/world/2005-07/01/content_3164594.htm。

[2] 《习近平同俄罗斯总统普京通电话》，中国外交部网站，https://www.fmprc.gov.cn/web/gjhdq_676201/gj_676203/oz_678770/1206_679110/xgxw_679116/t1796087.shtml。

轻工产品等劳动密集型产品为主，俄对华出口主要是原材料和机械设备。当时中俄贸易额有限和贸易结构低端是由以下因素决定的，即这一时期两国经济发展水平不高，俄罗斯处于经济危机或衰退期，包括易货贸易和灰色清关在内的贸易制度不规范，等等。自2000年至今，两国贸易除了受到国际金融危机冲击的个别年份，总体上保持平稳增长，直到突破1000亿美元大关。从2011年起，中国一直是俄罗斯第一大贸易伙伴国，俄也成为中国主要贸易伙伴之一。中俄贸易额占俄罗斯对外贸易总额的比重从2011年的10%增长到2020年的18%。中俄贸易商品结构不断优化：中国对俄罗斯出口机电产品的比重大幅度提高，双方服务贸易获得明显发展。两国不断完善经贸合作的法律基础，中俄密切的政治关系促进相互经贸合作，西方对俄经济制裁和中美经贸摩擦等，也是促进中俄贸易不断发展的因素。目前，中俄两国都致力于实现2024年双边贸易额达到2000亿美元的目标。

（二）中俄投资合作逐渐扩大

20世纪90年代，受中俄两国经济发展水平和投资环境等因素的制约，中俄相互直接投资都不高。进入21世纪后，随着中俄战略协作伙伴关系的发展，两国政府日益重视加强双边关系的经济基础，除了发挥先前签署的中俄政府间投资保护协定等法律基础的潜力、利用两国总理定期会晤机制及其经贸合作分委员会等机制促进双边投资合作，还通过定期举行中俄投资促进会议等途径，为两国企业开展投资合作牵线搭桥。2009年两国批准《中华人民共和国和俄罗斯联邦投资合作规划纲要》，确定了相互投资合作的原则、机制和优先领域。同年，中国对俄罗斯非金融类投资为4.13亿美元，中国成为俄罗斯第三大投资伙伴国，仅次于卢森堡和荷兰；俄罗斯对华投资合同金额为1.79亿美元。[1] 近年来，中俄"一带一路"建设合作颇有发展，因而也促进了双方投资合作。截至2018年底，中国对俄罗斯直接投资存量为142.1亿美元，俄为中国对欧洲地区投资的第四大对象国。[2] 俄罗斯对华投资也有增长，2018年俄对华实际投资0.6亿美元，同比增长138.1%，是共建"一带一路"地区对华投

---

[1] 中国商务部：《国别贸易投资环境报告2010》，中国商务部网站，http://www.mofcom.gov.cn。
[2] 中国商务部：《中国对外投资发展报告2019》，中国商务部网站，http://www.mofcom.gov.cn。

资第五大来源国。①中国对俄罗斯投资结构趋于多元化，在重点流向采矿业的同时，也向制造业、农业、商业服务和金融业等扩展。近年来，两国在航空、航天等领域开展了许多大型项目的合作，比如联合研制远程宽体客机和重型直升机等，为中俄投资合作注入强大的动力。

（三）中俄两国已结成密切的能源战略协作伙伴关系

20世纪90年代，中国从俄罗斯进口的石油量不大，1999年只有57.2万吨。进入21世纪之后，中国能源需求不断增长，因而不断扩大从俄罗斯进口石油的规模。从2006年起，中国每年从俄罗斯进口石油1500万吨。2006年，从俄罗斯进口原油占中国原油进口总量的11%左右，俄已成为中国原油进口的重要来源地。由于铁路运输已经不能满足不断增长的中俄石油贸易需求，中俄原油管道项目应运而生：2010年建成，2011年正式投入商业运营，年输油量为1500万吨。至2015年，中国从俄罗斯进口石油4243万吨，俄罗斯在中国石油供应国中的地位由第三位上升到第二位。2016年，俄罗斯首次取代沙特阿拉伯，成为中国最大的原油供应国。2018年，中俄原油管道第二条支线漠河—大庆管道投入商业运营，中国每年经由中俄原油管道进口俄罗斯原油的规模从1500万吨提高到3000万吨。与此同时，中俄天然气合作也实现重大突破：2019年，中俄东线天然气管道建成并开始对华供气，2020年输气量为50亿立方米；2023年将全线投产，每年供气量为380亿立方米。两国能源公司不断扩大在油气开采和炼油化工等方面的合作，形成油气上、下游一体化合作局面。此外，中俄两国在核能、电力及煤炭等领域的合作也取得了长足的发展。全面而深入的能源合作是中俄战略协作中的"亮点"。

中俄两国在地缘政治和经济领域的密切合作，在内政问题上的相互尊重、理解和支持，构成了中俄全面战略协作伙伴关系的三大战略支柱。在内政问题上的相互尊重、理解和支持，为中俄关系提供政治基础，经济合作提供内生性动力，地缘政治合作则提供外源性动力。在中俄关系中，尽管三大支柱都很重要，相辅相成，缺一不可，但是如果从中俄关系屡次升级的实践来看，地缘政治支柱的助力最大。

---

① 中国商务部：《中国外商投资报告2019》，中国商务部网站，http://www.mofcom.gov.cn。

第三节　循之有效的共同理念

冷战结束以来，中俄两国之所以能够不断地扩大合作，提升相互关系水平，不仅是因为两国构筑起坚实的共同利益基础，而且在于双方都遵循一系列源于相互关系历史和现实经验的共同理念。这些理念既是中俄两国所特有的友好相处之道，也是指导中俄战略协作伙伴关系稳定发展的基本原则。

（一）国家间关系非意识形态化

20世纪60~80年代，中国与苏联虽然同为社会主义国家，并曾为同盟国，但是因为意识形态等矛盾，先是两党决裂，继而两国交恶并陷入对抗。1989年中苏关系之所以能够实现正常化，在很大程度上也是同双方都放弃意识形态争论、互不干涉对方内部事务等因素密切相关。东欧剧变之后，中国尊重各国人民的选择，按照和平共处五项原则处理相互关系，使中国与东欧各国原有的外交关系得以保持。自此，从自身国家利益出发，不以意识形态或社会制度的异同划线，不以意识形态论亲疏，成为中国外交的方针。中国秉持这一原则，与苏联的法定继承国俄罗斯建立外交关系，发展睦邻友好关系。中国领导人与持激进民主主义思想的叶利钦总统不仅建立了良好的私人和工作关系，而且共同将中俄关系提升到战略协作伙伴关系。正如俄罗斯前任驻华大使拉佐夫在总结建交60年来中俄（苏）关系时所说，国家间关系的非意识形态化，使中俄两国能够在相互关系中摆脱意识形态的主导，奉行更合理有效的基于国家利益的政策。[①]

（二）平等互利合作

中俄两国基于主权平等和互利共赢的原则，开展战略协作。两国都从各自国家利益出发，寻求利益契合点，以此作为彼此进行战略协作的基础，这就使相互关系建立在可靠的基础之上。中国和俄罗斯两国互相尊重，平等相待，不干涉对方内政，通过平等协商方式解决了历史遗留的中俄边界问题。两国始终尊重对方的核心利益，坚定不移地支持对方维护自身核心利益的政策行动。两

---

① 俄罗斯驻华大使拉佐夫：《俄中关系六十年的经验教训》，俄罗斯驻华使馆网站，http：//www.russia.org.cn。

国基于互利共赢原则，不断拓展和深化在全球、地区、双边和多边层次，在政治、经济、能源、安全、人文和外交等领域的战略协作。

（三）不结盟、不对抗、不针对第三国

"三不"理念原则是在中国与俄罗斯（俄国、苏联）关系历史经验教训的基础上形成的，适合中俄两国的国家利益和国情，也符合冷战后国际关系的时代精神。首先，"不对抗"原则为中俄关系划定了下限。不对抗是两国睦邻友好的前提条件，在此基础上，和睦相处产生友好关系，友好情谊产生相互信任。中俄两国决心秉持"世代友好，永不为敌"的和平理念，永做好朋友、好邻居、好伙伴。

其次，"不结盟"原则划定了中俄关系的上限。冷战结束后，世界局势虽然仍有不稳定、不安全因素，但总体上是和平的，中国和俄罗斯面临的主要任务是发展，是实现各自国家现代化。中俄两国并没有受到各自难以抵御的安全威胁，也无意联合推翻现存的国际秩序，因此不需要结成同盟。而且作为大国，中国和俄罗斯率先垂范，摒弃冷战思维和集团政治，首倡不结盟和协商合作，走共同发展之路。

最后，"不针对第三国"原则规定了中俄战略协作伙伴关系的非对外性，即不损害第三国利益，更不威胁第三国。这也印证了中俄关系的非结盟性。同时，中俄战略协作的实践也表明，中俄两国经常共同应对来自外部的压力，如大国的遏制、"三股势力"的威胁等，但这些协作行动只是针对具体问题，而不是特定国家。①

睦邻友好与战略协作是中俄两国经过长期探索之后，找到的最适合双方国家利益和国情的关系模式。上述理念构成中俄睦邻友好与战略协作伙伴关系的精神内核。秉持这些理念和原则，中国与俄罗斯就能求同存异，和而不同，结伴不结盟，不断前进。

第四节 中俄关系中的主要问题及其改进之道

毋庸讳言，中俄关系并非没有问题，尽管与 30 年间所取得的巨大成就相

---

① 柳丰华：《中俄战略协作模式：形成、特点与提升》，《国际问题研究》2016 年第 3 期。

比，这些问题是次要的，也是无法影响两国关系主流的。主要有以下两个问题。

（一）需要长期与时俱进地增信释疑

经过30年的发展，中俄两国已建立起新时代全面战略协作伙伴关系，已拥有完备的双边对话与协作机制，并且双方政治互信水平不可谓不高。但是，中俄两国都处在实现国家现代化的进程中，又面临世界格局演变、国际形势变化及霸权国的施压离间，因此，中俄关系不可能不受到内外变化的影响，在不同的阶段存在程度不等的信任不足等问题。

就俄罗斯而言，在20世纪90年代，或者忽视或者防范中国的外交倾向在俄朝野都存在。忽视中国，是因为当时俄罗斯奉行亲西方外交政策，也与俄意识形态转向和激进民族主义思潮有关；防范中国，则与当时各种版本的"中国威胁论"有关。就反华人群而言，既有盖达尔和日里诺夫斯基等政治家，又有俄罗斯远东地区领导人，还有西方主义和激进欧亚主义的理论家等。[①] 21世纪初，随着中国与中亚国家经济政治关系的加强，关于中国向中亚地区"扩张"的论调频频出现于俄罗斯报刊。面对中国的崛起和中俄经济实力差距的拉大，俄罗斯开始担忧其可能沦为中国的"小弟"，疑虑中国崛起后可能对俄推行强势外交政策；[②] 对其可能沦为中国的"原料附庸"，其远东和东西伯利亚地区可能被中国经济"吞噬"等深感不安。[③] 中国提出"一带一路"倡议之后，俄罗斯又担心中国利用丝绸之路经济带建设项目排挤欧亚经济联盟，扩大中国在中亚甚至独联体地区的影响。[④] 俄罗斯虽然在乌克兰危机后推行"转向东方"政策，大力加强与中国在政治、经济等各领域的战略协作，但是

---

① Александр Лукин, Эволюция образа Китая в России и российско-китайские отношения, https://magazines.gorky.media/nz/2003/3/evolyuczija-obraza-kitaya-v-rossii-i-rossijsko-kitajskie-otnosheniya.html.

② Совет по внешней и оборонной политике, Стратегия XXI（Версия для обсуждения）, 21 января 2014, http://svop.ru/wp-content/uploads/2014/02/strategy_2new.pdf.

③ Илья Полонский, Россия и Китай: плюсы и противоречия сближения в XXI веке, 24 июня 2019, https://topwar.ru/159422-rossija-i-kitaj-pljusy-i-protivorechija-sblizhenija-v-xxi-veke.html.

④ Михеев В. и др, Китай-Россия: когда эмоции уместны? Мировая экономика и международные отношения, №2. 2015 г.

同时也致力于对亚洲外交多元化，特别是谋求发展同印度和日本的关系，以平衡中俄关系，防止形成单方面依赖中国的局面。① 面对不断加剧的中美战略博弈，俄罗斯筹划平衡外交政策，力图构建多极世界，以防止出现中美两极格局。②

在中国，也有相当多的人对中俄战略协作伙伴关系持不信任态度。中俄关系的历史记忆，包括沙俄侵华史和中苏对抗史等，仍存留于中国人心中。一些人认为，中国改革和开放的成就主要是面向西方、与西方合作而取得的，中俄人文交流合作在规模和深度上都无法同中西社会交往相提并论。虽然近些年中俄人文交流活动频繁，对于增进两国人民的相互了解和友好颇有成效，但还是有政府推动、参与民众有限的特点。这些因素都影响中俄民间的交往和友谊。

对于由于中国崛起、西方挑拨等因素导致的俄罗斯对华疑虑，中俄两国可以及时通过双边机制下的对话增信释疑。应当看到，中俄两国长期的战略协作已经在双方形成了互信和不以损害对方利益取悦第三国的外交策略。这在普京总统最近一次关于俄罗斯不会参与美国对华关系布局的表态中得到验证：在2021年6月俄美总统日内瓦会晤之前，美国以放松对"北溪-2"天然气管道项目的制裁为诱饵，试探拉拢俄罗斯以抗衡中国的可能性，普京总统直言指出美国破坏中俄关系的企图，重申俄珍视中俄关系，并将继续发展与中国的全方位合作。③

对于中俄人文合作中出现的问题，双方要分门别类，根据实际情况寻求妥

---

① Дмитрий Тренин, Как России удержать равновесие в посткризисном биполярном мире, https://carnegie.ru/commentary/81541.

② Доклад «Защита мира, Земли, свободы выбора для всех стран. Новые идеи для внешней политики России», подготовленный на факультете мировой экономики и мировой политики НИУ «Высшая школа экономики», апрель 2020 г., https://globalaffairs.ru/articles/zashhita-mira-zemli-svobody/. Андрей Кортунов, О мудрой обезьяне, спускающейся с горы, 4 мая 2020 г., https://russiancouncil.ru/analytics-and-comments/analytics/o-mudroy-obezyane-spuskayushcheysya-s-gory/.

③ Интервью американской телекомпании NBC. Владимир Путин ответил на вопросы журналиста телекомпании NBC Кира Симмонса. Запись интервью состоялась 11 июня в Кремле. 14 июня 2021 года, http://www.kremlin.ru/events/president/news/65861.

善的解决或改进之道。针对因俄罗斯亲欧洲的文化取向和中国与美欧日的教育科技交流比与俄更密切的现实，两国应当在求同存异的基础上，适当地增加中俄在教育、科技和文化领域的合作。对于类似于中俄跨国旅游合作中出现的中国游客在俄旅游经济附加值分配等问题，①双方应按照市场规则，参照国际惯例加以解决。对于中俄历史特别是领土问题，应当本着尊重历史的态度，允许学术讨论，但不应将其政治化，更不应当将对有关问题的学术研究和探讨视为对俄方有领土要求。中俄两国媒体要客观、公正地报道和评论对方，尤其是在报道具有争议性的问题或事件时，要持论公正，不炒作，不媚俗，更不损坏两国关系。

（二）在欧亚地区经济领域，两国应有序竞争，同时扩大合作

这里首先需要明确的是，中国在欧亚地区并不谋求地缘政治目标，也不构建排他性的经济集团，因此中俄在该地区的竞争主要是商业性的。与中俄两国在全球层面较稳定的战略协作和在双边层面蓬勃发展的互利合作相比，双方在欧亚地区的合作呈现形式多于内容的特点。以上海合作组织为例，由于俄罗斯担心中国借助上合组织在中亚扩张政治经济影响，妨碍俄所主导的欧亚经济联盟、独联体和集体安全条约组织的发展，因而俄奉行明"就"暗"推"策略，导致上海合作组织区域经济与安全合作一直进展缓慢。长期以来，中国和俄罗斯在上海合作组织优先发展方向问题上存在分歧：中国主张重点发展经济合作，而俄罗斯则倾向于发展安全合作；至于安全合作，中国希望以抵御非传统安全威胁为主，俄罗斯则有意发展传统军事合作，特别是当俄与西方关系紧张时，想将该组织打造成一个可与北约相抗衡的军事政治集团。在上海合作组织扩员问题上，俄罗斯坚持要把印度吸纳进来，最终，印度和巴基斯坦的加入虽然扩大了该组织的地理范围，但是削弱了它的凝聚力和行动力。

"一带一盟"对接合作也面临对接多、合作少的问题。自2015年中国与俄罗斯共同发表《中华人民共和国和俄罗斯联邦关于丝绸之路经济带建设和欧亚经济联盟建设对接合作的联合声明》以来，"一带一盟"对接合作的主要

---

① Иван Зуенко, Круговорот юаня в России. Почему доходы от китайских туристов проходят мимо бюджета, http://carnegie.ru/commentary/75598.

成果是2018年中国与欧亚经济联盟签署经贸合作协定。但该协定只是非特惠贸易协定，它规定的合作范围主要在消除相互贸易的非关税壁垒、海关便利化和电子商务等领域。丝绸之路经济带建设和欧亚经济联盟之间实际的对接合作主要是在中俄、中国与该联盟的中亚成员国双边层面进行的。与对待上海合作组织框架下多边合作的态度相似，俄罗斯对"一带一盟"对接合作过度小心，多加防范，因而采取接触加抵制的双重政策。这种态度和政策阻碍了中俄两国在欧亚地区的合作，使有关区域合作机制的潜力难以充分发挥，幸而未妨碍中俄战略协作伙伴关系的发展。

对于中俄在欧亚地区经济领域竞争大于合作的问题，既不要夸大，也无须因伙伴忌讳而刻意回避商业竞争。无论是上海合作组织框架下的多边合作，还是"一带一盟"对接合作，都是有利于参与国和所在地区的，中国应勇于担当，积极推动。就当前和今后相当长时间而言，美国和欧盟等外部力量仍将努力向欧亚地区扩张其政治经济影响，以压缩俄罗斯的地缘战略空间，因此，中俄在该地区的合作仍有外部动力和发展空间。欧亚其他国家也欢迎中国的经济参与，乐意搭乘"一带一路"建设快车，引领其经济发展。俄罗斯也在调整国际战略和欧亚一体化政策，比如实施"大欧亚伙伴关系"倡议等，规划其对华对接战略，寻求促进自身发展。加上中俄在全球和双边层面战略协作的外溢效应，未来两国在欧亚地区的合作有望获得较大的发展。

近30年，中俄两国建立并巩固了睦邻友好与战略协作关系模式。两国为此建立了多层次、多领域的紧密合作，形成相互依存和支持的局面，夯实了中俄关系的基础。其中，中俄两国在地缘政治、内政和经济领域的共同利益和长期合作，构成中俄战略协作伙伴关系持续发展的战略支柱。中俄关系三次升级提档，主要是在外力的作用下实现的，而在每一次升级提档之后，中俄两国都会注入更多、更深入的实际合作项目，加强了彼此新关系的内生性。除了坚实的共同利益基础，中俄两国信守彼此特有的相处之道，包括国家间关系非意识形态化、平等互利合作、不结盟、不对抗、不针对第三国等，使双方能够求同存异，长期合作。虽然中俄关系也有互信不足、在欧亚地区经济领域两国竞争大于合作等问题，但是这些问题都不足以妨碍中俄新时代全面战略协作伙伴关系的发展，两国需要与时俱进地增信释疑，在欧亚地区既有序竞争，又扩大合作，以此来解决或缓和这些问题。

　　鉴于上述，中国与俄罗斯能够不断书写中俄关系新篇章，造福两国人民，为冷战后的世界树立大国关系和邻国关系的典范。未来中俄两国将延续睦邻友好与战略协作关系模式，推进新时代全面战略协作伙伴关系，在共同发展和构建人类命运共同体的进程中为世界和平与发展做出更多的贡献。

结　论

苏联解体至今的30年对于俄罗斯外交而言，是极为复杂的时期。如前所述，30年来，在国内外形势等因素的影响下，俄罗斯外交政策经历了亲西方外交、"多极化"外交、大国实用主义外交、新斯拉夫主义外交、"保稳"与合作外交及大国权力外交等阶段的演变。应当说，俄罗斯已经形成基于国家利益的独立自主的外交政策，其外交对于维护国家主权和安全、促进经济社会发展等发挥了重要的作用，对国际政治形势也产生了一定的影响。俄罗斯重建了与外部世界的关系，但是这种关系还不成熟，甚至谈不上稳定，这突出地反映在俄与西方、与独联体等地区或国家的关系上。考察30年间俄罗斯的外交政策，可以发现，其主要特点是因势而变和变中有承。

一　30年间俄罗斯外交政策的继承与变化

有关1991~2021年俄罗斯外交政策的变化及其动因，本书各章已有详细的论述，此处不再赘述。这里探讨一下导致俄罗斯外交政策变化的几个带有根本性的因素。首先是俄罗斯国内因素，包括政治体制和政治形势、经济形势、领导人的外交观念和风格等。苏联解体后俄罗斯国家体制的重建和各种政治力量为之而展开的博弈，既导致了俄罗斯对外政策的变幻不定，又将一些国际力量如美国和欧盟等引入俄国内政治进程，使俄外交决策复杂化。一个罕见而能证明这种问题的事例是1993年10月的"炮打白宫事件"，俄罗斯执行权力机构和立法权力机构之间围绕国家权力划分问题而发生的流血冲突，不仅削弱了俄政府的威望和对外决策能力，而且叶利钦政府不得不寻求美欧对其武力解决内政矛盾的支持，从而使俄对西方外交更加乏力和被动。20世纪90年代俄罗斯旷日持久的经济危机，既严重制约了俄施展外交的经济基础，又使俄的大国地位长期在西方债权国面前矮化。直到普京第二个总统任期临近结束时，俄罗斯才偿清所欠西方债务，俄对西方外交才完全摆脱经济因素的羁绊。俄罗斯领导人的外交观念和风格对外交政策的影响也很大，这在叶利钦、普京和梅德韦杰夫总统身上都有明显的表现，而且就是在同一人的不同执政时期，外交理念和风格也想去甚远。

其次是国际环境因素。对不同时期俄罗斯外交政策具有重要影响的国际层面因素很多，但是归结起来主要有以下三个。其一，西方与俄罗斯对俄周边地区主导权的竞争。冷战结束后，北约和欧盟纷纷东扩，以填补中东欧地缘政治和经济真空，防止俄罗斯"帝国"复活。俄罗斯则极力阻止西方体系向其周边扩展，以保持其在周边地区的主导地位。进入21世纪后，俄罗斯与西方的地缘政治角逐转入独联体地区，由该地区地缘政治多元化之争到俄格武装冲突，再到乌克兰危机，愈演愈烈。

其二，西方试图改造俄罗斯政治制度。美欧要在俄罗斯推行西方政治制度，俄罗斯则坚持实行适合其国情和历史传统的政治制度，双方为此矛盾重重。西方对俄罗斯的"民主改造"在俄独立后最初几年如日中天，随着俄自由市场改革的失败而逐渐式微，20世纪90年代末则宣告失败。此后俄罗斯日益重视维护自己的主权和独立，提出"主权民主"构想，探索符合其国情的独特发展道路。俄罗斯抛弃西方"自由民主"模式，在国内和独联体地区抵制美欧发动的"颜色革命"，俄与西方在政治制度方面的矛盾不断加深。

其三，俄美安全困境。美国和俄罗斯是世界上最大的两个军事强国，彼此陷入安全困境，难以摆脱。两国不断增加国防开支，更新常规与核武库，因而加剧了安全困境。俄美关系的基本结构基于军事安全互动，而不是经济相互依存，[1]这就使两国关系中的各种问题易于被安全化，引起互相制衡。俄美即使

---

[1] 柳丰华：《普京总统第三任期俄美关系演变与第四任期双边关系走势》，《俄罗斯研究》2018年第2期。

进行军事合作，也不能拉近两国关系，更不能消除彼此的畏惧和互不信任。而美苏冷战史和冷战思维、俄美在东欧军事对峙等因素，进一步刺激了两国间军事竞争。俄美在常规武装力量方面的竞争众所周知，近年来双方在反导、中导及其他战略武器领域的竞争也日益激烈，这对俄美总体关系的消极作用也在增强。①

最后是俄外交政策延续因素。30年间，不断演变的俄罗斯外交政策有其继承性。其一，俄罗斯始终秉持大国思维，极力维持其大国地位。俄罗斯认为自己是大国或曰强国，这种国际地位理应受到尊重。叶利钦总统在1994年国情咨文中宣称，俄罗斯是大国，俄外交政策应当永远符合这个标准。在叶利钦执政时期，先是实施"融入西方文明大家庭"的政策，继而反其道而行之，又以抵制美国单极霸权的"多极化"外交来维系俄罗斯大国地位。虽然都没成功，但是仍然向外部世界展示了俄罗斯追求大国地位的决心，对一些国际局势产生了重要的影响。自2000年以来，各版《俄罗斯联邦对外政策构想》都以维护俄大国地位和世界力量中心之一为根本目标。乌克兰危机爆发后，普京政府在与西方的顽强对抗中，坚持"巩固俄罗斯作为一个世界领导国的地位"②。俄罗斯的大国意识和大国外交包括以下目标：维护俄罗斯作为当代世界多极之一的地位，构建公正民主和基于集体决策原则的国际体系；促进公正合理的全球经贸体系和金融体系的形成；维持国际战略稳定，维护俄在全球事务中的地位，等等。乌克兰危机后，普京政府武力介入叙利亚问题，有意重塑中东地区秩序；实施"大欧亚伙伴关系"倡议，期望构建欧亚一体化新模式。

其二，俄罗斯极其重视维护国家安全。对俄罗斯来说，国家安全重于一切，安全目标高于其他任何目标。国家安全包括政治、经济、社会、军事、对外政策、生态和网络等各个方面。俄罗斯长期将维护领土完整和安全、维持俄美军事均势、保持俄在欧亚地区军事政治优势等作为对外军事和政治安全的首要目标。

---

① 柳丰华：《俄美关系的走向及其影响》，《国际问题研究》2021年第2期。
② Стратегия национальной безопасности Российской Федерации, Утверждена Указом Президента Российской Федерации от 31 декабря 2015 г., http://www.scrf.gov.ru/documents/1/133.html#.

其三，俄罗斯追求国际权力。作为俄罗斯历届政府外交政策的关键要素之一，"权力"目标包括：保卫俄罗斯国家安全，维护独联体地区势力范围及其"特殊利益"；巩固俄在叙利亚、朝核、伊朗核等国际问题上的影响力；保持俄美战略平衡与稳定，等等。俄罗斯通常使用政治、法律、外交等手段，来追求这些"权力"目标。乌克兰危机后，普京政府的维权手段变得更为强硬：不放弃对乌克兰使用武力威胁和对叙利亚恐怖主义势力使用武力，也不惜与美欧进行经济和军事政治对抗。

其四，俄罗斯力图维护和塑造于己有利的国际机制。俄罗斯作为一个衰落的大国和正在崛起的大国，既重视借助既有的国际机制，也重视塑造新的国际机制，以维护其权益。俄罗斯主张强化联合国作为国际关系调节中心的作用，反对单边主义和恃强动武；主张多边外交，反对集团政治；主张在平等安全和安全不可分割原则，而不是在集团（北约）安全原则的基础上，建立欧洲地区安全新体系。[①] 俄罗斯主张将欧安组织建设成为全欧安全机制，反对北约主导欧洲安全事务。在独联体地区，俄罗斯通过建立独联体、集体安全条约组织、欧亚经济共同体/欧亚经济联盟等机制，维护其主导地位。

其五，俄罗斯注重经济外交。俄罗斯一直强调外交要为国内经济社会发展营造有力的外部环境，维护其在国际市场上的利益，促进其经济现代化，以增强其大国地位的经济基础。俄罗斯善于利用其能源杠杆和其他经济资源追求地缘政治利益。

二 俄罗斯外交：前景与挑战

2020年俄罗斯修改宪法后，在理论上普京可连续担任总统到2036年。考虑到俄罗斯与西方的种种矛盾难以调和、乌克兰危机难以解决等诸多因素，可以认为，未来普京政府仍将奉行大国权力外交政策。当然，不排除未来再次出现类似于"9·11"事件这种足以扭转俄罗斯与西方关系进程的重大国际突发事件，或者在俄出现一个治国和外交理念完全不同于普京的执政者，只有在这

[①] Концепция внешней политики Российской Федерации, Утверждена Президентом Российской Федерации В. В. Путиным 30 ноября 2016 г., http: //www.kremlin.ru/acts/news/53384.

些前提下俄才有望根本改变其反西方、亲东方的外交政策。除此之外，还有一种可能，即中美战略竞争激化到美国主动抛弃反俄方针，并竭力联俄制华，但是这种可能性实在太小，不足为虑。

未来，普京政府大国权力外交政策主要面临三个挑战。其一，妥善处理俄美战略稳定问题。2021年2月俄美两国虽然续签了《第三阶段削减战略武器条约》，但是鉴于诸多重大的相关问题难以解决，在未来5年签署《第四阶段削减战略武器条约》的难度很大。俄美两国在反导领域的矛盾日益加剧，又在中导领域展开竞争，在其他战略武器方面也明争暗斗。这些因素都将对双方达成新的削减战略武器条约产生消极的影响。国际战略稳定能否维系，不但关系到俄美两国安全，而且牵动全球安全态势。

其二，改善俄罗斯与西方关系。俄罗斯与西方的经济、军事、政治对抗已经持续多年，双方都已经沉溺其中，难以自拔。目前看来，俄罗斯和乌克兰都没有意愿和能力寻求各方都能接受的乌克兰危机解决之道，而乌东冲突很可能继续以"德左模式"（德涅斯特河左岸共和国模式）长期存在下去。① 而俄罗斯与西方在独联体地区的竞争将日益加剧，在常规和战略武器领域的竞争以及在东欧的军事对抗难以逆转，经济制裁与反制裁持续不断，这些都使俄罗斯与美欧关系的前景不容乐观。当然，考虑到核武器"相互确保摧毁"等因素的作用，俄罗斯与以美国为首的西方发生直接军事冲突的可能性并不大。

其三，落实"大欧亚伙伴关系"倡议。在与西方对抗的形势下，俄罗斯不得不"转向东方"，推出"大欧亚伙伴关系"倡议。普京政府期望以此打造一个同西方所主导的国际秩序分庭抗礼的新机制，同时对冲中国"一带一路"倡议。但是在俄罗斯同西方对抗长期化、俄经济低迷或低增长的形势下，要落实"大欧亚伙伴关系"倡议，俄毕竟是心有余而力不足。尽管俄罗斯一直在推动欧亚经济联盟同上海合作组织和东盟成员国间建立"大欧亚伙伴关系"，但是收效甚微，前景暗淡。②

---

① 柳丰华：《俄罗斯对乌克兰政策视角下的乌克兰危机》，《欧洲研究》2015年第3期。
② 柳丰华：《从大国经济外交到大国权力外交——普京总统第三、四任期的外交战略》，《国外理论动态》2019年第4期。

参考文献

一 中文参考书目

1. 柳丰华：《"梅普组合"的外交战略》，中国社会科学出版社，2012。
2. 柳丰华：《"铁幕"消失之后——俄罗斯西部安全环境与西部安全战略》，华龄出版社，2005。
3. 柳丰华：《俄罗斯与中亚——独联体次地区一体化研究》，经济管理出版社，2010。
4. 郑羽、蒋明君总主编，郑羽、柳丰华卷主编《普京八年：俄罗斯复兴之路（2000~2008）·外交卷》，经济管理出版社，2008。
5. 丁军等：《转型中的俄罗斯、乌克兰和白俄罗斯》，世界知识出版社，2010。
6. 冯绍雷、相蓝欣主编《转型中的俄罗斯对外战略》，上海人民出版社，2005。
7. 顾志红编著《列国志·摩尔多瓦》，社会科学文献出版社，2004。
8. 海运、李静杰总主编《叶利钦时代的俄罗斯·外交卷》，人民出版社，2001。
9. 海运、李静杰总主编《叶利钦时代的俄罗斯·军事卷》，人民出版社，2001。
10. 郭小丽：《俄罗斯的弥赛亚意识》，人民出版社，2009。
11. 李静杰总主编，潘德礼卷主编《十年巨变·俄罗斯卷》，中共党史出版社，2004。
12. 李静杰总主编，赵常庆卷主编《十年巨变·中亚与外高加索卷》，中共党史出版社，2004。

13. 李静杰、郑羽主编《俄罗斯与当代世界》，世界知识出版社，1998。
14. 刘庚岑、徐小云编著《列国志·吉尔吉斯斯坦》，社会科学文献出版社，2005。
15. 〔美〕罗伯特·基欧汉、约瑟夫·奈：《权力与相互依赖》，门洪华译，北京大学出版社，2002。
16. 陆俊元：《中国地缘安全》，时事出版社，2012。
17. 刘丽云、张惟英、李庆四：《美国政治经济与外交概论》，中国人民大学出版社，2004。
18. 〔俄〕罗伊·麦德维杰夫：《普京：克里姆林宫四年时光》，王晓玉、韩显阳译，社会科学文献出版社，2005。
19. 〔俄〕米·列·季塔连科：《俄罗斯的亚洲战略》，李薔薇等译，中国社会科学出版社，2014。
20. 李勇慧：《俄日关系》，世界知识出版社，2007。
21. 马贵友编著《列国志·乌克兰》，社会科学文献出版社，2003。
22. 〔俄〕米·谢·戈尔巴乔夫：《孤独相伴·戈尔巴乔夫回忆录》，潘兴明译，译林出版社，2015。
23. 牛义臣：《国际组织志·集体安全条约组织》，社会科学文献出版社，2020。
24. 〔俄〕罗伊·麦德维杰夫：《苏联的最后一年》，王晓玉、姚强译，社会科学文献出版社，2009。
25. 〔美〕汉斯·摩根索等：《国家间政治：权力斗争与和平》，徐昕、郝望、李保平译，北京大学出版社，2006。
26. 〔哈〕努·纳扎尔巴耶夫：《站在21世纪的门槛上·总统手记》，陈兵、王嘉林译，时事出版社，1997。
27. 〔哈〕努·纳扎尔巴耶夫：《前进中的哈萨克斯坦》，哈依霞译，民族出版社，2000。
28. 〔俄〕普京：《普京文集》，中国社会科学出版社，2002。
29. 〔俄〕普京：《普京文集》（2002~2008），中国社会科学出版社，2008。
30. 〔俄〕普京：《普京文集（2012-2014）》，世界知识出版社、华东师范大学出版社，2014。
31. 潘德礼编著《列国志·俄罗斯》，社会科学文献出版社，2005。
32. 庞大鹏卷主编《普京八年：俄罗斯复兴之路（2000~2008）·政治卷》，经济管理出版社，2008。
33. 钱宗旗：《俄罗斯北极战略与"冰上丝绸之路"》，时事出版社，2018。
34. 秦亚青主编《大国关系与中国外交》，世界知识出版社，2011。
35. 孙壮志等编著《列国志·乌兹别克斯坦》，社会科学文献出版社，2004。
36. 孙壮志：《中亚五国对外关系》，当代世界出版社，1999。
37. 孙壮志主编《列国志·阿塞拜疆》，社会科学文献出版社，2005。
38. 孙壮志主编《独联体国家"颜色革命"研究》，中国社会科学出版社，2011。
39. 施玉宇、高歌、王鸣野编著《列国志·亚美尼亚》，社会科学文献出版社，2004。
40. 苏畅编著《列国志·格鲁吉亚》，社会科学文献出版社，2005。
41. 〔俄〕瓦列里·列昂尼多维奇·彼得罗夫：《俄罗斯地缘政治——复兴还是灭亡》，于宝林、杨冰皓译，中国社会科学出版社，2008。
42. 王晨星：《欧亚经济联盟：成因、现状及前景》，社会科学文献出版社，2019。
43. 王观中、高洪山编著《独联体及其成员国》，吉林人民出版社，1992。
44. 王树春：《转型时期的俄罗斯国家安全战略》，中山大学出版社，2002。
45. 吴大辉：《防范与合作：苏联解体后的俄美核安全关系》，人民出版社，2005。
46. 薛兴国：《俄罗斯国家安全理论与实践》，时事出版社，2011。
47. 杨雷：《俄哈关系论析》，世界知识出版社，2007。
48. 〔俄〕叶·普里马科夫：《思想之声》，李成滋译，中央编译出版社，2012。
49. 〔俄〕叶·普里马科夫：《大政治年代》，焦广田等译，东方出版社，2001。
50. 〔乌〕伊·卡里莫夫：《临近21世纪的乌兹别克斯坦：安全的威胁、进步的条件和保障》，王英杰等译，国际文化出版公司，1997。
51. 郑羽主编《俄罗斯东欧中亚国家的对外关系》，中国社会科学出版社，2007。
52. 郑羽主编《独联体十年：现状·问题·前景（1991-2001）》，世界知识出版社，2002。

53. 郑羽主编《列国志·独联体（1991~2002）》，社会科学文献出版社，2005。

54. 朱鸣雄：《整体利益论：关于国家为主体的利益关系研究》，复旦大学出版社，2006。

55. 张昊琦：《俄罗斯帝国思想初探》，知识产权出版社，2012。

二　俄文参考书目

56. А. А. Казанцев. «Большая игра» с неизвестными правилами：мировая политика и Центральная Азия. М.：МГИМО-Университет，2008.

57. А. В. Торкунов（ред.），Современные международные отношения，Москва，1998г..

58. А. В. Торкунов（отв. ред.），Внешняя политика Российской Федерации 1992–1999，Москва：РОССПЭН，2000г..

59. А. Д. Богатуров，А. С. Дундич，В. Г. Коргун，и др, отв. Ред. А. Д. Богатуров. Международные отношения в Центральной Азии：События и документы. Учеб. Пособие для студентов вузов ／- М.：Аспект пресс，2011.

60. А. К. Алиев，З. С. Арухов，К. М. Ханбабаев. Религиозно-политический экстремизм и этноконфессиональная толерантность на Северном Кавказе. М.：Наука，2007.

61. А. П. Цынанаов，П. А. Цынанаов. Российская наука международных отношений：новые направления（Современное образование）. М.：ПЕР СЭ，2005.

62. А. Э. Джоробекова. Основные тенденции и направления интеграционных процессов в Центральной Азии. Бишкек，2007.

63. В. А. Троицкий. Формы экономической интеграции государств-участников содружества независимых государств . СПБ.：Изд-во С.-Петерб. ун-та.，2008.

64. В. Д. Николаенко, Коллективная безопасность России и её союзников, М: «Альба», 2003г..

65. В. Б. Мантусов. Экономическая интеграция или развод? перспективы, особенности, проблемы информационно-аналитическое пособие. М.: Книга, 2001.

66. В. Д. Николаенко. Коллективная безопасность России и её союзников. М.: 2003.

67. В. Д. Николаенко. Коллективная безопасность России и её союзников. М.: Альба, 2003.

68. В. М. Захаров. Военное строительство в государствах постсоветкого пространства. М.: РИСИ, 2011.

69. В. Н. Кудрявцев. Борьба с терроризмом. М.: Наука, 2000.

70. В. П. Васютович. Политические отношения между Казахстаном и США, Казахстан реалии и перспективы независимого развития. М.: Изд-во РИСИ, 1995.

71. Е. И. Пивовар. Постсоветское пространство: альтернативы интеграции: исторический очерк. СПБ.: Алетейя, 2008.

72. З. Саидов. Внешняя политика Таджикистана в условиях глобализации. Душанбе, 2004.

73. К. А. Кокарева (Ред.), Россия в Азии: проблемы взаймодействия, Москва, 2006г..

74. К. К. Токаев. Под стягом независимости: Очерки о внешней политике Казахстана. Алматы, 1997.

75. К. Л. Сыроежкина. Центральная Азия сегодня: вызовы и угрозы. Алматы: КИСИ при Президенте РК, 2011.

76. Кулик С. А., Спартак А. Н., Юргенс И. Ю. Экономические интересы и задачи России в СНГ. Москва: Библиотека Института современного развития, 2010.

77. Куренный В. Мыслящая Россия: картография современных интеллектуальных

направлений. Москва: Некоммерческий фонд «Наследие Евразии», 2006.

78. Л. Б. Москвин. СНГ: распад или возрождение (Взгляд 15 лет спустя). М.: Институт социологии РАН, 2007.

79. Л. Б. Москвин. СНГ: Распад или возрождение Взгляд 15 лет спустя. М.: 2007.

80. Л. З. Зевин, Россия и страны Центральной Азии: взаимодействие на рубеже тысячелетий, М.: Наука, 2006г..

81. М. С. Горбачев, Перестройка и новое политическое мышление для нашей страны и для всего мира, М., 1987г..

82. Н. С. Ниязов. Основные векторы политики военной безопасности Азербайджанской Республики в 1994-2010 годы. -СПб.: СПбГУ, 2010.

83. Подберёзкин А. И., Боришполец К. П., Подберёзкина О. А. Евразия и Россия. Москва: МГИМО, 2013.

84. Т. А. Мансуров. Казахстан и Россия: суверенизация, интеграция, опыт стратегического партнёрства. М.: Русский Раритет, 1997.

85. Ю. А. Никитина. ОДКБ и ШОС: модели регионализма в сфере безопасности. М.: Navona, 2009.

三 英文参考书目

86. B. Yeltsin, *The Struggle for Russia*, New York: Crown, 1994.

87. F. Hill, P. Jewett, "Back in the USSR: Of the Former Soviet Republics and the Implications for United States Policy Toward Russia," Washington D. C.: Brookings Institute, January 1994.

88. Robert Nalbandov, *Not by Bread Alone: Russian Foreign Policy under Putin*, Potomac Books (University of Nebraska Press), 2016.

89. Strobe Talbortt, *The Russia Hand, A Memoir of President Diplomacy*, Random House, 2002.

90. V. Shlapentokh, J. Woods and E. Shiraev, *America: Sovereign Defender or Cowboy Nation*, Aldershot: Ashgate, 2005.

图书在版编目(CIP)数据

俄罗斯三十年：1991~2021. 外交卷／孙壮志总主编；柳丰华主编.--北京：社会科学文献出版社，2024.7（2025.2重印）

ISBN 978-7-5228-3608-9

Ⅰ.①俄… Ⅱ.①孙… ②柳… Ⅲ.①对外政策-研究-俄罗斯-1991-2021 Ⅳ.①D751.2

中国国家版本馆 CIP 数据核字（2024）第 087442 号

俄罗斯三十年（1991~2021）

外交卷

总 主 编 / 孙壮志
主　　编 / 柳丰华

出 版 人 / 冀祥德
组稿编辑 / 祝得彬
责任编辑 / 仇 扬 张苏琴
责任印制 / 王京美

出　　版 / 社会科学文献出版社（010）59367004
　　　　　 地址：北京市北三环中路甲 29 号院华龙大厦 邮编：100029
　　　　　 网址：www.ssap.com.cn
发　　行 / 社会科学文献出版社（010）59367028
印　　装 / 三河市龙林印务有限公司

规　　格 / 开 本：787mm×1092mm 1/16
　　　　　 印 张：23 字 数：374 千字
版　　次 / 2024 年 7 月第 1 版 2025 年 2 月第 2 次印刷
书　　号 / ISBN 978-7-5228-3608-9
定　　价 / 368.00 元（全三卷）

读者服务电话：4008918866

版权所有 翻印必究

目录
CONTENTS

第一部分 读书

论张爱玲的小说 / 003

介绍一本使你下泪的书 / 017

许钦文底《故乡》 / 019

关于乔治·萧伯讷的戏剧 / 021

读剧随感 / 025

《勇士们》读后感 / 038

评《三里湾》 / 042

菲列伯·苏卜《夏洛外传》译者序 / 053

罗素《幸福之路》译者弁言 / 056

杜哈曼《文明》译者弁言 / 058

巴尔扎克《高老头》简介 / 060

巴尔扎克《欧也妮·葛朗台》简介 / 061

巴尔扎克《贝姨》译者弁言 / 062

巴尔扎克《夏倍上校》、《奥诺丽纳》、《禁治产》简介 / 064

巴尔扎克《于絮尔·弥罗埃》简介 / 065

巴尔扎克《赛查·皮罗多盛衰记》译者序 / 066

巴尔扎克《搅水女人》译者序 / 072

巴尔扎克《都尔的本堂神甫》、《比哀兰德》译者序 / 075

丹纳《艺术哲学》译者序 / 079

罗曼·罗兰《约翰·克利斯朵夫》译者献词 / 083

罗曼·罗兰《约翰·克利斯朵夫》译者弁言 / 084

罗曼·罗兰《约翰·克利斯朵夫》简介 / 090

我们对美苏关系的态度 / 091

《傅雷家书》致傅聪 / 098

第二部分 做人

傅雷自述 / **129**
关于狗的回忆 / **136**
天涯海角 / **139**
离愁别梦 / **142**
来到这静寂的乡间 / **147**
我们的工作 / **156**
现代青年的烦闷 / **160**
历史的镜子 / **163**
所谓人道 / **166**
以直报怨 / **169**
是宽大还是放纵 / **170**
国民的意志高于一切 / **173**
历史与现实 / **175**

所谓反帝亲苏 / 178

我们已失去了凭藉——悼张弦 / 183

与傅聪谈音乐 / 185

傅聪的成长 / 193

《傅雷家书》致傅聪 / 199

致刘抗 / 223

致黄宾虹 / 229

致朱介凡 / 233

致宋奇 / 234

致杰维茨基 / 235

致柯灵 / 241

致李广涛 / **242**

致马叙伦 / **243**

致徐伯昕 / **244**

致牛恩德 / **246**

致梅纽因 / **249**

致周宗琦 / **269**

致成家和 / **271**

致成家榴 / **279**

致朱人秀（遗书） / **281**

傅雷
读书与做人

第一部分
读书

论张爱玲的小说[1]

前　言

在一个低气压的时代，水土特别不相宜的地方，谁也不存什么幻想，期待文艺园地里有奇花异卉探出头来。然而天下比较重要一些的事故，往往在你冷不防的时候出现。史家或社会学家，会用逻辑来证明，偶发的事故实在是酝酿已久的结果。但没有这种分析头脑的大众，总觉得世界上真有魔术棒似的东西在指挥着，每件新事故都像从天而降，教人无论悲喜都有些措手不及。张爱玲女士的作品给予读者的第一个印象，便有这情形。"这太突兀了，太像奇迹了"，除了这类不着边际的话以外，读者从没切实表示过意见。也许真是过于意外而怔住了。也许人总是胆怯的动物，在明确的舆论未成立以前，明哲的办法是含糊一下再说。但舆论还得大众去培植；而且文艺的长成，急需社会的批评，而非谨慎的或冷淡的缄默。是非好恶，不妨直说。说错了看错了，自有人指正。——无所谓尊严问题。

我们的作家一向对技巧抱着鄙夷的态度。五四以后，消耗了无数笔墨的是关于主义的论战。仿佛一有准确的意识就能立地成佛似的，区区艺术更是不成问题。其实，几条抽象的原则只能给大中学生应付会考。哪一种主义也好，倘没有深刻的人生观，真实的生活体验，迅速而犀利的观察，熟练的文字技能，活泼丰富的想象，绝不能产生一件像样的作品。而且这一切都得经过长期艰苦的训练。《战争与和平》的原稿修改过七遍：大家可只知道托尔斯泰是个多产的作家（仿佛多产便是滥造似的）。巴尔扎克一部小说前前后后的修改稿，要装订成十余巨册，像百科辞典般排成一长队。然而大家以为

---

[1]本文系傅雷先生于一九四四年春撰写的评论张爱玲小说的文章，以笔名迅雨发表于《万象》一九四四年五月号。现选自《傅雷全集》第十七卷。——编者注

巴尔扎克写作时有债主逼着，定是匆匆忙忙赶起来的。忽视这样显著的历史教训，便是使我们许多作品流产的主因。

譬如，斗争是我们最感兴趣的题材。对，人生一切都是斗争。但第一是斗争的范围，过去并没包括全部人生。作家的对象，多半是外界的敌人：宗法社会，旧礼教，资本主义……可是人类最大的悲剧往往是内在的。外来的苦难，至少有客观的原因可得而诅咒、反抗、攻击；且还有赚取同情的机会。至于个人在情欲主宰之下所招致的祸害，非但失去了泄仇的目标，且更遭到"自作自受"一类的遣责。第二是斗争的表现。人的活动脱不了情欲的因素；斗争是活动的尖端，更是情欲的舞台。去掉了情欲，斗争便失掉活力。情欲而无深刻的勾勒，一样失掉它的活力，同时把作品变成了空的躯壳。

在此我并没意思铸造什么尺度，也不想清算过去的文坛；只是把已往的主要缺陷回顾一下，瞧瞧我们的新作家把它们填补了多少。

一、《金锁记》

由于上述的观点，我先讨论《金锁记》。它是一个最圆满肯定的答复。情欲（passion）的作用，很少像在这件作品里那么重要。

从表面看，曹七巧不过是遗老家庭里的一种牺牲品，没落的宗法社会里微末不足道的渣滓。但命运偏偏要教渣滓当续命汤，不但要做她儿女的母亲，还要做她媳妇的婆婆——把旁人的命运交在她手里。以一个小家碧玉而高举簪缨望族，门户的错配已经种下了悲剧的第一个远因。原来当残废公子的姨奶奶的角色，由于老太太一念之善（或一念之差），抬高了她的身份，做了正室；于是造成了她悲剧的第二个远因。在姜家的环境里，固然当姨奶奶也未必有好收场，但黄金欲不致被刺激得那么高涨，恋爱欲也就不致被抑压得那么厉害。她的心理变态，即使有，也不致病入膏肓，扯上那么多的人替她殉葬。然而最基本的悲剧因素还不在此。她是担当不起情欲的人，情欲在她心中偏偏来得嚣张。已经把一种情欲压倒了，才死心塌地来服侍病人，偏偏那情欲死灰复燃，要求它的那份权利。爱情在一个人身上不得满足，便需要三四个人的幸福与生命来抵偿。可怕的报复！

可怕的报复把她压瘪了。"儿子女儿恨毒了她"，至亲骨肉都给"她沉重的枷角劈杀了",连她心爱的男人也跟她"仇人似的";她的惨史写成故事时,也还得给不相干的群众义愤填胸地咒骂几句。悲剧变成了丑史,血泪变成了罪状:还有什么更悲惨的?

当七巧回想着早年当曹大姑娘时代,和肉店里的朝禄打情骂俏时,"一阵温风直扑到她脸上,腻滞的死去的肉体的气味⋯⋯她皱紧了眉毛。床上睡着她的丈夫,那没有生命的肉体⋯⋯"当年的肉腥虽然教她皱眉,究竟是美妙的憧憬,充满了希望。眼前的肉腥,却是刽子手刀上的气味。——这刽子手是谁?黄金。——黄金的情欲。为了黄金,她在焦灼期待,"啃不到"黄金的边的时代,嫉妒妯娌姑子,跟兄嫂闹架。为了黄金,她只能"低声"对小叔嚷着:"我有什么地方不如人?我有什么地方不好?"为了黄金,她十年后甘心把最后一个满足爱情的希望吹肥皂泡似的吹破了。当季泽站在她面前,小声叫道:"二嫂!⋯⋯七巧!"接着诉说了(终于!)隐藏十年的爱以后:

> 七巧低着头,沐浴在光辉里,细细的音乐,细细的喜悦⋯⋯这些年了,她跟他捉迷藏似的,只是近不得身,原来还有今天!

"沐浴在光辉里",一生仅仅这一次,主角蒙受到神的恩宠。好似伦勃朗笔下的肖像,整个的人都沉没在阴暗里,只有脸上极小的一角沾着些光亮。即是这些少的光亮直透入我们的内心。

> 季泽立在她跟前,两手合在她扇子上,面颊贴在她扇子上。他也老了十年了。然而人究竟还是那个人呵!他难道是哄她吗?他想她的钱——她卖掉她的一生换来的几个钱?仅仅这一念便使她暴怒起来了⋯⋯

这一转念赛如一个闷雷,一片浓重的乌云,立刻掩盖了一刹那的光辉;"细细的音乐,细细的喜悦",被暴风雨无情地扫荡了。雷雨过后,一切都已过去,一切都已晚了。"一滴,一滴⋯⋯一更,二更⋯⋯一年,一百

年……"完了,永久地完了。剩下的只有无穷的悔恨。"她要在楼上的窗户里再看他一眼。无论如何,她从前爱过他。她的爱给了她无穷的痛苦。单只这一点,就使她值得留恋。"留恋的对象消灭了,只有留恋往日的痛苦。就在一个出身低微的轻狂女子身上,爱情也不曾减少圣洁。

七巧眼前仿佛挂了冰冷的珍珠帘,一阵热风来了,把那帘紧紧贴在她脸上,风去了,又把帘子吸了回去,气还没透过来,风又来了,没头没脸包住她——一阵凉,一阵热,她只是淌着眼泪。

她的痛苦到了顶点(作品的美也到了顶点),可是没完。只换了方向,从心头沉到心底,越来越无名。愤懑变成尖刻的怨毒,莫名其妙地只想发泄,不择对象。她眯缝着眼望着儿子,"这些年来她的生命里只有这一个男人,只有他,她不怕他想她的钱——横竖钱都是他的。可是,因为他是她的儿子,他这一个人还抵不了半个……"多怆痛的呼声!"……现在,就连这半个人她也保留不住——他娶了亲。"于是儿子的幸福,媳妇的幸福,女儿的幸福,在她眼里全变作恶毒的嘲笑,好比公牛面前的红旗。歇斯底里变得比疯狂还可怕,因为"她还有一个疯子的审慎与机智"。凭了这,她把他们一齐断送了。这也不足为奇。炼狱的一端紧接着地狱,殉难者不肯忘记把最亲近的人带进去。

最初她把黄金锁住了爱情,结果却锁住了自己。爱情磨折了她一世和一家。她战败了,她是弱者。但因为是弱者,她就没有被同情的资格了吗?弱者做了情欲的俘虏,代情欲做了刽子手,我们便有理由恨她吗?作者不这么想。在上面所引的几段里,显然有作者深切的怜悯,唤引着读者的怜悯。还有:"多少回了,为了要按捺她自己,她搾得全身的筋骨与牙根都酸楚了。""十八九岁做姑娘的时候……喜欢她的有……如果她挑中了他们之中的一个,往后日子久了,生了孩子,男人多少对她有点真心。七巧挪了挪头底下的荷叶边洋枕,凑上脸去揉擦一下,那一面的一滴眼泪,她也就懒怠去揩拭,由它挂在腮上,渐渐自己干了。"这些淡淡的朴素的句子,也许为粗忽的读者不会注意的,有如一阵温暖的微风,抚弄着七巧墓上的野草。

和主角的悲剧相比，几个配角的显然缓和多了。长安姐弟都不是有情欲的人。幸福的得失，对他们远没有对他们的母亲那么重要。长白尽往陷坑里沉，早已失去了知觉，也许从来就不曾有过知觉。长安有过两次快乐的日子，但都用"一个美丽而苍凉的手势"自愿舍弃了。便是这个手势使她的命运虽不像七巧的那样阴森可怕、影响深远，却令人觉得另一股惆怅与凄凉的滋味。Long, Long ago 的曲调所引起的无名悲哀，将永远留在读者心坎。结构，节奏，色彩，在这件作品里不用说有了最幸运的成就。特别值得一提的，还有下列几点：

第一是作者的心理分析，并不采用冗长的独白，或枯索烦琐的解剖，她利用暗示，把动作、言语、心理三者打成一片。七巧，季泽，长安，童世舫，芝寿，都没有专写他们内心的篇幅；但他们每一个举动，每一缕思维，每一段谈话，都反映出心理的进展。两次叔嫂调情的场面，不光是那种造型美显得动人，却还综合着含蓄、细腻、朴素、强烈、抑止、大胆，这许多似乎相反的优点。每句说话都是动作，每个动作都是说话。即在没有动作没有言语的场合，情绪的波动也不曾减弱分毫。例如，童世舫与长安订婚以后：

……两人并排在公园里走着，很少说话，眼角里带着一点对方的衣服与移动着的脚，女子的粉香，男子的淡巴菰气，这单纯而可爱的印象，便是他们的阑干，阑干把他们与大众隔开了。空旷的绿草地上，许多人跑着，笑着，谈着，可是他们走的是寂寂的绮丽的回廊——走不完的寂寂的回廊。不说话，长安并不感到任何缺陷。

还有什么描写，能表达这一对不调和的男女的调和呢？能写出这种微妙的心理呢？和七巧的爱情比照起来，这是平淡多了，恬静多了，正如散文、牧歌之于戏剧。两代的爱，两种的情调。相同的是温暖。

至于七巧磨折长安的几幕，以及最后在童世舫前毁谤女儿来离间他们的一段，对病态心理的刻画，更是令人"毛骨悚然"的精彩文章。

第二是作者的节略法（raccourci）的运用：

风从窗子里进来，对面挂着的回文雕漆长镜被吹得摇摇晃晃。磕托磕托敲着墙。七巧双手按住了镜子。镜子里反映着翠竹帘子和一幅金绿山水屏条依旧在风中来回荡漾着，望久了，便有一种晕船的感觉。再定睛看时，翠竹帘子已经褪色了，金绿山水换了张丈夫的遗像，镜子里的人也老了十年。

这是电影的手法：空间与时间，模模糊糊淡下去了，又隐隐约约浮上来了。巧妙的转调技术！

第三是作者的风格。这原是首先引起读者注意和赞美的部分。外表的美永远比内在的美容易发现。何况是那么色彩鲜明，收得住、泼得出的文章！新旧文字的糅合，新旧意境的交错，在本篇里正是恰到好处。仿佛这利落痛快的文字是天造地设的一般，老早摆在那里，预备来叙述这幕悲剧的。譬喻的巧妙，形象的入画，固是作者风格的特色，但在完成整个作品上，从没像在这篇里那样的尽其效用。例如，"三十年前的上海，一个有月亮的晚上……年轻的人想着三十年前的月亮，该是铜钱大的一个红黄的湿晕，像朵云轩信笺上落了一滴泪珠，陈旧而迷糊。老年人回忆中的三十年前的月亮是欢愉的，比眼前的月亮大、圆、白，然而隔着三十年的辛苦路往回看，再好的月色也不免带些凄凉。"这一段引子，不但月的描写是那么新颖，不但心理的观察那么深入，而且轻描淡写地呵成了一片苍凉的气氛，从开场起就罩住了全篇的故事人物。假如风格没有这综合的效果，也就失掉它的价值了。

毫无疑问，《金锁记》是张女士截至目前为止的最完满之作，颇有《猎人日记》中某些故事的风味。至少也该列为我们文坛最美的收获之一。没有《金锁记》，本文作者绝不在下文把《连环套》批评得那么严厉，而且根本也不会写这篇文字。

二、《倾城之恋》

一个"破落户"家的离婚女儿，被穷酸兄嫂的冷嘲热讽撵出母家，跟一个饱经世故、狡猾精刮的老留学生谈恋爱。正要陷在泥淖里时，一件突然震动世界的变故把她救了出来,得到一个平凡的归宿。——整篇故事可以用这一两行概括。因为是传奇(正如作者所说),没有悲剧的严肃、崇高和宿命性;光暗的对照也不强烈。因为是传奇,情欲没有惊心动魄的表现。几乎占到二分之一篇幅的调情,尽是些玩世不恭的享乐主义者的精神游戏:尽管那么机巧、文雅、风趣,终究是精练到近乎病态的社会的产物。好似六朝的骈体,虽然珠光宝气,内里却空空洞洞,既没有真正的欢畅,也没有刻骨的悲哀。《倾城之恋》给人家的印象,仿佛是一座雕刻精工的翡翠宝塔,而非哥特式大寺的一角。美丽的对话,真真假假的捉迷藏,都在心的浮面飘滑;吸引,挑逗,无伤大体的攻守战,遮饰着虚伪。男人是一片空虚的心,不想真正找着落的心,把恋爱看作高尔夫与威士忌中间的调剂。女人,整日担忧着最后一些资本——三十岁左右的青春——再吃一次倒账;物质生活的迫切需求,使她无暇顾到心灵。这样的一幕喜剧,骨子里的贫血,充满了死气,当然不能有好结果。疲乏、厌倦、苟且、浑身小智小慧的人,担当不了悲剧的角色。麻痹的神经偶尔抖动一下,居然探头瞥见了一角未来的历史。病态的人有他特别敏锐的感觉:

> ……从浅水湾饭店过去一截子路,空中飞跨着一座桥梁,桥那边是山,桥这边是一块灰砖砌成的墙壁,拦住了这边的山……柳原看着她道:"这堵墙,不知为什么使我想起地老天荒那一类的话……有一天,我们的文明整个的毁掉了,什么都完了——烧完了,炸完了,坍完了,也许还剩下这堵墙。流苏,如果我们那时候再在这墙跟底下遇见了……流苏,也许你会对我有一点真心,也许我会对你有一点真心。"

好一个天际辽阔,胸襟浩荡的境界!在这中篇里,无异平凡的田野中忽然显现出一片无垠的流沙。但也像流沙一样,不过动荡着显现了一刹那。等到预感的毁灭真正临到了,完成了,柳原的神经却只在麻痹之上多加了一些疲倦。从前一刹那的觉醒早已忘记了。他从没再加思索。连终于实现了的"一点真心"也不见得如何可靠。只有流苏,劫后舒了一口气,淡淡地浮起

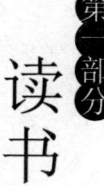

一些感想：

> 流苏拥被坐着，听着那悲凉的风。她确实知道浅水湾附近，灰砖砌的那一面墙，一定还屹然站在那里……她仿佛做梦似的，又来到墙根，迎面来了柳原……在这动荡的世界里，钱财，地产，天长地久的一切，全不可靠了。靠得住的只有她腔子里的这口气，还有睡在她身边的这个人。她突然爬到柳原身边，隔着他的棉被拥抱着他。他从被窝里伸出手来握住她的手。他们把彼此看得透明透亮。仅仅是一刹那彻底的谅解，然而这一刹那够他们在一起和谐地活个十年八年。

两人的心理变化，就只这一些。方舟上的一对可怜虫，只有"天长地久的一切全不可靠了"这样淡漠的惆怅。倾城大祸（给予他们的痛苦实在太少，作者不曾尽量利用对比），不过替他们收拾了残局；共患难的果实，"仅仅是一刹那彻底谅解"，仅仅是"活个十年八年"的念头。笼统的感慨，不彻底的反省。病态文明培植了他们的轻佻，残酷的毁灭使他们感到虚无、幻灭。同样没有深刻的反应。

而且范柳原真是一个这么枯涸的（fade）人吗？关于他，作者为何从头至尾只写侧面？在小说中他不是应该和流苏占着同等地位，是第二主题吗？他上英国去的用意，始终暧昧不明；流苏隔被拥抱他的时候，当他说，"那时候太忙着谈恋爱了，哪里还有工夫恋爱"的时候，他竟没进一步吐露真正切实的心腹。"把彼此看得透明透亮"，未免太速写式地轻轻带过了。可是这里正该是强有力的转捩点，应该由作者全副精神去对付的啊！错过了这最后一个高峰，便只有平凡的、庸碌鄙俗的下山路了。柳原宣布登报结婚的消息，使流苏快活得一忽儿哭一忽儿笑，柳原还有那种 cynical 的闲适去"羞她的脸"；到上海以后，"他把他的俏皮话省下来说给旁的女人听"；由此看来，他只是一个暂时收了心的唐·裘安，或是伊林华斯勋爵一流的人物。

"他不过是一个自私的男子，她不过是一个自私的女人。"但他们连自私也没有迹象可循。"在这兵荒马乱的时代，个人主义者是无处容身的。

可是总有地方容得下一对平凡的夫妻。"世界上有的是平凡，我不抱怨作者多写了一对平凡的人。但战争使范柳原恢复了一些人性，使把婚姻当职业看的流苏有一些转变（光是觉得靠得住的只有腔子里的气和身边的这个人，是不够说明她的转变的），也不能算是怎样的不平凡。平凡并非没有深度的意思。并且人物的平凡，只应该使作品不平凡。显然，作者把她的人物过于匆促地送走了。

勾勒得不够深刻，是因为对人物思索得不够深刻，生活得不够深刻；并且作品的重心过于偏向俏皮而风雅的调情。倘再从小节上检视一下的话，那么，流苏"没念过两句书"而居然够得上和柳原针锋相对，未免是个大漏洞。离婚以前的生活经验毫无追叙，使她离家以前和以后的思想引动显得不可解。这些都减少了人物的现实性。

总之，《倾城之恋》的华彩胜过了骨干：两个主角的缺陷，也就是作品本身的缺陷。

三、短篇和长篇

恋爱与婚姻，是作者至此为止的中心题材；长长短短六七件作品，只是 variations upon a theme。遗老遗少和小资产阶级，全都为男女问题这恶梦所苦。恶梦中老是淫雨连绵的秋天，潮腻腻的，灰暗，肮脏，窒息与腐烂的气味，像是病人临终的房间。烦恼，焦急，挣扎，全无结果。恶梦没有边际，也就无从逃避。零星的磨折，生死的苦难，在此只是无名的浪费。青春，热情，幻想，希望，都没有存身的地方。川嫦的卧房，姚先生的家，封锁期的电车车厢，扩大起来便是整个的社会。一切之上，还有一只瞧不及的巨手张开着，不知从哪儿重重地压下来，要压瘪每个人的心房。这样一幅图画印在劣质的报纸上，线条和黑白的对照迷糊一些，就该和张女士的短篇气息差不多。

为什么要用这个譬喻？因为她阴沉的篇幅里，时时渗入轻松的笔调，俏皮的口吻，好比一些闪烁的磷火，教人分不清这微光是黄昏还是曙色。有时幽默的分量过了分，悲喜剧变成了趣剧。趣剧不打紧，但若沾上了轻薄味（如《琉璃瓦》），艺术就给摧残了。

明知挣扎无益，便不挣扎了。执着也是徒然，便舍弃了。这是道地的东方精神。明哲与解脱；可同时是卑怯，懦弱，懒惰，虚无。反映到艺术品上，便是没有波澜的寂寂死气，不一定有美丽而苍凉的手势来点缀。川嫦没有和病魔奋斗，没有丝毫意志的努力。除了向世界遗憾地投射一眼之外，她连抓住世界的念头都没有。不经战斗地投降。自己的父母与爱人对她没有深切的留恋。读者更容易忘记她。而她还是许多短篇中《心经》一篇只读到上半篇，九月期《万象》遍觅不得，故本文特置不论。好在这儿写的不是评传，挂漏也不妨。——原注刻画得最深的人物！

微妙尴尬的局面，始终是作者最擅长的一手。时代，阶级，教育，利害观念完全不同的人相处在一块时所有暧昧含糊的情景，没有人比她传达得更真切。各种心理互相摸索，摩擦，进攻，闪避，显得那么自然而风趣，好似古典舞中一边摆着架势（figure）一边交换舞伴那样轻盈，潇洒，熨帖。这种境界稍有过火或稍有不及，《封锁》与《年轻的时候》中细腻娇嫩的气息就要给破坏，从而带走了作品全部的魅力。然而这巧妙的技术，本身不过是一种迷人的奢侈；倘使不把它当作完成主题的手段（如《金锁记》中这些技术的作用），那么，充其量也只能制造一些小古董。

在作者第一个长篇只发表了一部分的时候就来批评，当然是不免唐突的。但其中暴露的缺陷的严重，使我不能保持谨慎的缄默。

《连环套》的主要弊病是内容的贫乏。已经刊布了四期，还没有中心思想显露。霓喜和两个丈夫的历史，仿佛是一串五花八门，西洋镜式的小故事杂凑而成的。没有心理的进展，因此也看不见潜在的逻辑，一切穿插都失掉了意义。雅赫雅是印度人，霓喜是广东养女：就这两点似乎应该是《第一环》的主题所在。半世纪前印度商人对中国女子的看法，即使逃不出玩物二字，难道竟没有旁的特殊心理？他是殖民地种族，但在香港和中国人的地位不同，再加是大绸缎铺子的主人。可是《连环套》中并无这两三个因素错杂的作用。养女（而且是广东的养女）该有养女的心理，对她一生都有影响。一朝移植之后，势必有一个演化蜕变的过程；绝不会像作者所写的，她一进绸缎店，仿佛从小就在绸缎店里长大的样子。我们既不觉得雅赫雅买的是一个广东养女，也不觉得广东养女嫁的是一个印度富商。两个典型的人物都给中和了。

　　错失了最有意义的主题，丢开了作者最擅长的心理刻画，单凭着丰富的想象，逗着一支流转如踢踏舞似的笔，不知不觉走上了纯粹趣味性的路。除开最初一段，越往后越着重情节：一套又一套的戏法（我几乎要说是噱头），突兀之外还要突兀，刺激之外还要刺激，仿佛作者跟自己比赛似的，每次都要打破上一次的纪录，像流行的剧本一样，也像歌舞团里的接一连二的节目一样，教读者眼花缭乱，应接不暇。描写色情的地方（多的是），简直用起旧小说和京戏——尤其是梆子戏——中最要不得而最叫座的镜头！《金锁记》的作者竟不惜用这种技术来给大众消闲和打哈哈，未免太出人意外了。

　　至于人物的缺少真实性，全都弥漫着恶俗的漫画气息，更是把 Taste "看成了脚下的泥"。西班牙女修士的行为，简直和中国从前的三姑六婆一模一样。我不知半世纪前香港女修院的清规如何，不知作者在史实上有何根据；但她所写的，倒更近于欧洲中世纪的丑史，而非她这部小说里应有的现实。其次，她的人物不是外国人，便是广东人。即使地方色彩在用语上无法积极地标识出来，至少也不该把纯粹《金瓶梅》、《红楼梦》的用语，硬嵌入西方人和广东人嘴里。这种错乱得可笑的化装，真乃不可思议。

　　风格也从没像在《连环套》中那样自贬得厉害。节奏，风味，品格，全不讲了。措辞用语，处处显出"信笔所之"的神气，甚至往腐化的路上走。《倾城之恋》的前半篇，偶尔已看到"为了宝络这头亲，却忙得鸦飞雀乱，人仰马翻"的套语；幸而那时还有节制，不过小疵而已。但到了《连环套》，这小疵竟越来越多，像流行病的细菌一样了："两个嘲戏做一堆"，"是那个贼囚根子在他跟前……""一路上凤尾森森，香尘细细"，"青山绿水，观之不足，看之有余"，"三人分花拂柳"，"衔恨于心，不在话下"，"见了这等人物，如何不喜"，"……暗暗点头，自去报信不提"，"他触动前情，放出风流债主的手段"，"有话即长，无话即短"，"那内侄如同箭穿雁嘴，钩搭鱼腮，作声不得"……这样的滥调，旧小说的渣滓，连现在的鸳鸯蝴蝶派和黑幕小说家也觉得恶俗而不用了，而居然在这里出现。岂不也太像奇迹了吗？

在扯了满帆,顺流而下的情势中,作者的笔锋"熟极而流",再也把不住舵。《连环套》逃不过刚下地就夭折的命运。

四、结 论

我们在篇首举出一般创作的缺陷,张女士究竟填补了多少呢?一大部分,也是一小部分。心理观察,文字技巧,想象力,在她都已不成问题。这些优点对作品真有贡献的,却只《金锁记》一部。我们固不能要求一个作家只产生杰作,但也不能坐视她的优点把她引入危险的歧途,更不能听让新的缺陷去填补旧的缺陷。

《金锁记》和《倾城之恋》,以题材而论似乎前者更难处理,而成功的却是那更难处理的。在此见出作者的天分和功力。并且她的态度,也显见对前者更严肃,作品留在工场里的时期也更长久。《金锁记》的材料大部分是间接得来的:人物和作者之间,时代,环境,心理,都距离甚远,使她不得不丢开自己,努力去生活在人物身上,顺着情欲发展的逻辑,尽往第三者的个性里钻。于是她触及了鲜血淋漓的现实。至于《倾城之恋》,也许因为作者身经危城劫难的印象太强烈了。自己的感觉不知不觉过量地移注在人物身上,减少了客观探索的机会。她和她的人物同一时代,更易混入主观的情操。还有那漂亮的对话,似乎把作者首先迷住了:过度地注意局部,妨害了全体的完成。只要作者不去生活在人物身上,不跟着人物走,就免不了肤浅之病。

小说家最大的秘密,在能跟着创造的人物同时演化。生活经验是无穷的。作家的生活经验怎样才算丰富是没有标准的。人寿有限,活动的环境有限;单凭外界的材料来求生活的丰富,绝不够成为艺术家。唯有在众生身上去体验人生,才会使作者和人物同时进步,而且渐渐超过自己。巴尔扎克不是在第一部小说成功的时候,就把人生了解得那么深、那么广的。他也不是对贵族,平民,劳工,富商,律师,诗人,画家,荡妇,老处女,军人……那些种类万千的人的心理,分门别类地一下子都研究明白,了如指掌之后,然后动笔写作的。现实世界所有的不过是片段的材料,片段的暗示经小说家用心理学家的眼光,科学家的耐心,宗教家的热诚,依照严密的逻辑推索下去，忘记了自我，化身为故事中的角色（还要走多少回头路，白花多少心力），陪着他们做身心的探险，陪他们笑，陪他们哭，才能获得作者实际未曾经历的经历。一切的大艺术家就是这样一面工作一面学习的。这些平凡的老话，张女士当然知道。不过作家所遇到的诱惑特别多，也许旁的更悦耳的声音，在她耳畔盖住了老生常谈的单调声音。

技巧对张女士是最危险的诱惑。无论哪一部门的艺术家，等到技巧成熟过度，成了格式，就不免要重复他自己。在下意识中，技能像旁的本能一样时时骚动着，要求一显身手的机会，不问主人胸中有没有东西需要它表现。结果变成了文字游戏。写作的目的和趣味，仿佛就在花花絮絮的方块字的堆砌上。任何细胞过度地膨胀，都会变成癌。其实，彻底地说，技巧也没有止境。一种题材，一种内容，需要一种特殊的技巧去适应。所以真正的艺术家，他的心灵探险史，往往就是和技巧的战斗史。人生形相之多，岂有一二套衣装就够穿戴之理？把握住了这一点，技巧永久不会成癌，也就无所谓危险了。

文学遗产的记忆过于清楚，是作者另一危机。把旧小说的文体运用到创作上来，虽在适当的限度内不无情趣，究竟近于玩火，一不留神，艺术会给它烧毁的。旧文体的不能直接搬过来，正如不能把西洋的文法和修辞直接搬用一样。何况俗套滥调，在任何文字里都是毒素！希望作者从此和它们隔离起来。她自有她净化的文体。《金锁记》的作者没有理由往后退。聪明机智成了习气，也是一块绊脚石。王尔德派的人生观，和东方式的"人生朝露"的腔调混合起来，是没有前程的。它只能使心灵从洒脱而空虚而枯涸，使作者离开艺术，离开人生，埋葬在沙龙里。

我不责备作者的题材只限于男女问题。但除了男女之外，世界究竟还辽阔得很。人类的情欲不仅仅限于一两种。假如作者的视线改换一下角度的话，也许会摆脱那种淡漠的贫血的感伤情调；或者痛快成为一个彻底的悲观主义者，把人生剥出一个血淋淋的面目来。我不是鼓励悲观。但心灵的窗子不会嫌开得太多，因为可以免除单调与闭塞。

总而言之：才华最爱出卖人！像张女士般有多方面的修养而能充分运用的作家（绘画，音乐，历史的运用，使她的文体特别富丽动人），单从

《金锁记》到《封锁》，不过如一杯对过几次开水的龙井，味道淡了些。即使如此，也嫌太奢侈、太浪费了。但若取悦大众（或只是取悦自己来满足技巧欲——因为作者能可谦抑地说：我不过写着玩儿的）到写日报连载小说（fluilleton）的所谓fiction的地步，那样的倒车开下去，老实说，有些不堪设想。宝石镶嵌的图画被人欣赏，并非为了宝石的彩色。少一些光芒，多一些深度，少一些辞藻，多一些实质：作品只会有更完满的收获。多写，少发表，尤其是服侍艺术最忠实的态度。（我知道作者发表的绝非她的处女作，但有些大作家早年废弃的习作，有三四十部小说从未问世的记录。）文艺女神的贞洁是最宝贵的，也是最容易被污辱的。爱护她就是爱护自己。

一位旅华数十年的外侨和我闲谈时说起："奇迹在中国不算稀奇，可是都没有好收场。"但愿这两句话永远扯不到张爱玲女士身上！

一九四四年四月七日

介绍一本使你下泪的书

　　我想动笔做这篇文字的时候，还在好几天前；只是一天到晚地无事忙和懒惰忙，给我耽搁下来。而今天申报艺术界的书报介绍栏里已发现了四个大字《爱的教育》。刚才读到十三期《北新》也发现了同样的题目——《爱的教育》。论理人家已经介绍过了，很详细地介绍过了，似乎不用我再来凑热闹了。不过我要说的话，和《申报》元清君说的稍有些不同，而《北新》上的也只是报告一个消息，还没有见过整篇的文字谈到它的。而且在又一方面，《北新》是郑重的、诚恳的，几次地声明：欢迎读者的关于书报的意见，当然肯牺牲一些篇幅的！

　　我读到这篇文字的时候，校里正在举行一察学生平日勤惰的季考，但是我辈烂污朋友，反因不上课的缘故，可以不查生字（英文的），倒觉得十分清闲。我就费了两天的光阴，流了几次眼泪，读完了它。说到流泪，我并不说谎，并不是故意说这种话来骇人听闻；只看译者的序言就知道了，不过夏先生的流泪，完全是因为他当了许多年教师的缘故；而我的眼泪，实在是因为我是才跑到成人（我还未满二十）的区域里的缘故！

　　真是！黄金似的童年，快乐无忧的童年，梦也似的过去了！永不回来了！眼前满是陌生的人们，终朝板起"大人"的面孔来吓人骗人。以孤苦伶仃的我，才上了生命的路，真像一只柔顺的小羊，离开了母亲，被牵上市去一样。回头看看自己的同伴，自己的姐妹，还是在草地上快活地吃草。那种景况，怎能不使善感的我，怅惘，凄怆，以至于泪下而不自觉呢！

　　还有，他叙述到许多儿童爱父母的故事，使我回忆起自己当年，曾做了多少使母亲难堪的事，现在想来，真是万死莫赎。那种忏悔的痛苦，我已深深地尝过了！

我们在校，对于学校功课，总不肯用功。遇到考试，总可敷衍及格，而且有时还可不止及格呢。就是不及格，也老是替自己解释：考试本是骗人的！但是我读了他们种种勤奋的态度，我真是对不起母亲！对不起自己！只是自欺欺人的混过日子。

又读到他们友爱的深切诚挚，使我联想到现在的我们，天天以虚伪的面孔来相周旋，以嫉妒愤恨的心理互相欺凌。我们还都在童年与成年的交界上，而成年人的罪恶已全都染遍；口上天天提倡世界和平，学校里还不能和平呢！

"每月例话"是包含了许多爱国忠勇……的故事，又给了我辈天天胡闹、偷安苟全、醉生梦死的人一服清凉剂！我读了《少年鼓手》、《少年侦探》，我正像半夜里给大炮惊醒了，马上跳下床来一样。我今天才认识我现在所处的地位！至于还有其他的许多故事，读者自会领略，不用多说。

末了，我希望凡是童心未退，而想暂时地回到童年的乐园里去流连一下的人们，快读此书！我想他们读了一定也会像我一样的伤心——或许更厉害些！——不过他们虽然伤心，一定仍旧会爱它，感谢它的。玫瑰花本是有刺的啊！

我更希望读过此书的人们，要努力地把它来介绍给一般的儿童！这本书原是著名的儿童读物。而且，我想他们读了，也可以叫他们知道童年的如何可贵，而好好地珍惜他们的童年，将来不至像我们一样！从别一方面说：他们读了这本书，至少他们的脾气要好上十倍！他一定不会——至少要大大地减少——再使他母亲不快活，他更要和气的待同学……总而言之，要比上三年公民课所得的效果好得多多！

我这篇东西完全像一篇自己的杂记，只是一些杂乱的感想，固然谈不到批评，也配不上说介绍；只希望能引起一般人的注意罢了！

我谨候读过此书后的读者，能够给我一个同情的应声！

一九二六年十一月十九日 大同大学

（原载一九二六年十二月四日《北新》第十六期）

许钦文底《故乡》

　　封闭时期和恐怖时期相继的，暂时的过去了。接着便是几天闷雨，刊物一本也不寄来，真是沉寂极了！无聊中读了几本《北新》的小说，忽然高兴起来，想写些杂感。第一便想定了《许钦文底〈故乡〉》，不过要声明：这是杂感，并不是批评！

　　全书二十七篇中，说恋爱的约占三分之一。但我所中意的，只有两篇：《小狗的厄运》，《一张包花生米的纸》；因为我觉得只有这两篇，还能给我以相当轻灵的快感。发松的地方，也能逼真，而不致离开事实太远。不过这种意味，在《妹子疑虑中》，还能使人发生快感；一到《口约三章》，就未免觉得有些讨厌了。《凡生》和《博物先生》两篇，我以为写得最坏。不知别人读了怎样，我自己的确觉得那似乎太不真切了，太不深刻了！而且两篇中的对话，也使人憎恶；造意也太浅薄！尤其是第二篇《博物先生》，结束处又是浮泛，又是匆促，又是不伦！《请原谅我》一篇，作者原想写一般"幕少艾"，以及"幕少艾"而不得志的青年心理，但读了只是泛泛的，一点也不觉得有什么同情。其余几篇，写婚姻制度兼带些回忆性的，像《大水》、《串珠泉》一类的，也觉得平平乏味。实在的，近来这种作品太多，太滥了，非常有深刻的经验与痛苦的人，不容易写出动人的作品来。这虽是可以为一切文艺作品上的按语，但我以为在恋爱小说方面，尤其确切！听说作者新近出版了一本《赵先生的烦恼》，不知烦恼得怎样，几时很想领教领教呢！

　　《理想的伴侣》，我不知作者的用意所在。难道可以说是讽刺吗？

　　总之，二十七篇中，最使我满意的还是《父亲的花园》和《以往的姐妹们》两篇。要问我理由吗？我可以借从于先生批评《呐喊》和《彷徨》的话

来代答：

"……《阿Q正传》固然是一篇很好的讽刺小说。但我总觉得它的意味没有同书中《故乡》和《社戏》那么深长。所以在《彷徨》中，像《祝福》，《肥皂》，《高老夫子》中一个类型的东西，在我看来，也到底不及《孤独者》与《伤逝》两篇。……莫泊桑说得好：创作的目的，不是为了快乐，或者使感情兴奋，乃是使人反省，使人知道隐匿于事件之底的深的意味。……"

《大桂》虽也可说是"一个类型"的东西，但用笔单调无味，也就索然了！

大体上看来，作者的笔锋是很锐利的，但似乎尚未十分锻炼过。所以在对话语气，以及字句中间，都不免露出幼稚的弱点。如《上学去》一篇，描写离别时的情形，我想做母亲的，那时一定不会想到什么"定造的马桶"之类的事情。虽然在原文上，可以说是承接上文父亲的口气；但我以为父亲的提到妆奁，已是不伦了。至于全书中模仿小孩子的口气，也觉得太造作。

我好久以前，就读到关于本书的广告："鲁迅批评作者说：'我常以为在描写乡村生活上，作者不如我，在青年心理上，我写不过作者……'"（完全照《北新》的图书目录抄下）这次又读了长虹先生的序，又说到这些话，并且加上按语，说是鲁迅选的。但我觉得这一次鲁迅先生的话，确使我失望了！就是序中称道的第一篇《这一次的离故乡》，我也觉得"不过尔尔"！

我是一个不学的青年，所以或许是我眼光太短近了，读书太忽略了，以致有眼不识泰山，因此我很希望长虹先生能早些写出"分析的序"来指正我的谬误！

一九二七年三月一日 在浦左家中
（原载一九二七年三月十二日《北新》第二十九期）

关于乔治·萧伯讷的戏剧[1]

乔治·萧伯讷（George Bernard Shaw）于一八五六年生于爱尔兰京城杜白林。他的写作生涯开始于一八七九年。自一八八〇年至一八八六年间，萧氏参加称为费边社（Fabian Society）的社会主义运动，并写他的《未成年四部曲》。一八九一年，他的批评论文《易卜生主义的精义》The Quintessence of Ibsenism 出版。一八九八年，又印行他的音乐论文 The Perfect Wagnrite。一八八五年开始，他就写剧本，但他的剧本的第一次上演，这是一八九三年间的事。从此以后，他在世界舞台上的成功，已为大家所知道了。在他数量惊人的喜剧中，最著名的《华伦夫人之职业》（一八九三）、《英雄与军人》（一八九四）、Candida（一八九七）、Caesar and Cleopatra（一九〇〇）、John Bull's Other Island（一九〇三）、《人与超人》（一九〇三）、《结婚去》Getting Married（一九〇八）、《The Blanco Posnet 的暴露》The showing up of Blanco posnet）（一九〇九）、Back to Mathuselah（一九二〇）、《圣耶纳》（一九二三）。一九二六年，萧伯讷获得诺贝尔文学奖金。

本世纪初叶的英国文坛，有一个很显著的特点，就是，大作家们并不努力于美的修积，而是认实际行动为文人的最高终极。这自然不能够说英国文学的传统从此中断了或转换了方向。桂冠诗人的荣衔一直有人承受着；自丁尼生以降，有阿尔弗莱特、奥斯丁和劳白脱·勃里奇等。但在这传统以外，新时代的作家如吉卜林（Kipling）、切斯特顿（Chesterton）、韦尔斯（Wells）、萧伯讷等，各向民众宣传他们的社会思想、宗教信仰……

---

[1] 本文初刊于一九三二年二月十七日的《时事新报》——欢迎萧伯讷氏来华纪念专号，题为《乔治·萧伯讷评传》，后经修改，又刊于一九三三年二月的《艺术旬刊》第二卷第二期，改用此题目。本文选自《傅雷全集》第十七卷。——编者注

这个世纪是英国产生预言家的世纪。萧伯讷便是这等预言家中最大的一个。

在思想上，萧并非是一个孤独的倡导者，他是塞缪尔·勃特勒（Samuel Butler，一八三五——九〇二）的信徒，他继续白氏的工作，对于维多利亚女王时代的文物法统重新加以估价。萧的毫无矜惜的讽刺便是他唯一的武器。青年时代的热情又使他发现了马克思与亨利·乔治（Henri Georges）（按，乔治名著《进步与贫穷》出版于一八七七年）。他参加当时费边社的社会主义运动。一八八四年，他并起草该会的宣言。一八八三年写成他的名著之一《一个不合社会的社会主义者》 *An Unsociable Socialist* 。同时，他加入费边运动的笔战，攻击无政府党。他和诗人兼戏剧家戈斯（Edmond Gosse）等联合，极力介绍易卜生。他的《易卜生主义的精义》即在一八九一年问世。由此观之，萧伯讷在他初期的著作生涯中，即明白表现他所受前人的影响而急于要发展他个人的反动。因为萧生来是一个勇敢的战士，所以第一和易卜生表同情，其后又亲切介绍瓦格纳（他的关于瓦格纳的著作于一八九八年出版）。他把瓦氏的 *Crèpuscal des Dieux* 比诸十九世纪德国大音乐家梅耶贝尔（Meyerbeer）的最大的歌剧。他对于莎士比亚的研究尤具独到之见，他把属于法国通俗喜剧的 *Comme il Vous Plaira*（莎氏原著名 *As You Like It*）和纯粹莎士比亚风格的 *Measure for Measure* 加以区别。但萧在讲起德国民间传说尼伯龙根（Nibelungen）的时候，已经用簇新的眼光去批评，而称之为"混乱的工业资本主义的诗的境界"了：这自然是准确的，从某种观点上来说，他不免把这真理推之极度，以至成为千篇一律的套语。

萧伯讷自始即练成一种心灵上的试金石，随处应用它去测验各种学说和制度。萧自命为现实主义者，但把组成现实的错综性的无重量物（如电、光、热等）摒弃于现实之外。萧宣传社会主义，但他并没有获得信徒，因为他的英雄是一个半易卜生半尼采的超人，是他的思想的产物。这实在是萧的很奇特的两副面目：社会主义者和个人主义者。在近代作家中，恐怕没有一个比萧更关心公众幸福的了，可是他所关心的，只用一种抽象的热情，这为萧自己所否认但的确是事实。

很早，萧伯讷放弃小说。但他把小说的内容上和体裁上的自由赋予戏剧。他开始编剧的时候，美国舞台上正风靡着阿瑟·波内罗（Arthur

Pinero）、阿瑟琼斯（Arthur Jones）辈的轻佻的喜剧。由此，他懂得戏剧将如何可以用作他直接针砭社会的武器。他要触及一般的民众，极力加以抨击。他把舞台变作法庭，变作讲坛，把戏剧用作教育的工具。最初，他的作品很被一般人所辩论，但他的幽默风格毕竟征服了大众。在表面上，萧是胜利了；实际上，萧不免时常被自己的作品所欺骗：观众接受了他作品中幽默的部分而疏忽了他的教训。萧知道这情形，所以他愈斥英国民众为无可救药的愚昧。

然而，萧氏剧本的不被一般人了解，也不能单由观众方面负责。萧氏的不少思想剧所给予观众的，往往是思想的幽灵，是历史的记载，虽然把年月改变了，却并不能有何特殊动人之处。至于描写现代神秘的部分，却更使人回忆起小仲马而非易卜生。

萧氏最通常的一种方法，是对于普通认可的价值的重提。这好像是对于旧事物的新估价，但实际上又常是对于选定的某个局部的坚持，使其余部分，在比较上成为无意义。在这无聊的反照中便产生了滑稽可笑。这方法的成功与否，全视萧伯讷所取的问题是一个有关生机的问题或只是一个迅暂的现象而定。例如，《人与超人》把《唐璜》 Don Juan 表现成一个被女子所牺牲的人，但这种传说的改变并无多大益处。可是像在《凯撒与克莉奥佩特拉》 Cesar and Cleopatre 、《康蒂妲》 Candida 二剧，人的气氛浓厚得多。萧的善良的观念把"力强"与"怯弱"的争执表现得多么悲壮，而其结论又是多么有力。

萧伯讷，据若干批评家的意见，并且是一个乐观的清教徒，他不信 Metaphysique 的乐园，故他发愿要在地球上实现这乐园。萧氏宣传理性、逻辑，攻击一切阻止人类向上的制度和组织。他对于军队、政治、婚姻、慈善事业，甚至医药，都尽情地嬉笑怒骂，萧氏整部作品建筑在进化观念上。

然而，萧伯讷并不是创造者，他曾宣言："如果我是一个什么人物，那么我是一个解释者。"是的，他是一个解释者，他甚至觉得戏剧本身不够解释他的思想而需要附加与剧本等量的长序。

离开了文学，离开了戏剧，离开了一切技巧和枝节，那么，萧伯讷在本世纪思想上的影响之重大，已经成为不可动摇的史迹了。

这篇短文原谈不到"评"与"传",只是乘他东来的机会,在追悼最近逝世的高尔斯华绥之余,对于这个现代剧坛的巨星表示相当的敬意而已。

在此破落危亡,大家感着世纪末的年头,这个讽刺之王的来华,当更能引起我们的感慨吧!

一九三二年二月九日

读剧随感[1]

　　决心给《万象》写些关于戏剧的稿件，是好久以前的事了。因为笔涩，疏懒，一直迁延到现在。朋友问起来呢，老是回答他：写不出。写不出是事实，但一部分，也是推诿。文章有时候是需要逼一下的，倘使不逼，恐怕就永远写不成了。

　　这回提起笔来，却又是一番踌躇：写什么好呢？题目的范围是戏剧，自己对于戏剧又知道些什么呢？自然，我对"专家"这个头衔并不怎样敬畏，有些"专家"，并无专家之实，专家的架子却十足，动不动就引经据典，表示他对戏剧所知甚多，同时也就是封住有些不知高下者的口。意思是说：你们知道些什么呢？也配批评我吗？这样，专家的权威就保了险了。前些年就有这样的"专家"：在报纸上发表文章，号召建立所谓"全面的"剧评：剧评不但应该是剧本之评，而且灯光，装置，道具，服装，化妆……举凡有关于演出的一切，都应该无所不包地加以评骘。可惜那篇文章发表之后，"全面的"剧评似乎至今还是影踪全无。我倒抱着比较偷懒的想法，以为"全面"云云不妨从缓，首先是对于作为文艺一部门之戏剧须有深切的认识，这认识，是决定一切的。

　　我所考虑的，也就是这个认识的问题。

　　平时读一篇剧本，或者看一个戏剧的演出，断片地也曾有过许多印象和意见。后来，看到报上的评论，从自己一点出发——也曾有过对于这些评论的意见。但是，提起笔来，又有点茫茫然了。从苏联稗贩来的似是而非的理论，我觉得失之幼稚；装腔作势的西欧派的理论，我又嫌它抓不着痒处。自己对于戏剧的见解究竟如何呢？一时又的确回答不上来。

[1] 此评论文系傅雷先生撰写于一九四三年夏，并发表于《万象》一九四三年十月号。现选自《傅雷全集》第十七卷。——编者注

然而，文章不得不写。没有法子，只好写下去再说。

这里，要申明的，第一，是所论只限于剧本，题目冠以"读剧"二字，以示不致掠"专家"之美；第二，所说皆不成片段，故谓之"随感"，意云想到那里，写到那里也。

释题即意，请入正文。

一、不是止于反对噱头

战后，话剧运动专注意"生意眼"，脱离了文艺的立场很远（虽然营业蒸蒸日上，竟可以和京戏绍兴戏媲美），这是众所周知的事实。特别是"秋海棠"演出以后，这种情形更为触目，以致使一部分有心人慨叹起来，纷纷对于情节戏和清唱噱头加以指摘。综其大成者为某君一篇题为"杞忧"的文章，里面除了对明星制的抨击外，主要提出了目前话剧倾向上二点病象：一曰闹剧第一主义，一曰演出杂耍化。

刚好手头有这份报纸，免得我重新解释，就择要剪贴在下面：

闹剧第一主义

其实，这是一句老生常谈的话，不过现在死灰复燃，益发白热化罢了。主要，我想这是基于商业上的要求；什么类型的观众最欢迎？这当然是剧团企业化后的先决问题。于是适应这要求，剧作家大都屈尊就辱。放弃了他们的"人生派"或"艺术派"的固守的主见，群趋"闹剧"（Melodrama）的一条路上走去，因为只有这玩意儿：情节曲折，剧情热闹，苦——苦个痛快，死——死个精光，不求合理，莫问个性。观众看了够刺激，好在他们跑来求享受或发泄；自己写起来也方便，只要竭尽"出奇"和"噱头"的能事！

……岂知这种荒谬的无原则的"闹剧第一主义"，不仅断送了剧艺的光荣的史迹，阻碍了演出和演技的进步，使中国戏剧团堕入万劫不复的深渊，嗣后只有等而下之，不会再向上发展一步，同时可能得到"争取观众"的反面——赶走真正热心拥护它的群众，因之，作为一个欣赏剧艺的观众，今后要想看一出有意义的真正的悲剧或喜剧，恐怕也将不可能了！

演出"杂耍化"

年来，剧人们确是进步了，懂得观众心理，能投其所好。导演们也不甘示弱，建立了他们的特殊的功绩，这就是，演出"杂耍化"。安得列夫的名著里，居然出现了一段河南杂耍，来无踪去无影，博得观众一些愚蠢的哄笑！其间，穿串些什么象舞，牛舞，马舞——纯好莱坞电影的无聊的噱头。最近，话剧里插京剧，似乎成了最时髦的玩意儿，于是清唱，插科打诨，锣鼓场面，彩排串戏……甚至连夫子庙里的群芳会唱都搬上了舞台，兴之所至，再加上这么一段昆曲或大鼓，如果他们想到申曲或绍兴戏，又何尝安插不上？我相信不久的将来，连科天影的魔术邓某某的绝技，何什么的扯铃……独角戏，口技，或草裙舞等，都有搬上舞台的可能，这样，观众花了一次代价，看了许多有兴味的杂耍，岂不比上游戏场还更便宜，经济！……

上面所引，大部分我是非常同感的。但我以为：光是这样指出，还是不够。固然，闹剧第一和杂耍化等都是非常要不得的，但我想反问一句：不讲情节，不加噱头，难道剧本一定就"要得"了吗？那又不尽然。

在上文作者没有别的文章可以被我征引之前，我不敢说他的文章一定有毛病，但至少是不充分的。

一个非常明显的破绽，他引《大马戏团》里象舞牛舞马舞为演出杂耍化做佐证，似乎就不大妥当。事实如此，《大马戏团》是我一二年来看到的少数满意戏中的一个，这样的戏而被列为抨击的对象，未免不大公允。也许说的不是剧本，但导演又有什么引起公愤的地方呢？加了象舞、牛舞、马舞，不见得就破坏了戏剧的统一情调。演员所表达的"惜别"的气氛不大够，这或许是事实，但这绝不是导演手法的全盘失败。同一导演在《阿Q正传》中所用的许多样式化（可以这样说吗？）手法，说实话，我是不大喜欢的。我对《大马戏团》的导演并无袒护之处，该文作者将《大马戏团》和《秋海

棠》等戏并列，加以攻击，我总觉得不能心服。

然而，抱有这样理论的人，却非常之多。手头没有材料，就记忆所及，就有某周刊上"一年来"的文章，其中列为一年来好戏者有四五个，固然，《称心如意》是我所爱好的，其余几个，我却不但不以为好戏，而且对之反感非常之深。我奇怪："一年来"的作者为什么欣赏《称心如意》呢？外国人的虚构而被认为"表现大地气息"，外国三四流的作品而被视作"社会教化名剧"……抱有这样莫名其妙的文艺观的人，他对《称心如意》是否真的欣赏呢？其理解是否真的理解呢？在这些地方，我不免深于世故而有了坏的猜测。我想一定是为了《称心如意》中没有曲折情节或京剧清唱之故。这样，就成了为"反对"而反对。对恶劣倾向的反对的意义也就减弱了。

我并不拥护噱头。相反，我对噱头有同样深的厌恶。但是，我想提起大家注意，这样一窝蜂地去反对噱头是不好的。我们不应该止于反对噱头，我们得更进一步，加深对戏剧的文学认识，加深对人物性格的把握。一篇乌七八糟的充文艺的作品，并不一定比噱头戏强多少。反之，如果把噱头归纳成几点，挂在城门口，画影图形起来，说：凡这样的，就是坏作品，那倒是滑天下之大稽的。

二、内容与技巧孰重

新文艺运动上一个永远争论，但是永远争论不出结果来的问题——需要不需要"意识"？或者换一种说法：内容与技巧孰重？

对这问题，一向是有三种非常单纯的答案。

一、主张意识（内容——他们以为）超于一切的极左派；

二、主张技巧胜于一切的极右派；

三、主张内容与技巧并重的折中派。

其中，第二种技巧论是最落伍的一种。目前，它的公开的拥护者差不多已经绝迹，但"成名作家"躲在它的羽翼下的，还是非常之多。第一种最时髦，也最简便，他像前清的官吏，不问青红皂白，把犯人拉上堂来打屁股三十了事，口中念念有词，只要背熟一套"意识"呀"社会"呀的江湖诀就行。第三种更是四平八稳，"意识要，技巧也要"，而实际只是从第一派支衍出来的调和论而已。

　　说得刻薄点，这三派其实都是"瞎子看匾"，争论了半天，匾根本还没有挂出来哩。第一第三派的理论普遍，刊物上，报纸上到处可以看到不少。这一点，如《海国英雄》上演时有人要求添写第五幕以示光明之到来，近则有某君评某剧"……主人公之恋爱只写到了如'罗亭'一样而缺乏'前夜'的写实"云云的妙语。尤其有趣的，是两个人对《北京人》的两种看法，一个说他表达出了返璞归真的"意识"——好！一个又说他表达出了茹毛饮血的"意识"——不好！这哪里是在谈文艺？简直是小学生把了笔在写描红格，写大了不好，写小了不好，写正了不好，写歪了也不好，总之，不能跳出批评老爷们所"钦定"的范围才谓之"好"。可惜批评老爷们的意见又是这样歧异，两个人往往就有两种不同的批示！

　　写到这里，我不禁又要问一句了：譬如《海国英雄》吧，左右是那么一出戏，加了第五幕怎样？不加第五幕又怎样？难道一个"尾巴"的去留就能决定一篇作品价值之高下吗？《北京人》是一部好作品，有优点，也有缺点，但是，优点就在返璞归真，缺点就在茹毛饮血吗？

　　光明尾巴早已是被申斥了的，但这种理论是残余，却还一直深印在人们的脑海，久久不易拔去。人们总是要求教训——直接的单纯的教训（此前些年"历史剧"之所以煊赫一时也）。《秋海棠》的观众们（大概是些小姐太太之流）要求的是善恶分明的伦理观念，戏子可怜，姨太太多情，军阀及其走狗可恶……前进派的先生们看法又不同了，但是所要求的伦理观念还是一样，戏子姨太太不过换了"到远远的地方去……"的革命青年罢了。

　　我这样说，也许有人觉得过分。前进派的批评家到底不能和姨太太小姐并提呀！自然，前者在政治认识上的进步，是不容否认的。但是，政治认识尽管"正确"，假使没有把握住文艺的本质，也还是徒然。这样的批评家是应该淘汰的。这样的批评家孵育下所产生的文艺作家，更应该被淘汰。

　　现在要说到第二派了。前面说过，他们的理论是非常落伍的。目下凡是一些不自甘于落伍的青年，大都一听见他们的理论就要头痛。但是，我又要说一句不合时流的话：这也不能一概而论。唯技巧论是应该反对的，但也得看你拿什么来反对。如果为了反技巧而走入标语口号或比标语口号略胜一筹

的革命伦理剧，那正是单刀换双鞭，半斤对八两，我以为殊无从判别轩轾。

总括地说，第一第三派的毛病是根本不知文艺为何物，第二派的毛病则在日亲王尔德、莫里哀等人作品，而同样没有认清楚这些作家的真面目——至多只记熟一些警句，以自炫其博学而已。

那么，文艺到底是什么东西呢？

第一，它的构成条件绝不是一般人所说的政治"意识"。历史上许多伟大的文艺作家，他们的意识未必都"正确"，甚至还有好些非常成问题的。

第二，也绝不是为了他们技巧好，场面安排得紧凑，或者对白写得"帅"。事实上，有许多伟大作家是不讲辞藻的，而中国许多斤斤于修辞锻句的作家，其在文学上的成就，却非常可怜这里得补充一点，技巧倘指均衡，谐和，节奏……所构成的那整个的艺术效果而言，自然我也不反对，文体冗长如杜思妥益夫斯基，他的作品还是保持着一定的基调的。但这，与其说杜氏的技巧如何如何好，倒不如说他作品里另外有感人的东西在。

第三，当然更不是因为什么意识与技巧之"辩证法的统一"。这些人大言不惭地谈辩证法，其实却是在辩证法的旗帜下偷贩着机械论的私货。

曹禺的成功处，是在他意识的正确吗？技术的圆熟吗？或者此二者的机械的糅合吗？都不是的。拿《北京人》来说，愫芳一个人在哭，陈奶妈进来，安慰她……这样富有感情的场面，我们可以说一句：是好场面。前进作家写得出来吗？艺术大师写得出来吗？曹禺写出来了，那就是因为曹禺蘸着同情的泪深入了曾文清，曾思懿，愫芳等人的生活了之故。意识需要吗？需要的。但绝不是一般人所说的那种单纯的政治"意识"。决定一件艺术品优胜劣败的，说了归齐，乃是通过文艺这个角度反映出来的——作家对现实之认识。

这里，就存在着一切大作家成功的秘诀。

作品不是匠人的东西。在任何场合，它都展示给我们看作家内在的灵魂。当我们读一篇好作品时，眼泪不能抑制地流了下来，但是还不得不继续读下去，我们完全被作品里人物的命运抓住了。这样，一直到结束，为哭泣所疲倦，所征服，我们禁不住从心窝里感谢作者——是他，使我们的胸襟扩大，澄清，想抛弃了生命去爱所有的人！……

在这种对比之下，字句雕琢者，文字游戏者以及"打肿脸充胖子"的口头革命家之流，岂不要像浪花一样显得生命之渺小吗？

三、关于"表现上海"

大约三年前吧，正是大家喊着"到远远的地方去……"（或者"大明朝万岁"之类）沉醉于一些空洞的革命词句的时候。"表现上海"的口号提出来了。

但是，结果如何呢？还是老毛病：大家只顾得"表现上海"，却忘记从人物性格，人与人的关系上去表现上海了。比"到远远的地方去……"或者"大明朝万岁"自然实际多了，这回的题材尽是些囤米啦，投机啦……之类，但人物同样的是架空的，虚构的。这样的作家，我们只能说他是观念论者，不管他口头上"唯物论，唯物论……"喊得多起劲。

发展到极致，更造成了"烦琐主义"的倾向（名词是我杜造的）。这在戏剧方面，表现得最显明。黄包车夫伸手要钱啦，分头不用，用分头票啦，铁丝网啦，娘姨买小菜啦……上海气味诚然十足，但我不承认这是作家对现实的透视。相反，这只是小市民对现实的追随。"吴友如画宝"现在是很难买到了。里面就有这样的图文：《拔管灵方》；意谓将臭虫捣烂，和以面，插入肛门，即能治痔疮。图上并画出一张大而圆的屁股来，另一人自后将药剂插入。另有二幅，一题《医生受毒》，一题《粪淋娇客》，连呕吐的齷齪东西以及尿粪都一并画在图上。我人看后，知道清末有这样的风俗，传说，对民俗学的研究上不能说绝无俾助，然而艺术云乎哉！

我不想拿"吴友如画宝"和某些表现上海的作品比拟，从而来糟蹋那些作品的作者。我只是指出文学上"冷感症"所引起的许多坏结果，希望大家予以反省而已。

这许多病象，现在还存在不存在呢？还存在的。谓余不信，不妨随手举几个例子：

一、"关灯，关灯，空袭警报来啦"，戏中颇多这样的噱头。这不显明地是烦琐主义的重复吗？这和整个的戏有什么关系呢？由此可以帮助观众了解上海的什么呢？

二、关于几天内雪茄烟价格的变动，作者调查得非常仔细，并有人在特

刊上捧之为新写实主义的典范。作者的心血，我们当然不可漠视，但也得看看心血花在了一些什么地方。如果新写实主义者只能为烟草公司制造一张统计表，那么，我宁取旧写实主义。

三、对话里面硬加许多上海白，如"自说自话"，"搅搅没关系"等，居然又有"唯一的诗情批评家"之某君为之吹嘘；"活的语言在作家笔下开了花了……"云云。这实在让人听了不舒服。比之作者，我是更对这些不负责任的批评家不满的。捧场就捧场得了，何苦糟蹋"新写实主义""活的语言"呢？
……

这类例子，实在是举不胜举。而这意见的出入，就在对"现实"两个字的诠释。

我对企图表现上海的作家的努力，敬致无上的仰慕。但有一点要请求他们注意：勿卖弄才情，或硬套公式，或像《子夜》一样，先有了一番中国农村崩溃的理论再来"制造"作品。而是得颠倒过来：热烈地先去生活，在生活里，把到现在为止只是书斋的理论加以深化，糅合著作者的血泪，再拿来再现在作品中。

且慢谈表现什么，或者给观众带回去什么教训。只要作者真有要说的话，作者能自身也参加在里面，和作品里的人物一同哭，一同受难，有许多话自然而然地奔赴笔尖，一个字一个字，像活的东西一样蹦跳到纸上，那便是好作品的保证。也只有那样，才能真到"表现"出一些什么东西来。

什么都是假的。决定一件艺术品的品格的，就是作者自身的品格。

四、论鸳鸯蝴蝶派小说之改编

鉴于《秋海棠》卖座之盛，张恨水的小说也相继改编上演了。姑无论改编者有怎样的口实，至少动机是为了"生意眼"，那是不可否认的。其实"生意眼"也不是什么可耻的事，只要是对得起良心的生意就成。

张恨水的小说改编得如何，不在本文讨论之列。本文只想对鸳鸯蝴蝶派做一简单的评价。既有评价，鸳鸯蝴蝶派之是否值得改编以及应该怎样改编，就可任凭读者去想象了。

对于《秋海棠》，说实话，我是没有好感的——虽然秦瘦鸥自己不承认《秋海棠》是鸳鸯蝴蝶。张恨水就不同了。我始终认为他是鸳鸯蝴蝶派中较有才能的一个。在体裁上，也许比秦瘦鸥距离新文艺更远（如章回体，用语之陈腐等），但这都没有关系，主要的在处理人物的态度上，他是更为深刻，更为复杂的。因此一点，也就值得我们向他学习。

张恨水的小说我看得并不多。有许多也许是非常无聊的。但读了《金粉世家》之后，使我对他一直保持着相当的崇敬，甚至觉得还不是有些新文艺作家所能企及于万一的。在这部刻画大家庭崩溃没落的小说中，他已经跳出了鸳鸯蝴蝶派传统的圈子，进而深入对人物性格的刻画。

然而张恨水的成功只是到此为止。我不想给予他过高的估价。

最近，刊物上开始有人丑诋所谓"新文艺腔"了。新文艺腔也许真有，亦未可知，但那种一笔抹杀的态度，窃未敢引为同调。一位先生引了萧军小说中一段描写，然后批道：全篇废话！其实用八个字就可以说完（大概是"日落西山"、"大雪纷飞"之类非常笼统的话，详细已忘）。这是历史的倒退，在他们看来，新文艺真不如"水浒"、"三国志"了。

萧军行文非常疙瘩，且有故意学罗宋句法之嫌。但这不能掩盖他其余的优点。

同样，张恨水对生活的确熟悉之至，但这许多优点，却不能掩盖他主要的弱点——他对生活的看法，到底，不免鸳鸯蝴蝶气啊！

鸳鸯蝴蝶的特点到底是什么呢？

我以为那就是"小市民性"。

张恨水是完全小市民的作家。他写金家的许多人物，父母、子女、兄弟、妯娌、姑嫂……以及金家周围的许多亲戚朋友，都是站在和那些人同等的地位去摄取的。他所发的感慨正是金家人的感慨。他所主张的小家庭主义正是金家人所共抱的理想。实际上他就是那些人中间的一个。他不能站在更高的角度去理解他们、批判他们。

我并不要求张恨水有什么"正确的世界观"，或者把主人公写得怎么"觉悟"，怎么"革命"，而是说，作者得跳出他所描写的人物圈子，站在作为作家的立场上去看一看人。

曹雪芹在文学上的成就，就大多了。那就是因为他有了自己的哲学——不管这哲学是多么无力，多么消极——他能从自己的哲学观点去分析笔下的那些人。

写作的诀窍就在这里：得深入生活，同时又得跳出生活！

五、驳斥几种谬论

上面几节已经把我的粗浅意见说了个大概。就是，我认为，决定一篇作品好坏的，乃是作家对现实之深刻的观察和分析（当然得通过文艺这个特殊的角度）。

遗憾的是，合乎标准的作品，却少得可怜。不但少而已，还有人巧立名目和这原则悖逆，那就更令人痛心了。

这种巧立名目的理论，我无以名之，名之为"谬论"。

第一种谬论说：这年头儿根本用不着谈文艺。尤其是戏剧，演出了完事，就是赚钱要紧。因此，公开地主张多加噱头。

这种议论，乍看也未尝不头头是道。君不见，天天挤塞在话剧院里的人何止千万，比起从前"剧艺社"时代来，真是不可同日而语。不加噱头行吗？

然而，这是离开了文艺的立场来说话的。和他多辩也无益。

也有人说：这是话剧的通俗化，那就不得不费纸墨来和他讨论一下。

首先，我对通俗化三字根本就表示怀疑。假使都通俗到《秋海棠》那样，那何不索性上演话剧的《山东到上海》，把大世界的观众也争取了来呢？事实上，《称心如意》那样的文艺剧，据我所知，爱看的人也不少（当然不及《秋海棠》或《小山东》）。那些大都是比较在生活里打过滚的人，他们的口味幸还不曾被海派戏所败倒，他们感觉兴趣的是戏中人的口吻、神情，所以看到阔亲戚的叽叽喳喳，就忍不住笑了。当然，抱了看噱头的眼光来看这出戏是要失望的。

"通俗化"的正确诠释，应该就是人物的深刻化。从人物性格的刻画上去打动观众，使观众感到亲切。脱离了人物而抽象地谈什么"通俗不通俗"，无异是向低级观众缴械，结果，只有取消了话剧运动完事。

事实上，现在已经倾向到这方面来了。不说普通的观众，连一部分指导家也大都有这样的意见，似乎不大跳大叫，白刀子进红刀子出就不成其为戏剧似的。喜剧呢，那就一律配上音乐，打一下头，鼓咚的一声；脱衣服时，钢琴键子卜龙龙龙地滑过去。兴趣都被放在这些无聊的东西上面，话剧的前途真是非常可怕的。说起来呢，指导家们会这样答复你：不这样，观众不"吃"呀！似乎观众都是天生的孱种，不配和文艺接近的。这真是对观众的侮辱，同时也是对文学机能的蔑视。我不否认有许多观众是为了看热闹来的，给他们看冷静点的戏，也许会掉头不顾而去，但这样的观众即使失去，我以为也并不值得惋惜。

第二种谬论，比前者进了一步。他们不否认话剧运动有上述的危机，他们也知道这样发展下去是不好的，但是"……没有法子呀！一切为了生活！"淡淡"生活"两个字，就把一切的责任推卸了！

对说这话的人，我表示同情。事实如此，现在有许多剧本，拿了去，被导演们左改右改，你也改，我也改，弄得五牛崩尸，再不像原来的面目。生活程度又如此之昂贵。怎么办呢？当然只有敷衍了事的一法。

然而，还是那句话：尽可能地不要脱离人物性格。

文艺究竟不是"生意经"，粗制滥造些，是可被原谅的，但若根本脱离了性格，那就让步太大了。

我不劝那些作家字斟句酌地去写作。那样做，别的不说，肚子先就不答应。不过，话又说回来。这并不能做玩弄噱头的借口。生活的担子无论怎么压上来，我们的基本态度是不能改变的。

第三种谬论，可以说是谬论之尤。他们干脆撕破了脸，说道：我这个是……剧，根本不能拿你那个标准来衡量的！前二种谬论，虽然也在种种借口下躲躲闪闪，但文艺的基本原则，到底还没有被否认。到这最后一种，连基本的原则都被推翻了，他们的大胆，不能不令人吃惊。

什么作品可以脱离现实呢？无论你的才思多么"新奇"，那才思到底还是现实的产物。既是现实的产物，我们就可以拿现实这个标准来批评它。

一个人对现实的看法，是无在而无不在的。文以见人，从他的文章里，也一定可以看出为人的态度来——无论那篇文章写得多么渺茫不可捉摸。不

是吗？在许多耀眼的革命字眼之下，结果还是发现了在妓院里打抱不平的章秋谷（见《九尾龟》）式的英雄……

六、并非"要求过高"

　　回过头来一看，觉得自己似乎是在旷野里呐喊。喊完之后，回答你的，只是自己的回声的嘲笑。

　　有几个人会同意我的话呢？说不定还会冷冷地说一句，这是要求过高。

　　前些年就有这样冷眼旁观的英雄。当"历史剧"评价问题正引起人们激辩的时候，他出来说话了：历史剧固然未必好，但是应该满意的了——要求不可过高呀！

　　后来又有各种类似的说法：

　　一、批评应该宽恕；

　　二、须讲"统一战线"；

　　三、坏的，得评，好的，也应该指出，等等。

　　这样，一场论战就被化为面子问题，宽恕问题了。

　　不错，东西有好的，也有坏的，梅毒患到第三期的人，说不定还有几颗好牙齿哩！但是，这样的批评有什么意思呢？我顶恨的就是这种评头品足的批评。因为它们只有使问题愈弄愈不明白。

　　我的意见正相反，我以为斤斤于一件作品哪一点好，哪一点坏，是毫无意义的。主要的，我们须看它的基本倾向如何，基本倾向倘是走的文艺的正路，其余枝节尽可以不管，否则，饶你有更大的优点，我也要说它是件坏作品。

　　这何尝是"要求过高"！这明明是各人对文艺的认识不同。

　　譬如，不甚被人注意的《称心如意》，我就认为是一二年来难得的一部佳作。也许有人要奇怪：我为什么在这短文里要一再提到它？难道就没有比它更好的作品了？这样想的人，说不定正是从前骂人要求过高的人亦未可知。

　　《大马戏团》因为取材较为热闹之故，比较地容易使观众接受。顶倒霉的是《称心如意》这类作品。左派说它"温开水"，不如《结婚进行曲》有意义。右派比较赞成它，但内心也许还在鄙薄它，说它不如自己的有些"肉麻当有趣"的作品那样结构完密，用词富丽。《称心如意》得到这样的评论，这也就是我特别喜爱它的原因。

别瞧《称心如意》这样味道很淡的作品，上述两派人恐怕就未必写得出来。这是勉强不来的事。《称心如意》的成功，是杨绛先生日积月累观察人生深入人生后的结果。这和空洞的政治意识不同，是可望而不可求的。同时，也和技巧至上论者的技巧不同，不是看几本书就可"雕琢"出来的。

《称心如意》不可否认地有它许多写作上的缺点和漏洞。但我完全原谅它。

这何尝是"要求过高"！

七、尾　声

写到此处，拉拉杂杂，字数已经近万了。还有许多话，只好打住。

最后，我要申明一句：因为是抽空出来说的缘故，凡所指摘的病征，也许甲里面有一些，乙里面也有一些，然而，这不是"人身攻击"。请许多人不必多疑，以为这篇文章是专对他而发的，那我就感激不尽了。

倘仍有人老羞成怒，以为失了他作家的尊严者，那我就没有办法——无奈，只好罚他到《大马戏团》里去饰那个慕容天锡的角色吧。

《勇士们》读后感[1]

刚结束的战争已经把人弄糊涂了，方兴未艾的战争文学还得教人糊涂一些时候。小说，诗歌，报告，特写，新兵器的分析，只要牵涉战争的文字，都和战争本身一样，予人万分错综的感觉。战事新闻片，《勇士们》一类的作品，仿佛是神经战的余波，叫你忽而惊骇，忽而叹赏，忽而愤慨，忽而感动，心中乱糟糟的，说不出是什么情绪。人，这么伟大又这么渺小，这么善良又这么残忍，这么聪明又这么愚蠢……

然而离奇矛盾的现象下面，也许藏着比宗教的经典戒条更能发人深省的真理。

厮杀是一种本能。任何本能占据了领导地位，人性中一切善善恶恶的部分都会自动集中，来满足它的要求。一朝入伍，军乐，军旗，军服，前线的几声大炮，把人催眠了，领进一个新的境界——原始的境界。心理上一切压制都告消灭，道德和教育的约束完全解除，只有斗争的本能支配着人的活动。生命贬值了，对人生对世界的观念一齐改变。正如野蛮人一样，随时随地有死亡等待他。自己的生命操在敌人手里，敌人的生命也操在自己手里。究竟谁主宰着谁，只有上帝知道。恐怖，疑虑，惶惑，终于丢开一切，满不在乎。（这是新兵成为老兵的几个阶段，也是"勇士们"的来历。）真到了满不在乎的时候，便勇气勃勃，把枪林弹雨看作下雾刮风一样平常，屠杀敌人也好比掐死一个虱子那么简单。哪怕对方是同乡，同胞，亲戚，也不会叫士兵软一软心肠。一个意大利人，移民到美国不过七年光景，在西西里岛上作战毫不难过，"我们既然必须打仗，打他们和打旁的人们还不是一样。"

---

[1] 《勇士们》系美国厄尼·派尔（Ernie Pyle）著，林疑今译，生活书店出版。傅雷的"读后感"写于一九四五年十一月。原载《新语》半月刊第三期，一九四五年十一月。现选自《傅雷全集》第十七卷。——编者注

他说。勇气是从麻木来的,残忍亦然。故勇敢和残忍必然成双作对。自家的性命既轻于鸿毛,别人的性命怎会重于泰山?在这种情形之下,超人的勇敢和非人的残酷,同样会若无其事地表现出来。我们的惊怖或钦佩,只因为我们无法想象赤裸裸的原人的行为,并且忘记了文明是后天的人工的产物。

论理,战争的本能还是渊源于求生和本能。多杀一个敌人,只为减少一分自己的危险,老实说,不过是积极地逃命而已。因此,休戚相关的感觉在军队里特别锐敏。对并肩作战的伙伴的友爱,真有可歌可泣的事迹,使我们觉得人性在战争中还没完全泯灭。对占领区人民的同情,尤其像黑夜中闪出几道毫光,照射着垂死的文明。

军队在乡村或农庄附近发饭的行列边,每每有些严肃有耐性的孩子,手里端着锡桶子在等人家吃剩下来的。 有位兵士对我说:"他们这样站在旁边看,我简直吃不下去。有好几次我领到饭菜后,走过去往他们的桶子里一倒,赶回狐狸洞去。我肚子不饿。"

这一类的事情使我想到,倘使战争只以求生为限,战争的可怕性也可有一个限度。例如,野蛮民族的部落战,虽有死伤,规模不大,时间不久,对于人性也没有致命的损害。但现代的战争目标是那么抽象,广泛,空洞,跟作战的个人全无关联。一个兵不过是战争这个大机构中间的一个小零件,等于一颗普通的子弹,机械的,盲目的,被动的。不幸人究非子弹。你不用子弹,子弹不会烦闷焦躁,急于寻觅射击的对象。兵士一经训练,便上了非杀人不可的瘾。

第四十五师的训练二年有半,弄得人人差一点发疯,以为永远没有调往海外作战的机会。我们的兵士对于义军很生气。"我们连开一枪的机会都没有。"有个兵士实在厌恶地说……他又说他本人受训练得利如刀锋,现在敌人并无顽强的抵抗,失望之余,坐卧不安。

久而久之，战争和求生的本能、危险的威胁完全脱节，连憎恨敌人都谈不到。

巴克并不恨德国人，虽然他已经杀死不少。他杀死他们，只为要保持自己的生命。年代一久，战争变成他唯一的世界，作战变成他唯一的职业……"这一切我都讨厌死了，"他安静地说，"但是诉苦也没用。我心里这么打算：人家派我做一件事，我非做出来不可。要是做的时候活不了，那我也没法子想。"

人生变成一片虚无，兵士的苦闷是单调、沉寂、休战，所害怕的不是死亡，而是不堪忍受的生活。唯有高速度的行军，巨大的胜仗，甚至巨大的死伤，还可以驱散一下疲惫和厌烦。这和战争的原因——民族的仇恨，经济的冲突，政治的纠纷，离得多远！上次大战，一个美国兵踏上法国陆地时，还会迸出一句充满着热情和友爱，兼有历史意义的话："拉斐德，我们来了。"此次大战他们坐在诺曼底滩头阵地看报，还不知诺曼底滩头阵地在什么地方。人为思想的动物，这资格被战争取消了。

兵士们的心灵，也像肉体那样疲惫……总而言之，一个人对于一切都厌烦。

例如第一师的士兵，在前线日夜跑路作战了二十八天……兵士们便超越了人类疲惫的程度。从那时起，他们昏昏地干去，主要因为别人都在这么干，而他们就是不这么干，实在也不行。

连随军记者也受不了这种昏昏沉沉的非人非兽的生活，时间空间都失去了意义。

到末了所有的工作都变成一种情感的绣帷，上面老是一种死板不变的图样——昨天就是明天，特路安那就是兰达索，我们不晓得什么时候可以停止，天哪，我太累了（《勇士们》作者的自述）。

这种人生观是战争最大罪恶之一。它使人不但失去了人性，且失去了兽性。因为最凶恶的野兽也只限于满足本能。他们的胃纳始终是凶残的调节器。赤裸裸的本能，我们说是可怕的；本能灭绝却没有言语可以形容。本能绝灭的人是什么东西，简直无法想象。

固然，《勇士们》一书中有的是战争的光明面。硬干苦干的成绩（"他们做的比应当作的还要多"），合作互助的精神（那些工兵），长官的榜样（一位师长黑夜里无意中妨碍了士兵的工作，挨了骂，默不作声地走开了），都显出人类在危急之秋可以崇高到不可思议的地步。还有世人熟知的那种士兵的幽默，在阴惨或紧张的场面中格外显得天真，朴实。那么无邪的诙谐，叫后方的读者都为之舒一口苏慰的气，微微露一露笑容。可是话又说回来，这种诙谐实在是人性最后的遗留，遮掩着他们不愿想的战争的苦难。

是的，兵士除了应付眼前的工作，大都不用思想。但他们偶尔思想的时候，即是我们最伟大的宗教家也不能比他们想得更深刻、更慈悲。

"看着新兵入营，我总有些不好过，"巴克有一天夜里用迟缓的声调对我说，话声里充满着一片精诚，"有的脸上刚刚长了毛，什么事都不懂，吓又吓得要死，不管怎么样，他们中间有的总得死去……他们的被杀我也知道不是我的错处……但是我渐渐觉得杀死他们的不是德国人，而是我。我逐渐有了杀人犯的感觉……"

这种释迦牟尼似的话，却出自于一个美国军曹之口。他并不追究真正的杀人犯。

可是我读完了《勇士们》，觉得他，他们，我们，全世界的人都应当追究真正的杀人犯。我们更要彻底觉悟：现代战争和个人的生存本能已经毫不相关，从此人类不能再受政治家的威胁利诱，赴汤蹈火地为少数人抓取热锅中的栗子。试想：那么聪明、正直、善良、强壮的"勇士们"，一朝把自己的命运握在自己手里，把他们在战争中表现的超人英勇，移到和平事业上来的时候，世界该是何等的世界！

评《三里湾》[1]

以农业合作化为题材的创作近来出现不少,《三里湾》无疑是最受欢迎的作品之一。任何读者一上手就放不下,觉得非一口气读完不可。一部小说没有惊险的故事,没有紧张的场面,居然能这样地引人入胜,自不能不归功于作者的艺术手腕。唯有具备了这种引人入胜的魔力,文艺作品才能完成它的政治使命,使读者不知不觉地,因而是很深刻地,接受书中的教育。农民的日常生活和家庭琐事写得那么生动,真切;他们的劳动热情写得那么朴素而富有诗意;不但先进人物的蓬勃的朝气和敦厚的性格特别可爱,便是落后分子的面貌也由于他们的喜剧性而加强了现实感:这都是同类作品中少有的成就。表面上,作者好像竭力用紧凑热闹的情节抓住读者,骨子里却反映着三里湾农业的演变,把新事物与旧事物的交替织成一幅现实与理想交融的图画。

谁都知道文艺创作的主题思想要明确,故事要动人;但作者的任务还要把主题融化在故事中间,不露一点痕迹;要把精神食粮调制得既美观,又可口,叫人看了非爱不可,非吃不可。《三里湾》中大大小小、琐琐碎碎的情节,既不显得有心为题材做说明,也不以卖弄技巧为能事。作者写青年男女的恋爱,夫妇的争执,婆媳妯娌之间的口角,顽固人物的可笑,积极分子的可爱,没有一个细节不是使读者仿佛亲历其境。而那些细节所反映的时代背景和包含的教育意义,又出之以蕴蓄暗示的手法,只教人心领神会。表现农民学习文化并不从正面着手;但玉梅在黑板上练字那一幕把求知欲表现得何等具体!情景又何等天真,何等妩媚!三里湾农村的经济情况是借了一个极有风趣的插曲,用金生笔记上"高、大、好、剥、拆"五个字说明的。合作

---

[1] 此系傅雷先生写于一九五六年的书评,原载一九五六年七月《文艺月报》。现选自《傅雷全集》第十七卷。——编者注

社的全貌是由张信与何科长两人视察的时候顺便介绍出来的。美丽的远景是教老梁画给我们看的。运用了这一类好像漫不经意，轻描淡写的手法，富有思想性的内容才没有那副干枯冰冷的面目，才有具体的感性形象通过浓郁的诗情画意感染读者。

赵树理同志深切地体会到，农民是喜欢听有头有尾的故事的；其实不但农民，我国大多数读者都是如此。但赵树理同志把"从头讲起"的办法处理得极尽迂回曲折，避免了平铺直叙的单调的弊病。故事开头固然"从旗杆院说起"，可是很快地转到民校，引进玉梅和其他两个年轻的角色；再由玉梅带我们到她家里，认识了现代农村中的一个模范家庭，再由这个家庭慢慢地看到全局的发展。不但这种技巧的选择投合了读者的心理，而且作者在实践中把传统的写作办法推陈出新了。

一般读者都喜欢热闹的场面，所以作者在十四万五千字的中等篇幅之内，讲了那么多富有戏剧性的故事。丰富的内容一经压缩，节奏当然快了。结构也紧凑了。但那家常琐碎的事并没因头绪纷繁而混乱；相反，线条层次都很清楚，前后照应很周到，上下文的衔接像行云流水一般的顺畅。作者一方面借每个有趣的插曲反映人物的性格与相互的关系，一方面把日常细故发展成重大的事故，而归结到主题。玉生夫妇为了买棉绒衣而吵架，小俊听了母亲的唆使而兴风作浪，都是微不足道的生活小节。结果却竟至于离婚，从而改变了几对青年男女的关系。离婚、结婚也是人生常事，不足为奇；但玉生与小俊的离异，与灵芝的结合，小俊的嫁给满喜，有翼的革命以及他的娶玉梅，都反映出新社会与旧社会的斗争，新社会的胜利与年青一代的进步。"两个黄蒸，面汤管饱"的趣剧不但促成了菊英的分家，还促成了糊涂涂那个顽固堡垒的崩溃；军属的支持菊英，附带表现了农村妇女的觉悟与坚强。可见书中连最猥琐的情节都有巨大的作用，像无数细小的溪水最后汇合成长江大河一样。

以上的几个例子提高到理论上，大可说明作者从实际生活中体会到生活规律，从复杂的事例中挑出的具有概括性的典型，的确是通过了生动活泼的形象表达出来的。虽然我们不熟悉赵树理同志的生活，也不难想象他为了实现这个目的，如何抱着真诚严肃的态度和热烈的情绪投入生活，如何以极大

的谦虚和耐性磨炼他的目光和感觉，客观地了解一切，主观的热爱一切；同时还在那里继续不断地做着艰苦的努力，在实践中提高他的写作艺术。

作者自己说常用"保留关节"的办法见赵树理作：《〈三里湾〉创作前后》第三段。原载《文艺报》一九五五年第十九号，收入中国青年出版社编印的《作家谈创作》中，列为第七篇，并举出"刀把上"一块地，一张分单，范登高问题等为例，说那是吸引读者的一个办法。其实吸引读者只是一个副作用；不立刻说明底蕴主要是为一个并不曲折的故事创造曲折，或者为曲折的故事创造更多的曲折，在主流的几个大浪潮之间添加一些小波浪；情节的变化一多，节奏也有了抑扬顿挫，故事的幅度也跟着大大地扩张了。越是与主题的关系密切，越是对全局的发展有推动作用的情节，便越需要用一波三折的笔法。因为这缘故，赵树理同志才在"刀把上"一块地，一张分单等的大题目上尽量保留关节。

为了说明这个技巧的作用，我想举一个例：《三里湾》第五面上，满喜找不到房子安排何科长，玉梅便出主意，叫他去找袁天成老婆，"悄悄跟她说……专署法院来了个干部，不知道调查什么案子"，央她去向她姐姐马多寿老婆借房子，"管保她顺顺当当就去替你问好了。因为……"话说到这里就被满喜截住，说道："我懂得了，这个法子行！……"作者在此留了一个大关节，让读者对玉梅的主意、案子跟借房子的关系，完全摸不着头脑。到二十七面末，二十八面初，才点出多寿老婆两个月前告过副村长张永清一状。但糊涂涂又拦着常有理不让说下去，"案子"的关节便继续保留，直到六十一面上何科长在田里遇到张永清才交代清楚。

这儿的关节是双重的：第一是为了表现玉梅的精灵，善于利用人家的心理；第二是为了强调"刀把上"一块地对马家和对扩社开渠的重要。两个不同的目的对主题的作用也不同。表现玉梅聪明事小，所以到二十八面上，谜就揭穿了。"刀把上"一块地是全书的主眼之一，从头至尾隐隐约约地出现过几回，又消失过几回，直到书末才完全显露；"案子"的关节不到相当的阶段而太早地点破，是会破坏"主眼"的作用的。关节的保留与揭穿不仅仅服从主题的要求，也得服从全局各阶段发展的要求。最初提到玉梅出主意的时候，最重要的几个正面人物尚未登场，自然不能随便把事情扯到马家去。在二十八面上，何科长的住处只解决了一半，小俊与玉生打架的事也只讲了一半，也没有余暇来说明"案子"的底细。

不是为吸引读者，但同样能扩大故事幅度的是旧小说中所谓的"伏笔"。顾名思义，伏笔正与保留关节相反，是闲处落墨，有心在读者不经意的地方轻轻打个埋伏。有了埋伏，故事就显得源远流长，气势足，规模大，加强了它在书中的比重。小俊在范登高处挑了棉绒衣，声明没有带钱；范登高紧接着说："一会儿你就送过来！这是和人家合伙做的个生意。"这两句都是伏笔，又各有各的用意。前一句暗示范登高手头不宽，作为以后和王小聚争执，以及向供销合作社贷款的张本；后一句点出范登高雇工做买卖的情虚，成为以后屡次听人说他做买卖，跟王小聚是东家伙计而着急的伏线。伏笔不限于一句两句，有时整个插曲都等于伏笔；运用巧妙的话，往往带有连环性质，还能和保留关节同时并用。上面提到的玉梅出主意，一方面保留了关节，一方面也埋伏了满喜和天成老婆的喜剧；这幕喜剧又埋伏了满喜和有余老婆的一幕活剧（"惹不起遇一阵风"）；这幕活剧又埋伏了菊英分家胜利的一个因素。

赵树理同志的作品中从来没有"冷场"。他用十八面以上的篇幅，分四章来写三里湾的全景。集中介绍的办法是不容易讨好的，很可能成为一篇流水账。但我们读那四章，一点不觉得沉闷，倒像电影院中看一张农村短片那样新鲜。我们对各个小组的工作，菜园与粮田的不同情况，玉生的小型试验场，开渠的路线，都有了一个鲜明的印象；还感染到社员们开朗的心情，劳动的愉快，仿佛能听见他们欢乐的笑声和嘻嘻哈哈的打趣。这个效果显然是靠许多小插曲得来的。那些插曲多数是用的侧笔，只会增加色彩的变化而不至于喧宾夺主。何科长刚到田里，张信便介绍概况，说到第一组外号叫武装组，因为组员"大部分是民兵——民兵的组织性、纪律性强一点，他们愿意在一处保留这个特点"。以后作者写武装组的"一个小男青年，用嘴念着锣鼓点儿给她们帮忙（接她们是民兵与军干部的家属，也是组员）"；看见何科长来了，又向妇女们"布置了一下，大家高喊：欢、迎、何、科、长！接着便鼓了一阵掌"。这小小的一幕，不是从侧面把武装组的特色——组织性与纪律性——活活表现出来了吗？

运用侧笔的例子触目皆是：糊涂涂外号的来历，我们是从范登高老婆那

里听到的；范登高之所以称为翻得高，是马有翼说明的。侧面描写是一种比较轻灵的笔触，含蓄多，偏重于暗示，特别宜于写恋爱场面。灵芝与有翼的"治病竞赛"，袁小旦的取笑玉梅"成了人家的人了"，取笑有翼"你放心走吧！跑不了她"等，都是用侧笔极成功的例子。

　　描写的细腻是《三里湾》受到欣赏的另一原因。玉生与小俊吵架，插入一段棉绒衣与木板的误会；趁吵架还没正式开展，先来一番跌宕，在大吹大擂之前来一番细吹细打，为那个打架的场面添加了不少风趣。这小小的曲折还把玉生的专心一意于工作，跟小俊的专心一意于衣服构成一个强烈的对比。接着小俊去找母亲，跑到范家，马有翼对她说："大概到我们家去了。"灵芝插嘴问："你怎么知道？"有翼说："你忘记了玉梅跟满喜说的是什么了？"灵芝一想便笑着说："你去吧！准在！"作者在这儿好像是专为小俊安排找母亲的路由，却顺手把玉梅出主意的那个关节虚提一笔，作为前后脉络的贯串。同样的技巧也表现在"回目"上：第十九章叫作"出题目"，里面写的是：玉生要老梁画三里湾的远景，灵芝要有翼做检讨。老梁的三张画对扩社开渠帮助很大，灵芝叫有翼检讨是两人感情的转捩点；因此这回目除了含有双关意义，还连带标出了内容的重要。

　　作者的笔墨很经济：写玉梅与大嫂的和睦，同时写了她们与小俊的不和睦；写万宝全，同时写了王申老汉；讲玉生夫妇的争吵，顺便把范登高做买卖的事开了头。菊英的分家与马氏父子的打算；"刀把上"一块地与合作社的开渠问题；袁天成贪多嚼不烂的苦闷与有翼的不会做活；农村对机械农具的想望与张永清的形象；张永清与常有理的对照跟"案子"的交代，差不多全是双管齐下，一笔照顾了几方面的。

　　以下预备谈谈三里湾中的人物。

　　糊涂涂与常有理等几个外号特别有趣的角色，早已脍炙人口，公认为最生动的形象。但他们和所有的人物有一个共同的特点，就是没有一星半点的生理标志：关于他们的高矮肥瘦，面长面短，声音笑貌，举动步履，作者始终不着一字。勉强搜寻，只有两处例外：十五面上说到袁小俊"从小是个胖娃娃，长大了也不难看"，说到玉生"模样儿长得很漂亮"一四〇面上又说玉生"漂亮"，一七三面又说小俊"长得满好看"，但都是重复前文。这情形出现在一个老作家笔下，尤其在一部很精彩的小说中，不能不令人奇怪。

塑造人物的技巧很多，如何运用并没有一定的规律，只要能尽量烘托人物的性格。可是也有几个基本项目只能在用多用少之间伸缩，而不能绝对摒弃。有的小说，人物难得说话，但绝不是哑巴；有的人物动作不多，或是相貌的描写很少，但绝不是完全没有，除非是书信体的作品。以上的话特别是指主角而言。当然，我们并不要求人物的出现像旧戏中的武将登场，先来一个"亮相"，再来一套"起霸"；但毫无造型的骨干，只靠语言——哪怕是最精彩的独白和对话——生存的人物，毕竟是难以想象的。没有血肉的纯粹的灵魂，能在读者心目中活多久呢？马多寿为人精明，偏偏由于一个特殊的习惯和闹了一次笑话，得了个"糊涂涂"的外号：这对比非常有力；假如让大家知道他的长相和他的性格是相符的或是相反的，他的造像岂不更有力吗？人物的举动面貌和他的性格不是相反，便是相成；而两者都能使形象格外突出。有翼，灵芝，玉梅，考虑他们的感情关系时从来不想到对方的美丑；新时代的农村青年因为重视了道德品质与劳动积极性，就连一点点审美感都没有了，难道是合乎情理的吗？有些作家把人物的状貌举动处理得很机械化，像印版一样；或是一味的繁琐，无目的地拖拖拉拉。这两种办法，我们都反对；但若因此而把外形描写减缩到绝无仅有，也未免矫枉过正，另走极端了。

值得考虑的还有一些更重要的问题，就是作者所创造的人物是否完全实现了作者的意图（至少是相去不远）？是否充分反映了主题思想？在整部小说中，各个人物的比例是否相称？

据赵树理同志的自白见《〈三里湾〉创作前后》第二段，他在本书中要写的人物，一种是"好党员"，他们"在办社工作中显示出高尚的品质，丰富的智慧和耐心，细致的作风……为了表现这种人，所以我才写了王金生这个人物"；一种是"在生产上创造性大的人"，或是"心地光明，维护正义"的人，"为了表现这两种人，所以我才写王宝全、王玉生、王满喜等人"；一种是青年学生，"为了表现这种新生力量，我所以才写范灵芝这个人"；一种是被农民的小生产者劣根性和资本主义倾向侵蚀的人，"为了批判这种离心力，我所以又写了马多寿夫妇、袁天成夫妇、范登高、马有翼等人。"

为方便起见，以上四种人物不妨归纳为作者所批判的，和他所表扬的两大类。前一类人物中写得成功的是马多寿夫妇，马有余夫妇，袁天成夫妇，王小聚，袁丁未等，而以马有翼为最出色。一个天性懦弱，立场不坚定，没有斗争精神，沾染旧习气的知识青年，最后为了失恋才闹"革命"，走出顽固落后的家庭，投入积极分子的队伍：他从灰暗逐渐转向光明的过程写得非常细致，自然，因而前后的发展很完整。马多寿的刻画就没有这样圆满了；它后半不及前半，令人有草草终场之感。老二（马有福）捐献土地的家信，对糊涂涂应当是个很大的打击；老夫妻俩为"刀把上"那块地始终做着"顽强的斗争"，到了被老二扯腿，前功尽弃的关头，即使不再挣扎，总该有几声绝望的呻吟吧？可是作者只让铁算盘对他母亲说话中间（"妈！……老二来了信！又出下大事了！"）透露了一些消息，而绝对没有描写这个富农精神上的震动。固然，马多寿是个精明家伙，他最后的不坚持留在社外，一则因为大势已去，二则入社的利益比不入社多；固然，他接到老二来信以后也曾"和有余商量了一个下午，结果他们打算等社里打发人来说的时候，再让有余他妈出面拒绝"；但这些都不足以成为马多寿失却土地的一刹那不感到紧张的理由，更不足以成为不描写这个紧张心情的理由。即使马多寿是个老谋深算，见风扯篷，不动声色的人，但要说他心里毫无波动究竟是不大可能的。

范登高占的篇幅不少，足见作者对他的重视；事实上这个人物却好像只有身体，没有头脚。在当地开辟工作的老干部，村子里第一任的党支书，现任的村长，竟会留在互助组，不参加合作社，还做小买卖，走富农路线：那绝不是一朝一夕所致的。我们对这段历史知道得太少了。开头只晓得他土改时多分了土地，得了个"翻得高"的外号。后来张乐意在党内批评他，翻了翻他的老账，举出了几桩事实；但在全书已经到了三分之二的阶段才追述他蜕变的过程，而且还不甚详细，给人的印象势必是很淡薄的。范登高的变质，据我们推想，可能有好几个原因：一个是小生产者的劣根性，一个是他的个性，一个是受的党的教育不够，也就是当地的党组织不强。作者提到他"为什么要写《三里湾》"（见《〈三里湾〉创作前后》第一段。——原注）的时候，曾经说："一到战争结束了，便产生革命已经成功的思想。"

可惜作者没有把他的理性认识在艺术实践中表达出来。假定这个背景能和范登高联系在一起，范登高立刻可以成为更突出、更有血肉的典型。他在党内做了两次检讨；第三次当着群众检讨，态度又不老实，又受了县委批评，他"在马虎不得的情况下，表示以后愿意继续检查自己的思想"。以后检查了没有呢？作者没有告诉我们；只说他当天（就是九月十日开群众大会的那一天）晚上连人带骡子入了社。看到范登高事件这样结束，我们不禁怀疑：他的入社究竟只是无可奈何的低头呢，还是真心悔改的表现？一个变质的党员不经过剧烈的思想斗争，可能在半天之内彻底觉悟，丢掉他背了多年的包袱吗？对于早先的蜕化和最后的回头，作者没有一个明确的交代，范登高的形象便显得残缺不全了。

　　书中的进步分子，和落后分子一样是次要角色比较成功。满喜那股"一阵风"的劲头，为了争是非"可以不收秋不过年"的脾气，他的风趣，他的旺盛的生命力，写得都很传神。秦小凤与玉梅，理性与感情很平衡，见事敏捷，有决断，有作为，不愧为新生力量；玉梅尤其在刚强中带着妩媚，给读者留下深刻的印象。灵芝的性格略嫌软弱，不完全能担负作者给她的使命。她发誓要治父亲的思想病，但只在范登高被支部大会整了一顿以后才劝过一阵是不够的。玉生的造像还可以加强些；书中用的多半是侧面手法，笔触太轻飘，色调太柔和，跟他应有的地位不大相称。但他到底是有个性的，会跟小俊离婚。

　　金生照理是跟范、马、袁等落后分子做斗争的领导，在实际行动中却是作用不大。虽然出场的机会极多，但始终像个陪客。在公开的场合也罢，跟私人接触也罢，在内部开会也罢，讨论扩社开渠也罢，批判范登高也罢，金生都不大有领导的气魄。便是要表现集体领导，金生的分量也不能太轻；因为集体领导并不等于没有中心人物，而张乐意、魏占奎等骨干分子的形象也得相当加强才说得上。"耐心"和"作风细致"两个优点，在金生身上有点近于息事宁人的"和事佬"作风。最显著的是他在马家入社以后，劝玉梅与有翼不要再向马多寿闹分家。作者的解释是他一时"顾不上详细考虑……当秦小凤一提出来，他觉着是不分对，可是和玉梅辩论了一番之后，又觉得是分开对了"。我认为问题不是来不及详细考虑，也不是金生头脑迟钝，而是

由于他的本性带点儿婆婆妈妈，看事情偏重于团结而不大问实际的效果。我绝不说党员只应该有理智；相反，人情味正是党员最优秀的品质之一；但领导一个比较进步的农村的党支书，总不能像金生那样的带点姑息的作风。范登高的小买卖已经做了一年之久，金生从来没有正面批评他，帮助他，更证明金生的软弱。

　　因为被批判和被表扬的主要角色不是发展不完全，便是刻画得不够有力，所以先进与落后的对比不够分明，矛盾不够尖锐，解决得太容易。矛盾的尖锐不一定要靠重大的事故：落后的农民不一定都勾结反革命分子做穷凶极恶的破坏，先进分子也不一定要出生入死，在险恶的波涛中打过滚而后胜利。平凡的事只要有深度，就不平凡。三里湾是老解放区，有十多年的斗争史《三里湾》第一面末了，说到汉奸地主刘老五在一九四二年就被枪毙了。落后农民的表现不像旁的地方那样见之于暴烈的行动：那也是一个典型环境。唯其上中农与富农发展资本主义的倾向不表面化，像慢性病一样潜伏在人的心里，所以更需要深入细致地挖掘。暴露了这种内心的戏剧（例如，范登高被整以后的思想情况，糊涂涂接到老二来信以后的苦闷），自然能显出深刻的矛盾，批判也可以更彻底；而落后与先进两个因素的斗争，尽管没有剧烈的行动，本质上就不会不剧烈。唯有经过这种剧烈艰苦的斗争，才有辉煌的、激动人心、影响深远的胜利。何况矛盾的尖锐与否也是从大处衡量一部作品的艺术尺度呢！作者绝非体会不到这些，他在无数细小的场合都暗示了两种力量的冲突。不幸他似乎太顾到农民读者的口味，太着重于小故事的组织、交错、安排，来不及把"冲突"的主题在大关键上尽量发挥，使主要人物不能与次要人物保持适当的比重，作品的思想性不能与艺术性完全平衡。他不是主观在在思想与艺术之间有所轻重，而是没有把两者掌握得一样好。因为在大关节上注意力松了一些，上文所列举的许多高明的艺术手腕，在某 程度之内反倒成为作者的一个负担。丰富多彩，生动有趣的情节，也许把他犀利的目光掩蔽了一部分。另外一个原因，可能是篇幅限得太小了，容纳了那么多的素材，再没有让主流充分发展的余地。

　　可是人物的塑造有了缺陷，主题的表现不够显著，《三里湾》又怎么能成为一部杰出的小说，为读者大众喜爱呢？本文前半段的评价是不是过高了呢？我的解答是这样：除了人物比例所引起的结构问题以外，本书的艺术价值之高是绝对可以肯定的。除了几个大关节表现薄弱之外，本书的思想性还是很充沛的。作者处理每个插曲的时候，从来没有放过暗示主题的机会。花团锦簇的故事，无一不是用敏锐的观察与审慎的选择，凭着长期的体验与思考，从现实生活中提炼出来的典型。就是这点反公式化、反概念化、同时也反自然主义的成绩，加上作者对农民深刻的了解与浓厚的感情（作者自己就是农民出身），发出一股强烈的温暖气息，生活的气息，大大地补偿了《三里湾》的缺点。而且某些形象的笔触软弱，也并不等于完全失败。说明白些，《三里湾》的优点远过于缺点，所谓"瑕不掩瑜"；何况那些优点是有目共赏的，它的缺点却不是每个人都能清清楚楚地感觉到的。

有人说《三里湾》中的恋爱故事"缺乏爱情"，我认为这多半由于人物缺乏外形描写；同时或许是作者故意不从一般的角度来描写爱情，也多少犯了些矫枉过正的毛病。但基本上还是写得很成功的。情节的安排不落俗套，又有曲折，又很自然。真正关心恋爱的只有灵芝、有翼与玉梅；玉生、小俊、满喜三人的结局都不是主动争取的，甚至是出乎他们意料的。前半段写灵芝、玉梅与有翼之间的三角关系非常微妙。中国人谈恋爱本来比较含蓄，温婉；新时代的农村青年对爱情更有一种朴素与健全的看法。康濯同志写的那篇《春种秋收》也表现了这种蕴藉的诗意。灵芝选择对象偏重文化水平，反映出目前农村青年中普遍存在的一个现象；灵芝的觉悟对他们是个很好的教训。

附带提一笔：赵树理同志还是一个描写儿童的能手。他的《刘二和与王继圣》这是赵树理同志写的一个短篇，以及在《三里湾》中略一露面的大胜、十成和玲玲三个孩子，都是最优美最动人的儿童画像。

总而言之，以作者的聪明、才力、感情、政治认识、艺术修养而论，只要把纲领性的关键再抓紧一些，多注意些大的项目，多从山顶上高瞻远瞩；只要在作品完成以后多搁几个月，再拿出来审阅一遍，琢磨一番，他一定有更高的成就，一定能创造出更完美的艺术品为伟大的社会主义事业服务。《三里湾》虽还有些美中不足的地方可以让我们吹毛求疵，但仍不失为近年来的创作界一个极大的收获，一部反映现阶段农村的极优秀的作品。明朗轻

快的气氛正是全国农村中的基本情调。作者怀着满腔热爱，用朴素的文体和富有活力的语言，歌颂了我国农民的高贵品质：勤劳、耐苦、朴实；还有他们的政治觉悟，伟大的时代感应他们的积极性与创造性。书中有的是欢乐的气象，美丽的风光，不伤忠厚的戏谑，使读者于低回叹赏之余，还被他们纯朴温厚的心灵所感动而爱上了他们。

一九五六年五月三十日

菲列伯·苏卜《夏洛外传》译者序[1]

"夏洛是谁？"恐怕国内所有爱看电影的人中没有几个能回答。

大家都知有卓别林而不知有夏洛，可是没有夏洛（Chalot），也就没有卓别林了。

大家都知卓别林令我们笑，不知卓别林更使我们哭。大家都知卓别林是世界上最著名的电影明星之一，而不知他是现代最大艺术家之一。这是中国凡事认不清糟粕与精华（尤其是关于外国的）的通病。

"夏洛是谁？"是卓别林全部电影作品中的主人翁，是卓别林幻想出来的人物，是卓别林自身的影子，是你，是我，是他，是一切弱者的影子。

夏洛是一个无家可归的浪人。在他漂泊的生涯中，除受尽了千古不变的人世的痛苦，如讥嘲、嫉妒、轻薄、侮辱等以外，更备尝了这资本主义时代所尤其显著的阶级的苦恼。他一生只是在当兵，当水手，当扫垃圾的，当旅馆侍者，那些"下贱"的职业中轮回。

夏洛是一个现世所仅有的天真未凿，童心犹在的真人。他对于世间的冷嘲，热骂，侮辱，非但是不理，简直是不懂。他彻头彻尾地不了解人类倾轧凌轹的作用，所以他吃了亏也只知拖着笨重的破靴逃；他不识虚荣，故不知所谓胜利的骄傲：其不知抵抗者亦以此。

这微贱的流浪者，见了人——不分阶级地脱帽行礼，他懂得唯有这样才能免受白眼与恶打。

人们虽然待他不好，但夏洛并不憎恨他们，因为他不懂憎恨。他只知爱。

---

[1] 菲列伯·苏卜《夏洛外传》，系傅雷先生第一部译著，译于一九三二年冬，翌年九月以自己出版社名义自费出版，书前冠有《〈夏洛外传〉译者序》。菲列伯·苏卜（一八九七——一九九〇），法国小说家、诗人、评论家和政治活动家。本篇选自《傅雷文集·文艺卷》（当代世界版）。——编者注

是的，他只知爱：他爱自然，爱动物，爱儿童，爱漂流，爱人类，只要不打他的人他都爱，打过了他的人他还是一样地爱。

因此，夏洛在美洲，在欧洲，在世界上到处博得普遍的同情，一切弱者都认他为唯一的知己与安慰者。

他是憨，傻，蠢，真——其实这都是真的代名词——因此他一生做了不少又憨又傻又蠢而又真的事！

他饿了，饥饿是他的同伴，他要吃，为了吃不知他挨了几顿恶打。

他饿极的时候，也想发财，如一般的人一样。

也如一般的人一样，他爱女人，因此做下了不少在绅士们认为不雅观的笑话。

他漂泊的生涯中，并非没有遇到有饭吃，有钱使，有女人爱的日子，但他终于舍弃一切，回头去找寻贫穷，饥饿，漂泊。他割弃不了它们。

他是一个孤独者。

夏洛脱一脱帽，做一个告别的姿势，反背着手踏着八字式的步子又往不可知的世界里去了。

他永远在探险。他在举动上，精神上，都没有一刻儿的停滞。

夏洛又是一个大理想家，一直在做梦。

"夏洛是谁？"

夏洛是现代的邓几枭脱（Don Quichotte）。

夏洛是世间最微贱的生物，最高贵的英雄。

夏洛是卓别林造出来的，故夏洛的微贱就是卓别林的微贱，夏洛的伟大也就是卓别林的伟大。

夏洛一生的事迹已经由法国文人兼新闻记者菲列伯·苏卜（Philippe Souppault），以小说的体裁，童话的情趣，写了一部外传，列入巴黎北龙书店（Librairie Plon, Paris）的"幻想人物列传"之三。

去年二月二十二日巴黎"*Intransigeant* 夜报"载着卓别林关于夏洛的一段谈话：

"啊，夏洛！我发狂般爱他。他是我毕生的知己，是我悲哀苦闷的时间中的朋友。一九一九年我上船到美国去的时候，确信在电影事业中是没有发财的机会的；然而夏洛不断地勉励我，而且为我挣了不少财产。我把这可怜的小流浪人，这怯弱，不安，挨饿的生物诞生到世上来的时候，原想由他造成一部悲怆的哲学（philosophie pathétique），造成一个讽刺的，幽默的人物。手杖代表尊严，胡须表示骄傲，而一对破靴是象征世间沉重的烦恼！

"这个人物在我的心中生存着，有时他离我很近，和我在一起，有时却似乎走远了些。"

夏洛在《城市之光》里演了那幕无声的恋爱剧后，又不知在追求些什么新的 aventure 了。但有一点我敢断言的，就是夏洛的 aventure 是有限的，而他的生命却是无穷的。他不独为现代人类之友，且亦为未来的，永久的人类之友，既然人间的痛苦是无穷无尽的。

罗素《幸福之路》译者弁言[1]

  人尽皆知戏剧是综合的艺术；但人生之为综合的艺术，似乎还没被人充分认识，且其综合意义的更完满更广大，尤其不曾获得深刻的体验。在戏剧舞台上，演员得扮演种种角色，追求演技上的成功，经历悲欢离合的情绪。但在人生舞台上，我们得扮演更多种的角色，追求更多方面的成功，遇到的局势也更光怪陆离，出人意外。即使在长途的跋涉奔波，忧患遍尝之后，也不一定能尝到甘美的果实——这果实我们称之为人生艺术的结晶品，称之为幸福。

  症结所在，就如本书作者所云，有内外双重的原因。外的原因是物质环境，现存制度，那是不在个人能力范围以内的；内的原因有一切的心理症结，传统信念，那是在个人能力之内而往往为个人所不知或不愿纠正的。精神分析学近数十年来的努力，已驱除了不少内心的幽灵；但这种专门的科学智识既难于普遍，更难于运用。而且人生艺术所涉及的还有生物学，伦理学，社会学，历史，经济以及无数或大或小的智识和——尤其是——智慧。能综合以上的许多观点而可为我们指南针的，在近人著作中，罗素的《幸福之路》似乎是值得介绍的一部。他的现实的观点，有些人也许要认为卑之无甚高论，但我认为正是值得我们紧紧抓握的关键。现实的枷锁加在每个人身上，大家都沉在苦恼的深渊里无以自拔；我们既不能鼓励每个人都成为革命家，也不能抑压每个人求生和求幸福的本能，那么如何在现存的重负之下挣扎出一颗自由与健全的心灵，去一尝人生的果实，岂非当前最迫切的问题？

  在此我得感谢几位无形中促使我译成本书的朋友。我特别要感激一位年

---

[1] 傅雷先生于一九四二年一月译竣《幸福之路》，并撰写此弁言，全书于一九四七年一月由南国出版社出版。现选自《傅雷文集·文艺卷》（当代世界版）。罗素（Bertrand Russell，一八七二—一九七〇），二十世纪最杰出的哲学家之一，同时又是著名的数学家、散文作家和社会活动家。——编者注

轻的友人，使我实地体验到：人生的暴风雨和自然界的一样多，来时也一样的突兀；有时内心的阴霾和雷电，比外界的更可怕更致命。所以我们多一个向导，便多一重盔甲，多一重保障。

这是我译本书的动机。

一九四二年一月

第一部分 读书

杜哈曼《文明》译者弁言[1]

假如战争是引向死亡的路，战争文学便是描写死亡的文学。这种说法，对《文明》似乎格外真切。因为作者是医生，像他所说的，是修理人肉机器的工匠。医院本是生与死的缓冲地带，而伤兵医院还有殡殓与墓地的设备。

伤兵撤离了火线，无须厮杀了，没有了眼前的危险；但可以拼命的对象，压抑恐惧的疯狂，也随之消灭。生与死的搏斗并没中止，只转移了阵地：从庞大的军事机构转到渺小的四肢百骸，脏腑神经。敌人躲在无从捉摸无法控制的区域，加倍的凶残，防御却反而由集团缩为个人。从此是无穷尽的苦海，因为人在痛苦之前也是不平等的。有的"凝神壹志，使自己尽量担受痛苦"；有的"不会受苦，像一个人不会说外国话一样"按系作者在另一著作《殉难者行述》中语；有的靠了坚强的意志，即使不能战胜死亡，至少也暂时克服了痛楚；有的求生的欲望和溃烂的皮肉对比之下，反而加增了绝望。到了忍无可忍的时候，死亡变成解放的救星，不幸"死亡并不肯俯从人的愿望，它由它的意思来打击你：时间，地位，都得由它挑"——这样的一部战争小说集，简直是血肉淋漓的死的哲学。它使我们对人类的认识深入了一步，"见到了他们浴着一道更纯洁的光，赤裸裸地站在死亡前面，摆脱了本能，使淳朴的灵魂恢复了它神明的美。"

可是作者是小说家，他知道现实从来不会单纯，不但沉沦中有伟大，惨剧中还有喜剧。辛酸的讽喻，激昂的抗议，沉痛的呼号，都抑捺不了幽默的微笑，人的愚蠢、怪僻、虚荣，以及偶然的播弄，一经他尖刻辛辣的讽刺（例如，《葬礼》、《纪律》、《装甲骑兵居佛里哀》），在那些惨淡的岁月与悲壮的景色中间，滑稽突梯，宛如群鬼的舞蹈（Dance macabre）。

---

[1] 傅雷先生于一九四二年四月译竣《文明》，搁至一九四七年三月，"花了一个月的工夫把旧译痛改一遍"，并撰写此弁言。全书于同年五月由南国出版社出版。现选自《傅雷文集·文艺卷》。——编者注

作者是冷静的心理分析者，但也是热情的理想主义者。精神交感的作用，使他代替杜希中尉挨受临终苦难。没有夸张，没有号恸，两个简单的对比，平铺直叙地刻画出多么凄凉的悲剧。"这个局面所有紧张刺激的部分，倒由我在那里担负，仿佛这一大宗苦难无人承当就不成其为人生。"

　　有时，阴惨的画面上也射入些少柔和的光，人间的嘻笑教读者松一口气。例如，《邦梭的爱情》：多少微妙的情绪互相激荡、感染；温馨美妙的情趣，有如华多的风情画。剖析入微的心理描写，用的却是婉转蕴藉的笔触：本能也罢，潜意识也罢，永远蒙上一层帷幕，微风飘动，只透露一些消息。作者是外科医生，知道开刀的时候一举一动都要柔和。轻松而端庄的喜剧气氛，也是那么淡淡的，因为骨子里究竟有血腥味；战争的丑恶维持着人物的庄严。还有绿衣太太那种似梦似幻的人物，连爱国的热情也表现得那么轻灵。她给伤兵的安慰，就像清风明月一样的自然，用不到费心，用不到知觉就接受了。朴素的小诗，比英勇的呼号更动人。

　　然而作者在本书中尤其是一个传道的使徒。对死亡的默想，对痛苦的同情，甚至对长官的讽刺，都归结到本书的题旨，文明！个人的毁灭，不但象征一个民族的，而且是整个文明的毁灭。"我用怜悯的口气讲到文明，是经过思索的，即使像无线电那样的发明也不能改变我的意见……今后人类滚下去的山坡，绝不能再爬上去。"他又说："文明，真正的文明，我是常常想到的，那应该是齐声合唱着颂歌的一个大合唱队……应该是会说'大家相爱'，'以德报怨'的人。"到了三十年后的今日，无线电之类早已失去魅力，但即使像原子能那样的发明，我相信仍不能改变作者对文明的意见。

　　《文明》所描写的死亡，纵是最丑恶的场面，也有一股圣洁的香味。但这德行并不是死亡的，而是垂死的人类的。就是这圣洁的香味格外激发了生命的意义。《文明》描写死亡，实在是为驳斥死亡，否定死亡。

　　一九四二年四月我译完这部书的时候，正是二次大战方酣的时候。如今和平恢复了快两年，大家还没意思从坡上停止翻滚。所以本书虽是第一次大战的作品，我仍旧花了一个月的工夫把旧译痛改了一遍。

一九四七年三月

巴尔扎克《高老头》简介[1]

批评家称《高老头》为近代的《李尔王》。但在社会观点上，它比莎翁的名剧意义更深广。巴尔扎克的人物不止是一个人物，而是时代的典型；悲剧的因素也不限于个人的性情气质，而尤在乎淫靡腐化的社会环境。鲍赛昂夫人代表没落的贵族，以隐遁终场；拉斯蒂涅与伏脱冷代表新兴阶级的两种作风：一个像瘟疫般钻进社会，一个像炮弹般轰进社会。野心家求名求利的挣扎，与高老头绝望的父爱交错之下，使小说内容愈显得光怪陆离，动人心魄。本书初译于一九四四年，印过四版，销达九千余部。兹因译者不满译文风格，特全部修正重译，交由本社出版。

---

[1] 本文系译者一九五一年为平明出版社版《高老头》一书所写的内容介绍。原题作"高老头重译本"，今改用现名。现选自《傅雷文集·文艺卷》（当代世界版）。——编者注

巴尔扎克《欧也妮·葛朗台》简介[1]

典型的守财奴葛朗台,"讲起理财的本领……是只老虎,是条巨蟒:他会躺在那里,蹲在那里,把俘虏打量个半天再扑上去,张开血盆大口的钱袋,倒进大堆的金银……"他象征近代人的上帝,法力无边而铁面无情的财神。为挣大钱,他盘剥外人;为省小钱,他刻薄家人。临死最后一句话,是叫女儿看守财产,将来到另一个世界上去向他交账。然而他一生积蓄的两千万家私,并无补于女儿的命运。黄金的枷锁与不幸的爱情,反而促成了欧也妮·葛朗台双重的悲剧。在巴尔扎克小说中,这是一部结构最古典的作品。文章简洁精练,淡雅自然,可算为最朴素的史诗。

---

[1] 《欧也妮·葛朗台》译竣于一九四八年八月,由三联书店出版于一九四九年六月。一九五一年,改由上海平明出版社出版。一九五六年十一月复由人民文学出版社出版。本文系傅雷为平明版所写之内容介绍。现选自《傅雷文集·文艺卷》(当代世界版)。——编者注

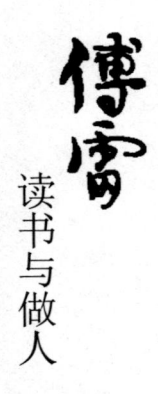

巴尔扎克《贝姨》译者弁言[1]

欧洲人所谓的 cousin（法文为 cousine，指女性），包括：

一、堂兄弟姐妹，及其子女；

二、姑表、姨表、舅表的兄弟姐妹，及其子女；

三、妻党的堂兄弟姐妹，及其子女；妻党的表兄弟姐妹，及其子女；

四、夫党的堂兄弟姐妹，及其子女；夫党的表兄弟姐妹，及其子女。

总之，凡是与自己的父母同辈而非亲兄弟姐妹的亲属，一律称为 cousin，其最广泛的范围，包括吾国所谓"一表三千里"的远亲。换言之，我们认为辈分不同的亲属，例如，堂伯堂叔，表伯表叔，表姑丈表姑母等，在欧洲都以 cousin 相称；因为这些亲属虽与父母同辈，但已是父母的 cousin 与 cousine，故下一辈的人亦跟着称为 cousin 与 cousine。

本书的主角贝德，是于洛太太的堂妹，在于洛先生应该是堂的小姨（另一方面是堂姐夫），对于洛的子女应该是堂的姨母。但于洛夫妇称贝德为 cousine，贝德亦称于洛夫妇为 cousin 与 cousine；于洛的儿女称贝德亦是 cousine，贝德称他们亦是 cousin 与 cousine。甚至于洛家旁的亲戚都跟了于洛一家称贝德为 Cousine Bette。而本书的书名也就是 Cousine Bette。

我们的习惯，只有平辈之间跟了小辈而叫长一辈（所谓三姑姑六婆婆就

---

[1] 傅雷先生于一九五〇年十二月至翌年五月译完《贝姨》，并撰写此弁言。全书于一九五一年八月由上海平明出版社出版。现选自《傅雷文集·文艺卷》（当代世界版）。——编者注

是这么叫起来的），绝没有小辈把长辈叫低一辈的。西方习惯，称为 cousin 与 cousine 固并无长幼的暗示，但中文内除了堂兄弟姐妹表兄弟姐妹之外，就没有一个称呼，其范围之广泛能相当于 cousin 与 cousine 的。要找一个名词，使书中的人物都能用来称呼贝德，同时又能用作书名，既不违背书中的情节，又不致使中国读者观感不明的，译者认为唯有贝姨两字，而不能采取一般的译法作"从妹贝德"（从妹系古称，习俗上口头上从来不用）。对小姨子称为姨，对姨母称为姨，连自己的堂姐妹也顺了丈夫孩子而称为姨，一般人也跟着称姨，正是顺理顺章，跟原书 Cousine Bette 的用法完全相同。

巴尔扎克《夏倍上校》、《奥诺丽纳》、《禁治产》简介[1]

《夏倍上校》、《奥诺丽纳》、《禁治产》三个中篇都以夫妇之间的悲剧为题材。三个品德卓越，人格超群的男子，却遭遇了残酷的命运。做妻子的为了虚荣，享乐，金钱，地位，不惜忍心害理，指丈夫为白痴（《禁治产》）；或竟斥为冒名顶替必欲置之死地而后快（《夏倍上校》）。奥诺丽纳是三个女性中最纯洁最严肃的一个，但因为追求想入非非的爱情，对人生抱着不可能的奢望，终于造成了无可挽救的悲剧，与丈夫同归于尽。

每个中篇如巴尔扎克所有的作品一样，都有善与恶，是与非，美与丑的强烈对比；正人君子与牛鬼蛇神杂然并列，令人读后大有啼笑皆非之感。——唯其如此，我们才体会到《人间喜剧》的深刻意义。

---

[1] 《夏倍上校》、《奥诺丽纳》、《禁治产》译竣于一九五三年十二月，曾合为一册，由上海平明出版社于一九五四年三月出版。此系傅雷先生为平明撰写的简介，并撰有《禁治产》题解。现选自《傅雷文集·文艺卷》（当代世界版）。——编者注

巴尔扎克《于絮尔·弥罗埃》简介[1]

  本书描写法国十九世纪三十年代的一般小布尔乔亚贪婪成性，为了争夺遗产，不择手段，几乎把一个天真无邪的少女做了牺牲品。除了女主人公于絮尔之外，巴尔扎克又塑造了几个中心人物：财迷心窍的米诺莱，阴险的古鄙和孤僻的老医生。曲折的情节写出各方面大大小小的冲突和矛盾。作者以老医生的托梦作为高潮的转折点：一方面加强了故事的戏剧性，一方面也减少了作品的现实性，令人有美中不足之感。但对于鬼神的迷信，不但暴露了巴尔扎克个人的癖好及其性格的复杂，同时也反映了当时欧洲的知识界还沾染不少迷信的毒素。所以即使是作品里不现实的缺点，从另一角度上看仍不失为反映现实的表现。

---

[1]　《于絮尔·弥罗埃》翻译于一九五四年九月至翌年四月。全书于一九五六年由人民文学出版社出版。这则简介系傅雷先生为人文版所写。现选自《傅雷文集·文艺卷》（当代世界版）。——编者注

巴尔扎克《赛查·皮罗多盛衰记》译者序[1]

一八四六年十月，本书初版后九年，巴尔扎克在一篇答复人家的批评文章中提到："赛查·皮罗多在我脑子里保存了六年，只有一个轮廓，始终不敢动笔。一个相当愚蠢相当庸俗的小商店老板，不幸的遭遇也平淡得很，只代表我们经常嘲笑的巴黎零售业：这样的题材要引起人的兴趣，我觉得毫无办法。有一天我忽然想到：应当把这个人物改造一下，叫他做一个绝顶诚实的象征。"

于是作者就写出一个在各方面看来都极平凡的花粉商，因为抱着可笑的野心，在兴旺发达的高峰上急转直下，一变而为倾家荡产的穷光蛋，但是"绝顶诚实"的德行和补赎罪过的努力，使他的苦难染上一些殉道的光彩。黄金时代原是他倒霉的起点，而最后胜利来到的时候，他的生命也到了终局。这么一来，本来不容易引起读者兴趣的皮罗多，终究在《人间喜剧》（《人间喜剧》是巴尔扎克所作九十四部小说的总称。按照作者的计划，还有五十部小说没有写出）的舞台上成为久经考验，至今还没过时的重要角色之一。

乡下人出身的赛查·皮罗多，父母双亡，十几岁到巴黎谋生。由于机会好，也由于勤勤恳恳的劳动，从学徒升到店员，升到出纳，领班伙计，最后盘下东家的铺子，当了老板。他结了婚，生了一个女儿；太太既贤慧，女儿也长得漂亮；家庭里融融洽洽，过着美满的生活。他挣了一份不大不小的家业，打算再过几年，等女儿出嫁，把铺子出盘以后，到本乡去买一所农庄来经营，就在那里终老。至此为止，他的经历和一般幸运小康的市民没有多大分别。但他年轻的时候参加过一次保王党的反革命暴动，中年时代遇到拿

---

[1] 此系傅雷于一九五八年二月译毕《赛查·皮罗多盛衰记》后，于六月五日撰写的序文。一九七八年该书作为遗译，由人民文学出版社出版。现选自《傅雷文集·文艺卷》（当代世界版）。——编者注

破仑下台，波旁王朝复辟，他便当上巴黎第二区的副区长。一八一九年，政府又给他荣誉团勋章。这一下他得意忘形，想摆脱花粉商的身份，踏进上流社会去了。他扩充住宅，大兴土木，借庆祝领土解放为名开了一个盛大的跳舞会；同时又投资做一笔大规模的地产生意。然后他发觉跳舞会的代价花到六万法郎，预备付地价的大宗款子又被公证人卷逃。债主催逼，借贷无门，只得"交出清账"，宣告破产。接着便是一连串屈辱的遭遇和身败名裂的痛苦；这些折磨，他都咬紧牙关忍受了，因为他想还清债务，争回名誉。一家三口都去当了伙计，省吃俭用，积起钱来还债。过了几年，靠着亲戚和女婿的帮助，终于把债务全部了清，名誉和公民权一齐恢复；他却是筋疲力尽，受不住苦尽甘来的欢乐，就在女儿签订婚约的宴会上中风死了。

　　巴尔扎克把这出悲喜剧的教训归纳如下：

　　"每个人一生都有一个顶点，在那个顶点上，所有的原因都起了作用，产生效果。这是生命的中午，活跃的精力达到了平衡的境界，发出灿烂的光芒。不仅有生命的东西如此，便是城市，民族，思想，制度，商业，事业，也无一不如此；像王朝和高贵的种族一样，都经过诞生，成长，衰亡的阶段。……历史把世界上万物盛衰的原因揭露之下，可能告诉人们什么时候应当急流勇退，停止活动……赛查不知道他已经登峰造极，反而把终点看作一个新的起点……结果与原因不能保持直接关系或者比例不完全相称的时候，就要开始崩溃：这个原则支配着民族，也支配着个人。"

　　这些因果关系与比例的理论固然很动听，但是把人脱离了特定的社会而孤立起来看，究竟是抽象、空泛而片面的，绝不能说明兴亡盛衰的关键。资本主义的商业总是大鱼吃小鱼的残酷斗争，赛查不过是无数被吞噬的小鱼之中的一个罢了。巴尔扎克在书里说："这里所牵涉的不止是一个单独的人，而是整个受苦的人群。"这话是不错的，但受苦的原因绝不仅仅在于个人的聪明才智不够，或者野心过度，不知道急流勇退等，而主要是在于社会制度。巴尔扎克说的"受苦的人群"，当然是指小市民、小店主、小食利者，在资本主义社会里注定要逐渐沦为无产者的那个阶层。作者在这本书里写的就是这般可怜虫如何在一个人吃人的社会里挣扎：为了不被人吃，只能自己吃人；要没有能力吃人，就不能不被人吃。他说："在有些人眼里，与

其做傻瓜，宁可做坏蛋。"傻瓜就是被吃的人，坏蛋就是有足够的聪明去吃人的人。个人的聪明才智只有在这个意义上才有作用。从表面看，赛查要不那么虚荣，就不会颠覆。可是他的叔岳不是一个明哲保身的商人吗？不是没有野心没有虚荣的吗？但他一辈子都战战兢兢，提防生意上的风浪，他说："一个生意人不想到破产，好比一个将军永远不预备吃败仗，只算得半个商人。"既然破产在那个社会中是常事，无论怎样的谨慎小心也难有保障，可见皮罗多的虚荣、野心、糊涂、莽撞等的缺点，只是促成他灾难的次要因素。即使他没有遇到罗甘和杜·蒂埃这两个骗子，即使他听从了妻子的劝告，安分守己，太平无事地照原来的计划养老，也只能说是侥幸。比勒罗对自己的一生就是这样看法。何况虚荣与野心不正是剥削社会所鼓励的吗？争权夺利和因此而冒的危险，不正是私有制度应有的现象吗？

而且也正是巴尔扎克，凭着犀利的目光和高度写实的艺术手腕，用无情的笔触在整部《人间喜剧》中暴露了那些血淋淋的事实。尤其这部《赛查·皮罗多盛衰记》的背景完全是一幅不择手段，攫取财富的丑恶的壁画。他带着我们走进大小商业的后台，叫我们看到各色各种的商业戏剧是怎么扮演的，掠夺与并吞是怎么进行的，竞争是怎样诞生的……所有的细节都归结到一个主题：对黄金的饥渴。那不仅表现在皮罗多身上，也表现在年轻的包比诺身上；连告老多年的拉贡夫妻，以哲人见称的比勒罗叔叔，都不免受着诱惑，几乎把养老的本钱白白送掉。坏蛋杜·蒂埃发迹的经过，更是集卑鄙龌龊，丧尽天良之大成。他是一个典型的"冒险家"，"他相信有了钱，一切罪恶就能一笔勾销"，作者紧跟着加上一句按语："这样一个人当然迟早会成功的。"在那个社会里，不但金钱万能，而且越是阴险恶毒，越是没有心肝，越容易飞黄腾达。所谓银行界，从底层到上层，从掌握小商小贩命脉的"羊腿子"起，到亦官亦商，操纵国际金融的官僚资本家纽沁根和格莱弟兄，没有一个不是无恶不作的大大小小的吸血鬼。书中写的主要是一八一六年到一八二〇年间的事，那时的法国还谈不上近代工业；蒸汽机在一八一四年还不大有人知道，一八一七年罗昂城里几家纺织厂用了蒸汽动力，大家当作新鲜事儿；大批的铁道建设和真正的机械装备，要到一八三六年后才逐步开始。（见拉维斯主编《法国近代史》第四卷"王政复辟"第三〇四页、第五卷"七月王朝"第一九八页。）可是巴尔扎克告诉我们，银行资本早已统治法国社会，银行家勾结政府，利用开辟运河之类的公用事业大做投机的把戏，已经很普遍；交易所中偷天换日，欺骗讹诈的勾当，也和二十世纪的情况没有两样。现代资本主义商业的黑幕，例如，股份公司发行股票来骗广大群众的金钱，银行用收回信贷的手段逼倒企业，加以并吞等，在十九世纪初叶不是具体而微，而是已经大规模进行了。杜·蒂埃手下的一个傀儡，无赖小人克拉巴龙，赤裸裸地说的一大套下流无耻的人生观（见本书第十二章。——我想借此提醒一下青年读者，巴尔扎克笔下的一切冒险家都有类似杜·蒂埃和克拉巴龙的言论，充分表现愤世嫉俗，或是玩世不恭，以人生为一场大赌博的态度。我们读的时候不能忘了：那是在阶级斗争极尖锐的情形之下，一些不愿受人奴役而自己想奴役别人的人向他的社会提出的挑战，是反映你死我活的斗争的疯狂心理）和所谓企业界的内情，应用到现在的资本主义社会仍然是贴切的。克拉巴龙给投机事业下的一个精辟的定义，反映巴尔扎克在一百几十年以前对资本主义发展的预见：——

"花粉商道：'投机？投机是什么样的买卖？'——克拉巴龙答道：'投机是抽象的买卖。据金融界的拿破仑，伟大的纽沁根说……它能叫你垄断一切，油水的影踪还没看见，你就先到嘴了。那是一个惊天动地的规划，样样都用如意算盘打好的，反正是一套簇新的魔术。懂得这个神通的高手一共不过十来个。'"（见本书第十二章）

杜·蒂埃串通罗甘做的地产生意，自己不掏腰包，牺牲了皮罗多而发的一笔横财，便是说明克拉巴龙理论的一个实例。怪不得恩格斯说：巴尔扎克"汇集了法国社会的全部历史，我从这里……甚至在经济细节方面……所学到的东西，也要比从当时所有职业的历史学家、经济学家和统计学家那里学到的全部东西还要多"。（恩格斯一八八八年四月初致哈克纳斯的信。）而《赛查·皮罗多盛衰记》这部小说特别值得我们注意的一点是：早在王政复辟时代，近代规模的资本主义还没有在法国完全长成以前，资本主义已经长着毒疮，开始腐烂。换句话说，巴尔扎克描绘了资产阶级的凶焰，也写出了那个阶级灭亡的预兆。

历来懂得法律的批评家一致称道书中写的破产问题，认为是法律史上

极宝贵的文献。我们不研究旧社会私法的人,对这一点无法加以正确的估价。但即以一般读者的眼光来看,第十四章的《破产概况》所揭露的错综复杂的阴谋,又是合法又是非法的商业活剧,也充分说明了作者的一句很深刻的话:"一切涉及私有财产的法律都有一个作用,就是鼓励人钩心斗角,尽量出坏主意。"——在这里,正如在巴尔扎克所有的作品中一样,凡是他无情地暴露现实的地方,常常会在字里行间或是按语里面,一针见血,挖到资本主义社会的病根,而且比任何作家都挖得深,挖得透。但他放下解剖刀,正式发表他对政治和社会的见解的时候,就不是把社会向前推进,而是往后拉了。很清楚,他很严厉地批判他的社会;但同样清楚的是他站在封建主义立场上批判。他不是依据他现实主义的分析做出正确的结论,而是拿一去不复返的,被历史淘汰了的旧制度做批判的标准。所以一说正面话,巴尔扎克总离不开封建统治的两件法宝:君主专制和宗教,仿佛只有这两样东西才是救世的灵药。这部小说的保王党气息还不算太重,但提到王室和某些贵族,就流露出作者的虔敬、赞美,和不胜怀念的情绪,使现代读者觉得难以忍受。而凡是所谓"好人",几乎没有一个不是虔诚的教徒,比勒罗所以不能成为完人,似乎就因为思想左倾和不信上帝。陆罗神父鼓励赛查拿出勇气来面对灾难的时候,劝他说:"你不要望着尘世,要把眼睛望着天上。弱者的安慰,穷人的财富,富人的恐怖,都在天上。"当然,对一个十九世纪的神父不是这样写法也是不现实的;可是我们清清楚楚感觉到,那个教士的思想正是作者自己的思想,正是他安慰一切穷而无告的人,劝他们安于奴役的思想。这些都是我们和巴尔扎克距离最远而绝对不能接受的地方。因为大家知道,归根结底他是一个天才的社会解剖家,同时是一个与时代进程背道而驰的思想家。顺便说一说作者和破产的关系。巴尔扎克十八九岁的时候,在一个诉讼代理人的事务所里当过一年半的见习书记,对法律原是内行。在二十六至二十九岁之间,他做过买卖,办过印刷所,结果亏本倒闭,欠的债拖了十年才还清。他还不断欠着新债,死后还是和他结婚只有几个月的太太代为偿还的。债主的催逼使他经常躲来躲去,破产的阴影追随了他一辈子。这样长时期的生活经验和不断感受的威胁,对于他写《赛查·皮罗多盛衰记》这部以破产为主题的小说，不能说没有影响。书中那个苛刻的房东莫利奈说的话——"钱是不认人的，钱没有耳朵，没有心肝"，巴尔扎克体会很深。

本书除了暴露上层资产阶级，还写了中下层的小资产阶级（法国人分别叫作布尔乔亚和小布尔乔亚）。这个阶层在法国社会中自有许多鲜明的特色与风俗，至今保存。巴尔扎克非常细致生动地写出他们的生活，习惯，信仰，偏见，庸俗，闭塞，也写出他们的质朴，勤劳，诚实，本分。公斯当斯，比勒罗，拉贡夫妻，包比诺法官，以及皮罗多本人，都是这一类的人物。巴尔扎克在皮罗多的跳舞会上描写他们时，说道：

"这时，圣·但尼街上的布尔乔亚正在耀武扬威，把滑稽可笑的怪样儿表现得淋漓尽致。平日他们就喜欢把孩子打扮成枪骑兵，民兵；买《法兰西武功年鉴》，买《士兵归田》的木刻……上民团值班的日子特别高兴……他们想尽方法学时髦，希望在区公所里有个名衔。这些布尔乔亚对样样东西都眼红，可是本性善良，肯帮忙，人又忠实，心肠又软，动不动会哀怜人……他们为了好心而吃亏，品质不如他们的上流社会还嘲笑他们的缺点；其实正因为他们不懂规矩体统，才保住了那份真实的感情。他们一生清白，教养出一批天真本色的女孩子，刻苦耐劳，还有许多别的优点，可惜一踏进上层阶级就保不住了。"

作者一边嘲笑他们，一边同情他们。最突出的当然是他对待主角皮罗多的态度，他处处调侃赛查，又处处流露出对赛查的宽容与怜悯，最后还把他作为一个"为诚实而殉道的商人"加以歌颂。

倘若把玛杜太太上门讨债的一幕跟纽沁根捉弄皮罗多一幕做一个对比，或者把皮罗多在破产前夜找克拉巴龙时心里想的"他平民大众的气息多一些，说不定还有点儿心肝"的话思索一下，更显出作者对中下阶层的看法。

所以这部作品不单是带有历史意义的商业小说，而且还是一幅极有风趣的布尔乔亚风俗画。

一九五八年六月五日

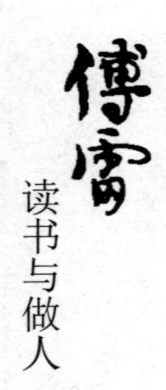

巴尔扎克《搅水女人》译者序[1]

《搅水女人》最初发表第一部，题作《两兄弟》，第二部发表的时候标题是《一个内地单身汉的生活》，写完第三部印成单行本，又改用《两兄弟》作为总题目。巴尔扎克在遗留的笔记上又改称这部小说为《搅水女人》，在他身后重印的版本便一贯沿用这个题目。

因为巴尔扎克一再更改书名，有些学者认为倘若作者多活几年，在他手里重印一次全部《人间喜剧》的话，可能还要改动名字。原因是小说包含好几个差不多同样重要的因素（或者说主题），究竟哪一个因素或主题最重要，连作者自己也一再踌躇，难以决定。

按照巴尔扎克生前手订的《人间喜剧》总目，这部小说列在"风俗研究编"的"内地生活栏"，在"内地生活栏"中又作为写"独身者"生活的第三部；可见当时作者的重点是在于约翰·雅各·罗日这个单身汉。

在读者眼中，罗日的故事固然重要，他的遗产和他跟搅水女人的关系当然是罗日故事的主要内容；可是腓列普的历史，重要的程度有过无不及；而两兄弟从头至尾的对比以及母亲的溺爱不明也占着很大的比重。《搅水女人》的标题与小说的内容不相符合，至少是轻重不相称。作者用过的其他两个题目，《两兄弟》和《一个内地单身汉的生活》，同样显不出小说的中心。可怜的罗日和腓列普相比只是一个次要人物，争夺遗产只是一个插曲，尽管是帮助腓列普得势的最重要因素。

再以本书在《人间喜剧》这个总体中所占的地位而论，以巴尔扎克在近代文学史上创造的人物而论，公认的典型，可以同高老头，葛朗台，贝姨，邦斯，皮罗多，伏脱冷，于洛，杜·蒂埃等并列而并传的，既非搅水女人，

---

[1] 此系傅雷先生于一九五九年底译毕《搅水女人》后，于一九六○年一月撰写的序文。该书于一九六二年十一月，由人民文学出版社出版。现选自《傅雷文集·文艺卷》（当代世界版）。——编者注

亦非脓包罗日，而是坏蛋腓列普·勃里杜。腓列普已是巴尔扎克笔下出名的"人妖"之一，至今提到他的名字还是令人惊心动魄的。

检阅巴尔扎克关于写作计划的文件以及他和友人的通信，可以断定他写本书的动机的确在于内地单身汉，以争夺遗产为主要情节，其中只是牵涉一个情妇，一个外甥和其他有共同继承权的人。但人物的发展自有他的逻辑，在某些特殊条件之下，有其势所必然的发展阶段和最后的归宿。任何作家在创作过程中都不免受这种逻辑支配，也难免受平日最感兴趣的某些性格吸引，在不知不觉中转移全书的重心，使作品完成以后与动笔时的原意不尽相符，甚至作者对书名的选择也变得迟疑不决了。巴尔扎克的《搅水女人》便是这样一个例子。大家知道，巴尔扎克最爱研究也最擅长塑造的人物，是有极强烈的情欲，在某个环境中畸形地发展下去，终于变作人妖一般的男女！情欲的对象或是金钱，结果就有葛朗台那样的守财奴；或是儿女之爱，以高老头为代表；或是色情，以于洛为代表；或是口腹之欲，例如邦斯。写到一个性格如恶魔般的腓列普，巴尔扎克当然不会放过机会，不把他尽量发展的。何况在所有的小说家中，巴尔扎克是最富于幻境的一个：他的日常生活常常同幻想生活混在一起，和朋友们谈天会忽然提到他所创造的某个人物现在如何如何，仿佛那个人物是一个实有的人，是大家共同认识的，所以随时提到他的近状。这样一个作家当然比别的作家更容易被自己的假想人物牵着走。作品写完以后，重心也就更可能和原来的计划有所出入。

他的人物虽然发展得畸形，他却不认为这畸形是绝无仅有的例外。腓列普就不是孤立的；玛克斯对搅水女人和罗日的命运起着决定性的作用，明明是腓列普的副本；在腓列普与玛克斯背后，还有一批拿破仑的旧部和在书中不露面的，参加几次政治阴谋的军人。为了写玛克斯的活动和反映伊苏屯人的麻痹，作者加入一个有声有色的插曲——逍遥团的捣乱。要说明逍遥团产生的原因，不能不描绘整个伊苏屯社会，从而牵涉城市的历史；而且地方上道德观念的淡薄，当局的懦弱无能，也需要在更深远的历史中去找根据。内地生活经过这样的写照，不但各种人物各种生活有了解释，全书的天地也更加扩大，有了像巨幅的历史画一样广阔的视野。

与腓列普做对比的约瑟也不是孤立的。一群优秀的艺术家替约瑟做陪

衬，也和一班堕落的女演员做对比。应当附带提一句的是，巴尔扎克在阴暗的画面上随时会加几笔色调明朗的点染：台戈安太太尽管有赌彩票的恶习，却是古道热肠的好女人，而且一举一动都很可爱；便是玛丽埃德也有一段动人的手足之情和向社会英勇斗争的意志，博得读者的同情。巴尔扎克的人物所以有血有肉，那么富于人情味与现实感，一部分未始不是由于这种明暗的交织。

巍然矗立在这些错综复杂的景象后面的，一方面是内地和巴黎的地方背景；一方面是十九世纪前期法国的时代背景：从大革命起到一八三〇年七月革命以后一个时期为止，政治上或明或暗的波动，金融与政治的勾结，官场的腐败，风气的淫靡，穷艺术家的奋斗，文艺思潮的转变，在小说的情节所需要的范围之内都接触到了。

巴尔扎克在《人间喜剧》的总序中说，他写小说的目的既要像动物学家一般分析人的动物因素，就是说人的本性，又要分析他的社会因素，就是说造成某一典型的人的环境。他认为："人性非善非恶，生来具备许多本能和才能。社会绝不像卢梭说的使人堕落，而能使人进步，改善，但利害关系往往大大发展了人的坏倾向。"巴尔扎克同时自命为历史家，既要写某一时代的人情风俗史，还要为整座城市整个地区留下一部真实的记录。因此他刻画人物固然用抽丝剥茧的方式尽量挖掘；写的城市，街道，房屋，家具，衣着，装饰，也无一不是忠实到极点的工笔画。在他看来，每一个小节都与特定时期的物质生活精神生活密切相关。这些特点见之于他所有的作品，而在《搅水女人》中尤其显著，也表现得特别成功。

环绕在忍心害理，无恶不作的腓列普周围的，有脓包罗日的行尸走肉的生活，有搅水女人的泼辣无耻的活剧，有玛克斯的阴险恶毒的手段，有退伍军人的穷途末路的挣扎，有无赖少年的无法无天的恶作剧，又有勃里杜太太那样糊涂没用的好人，有腓列普的一班酒肉朋友，社会的渣滓，又有约瑟和一班忠于艺术的青年，社会的精华……形形色色的人物与场面使这部小说不愧为巴尔扎克的情节最复杂，色彩最丰富的杰作之一。有人说只要法国小说存在下去，永远有人会讨论这部小说，研究这部小说。

一九六〇年一月十一日

巴尔扎克《都尔的本堂神甫》、《比哀兰德》译者序[1]

一八三三年《都尔的本堂神甫》初次出版，题目叫作《独身者》；独身者一字用的是多数，因为书中几个主角都是单身人。作品未写成时，巴尔扎克曾想命名为《老姑娘》（一八三六年巴尔扎克另外写了一部题作《老姑娘》的小说，按性质也可归在《独身者》的总标题下，但作者列为《竞争》的第三部），用《独身者》为书题出版以后，一度又有意改为《脱罗倍神甫》；直到一八四三年以《人间喜剧》为全部小说总名的计划完全确定的时候，才改作《都尔的本堂神甫》，而把《独身者》作为《比哀兰德》、《搅水女人》和这篇小说的总标题。（一八四五年作者编订的《人间喜剧》总目，共有一百四十三部小说，分作"风俗研究"、"哲学研究"、"分析研究"三编。"风俗研究"编又分为"私生活场面"、"内地生活场面"、"巴黎生活场面"、"政治生活场面"、"军事生活场面"、"乡下生活场面"六大项目。在"内地生活场面"中，《都尔的本堂神甫》，《比哀兰德》和《搅水女人》三部小说另成一组（以几部小说合为一组的编制方式，在《人间喜剧》中是常用的），称为《独身者》之一，之二，之三。作者身后，一切版本都合《都尔的本堂神甫》与《比哀兰德》为一册，《搅水女人》单独一册；只有全集本才合印三部作品为一册。

这部小说的三个主要人物，一个是老姑娘，一个是脱罗倍神甫，一个原来为大堂的副堂长，后来降级为郊外小堂的本堂神甫。作者一再更动题目，足见他对于小说的重心所在有过长时期的犹豫，最后方始采用他对待《赛查·皮罗多盛衰记》和《邦斯舅舅》（《邦斯舅舅》一书原来他想题作《两个朋友》）的办法，决定以不幸的牺牲者，无辜受辱的可怜虫作为故事的主体。

---

[1] 此系傅雷先生于一九六〇年十一月译毕《都尔的本堂神甫》、《比哀兰德》后，于十二月撰写的序文。该书于一九六三年一月，由人民文学出版社出版。现选自《傅雷文集·文艺卷》（当代世界版）。——编者注

迦玛小姐是承包脱罗倍和皮罗多两个神甫膳宿的房东,她气量狭小,睚眦必报,又抱着虚荣的幻想。脱罗倍是工于心计的阴谋家,只想在教会中抓权势。皮罗多则是天真无知的享乐主义者,也是率直笨拙的自私自利者。同居的摩擦使迦玛小姐和脱罗倍通同一气,花了很大的力量,使尽卑鄙恶毒的手段,迫害一个忠厚无用,不堪一击的弱者。琐碎无聊的小事所引起的仇恨不但酿成一幕悲惨的戏剧,还促发了内地贵族和布尔乔亚的党争,甚至影响到远在巴黎的政客。不管内容多么单调平凡,巴尔扎克塑造的人物,安排的情节,用极朴素而极深刻的手法写出的人情世故和社会的真相,使这个中篇成为一个非常有力和悲怆动人的故事,在《人间喜剧》中占着重要地位。

正如作者用过几个不同的书名,我们研究的时候也可以有几个不同的线索:老处女的心理特征和怪僻,脱罗倍的阴狠残忍,皮罗多的懦弱与愚蠢,都可作为探讨各种典型面貌的中心。像巴尔扎克那样的作家,几乎没有一部作品不是有好几个人物刻画得同样深刻,性格发展得同样充分,每个角色都能单独成为一个主体的。但我们现在看来,最有意义的或许并不在于分析单身人的心理,而尤其在于暴露政治和教会的内幕。出家人而如此热衷于名位,对起居饮食的舒适如此恋恋不舍,脱罗倍为此而不择手段(他除了在教会中希图高位以外,还觊觎皮罗多的住屋),皮罗多为此而身败名裂:岂不写尽了教士的可笑可怜,可鄙可憎!开口慈悲,闭口仁爱,永远以地狱吓唬人的道学家,原来干得出杀人不见血的勾当!自命为挽救世道,超度众生的教会,不仅允许宣教师与政府相互勾结利用,为了满足私欲而颠倒是非,陷害无辜,教会本身还做脱罗倍的帮凶,降了皮罗多的级位,还要宣布他为骗子。虽然巴尔扎克又是保王党,又是热心的旧教徒,事实所在,他也不能不揭发君主政体的腐败与教会的黑暗。即使他不愿,也不敢明白指出教会的伪善便是宗教的伪善,作品留给读者的印象终究逃不过这样一个结论。

《比哀兰德》是另一情调的凄凉诗篇,像田间可爱的野花遭到风雨摧残一样令人扼腕、叹息,同时也是牛鬼蛇神争权夺利的写照。主要事实很简单,交织在一起的因素却是光怪陆离;因为人的外部表现可能很单纯,行事可能很无聊,不值一谈,他的精神与情绪的波动永远是复杂的。以比哀兰德来说,周围大大小小的事故从头至尾造成她的悲剧,她遭遇不幸好像是不可解释的；以别的人物来说，一切演变都合乎斗争的逻辑，不但在意料之中，而且动机和目标都很明确，经过深思熟虑的策划和有意的推动：比哀兰德不过是他们在向上爬的阶梯上踩死的一个虫蚁而已。在并无感伤气质的读者眼中，与比哀兰德的悲剧平行的原是一场由大小布尔乔亚扮演的丑恶的活剧。

　　巴尔扎克写《人间喜剧》的目标之一，原要替一个时代一个民族留下一部完整的风俗史，同时记录各个城市的外貌，挖掘各种人物的内心，所以便是情节最简单的故事，在他笔下也要牵涉几个特殊的社会阶层和特殊背景。在这部书里，作者分析了小商人，也分析了各个不同等级的布尔乔亚；写了一对少年男女的纯洁的爱，也写了老处女和老单身汉的鄙俗的情欲——他并不一味谴责他们的褊狭，自私，鄙陋，庸俗，也分析造成这些缺点的社会原因，家庭教育的不足和学徒生活的艰苦，流露出同情的口吻；他既描绘了某座内地城市的风土人情，又考证历史，做了一番今昔的对比。贯串全篇的大波澜仍然是私生活的纠纷所引起的党派斗争，只是规模比《都尔的本堂神甫》更大，做配角的人物更多罢了。置比哀兰德于死命的还是那些复杂而猥琐的情欲和求名求利的野心。农民出身的小商人有了钱，得不到地位名誉而嫉妒同是小商人出身，但早已升格为上层布尔乔亚的前辈；穷途潦倒的律师痛恨当权的帮口；所谓的进步党千方百计反对政府，拿破仑的旧部表示与王政复辟势不两立，骨子里无非都想取而代之，或至少分到一官半职。一朝金钱，权势，名位的欲望满足了，昔日的政敌马上可以握手言欢，变为朋友。拥护路易十八与查理十世的官僚为了保持既得利益和继续升官发财，迫不及待地向七月革命后的新政权卖身投靠。反之，利害关系一有冲突，同一阵营的狐群狗党就拔刀相向，或者暗箭伤人，排挤同伴：古罗上校与维奈律师的明争暗斗便是一例。至于蒂番纳派和维奈派的倾轧，其实只是布尔乔亚内部分赃不均的斗争；因为当时贵族阶级已败落到只有甘心情愿向布尔乔亚投降的份儿——世家旧族的特·夏日伯甫小姐还不是为了金钱嫁了一个脓包的针线商？

　　作者在《都尔的本堂神甫》中揭破了教会的假面具，在《比哀兰德》中又指出司法界的黑幕。法律既是统治阶级压迫人民的工具，也是统治阶级内讧的武器。资产阶级动辄以司法独立为幌子，不知他们的法律即使不用纳

贿或请托的卑鄙手段，仅仅凭那些繁复的"程序"已足以使穷而无告的人含冤莫诉。不幸巴尔扎克还死抱着天网恢恢，疏而不漏的信念，认为人间的不义，小人的得志，终究逃不过上帝的惩罚。这种永远不会兑现的正义只能使被压迫的弱者隐忍到底，使残酷的刽子手横行无忌到底。用麻醉来止痛，以忍耐代反抗而还自以为苦口婆心，救世救人，是巴尔扎克最大的迷惑之一。因为这缘故，他在《都尔的本堂神甫》中只能暴露教会而不敢有一言半语批判宗教，在《比哀兰德》中妄想以不可知的神的正义来消弭人的罪恶；也因为这缘故，他所有的小说随时随地歌颂宗教，宣传宗教；不用说，在巴尔扎克的作品中，除了拥护君主专政以外，这是我们最需要加以批判的一点。

一九六〇年十二月

丹纳《艺术哲学》译者序[1]

法国史学家兼批评家丹纳（Hippolyte Adolphe Taine，一八二八——一八九三），自幼博闻强记，长于抽象思维，老师预言他是"为思想而生活"的人。中学时代成绩卓越，文理各科都名列第一；一八四八年又以第一名考入国立高等师范，专攻哲学。一八五一年毕业后任中学教员，不久即以政见与当局不合而辞职，以写作为专业。他和许多学者一样，不仅长于希腊文，拉丁文，并且很早精通英文、德文、意大利文。一八五八年至一八七一年间游历英、比、荷、意、德诸国。一八六四年起应巴黎美术学校之聘，担任美术史讲座；一八七一年在英国牛津大学讲学一年。他一生没有遭遇重大事故，完全过着书斋生活，便是旅行也是为研究学问搜集材料；但一八七〇年的普法战争对他刺激很大，成为他研究"现代法兰西渊源"的主要原因。

他的重要著作，在文学史及文学批评方面有《拉封丹及其寓言》（一八五四），《英国文学史》（一八六四——一八六九），《评论集》，《评论续集》，《评论后集》（一八五八，一八六五，一八九四）；在哲学方面有《十九世纪法国哲学家研究》（一八五七），《论智力》（一八七〇）；在历史方面有《现代法兰西的渊源》十二卷（一八七一——一八九四）；在艺术批评方面有《意大利游记》（一八六四——一八六六）及《艺术哲学》（一八六五——一八六九）。列在计划中而没有写成的作品有《论意志》及《现代法兰西的渊源》的其他各卷，专论法国社会与法国家庭的部分。

《艺术哲学》一书原系按讲课进程陆续印行，次序及标题也与定稿稍有出入：一八六五年先出《艺术哲学》（今第一编），一八六六年续出《意

---
[1] 傅雷先生于一九五八年至一九五九年间，在精神处于极度痛苦和压抑的状态下，翻译了丹纳巨著《艺术哲学》，并撰写了这篇序文。本文选自《傅雷全集》第十六卷。——编者注

大利的艺术哲学》（今第二编），一八六七年出《艺术中的理想》（今第五编），一八六八年至一八六九年续出《尼德兰的艺术哲学》和《希腊的艺术哲学》（今第三、四编）。

丹纳受十九世纪自然科学界的影响极深，特别是达尔文的进化论。他在哲学家中服膺德国的黑格尔和法国十八世纪的孔提亚克。他认为世界上一切事物，无论物质方面的或精神方面的，都可以解释；一切事物的产生，发展，演变，消灭，都有规律可寻。他的治学方法是"从事实出发，不从主义出发；不是提出教训而是探求规律，证明规律"；换句话说，他研究学问的目的是解释事物。他在本书中说："科学同情各种艺术形式和各种艺术流派，对完全相反的形式与派别一视同仁，把它们看作人类精神的不同表现，认为形式与派别越多越相反，人类的精神面貌就表现得越多越新颖。植物学用同样的兴趣时而研究橘树和棕树，时而研究松树和桦树；美学的态度也一样，美学本身便是一种实用植物学。"这个说法似乎他是取的纯客观态度，把一切事物等量齐观；但事实上这仅仅指他做学问的方法，而并不代表他的人生观。他承认："幻想世界中的事物像现实世界中的一样有不同的等级，因为有不同的价值。"他提出艺术品表现事物特征的重要程度，有益程度，效果的集中程度，作为衡量艺术品价值的尺度；特别值得注意的是特征的有益程度，因为他所谓有益的特征是指帮助个体与集体生存与发展的特征。可见他仍然有他的道德观点与社会观点。

在他看来，物质文明与精神文明的性质面貌都取决于种族、环境、时代三大因素。这个理论早在十八世纪的孟德斯鸠，近至十九世纪丹纳的前辈圣伯夫，都曾经提到；但到了丹纳手中才发展为一个严密与完整的学说，并以大量的史实为论证。他关于文学史、艺术史、政治史的著作，都以这个学说为中心思想；而他一切涉及批评与理论的著作，又无处不提供丰富的史料做证明。英国有位批评家说："丹纳的作品好比一幅图画，历史就是镶嵌这幅图画的框子。"因为这个缘故，他的《艺术哲学》同时就是一部艺术史。

从种族、环境、时代三个原则出发，丹纳举出许多显著的例子说明伟大的艺术家不是孤立的，而只是一个艺术家家族的杰出代表，有如百花盛开的园林中的一朵更美艳的花，一株茂盛的植物的"一根最高的枝条"。而在艺术家家族背后还有更广大的群众,"我们隔了几世纪只听到艺术家的声音;但在传到我们耳边来的响亮的声音之下,还能辨别出群众的复杂而无穷无尽的歌声,在艺术家四周齐声合唱。只因为有了这一片和声,艺术家才成其为伟大。"他又以每种植物只能在适当的天时地利中生长为例,说明每种艺术的品种和流派只能在特殊的精神气候中产生,从而指出艺术家必须适应社会的环境,满足社会的要求,否则就要被淘汰。

另一方面,他不承认艺术欣赏是一个见仁见智的问题,没有客观标准可言。因为"每个人在趣味方面的缺陷,由别人的不同的趣味加以补足;许多成见在互相冲突之下获得平衡,这种连续而相互的补充,逐渐使最后的意见更接近事实"。所以与艺术家同时的人的批评即使参差不一,或者赞成与反对各趋极端,也不过是暂时的现象,最后仍会归于一致,得出一个相当客观的结论。何况一个时代以后,还有别的时代"把悬案重新审查;每个时代都根据它的观点审查;倘若有所修正,便是彻底的修正,倘若加以证实,便是有力的证实……即使各个时代各个民族所特有的思想感情都有局限性,因为大众像个人一样有时会有错误的判断、错误的理解,但也像个人一样,分歧的见解互相纠正,摇摆的观点互相抵消以后,会逐渐趋于固定,确实,得出一个相当可靠相当合理的意见,使我们能很有根据很有信心地接受"。

丹纳不仅是长于分析的理论家,也是一个富于幻想的艺术家;所以被称为"逻辑家兼诗人……能把抽象事物戏剧化"。他的行文不但条分缕析,明白晓畅,而且富有热情,充满形象,色彩富丽;他随时运用具体的事例说明抽象的东西,以现代与古代做比较,以今人与古人做比较,使过去的历史显得格外生动,绝无一般理论文章的枯索沉闷之弊。有人批评他只采用有利于他理论的材料,抛弃一切抵触的材料。这是事实,而在一个建立某种学说的人尤其难于避免。要把正反双方的史实全部考虑到,把所有的例外与变格都解释清楚,绝不是一个学者所能办到,而有待于几个世代的人的努力,或者把研究的题目与范围缩减到最小限度,也许能少犯一些这一类的错误。

我们在今日看来,丹纳更大的缺点倒是在另一方面:他虽则竭力挖掘精神文化的构成因素,但所揭露的时代与环境,只限于思想感情,道德宗教,政治法律,风俗人情,总之是一切属于上层建筑的东西。他没有接触到社会

的基础；他考察了人类生活的各个方面，却忽略了或是不够强调最基本的一面——经济生活。《艺术哲学》尽管材料如此丰富，论证如此详尽，仍不免予人以不全面的感觉，原因就在于此。古代的希腊，中世纪的欧洲，十五世纪的意大利，十六世纪的佛兰德斯，十七世纪的荷兰，上层建筑与社会基础的关系在这部书里没有说明。作者所提到的繁荣与衰落只描绘了社会的表面现象，他还认为这些现象只是政治、法律、宗教和民族性的混合产物；他完全没有认识社会的基本动力是在于生产力与生产关系。

但除了这些片面性与不彻底性以外，丹纳在上层建筑这个小范围内所做的研究工作，仍然可供我们做进一步探讨的根据。从历史出发与从科学出发的美学固然还得在原则上加以重大的修正与补充，但丹纳至少已经走了第一步，用他的话来说，已经做了第一个实验，使后人知道将来的工作应当从哪几点上着手，他的经验有哪些部分可以接受，有哪些缺点需要改正。我们也不能忘记，丹纳在他的时代毕竟把批评这门科学推进了一大步，使批评获得一个比较客观而稳固的基础；证据是他在欧洲学术界的影响至今还没有完全消失，多数的批评家即使不明白标榜种族、环境、时代三大原则，实际上还是多多少少应用这个理论的。

罗曼·罗兰《约翰·克利斯朵夫》译者献词[1]

真正的光明绝不是永没有黑暗的时间，只是永不被黑暗所掩蔽罢了。真正的英雄绝不是永没有卑下的情操，只是永不被卑下的情操所屈服罢了。

所以在你要战胜外来的敌人之前，先得战胜你内在的敌人，你不必害怕沉沦堕落，只消你能不断地自拔与更新。

《约翰·克利斯朵夫》不是一部小说——应当说：不止是一部小说，而是人类一部伟大的史诗。它所描绘歌咏的不是人类在物质方面而是在精神方面所经历的艰险，不是征服外界而是征服内界的战迹。它是千万生灵的一面镜子，是古今中外英雄圣哲的一部历险记，是贝多芬式的一阕大交响乐。愿读者以虔敬的心情来打开这部宝典吧！

战士啊，当你知道世界上受苦的不止你一个时，你定会减少痛楚，而你的希望也将永远在绝望中再生了吧！

---

[1]《约翰·克利斯朵夫》始译于一九三七年一月，此献词载于该年一月由商务印书馆出版的第一册，全书四册于一九四一年二月出齐。现选自《傅雷文集·文艺卷》（当代世界版）。——编者注

罗曼·罗兰《约翰·克利斯朵夫》译者弁言[1]

在本书十卷中间，本册所包括的两卷恐怕是最混沌最不容易了解的一部了。因为克利斯朵夫在青年成长的途中，而青年成长的途程就是一段混沌、暧昧、矛盾、骚乱的历史。顽强的意志，簇新的天才，被更其顽强的和年代久远的传统与民族性拘囚在樊笼里。它得和社会奋斗，和过去的历史奋斗，更得和人类固有的种种劣根性奋斗。一个人唯有在这场艰苦的斗争中得胜，才能打破青年期的难关而踏上成人的大道。儿童期所要征服的是物质世界，青年期所要征服的是精神世界。还有最悲壮的是现在的自我和过去的自我冲突：从前费了多少心血获得的宝物，此刻要费更多的心血去反抗，以求解脱。

"这个时期正是他闭着眼睛对幼年时代的一切偶像反抗的时期。他恨自己，恨他们，因为当初曾经五体投地地相信了他们——而这种反抗也是应当的。人生有一个时期应当敢于不公平，敢把跟着别人佩服的敬重的东西——不管是真理是谎言———一概摒弃，敢把没有经过自己认为是真理的东西统统否认。所有的教育，所有的见闻，使一个儿童把大量的谎言与蠢话，和人生主要的真理混在一起吞饱了，所以他若要成为一个健全的人，少年时期的第一件责任就得把宿食呕吐干净。"

是这种心理状态驱使克利斯朵夫肆无忌惮地抨击前辈的宗师，抨击早已成为偶像的杰作，掘发德国民族的矫伪和感伤性，在他的小城里树立敌人，和大公爵冲突，为了精神的自由丧失了一切物质上的依傍，终至于亡命国外（关于这些，尤其是克利斯朵夫对于某些大作的攻击，原作者在卷

---

[1] 此系傅雷先生于一九四〇年写的弁言，原载一九四一年二月商务版《约翰·克利斯朵夫》第二册。现转录于此，文字一仍其旧，未加改动，唯《约翰·克利斯朵夫》里的引文，已据一九五二年平明版重译本校正。现选自《傅雷文集·文艺卷》（当代世界版）。——编者注

四的初版序里就有简短的说明）。至于强烈犷野的力在胸中冲撞奔突的骚乱，尚未成形的艺术天才挣扎图求生长的苦闷，又是青年期的另外一支精神巨流。

"一年之中有几个月是阵雨的季节，同样，一生之中有些年龄特别富于电力……

"整个的人都很紧张。雷雨一天一天地酝酿着。白茫茫的天上布满着灼热的云。没有一丝风，凝集不动的空气在发酵，似乎沸腾了。大地寂静无声，麻痹了。头里在发烧，嗡嗡地响着；整个天地等着那愈积愈厚的力爆发，等着那重甸甸的高举着的锤子打在乌云上面。又大又热的阴影移过，一阵火辣辣的风吹过；神经像树叶般发抖……

"这样等待的时候自有一种悲怆而痛快的感觉。虽然你受着压迫，浑身难过，可是你感觉到血管里头有的是烧着整个宇宙的烈火。陶醉的灵魂在锅炉里沸腾，像埋在酒桶里的葡萄。千千万万的生与死的种子都在心中活动。结果会产生些什么来呢？……像一个孕妇似的，你的心不声不响地看着自己，焦急地听着脏腑的颤动，想道：'我会生下些什么来呢？'"

这不是克利斯朵夫一个人的境界，而是古往今来一切伟大的心灵在成长时期所共有的感觉。

"欢乐，如醉如狂的欢乐，好比一颗太阳照耀着一切现在与未来的成就，创造的欢乐，神明的欢乐！唯有创造才是欢乐。唯有创造的生灵才是生灵。其余的尽是与生命无关而在地下飘浮的影子……

"创造，不论是肉体方面的或精神方面的，总是脱离躯壳的樊笼，卷入生命的旋风，与神明同寿。创造是消灭死。"

瞧，这不是贝多芬式的艺术论吗？这不是柏格森派的人生观吗？现代的西方人是从另一途径达到我们古谚所谓"物我同化"的境界的，译者所热诚期望读者在本书中有所领会的，也就是这个境界。

"创造才是欢乐"，"创造是消灭死"，是罗曼·罗兰这阕大交响乐中的基调，他所说的不朽，永生，神明，都当作如是观。

我们尤须牢记的是，切不可狭义地把《约翰·克利斯朵夫》单看作一个音乐家或艺术家的传记。艺术之所以成为人生的酵素，只因为它含有丰满无

比的生命力。艺术家之所以成为我们的模范，只因为他是不完全的人群中比较最完全的一个。而所谓完全并非是圆满无缺，而是颠扑不破地、再接再厉地向着比较圆满无缺的前途迈进的意思。

然而单用上述几点笼统的观念还不足以概括本书的精神。译者在第一册卷首的献词和这段弁言的前节里所说的，只是《约翰·克利斯朵夫》这部书属于一般的、泛泛的方面。换句话说，至此为止，我们的看法是对一幅肖像画的看法，所见到的虽然也有特殊的征象，但演绎出来的结果是对于人类的一般的、概括式的领会。可是本书还有另外一副更错杂的面目：无异一幅巨大的历史画——不单是写实的而且是象征的，含有预言意味的。作者把整个十九世纪末期的思想史、社会史、政治史、民族史、艺术史拿来做这个新英雄的背景。于是本书在描写一个个人而涉及人类永久的使命与性格以外，更具有反映某一特殊时期的历史性。

最显著的对比，在卷四与卷五中占着一大半篇幅的，是德法两个民族的比较研究。罗曼·罗兰使青年的主人翁先对德国做一极其严正的批判：

"他们耗费所有的精力，想把不可调和的事情加以调和。特别从德国战胜以后，他们更想来一套令人作呕的把戏，在新兴的力和旧有的原则之间觅取妥协……吃败仗的时候，大家说德国是爱护理想。现在把别人打败了，大家说德国是人类的理想。看到别的国家强盛，他们就像莱辛一样地说'爱国心不过是想做英雄的倾向，没有它也不妨事'，并且自称为'世界公民'。如今自己抬头了，他们便对于所谓'法国式'的理想不胜轻蔑，对什么世界和平，什么博爱，什么和衷共济的进步，什么人权，什么天然的平等，一律瞧不起，并且说最强的民族对别的民族可以有绝对的权利，而别的民族，就因为弱，所以对它绝对没有权利可言。它是活的上帝，是观念的化身，它的进步是用战争，暴行，压力，来完成的……"（在此，读者当注意这段文字是在本世纪初期写的。）

尽量分析德国民族以后，克利斯朵夫便转过来解剖法兰西了。卷五用的"节场"这个名称就是含有十足暴露性的。说起当时的巴黎乐坛时,作者认为"只是一味的温和,苍白,麻木,贫血,憔悴……"又说那时的音乐家"所缺少的是意志,是力;一切的天赋他们都齐备——只少一样:就是强烈的生命"。

"克利斯朵夫对那些音乐界的俗物尤其感到恶心的,是他们的形式主义。他们之间只讨论形式一项。情操,性格,生命,都绝口不提!没有一个人想到真正的音乐家是生活在音响的宇宙中的,他的岁月就寄于音乐的浪潮。音乐是他呼吸的空气,是他生息的天地。他的心灵本身便是音乐,他所爱,所憎,所苦,所惧,所希望,又无一而非音乐……天才是要用生命力的强度来测量的,艺术这个残缺不全的工具也不过想唤引生命罢了。但法国有多少人想到这一点呢?对这个化学家式的民族,音乐似乎只是配合声音的艺术。它把字母当作书本……"

等到述及文坛、戏剧界的时候,作者所描写的又是一片颓废的气象,轻佻的癖习,金钱的臭味。诗歌与戏剧,在此拉丁文化的最后一个王朝里,却只是"娱乐的商品"。笼罩着知识阶级与上流社会的,只有一股沉沉的死气。

"豪华的表面,繁嚣的喧闹,底下都有死的影子。"

"巴黎的作家都病了……但在这批人,一切都归结到贫瘠的享乐。贫瘠,贫瘠。这就是病根所在。滥用思想,滥用感官,而毫无果实……"

对此十九世纪的"世纪末"现象,作者不禁大声疾呼:

"可怜虫!艺术不是给下贱的人享用的下贱刍秣。不用说,艺术是一种享受,一切享受中最迷人的享受。但你只能用艰苦的奋斗去换来,等到'力'高歌胜利的时候才有资格得到艺术的桂冠……你们沾沾自喜地培养你们民族的病,培养他们的好逸恶劳,喜欢享受,喜欢色欲,喜欢虚幻的人道主义,和一切足以麻

醉意志，使它萎靡不振的因素。你们简直是把民族带去上鸦片烟馆……"

巴黎的政界，妇女界，社会活动的各方面，都逃不出这腐化的氛围。然而作者并不因此悲观，并不以暴露为满足，他在苛刻的指摘和破坏后面，早就潜伏着建设的热情。正如克利斯朵夫早年的剧烈抨击古代宗师，正是他后来另创新路的起点。破坏只是建设的准备。在此德法两民族的比较与解剖下面，隐伏着一个伟大的方案：就是以德意志的力救济法兰西的萎靡，以法兰西的自由救济德意志的柔顺服从，西方文化第二次的再生应当从这两个主要民族的文化交流中发轫。所以罗曼·罗兰使书中的主人翁生为德国人，使他先天成为一个强者，力的代表〔他的姓克拉夫脱（Kraft）在德文中就是力的意思〕，秉受着古佛兰德斯族的质朴的精神，具有贝多芬式的英雄意志，然后到莱茵彼岸去领受纤腻的、精练的、自由的法国文化的洗礼。拉丁文化太衰老，日耳曼文化太粗犷，但是两者汇合融和之下，倒能产生一个理想的新文明。克利斯朵夫这个新人，就是新人类的代表。他的最后旅程，是到拉斐尔的祖国去领会清明恬静的意境。从本能到智慧，从粗犷的力到精练的艺术，是克利斯朵夫前期的生活趋向，是未来文化——就是从德国到法国——的第一个阶段。从血淋淋的战斗到平和的欢乐，从自我和社会的认识到宇宙的认识，从扰攘骚乱到光明宁静，从多雾的北欧越过阿尔卑斯，来到阳光绚烂的地中海，克利斯朵夫终于达到了最高的精神境界：触到了生命的本体，握住了宇宙的真如，这才是最后的解放，"与神明同寿"！意大利应当是心灵的归宿地（卷五末所提到的葛拉齐亚便是意大利的化身）。

尼采的查拉图斯特拉现在已经具体成形，在人间降生了。他带来了鲜血淋漓的现实。托尔斯泰的福音主义的使徒只成为一个时代的幻影，烟雾似的消失了，比"超人"更富于人间性、世界性、永久性的新英雄克利斯朵夫，应当是人类以更大的苦难、更深的磨炼去追求的典型。

这部书既不是小说，也不是诗，据作者的自白，说它有如一条河。莱茵这条横贯欧洲的巨流是全书的象征。所以第一卷第一页第一句便是极富于音乐意味的、包藏无限生机的"江声浩荡……"

对于一般的读者，这部头绪万端的迷宫式的作品，一时恐怕不容易把握它的真谛，所以译者谦卑地写这篇说明作为引子，希望为一般探宝山的人做一个即使不高明、至少还算忠实的向导。

一九四〇年

第一部分 读书

罗曼·罗兰《约翰·克利斯朵夫》简介[1]

《约翰·克利斯朵夫》的艺术形式，据作者自称，不是小说，不是诗，而有如一条河。以广博浩瀚的境界，兼收并蓄的内容而论，它的确像长江大河，而且在象征近代的西方文化的意味上，尤其像那条横贯欧洲的莱茵。

本书一方面描写一个强毅的性格怎样克服内心的敌人，反抗虚伪的社会，排斥病态的艺术；它不但成为主人翁克利斯朵夫的历险记，并且是一部音乐的史诗。另一方面，它反映二十世纪初期那一代的斗争与热情，融合德、法、意三大民族精神的理想，用罗曼·罗兰自己的话说，仿佛是一个时代的"精神的遗嘱"。

这部近代古典巨著，初译本是于十年前问世，先后印行七版。兹由原译者全部重译，风格较初译尤为浑成。

---

[1] 一九五二年六月至翌年三月傅雷先生重译《约翰·克利斯朵夫》，并为平明版写下此介绍文字。现选自《傅雷文集·文艺卷》（当代世界版）。——编者注

我们对美苏关系的态度[1]

　　我介绍斯诺这几篇文章的动机不止一个。传布美苏关系的知识固然重要，反躬自省的感悟尤其重要。

　　第二次大战结束以后，国人很少用不偏不倚的立场，观察国际关系。进步分子也有近乎教条主义的成见，同时更受热情的蒙蔽。服膺某种主义的，以为天下的是都在这一面，天下的非都在那一面。不幸，事实并不如此简单。尽管主义是对的，政策是对的，战术还可能有错误。而且一个国家无论奉行何种主义，绝不会一成不变。比宣传与号召更重要的是生存，为了生存，纵使与主义背道而驰的政策也得执行。我们承认它这种权利，但若它求生的战术妨害了另一个国家的生存，这个国家当然也有反抗的权利。然而信仰令人对这么简单明了的事实也会盲目。美苏关系的是非，斯诺的文章分析得很详尽，暂可不提。战后美国对中国的政策，犯很多很大的错误，不但有目共睹，而且大家已经交相指摘。但是苏俄对我们的行为也不见得全部友好，完全平等。红军在东三省搬走日本人的工厂，进步的刊物噤若寒蝉，不置一词。《中苏条约》公布，国内所有的报纸，不分派别，一律颂扬。这些现象怎么解释呢？难道我们独立的人格还没建立？难道我们不会用自己的眼睛观察，用自己的头脑思想？

　　一九三九年德苏订立《互不侵犯条约》，苏联与芬兰开战这两件事，听说在延安也有少数人怀疑，但既不敢明白宣说，也不会推究出一个真正的原因。那时，译者曾经跟一二青年朋友讨论过，他们无论如何不承认苏联也有

---

[1] 埃德加·斯诺（Edgar Snow，一九〇五—一九七二），美国著名记者、作家。——编者注
　　美国《星期六晚邮》于二月十五日，二十二日，三月一日，刊载斯诺著的三篇文章（一、为什么我们不了解俄国，二、俄国人怎样看法，三、斯大林必须和平），分析美苏关系甚详。不佞业已译出，又另加斯科特著《俄国三度空间的外交政策》一文作为附录，合成一小册，题为《美苏关系检讨》，不久出版。斯诺原文引起译者感想甚多，特草成下文，为《美苏关系检讨》一书译序。兹特先行披露，就正于读者。——傅雷附识

它的国家主义。在纯洁的心灵中，国家主义似乎与苏联的理想与主义根本不相容。青年人为了维持固有的信仰而不承认现实，固然可以原谅，但究竟不是一种进步。

前年十一月《中苏条约》公布以后，有一班少数人士，一方面要求民主，赞成社会主义，一方面又重视国家权利，把正义与平等看作高于任何主义；他们当时很严厉地指摘《中苏条约》，特别关于中东路与旅顺大连的部分；不久他们又指摘红军的掠取东北工厂。但大多数人认为这种态度是"头脑不清"。的确，到现在还有人觉得中国只能有两种人：不是亲苏，便是亲美；反苏的必亲美，必近乎反动，甚至就是国民党的尾巴。正如国民党右派认为亲苏的必反美，必近乎异党奸匪，或竟是共产党的尾巴。他们都不能想象另一种人，抱住自己的良心，不问对方是谁，只问客观的事实，既不亲苏也不亲美，既不反苏也不反美，但谁损害了他们的国家的利益就反对。在这样的左右夹攻之下，真正的舆论就难以建立，而中华民族独立自主的日子也愈加渺不可期了。

美国人的错误，在于只看见自己的利益——恐怕俄国人也难免吧？——中国人的错误在于看不见自己的利益，或者只知道用别人的眼镜看自己的利益，推本穷源，我们太不了解苏联，不过跟美国的误解苏联，刚好处于两个极端。虽然观察的角度、用意、结论，中国人与美国人的全都相反，但所误解的对象——苏联外交政策的本质，是相同的。

斯诺揭示苏联的二重人格，解释现实主义政治的原则，狡兔三窟式的苏联外交，用历史与事实，证明国家主义在苏联外交政策中不但存在，而且居于第一位。另外一个熟悉欧洲问题的记者，约翰·斯科特，在一九四五年就分析过《俄国三度空间的外交政策》（见《美苏关系检讨》附录）。在某程度内，国家主义不是一个坏名词；苏联的友人毋庸为之讳言，倒是应该当作客观的事实加以研究。

"他（马克思）是宗教领袖中比较实际的一个，因为他整个的方法，使信徒可以放弃或修正他的预言，如果那些预言和实际经验相抵触。"

"……在现实主义的政治中，一个国家如一个明理的个人一样，绝不允许理论来干涉挣扎图存的实际斗争。"

"……苏联每个领袖都有两重人格：首先是一个实际的政治家，关心当前的安全与势力问题；其次是一个马克思主义者，社会主义者，理论主义者的信徒。这种二元的情形见之于事实的，是苏联政府一方面努力与资本主义国家保持合作，另一方面努力支持共产国际——它却是立誓要推翻资本主义国家的……所以外国的政治家与观察家，连美国的共产党员在内，对于俄国在国家立场上生命攸关的利益，和往往纯粹是理论上的抽象观念或宣传作用，老是搅在一起弄不清楚。"

"一切苏联的宣言，实在需要同时用两副眼镜去读的。"

我想，像斯诺这一类的观察，对国内多数人士还是很新鲜的，他们似乎停留在相信世界革命不久即可来到的阶段，从没留意俄国新经济政策的产生，李维诺夫在国际联盟的外交，近十五年苏联对中共态度的改变等，究竟出于何种原因，反映苏联政策怎样的转变。他们不知道"苏联的代表，不论在国内国外，以纯粹国家主义者立场说话的时候居多，而以马克思主义者立场说话的时候较少，但两种立场兼而有之的时候还是最多"。他们不像斯大林一样相信这两个不同的制度可以并存，可以和平合作，反而因美苏关系的紧张，更加强调两个制度冲突的不可避免。其实，光明的来到，绝没有热情的信徒所想象的那么快，达到光明的路也并不是只此一条，并无他径。半世纪来，多少国家实行了议会制，但有没有两个国家的议会制是一模一样的？资本主义的革命到现在还没完成。以为光明就会到来，是低估了敌人的力量；以为光明的路只此一条，社会主义只有一种，便好像"教皇无误"说一样，会产生不容忍与迫害，从而妨害改造世界的大业。而有意无意地主张"与资本主义的战争不可免"，更是忘记了下一次战争不仅是某个社会的毁灭，而是全人类的毁灭。然而这一点，不但斯大林明白，连美国的军人也明白。

对于国内问题，中国共产党从十余年的实际政治经验中，似乎已觉悟到时间与空间的重要，懂得了"事实的逻辑强于任何的逻辑"。否则，西安事变不会那样的结束，抗战根本不可能，而新民主主义也毋庸提出了。但他们还没机会在世界政治舞台上露面，所以表现在内政上的一部分智慧，在外交上就没有，只要看延安报纸对美国的批评就可知道。

在批评国际局势时，非共产党的人，照理更应当持重，但他们太重视抽象的理论与机械的教条，忘记了政治是一切科学中最实际的，太着眼于未来的乌托邦，忘记了自己的生存、种族、时间与空间，使敌人振振有词地把帽子乱戴。我顺便提这一句，并非劝人慎防帽子，而是指出过于重视理论的表现，在内政上并没建设性的效果，反而把无党无派的面目弄糊涂了。我也绝不提倡狭义的国家主义，但像歌德与席勒，在日耳曼四分五裂之时自命为"世界公民"，距离现实究竟太远了些。倘使我们的最后目标，眼前会妨害生存，那么只有把握当前的问题，就事论事，把未来的鹄的暂且搁起。这并非放弃目标，正如斯大林求和平的政策，并非就是放弃共产主义。以我们的现状而论，遇到任何友邦以国家主义对付我们时，我们单单压制自己的国家意识，眼睛只看着美妙的理想，绝非挣扎图存之道。委曲求全未始不可，有时甚至必需，但委曲求全只是一种手段，并非目的，而且自己心里要明白这是"委曲"。至于在错综万状的国际争议中，假如分不清双方的真主意与假姿态而一味做左右偏袒，或遇事张皇而夸大局势的危险，或跟着旁人抨击对方（正如普通美国人对苏联的态度），甚至当苏联尚未放弃和平合作的时候，我们倒以为不可避免的冲突就要来到，那么，除了暴露自己的幼稚以外，对世界和平只有百害而无一利。

　　战后世界的动荡，大半是暂时的。三强的力量迟早会觅得一个均势。在平衡的局面（不问这局面只能维持十年还是二十年）未实现之前，一些表面的击撞，绝对不是可以燎原的火星。美苏之间并无当前的利害冲突，双方的经济摩擦，过去没有，将来也很少可能。苏联既不需要国外的原料，也不需要国外的市场。像英国反对派工党克洛斯门所说，现在绝不是慕尼黑的前夜。那么美苏关系的紧张，真是军火商或战争掮客煽动起来的吗？或者如苏联所宣传的，是独占资本主义必然的趋势吗？我想，虽然美国人认为左倾的斯诺，也不会肯定这种说法。斯大林说过，资本主义国家再不能包围苏联，即使他们心里想要，也办不到。

　　事实上，在重新支配势力圈的国际会议中，总是由恐惧心理控制着各国的外交家。恐惧的原因不外乎对自己缺少信念，对旁人多所误解。美国固然流行恐苏病，苏俄也有遗传的排外主义与共产党的传统恐惧。要消除他们的猜忌而促进了解，不是我们能力所及的。但第三者少动感情，少做偏袒，在消极方面至少可以不助长他们的猜忌。虽然马歇尔调解中国事件的报告书，确言中共并没得到苏联的接济，但美国人始终觉得中共的扩张即苏联势力的扩张，再加中国反对派的恶意宣传，使美国更觉得精神上受了苏联的威胁。所以非共产党员的中国人，大可不必加强美国人的错误印象。我不说我们为此就不该抗议美国对我们不公平的行为，但至少要使美国人懂得，这种抗议纯粹是为了国家生命攸关的利益，而不是党争的手段，更不是附和另一个国家的表现。尤其在莫洛托夫漫天要价，美国人着地还价的当儿，尽管他们面红耳赤，恶言相向，第三者也可稍安毋躁，不必像美国共产党员一样，动辄钻入政治牛角尖。

反之，倘使我们的报章，除了颂扬俄国式的民主，歼灭法西斯的英勇战绩以外，还能分些力量，客观地报道苏联政治，外交，社会各方面的情形，分析一下斯大林不要战争的原因，其结果不但对我们国内政治有良好的反响，即对美苏关系也不无贡献。

《星期六晚邮》的总编辑，在发表斯诺本文之前加了一封"致斯大林元帅及全体读者的公开信"作为按语。据说这几篇文字在编辑会议中，引起的争辩，"可以和莫洛托夫、贝文、贝纳斯最激烈的论战相比"。编者又说明两点："第一，美国人民是素来喜欢公平的，对于俄国这样一个严重的问题，应该从各方面加以观察。过去一年中，本刊曾披露不少文字，客观地暴露苏联令人讶异的行为。斯诺并不想替这些行为寻求恕辞，而是想解释这些行为后面的逻辑，认为我们在指责或纠正苏联行事之前，应当先了解它的原因……第二，编者相信斯诺这些文章只能增进对俄国的了解，帮助赢得世界和平……"

斯诺本人的态度也非常持重，公正。在介绍俄国人的见解时（第二篇），通篇用幽默口吻。这一点我特别提醒读者，并非我低估我们的程度，因为有人译过并且发表过这第二篇，把其中挖苦的反话统统变成了正面的肯定语，和作者原意刚刚相反。斯诺说伊凡·伊凡诺维奇如何偏执如何顽固，乃是避免伤害美国人的自尊心，也因为《星斯六晚邮》一向是美国右倾的保守派的刊物。

斯诺劝美国人"学一学怎样去了解苏联的语言，然后再去搜寻失望的结论，那并非为讨好俄国人，而是使我们自己的血压不要升高"。我却要请中国的读者学一学怎样去了解美苏双方的语言，不要把人家的战术过于当真，呐喊助威不要过早。那并非为讨好美国人，而是使自己的眼目清亮。关于美国内情的材料，正反两面，美国人就有不少可以信服的文章供给我们。而涉及苏俄的，反面的材料既不能轻易采取，正面的又是一味歌功颂德，少有实质客观的报道。可是跟一个有价值的人做朋友，光是没头没脑地恭维只能招他轻蔑，替他护短只能妨害他的进步，同时又替他树立敌人。何况我们的地位是要做美苏的桥梁，而非美苏的战场！我们在两大国之间处得好，世界就有和平，而我们还来得及真正爬到五强的地位；倘使投入任何一方面的怀抱，整个人类的前途都不堪设想，遑论中华民族了。

最后，我相信我的读者对美国多少是有抗疫性的，而对苏的软心肠却未必全部合理。所以我特别针对这一点说话。至于揭发美国人的错误，斯诺的原文十分之九都是，用不到再强调了。

斯诺还暗示我们一个健全的原则，他认为美苏的不协调是由于双方的误解，而非由于双方的恶意——稍没有这一点最低限度的信念，人类只有坐待下次大战来把它毁灭。美国对华政策的错误也可以应用同样的解释。但一年半以来，除了口诛笔伐以外，我们有没有点破美国人的迷梦，有没有帮助他们了解我国的实情？对我们阴谋家在国外的歪曲宣传，有没有提出反证来加以纠正？显然，美国人已开始陷入中国的泥淖，即以资本家自身的利害而论，也已冒了极大的危险，他们不知客观的条件，使中国任何形式的政府都需要与美国和平合作，所以他们的某些恐惧纯粹是杞人忧天的幻想病：如此简单的道理，我们有没有费心给他们解释？——我们读了斯诺的文章，不能不有这样的反省，而且这也正是时候了。

一九四七年四月四日

在校对这篇译序的时候，因旁的问题而翻查旧报，无意中发现三月三十日文汇报上发表的张东荪先生《美国对华与中国自处》一文，其中论点有许多正与鄙见相同。我提出这一点，并无意思借张先生的声望以自重，而是证明像我这一类的感想，在社会上还是很普遍的，不过很少人形诸文字的提出罢了。

四月十七日附记

《傅雷家书》致傅聪

一九五四年：

（一）

聪：

莫斯科的信昨天收到。我们寄波兰的航空信，不知一共要多少日子，下次来信望提一提。近来我忙得不可开交，又恢复了十小时以上的工作。这封信预算也要分几次写成。晚上睡觉不好，十二点多上床，总要一小时以后才入睡。原因是临睡前用脑过度，一时停不下来。

你车上的信写得很有趣，可见只要有实情、实事，不会写不好信。你说到李、杜的分别，的确如此。写实正如其他的宗派一样，有长处也有短处。短处就是雕琢太甚，缺少天然和灵动的韵致。但杜也有极浑成的诗，例如，"风急天高猿啸哀，渚清沙白鸟飞回。无边落木萧萧下，不尽长江滚滚来⋯⋯"那首胸襟意境都与李白相仿佛。还有《梦李白》、《天末怀李白》几首，也是缠绵悱恻，至情至性，非常动人的。但比起苏、李的离别诗来，似乎还缺少一些浑厚古朴。这是时代使然，无法可想的。汉魏人的胸怀比较更近原始，味道浓，苍茫一片，千古之下，犹令人缅想不已。杜甫有许多田园诗，虽然受渊明影响，但比较之下，似乎也"隔"（王国维语）了一层。回过来说：写实可学，罗曼蒂克不可学；故杜可学，李不可学；国人谈诗的尊杜的多于尊李的，也是这个缘故。而且究竟像太白那样的天纵之才不多，共鸣的人也少。所谓曲高和寡也。同时，积雪的高峰也令人有"琼楼玉宇，高处不胜寒"之感，平常人也不敢随便瞻仰。

词人中苏、辛（苏轼和辛弃疾）确是宋代两大家，也是我最喜欢的。苏的词颇有些咏田园的，那就比杜的田园诗洒脱自然了。此外，欧阳永叔的温厚蕴藉也极可喜，五代的冯延巳也极多佳句，但因人品关系，我不免对他有些成见。

到波兰后想必已见到 Eva［埃娃］，我们的信究竟收到没有？倘没有，我这次交给你的信稿有没有给她看过？下次信中望一一告我。

你现在住哪里？食宿是否受招待？零用钱是怎样的？将来倘住定一处，讲定多少钱一个月包定伙食，那么有一点需要注意（也是我从前的经验），就是事先可以协商，倘隔天通知下一天少吃一顿或两顿（早餐当然不算），房东可以不准备饭菜，因此可少算一顿或两顿饭钱。预料你将来不时有人请吃饭，请吃饭也得送些小礼，便是半打花也行，那就得花钱；把平时包饭地方少算的饭钱移作此用，恰好 cover［弥补］。否则很容易闹亏空。尤其你现在的情形，无处在经济上讨救兵，故我特别要嘱咐你。

我第一信中所提的事。希望和我详细谈谈。在外倘有任何精神苦闷，也切勿隐瞒，别怕受埋怨。一个人有个大二十几岁的人代出主意，绝不会坏事。你务必信任我，也不要怕我说话太严，我平时对老朋友讲话也无顾忌，那是你素知的。并且有些心理波动或是郁闷，写了出来等于有了发泄，自己可痛快些，或许还可免做许多傻事。孩子，我真恨不得天天在你旁边，做个监护的好天使，随时勉励你、安慰你、劝告你，帮你铺平将来的路，准备将来的学业和人格……

七月二十七日深夜

（二）

上星期我替恩德讲《长恨歌》与《琵琶行》，觉得大有妙处。白居易对音节与情绪的关系悟得很深。凡是转到伤感的地方，必定改用仄声韵。《琵琶行》中"大弦嘈嘈""小弦切切"一段，好比 staccato［断音］音与音之间互相断开，像琵琶的声音极切；而"此时无声胜有声"的几句，等于一个长的 pause［休止］，"银瓶……水浆迸"两句，又是突然的 attack［明确起音］，声势雄壮。至于《长恨歌》，那气息的超脱，写情的不落凡俗，处处不脱帝皇的 nobleness［雍容气派］，更是千古奇笔。看的时候可以有几种不同的方法：一是分出段落看叙事的起伏转折；二是看情绪的忽悲忽喜，忽

而沉潜，忽而飘逸；三是体会全诗音节与韵的变化。再从总的方面看，把悲剧送到仙界上去，更显得那段罗曼史的奇丽清新，而仍富于人间味（如太真对道士说的一番话）。还有白居易写动作的手腕也是了不起："侍儿扶起娇无力"，"君王掩面救不得"，"九华帐里梦魂惊"几段，都是何等生动！"九重城阙烟尘生，千乘万骑西南行"，写帝王逃难自有帝王气概。"翠华摇摇行复止"，又是多鲜明的图画！最后还有一点妙处：全诗写得如此婉转细腻，却仍不失其雍容华贵，没有半点纤巧之病（细腻与纤巧大不同）！明明是悲剧，而写得不过分地哭哭啼啼，多么中庸有度，这是罗曼蒂克兼有古典美的绝妙典型。

时间已经很晚，为让你早收到起见，明天先寄此信。我们都引颈而望，只等着你详尽的报告！尤其关于学琴的问题，写得越多越好。

再见了，孩子，一切珍重！

爸爸
七月二十八日午夜

一九五五年：

亲爱的孩子：

今年暑天，因为身体不好而停工，顺便看了不少理论书；这一回替你买理论书，我也买了许多，这几天已陆续看了三本小册子：关于辩证唯物主义的一些基本知识，批评与自我批评是苏维埃社会发展的动力，社会主义基本经济规律。感想很多，预备跟你随便谈谈。

第一个最重要的感想是：理论与实践绝对不可分离，学习必须与现实生活结合；马列主义不是抽象的哲学，而是极现实极具体的哲学；它不但是社会革命的指导理论，同时亦是人生哲学的基础。解放六年来的社会，固然有极大的进步，但还存在着不少缺点，特别在各级干部的办事方面。我常常有这么个印象，就是一般人的政治学习，完全是为学习而学习，不是为了生活而学习，不是为了应付实际斗争而学习。所以谈起理论来头头是道，什么唯物主义，什么辩证法，什么批评与自我批评等，都能长篇大论发挥一大套；

一遇到实际事情,一坐到办公桌前面,或是到了工厂里,农村里,就把一切理论忘得干干净净。学校里亦然如此;据在大学里念书的人告诉我,他们的政治讨论非常热烈,有些同学提问题提得极好,也能做出很精辟的结论;但他们对付同学,对付师长,对付学校的领导,仍是顾虑重重,一派世故,一派自私自利。这种学习态度,我觉得根本就是反马列主义的;为什么把最实际的科学——唯物辩证法,当作标榜的门面话和口头禅呢?为什么不能把嘴上说得天花乱坠的道理化到自己身上去,贯彻到自己的行为中、作风中去呢?

  因此我的第二个感想以及以下的许多感想,都是想把马列主义的理论结合到个人修养上来。首先是马克思主义的世界观,应该使我们有极大的、百折不回的积极性与乐天精神。比如说,"存在决定意识,但并不是说意识便成为可有可无的了。恰恰相反,一定的思想意识,对客观事物的发展会起很大的作用。"换句话说,就是"主观能动作用"。这便是鼓励我们对样样事情有信心的话,也就是中国人的"人定胜天"的意思。既然客观的自然规律,社会的发展规律,都可能受到人的意识的影响,为什么我们要灰心、要气馁呢?不是一切都是"事在人为"吗?一个人发觉自己有缺点,分析之下,可以归纳到遗传的根性,过去旧社会遗留下来的坏影响,潜伏在心底里的资产阶级意识、阶级本能等;但我们因此就可以听任自己这样下去吗?若果如此,这个人不是机械唯物论者,便是个自甘堕落的没出息的东西。

  第三个感想也是属于加强人的积极性的。一切事物的发展,包括自然现象在内,都是由于内在的矛盾,由于旧的腐朽的东西与新的健全的东西做斗争。这个理论可以帮助我们摆脱许多不必要的烦恼,特别是留恋过去的烦恼,与追悔以往的错误的烦恼。陶渊明就说过"觉今是而昨非",还有一句老话,叫作:"过去种种譬如昨日死,现在种种譬如今日生。"对于个人的私事与感情的波动来说,都是相近似的教训。既然一切都在变,不变就是停顿,停顿就是死亡,那么为什么老是恋念过去,自伤不已,把好好的眼前的光阴也毒害了呢?认识到世界是不断变化的,就该体会到人生亦是不断变化的,就该懂得生活应该是向前看,而不是往后看。这样,你的心胸不是廓然了吗?思想不是明朗了吗?态度不是积极了吗?

第四个感想是单纯的乐观是有害的,一味地向前看也是有危险的。古人说"鉴往而知来",便是教我们检查过去,为的是要以后生活得更好。否则为什么大家要做小结,做总结,左一个检查,右一个检查呢?假如不需要检讨过去,就能从今以后不重犯过去的错误,那么"我们的理性认识,通过实践加以检验与发展"这样的原则,还有什么意思?把理论到实践中去对证,去检视,再把实践提到理性认识上来与理论复核,这不就是需要分析过去吗?我前二信中提到一个人对以往的错误要做冷静的、客观的解剖,归纳出几个原则来,也就是这个道理。

第五个感想是"从感性认识到理性认识"这个原理,你这几年在音乐学习上已经体会到了。一九五一年至一九五三年间,你自己摸索的时代,对音乐的理解多半是感性认识,直到后来,经过杰老师的指导,你才一步一步走上了理性认识的阶段。而你在去罗马尼亚以前的彷徨与缺乏自信,原因就在于你已经感觉到仅仅靠感性认识去理解乐曲,是不够全面的,也不够深刻的;不过那时你不得其门而入,不知道怎样才能达到理性认识,所以你苦闷。你不妨回想一下,我这个分析与事实符合不符合?所谓理性认识是"通过人的头脑,运用分析、综合、对比等方法,把观察到的(我再加上一句:感觉到的)现象加以研究,抛开事物的虚假现象,及其他种种非本质现象,抽出事物的本质,找出事物的来龙去脉,即事物发展的规律"。这几句,倘若能到处运用,不但对学术研究有极大的帮助,而且对做人处世,也是一生受用不尽。因为这就是科学方法。而我一向主张不但做学问,弄艺术要有科学方法,做人更需要有科学方法。因为这缘故,我更主张把科学的辩证唯物论应用到实际生活上来。毛主席在《实践论》中说:"我们的实践证明:感觉到了的东西,我们不能立刻理解它,只有理解了的东西才能更深刻地感觉它。"你是弄音乐的人,当然更能深切地体会这话。

第六个感想是辩证唯物论中有许多原则,你特别容易和实际结合起来体会;因为这几年你在音乐方面很用脑子,而在任何学科方面多用头脑思索的人,都特别容易把辩证唯物论的原则与实际联系。比如,"事物的相互联系与相互限制","原因和结果有时也会相互转化,相互发生作用",不论拿来观察你的人事关系,还是考察你的业务学习,分析你的感情问题,还是检讨你的起居生活，随时随地都会得到鲜明生动的实证。我尤其想到"从量变到质变"一点，与你的音乐技术与领悟的关系非常适合。你老是抱怨技巧不够，不能表达你心中所感到的音乐；但你一朝获得你眼前所追求的技巧之后，你的音乐理解一定又会跟着起变化，从而要求更新更高的技术。说得浅近些，比如，你练萧邦的练习曲或诙谑曲中某些快速的段落，常嫌速度不够。但等到你速度够了，你的音乐表现也绝不是像你现在所追求的那一种了。假如我这个猜测不错，那就说明了量变可以促成质变的道理。

以上所说，在某些人看来，也许是把马克思主义庸俗化了；我却认为不是庸俗化，而是把它真正结合到现实生活中去。一个人年轻的时候，当学生的时候，倘若不把马克思主义"身体力行"，在大大小小的事情上实地运用，那么一朝到社会上去，遇到无论怎么微小的事，也运用不了一分一毫的马克思主义。所谓辩证法，所谓准确的世界观，必须到处用得烂熟，成为思想的习惯，才可以说是真正受到马克思主义的锻炼。否则我是我，主义是主义，方法是方法，始终合不到一处，学习一辈子也没用。从这个角度上看，马列主义绝对不枯索，而是非常生动、活泼、有趣的，并且能时时刻刻帮助我们解决或大或小的问题——从身边琐事到做学问，从日常生活到分析国家大事，没有一处地方用不到。至于批评与自我批评，我前两信已说得很多，不再多谈。只要你记住两点：必须有不怕看自己丑脸的勇气，同时又要有冷静的科学家头脑，与实验室工作的态度。唯有用这两种心情，才不至于被虚伪的自尊心所蒙蔽而变成懦怯，也不至于为了以往的错误而过分灰心，消灭了痛改前非的勇气，更不至于茫然于过去错误的原因而将来重蹈覆辙。子路"闻过则喜"，曾子的"吾日三省吾身"，都是自我批评与接受批评的最好的格言。

从有关五年计划的各种文件上，我特别替你指出下面几个全国上下共同努力的目标：

增加生产，厉行节约，反对分散使用资金，坚决贯彻重点建设的方针。

你在国外求学，"厉行节约"四字也应该竭力做到。我们的家用，从上月起开始每周做决算，拿来与预算核对，看看有否超过？若有，要研究原因，下周内就得设法防止。希望你也努力，因为你音乐会收入多，花

钱更容易不假思索，满不在乎。至于后两条，我建议为了你，改成这样的口号：反对分散使用精力，坚决贯彻重点学习的方针。今夏你来信说，暂时不学理论课程，专攻钢琴，以免分散精力，这是很对的。但我更希望你把这个原则再推进一步，再扩大，在生活细节方面都应用到。而在乐曲方面，尤其要时时注意。首先要集中几个作家。作家的选择事先可郑重考虑；决定以后切勿随便更改，切勿看见新的东西而手痒心痒——至多只宜做辅助性质的附带研究，而不能喧宾夺主。其次是练习的时候要安排恰当，务以最小限度的精力与时间，获得最大限度的成绩为原则。和避免分散精力连带的就是重点学习。选择作家就是重点学习的第一个步骤；第二个步骤是在选定的作家中再挑出几个最有特色的乐曲。譬如巴赫，你一定要选出几个典型的作品，代表他键盘乐曲的各个不同的面目。这样，你以后对于每一类的曲子，可以举一反三，自动地找出路子来了。这些道理，你都和我一样的明白。我所以不惮烦琐地和你一再提及，因为我觉得你许多事都是知道了不做。学习计划，你从来没和我细谈，虽然我有好几封信问你。从现在起到明年（一九五六）暑假，你究竟决定了哪些作家，哪些作品？哪些作品作为主要的学习，哪些作为次要与辅助性质的？理由何在？这种种，无论如何希望你来信详细讨论。我屡次告诉你：多写信多讨论问题，就是多些整理思想的机会，许多感性认识可以变作理性认识。这样重要的训练，你是不能漠视的。只消你看我的信就可知道。至于你忙，我也知道；但我每个月平均写三封长信，每封平均有三千字，而你只有一封，只及我的三分之一：莫非你忙的程度，比我超过百分之二百吗？问题还在于你的心情：心情不稳定，就懒得动笔。所以我这几封信，接连地和你谈思想问题，急于要使你感情平静下来。做爸爸的不要求你什么，只要求你多写信，多写有内容有思想实质的信；为了你对爸爸的爱，难道办不到吗？我也再三告诉过你，你一边写信整理思想，一边就会发现自己有很多新观念；无论对人生，对音乐，对钢琴技巧，一定随时有新的启发，可以帮助你今后的学习。这样一举数得的事，怎么没勇气干呢？尤其你这人是缺少计划性的，多写信等于多检查自己，可以纠正你的缺点。当然，要做到"不分散精力"，"重点学习"，"多写信，多发表感想，多报告计划"，最基本的是要能抓紧时间。你该记得我的生活习惯吧？早上一起来，洗脸，吃点心，穿衣服，没一件事不是用最快的速度赶着做的；而平日工作的时间，尽量不接见客人，不出门；万一有了杂务打岔，就在晚上或星期日休息时间补足错失的工作。这些都值得你模仿。要不然，怎么能抓紧时间呢？怎么能不浪费光阴呢？如今你住的地方幽静，和克拉可夫音乐院宿舍相比，有天渊之别；你更不能辜负这个清静的环境。每天的工作与休息时间都要安排妥当，避免一切突击性的工作。你在国外，究竟不比国内常常有政治性的任务。临时性质的演奏也不会太多，而且宜尽量推辞。正式的音乐会，应该在一个月以前决定，自己早些安排练节目的日程，切勿在期前三四天内日夜不停地"赶任务"，赶出来的东西总是不够稳、不够成熟的；并且还要妨碍正规学习；事后又要筋疲力尽，仿佛人要瘫下来似的。

我说了那么多，又是你心里都有数的话，真怕你听腻了，但也真怕你不肯下决心实行。孩子，告诉我，你已经开始在这方面努力了，那我们就安慰了、高兴了。

哥伦比亚的样片，昨天寄到；但要付海关税，要免税必须正式申请。所以当时没有领到。现在托上海市人民委员会文艺办公室出证明书。你在波兰收到样片时，可曾付税？

前信（五十三号）问你对《幻想曲》和《摇篮曲》的意见，务必来信告知。还有你对《玛祖卡》的演奏，希望能清清楚楚说出哪几支你觉得顶好，哪几支较差。《玛祖卡》灌片的成绩，比你比赛时怎样？还有《摇篮曲》与《幻想曲》，和比赛时比较又怎样？千万不要三言两语，说得越详细越好。

倘若样片能在四五天内取出，上海人民电台预备借一份去，排入新年节目内。当然，若《协奏曲》灌音不好，我不会给他们的；只给几只 solo ［独奏］的乐曲，也足够四十五分钟的广播了。

你住的地方，生炉子还是水汀？华沙是否比克拉可夫冷一些？吃饭情形如何？零用花得多吗？别忘了"厉行节约"！

假如心烦而坐不下来写信，可不可以想到为安慰爸爸妈妈起见而勉强写？开头是为了我们而勉强写，但写到三四页以上，我相信你的心情就会静

下来，而变得很自然很高兴的，自动地想写下去了。我告诉你这个方法，不但可逼你多写信，同时也可以消除一时的烦闷。人总得常常强迫自己，不强迫就解决不了问题。

别忘了，我每次提的问题，都有存底；你一次信内不答复，下回我要追问的。

黄秘书见到没有？东西收到了吗？埃娃妈妈想也回来了吧？

这封信从昨夜写到今天，一共花了三小时零十分；暂时打住，祝你身心康健，快快乐乐地过新年！

爸爸
十二月二十一日晨

一九五六年：

亲爱的孩子：

上海政协开了四天会，我第一次代表小组发言，第二次个人补充发言，附上稿子二份，给你看看。十日平信寄你一包报纸及剪报，内有周总理的政治报告，关于知识分子问题的报告，及全国政协大会的发言选辑，并用红笔勾出，使你看的时候可集中要点，节约时间。另有一本《农业发展纲要》小册子。预料那包东西在三月初可以到你手里；假使你没空，可以在去南途中翻阅。从全国政协的发言中，可看出我国各方面的情况、各阶层的意见、各方面的人才。

上海政协此次会议与去年五月大会情形大不相同。出席人员不但情绪高涨，而且讲话都富有内容，问题提得很多，很具体（上次大会歌功颂德的空话占十分之七八）。杨伯伯即杨嘉仁，一九一二——九六六，著名指挥家，任上海音乐学院指挥系主任，傅雷挚友，于"文革"浩劫中迫害致死代表音乐小组发言，有声有色，精彩之至。他说明了音乐家的业务进修需要怎么多的时间，现在各人的忙乱，业务水平天天在后退；他不但说得形象化，而且音响化。休息时间我遇到《文汇报》社长徐铸成，他说："我今天上了一课（音乐常识）。"对社会人士解释音乐家的劳动性质，是非常必要的。只有在广大人民认识了这特殊的劳动性质,才能成为一种舆论,督促当局对音乐界的情况慢慢地改善。

大会发言,我的特点是全体发言中套头语最少、时间最短。第一次发言不过十一分钟,第二次不过六分钟。人家有长到二十五分钟的,而且拖拖拉拉,重复的句子占了一半以上。

林伯伯由周伯伯(煦良,他是上海政协九个副秘书长之一,专门负责文化事业)推荐,作为社会人士,到北京去列席全国政协大会。从一月三十日起到二月七日为止,他在北京开会。行前我替他预备了发言稿,说了一些学校医学卫生(他是华东师大校医)和他的歌唱理论,也大概说了些音乐界的情形。结果他在小组上讲了,效果很好。他到京后自己又加了一段检讨自己的话,大致是:"我个人受了宗派主义的压迫,不免抱着报复的心思,埋头教学生,以为有了好的歌唱人才出来,自然你们这些不正派的人会垮台。我这个思想其实就是造成宗派主义思想,把自己的一套建立成另外一个宗派;而且我掉进了宗派主义而不自知。"你看,这段话说得好不好?

他一向比较偏,只注意歌唱,只注意音质;对音乐界一般情况不关心,对音乐以外的事更不必说。这一回去北京,总算扩大了他的心胸与视野。毛主席请客,他也有份,碰杯也有份。许多科学家和他谈得很投机。中央统战部部长李维汉也和他谈了"歌唱法",打电话给文化部丁副部长燮林(是老辈科学家),丁又约了林谈了二十分钟。大概在这提倡科学研究的运动中,林伯伯的研究可以得到政府的实力支持。——这一切将来使我连带也要忙一些。因为林伯伯什么事都要和我商量:订计划等,文字上的修改,思想方面的补充,都需要我参加。

孩子,你一定很高兴,大家都在前进,而且是脚踏实地地前进,绝不是喊口号式的。我们的国家虽则在科学成就上还谈不到"原子能时代",但整个社会形势进展的速度,的确是到了"原子能时代"了。大家都觉得跟不上客观形势。单说我自己吧,尽管时间充裕,但各式各样的新闻报道、学习文件、报纸、杂志、小册子,多得你顾了这,顾不了那,真是着急。本门工作又那么费时间,和你练琴差不多。一天八九小时,只能译一二千字;改的时候,这一二千字又要花一天时间,进步之慢有如蜗牛。而且技术苦闷也和你一样,随处都是问题,了解的能力至少四五倍于表达的能力……你想不是和

你相仿吗？

　　过了年初五（十七日），我要参加上海各界人士代表团，到江西景德镇附近去访问，兼慰问一九五五年上海去的垦荒农民（共五千户，一万五千人口），为时十多天。等我回来，大概你也可从捷克回到华沙了。这次去，我至少要找些材料，写一篇报道，又带了照相机去，拍些实况回来。

　　……

　　一般小朋友，在家自学的都犯一个大毛病：太不关心大局，对社会主义的改造事业很冷淡。我和名强、酉三、子歧都说过几回，不发生作用。他们只知道练琴。这样下去，少年变了老年。与社会脱节，真正要不得。我说少年变了老年，还侮辱了老年人呢！今日多少的老年人都很积极，头脑开通。便是宋家婆婆也是脑子清楚得很。那般小朋友的病根，还是在于家庭教育。家长们只看见你以前关门练琴，可万万想不到你同样关心琴以外的学问和时局；也万万想不到我们家里的空气绝对不是单纯的，一味的音乐，音乐，音乐的！当然，小朋友们自己的聪明和感受也大有关系；否则，为什么许多保守顽固的家庭里照样会有精神蓬勃的子弟呢？

　　我虽然对谁都尽力帮助（在思想上），但要看对象。给了，不能接受，也当然白给。恩德的毛病和他们不同：她思想快，感受强，胸襟宽大，只是没有决心实行。知道得多，做到的微乎其微。真的，看看周围的青年，很少真有希望的。我说"希望"，不是指"专业"方面的造就，而是指人格的发展。所以我越来越觉得青年全面发展的重要。

　　假如你看了我的信、我的发言和周总理的报告等有感触的话，只希望你把热情化为力量，把惭愧化为决心。你最要紧的是抓紧时间，生活纪律化，科学化；休息时间也不能浪费！

　　还有学习的计划务必严格执行，切勿随意更改！

　　虽是新年，人来人往，也忙得很，抽空写这封信给你。

　　祝你录音成功，去南表演成功！

爸爸、妈妈
二月十三日

一九六〇年（节译自英文）：

亲爱的弥拉：

……

看来，你对文学已有相当修养，不必再需任何指导，我只想推荐几本书，望你看后能从中汲取教益，尤其在人生艺术方面，有所提高。

莫罗阿：　一、《恋爱与牺牲》；

　　　　　二、《人生五大问题》。

　　　　　　（两本都是格拉塞版）

巴尔扎克：一、《两个新嫁娘的回忆》；

　　　　　二、《奥诺丽纳》（通常与另两个故事合成一集，即《夏倍上校》与《禁治产》）。

因你对一切艺术很感兴趣，可以一读丹纳之《艺术哲学》（Hachette出版，共两册）。这本书不仅对美学提出科学见解（美学理论很多，但此理论极为有益），并且是本艺术史通论，采用的不是一般教科书的形式，而是以渊博精深之见解指出艺术发展的主要潮流。我于一九五八年及一九五九年译成此书，迄今尚未出版，待出版后，当即寄聪。

你现在大概已经看完《约翰·克利斯朵夫》了吧？（你是看法文版，是吗？）这书是一八七〇年到一九一〇年间知识界之史诗，我相信一定对你大有启发。从聪来信看来——虽然他信中谈得很少，而且只是些无意中的观察所得——自从克利斯朵夫时代以来，西方艺术与知识界并无多大的改变：诚实、勤奋、有创造能力的年轻人，仍然得经历同样的磨难，就说我自己，也还没有度完克利斯朵夫的最后阶段：身为一个激进的怀疑论者，年轻时惯于跟所有形式的偶像对抗，又深受中国传统哲学道德的熏陶，我经历过无比的困难与无穷的痛苦，来适应这信仰的时代。你记不记得老克利斯朵夫与奥里维的儿子，年轻的乔治之间的种种冲突（在《复旦》的第三部）？这就是那些经历过大时代动荡的人的悲剧。书中有某些片段，聪重读之后，也许会有崭新的体会。另一方面，像高脱弗烈特、摩达斯太、苏兹教授、奥里维、雅葛丽纳、爱麦虞限、葛拉齐亚等许多人物，在今日之欧洲仍生

活在你的周围。当然,阅读这部经典杰作之后,所引起的种种感情、种种问题与种种思虑,我们不能在这封信中一一讨论,但我相信,看了此书,你的视野一定会扩大不少,你对以前向未留意过的人物与事迹,一定会开始关注起来。

……你可敬的父亲也一定可以体会到我的心情,因为他写信给我,把聪演奏会的情况热情地详述了一番。知道聪能以坚强的意志,控制热情,收放自如,使我非常高兴,这是我一向对他的期望。由于这是像你父亲这样的艺术家兼批评家告诉我的,当然极为可信。没有什么比以完美的形式表达出诗意的灵感与洋溢的热情更崇高了。这就是古典主义的一贯理想。为了聪的幸福,我不能不希望他迟早在人生艺术中也能像在音乐艺术中一样,达到和谐均衡的境地。

十月二十一日

一九六一年:

(一)

亲爱的孩子:

《近代文明中的音乐》和你岳父的传记,同日收到。接连三个下午看完传记,感想之多,情绪的波动,近十年中几乎是绝无仅有的经历。写当代人的传记有一个很大的便宜,人证物证多,容易从四面八方搜集材料,相互引证、核对。当然也有缺点:作者与对象之间距离太近,不容易看清客观事实和真正的面目;当事人所牵涉的人和事大半尚在目前,作者不能毫无顾忌,内容的可靠性和作者的意见难免打很大的折扣。总的说来,马吉道夫写得很精彩;对人生、艺术、心理变化都有深刻的观察和真切的感受;taste [趣味] 不错,没有过分的恭维。作者本人的修养和人生观都相当深广。许多小故事的引用也并非仅仅为了吸引读者,而是旁敲侧击地烘托出人物的性格。

你大概马上想象得到,此书对我有特殊的吸引力。教育儿童的部分,天才儿童的成长及其苦闷的历史,缺乏苦功而在二十六岁至三十岁之间闭门(不是说绝对退隐,而是独自摸索)补课,两次的婚姻和战时战后的活动,都引起我无数的感触。关于教育,你岳父的经历对你我两人都是一面镜子。我许多地方像他的父母,不论是优点还是缺点,也有许多地方不及他的父母,也有某些地方比他们开明。我很庆幸没有把你关在家里太久,这也是时代使然,也是你我的个性同样倔强使然。父母子女之间的摩擦与冲突,甚至是反目,当时虽然对双方都是极痛苦的事,从长里看对儿女的成长倒是利多弊少。你祖岳母的骄傲简直到了不近人情的地步,完全与她的宗教信仰不相容——世界上除了伊斯兰教我完全茫然以外,没有一个宗教不教人谦卑和隐忍,不教人克制骄傲和狂妄的。可是她对待老友Goldman［哥尔门］的态度,对伊虚提在台上先向托斯卡尼尼鞠躬的责备,竟是发展到自高自大、目空一切的程度。她教儿女从小轻视金钱权势,不向政治与资本家低头,不许他们自满,唯恐师友宠坏他们,这一切当然是对的。她与她丈夫竭力教育子女,而且如此全面,当然也是正确的、可敬可佩的;可是归根结底,她始终没有弄清楚教育的目的,只笼笼统统说要儿女做一个好人,哪怕当鞋匠也不妨;她却并未给好人（honest man）二字下过定义。在我看来,她的所谓好人实在是非常狭小的,限于respectable［正派的］而从未想到更积极更阔大的天地和理想。假如她心目中有此意念,她必然会鼓励孩子"培养自己以便对社会对人类有所贡献"。她绝未尊敬艺术,她对真、美、善毫无虔诚的崇敬心理;因此她看到别人自告奋勇帮助伊虚提（如埃尔曼资助他去欧洲留学,哥尔门送他 Prince K［王子K］……小提琴等）并不有所感动,而只觉得自尊心受损。她从未认识人的伟大是在于帮助别人,受教育的目的只是培养和积聚更大的力量去帮助别人,而绝对不是盲目地自我扩张。梅纽因老夫人只看见她自己、她一家、她和丈夫的姓氏与种族;所以她看别人的行为也永远从别人的自私出发。自己没有理想,如何会想到茫茫人海中竟有具备理想的人呢?她学问丰富,只缺少一个高远的理想作为指南针。她为人正直,只缺少忘我的牺牲精神——她为儿女是忘我的,是有牺牲精神的;但"为儿女"实际仍是"为她自己";她没有急功好义、慷慨豪侠的仁慈!幸亏你岳父得天独厚,凡是家庭教育所没有给他的东西,他从音乐中吸收了,从古代到近代的乐曲中,从他接触的前辈,尤其埃奈斯库身上得到了启示。他没有感染

他母亲那种狭窄、闭塞、贫乏、自私的道德观(西方人所谓的 prudery[拘谨])。也幸而残酷的战争教了他更多的东西,扩大了他的心灵和胸襟,烧起他内在的热情……你岳父今日的成就,特别在人品和人生观方面,可以说是 in spite of his mother[虽有母如此,亦不受影响]。我相信真有程度的群众欣赏你岳父的地方(仍是指艺术以外的为人),他父母未必体会到什么伟大。但他在海牙为一个快要病死的女孩子演奏Bach[巴赫]的Chaconne[《夏空》](缓慢的三拍子舞曲,盛行于十七世纪),以及他一九四七年在柏林对犹太难民的说话,以后在以色列的表现等,我认为是你岳父最了不起的举动,符合我们威武不能屈的古训。

  书中值得我们深思的段落,多至不胜枚举,对音乐,对莫扎特、巴赫直到巴托克的见解;对音乐记忆的分析,小提琴技术的分析,还有对协奏曲(和你一开始即浸入音乐的习惯完全相似)的态度,都大有细细体会的价值。他的两次 re-study[重新学习](最后一次是一九四二年至一九四五年)你都可作为借鉴。

  了解人是一门最高深的艺术,便是最伟大的哲人、诗人、宗教家、小说家、政治家、医生、律师,都只能掌握一些原则,不能说对某些具体的实例——个人——有彻底的了解。人真是矛盾百出,复杂万分,神秘到极点的动物。看了传记,好像对人物有了相当认识,其实还不过是一些粗疏的概念。尤其他是性情温和、从小隐忍惯的人,更不易摸透他的底。我想你也有同感。

  你上次信中分析他的话,我不敢下任何断语。可是世界上就是到处残缺,没有完善的人或事。大家说他目前的夫人不太理想,但弥拉的母亲又未尝使他幸福。他现在的夫人的确多才多艺,精明强干,而连带也免不了多才多艺和精明强干带来的缺点。假如你和其他友人对你岳父的看法不错,那也只能希望他的艺术良心会再一次觉醒,提到一个新的更高水平,再来一次严格的自我批评。是否会有这幸运的一天,就得看他的生命力如何了。人的发展总是波浪式的,和自然界一样:低潮之后还有高潮再起的可能,峰回路转,也许"柳暗花明又一村",又来一个新天地呢!所以古人说对人要"盖棺论定"。

多少零星的故事和插曲也极有意义。例如，埃尔加抗议纽曼（Newman）对伊虚提演奏他《小提琴协奏曲》的评论：纽曼认为伊虚提把第二乐章表达太甜太 luscious［腻］，埃尔加说他写的曲子，特别那个主题本身就是甜美的，luscious［腻］，"难道英国人非板起面孔不可吗？我是板起面孔的人吗？"可见批评家太着重于一般的民族性，作家越出固有的民族性，批评家竟熟视无睹，而把他所不赞成的表现归罪于演奏家。而纽曼还是世界上第一流的学者兼批评家呢！可叹学问和感受和心灵往往碰不到一起，感受和心灵也往往不与学问合流。要不然人类的文化还可大大地进一步呢！巴托克听了伊虚提演奏他的《小提琴协奏曲》后说："我本以为这样的表达只能在作曲家死了长久以后才可能。"可见了解同时代的人推陈出新的创造的确不是件容易的事。然而我们又不能执着 Elgar［埃尔加］一八五七——一九三四英国作曲家对 Yehudi［伊虚提］即伊虚提·梅纽因，Yehudi Menuhin 的例子，对批评家的言论一律怀疑。我们只能依靠自我批评精神来做取舍的标准，可是我们的自我批评精神是否永远可靠、不犯错误（infallible）呢？是否我们常常在应该坚持的时候轻易让步而在应当信从批评家的时候又偏偏刚愎自用、顽固不化呢？我提到这一点，因为你我都有一个缺点：好辩。人家站在正面，我会立刻站在反面；反过来亦然。而你因为年轻，这种倾向比我更强。但愿你慢慢地学得客观、冷静、理智，别像古希腊人那样为争辩而争辩！

阿陶夫·布施 Adolf Busch，一八九一——一九五二，德国小提琴家和作曲家和埃奈斯库 Georges Enesco，一八八——一九五五，罗马尼亚小提琴家、作曲家，两人对巴赫（Fugue）［赋格曲］一种多声部乐曲主题的 forte or dolce［强或柔］的看法不同，使我想起太多的书本知识要没有高度的理解力协助，很容易流于教条主义，成为学院派。

另一方面，Ysaye［伊萨伊］一八五八——一九三一，比利时小提琴家、指挥家和作曲家要伊虚提拉 arpeggio［琶音］的故事，完全显出一个真正客观冷静的大艺术家的"巨眼"，不是巨眼识英雄，而是有看破英雄的短处的"巨眼"。青年人要寻师问道，的确要从多方面着眼。你岳父承认跟 Adolf Busch［阿陶夫·布施］还是有益的，尽管他气质上和心底里更喜欢埃奈斯库。你岳父一再后悔不曾及早注意伊萨伊的暗示。因此我劝你空下来静静思索一下，你几年来可

曾听到过师友或批评家的一言半语而没有重视的。趁早想，趁早补课为妙！你的祖岳母说："我母亲常言，只有傻瓜才自己碰了钉子方始回头；聪明人看见别人吃亏就学了乖。"此话我完全同意，你该记得一九五三年你初去北京以后我说过（在信上）同样的话，记得我说的是："家里嘱咐你的话多听一些，在外就不必只受别人批评。"大意如此。

你说过的那位匈牙利老太太，指导过 Anni Fischer［安妮·费希尔］的，千万上门去请教，便是去一两次也好。你有足够的聪明，人家三言两语，你就能悟出许多道理。可是从古到今没有一个人聪明到不需要听任何人的意见。智者千虑，必有一失。也许你去美访问以前就该去拜访那位老人家！亲爱的孩子，听爸爸的话，安排时间去试一试好吗？再附带一句：去之前一定要存心去听"不入耳之言"才会有所得，你得随时去寻访你周围的大大小小的伊萨伊！

话愈说愈远——也许是愈说愈近了。假如念的书不能应用到自己身上来，念书干吗？

你岳父清清楚楚对他自幼所受的教育有很大的反响。他一再声明越少替儿童安排他们的前途越好。这话其实也只说对了一部分，同时也得看这种放任主义如何执行。

要是有时间与精力，这样一本书可以让我写一篇上万字的批评。但老实说，我与伊虚提成了亲家，加上狄阿娜夫人 so sharp and so witty［如此精明机智］，我也下笔有顾忌，只好和你谈谈。

最后问你一句：你看过此书没有？倘未看，可有空即读，而且随手拿一支红笔，要标出（underline）精彩的段落。以后有空还得再念第二遍、第三遍。弥拉年轻，未经世事，我觉得她读了此书并无所得。

我已有几次问你弥拉是否开始怀孕，因为她近来信少，与你半年前的情形相仿。若是怀孕而不舒服，则下面的话只当没说！否则妈妈送了她东西，她一个字都没有，未免太不礼貌。尤其我们没有真好的东西给她（环境限制），可是"礼轻心意重"，总希望爱的人接受我们一份情意。倘不是为了身体不好，光是忙，不能成为一声不出的理由。这是体统和规矩问题。我看她过去与后母之间不大融洽，说不定一半也由于她太"少不更事"。但这事你得非常和缓地向她提出，也别露出是我信中嗔怪她，只作为你自己发觉这样不大好，不够kind［周到］，不合乎做人之道。你得解释，这不过是一例，做人是对整个社会，不仅仅是应付家属。但对近亲不讲礼貌的人也容易得罪一般的亲友。以上种种，你需要掌握时机，候她心情愉快的当口委婉细致、心平气和、像对知己朋友进忠告一般地谈。假如为了我们使你们小夫妇俩不欢，是我极不愿意的。你总得让她感觉到一切是为她好，帮助她学习，live the life［待人处世］；而绝非为了父母而埋怨她。孩子，这件微妙的任务希望你顺利完成！对你也是一种学习和考验。忠言逆耳，但必须出以一百二十分柔和的态度，对方才能接受。

七月七日晚

（二）

  家中大琴保护甚好。最近十天内连校二次，仍是李先生来的，校到448标准音。存京的小琴，日久失修，用的人又马虎，放下去更要坏；故已于去秋让与音院教师。你的斯丹威是否也是七尺？问过你几回都不复。付款快满期了吗？一共是多少镑？我很想知道目前国外的琴价。

  在过去的农业社会里，人的生活比较闲散，周围没有紧张的空气，随遇而安、得过且过的生活方式还能对付。现在时代大变，尤其在西方世界，整天整月整年社会像一个瞬息不停的万花筒，生存竞争的剧烈，想你完全体会到了。最好做事要有计划，至少一个季度事先要有打算，定下的程序非万不得已切勿临时打乱。你是一个经常出台的演奏家，与教授、学者等不同：生活忙乱得多，不容易控制。但愈忙乱愈需要有全面计划，我总觉得你太被动，常常 be carried away［失去自制力］，被环境和大大小小的事故带着走，从长远看，不是好办法。过去我一再问及你经济情况，主要是为了解你的物质基础，想推测一下再要多少时期可以减少演出，加强学习——不仅仅音乐方面的学习。我很明白在西方社会中物质生活无保障，任何高远的理想都谈不上。但所谓物质保障首先要看你的生活水准，其次要看你会不会安排收支，保持平衡，经常有规律地储蓄。生活水准本身就是可上可下，好坏程度、高低等级多至不可胜计的；究竟自己预备以

哪一种水准为准，需要想个清楚，弄个彻底，然后用坚强的意志去贯彻。唯有如此，方谈得到安排收支等的理财之道。孩子，光是瞧不起金钱不解决问题；相反，正因为瞧不起金钱而不加控制，不会处理，临了竟会吃金钱的亏，做物质的奴役。单身汉还可用颜回的刻苦办法应急，有了家室就不行，你若希望弥拉也会甘于素衣淡食就要求太苛，不合实际了。为了避免落到这一步，倒是应当及早定出一个中等的生活水准使弥拉能同意，能实践，帮助你订计划执行。越是轻视物质越需要控制物质。你既要保持你艺术的尊严，人格的独立，控制物质更成为最迫切最需要的先决条件。孩子，假如你相信我这个论点，就得及早行动。

　　经济有了计划，就可按照目前的实际情况订一个音乐活动的计划。比如，下一季度是你最忙，但也是收入最多的季度：那笔收入应该事先做好预算；切勿钱在手头，散漫使花，而是要作为今后减少演出的基础——说明白些就是基金。你常说音乐世界是茫茫大海，但音乐还不过是艺术中的一支，学问中的一门。望洋兴叹是无济于事的，要钻研仍然要订计划——这又跟你的演出的多少、物质生活的基础有密切关系。你结了婚，不久家累会更重；你已站定脚跟，但最要防止将来为了家累，为了物质基础不稳固，不知不觉地把演出、音乐为你一家数口服务。古往今来——尤其近代，多少艺术家（包括各个部门的）到中年以后走下坡路，难道真是他们愿意的吗？多半是为家庭拖下水的，而且拖下水的经过完全出于不知不觉。孩子，我为了你的前途不能不长篇累牍地告诫。现在正是设计你下一阶段生活的时候，应当振作精神，面对当前，眼望将来，从长考虑。何况我相信三五年到十年之内，会有一个你觉得非退隐一年二年不可的时期。一切真有成就的演奏家都逃不过这一关。你得及早准备。

　　最近三个月，你每个月都有一封长信，使我们好像和你对面谈天一样：这是你所能给我和你妈妈的最大安慰。父母老了，精神上不免一天天地感到寂寞。唯有万里外的游子归鸿使我们生活中还有一些光彩和生气。希望以后的信中，除了艺术，也谈谈实际问题。你当然领会到我做爸爸的只想竭尽所能帮助你进步，增进你的幸福，想必不致嫌我烦琐吧？

七月八日上午　又书

你送我的 Music in Western Civilization［《西方文明之音乐》］，篇幅浩繁，不知何时才能开始阅读。

夏天到了，热得厉害，前几信要你们寄"兽骨炭片"Ultracarbon "MERCK"，有否寄出。

一九六二年：

（一）

聪，亲爱的孩子：

每次接读来信，总是说不出的兴奋、激动、喜悦、感慨、惆怅！最近报告美澳演出的两信，我看了在屋内屋外尽兜圈子，多少的感触使我定不下心来。人吃人的残酷和丑恶的把戏多可怕！你辛苦了四五个月落得两手空空，我们想到就心痛。固然你不以求利为目的，做父母的也从不希望你发什么洋财——而且还一向鄙视这种思想；可是那些中间人凭什么来霸占艺术家的劳动所得呢！眼看孩子被人剥削到这个地步，像你小时候被强暴欺凌一样，使我们对你又疼又怜惜，对那些吸血鬼又气又恼，恨得牙痒痒的！相信早晚你能从魔掌之下挣脱出来，不再做鱼肉。巴尔扎克说得好：社会踩不死你，就跪在你面前。在西方世界，不经过天翻地覆的革命，这种丑剧还得演下去呢。当然四个月的巡回演出在艺术上你得益不少，你对许多作品又有了新的体会，深入了一步。可见唯有艺术和学问从来不辜负人：花多少劳力，用多少苦功，拿出多少忠诚和热情，就得到多少收获与进步。写到这儿，想起你对新出的莫扎特唱片的自我批评，真是高兴。一个人停滞不前才会永远对自己的成绩满意。变就是进步——当然也有好的变质，成为坏的——眼光一天天不同，才窥见学问艺术的新天地，能不断地创造。妈妈看了那一段叹道："聪真像你，老是不满意自己，老是在批评自己！"

美国的评论绝大多数平庸浅薄，赞美也是皮毛。英国毕竟还有音乐学者兼写报刊评论，如伦敦 Times［《泰晤士报》］和曼彻斯特的《导报》，两位批评家水平都很高；纽约两家大报的批评家就不像样了，那位《纽约时报》的更可笑。很高兴看到你的中文并不退步，除了个别的词汇（我们

说"心乱如麻",不说"心痛如麻"。形容后者只能说"心痛如割"或"心如刀割"。又鄙塞、鄙陋不能说成"陋塞";也许是你笔误)。读你的信,声音笑貌历历在目;议论口吻所流露的坦率、真诚、朴素、热情、爱憎分明,正和你在琴上表现出来的一致。孩子,你说过我们的信对你有如一面镜子;其实你的信对我们也是一面镜子。有些地方你我二人太相像了,有些话就像是我自己说的。平时盼望你的信即因为"薰莸同臭",也因为对人生、艺术,周围可谈之人太少。不过我们很原谅你,你忙成这样,怎么忍心再要你多写呢?此次来信已觉出于望外,原以为你一回英国,演出那么多,不会再动笔了。可是这几年来,我们俩最大的安慰和快乐,的确莫过于定期接读来信。还得告诉你,你写的中等大的字(如此次评论封套上写的)非常好看;近来我的钢笔字已难看得不像话了。你难得写中国字,真难为你了!

三月二十五日

(二)

以上二十五日写,搁了一星期没写下去,在我也是破天荒。近来身体疲劳,除了每天工作以外,简直没精神再做旁的事,走一小段路也累得很。眼睛经常流泪,眼科医生检查,认为并非眼睛本身有毛病,而是一般性疲劳。三月初休息过半个月,并未好转。从一九六一年起饮食已大改进,现在的精力不济,大概是本身衰老;或者一九五九、一九六〇两年的营养不足,始终弥补不来。总而言之,疲劳是实,原因弄不清。

来信说到中国人弄西洋音乐比日本人更有前途,因为他们虽用苦功而不能化。化固不易,用苦功而得其法也不多见。以整个民族性来说,日华两族确有这点儿分别。可是我们能化的人也是凤毛麟角,原因是接触外界太少,吸收太少。近几年营养差,也影响脑力活动。我自己深深感到比从前笨得多。在翻译工作上也苦于化得太少,化得不够,化得不妙。艺术创造与再创造的要求,不论哪一门都性质相仿。音乐因为抽象,恐怕更难。理会的东西表达不出,或是不能恰到好处,跟自己理想的境界不能完全符合,不多不少。心、脑、手的神经联系,或许在音乐表演比别的艺术更微妙，不容易掌握到成为automatic［得心应手，收放自如］的程度。一般青年对任何学科很少能做独立思考，不仅缺乏自信，便是给了他们方向，也不会自己摸索。原因极多，不能怪他们。十余年来的教育方法大概有些缺陷。青年人不会触类旁通，研究哪一门学问都难有成就。思想统一固然有统一的好处，但到了后来，念头只会往一个方向转，只会走直线，眼睛只看到一条路，也会陷于单调、贫乏、停滞。往一个方向钻并非坏事，可惜没钻得深。

月初看了盖叫天口述、由别人笔录的《粉墨春秋》，倒是解放以来谈艺术最好的书。人生—教育—伦理—艺术，再没有结合得更完满的了。从头至尾都有实例，绝不是枯燥的理论。关于学习，他提出"慢就是快"，说明根基不打好，一切都筑在沙上，永久爬不上去。我觉得这一点特别值得我们深思。倘若一开始就猛冲，只求速成，临了非但一无结果，还造成不踏实的坏风气。德国人要不在整个十九世纪的前半期埋头苦干，在每一项学问中用死功夫，哪会在十九世纪末一直到今天，能在科学、考据、文学各方面放异彩？盖叫天对艺术更有深刻的体会。他说学戏必须经过一番"默"的功夫。学会了唱、念、做，不算数；还得坐下来叫自己"魂灵出窍"，就是自己分身出去，把一出戏默默地做一遍、唱一遍；同时自己细细观察，有什么缺点该怎样改，然后站起身来再做、再唱、再念。那时定会发觉刚才思想上修整很好的东西又跑了，做起来同想的完全走了样。那就得再练，再下苦功，再"默"，再做。如此反复做去，一出戏才算真正学会了，拿稳了。你看，这段话说得多透彻，把自我批评贯彻得多好！老艺人的自我批评绝不放在嘴边，而是在业务中不断实践。其次，经过一再"默"练，作品必然深深地打进我们心里，与我们的思想感情完全化为一片。此外，盖叫天现身说法，谈了不少艺术家的品德、操守、做人，必须与艺术一致的话。我觉得这部书值得写一长篇书评：不仅学艺术的青年、中年、老年人，不论学的哪一门，应当列为必读书，便是从上到下一切的文艺领导干部也该细读几遍；做教育工作的人读了也有好处。不久我就把这书寄给你，你一定喜欢，看了也一定无限兴奋。

再有两件事——去年春天你在德国演出的评论，望即选几篇（弥拉能

读德文，不妨挑几篇内容充实的）托人译为英文（或法文），速即寄来。我替你编的"评论摘要"，自一九六〇年七月起至一九六一年年底为止的部分，迄今无从着手，就因为缺了一九六一年四月的德国剪报。你们忙，自己无法整理，至少可以把材料寄回。而且此事已延搁一年，也该了结了。澳大利亚部分的评论也望汇集寄沪。美洲部分的已全部由妈妈打字打下，原本全部挂号（非航空）寄回伦敦。因来信未说明哪几份未有复本，故只能全部退给你。以后遇此等情形，可在原件上角注一single［单份］字样。随信附寄一九六一年六月以后的"演出日程表"，望修正后寄回来。今年三月回伦敦后的演出日程，上次弥拉答应再寄一份完全的，我等着呢！

又 Music & Musicians［《音乐与音乐家》］已否续定本年的？二月的迄未收到。唱片亦未到。一年多没见到你们的照片了，很想要几张！下次再写，一切保重！

爸爸
四月一日

一九六三年：

亲爱的孩子：

你赫辛斯基来信和弥拉伦敦来信都收到。原来她瑞士写过一信，遗失了。她写起长信来可真有意思：报告意大利之行又详细又生动。从此想你对意大利绘画，尤其威尼斯派，领会得一定更深切。瑞士和意大利的湖泊都在高原上，真正是山高水深，非他处所及。再加人工修饰，古迹林立，令人缅怀以往，更加徘徊不忍去。我们的名胜最吃亏的是建筑：先是砖木结构，抵抗不了天灾人祸、风雨侵蚀；其次，建筑也是中国艺术中比较落后的一门。

接弥拉信后，我大查字典，大翻地图和旅行指南。一九三一年去罗马时曾买了一本《蓝色导游》Guide Bleu 中的《意大利》，厚厚一小册，五百多面，好比一部字典。这是法国最完全最详细的指南，包括各国各大城市（每国都是一厚册），竟是一部旅行丛书。你们去过的几口湖，Maggiore,

Lugarno，Como，Iseo，Garda［马焦雷湖，卢加诺湖，科莫湖，伊塞奥湖，加尔达湖］，你们歇宿的Stresa［斯特雷萨］和Bellagio［贝拉焦］都在图上找到了，并且每个湖各有详图。我们翻了一遍，好比跟着你们"神游"了一次。弥拉一路驾驶，到底是险峻的山路，又常常摸黑，真是多亏她了，不知驾的是不是你们自己的车，还是租的？

此刻江南也已转入暮秋，桂花已谢，菊花即将开放。想不到伦敦已是风啊雨啊雾啊，如此沉闷！我很想下月初去天目山（浙西）赏玩秋色，届时能否如愿，不得而知。一九四八年十一月曾和仑布伯伯同去东西天目，秋色斑斓，江山如锦绣，十余年来常在梦寐中。

《高老头》已改讫，译序也写好寄出——一九六三年修改《高老头》译文，写了一篇序文，在"十年"浩劫中失散。如今写序要有批判，极难下笔。我写了一星期，几乎弄得废寝忘食，紧张得不得了。至于译文，改来改去，总觉得能力已经到了顶，多数不满意的地方明知还可修改，却都无法胜任，受了我个人文笔的限制。这四五年来愈来愈清楚地感觉到自己的limit［局限］，仿佛一道不可逾越的鸿沟。

本月十三日至二十日间你在瑞典轮空一星期，不知如何消遣？回去又太费钱，留在北欧又是太寂寞，是不是？

巴黎的书费或许以后还要补汇一些，不知道对你有没有困难？

妈妈身体很健康，我仍是小病不断，最近重伤风，咳嗽又拖了半个多月，迄今未愈。敏也是忙得不可开交。九月二十五日寄出书一包（《中国文学发展史》三册寄齐了），另外一匣扬州特产（绒制禽鸟）给弥拉玩儿，送送小朋友。一切珍重！

爸爸
十月十四日

一九六四年：

亲爱的孩子：

你从北美回来后还没来过信，不知心情如何？写信的确要有适当的心

情，我也常有此感。弥拉去迈阿密后，你一日三餐如何解决？生怕你练琴出了神，又怕出门麻烦，只吃咖啡面包了事，那可不是日常生活之道。尤其你工作消耗多，切勿饮食太随便，营养（有规律进食）毕竟是要紧的。你行踪无定，即使在伦敦，琴声不断，房间又隔音，挂号信送上门，打铃很可能听不见，故此信由你岳父家转，免得第三次退回。瑞士的tour［游历］想必满意，地方既好，气候也好，乐队又是老搭档，瑞士人也喜爱莫扎特，效果一定不坏吧？六月南美之行，必有巴西在内；近来那边时局突变，是否有问题，出发前务须考虑周到，多问问新闻界的朋友，同伦敦的代理人多商量商量，不要临时找麻烦，切记切记！三月十五日前后欧美大风雪，我们看到新闻也代你担忧，幸而那时不是你飞渡大西洋的时候。此间连续几星期春寒春雨，从早到晚，阴沉沉的，我老眼昏花，只能常在灯下工作。天气如此，人也特别闷塞，别说郊外踏青，便是跑跑书店古董店也不成。即使风和日暖，也舍不得离开书桌。要做的事、要读的书实在太多了，不能怪我吝惜光阴。从二十五岁至四十岁，我浪费了多少宝贵的时日！

　　近几月老是研究巴尔扎克，他的一部分哲学味特别浓的小说，在西方公认为极重要，我却花了很大的劲才勉强读完，也花了很大的耐性读了几部研究这些作品的论著。总觉得神秘气息玄学气息不容易接受，至多是了解而已，谈不上欣赏和共鸣。中国人不是不讲形而上学，但不像西方人抽象，而往往用诗化的意境把形而上学的理论说得很空灵，真正的意义固然不易捉摸，却不至于像西方形而上学那么枯燥，也没那种刻舟求剑的宗教味儿叫人厌烦。西方人对万有的本原，无论如何要归结到一个神，所谓 God［神，上帝］，似乎除了God，不能解释宇宙，不能说明人生，所以非肯定一个造物主不可。好在谁也提不出证明 God 是没有的，只好由他们去说；可是他们的正面论证也牵强得很，没有说服力。他们首先肯定人生必有意义，灵魂必然不死，从此推论下去，就归纳出一个有计划有意志的神！可是为什么人生必有意义呢？灵魂必然不死呢？他们认为这是不辩自明之理，我认为欧洲人比我们更骄傲、更狂妄、更 ambitious［野心勃勃］，把人这个生物看作天下第一，所以千方百计要造出一套哲学和形而上学来，证明这个"人为万物之灵"的看法，仿佛我们真是负有神的使命，执行神的意志一般。在我个人看来，这都是vanity［虚荣心］

作祟。东方的哲学家玄学家要比他们谦虚得多。除了程朱一派理学家dogmatic［武断］很厉害之外，别人就是讲什么阴阳太极，也不像西方人讲 God 那么绝对，凿凿有据，咄咄逼人，也许骨子里我们多少是怀疑派，接受不了太强的 insist［坚持］，太过分的 certainty［肯定］。

　　前天偶尔想起，你们要是生女孩子的话，外文名字不妨叫Gracia［葛拉齐亚］系罗曼·罗兰小说《约翰·克利斯朵夫》中之人物，此字来历想你一定记得。意大利字读音好听，grace［雅致］一字的意义也可爱。弥拉不喜欢名字太普通，大概可以合乎她的条件。阴历今年是甲辰，辰年出生的人肖龙，龙从云，风从虎，我们提议女孩子叫"凌云"（Lin Yun），男孩子叫"凌霄"（Lin Sio）。你看如何？男孩的外文名没有inspiration［灵感］，或者你们决定，或者我想到了以后再告。这些我都另外去信讲给弥拉听了（凌云=to tower over the clouds，凌霄=to tower over the sky，我和Mira［弥拉］就是这样解释的）。

爸爸
四月十二日

一九六五年：

聪：

　　九月二十九日起眼睛忽然大花，专科医生查不出原因，只说目力疲劳过度，且休息一个时期再看。其实近来工作不多，不能说用眼过度，这几日停下来，连书都不能看，枯坐无聊，沉闷至极。但还想在你离英以前给你一信，也就勉强提起笔来。

　　两周前看完《卓别林自传》，对一九一〇年至一九五四年间的美国有了一个初步认识。那种物质文明给人的影响，确非我们意料所及。一般大富翁的穷奢极欲，我实在体会不出有什么乐趣而言。那种哄闹取乐的玩意儿，宛如五花八门、光怪陆离的万花筒，在书本上看看已经头晕目迷，更不用说亲身经历了。像我这样，简直一天都受不了；不仅心理上憎厌，生理上神经上也吃不消。东方人的气质和他们相差太大了。听说近来英国学术界也有一场论战，有

人认为要消灭贫困必须工业高度发展，有的人说不是这么回事。记得一九三〇年我在巴黎时，也有许多文章讨论过类似的题目。改善生活固大不容易；有了物质享受而不受物质奴役，弄得身不由主，无穷无尽地追求奢侈，恐怕更不容易。过惯淡泊生活的东方旧知识分子，也难以想象二十世纪西方人对物质要求的胃口。其实人类是最会生活的动物，也是最不会生活的动物；我看关键是在于自我克制。以往总觉得奇怪，为什么结婚离婚在美国会那么随便。《卓别林自传》中提到他最后一个（也是至今和好的一个）妻子乌娜时，有两句话：As I got to know Oona I was constantly surprised by her sense of humor and tolerance; she could always see the other person's point of view… ［我认识乌娜后，发觉她既幽默，又有耐性，常令我惊喜不已；她总是能设身处地，善解人意……］从反面一想，就知道一般美国女子的性格，就可部分地说明美国婚姻生活不稳固的原因。总的印象：美国的民族太年轻，年轻人的好处坏处全有；再加工业高度发展，个人受着整个社会机器的疯狂般的tempo［节奏］推动，越发盲目，越发身不由主，越来越身心不平衡。这等人所要求的精神调剂，也只能是粗暴、猛烈、简单、原始的娱乐；长此以往，恐怕谈不上真正的文化了。

　　第二次大战前后卓别林在美的遭遇，以及那次大审案，都非我们所能想象。过去只听说法西斯在美国抬头，到此才看到具体的事例。可见在那个国家，所谓言论自由、司法独立等的好听话，全是骗骗人的。你在那边演出，说话还得谨慎小心，犯不上以一个青年艺术家而招来不必要的麻烦。于事无补、于己有害的一言一语、一举一动，都得避免。当然你早领会这些，不过你有时仍旧太天真，太轻信人（便是小城镇的记者或居民也难免没有spy［密探］注意你），所以不能不再提醒你！

　　九月底在意大利灌片成绩如何？节目有没有临时更动？HMV版的巴赫和韩德尔已收到。现在只缺舒曼和萧邦两支协奏曲的复本了。前信和你提过：其他各片都来了三份。

　　……

　　你家里保姆走了，弥拉一定忙得不可开交，更无暇执笔；希望你在此情形之下，要强迫一下自己，给我们多写写信，否则我们更得不到你们的消息了。九月二十三日寄的照片十一张,想必收到。寄回马尼拉各地的评论,不是航空的,大约要十一月初才到伦敦。一路小心!如可能,随时写几行由弥拉转来!

爸爸
十月四日

第一部分 读书

傅雷

读书与做人

第二部分
做人

傅雷自述[1]

略 传

我于一九〇八年三月生于浦东南汇县渔潭乡,家庭是地主成分。四岁丧父;父在辛亥革命时为土豪劣绅所害,入狱三月,出狱后以含冤未得昭雪,抑郁而死,年仅二十四。我的二弟一妹,均以母亲出外奔走,家中无人照顾而死。母氏早年守寡(亦二十四岁),常以报仇为训。因她常年悲愤,以泪洗面;对我又督教极严,十六岁尚夏楚不离身,故我童年只见愁容,不闻笑声。七岁延老贡生在家课读"四书""五经",兼请英文及算术教师课读。十一岁考入周浦镇高小二年级,十二岁至上海考入南洋附小四年级(时称交通部上海工业专门学校附小),一年后以顽劣被开除;转徐汇公学读至中学(旧制)一年级,以反宗教被开除。时为十六岁,反对迷信及一切宗教,言论激烈;在家曾因反对做道场祭祖先,与母亲大起冲突。江浙战争后考入大同大学附中,参加五卅运动,在街头演讲游行。北伐那年,参与驱逐学阀胡敦复运动,写大字报与护校派对抗。后闻吴稚晖(大同校董之一)说我是共产党,要抓我,母亲又从乡间赶来抓回。秋后考入持志大学一年级,觉学风不好,即于是年(一九二七)冬季自费赴法。

在法四年:一方面在巴黎大学文科听课,一方面在巴黎卢佛美术史学校听课。但读书并不用功。一九二九年夏去瑞士三月,一九三〇年春去比利时做短期旅行,一九三一年春去意大利二月,在罗马应"意大利皇家地理学会"之约,演讲国民军北伐与北洋军阀斗争的意义。留法期间与外人来往较多,其中有大学教授,有批评家,有汉学家,有音乐家,有巴黎美专的校长

---
[1] 本文是作者在一九五七年"反右"运动中,被迫写出的交代材料;原文共八节,现选摘前五节。——编者注

及其他老年画家；与本国留学生接触较少。一九二八年在巴黎认识刘海粟及其他美术学生，常为刘海粟任口译，为其向法国教育部美术司活动，由法政府购刘之作品一件。一九二九年滕固流亡海外，去德读书，道经巴黎，因与相识。我于一九三一年秋回国，抵沪之日适逢九一八事变。

一九三一年冬即入上海美专教美术史及法文。一九三二年一月在沪结婚。一九三二年一月二十八日事变发生，美专停课，哈瓦斯通讯社（法新社前身）成立，由留法同学王子贯介绍充当笔译，半年即离去。当时与黎烈文同事；我离去后，胡愈之、费彝明相继入内工作，我仍回美专任教。一九三三年九月，母亲去世，即辞去美专教务。因（一）年少不学，自认为无资格教书，母亲在日，以我在国外未得学位，再不工作她更伤心；且彼时经济独立，母亲只月贴数十元，不能不自己谋生；（二）刘海粟待我个人极好，但待别人刻薄，办学纯是商店作风，我非常看不惯，故母亲一死即辞职。

一九三四年秋，友人叶常青约我合办《时事汇报》——周刊，以各日报消息分类重编；我任总编辑，半夜在印刷所看拼版，是为接触印刷出版事业之始。三个月后，该刊即以经济亏折而停办。我为股东之一，赔了一千元，卖田十亩以偿。

一九三五年二月，滕固招往南京"中央古物保管委员会"任编审科科长，与许宝驹同事。在职四个月，译了一部《各国古物保管法规汇编》。该会旋缩小机构，并入内政部，我即离去。

一九三六年冬，滕固又约我以"中央古物保管会专门委员"名义，去洛阳考察龙门石刻，随带摄影师一人，研究如何保管问题。两个月后，内政部要我做会计手续报账，我一怒而辞职回家，适在双十二事变之后。

一九三七年七月八日，卢沟桥事变后一日，应福建省教育厅之约；去福州为"中等学校教师暑期讲习班"讲美术史大要。以时局紧张，加速讲完，于八月四日回沪，得悉南京政府决定抗日，即于八月六日携家乘船去香港，转广西避难。因友人叶常青外家马氏为广西蒙山人，拟往投奔。但因故在梧州搁浅，三个月后进退不得，仍于十一月间经由香港回沪，时适逢国民党军队自大场撤退。

一九三九年二月，滕固任国立艺专校长，时北京与杭州二校合并，迁在昆明，来电招往担任教务主任。我从香港转越南入滇。未就职，仅草一课程纲要（曾因此请教闻一多），以学生分子复杂，主张甄别试验，淘汰一部分，与滕固意见不合，五月中离滇经原路回上海。从此至一九四八年均住上海。抗战期间闭门不出，东不至黄浦江，北不至白渡桥，避免向日本宪兵行礼，亦是鸵鸟办法。

一九四七、一九四八两年以肺病两次去庐山疗养三个月。一九四八年十一月以上海情形混乱，适友人宋奇拟在昆明办一进出口行，以我为旧游之地，嘱往筹备。乃全家又去昆明。所谓办进出口行，仅与当地中国银行谈过一次话，根本未进行。全家在旅馆内住了七个月，于一九四九年六月乘飞机去香港，十二月乘船至天津，转道回沪，以迄于今。当时以傅聪与我常起冲突，故留在昆明住读，托友人照管，直至一九五一年四月方始回家。

经济情况与健康情况

母亲死后，田租收入一年只够六个月开支，其余靠卖田过活。抗战前一年，一次卖去一百余亩故次年抗战发生，有川资到广西避难。以后每年卖田，至一九四八年只剩二百余亩（原共四百余亩）。一九四八年去昆明，是卖了田，顶了上海住屋做旅费的。昆明生活费亦赖此维持。我去昆明虽受友人之托，实际并未受他半文酬劳或津贴。一九四九年十二月二十日回上海后，仍靠这笔用剩的钱度日。同时三联书店付了一部分积存稿费与我，自一九五一年起全部以稿费为生。

过去身体不强壮，但亦不害病。一九四七、一九四八两年患肺病，一九五〇——一九五一年又复发一次。一九五五年一月在锦江饭店坠楼伤腿，卧床数月，至今天气阴湿即发作。记忆力不佳虽与健康无关，但是最大苦闷，特别是说话随说随忘。做翻译工作亦有大妨碍，外文生字随查随忘，我的生字簿上，记的重复生字特别多。以此，又以常年伏案，腰酸背痛已成为职业病，久坐起立，身如弯弓。一九五六年起脑力工作已不能持久，晚间不易入睡，今年起稍一疲劳即头痛。

写作生活

十五六岁在徐汇公学，受杨贤江主编的《学生杂志》影响，同时订阅

《小说月报》，被神父没收。曾与三四同学办一手写不定期文艺刊物互相传阅，第一期还是文言的。十八岁，始以短篇小说投寄胡寄尘编的《小说世界》（商务），孙福熙编的《北新》周刊。十九岁冬天出国，一路写《法行通信》十四篇（应是十五篇），五万余字，载孙福熙编的《贡献》半月刊（应是《贡献》旬刊）。

二十岁在巴黎，为了学法文，曾翻译都德的两个短篇小说集，梅里美的《嘉尔曼》，均未投稿，仅当作学习文字的训练，绝未想到正式翻译，故稿子如何丢的亦不记忆。是时受罗曼·罗兰影响，热爱音乐。回国后于一九三一年即译《贝多芬传》。以后自知无能力从事创作，方逐渐转到翻译（详见附表）。抗战前曾为《时事新报·学灯》翻译法国文学论文。抗战后为《文汇报》写过一篇"星期评论"，为《笔会》写过美术批评，为《民主》、《周报》亦写过时事文章。抗战期间，以假名为柯灵编的《万象》写过一篇"评张爱玲"（《论张爱玲的小说》），后来被满涛化名写文痛骂。

一九三二年冬在美专期间，曾与倪贻德合编《艺术旬刊》，由上海美专出版，半年即停刊。

一九四五年冬与周煦良合编《新语》半月刊，为综合性杂志，约马老、夏丏老（马老，即马叙伦；夏丏老，即夏丏尊）等写文。以取稿条件过严，稿源成问题，出八期即停。

历年翻译书目

原作者	书名	字数	出版年代	出版社	附注
1/斐列浦·苏卜	夏洛外传	六万三	一九三三	自己	自费印刷
2/罗曼·罗兰	托尔斯泰传	十三万	一九三五	商务	解放后停出
3/罗曼·罗兰	弥盖朗琪罗传	八万七	一九三五	商务	解放后停出
4/罗曼·罗兰	贝多芬传	六万二	一九四六	骆驼—三联	一九五一年起停出
5/罗曼·罗兰	约翰·克利斯朵夫	一百二十万	一九三六—一九四一	商务	商务系初译本后改归骆驼
罗曼·罗兰	约翰·克利斯朵夫	一百二十万	一九五二—一九五三	平明	重译本，改归平明，今归人文

6/莫洛阿	恋爱与牺牲	十万	一九三六	商务	停出
7/莫洛阿	人生五大问题	七万	一九三五	商务	停出
8/莫洛阿	服尔德传	六万五	一九三六	商务	停出
9/杜哈曼	文明	十一万七	一九四七	南国	久已绝版，去年人文重印一版
10/巴尔扎克	亚尔培·萨伐龙	五万	一九四七	骆驼	停出
11/巴尔扎克	高老头	十八万六	一九四六—一九五三	骆驼—	平明骆驼系初译本平明系重译本
12/巴尔扎克	欧也妮·葛朗台	十三万九	一九四九	骆驼-平明-人文	
13/巴尔扎克	贝姨	三十一万六	一九五一	平明-人文	
14/巴尔扎克	邦斯舅舅	二十三万八	一九五一	平明-人文	
15/巴尔扎克	夏倍上校	十七万六	一九五四	平明-人文	
16/巴尔扎克	于絮尔·弥罗埃	十六万五	一九五六	骆驼-人文	
17/伏尔泰	老实人　天真汉	十一万三	一九五五	人文	
18/伏尔泰	查第格	八万三	一九五六	人文	
19/梅里美	嘉尔曼　高龙巴	十四万五	一九五三	平明-人文	
20/[美]斯诺	美苏关系检讨	四万八	一九四七	知识	停出
21/[英]牛顿	英国绘画	三万	一九四八	商务	绝版-自英文译
22/[英]罗素	幸福之路	十万	一九四七	南国	绝版-自英文译
合计	二十二种	三百六十八万三千			现在印行者仅十一种

社会活动

少年时代参加五卅运动及反学阀运动。未加入国民党。抗战胜利后愤于蒋政府之腐败，接收时之黑暗，曾在马叙伦、陈叔通、陈陶遗、张菊生等数老联合发表宣言反蒋时，做联系工作。此即"民主促进会"之酝酿阶段。及"民进"于上海中国科学社开成立大会之日，讨论会章，理事原定三人，

当场改为五人、七人、九人，至十一人时，我发言：全体会员不过三十人左右，理事名额不宜再加。但其他会员仍主张增加，从十一人、十三人，一直增到二十一人。我当时即决定不再参加"民进"，并于会场上疏通熟人不要投我的票，故开票时我仅为候补理事。从此我即不再出席会议。一九五〇年后马老一再来信嘱我回"民进"，均婉谢。去年"民进"开全国代表大会，有提名我为中委候选人消息，我即去电力辞；并分函马老、徐伯昕、周煦良三人，恳请代为开脱。

去年下半年，"民盟"托裘柱常来动员我两次，均辞谢。最近问裘，知系刘思慕主动。

其他活动

一九三六年夏，为亡友张弦在上海举办"绘画遗作展览会"。张生前为美专学生出身之教授，受美专剥削，抑郁而死；故我约了他几个老同学办此遗作展览，并在筹备会上与刘海粟决裂，以此绝交二十年。

一九四四年为黄宾虹先生（时寓北京）在上海宁波同乡会举办"八秩纪念书画展览会"。因黄老一生未有个人展览会，故联合裘柱常夫妇去信争取黄老同意，并邀张菊生、叶玉甫、陈叔通、邓秋放、高吹万、秦曼青等十余黄氏老友署名为发起人。我认识诸老即从此起，特别是陈叔通，此后过从甚密。

一九四五年胜利后，庞薰琹自蜀回沪，经我怂恿，在上海复旦大学礼堂举行画展，筹备事宜均我负责。

一九四六年为傅聪钢琴老师、意大利音乐家梅百器举行"追悼音乐会"。此是与梅氏大弟子如裘复生、杨嘉仁等共同发起，由我与裘实际负责。参加表演的有梅氏晚年弟子董光光、周广仁、巫漪丽、傅聪等。

一九四八年为亡友作曲家谭小麟组织遗作保管委员会。时适逢金圆券时期，社会混乱，无法印行；仅与沈知白、陈又新等整理遗稿，觅人钞谱。今年春天又托裘复生将此项乐谱晒印蓝图数份，并请沈知白校订。最近请人在沪歌唱其所作三个乐曲，由电台录音后，将胶带与所晒蓝图一份，托巴金带往北京交与周扬同志。希望审查后能作为"五四以后音乐作品"出版。

一九四四年冬至一九四五年春，以沦陷时期精神苦闷，曾组织十余友人每半个月集会一次，但无名义、无形式，事先指定一人做小型专题讲话，在各人家中（地方较大的）轮流举行，并备茶点。参加的有姜椿芳、宋悌芬、周煦良、裘复生、裘劭恒、朱滨生（眼耳喉科医生）、伍子昂（建筑师）以上二人均邻居、雷垣、沈知白、陈西禾、满涛、周梦白等（周为东吴大学历史教授，裘劭恒介绍）。记得我谈过中国画，宋悌芬谈过英国诗，周煦良谈过《红楼梦》，裘复生谈过荧光管原理，雷垣谈过相对论入门，沈知白谈过中国音乐，伍子昂谈过近代建筑。每次谈话后必对国内外大局交换情报及意见。此种集会至解放前一二个月停止举行。

　　解放后，第一次全国文代听说有我名字，我尚在昆明；第二次全国文代，我在沪，未出席。一九五四年北京举行翻译会议，未出席，寄了一份意见书去。自一九四九年过天津返沪前，曾去北京三天看过楼适夷、徐伯昕、钱钟书后，直至今年三月宣传会议才去北京。去年六月曾参加上海政协参观建设 访问团。

一九五七年七月十六日于上海

第二部分　做人

关于狗的回忆

当同学们在饭厅里吃饭，或是吃完饭走出饭堂的时候，在桌子与桌子中间，凳子与凳子中间，常常可以碰到一两只俯着头寻找肉骨的狗，拦住他们的去路。他们为维持人类的尊严起见，便冷不防地给它一脚，——On Lee 一声，它自知理屈地一溜烟逃了。

On Lee 一声，对于那位维持人类尊严的同学，固然是一种胜利的表示，对于别的自称"万物之灵"的同学，或许也有一种骄傲的心理。可是对于我，这个胆怯者，弱者，根本不知道"人类尊严"的人，却是一个大大的刺激。或者是神经衰弱的缘故吧！有时候，这一声竟会使我突然惊跳起来，使同座的E放了饭碗，奇怪地问我。

为了这件小小的事情，在饭后的谈话中，我便讲起我三年前的一篇旧稿来：

那时我还在W校读书，照他们严格的教会教育，每天饭后须得玩球的，无论会的，不会的，大的，小的，强者，弱者；凡是在一院里的，统得在一处玩，这是同其他的规则一样，须绝对遵守的。

一天下午，大家正照常地在草地上玩着足球，呼喊声，谈话声，相骂声，公正人的口笛声……杂在一堆，把沉寂的下午，充满着一种兴奋的热烈的空气。

忽然地，不知从什么地方进来了一条黄狗，它还没有定定神舒舒气的时候，早已被一个同学发现了。……一个……两个……四个发见了！噪逐起来了！

十个，二十个……地噪逐起来了。有的已拾了路旁的竹竿，或树枝当作武器了。

霎时全场的空气都变了。球是不知道到了哪里去了，全体的人发疯似的像追逐宝贝似的噪逐着。

兴高采烈的教士——运动场上的监学——也呆立着，只睁着眼看着大家如醉如狂地追逐着一条拼命飞奔的狗。

它早已吓昏了，还能寻出来路而逃走吗？它只是竖起耳朵，拖着尾巴，像无头苍蝇一样地满场乱跑。雨点般的砖头，石子，不住地中在它的头上，背上，……它是真所谓"忙忙如丧家之犬"了！

渐渐地给包围起来了，当它几次要想从木栅门中钻出去而不能之后。而且，那时它已吃了几下笨重的棍击和迅急的鞭打。

不知怎样的，它竟冲出重围，而逃到茅厕里去了。

霎时，茅厕外面的走廊中聚满了一大堆战士。

"好！茅厕里去了！"一个手持树枝的同学喊道。

"那……最好了！"又一个上气不接下气的回答着。

"自己讨死，……快进去吧！"

茅厕的门开了，便发见它钻在两间茅厕的隔墙底下，头和颈在隔壁，身子和尾巴在这一边。

可怜的东西，再也没处躲闪了，结实的树枝的鞭挞抽打！它只是一声不响的拼命的挨，想把身子也挨过墙去。

当当的钟声救了它，把一群恶人都唤了去。

当我们排好队伍，走过茅厕的时候，一些声音也没有。虽然学生很守规矩，很静默地走着，但我们终听不到狗的动静。

当我们刚要转弯进课堂的时候，便看见三四个校役肩着扁担。拿着绳子，迎面奔来，说是收拾它去了。

果然，当三点下课，我们去小便的时候，那条狗早已不在了，茅厕里只有几处殷红的血迹，很鲜明地在潮湿的水门汀上发光，在墙根还可寻出几丛黄毛。除此之外，再也没有狗的什么遗迹了。

一直到晚上，没有一个同学提起过这件事。

隔了两天，从一个接近校役的同学中听到了几句话：

"一张狗皮换了两斤高粱，还有剩钱大家分润！"

· 137 ·

"狗肉真香！……比猪肉要好呢！昨天他们烧了，也送我一碗吃呢。啊！那味儿真不错！"

我那时听了，不禁愤火中烧，恨不得拿手枪把他们——凶手——一个个打死！

于是我就做了一篇东西，题目就叫"勃郎林"。大骂了一场，自以为替狗出了一口冤气。

那篇旧稿，早已不知道到哪里去了。可是那件事情，回忆起来，至今还叫我有些余愤呢！……

我讲完了，叹了一口气，向室中一望：Ly已在打盹了。S正对着我很神秘地微笑着，好像对我说：

"好了！说了半天，不过一只死狗！也值得大惊小怪的吗？"

我不禁有些怅然了！

一九二六年十二月十五日深夜草毕

（原载一九二七年二月五日《北新》第二十四期）

天涯海角

我的炳源：

　　三十日深夜，我们红晕着眼睛握别后，回到舱中只是一声两声，断断续续地叹气。同室的洪君，他是多么天真而浑然啊！他非但一些也没有别意，就连我这样惹人注意的愁态都没觉察。一方我固为他庆幸，一方却因为自己的孤独更觉凄怆！

　　那天晚上在起重机辘辘的巨声中，做了许多的梦。（想那晚送我的人都会做这样的梦吧！）梦见你还在船上，梦见你我还坐在饭厅的一隅对泣。我又梦见母亲，叔父（我称姑母为叔父的），梅，以及一切送我的朋友。但都是似烟似雾地一闪便消逝了。到醒来最清楚的回忆，便是你我对泣的一幕，和仑布叫我好好学习 Français 的一幕。这两天来，这两重梦影还不时地在眼帘里隐约；尤其是仑布的"好好学习 Français"的一句，时时在耳中鸣叫着。

　　那，那诚挚恳切的友谊啊，深深地铭镌在我的心版上了！

　　我们的船，原定是昨天（三十一日）清早开的；不料到我们用过早茶后还未动弹。后来去问 Maitre d'hotel，才知道已延迟到下午一时了。我心里一动，便想再上岸到叔父家里去一次，母亲一定还在那边。我想：这样突然地回去，一定会使他们惊喜交集。

　　已经上了岸，重复看见才别的上海的马路，忽一转念竟马上退了回来。实在，我不愿，我不敢再去沾惹第二次不必要的不可免的流泪了！

　　午后一时前二十分，我就等在甲板上，要看开船。不料左等右等，直到了两点，才听见一声汽笛，通岸上的两条梯子抽去了一条，水手们也急急忙忙地找地位，解缆。更等了好一会儿，才见最后的一条回家之路中断！在昨夜，你我分别时，真恨船为何不多留几小时。到今天因为急于要看船之

初动,反恨它为何再三地拖延着不开了。至此,船的梯子统统抽去,船身也渐渐横到浦心时,不觉又悲从中来,恨它为何这样无情,竟尔舍弃了我的上海,把我和一切亲爱的人隔绝得远远了!唉,矛盾啊!矛盾啊!

　　岸上,船上,三四白巾遥遥挥舞着;船首左右,三四海鸥翱翔着,她们是来送别呢!她们又把你我昨夜的离情唤起了,她们更把一切的亲友们依依之意重复传了过来。但不久也便无影无踪地不见了,大概也深知"送君千里,终须一别"的悲梗的道理吧?

　　三十夜的难堪,真是稀有的。渺小的我,零余的我,在区区二十年中,忧患也经得不少,悲泪也洒过许多;但这种生离的酸味,却是生平第一次呢!

　　我所有的,仅有的亲戚,朋友,爱人一个不遗地都赶来送别。燮均,临照为了我在南站北四川路间奔波了好几次;雷垣为了我,在极少极少离校的常态中破了例,丢了考课卷,从课堂里一口气赶到。更累他们在船上摸索了半小时多!还有理想中赶不到的我的唯一的叔父,也竟会冒着重寒,在暮色苍茫中,从浦江彼岸飞渡过来,使我于万分惆怅的感触中,更加添了热辣辣的酸意!

　　那夜的聚餐,更是梦想不到的!虽然别离就在眼前,但大家都还兴高采烈地壮我心胆。健谈的仑布,更是开了话匣子,滔滔不绝。然而勉强地挣扎终于无用,最后的一刹那还是临到了。当铁冷夫人开始触破这一层薄纸时,我已满眶热泪,竭力抑忍了。到叔父和我道别时,眼镜上已沾染了一层薄雾。下楼来上汽车时,母亲的几句极简单的"保重!留意!"等话,实在不能使我再克制了。汽车一动,我的泉源也排山倒海似的追踪着绝尘的车影而淌下来了!我火山一般的热情,完全从几分钟前强制的束缚中解放出来!……我倚着你的肩,我只能流泪!

　　重到船上,朋友中最刚强的燮均,竭力把强心剂给我注射着;你也再三地叫我不要难过,我也记起临照赠诗中的几句:

　　　　"劝他声:别悲哀!
　　　　为脱烦恼,学成归来。"

　　然而这些鼓励,这些回忆,只有更加增我的惆怅,更开放了我的泪泉!

人世的污浊的愤怒与厌恶，现实的别离与同情，过去的悔恨和惭愧……一切，一切的感激，悲哀，愤怒，幽怨，抑郁的情绪，一齐搅和了，混合了，奔向我的……

船之初动也看到了，海面的辽阔也拜识了，宇宙的伟大也领略了，波浪的沉静也在面前流过了，吼叫的狂涛也在耳边听惯了，月夜的皎洁神秘，也窥到了，朝阳的和蔼现实，也感到了。高洁的未来的曙光，伟大的、雄壮的希望，似乎把我充实了许多，似乎把我激励了不少。但是，朋友啊！一刹那的兴奋过后，总袭来了空虚的无聊！我实在不知这一月如何消磨过呢！

船上食宿俱惯，只是言语隔膜，稍感痛苦耳。茶房都是汕头人，潮州人，法语也不大通，普通话更不必说，只此略觉不便。昨日为一九二八年第一日，船上也是照常地过去：沉闷的，寂寞的生活！海中昨日颇平稳，今日稍有风浪。紧贴船身的碧油油的绿波不见了，只是狂吼的怒涛汹涌着，击撞的白沫跳跃着，汪洋的海面，不时地在圆窗中一高一低地翻腾。可是我倒还不觉得异样，只是走路时地上很滑，又加船身稍有倾侧，故须加意留神耳。路中平安，第一足慰远念，是吗？

此信昨天写起，今天重复誊了，又添了一些，想明日到香港发。只是心绪繁乱不堪，所言毫无次序。恐怕你看了愈觉得"怒安心乱如此，前途未可乐观"吧？然而系念我的，想望我的，却急于要知道我海上的消息，所以也就胡乱写了些，托孙先生为我公布了！

你给我的圣牌，我扣在贴身的衣纽上，我温偎着它，便好像温偎着你！在旅途难堪中，稍得一些慰安。朋友！你放心，我绝不因我无信仰而丢弃它的！我已把它看作你的代表了！

好了，信暂止于此。但望珍重！以后通信，亦唯在此借花献佛，诸亲友处不能一一矣。愿谅我！

你的怒安

一九二八年一月二日

于André—Lebon未到香港时

离愁别梦

牟均,燮均:

一九二七年末日前夜,我们在凄凄惨惨戚戚的咽呜中,握了最后一手之后,迄今已快半月了!

在朦胧臆测之中,过了浙闽诸省的海关。复在雨意重重中,别了挥臂牵袂的九龙,过了"英国人的乐园"的香港;更踏到了法威赫赫的西贡。现在正离开了新加坡,向印度洋驶去;大概明后天便要一撄其锋了吧!

怯弱的我,带着委委屈屈的隐情,含着孤孤寒寒的愁意,抱着渺渺茫茫的希望,无可奈何上了船,割弃了所有的爱我的亲戚朋友,鼓着青年时仅有的一些活力,望着大海中飞去。不料天地之广大,宇宙之奇观,只使我更落到彷徨无措之悲号苦境中罢了。

自西贡启程后,因几天的安定更衬出海神的播弄。我只能在床上躺了整整的一天。静听着窗外的海波轰轰地击撞过来更听它峥然地波花四溅开。可怜的稚嫩的我的心啊,只被它击撞到摇摇欲坠;抑压的无量数的我的愁啊,只被它丝丝乱抽。中心只是一阵阵焦急烦闷占据着,化出来的浓烟,便浮在脑中酝作乌云。

我想到动身前三夜的母亲的谆嘱告诫。她自从答应我去国的时候,在凄惶的允许的言辞中,已满蓄了无限的期望勉励之意。其后在一个半月的筹备期中,见到我时,终提起那悲痛激励的话头。到临走前之夜,更是满面纵横着泪水的致她那最热烈、最急切的希望!在断断续续的哽咽中,泣诉她一生悲惨的命运的,最后的曙光!啊,母亲啊!我那时是如何地感泣,如何地郑重应承你那再三的一句话:"你数年来在国内的操守,千万不可丧失啊!"啊,母亲!我数年来的流浪颓废的生涯,只在死气沉沉、苦闷窒塞中待命;

你却还以为我说有嗜好不会，游荡是我的操守呢！母亲啊，你这句话真使我心底的泪泉奔涌！我更想到十六年来母子二人相依为命的环境。国家多故，生活堪虞，母亲以一屡经患难之身，何能再受意外之激荡？此五年啊，五年，母亲！我实在有些放不下你！我家风雨飘摇的危期，是由你，母亲啊，撑持过去了。然而环伺我们的敌人，又怎保得不乘此罅隙，再来袭击！而且，你素性坚强，些须小病，从不介怀，伤风咳嗽，永不延医。尚记得，你有几次卧病了，还力拒服药；直到你要我服药，我以你也须延医为条件时，你才勉许。这五年中怎保得病的恶魔不来侵扰，天气的轻变不使你感冒呢？母亲啊，这些，这些，凡是我所不能放怀的，你统不放在心上，你竟不坚持地允许我的远离，数万里的远离！你竟不踌躇地答应我的长别，四五载的长别！你只是鉴于父亲前车覆辙，而再三再四地叮嘱我："交友啊，要好好当心！"更进一层地你三番二次地对我说："如果你去后发现你身体不好，或是有什么不惯时，你应立刻归来，切不可以为重洋跋涉，一无所得，羞见父老，而勉强挣持！儿呀，你千万要听我这话！……"说时你是声泪俱下了！母亲啊，你竟是没有了你自己，只有你儿子一人了！你的世界里，你是早已把你自己和父亲同时取消了！现在的你是只为我而生活着，母亲啊，你的爱啊！你的伟大啊！你的无微不至的爱啊！你的真诚彻底，无目的的爱啊！

　　我更回溯我渺小而短促的二十年生命中，除了前四年是被父亲母亲共同抚育教养之外，其余的十六岁都是母亲啊，你一手造成的！你为了我的倔强，你为了我的使气，你为了我的无赖，你为了我的嬉游，这十六年中不知流过了几千万斛的眼泪！尤其是最近几年，更常常为了一些小事和你争闹，竟闹得天翻地覆，不得开交。所谓大逆不道的事，我都闹过了。我只为你爱我而束缚我而反抗、而怒号、而咆哮。我几次演成家庭的悲剧！你都曾极忍辱地隐忍了、容纳了。你还是一心一意把你的每滴血都滴到我的血管里，你还是一心一意把你所有的精液灌到我每个纤维里！母亲啊，你之于我，只有宽恕！只有原宥！只有温存的爱抚！你一切的抑郁呜咽，只有在夜静更深的时候，独自听得的！……

　　然而母亲，你十六年的心血的结晶的我，负了这般重大的使命而在大海中彷徨，而在黑暗中摸索；坚定确定的观念，隐隐中又已起了动摇！母亲常说我"心活"，母亲，我的确有些心活！然我不得不心活啊！我的心真是在

怎样的压迫之下哟！

　　我更想到上船的一幕。你泪眼晶莹地上汽车，你眼见一生的唯一的曙光的儿子，将要像断线的鹞子一般独自在天际翱翔，独自在海边觅食了。慈母的企念永不能有效力，殷勤恳挚的教育再不能达到！你竟把你泪血的交流培养长大的孤雏一朝撒手了！母亲，我能想到你那晚汽车中的流泪，比我痴立街头靠着炳源不住抽咽的泪还要多；我更可想到这十几天来的你的午夜梦回，你的晨鸡唱觉，比我的离愁别梦，比我为海病凄惶，更要苦楚悒郁到万倍！

　　五年啊，五年啊，母亲！这五年的一千八百多的长夜，你将如何地过去啊？

　　母亲，你是有失眠症的。往往夜里做活，到半夜过后才上床，到了三点一响便醒，再起来点着灯独坐做活的光景，现在复在我眼前憧憬了！

　　母亲，你是有脚气病的。往往白天多走了路，夜里便要脚肿得穿不上鞋。行前我回家的几天，我仍是这般的大意，后来从家里出来上汽车时，那忠恳的女佣偷偷地郑重地说：母亲这几天又在脚肿啊！母亲，我再三托叔父陪你看医生，不知现在实行了没有？医生的诊断如何？医生查验的报告如何？不妨吗？无害吗？……

　　我更想到母亲的多劳：无论乡间的打架吵嘴，或是族中的纠葛讼事，都要诉到我母亲跟前来。甚至学校募捐，穷人写愿，无一不要来烦扰母亲。然而，母亲为了我，已够把她的生命的活力消耗了，更还有什么余暇、什么精神来管这许多闲事？我出门前，拜托族中的长老说："母亲年事渐增，精神渐衰，族事有诸长老主持，乡事有里正绅士评判；老母何能，敢来越俎，谨乞代为婉辞声说谢却！"不知他们已否谅及苦衷？更不知诸乡人能否曲谅，不再上门诉说否？……

　　唉……我想到母亲的事，真是写不完，说不尽呢！我的心更如何放得下！我竟忍心开口要求她允许我的远离，我竟忍心真真地舍弃了她而上路！我更不知自爱地在大海中彷徨！……母亲啊，我的罪孽，将要和你的至爱永古长存了！

　　牟均，燮均：我是这样地躺了一日，想了一日，也这样地梦了一日！

　　我梦见我将要上船，还未上船时的忙乱；亲戚朋友，齐集一堂地预备送我，正像前日一样。我更梦到船的临时延缓开行，和诸亲友意外欢欣地叙谈那珍惜的最后时光。我更梦见母亲临别时的流泪,我也对泣,因此而在梦中哭醒了。醒来还是白天,三点半的茶还未喝过,船还是那样地把我的脑袋摇晃。于是我揩揩泪痕,又沉入冥想中去了!

这样的梦,梦别离的一幕的梦,差不多梦到五六次以上了。昨夜还是做着这样的梦呢!至于我的冥想,想前途的渺邈,那更是无时无地不想的了!现世的虚空,未来的梦幻,叫我日夜徘徊着!一切的诱惑、种种的恐怖,令我时时刻刻担心着!

牟均啊,于是我更想起你来了!

牟均你是这样地期望我的人,你是这样地爱护我的人!

"青年终该要血气盛一些的了,何况像你这样燃烧得太阳一般的人。袒着胸要拥抱全世界的人。固然是未来的光明人生的象征啊。但我就是为相信了你爱的真诚,愿延留你到人们已到喊得醒的时候。……"

牟均,你是这样地热切地要延留我的人,我应当如何地延留自己!

你更说:

"我们唯一的力是生存呀!有生存才会明白透彻,有生存才有胜利。有所为的人必能有所不为。能守方能言攻。狗偷阿世者要谙练世故,旁观研究者也要谙练世故,革命党尤其要谙练世故。我们不信善恶是天外飞来的。不研究不知人生真相,不知善恶根源。而且防防暗箭躲躲明枪,表示不赞成别人有如此自由,亦不算怯弱啊!……"

牟均,你这样的轰天大炮,的确对准了我的厌世的人生观,的确参透了我的人生的烦闷苦恼了!入世,入世,你如何地叫我"要谙练世故"啊!研究,研究,你如何地要叫我"知人生真相,知善恶根源"啊!朋友,我的确太怯弱了,太怯弱了!我应当入世,我应当研究,我应当勇敢!

牟均,你同信封内的第二信有这样的一段话:

"据福祺的面述,你们赴法的最大原因是逃避烦闷。什么是烦闷?为何要逃避?神经不甚健全的我,不胜其杞忧呢!为的是烦闷的光降,是不可知的。逃避吗?我的闲钱呢?……"

朋友,我现在已经把你的话体验到了。你和燮均才是神经健全的!(我在三十夜,在船上和临照、福祺这样地说过了的。)燮均那晚因为临照的说

起烦闷的缘故，也曾发了一阵和你同样的言论。牟均，我告诉你：我此次的赴法，逃避烦闷固然是个大原因，但我之所谓烦闷者，其成分恐怕与福祺的有些不同。因为我的烦闷中，细细地分析起来，还是读书的烦闷、追求人生的烦闷居多。我曾好几次想过：我数年来的颓废生涯，应该告一结束了。空洞的头脑应该使它充实些了。这样我才发了赴法的宏愿的。现在的种种，我只望它是离愁别梦，我只望它是我厌世的悲哀的人生观的余波！我应记住你的希望，我应勉力向着未来前进！我应当为我的母亲，为我的朋友，为我的爱人，为我自己，勉力延留着！

我更该记住燮均在船上的最后地赠言：

"希望你不要忘掉世界上还有这样的一块烂肉！你应当救出在烂肉上受苦的人，你应当敷复这世界的创痕！"

这几句赠言，于我是当然担当不起的。但是我是如何怯弱稚嫩的人，应当竭力肩起这肩不起的担子！

窗外的狂涛，比晨间狂暴得多了。我应当袒着胸去接受印度洋的洪波，我应当把炳源说我的胸中的毒汁（谓我厌世悲观）荡涤净尽！

末了，我应在此向牟均燮均道歉，我常贸然地发表我们私人的通信。并且这样的信，也不直接寄你俩一封。请恕我，我实在无力再抄一遍！这是我的草稿，这是我的眷正！我更应在此向读者诸君道歉，我常以私人的疯狂情绪，来糟蹋你们宝贵的篇幅！（牟均，我真惭愧，还脱不了你的所谓的"臭文人"的习气！）

告终了，祝你俩兄弟快乐！并祝国内的诸亲友都好！

怒安

一九二八年一月十三日，离新加坡后一日

明天一早可到哥仑坡。印度洋竟很驯服呢！

寄语诸亲友放怀释念！

一月十六日下午四时

来到这静寂的乡间

春苔先生：

来到这静寂的乡间，匆匆已快旬日了。

在巴时，曾听陈女士说我的第一篇通信已于贡献第五期上发表了，我真如何的快慰而又惭愧啊！亟亟热望着我的亲友们，能够读到万里之外游子之音，当然是大家引以为欣喜而慰藉的事。但是浅薄无聊、多愁善感的我，有何贡献，敢来占据你们宝贵的篇幅，惊扰读者的清思？日来功课正忙，趁着这两三天假日，我决意写了这第十六次的通信并把它结束了。

我现在住的是法国略偏西南的维也纳省（Vienne）的省城，博济哀（Poitiers）。全城位处山中，高低栉比的房屋，全是依地势倾斜平坦而筑的。居民四万余。一切公共设备，如图书馆、公园、病院等，也都完备。并是大学区之一，文法理三科学生，有千余，其中以法科为最多，占七八百。我华学生，除我友王君外，尚有闽鄂两省者三四百人。城中市政，不算讲究；马粪累累，仿佛我想象中之北京。又以山地关系，道路崎岖不平，加以石筑，尤使你走路时左右滑跌。据说夏天少雨，故满街灰尘，竟和不长进的中国一样。初来时四五日，连绵阴雨，丝丝的、细细的，真是闷人。天气也和上海差不多，王君说夏天也极闷热。法国气候，原以南方为佳，巴黎的冬天也是浓雾冻云，灰暗可嫌。此间此时，尚须生火。唯出门时反无中国那样的大西北风，大概四面皆山的缘故吧？

城中教堂最多，有的还是十四五世纪遗物，颓毁之象毕见，然而信徒们还是熙熙攘攘往里祷告去，香火可算盛旺了。交通除有往来巴黎与波尔多（Bordeaux，法国著名产酒地）之火车路过外，繁盛大街，并有七零八落之电车，以及又少又坏的公共汽车，车身之坏，真是莫与伦比！看上去至少比

我们的年纪大上一倍。加以道路的不平,尤其你坐上去屁股颠簸得要命。而且不知是开车的机关不灵呢,还是开车的车夫不能干,每次停车开车时,要使立着的乘客前俯后仰一会儿。路线又是短,我一则用不到公车,二则实是有些怕坐,故除了初到时坐过两次外,至今没再领教过。

城中最普遍的是马车(这是马粪累累的主因),无论男女老幼,都会驾驶着出去收垃圾,送牛奶,运货物,赶市集;又大又污的木轮又沉重,又吃力的在街上轧轧地滚过,有时候开起快车来,我住的房屋也不觉有些震动。此外我们在上海时称为老虎的汽车也不少,但大半是私人的;有的是公司里运货的。至于专门出借的极少,除了火车站外,也没有巴黎那样沿街可雇的汽车,而且车上没有巴黎那样的自动价目表,尤使我们外行人怯于尝试。

影戏院共有三四家,全都集中于 Place Dame 那样的地方。我初到那天,正是星期日,跟着王君从火车站走到大街,路过那 Place 时,只听见不住的锐长的电铃,在东西相望的电影院门口叫着,一大群人挤在阶上等卖票处的窗洞开放。一下子竟使我在巴黎的影像重复闪过。一路上并见一大群的男的,女的,先生,太太,学生,都穿扮得齐齐整整,向着我们的来路跑。那是不言而喻,他们是去调剂他们七日间的疲劳的。我们因为要找房屋,故专往冷落的街上跑,真是少有和我们同路的,所有的都是迎面而来的。

在巴动身时,天气不算好也不算坏,送我的郑君说,在巴黎过冬天,只求其不下雨已很好了。到博济哀时也还算"阴"而不雨,等到往车站旁小旅馆里一放行李时,竟丝毫不留情地下起来了,一下竟愈下愈起劲,我同王君竟是落汤鸡一样地满城乱窜。

说起小旅馆,那真够讨厌了!满室的陈宿气。既是阴雨寒冷,又是没有一些火可以取暖。电灯高高的和天花板亲近,微弱的光芒几难以烛亮全室的轮廓。窗子是向北的,离窗不远便是比我们占据上风的山坡上的高屋。在又阴森又黑暗的笼罩中,被褥也愈显得不清洁了,加之冲鼻的陈腐气,更使我多疑虑。一个人真是又凄怆,又孤独,又寒冷,又胆怯,我竟连嫌恶的情绪都没有了,满怀只是猜疑恐怖充塞着。

王君也太客气了,一进门便乘我上楼时把旅费付清了,我就是要走也无处走。邻接的旅馆又安知不是难兄难弟呢？何况白丢王君惠钞的旅费，怎好意思！因此就团缩着熬过了一夜，天明时就爬起，老早赶到隔昨说定的新屋去。

在此要找适当的房屋，也颇不易。加之我条件又太苛：价钱虽可稍出多些，但又不能无端地被敲竹杠。房间大小，地位，方向，建筑，新旧，陈设，清洁，都是我极注意的外；还要观看房主是不是古怪冷僻的人，有没有太多的小孩足以妨害工作的情形。尤其是讨厌的，就是大多的出租者，都只有宿没有吃的。我想，为了吃，一天要跑几次，路又不好走，天气又常不好，真太麻烦了。所以只能累着王君，在淋漓尽致的状态下奔波。我真是如何衷心地对他抱歉啊！

末了，总算找到了一处膳宿相连的地方，出来接洽的是一个三十岁左右的妇人，很会说话，起初开价说膳宿水电一共五百法郎，我就说太贵。王君用中国话和我讨论还的数目，她在旁边便猜着说："四百……二十……"我一听她在四百二字上打了一个顿，我便决定还她四百。因为我们半日的经验，吃饭三百不算贵，房间一百也是公平的价钱。但她说："四百二十吧？"我说："不，四百！"她又说："四百一十吧？""不，四百"我仍是坚持着。她又说"四百五吧？"我终于肯定地说："实在不能多了，四百！一定，四百！"她踌躇了，末后，说她母亲出去了，不能决定，约我们明天一早再来。但王君又去替我讲了许多话，说我是常住的，说不定要好几年呢，所以临行时她差不多答应了。

翌晨，我和行李一同去时，房间还未收拾好。一会儿，一位五十岁左右的太太进来了，先自己介绍说是 Madame Jacquenim，随后又很客气地说："昨晚不在，很抱歉！不过我的女儿答应得太鲁莽一些……你很知道的：这样的房间太便宜了！……我想请你稍加一些电费……"她那种纯粹法国式的妇女，满是谦逊、温和、有礼，善于辞令的外表，以及我急于要安顿行李的心情，使我答应她加她五法郎一月。她表示满意之后，还说了好多便宜的话。最后，又郑重其事地对我说："我请求你，千万不要告诉别人（指同寓者）！因为我从来没有租过这样廉价的房子……真的！先生，我请求你！"哈，好一位会说话、会治家的法国太太！

在巴黎时，旅店主妇也是这样的客气，不过并没有说便宜的话。我租屋是郑君代去接洽的。但临行前夜算账时，她一面结账一面絮絮地同我招呼，付钱时又说希望我下次再光顾，这次真是十分感谢。我走的早上，虽然时间很早，全寓的人差不多都还睡着的时候，但她已起身了，等我东西放好，车正开动时，她在门口出现了："再会！先生，Bon voyage！先生……"仆妇也在门口说着："谢谢先生！"那些……那些确使我感到她们的和善有礼。不过在这次找房子经验里，我又感到那些有礼，原是面皮；内心仍还是金钱！她们尽管在招待时怎么殷勤客气，到了要钱时候总是一个生的也不肯轻易放过的。等到目的达到，送你出门时，又完全是春风满面，笑容可掬地满口的再会，道谢了！

本来，人不是完全的动物。在生存的欲望里，谁又免得掉没有那卑鄙的本来？据近日来她们待我的情形观察起来，我感到她们确有如厨川博士说的西方人的情形。他说，他们是以物质为基础而渐渐地走到精神的道上。最初是金钱的交易，以后却慢慢地生出超物质的温情来。不像日本人（博士评论他国人的话）假仁假义地先是温情，而终于露出本相来的那种可怜可鄙。因为人类谁又能离却物质而生存？（这段是我从回忆中写下的《出了象牙之塔》中的大意。）我搬进时，就同她们："因为医生的嘱咐，我不能多食肉，请多给我菜蔬鸡卵之类。"因此她们每逢饭菜中有牛羊肉，必为我易他品。并屡问："什么东西喜欢吃吗？"她们替我更易的食品，也是天天变换的。我第一天吃的那种奶油蛋，至今没吃过第二次。她们原不常食同样的东西的。她们见我不喜食乳饼（fromage 英文中叫 cheese 的），就为我烧牛奶粥，用牛奶放糖和米煮成粥状，我真是第一次尝到，味却不差。有时呢，便给我换成果酱。那种精心费神的照顾，的确令我想不到那是虚伪的！

她，主妇，知道我家里只有母亲一人，她便问我为什么不一同来呢？不是大家都幸福快乐吗？我告诉她，那是不可能的；因为中国的家庭，比西方人的家庭要扰杂得多。但当她问起我假期中如何消遣时，又问我回家不？当我告诉她路远不能时，她又说了，说不定你的母亲会来探望你！她一人在家，将如何的寂寞而忧闷啊！

她们最喜欢听关于中国的事，一切政治、商业、风俗、饮食、起居，都要问到。可怜我法文程度实在不够，只能极勉强地告诉她一个大概。我说："中国的情形太复杂了，外人不容易观察。"她也说："是的，我们的报纸有时也记载错误了！中国实在太大了，所以不容易明白，也不容易治理。"

她昨晚又问我，有没有母亲的照片？我说没有，她怅然地说："我们从没有看到中国妇女的照片！如果能和一位中国太太一谈，那真如何有味啊……"

唉，母亲！我想不到来此会遇到一位极似母亲，而常提起我母亲的亲切的老人！

刚到几天，为了天气的不好，心绪的不宁，颇不堪其沉闷。近数日渐渐惯适，确感到"自有幽趣"来。我家乡是一块有水有山的半岛。离海虽近，但也从未见到。山是不用说了，连邱冈都没有的。我常以此为憾。此次远行，得领略了天空海阔，渺渺无涯的景色，激荡着狂涛，怒吼，雪浪悲嘶的壮观，精神上受到了不少的刺激。此来更默处山中，开始度那世上千年的隐士生涯。处在这淳朴的伴侣中过着宁静安闲的日子，那种幸福也是一生不可多得的。故国的稀糟混乱可悲可痛的影子远了，不觉清静了许多。在国内时，不看报又觉厌闷，看报时又是满纸酸心的事，真痛苦极了。然而赤手空拳，徒唤奈何，又有何用。倒是索性隔绝得远些，反较安静。反正是失望了，便不必多去悲伤！

同居的五人，都是学生，大半是学法律的。一个年纪最轻的，只十五岁，是学音乐的。每天晚上回来时，他总是要练习一下钢琴（寓中所备的）。他已能弹 Sonatine 及一切的复杂舞曲了。那又健壮又活泼的少年，真是玫瑰一般的美丽，露珠一般的明净。新相识的小朋友，我在默默地为你祝福啊！

明天是 Carnaval 节，学校从今天起放假三天。据说在这一天大家可以闹一番的，有人译为"狂欢节"，大概就是这意思。同伴们都回去了，只剩一个塞尔维亚人和我。

每天照例出去散步一次，携带了地图，俾免迷途。我们到大学文科是很近的，只有像从上海的商务书馆到北新书局（四马路）那些远近。附近又有一个植物园，虽很小，但颇具幽意。门口几棵高过数十丈的树，都赤裸了。

可是满园却尽是松柏之类的常青树。深碧的伞形的长松荫下，躺着雪白的浓霜，日光缓缓地移过来了，便渐渐变成晶明的露水，湿润着茂盛滋荣的绿草。我对于草木真是疏远得很，大半的大半，我都不知其名。看这里在这季节的草色还是青绿可爱，可知绝不是和上海枯黄萎倒的草地同种。小小的池塘，寥寥的山石，泪珠似的水，从上面淌下来，流过那倒垂的蔓藤，潜向池中去。石上青苔，厚可盈寸，足见它年岁之久老。树上都有挂名牌，但我仍不相识，就是翻字典也没用的，中国没有的植物，叫编字典的人也无从翻译起！只是看他标的年期，有的竟在一七七四年前后的。有涯的人生，何其渺小得可怜啊！

　　昨晨去游全城唯一的大公园 Blossac。听着轻微密语的鸟声，看着修剪齐整的树枝。浓绿的森林里，散步的小道蜿蜒地远去，我不禁想起《茵梦湖》里所描写的"林中"来。这些可爱的小孩中，说不定也有着未来的莱因哈德和伊丽莎白呢！

　　因着地位的关系，我们可以依着Blossac的短栏，而远眺全城。处女般羞怯的Clain河，姗姗地在低田中间流过。我五天前在植物园旁边看过Clain雄伟的波流了。河身弯转处，翻着那雪白的软绸，洪大的涛声有如雷鸣；远远地，渐渐地流到下游，在圆形的桥柱旁冲过去，全河面到处是漩涡，像无数的小鱼当天将下雨时一样翻跃欢腾。河旁的低地，与河相差几不及一尺。矮小的房屋，看来像是玩具。洗衣妇全神使劲在捣衣，勤苦的男子在布置着湿透的低园中的植物。还有那有钱人家的考究的楼房，背临着，瞰视着河面，那才是近水楼台呢！

　　昨天在Blossac见到那微弱到几乎静止的水落时，真想不到那是同一的Clain河！

　　在途中，经过香港，经过新加坡，经过哥伦坡，都会看了半山腰的房屋而艳羡，起一种至少须得让我去浏览一下的妄想，不料此时我竟"身在此山中"了。漫长的鸡声，报告着时刻，清脆的犬吠，警戒着来客，温和的太阳普照着大地，微暖的和风拂着我，向我说："春神快来到了！"啊，那，那，还不是我的故乡吗？我竟从万里外归来了！我竟从万里外归来了！可是，母亲啊，怎只看不见你？

在喧嚣的上海，是听不到鸡鸣犬吠的（有的犬吠，也只是豪富之家的势利狗罢了），在巴黎更不用说，三四月来第一次听到鸡啼呢。每当引吭高歌的余音，响到我耳鼓时，我总要掩卷默想一回，梦幻一回。

在巴时，学昭女士曾和我说："在此见到了有些极像故乡的情景，有些极不像故乡的情景，在这种冲突的同与不同间，我感到很深的感触！"啊，我如今也体验到了。

末了，我想聊带把最近中国留学生的现象报告一些给先生听。一些，只有一些！只请先生检阅一下我们的队而已。

在巴黎（我说的只限巴黎），所有的学生，大半还集中于拉丁区。在这区内的几条繁盛的如 Saint Michel, Saint Germain 几条街上，不用说很容易遇到同国人的。

晚上，从饭馆里出来，照例要在附近散步一回的。因为巴黎人多于鲫，家里只有睡觉的地方，哪容得像中国一样的有你踱步的地方？肚子装满的时候，自然要找个运动一下、舒展一下的地方，白天可以到公园去，晚上只能在街上了。那时才真好看呢，妖形怪状的土娼（简直是野鸡），眼睛四周涂得碧绿的，嘴唇弄得鲜血直流似的满街都是的出来觅食。一群饿狗似的中国学生（不是说饿狗似的只有中国学生！不过现在我只说中国学生罢了）三三两两，帽子覆在前额，微微地左倾着，挺着满满的肚子，两眼骨溜骨溜地向着她们乱射，嘴里还哼着"Hello! ……"一面走一面又努着嘴和同伴们品评起来。吓，真是十足的中国学生！在上海逛惯了四马路大世界的我家贵同学，到了几万里外的欧洲，原还是君子不忘其本！好一个泱泱大国之风的国民啊，好一个风流公子啊！

我曾同一位友人到过一两次咖啡馆店。（法国的咖啡馆是比中国茶馆还多上十倍的，先生当然知道的了。）他问我要楼上去呢还是楼下，我不懂，问他楼上怎样，楼下怎样。他不响，领着我径往上升。只见一桌桌的扑克麻将，大半是我们的同胞，正喧嚷着勇敢地斗争着。再进去是打弹子的地方。那位朋友便问我了：你要玩什么东西？……打一回弹子吧！啊，惭愧！我是什么玩意儿都不会的。真辜负他们的好意了。于是他又领我下楼来，细细告诉我说，中国学生中有好多是靠赌活命的，他们离开牌（无论扑克麻将）简

直不能度日！他又讲给我听，法国卖淫的情形，留学生中有钱的很多包一个妓女（当然是土娼）。陈女士说的男嫖女赌，我看还是男同学本领强，嫖与赌兼而有之呢。

第二天晚上，那朋友又请我去看戏，碰到一位已经在国内得了法学博士出来的同学。他问起我中国的情形，他说："中国国民党现在不是很有势力吗？我有一个知友，同某某某（国内要人恕不称名了）很有些道理……唔，……"他说着非常得意。我真祝贺他有这么一位知友！据说，这位同学因国内的博士不十分神气，所以再到法国来弄一个法国的博士。他正研究刑法，预备回去做审判官。那些话是不是真的，我不敢说。但是他的知友同某某某很有道理的话，却是我亲耳听得的。

不读书而专事花天酒地的既如此，读读书而转念头的又如彼，我真不知中国的青年有何希望呢！

真正头脑清楚、用功读书、确有目标的并不是没有！就我所知，就有好几个。但是依据着全体的比例看来，真是可怜得够了！实在的，国外的学生界，简直糟到和上海一样！真正可称为现代的青年，中国的学生的，同上海一样的稀少罕有！

在领事馆里，我更碰到一件奇事。那天我是去拿国际证的，忽然一位学生模样的中国人，推门进来，一位上级职员似的出来问他："有什么事？"他低声地答道："有共产党的事情报告。"随着那上级职员放下欢迎的脸来："请进来！"他又跟着进去了。我一听见"共产党"三字，不禁注视了他一下，心里一阵迷糊奇怪。听说他们二党（国民党和共产党）的中国学生，在法也常常手枪见面的。真算得英雄：为党国牺牲！

好了，够了，愈说愈糟，不说也罢！

本来，陈女士老早就叮嘱我说话留意些。她因为说了几句真话，而犯众怒，叫我不必再碰钉子了。但是我偏有些倔强，我说的是真话，又不造半句谣言。要不犯众怒，那除非你不说话！在这世界上，你要说一句公平话时，就犯众怒！她又问我有何党派，我说没有的，她说那更糟了！他们两方可以任意说你是国民党，或是共产党。……啊，那简直无话可说了！

总之一句：留学生糟糕的情形，确是实在的，无可掩饰的！我也不懂，为什么像陈女士所说的，好像大家都有一种无形的默契，从不把留学生界的真相宣诸国内的。可是无论你们怎样包庇隐瞒，你们不求上进，将来到底个个要回国的，你们数年来的成绩，到底要宣示于国人的耳目之下的！你们实际的能力，也要大大影响于未来的中国的！看，这是我们的将来！

　　有人说，现在骂人是出风头的好方法。不过，我自问既不是来出风头，也并不是来骂人，只是把实在的情形披露一些，让国人知道留学生界的内幕，而大家起来做些严厉的监督！一方面还是希望我们的同学们，醒悟一些，早早回头，想想我们的将来，想想世界上还有一块烂肉，我们一切亲爱的人，便在这块烂肉上，受着蝇蛆的叮！

　　我的通信完了。一无成绩，只是一大堆乱草，白糟蹋了你们的时间来读它，真是万分抱愧的！希望我能好好地，警策一下，努力一下，将来能勿自沦落，仍以今日的面目与诸亲友相见！

　　暂别了，我亲爱的朋友们！祝你们都好！

怒安
十七年二月二十夜于 Poitiers
谢春苔先生为我的通信的操劳

第二部分

做人

我们的工作

庚子以还,我们六十年来的工作,几乎可说完全是抄袭模仿的工作:从政治到学术没有一项能够自求生路。君主立宪,共和政治,联省自治,无政府主义以至鲍尔希尔克主义,无一不是从西方现现成成的搬过来的标语和口号。在文学上,浪漫派,唯美派,写实派,普鲁文学,阶级意识;在艺术上,古典派,官学派,印象派,野兽派,表现派,立体派,达达派,只是一些眼花缭乱的新名词。至于产生这些学说派别的历史背景,精神状态,一切因果关系都在置之不问之列。我们的领袖与英雄,不问是哪一界——政治上的或艺术上的——都要把我们的民族三脚并两步地开快车;至于这历史的鸿沟,能否这么容易而且毫无危险地超越,亦在置之不问之列。这种急于上进的热情值得我们十二分地崇拜,但我们稍稍具有自由思想的怀疑者,在他们乱哄哄的叫喊声中,不得不静静地加一番思考,深恐犯了盲人骑瞎马,黑夜临深渊的大忌而自趋死路。自由思想与怀疑这两种精神,在所谓"左倾"或某个阶级独裁的拥护者目中,自然已被严厉地指斥,谓为"不革命"与"反动",正如这类思想在十八世纪的欧罗巴被视为"革命",为"叛逆"一样。这对于他们——不论左右——无异是宗教上的异端邪说,为历代教皇所判罚的"hérénésie"。固然,所谓革命是绝对地肯定的,绝不能有丝毫踌躇。在历史已经准备得很充分,社会已经演化到很恰当程度的国家,这种绝对肯定的精神,也许正是最需要的心理条件。革命理论家要说,在历史未曾准备得充分,社会没有演化到恰当程度的场合,更需要肯定和果断;这也许是对的,如果他的大前提——研究、认识、判断,没有错误的话。然而一个国家,一个民族,到了历史上大转扭的时间,必定是错综万状的一片混乱和矛盾;要从这混乱、矛盾的现象中去打出一条生路,绝非是浅薄的认识与研究，可以成为适当的准备的。法国大革命爆发之前，伏尔泰、狄德罗一班百科全书派的思想家，对于一切政治，哲学上的进程和学说，曾用了何等深刻的研究功夫，然而他们并没立刻拿出一种主张来，强迫人家承认是解决一切的总结论。他们只提出一种方法，一种思考的方法，这方法就是怀疑精神。怀疑的出发点是理性主义。在一个乱哄哄的时代中，唯有用你冷静的头脑、锐利的目光去观察，更用科学方法去抉剔，方才能够渐渐辨识时代的面目及其病源。然而理论一事，实际又一事。即使我们经过了合理的思维而获得的方案，往往还是免不了引起实际上的纠纷。因此法国的大革命，虽然先有了那班思想家的准备，一待大革命爆发之后，还是扰攘了一个世纪，我们一翻法国自拿破仑一世直至第三共和这一个时代的历史便可明白。那时候是民主思想和贵族政治的对抗，是特权阶级与中产阶级的争斗，是手工业和小工业的递嬗。然而把这些冲突和现代中国的冲突一比，又显得我们的比他们的要复杂万倍了。他们只是推翻四五世纪的历史，而我们则要把二十个世纪的传统一并斩断。这是不是可能的事，尤其是不是在短时间内可能的事？一般革命者当然要以肯定的语气回答。因为他们以为不革命是一种羞耻，他们并没有想革命是不得已的行为。再把法国的历史做一个例：十八世纪末期的大革命，在表面上仿佛是历史上的一个三级跳远，是一个剧烈的突变，但整个的十九世纪，不是在补走前世纪所连奔带跳越过的途程吗？

"你们数千年的伦理，道德，比我们西方更优越的制度就此废弃吗？""你们满含着哲理和诗意的美学为何把它一概丢了？""你们是有那么美丽的传统的国民何必来学我们的油画？"西方的朋友时常这样地问我们，而我们自己，有没有想到这些问题？有的，也许在五四之后提倡国故的时代；然而曾几何时，除了几个极少数的专门学者还锲而不舍之外，还有谁敢向青年提起"国故"两字？谁敢？敢被人家骂为落伍？现在那些高唱唯物论的青年，对于我们固有的文化，除了含含糊糊加上一大串罪名以外，还认识什么儒家思想，老庄思想，以至宋明之学？他们把新奇的偶像来抹煞史实，并掩饰他们自己的愚昧。

自然，我们也懂得，他们取法于西方的理由。西方，多么醉人的名字！但那般崇拜西方的人之于西方，是否比痛骂东方的人之于东方，有较彻底的

认识？他们自以为有的是在某种正统论和一元论之下的认识，或竟是跳舞与咖啡的认识。大自政论，小至娱乐，无非是学西方的皮毛。

而且，假定你对于西方，自亚里士多德至爱因斯坦，自荷马至萧伯纳，的确有了彻底中正的研究，你还是不能把它整个地搬过来。西方的金鸡纳霜，可以医治东方人的疟疾，但还得认清了病人的体质和病情。西方的政论可不就这么简单了。你得记起，你还是中国人啊！你的细胞组织根本就不同。而且数千年的历史摆在那里，任凭你哪一种暴力摧不动它分毫。人是渺小的！

对于西方的研究，以前也曾有一班学者下过功夫。译学馆后，亦有共学社、尚志学会等译了不少西方的名著。但实际上并没收获得相当的功效；这也许是介绍的思想，并没有和介绍者的思想发生何等密切的关系，因之亦不能予读者以若何影响；出版界的落后，以及学术空气的淡薄，也许是互为因果的一个缘由。至于站在东方的立场上去探讨东西文化之奥秘，也有梁任公一辈人下过功夫，然而不久也就成为一种时髦的口号，而轻薄的社会，更当它做茶余酒后的谈笑讥讽的资料。

因此，留学生尽管在两大洋中来来往往，翻译的书籍尽管一本一本地出版，东西文化至今还没有正面冲突过，我要说在学术上还没正式开过仗，只是凭它们两股不同的潮流在社会的底层激荡。没落么？的确是没落，因为我们受了外来文化的侵略没有反响。我们只放弃了自己的立脚点，想借用别人的武器，作为以毒攻毒的战略。他们有枪炮，我们也学做枪炮，他们喊口号，我们也喊口号，他们倡什么最新的主义，我们也跟着莫名其妙地提倡。他们喊口号的后面，那些在实验室里、图书馆里、画室里，过一辈子学术生活的人，我们全没有看见。

现代中国的青年，自以为认识了时代，并看到了未来的时代，他们的大胆使人佩服，他们的武断使人吃惊。

这都是我们过去的工作（我们，因为这些人中都有我们过去的影子）：喊口号，倡主义，是否成为工作自是疑问，但喊着倡着的人的确认为是一种工作。我们现在清算之下，不能不及早转换方向。不干政治的人，自然用不到谈什么主义，研究文艺的时候，也不必把某个学说偶像般放在脑袋里。

我们不敢唱融合东西艺术，发扬民族文化那种高调，因为我们明白自己的力量。我们不愿和人家争执，因为中国到处都充满了战氛；何况我们不能消极地攻击人家的阴私或缺德，以为自己没有阴私或缺德的夸耀。我们只有培养自己的力量，拿出实在的东西来。我们的工作，是研究、介绍。发表的文字也只限于这两方面。忘了时代？谁说的？可是我们不能以斩钉截铁的公式来判断一切，我们要虚心地观察、探讨。要找真理并非是怎么容易的事。各种学说在我们的眼里一视同仁，我们不能把东风压了西风，因为这是盲目的。思想上的专制是真理的最大敌人。我们的信心，只在修养自己，万一有点滴的成就，足以贡献给人家，那是我们喜出望外的事。在没有丝毫成绩之前，我们只是以虔敬的心情去研究学问，以深思默省的功夫去体验时代。具体地说，我们现在要认识他人与自己，以怀疑的精神去探索，以好奇的目光去观察，更要把各种不同的思潮，让我们各人的内心去体味。如果真是要到民间去，或人间去（中国固有的出世思想之反面），那不独要去饱尝社会的风味，并还得要打开我们的心扉，吹受各种的风，这也许会使我们发热发冷，但这些 crise 就能锻炼我们的人格与力量。我们不希望速成，我们都还年轻！

原载一九三二年十一月《艺术旬刊》第一卷第八期

第二部分 做人

现代青年的烦闷

一九三二年十月二十八日《晨报·时代文艺》曾刊拙译《世纪病》一文，此次《学灯》编者又以一九三三年元旦特大号文字见嘱，我特地再用《世纪病》相类的题材，把若干现代西方青年的不安精神状态做一番介绍。这并非要引起现代中国青年们的烦躁——这烦躁，不待我引起，也许他们已经感到——而是因为烦闷是文艺创造的源泉，由于它的反省和刺激内生活使其活跃的作用上，可以领导我们往深邃的意境中去寻求新天地。而且烦闷唯有在人类心魂觉醒的时候才能感到，在这数千年来为智（sagesse）的教训磨炼到近于麻痹的中国人精神上给他一个刺激，亦非无益之事。

阿那托·法郎士曾言："只有一件事可以使人类的思想感到诱惑便是烦闷。绝对不感到烦躁的心灵令我厌恶而且愤怒。"的确，在历史上，每个灿烂的文艺时代，总是由不安的分子鼓动激荡起来的！古典派和浪漫派一样，不过前者能够遏止烦闷，而后者被烦闷所征服罢了。在个人的体验上，心境的平和固然是我们大部分人所渴望的乌托邦，但这种幸福只有睡在坟墓里叹了最后一口气时才能享受。而且，就令我们在生命中获得这绝对的平和（它的名字很多，如宁静、休息等），我们反而要憎恨它；失掉了心的平和，我们又要一心一意地企念它：这是人类永远的悲剧。不独如此，人类的良知一朝认识了烦闷的真价值，还幽密地在烦闷中感到残酷的喜乐。

西方的医药上有一句谚语："世界上无所谓病，只有病人。"《世纪病》的作者乔治·勒公德把现代青年的骚乱归之于现代社会的和思想上的骚乱；这无异是"世界上无所谓烦闷，只有烦闷的人"的看法。固然，我们承认他有理。在一班所谓健全的，尤其是享受惯温和的幸福的人眼中，烦闷者是失掉了心灵均衡的病人。然而要知道，烦闷的人是失掉了均衡，正在热烈地寻找新的均衡。他们的欲望无穷，奢念无穷，永远不能满足，如果有一班自命为烦闷者，突然会恢复他们的宁静，那是因为他们的烦闷，实在并不深刻，而是表面的、肤浅的。真正在苦闷中煎熬的人绝不能以一种答案自满，他们要认识得更透彻、更多。他们怕找到真理，因为从此以后，他们不能再希望一个更高卓的真理。唯有"信仰"是盲目的，烦闷的人永远悲苦地睁大着眼睛。

每个人在他生命中限制自己。每个人把他要求解决的问题按照他自己的身份加以剪裁。这自然是聪明的办法。他们不愿多事徒劳无益的追求。实在，多少代的人类曾追求哲学、伦理美学等的理想而一无所获！然而没有一个时代的人类因此而停止去追求。因为他们觉得世俗的所谓"稳定"、"宁静"、"平和"，只是"死"的变相的名称。"死"是西方人所最不能忍受的，他们极端执着"生"。

烦闷的现象是多方面的，又是随着每个人而变动的。从最粗浅的事情上说，每个人想起他的死，岂不是要打一个寒噤？听到人家叙述一个人受伤的情景而无动于衷是非人的行为。因为，本能地，人类会幻想处在同样的境地，受到同样的痛苦。同样，一个人在路上遇到出殡的行列，岂非要兔死狐悲地哀伤？一切的人类真是自私得可怜！这自然是人类烦闷的一种原因，心理病学家亦认为烦闷是一种感情的夸大，对于一种实在的或幻想的灾祸的反动，可是认为烦闷是对于不测的事情的简单的恐怖，未免是肤浅的、不完全的观念。因此对于病态心理学造诣极深的作家，如保罗·布尔热（Paul Bourget）亦不承认心灵上的病，是完全由生理上的病引起的。生命被威胁的突然的恐怖，在原始民族中，确是烦闷的唯一原因。可是民族渐渐地长成以至老大，他的烦闷亦变得繁复、精微，在一班普通人的心目中也愈显得渺茫不可捉摸。在这个过程中，我们自然承认有若干病的影响存在着，但除了病态心理学家的物的解释以外，还有精神上的现象更富意味。

人类在初期的物质恐怖以后，不久即易以形而上的恐怖。他们怕惧雷鸣，远在怕惧主宰雷鸣的上帝以前。原始时代的恐怖至此已变成烦闷，人类提出许多问题，如生和死的意义等。被这些无法解答的问题扰乱着，人类一方面不能获得宁息，一方面又不能度那丰富的追求生活，于是他祝祷遗忘一

切。柏斯格说过:"人类有一种秘密的本能,使他因为感到苦恼的无穷尽而到外界去寻觅消遣与事业;他另有一种秘密的本能,使他认识所谓幸福原在宁息而不在骚乱。这两种矛盾的本能,在人类心魂中形成一种渺茫的计划。想由骚动达到安息,而且自以为他得不到的满足会临到,如果他能够制胜他事业中的艰难,他便可直窥宁息的门户。"

这种烦闷的形而上的意义固是极有意味的,但它还不能整个地包括烦闷。烦闷,在人类的良心上还有反响——与形而上的完全独立的道德上的反响。例如,责任观念便是烦闷的许多标识之一。假定一个作家在创作的时候,为使他的文章更为完满起见,不应该想到的著作对于群众将发生若何影响的问题,然而一本书写完之后,要作家不顾虑到他的书将来对于读者的影响是件不可能的事。

原载一九三三年一月一日上海《时事新报》

历史的镜子

近人用史料写一般性的论文而汇成专集的,在上海还只看见吴晗先生的《历史的镜子》一种。它不是一部论史的专著,而是以古证今,富于现实性、教育性、警告性的文集。全书十七篇短文,除两三篇外,大都以吾国黑暗的史料做骨干;论列的范围,从政治经济到思想风尚,可说包罗了人类所有的活动。不过这些被检讨的活动全是反面的,例如,"政出多门,机构庞冗,横征暴敛,法令滋彰,宠佞用事,民困无告,货币紊乱,盗贼横行,水旱为灾等",外加一个"最普遍最传统的现象——贪污"。因为作者是治史的学者,材料搜集相当丰富:上至帝皇卿相,下至门丁衙役,催征胥吏,那副丑态百出的嘴脸,都给描下了一个简单而鲜明的轮廓,在读者心头唤引起无数熟悉的影子:仿佛千百年前的贪官污吏,暴君厂衙,到现在都还活在那里,而且活得更有生气,更凶恶残忍,因而搜刮得更肥更富了。本来,生在今日的人们,什么稀奇古怪的丑事听得多、看得多,身受其苦的也不可胜数,所以对汉灵帝明神宗辈的贪赃枉法,也觉得稀松平常,情理得很。但在一个深思之士,偶尔揽镜,发觉眼前种种可悲可痛的事原是由来已久,"与史实同寿"时,便不由不凛然于统治阶级根性的为祸于国家人民之深远惨烈,而觉悟到非群策群力,由民众自己起来纠正制止,便不足以挽救危急的国运。

在这一点上,本书的作用绝不止于暴露,也不止于以过去的黑暗反映现在的黑暗;作者不但在字里行间随时予人以积极的暗示,且还另有专篇论列人治与法治的问题。历史上君权的限制一文,尤其有意义:它除了纠正近人厚诬古人的通病,还历史以真面目外,并且为努力民主运动的人士供给了很好的资料,同时也给现时国内的法西斯主义者一个当头棒喝。自汉至明,尤

其是三唐两宋，君主政体纵说不上近代立宪的意义，至少还胜于十三世纪时英国大宪章的精神。君主的意志、命令、权力，广泛地受着审查、合议、台谏和信天敬祖的传统限制，和今日号称民国的政府相比之下，不论在名义上或事实上，法治精神皆有天壤之别。历史上政治最黑暗的时代，都不乏大小臣工死谏的实例；近人很多以"忠于主子"、"愚忠"一类的话相讥；其实他们的"忠君"都有"爱国"的意识相伴；而且以言事得罪甚至致死的人，维护法律维护真理的热忱与执着，也未必有逊于革命的志士烈士或科学界的巨人如迦里莱之流。反观八年抗战，版图丧失大半，降贼的高官前后接踵，殉职死事的将吏绝无仅有；试问谁还能有心肠去责备前代的"愚忠"？另一方面，汉文帝、魏太武帝、唐太宗、宋太祖一流的守法精神，又何尝是现代的独裁者所能梦见于万一的！而这些还都是五十年来举国共弃的君主政体之下的事情。

当然，本书以文字的体裁关系，多半是大题小做，像作者所说的"简笔画"的手法；对各个专题的处理，较偏于启示性质；在阐发探讨方面的功夫是不够的，结论也有过于匆促简略的地方，甚至理论上很显著的漏洞亦所不免。例如"论社会风气"，作者篇首即肯定移风易俗之责在于中层阶级；后来又把中层阶级的消灭列为目前几种社会变化的第一项；结论却说："在被淘汰中的中层集团，除开现实的生活问题以外，似乎也应该继承历史所赋予的使命。对于社会风气的转移尽一点力量。"这种逻辑，未免令人想起"何不食肉糜"的故事。这等弊病，原因是作者单纯地依赖史实，在社会科学——尤其是经济方面的推敲不够透彻不够深入。"治人与治法"，"历史上政治的向心力与离心力"诸篇，一部分也犯了这个毛病；而视野的狭隘，更使论据残缺，分析难期周密。

本书的前身显然是刊登杂志的文字；每篇文字写的时候都受时间与篇幅的牵掣，不容作者尽量发挥，这是可以原谅的；但为何他在汇成专集时不另花一番整理、补充、修正的功夫呢？"生活与思想"，"文字与形式"，"报纸与舆论"，虽在某程度内可做历史与现实的参照；但内容更嫌简略，多少重要的关节都轻轻丢掉了，与本书其他各篇很不调和；即编次的地位也欠考虑。这最后一点且是全书各篇的通病。

至于以史料的研究，用为针对现实的论据，在从前是极通行的，从习作文章起到策论名人传世的大作，半数以上都用这类题材。自从废止文言以来，史论就冷落了。但在目前倒利多弊少，颇有提倡的需要。第一，学术和大众可因此打成一片，尤其是久被忽视的史学，更需要跟大众接近："鉴往知来"，做他们应付现实摸索前路的指南针。第二，在风起云从，大家都在讨论政局时事的情况之下，空洞的呐喊，愤激的呼号，究不及比较冷静、论据周全的讨论更有建设性。第三，吾国史学还很幼稚，对于专题的研究仅仅开端，即使丢开现实价值不谈，这一类的整理讨论也极有意义。关于明末的异族侵略史，清代的文字狱，到辛亥革命之前才引起大众的注意；当时倡导的人不过为了政治作用，结果却不由自主地帮助了近代史的发掘。第四，即使牛鬼蛇神之辈不会读到这类书，读了也绝不会幡然醒悟，痛改前非，至少这种揭破痛疮的文字的流传，也可促成他们的毁灭。否则，何至于连"外国的法西斯不许谈，历史上几百年前的专制黑暗也不许谈……甚至连履春冰，蹈虎尾一类警惕的话也不许发表"？魑魅魍魉是素来怕照镜子的，怕看见从前虎狼的下场预示他们的命运，同时更怕民众在镜子里见到他们的原形和命运。

所以，即使瑕瑜互见，也是瑕不掩瑜：《历史的镜子》仍不失为胜利以来一本极有意义的书，应当为大众所爱读。我们并希望作者继续公布他的研究成绩，即是像附录内所列的十八则史话和十二则旧史新话，也是值得大规模地搜集、分析而陆续印行的。

原载《民主》周刊第十三期，一九四五年十月五日

第二部分 做人

所谓人道

美军在广岛上投下第一颗原子炸弹后,梵蒂冈教廷首先表示"极沉痛的"印象,英美人士也纷纷响应,为人道呼吁,认为残酷至极,应速制止。真难得世界上还有这些仗义执言的人!博爱怜悯的精神尚未绝迹,总算是人类的福音。对战争中的敌人都不忘慈悲,伟大更可想而知。黑暗已成过去,光明即将来到,岂不懿欤!

不幸我们的理解力和记忆力还没消失,欣幸之余,不免想到一些史实,引起许多疑问。

第一,惨酷之事不胜枚举,为何单单检举这颗原子炸弹?

第二,为何我们受到敌人难以形容的虐害时不发一声,而我们还击敌人时倒引起偌大的同情?说人类真有这种以德报怨的宽大胸襟,真有爱敌人爱到这种地步的基督精神,恐怕最乐观的人也不敢相信。

第三,为何同是残杀,施之于异时异地异民族,就不成其为残杀而不复予人"极沉痛的"印象?

例如,济南惨案,堂堂外交官蔡公时被割耳黥首,凌迟处死(最近又有杨光泩和朱少屏在马尼拉被惨杀之事);又如,五卅惨案,手无寸铁的青年学生,横死南京路;那时节,倘不是世界正义人士尚未降生,就该是我们的狗命不足挂齿。因为义和团杀害了外交使节和传教士,整个国家就得签城下之盟,从帝国到庶民都得代凶手赎罪。可见惨案有大小之别,被难者有种族之分:人类的同情心本来有限,只能节约,不可浪费。问题就是不知道大小与种族的标准如何。否则,定是人的同情心像歇斯底里一般也有它的周期性,若有若无,忽隐忽现,弄得人一下子义愤填胸,一下子熟视无睹。

假使杀人行为的应否谴责,当以被害者人数多寡而定,那么多寡的标准如何？伤五命十命的凶手，和只伤一命的凶手，该处以怎样不同的死刑？

假使杀伤非战斗员才是战时人道主义的起点，那末，从古以来，有哪一次或大或小的战争不曾伤害过平民？这一次的战争先后已历八年，血流成河，尸横遍野，还不足以形容它的残酷，正义之士为何缄口不言？

假使残酷的程度方为决定同情心的主因，那么今日人们所谴责的是否便是最残酷的？高等动物的杀戮虐害，大致可分三类——第一类是直接痛快地处死：毒酒，腰斩，枭首，枪决，电刑，以及旧小说里的板刀面，馄饨，外国的断头台，吊架，方式虽多，目的则一，连杀人器具最完备的战争，也无非希望对方速死罢了。第二类是慢条斯理地处死：好比猫儿玩耗子，放一下，咬一口，要对方死得慢，死得惨。钉耶稣的十字架，焚烧异教徒的火刑，都属此类。第三类是既不许死，也不许活，晕厥了得救活，救活了得叫他晕厥；目的是要对方受难，越酷烈越长久越好。落伍的夹棍，老虎凳，新式的灌水，上电，用狼犬毒蛇咬，用长长的竹刺插进指甲，用各种毒液注射静脉等，皆在此列。凭我们简单的脑筋想，叫人不死不活的毒刑该是残暴之尤，其次才轮到钉十字架和火烧，因为犹太人并没把基督钉第二次，异教裁判所的法官，也无法把烧死的人救活过来再烧一次。直接痛快的死刑，在残酷的名单上应该列在最后，而教人死得最快的更当列在最后的最后，因为痛苦最少最短，甚至来不及有痛苦的知觉。然而仁人君子感到"极沉痛"的，并非拉锯式的炮烙之刑，倒是说时迟那时快的"电击式"的处决。

推其原因，大概人类为了生存斗争，几千年来慈悲心已经全部冻结。不是尸积如山，长年恶斗，他就不会疾首蹙额。"特工"的拷掠，集中营的酷刑，尽管比地狱还可怕，尽管在世界上天天发生，炮火的声音尽管年复一年地继续，大家可以不闻不问，直要到毒气和原子炸弹出现，才悚然而惊，矍然而起，大声疾呼地宣告末日临头。火不到燃眉不会着急：这是人类永久的悲剧。只见其大，不见其小，只见其骤，不见其渐，人类活到现在不曾进步多少。在"九一八"的时候，东北人民所受的苦难若被阻止，也许八年的战祸可以幸免。希特勒党徒虐害民主主义者和犹太人的酷刑倘被及时注意，纳粹主义恐怕不会如此根深蒂固，使欧洲民族遭受如此重大的牺牲。零星琐碎的残暴，几千年来都被放过了，才促成今日大规模的最新式屠杀，使百万生

第二部分 做人

灵代前人偿还血债。星星之火，可以燎原，涓滴之水，可成江河，忘记了这两句名言，终有一天把地球翻身。

　　当然，抗议残酷是应该的，但仅仅抗议这一种而不抗议那一种是不应该的，到了无可挽救的时候再来抗议，尤其愚蠢。波兰（特雷布林卡和奥斯威辛二地）集中营的惨剧，公布于世已有两月，不曾听到苏联和受难国同胞以外的人哼过一声；原子炸弹一颗，却把数万里外的教皇从深宫里惊醒！人类真是既聋且瞽，以至于此吗？

　　真正的人道，应该是彻底消除战争。一有战争，什么国际公法，人道主义，都是自欺欺人之谈。杀人者死，伤人者刑，杀千万人者为民族英雄！这样算得人类有理性吗？枉杀不究，虐害不问，新兵器的出现方才惊心动魄；这样算得慈悲吗？

　　消弭战争的大问题，自非单讲人道所能解决。但若人道主义的精神能渗透政治和教育，弭战也就增加了一分希望。随时随地遏止残暴的兽性，纵谈不上建立永久和平的基础，至少比在全人类发了疯的时候再来痛哭流涕，有效得多！

　　所以，慈悲虽是人类最圣洁的感情，但单纯的感情绝不能产生实效；即使抢天呼地，也要赶上适当的时间，而这一点就需要理性来决定。理性存在一天，人道也跟着存在一天，仁人君子所要注意的，所要努力的，还是在此而不在彼。

　　　　　　　原载《新语》半月刊第一期，一九四五年十月，署名迻山

以直报怨

日本降伏以后，吾国政府屡次告诫国人，对日本俘虏及侨民须以宽大为怀，不念旧恶，与人为善。这种数千年的传统德行，在战胜之余，当然需要阐扬。且八年抗战，我们被俘虏的将士，以及徒手的平民，惨遭敌人屠杀之数，不可胜计；此时难保国人不积愤填膺，乘机报复。所以政府的谆谆告诫，更显得是贤明的措置。

可是德行也不能越出中庸之道。我们一面怀柔，一面还得警戒，否则狼子野心，祸贻后世，为患有不堪设想者。例如，日本在八月十四日正式宣布投降后，驻华日军即暗中毁弃军需物资，为数甚巨。这种违反停战条件的行为，足证日本军人的怙恶不悛。我们主张不但其主犯及其负责长官应当严加惩处，而且毁弃的物资也当责令日政府赔偿，列为吾国将来要求赔偿项目之一。

其次，日本解除武装后之拘留及侨民之处理，报端虽有披露，但略而不详；甚望我国各地受降长官克日详细公布，以袪群疑。至拘禁条例之实施，与乎随时随地之监视戒备，尤须严格，勿稍宽纵。

上述种种，绝非我们的过虑。美国舆论及军方领袖即对日本国民性之欺诈、伪善各点，大声疾呼，警告世人，五旬以来，不绝于耳。如太平洋美海军司令尼米资上将，远东问题专家拉铁摩，名记者密勒等之言论，尤足发人深省，足供吾国今后对日政策之参考。

以德报怨，固是美德，但连提倡仁恕不遗余力的孔子都要问："何以报德？"他主张"以直报怨，以德报德"。

"以直报怨！"一语点破了大国民风度也有限度的这个原则。

原载《新语》半月刊第一期，一九四五年十月，署名疾风

是宽大还是放纵

且不说一八九四以来日本侮华的历史，单是近二十年的血债，也就打破了世界上任何两个敌对民族间的残酷记录。新加坡一带华侨被杀十五万，时间仅仅三年半。沦陷了十四年的东北诸省，八年的华北华东，五年以上的华中华南，我们被屠杀的同胞还有数目可计吗？

物资，占领时期被攫走的，和平以后公然销毁的，沉于海洋的，偷卖的，移转于无耻奸商叫他们顶名的（据纽约《前锋论坛报》驻平记者报告，半个月前在华北还干着这种勾当），恐怕永远无法知道数字。只要听听伪币和日军用券神话般的流通额，就可知道被劫被毁物资的总值如何巨大。

说这种滔天大祸因为降服而可一笔勾销，等于否定了人类的法律和正义。嘴里说应该膺惩而实际上事事放纵，等于养虎贻患，慢性自杀。把日本的侵略、破坏、残杀，认为只是军阀的而非日本人民的罪过，简直是故意替凶犯开脱，或者是短视之尤，近乎尼采所谓的"超人以下的"一流。退一步讲，即使承认只有军阀是主犯，死心塌地做军阀帮凶的便可免予追究了吗？法律上从犯二字又怎么讲？日本朝野为了避重就轻，躲避严厉的处罚，保存天皇体制，保全国家元气以图东山再起，当然要假撇清，故意叫军阀做负罪的羔羊。可是我们怎能轻易被他们瞒过，从而附和？谁都知道一·二八事件以前，一八九〇年以后，日本久已实行民主立宪。那四十年间的政府是对议会负责的，即是由人民选举的。而侵略中国，虐待华侨的政策，早于九一八，早于五四，早于甲午战争就开始，由所谓自由主义派的元老一辈决定了的。他们不是日本人民的代表吗？不是被民众拥护的吗？军阀的丰功伟绩不都是日本人讴歌的吗？前者所犯的血淋淋的罪行，后者决计脱不了干系，操纵五十年来日本教育的，并不是军阀，而是日本国民爱戴信仰的思想领袖。最近盟军占领日本土,战争犯相继被捕之后,日本小学生还在学校里穿着护身甲,用竹刀决斗,继续训练武士道精神(见本月二日美联社电)。试问:这也是日本军阀的责任吗?没有这种教育,今日的军阀绝不会凭空跳出来。

故凡与国民性不可分割的,有历史背景的残暴行为,必须由整个民族来补赎,方才公道。日本人民的盲目服从,自大,迷信神权,崇拜军国主义,残忍野蛮,比普鲁士人有过之无不及。明治维新后他们事事模仿日耳曼,便是气味相投的明证。所以联合国怎样对付德国,就得怎样对付日本。而联合国怎样对付日本,我们也不该有所例外,拿子孙的命运当儿戏。

然而按诸事实,我们不但始终抱定大国民风度,更有不痴不聋,不做阿家翁的倾向。虹口的日本商店到双十节前两天才贴上封条。日侨在"集中区"里满街逍遥,有的还在犹太人地摊上挑选东西。这种闲情逸致的生活比起集中营来差得多远,比起他们本国的同胞来尤有天堂地狱之分!手挽手的青年男女,衣冠端整,面色红润,连臂上缠一方布这种委屈都不会受到:他们真是何幸而流浪而被俘在中国!就说进了集中营的战俘吧,军官随便可和英美记者谈天(一个美国记者却气愤愤地对人说:他们胆敢!他们胆敢),存着大量的威士忌酒,上等的罐头食物,还被允许保持少数的枪支以便自卫!呔!但愿外国的史学家不要信笔所之,把这些空前绝后的奇闻写上了历史!不幸,精彩的节目有的是,浦东集中营里忽然飞出一颗子弹打伤了美国水兵。结果,该管的日本海军陆战队司令以失职与藏匿凶手二罪被判徒刑两月。审判犯罪的战俘而不用军法,不知军法定来何用?用了普通刑法而复拣条文中最轻的罪刑判决(刑法第一六四条规定判两年以下的有期徒刑),更令人有莫测高深之感。这仿佛告诉日俘:一枪的代价,仅是长官拘囚两月,罪犯本身仍太平无事。可是九年前,藏本不过在紫金山背后躲了几天,下关日军舰立刻卸下炮衣,炮口对准了我们的首都,差一点把中日战争提早开场。两相辉映之下,可见以感情言,国耻被忘记得太快。以理智言,司法的尊严被看得太轻。而在盟军云集的都市里,尤未顾到国际间的威信。有什么理由,战胜国要为一个敌俘付偌大的代价呢?我们要问。

话说回来,这些还不过是枝节。主要在于我们的对日政策有问题。说和

平来得太快，来不及准备吗？美国也坦然承认这点。但麦克沃塞在一个半月的时期内，解除日本土的武装军队已达四百万名，同时封闭了同盟社，释放了成千的思想犯，促成东久迩内阁的解体。以这样的成绩，美国以及全世界的舆论尚且不断地在四下里督促，唯恐他不够严厉。

假如有一个中立国人，把我们对敌俘的态度和措置，同麦克沃塞的来一个比较，从而把我们今后的对日政策诠注一下，我们忝为战胜国的人民又当做何感想？

两千四百○七年前，正当勾践降吴，把吴王奉承得心满意足，一心想对越人表示宽大的时候，伍员向吴王夫差谏道：

"越在我，心复之疾也；壤地同，而有欲于我。夫其柔服，求济其欲也。不如早从事焉。"吴王不听。而伍员"挟吾眼，悬吴东门上，以观越寇之人灭吴也"的愤激语，竟成了其中的预言。

这段古老的历史，愿政府诸公重新读一读，想一想。

原载上海《周报》第八期，一九四五年十月二十七日

国民的意志高于一切

　　正统观念在民众的心日中早已消灭了，否则辛亥革命不会成功，袁氏称帝不会失败，而北伐也不会胜利，国民党也不会有今日。老百姓分辨顺逆邪正的眼光非常简单，非常准确，极容易改换，也极不容易改换，只看政府的措施对他们有利还是有害，从不理会堂皇的文告说得怎样的天花乱坠。

　　所以当前的内政问题，国民只认为政府党与在野党的争执，绝不承认主奴的成见可以成为相持不下的理由。尽管大多数的民众谈不到政治意识，"家天下"的念头究竟和他们离得很远了。国民党"还政于民"的口号，说明它也并无永久当家的意思。在这种情形之下而事态仍会像今日这样的恶化，推本穷源，还在于正统观念在党员心中作祟，也由于双方竭力造成既成事实作为党争的手段。

　　冲突的近因可以简单地归纳为三点：（一）军队的国家化，这是没有一个人不赞成的，但也没有一个人能否认眼前的中国还是一党专政的局面。故若两党老抓着这一点来争，而且作为解决其他问题的先决条件，那么只有加增彼此的猜忌和疑虑，绝没有好结果。（二）解放区行政长官的分配，国民党在原则上已经接受；但对"统一"，"割据"，"分裂"这些名词在现代政治上的定义，双方的了解并不一致，于是不但意见越离越远，而且淆乱了全国的听闻。（三）受降和复员是现局中最微妙、最重要、最迫切的两件大事，也是最近两党冲突的导火线。一方面要单独负责，一方面要和旁的军队同等参与。一方面怕对方割据，一方面指对方借端扩张地域。背后还各有更微妙的国际背景，使事情格外难于解决，同时也因投鼠忌器而阻止了事态进一步的恶化。

　　然而这些症结真的不可解决吗？并不。在原则上只要双方把党的利益和

· 173 ·

国家民族的利益分清，必要时肯把前者为后者牺牲。在实践上，只要双方愿意听从国家主人翁的意见，举行一次公民投票，一切的纠纷都可从根解决，中欧各国最近就不乏这样的例子。倘说现在情势紧急，公民投票远水救不得近火，那么先来一个包罗各党各派，无党无派的全国性的政治协商，仿最高国防委员会的成例，组织一个最高复员委员会，实地监督一切受降与复员事宜。这该是防止内战最彻底、最公平而有效的办法。因为不论国内或国际的争议，没有第三者出面仲裁，和平友好的谅解绝不可能，尤其这里的第三者是国家真正的主人翁。以常理言，当主人出来表示意见，监督执行的时候，公众的仆人纵有天大的争执也当完全消释。难道全国人民的保证还不能祛除两者的猜忌心理吗？

八年的抗战，证明我们的民族是不可征服的，不问是外来的强敌，是国内的任何党派。谁蔑视了这一点，谁就失败。所以组织调查团一类的提议是文不对题的，因为我们并不需要追究启衅的责任，而要根本消弭内战。只有街头的打架才以谁先动手来互相推诿。天天嚷"人不犯我，我不犯人"，便是非打不可的最明显的表示。以近百年的时间，千辛万苦好容易缔造起来的中华民国，遭逢了千载一时的复兴机会，也临到了万劫不复的危机：在此生死关头，一切的党派都该服从国民的最高裁判。历史上兴亡起复的是朝代和党派，不死的是民族；而全民族的意志只有一个：不许打！

十一月十日

原载《新语》半月刊第四期，一九四五年十一月，署名雷

历史与现实

古人说"冬日读经,夏日读史";小时候完全不懂这两句话的道里。长大了,生活体验所得,才知夏日头脑昏沉,不易对付抽象而艰深的理论,非离开现实较远,带些故事性的读物就难于接受。而历史,究其实也是一部伟大的冒险小说。别说史前史所讲的是货真价实的神话,即近古近代史都有野人记与《封神榜》的风味,一方面是荒诞怪异,令人意荡神摇;一方面又惊心动魄,富有启发警戒之功。在临危遇难的时节,历史尤有抚慰鼓励的作用。

整整八年,全国人民仿佛过了一个冗长酷热的夏季。在悲愤郁勃、苦闷难宣的时期,的确是历史支持着我们,是历史激发了我们的民族意识,加强了忍辱负重抗战到底的决心;置生死祸福于度外之后,反而增添了挣扎的勇气。翻翻古今中外几千年的陈账,真正干净的能有几页几行!而这几页几行还是以杀人盈野,流血成河的代价换来的。那么,我们的流亡迁徙,妻啼儿号,或许也能换得来日的和平安乐。至于日常琐碎的烦恼,悲欢离合的刺激,一比之下更显得微末不足道了。

现实使人苦闷,焦躁,愤激,绝望;历史教人忍耐,明哲,期待,燃起我们对明天的信心和希望——这是我们八年之中真切体验了的。

人,先天地受着历史决定,后天又从它学得对时空的观念。随着近代史学的发展,小我,大我,物我的界限,都逐渐泯灭了。单是地球年龄和生物进化年代的数字,就够警破我们营营纷扰的迷梦,唤醒我们被利欲熏糊涂了的心:陶朱公三聚三散而不知所终,郑通钱布天下而寄死人家,岂不显得聚敛无厌,藏金异国之徒的可笑可怜!一朝视野扩大了,从名利中解放出来,自大狂消失了,连人为万物之灵的虚骄气焰也灭杀了:个人固然万虑俱清,

脱然无碍；社会也多一片干净土，少一批野心家，不至于谁都自命为亚历山大与拿破仑，谁都想做煤油大王汽车大王。再如人种起源史，宗教发展史，以及多多少少的战争史，更可破除迷信，摆脱偏见，祛除猜忌仇恨，揭穿投机分子与爱国宣传家的面具，消弭一切愚妄而残酷的斗争。第一次世界大战后，威尔斯便想借公共的历史观念来促进公共的和平与全体的福利。——可见在第二次世界大战结束，人类刚恢复平时生活而要确保未来的安宁时，现实的改善，幸福的追求，人类的进步，都需要历史的启示。

　　现实与历史原是互为因果，彼此衔接，不可分割的一个整体。历史是前人生活过的现实，现实是我们生活着的历史。而当前的事态，在吾国比过去任何一个时期为紧急危险，民情惶惑，民怨沸腾，分不出是非黑白，分不出人兽鬼神：在此外患方去内忧未已的时节，我们更需要照照历史这面镜子。它将指出孰是生路，孰是死路，何者当生，何者当死。首先历史告诉我们：五胡乱华亡不了中华民族，辽金元亡不了中华民族，满洲人长久的统治亡不了中华民族。所以日寇纵横于十三省者八年，我们的信心未尝有一日的动摇。同时，历史告诉我们：暴君的专制，官吏的贪污，诏狱的残酷，党祸的惨烈，只能断送一姓一家的朝代，只能影响一个民族进步的迟速，却不能毁灭它的生机。过去的现实够艰苦了，我们不曾灰心；将来即使再艰苦些，我们也不能灰心。因为我们的历史特别长，黑暗时期特别多，应该早把我们训练得如野蛮人一样，能在黑夜里见到光明。

　　历史告诉我们：世界在变，人类在变；不许变就要乱。过去一切大乱的罪魁祸首，都是妄想不变的人。路易十六倘不是那么昏庸，让群小包围，在三级会议中倘不是固执什么王朝法统，阶级成见，对人民的提案朝三暮四，反复无信，也许法国大革命的怒潮不致那么猛烈，路易自己也许不致上断头台。这是一个最显著的例子。而且真正促成中华民国诞生的，还不就是清朝政府？真正奠定北伐胜利的还不就是北洋军阀？——为了不许变而采取最彻底的高压手段的，古莫如秦始皇：焚书坑儒，偶语弃市；然而经不起搏浪一击，十年之后，"不二世而亡"；今莫如纳粹组织；举国皆特务，特务皆科学；可怜它的政权还维持不到短短的十二年！所以事实证明：最不许变的人便是促进变的完成最努力的人。

历史也告诉我们：为政之道千头万绪，归纳起来只有简单的两句老话："顺天者昌，逆天者亡"，"天视自我民视，天听自我民听"。凡不愿被时代淘汰的，只有安安分分切切实实做人民的公仆。那时，不用武力，不用权术，不用正统之类的法宝，自会"天下定于一"，形成和平统一之局。反之，倘有什么"亡国之臣"当日暮途穷之时，妄想牺牲民意民命做最后挣扎，或扯着人民的幌子而为一党一派一己图私利的话，其结果必不会是"上帝祝福他"，而是"魔鬼把他带走"。

最后，历史更告诉我们：人民的权利是人民争回来的，不是特权阶级甘心情愿归还的。民主和自由，有待于我们的努力和牺牲。同时还须人人做一番洗心革面的功夫，检束自己，策励自己，训练自己：立己达人，才谈得到转变风气，澄清政治，踏上建国的大道。我们要牢记：政治的腐败，不是一个局部的病象，而是社会上每个细胞都不健全的后果。

总之，历史仿佛一个几千百岁的长老，他有的是智慧的劝告和严重的警告。历史也有如一条长流不尽的河——它自身也是无穷尽的时间中一个小片段——一经它的反映，眼前的现实不过是浪花水沫，个人的生命还不如蜉蝣、不如微尘，你要不被现实的波涛吞没，不被历史的洪流冲刷，只有竭尽你些微的力量，顺着后浪推前浪，跟着它前进。

原载一九四六年一月二十日《文汇报·星期评论》

第二部分 做人

所谓反帝亲苏

批评根据事实，只要尊重事实，尽管见解不同，仍有商讨余地。武断全凭意气，歪曲真相，妄下结论，根本不值一辩。但若因妄下结论而乱戴帽子，还要笑容可掬地包上糖衣，令人除了钦佩批评者的古道热忱之外，同时赞美他的慈悲，那未免心机太重了些。

周建人先生在《时与文》十七期上《与张东荪先生论示人以不广问题》一文中说："前几天傅雷先生受人驳斥，过几天他如一反其亲帝反苏的态度时，立刻会受人称赞。"言下大有劝我放下屠刀，立地成佛之意，真是盛情可感。旁人也会觉得周先生大公无私，宽容到万分；从而忘记了他先定下莫须有的罪名，再网开一面的反省院作风。假如周先生没有心机，准是天真至于不可思议。

周先生在四月中的《文汇报》上说我跟法西斯蒂距离不远（大意如此，手头无原文，不能征引），虽然有位朋友说他像鲁迅先生所谓的"看到光臂膀，就想到裸体"，我总觉得自己文章写得太坏，使他看不明白，所以没有吱声。不料他认为我俯首无词，便再来一个"亲帝反苏"之罪，讽我悔改：诬蔑与宽恕，恩威并用，美其名曰"无所谓示人以不广"，这不是天真是什么？

周先生这一次宣布我的罪状是："那篇对美苏关系的态度的文章，直白地说（sic），含有'亲帝反苏'的色彩，对于苏联用心指摘，并指斥别人为什么不反对苏联。对于美国则事事曲谅，对于美国帝国主义的行为认为只由于一些'误解'，还责备别人的'口诛笔伐'的不当。"（见《时与文》十七期）

我的原文（幸而有单行本可以复按）三分之二以上的篇幅，都足以否定周先生这段断语,势不能全部抄来做反证。我只举原文中的几点——

"一个国家……为了生存,纵使与主义背驰的政策也得执行。我们承认它这种权利。但若它求生的战术妨害了另一个国家的生存,这个国家当然也有反抗的权利……"

这样的自卫权利是否就是反对某一国?若果如此,日本在七七事变以前老责备我们抗日与不友好,也是应该的了。或者说:世界各国对苏联的外交公文上倘用到抗议二字,就是反苏的国家了。人与人的关系尚且不能自始至终地亲善或自始至终地敌对,哪怕在家庭之间朋友之间,何况国与国的关系?

"……战后美国对中国的政策,犯了很大的错误,不但有目共睹,而且大家已交相指摘。(还是对美国事事曲谅吗?)但是苏俄对我们的行为也不见得全部友好,完全平等。"

这便是"对苏联用心指摘"吗?实质上与《中俄条约》并无二致的《中苏条约》,红军搬走东三省的工厂,全是我深文周纳,或向壁虚造,或轻信流言吗?(本年四月周先生还说搬走工厂之事也许仅是传闻!——大意如此。)从而我的抗议也变成了"反苏",变成了与法西斯蒂距离不远的证据?左派论客认为红军在东三省作战两星期,牺牲红军若干万,理应获得赔偿;仿佛东三省的"人民大众"在日本铁蹄下做十四年奴隶,倒是活该!还有人说:搬掉这些工厂,可以减少中国反动派的火药供应与经济力量,所以还是帮了中国人民的忙。这真叫作左派恐怖心理:把反动派的力量估计得那么高,似乎有了工厂,恶势力真能善于运用似的。所以左派人士觉得中国人民花了十年十五年也挣不回来的家私,去换这么一个消极的安慰:还是大大的便宜。东三省的失地又不是我们中国人民收复的,我们有什么资格接收敌产?何况乌托邦已经摆在眼前,为什么不把我们做牛马换来的财产投资在天国里,待日后支用?凡有自由良心,没有政治偏见,希望民族挣扎图存的人,都知道此刻中国的自由独立是一个大讽刺。所以我说:"委曲求全未始不可,有时甚至必需,但……自己心里要明白这是委屈。"美国给我们受的委屈,我们固然要痛哭流涕(我从来没说过不),俄国给我们受的委曲未必就应该额手称庆,合唱颂歌?有人对俄国的委屈哼了几声,也未必就是亲帝

反苏，反"和平民主"吧？

"我不说我们为此就不该抗议美国对我们的不公平行为（又是曲谅美国吗？）但至少要使美国人懂得，这种抗议纯粹是为了国家生命攸关的利益（这和我对苏联的态度有什么分别），而不是党争的手段（那时谁把你当真），更不是附和另一个国家的表现（避免增加国际猜忌）。"

这些话哪句是我"亲帝"的表现？我说过对美国应该低首下心、逆来顺受没有？

"……但一年半以来，除了口诛笔伐以外，我们有没有点破美国人的迷梦，有没有帮助他们了解我们的实情，对我们阴谋家在国外的歪曲宣传，有没有提出反证来加以纠正？"

周先生说我"责备别人的口诛笔伐的不当"，即绝没注意我的理由，更不问"迷梦""实情""歪曲宣传""反证"这许多字眼指的是什么。假如两国交恶，单靠神经战就能吓倒敌人，那么只要几句口号几张标语（中国本是符咒政治的发祥地），就能代替战争代替外交代替政治，世界不变成了君子世界，从此太平吗？（我明明指摘人家反对美国的方法，周先生偏说我根本不许人家反对美国对我们的不公平行为！）

周先生两篇文章都提到美军的暴行。谁为他们辩护呢？不过这些只是枝节与表象，不是病源。丧权辱国的事，不论来自美国或苏联的，岂横死几个平民可比？雅尔塔秘密协定加之于我们的耻辱与损害，似乎更值得我们深思。

我原文本意是劝大家对美苏之间的争端，不要太动感情，不要因分不清双方的（美苏的）真主意与假姿态而做左右袒，以免增加美苏的误会。至于我们对美对苏个别的态度，仅是我为"太动感情"所举的旁证。现在左派论客和我争的，无非是这些旁证（而且迄今为止还没有驳倒），仿佛那就是我的原文的主题。"我相信我的读者对美国是有抗疫性的（抗疫性三字做何解，卫道的武士们可曾想过），而对苏联的软心肠却未必全部合理。所以我特别针对这一点说话。至于揭发美国人的错误，斯诺的原文十分之九都是，用不到再强调了。"这段话，周先生始终没有看见，其他"驳斥"我的人也没有看见。假如我是"亲帝反苏"，与法西斯蒂距离不远的人，为什么我要介绍一个被目为亲苏的斯诺的文章,在右派杂志的编辑会议中引起激烈争辩的文章?这么简单的逻辑,左派批评家是不屑一顾的。

还有人说,斯诺的观点不一定准确。可是认识苏联准确的人又在哪里?解释苏联政治的最高权威只有一个。我要问:为社会主义争取同情者与朋友,究竟是这位独一无二的权威或他的代言人的话,能够发生影响呢,还是一个像斯诺这样的人?评斯诺的人都忘了最主要的一点:斯诺的文章不是代共产党起草宣传大纲,也不是替苏俄政府写官方的外交史;他的读者对象是没有任何主义,而对苏联的认识模糊不清的普通美国人。大家也忘了中国人民既没有义务把世界政情用美国人的眼光去看,也没有义务用苏联政府的眼光看。我介绍斯诺的文章,就是要使我们"反躬自省"。

可是我不怪周先生一再赐我头衔,比他更天真的人有的是。举一个小故事:在拙译单行本上,第一幅插图旁边有"莫洛托夫的粗暴,维辛斯基的冷言冷语,葛罗米柯的缺少幽默,都可以帮助我们了解事情的真际,只要懂得他们真正的意思"。几句话,有位青年看了把书一丢,大叫:"这反动的话!为什么对杜鲁门、贝尔纳斯没有一句贬词?"他根本不愿费心查一查这几句话是谁说的,也不知那几个不好听的形容词是美国右派刊物上的口头禅,斯诺特意点醒读者,不要以貌论人,不要以不了解外交家的态度而就用恶意去推断一个国家。

武断往往并非由于恶意,而由于天真。唯其天真,才会有宗教热情,才会盲目,才会褊狭。不把人类先定了原始罪恶而后宽恕,怎显得上帝的慈悲与宗教的伟大?不来一次十字军与异教裁判所,怎显得神的威严与真理的神圣不可侵犯?近代思想界自以为摆脱了宗教,却另创了一个新宗教。其迷人处与可怕处正与一切宗教无异。与任何虔诚的教徒辩宇宙问题人生问题都是白费,对他们都是大不敬。可是受任何教徒诅咒亦未必真入地狱。当此大局日趋恶化,国共两党作殊死战之际,个人被戴帽子,不论为赤为白,都是意料中事。敢于道破真相,call a spade a spade 的人,一向是国民公敌。像周建人先生般认为"中国只能有两种人:不是亲苏,便是亲美"(我原文中语)的,大有人在,我不能一一申辩。尤其他们从不站在普通逻辑与常识上讲话,只知道运用一连串术语和咒语把人骂倒,使没有工夫把两者文字核对一

下的旁观者觉得被骂者真如洪水猛兽，罪大恶极：对这般堂吉诃德先生，我只有顶礼颂赞的分儿，没法叫他们相信磨坊并不存在。换句话，近乎"人、手、足、刀、尺"一类的辩论，或里弄墙上"某某某是××"等的论战，以后恕不再行奉陪。

话又得说回来，内战绝不会永久打下去，现状迟早要改变。比破坏更重要更艰苦的事业还在后面，以周先生这种作风对付未来的局面，中国是付不起代价的。左派也罢，右派也罢，死抱住正统也罢，死抱住主义与教条也罢，不容忍绝不会带来和平，天下苍生也不见得会沾光。一个民族到了思想统一，异端邪说诛尽灭绝的时候，即是它的文化枯萎以死的时候，或者是把人当作物，叫他到世界上去闯大祸的时候。

七月二十二日

原载一九四七年《观察》第二卷第二十四期

我们已失去了凭藉——悼张弦[1]

当我们看到艺术史上任何大家的传记的时候，往往会给他们崇伟高洁的灵光照得惊慌失措，而从含有怨艾性的厌倦中苏醒过来，重新去追求热烈的生命，重新企图去实现"人的价格"；事实上可并不是因了他们的坎坷与不幸，使自己的不幸得到同情，而是因为他们至上的善性与倔强刚健的灵魂，对于命运的抗拒与苦斗的血痕，令我们感到愧悔！于是我们心灵的深处时刻崇奉着我们最钦仰的偶像，当我们周遭的污浊使我们窒息欲死的时候，我们尽量地冥想搜索我们的偶像的生涯和遭际，用他们殉道史中的血痕，作为我们艺程中的鞭策。有时为了使我们感戴忆想的观念明锐起见，不惜用许多形式上的动作来纪念他们，揄扬他们。

但是那些可敬而又不幸的人毕竟是死了！一切的纪念和揄扬对于死者都属虚无缥缈，人们在享受那些遗惠的时候，才想到应当给予那些可怜的人一些酬报，可是已经太晚了。

数载的邻居侥幸使我对于死者的性格和生活得到片面的了解。他的生活与常人并没有分别，不过比常人更纯朴而淡泊，那是拥有孤洁不移的道德力与坚而不骄的自信力的人，始能具备的恬静与淡泊，在那副沉静的面目上很难使人拾到明锐的启示，无论喜、怒、哀、乐、爱、恶七情，都曾经持矜持性的不可测的沉默，既没有狂号和叹息，更找不到愤怒和乞怜，一切情绪都好似已与真理交感融化，移入心的内层。光明奋勉的私生活，对于艺术忠诚不变的心志，使他充分具有一个艺人所应有的可敬的严正坦率。既不傲气凌人，也不拘泥于琐屑的细节。他不求人知，更不嫉人之知；对自己的作品

---

[1] 留法画家张弦于一九三六年八月突然病故，傅雷为张弦英年早逝，悲痛万分，遂积极参与举办"张弦绘画遗作展览会"，同时以笔名"拾之"写下了这篇悼念文章。原刊载于一九三六年十月十五日上海《时事新报》。本文选自《傅雷全集》第十八卷。——编者注

虚心不苟，评判他人的作品时，眼光又高远而毫无偏倚；几年来用他强锐的感受力、正确的眼光和谆谆不倦的态度指引了无数的迷途的后进者。他不但是一个寻常的好教授，并且是一个以身作则的良师。

关于他的作品，我仅能依我个人的观感抒示一二，不敢妄肆评议。我觉得他的作品唯一的特征正和他的性格完全相同，"深沉，含蓄，而无丝毫牵强猥俗"。他能以简单轻快的方法表现细腻深厚的情绪，超越的感受力与表现力使他的作品含有极强的永久性。在技术方面他已将东西美学的特征体味融合，兼施并治；在他的画面上，我们同时看到东方的含蓄纯厚的线条美，和西方的准确的写实美，而其情愫并不因顾求技术上的完整有所遗漏，在那些完美的结构中所蕴藏着的，正是他特有的深沉潜蛰的沉默。那沉默在画幅上常像荒漠中仅有的一朵鲜花，有似钢琴诗人萧邦的忧郁孤洁的情调（风景画），有时又在明快的章法中暗示着无涯的凄凉（人体画），像莫扎特把淡漠的哀感隐藏在畅朗的快适外形中一般。节制、精练的手腕使他从不肯有丝毫夸张的表现。但在目前奔腾喧扰的艺坛中，他将以最大的沉默驱散那些纷霾的云翳，建造起两片地域与两个时代间光明的桥梁，可惜他在那桥梁尚未完工的时候却已撒手！这是何等令人痛心的永无补偿的损失啊！

我们沉浸在目前臭腐的浊流中，挣扎摸索，时刻想抓住真理的灵光，急切地需要明锐稳静的善性和奋斗的气流为我们先导，减轻我们心灵上所感到的重压，使我们有所凭藉，使我们的勇气永不竭……现在这凭藉是被造物之神剥夺了！我们应当悲伤长号，抚膺疾首！不为旁人，仅仅为了我们自己！仅仅为了我们自己！

与傅聪谈音乐

傅聪回家来,我尽量利用时间,把平时通信没有能谈彻底的问题和他谈了谈;内容虽是不少,他一走,好像仍有许多话没有说。因为各报记者都曾要他写些有关音乐的短文而没有时间写,也因为一部分的谈话对音乐学者和爱好音乐的同志都有关系,特摘要用问答体(也是保存真相)写出来发表。但傅聪还年轻,所知有限,下面的材料只能说是他学习现阶段的一个小结,不准确的见解和片面的看法一定很多,我的回忆也难免不真切,还望读者指正和原谅。

一、谈技巧

问:有些听众觉得你弹琴的姿势很做作,我们一向看惯了,不觉得,你自己对这一点有什么看法?

答:弹琴的时候,表情应当在音乐里,不应当在脸上或身体上。不过人总是人,心有所感,不免形之于外,那是情不自禁的,往往也并不美,正如吟哦诗句而手舞足蹈并不好看一样。我不能用音乐来抓住人,反而叫人注意到我弹琴的姿势,只能证明我的演奏不到家。另一方面,听众之间也有一部分是"观众",存心把我当作演员看待;他们不明白为了求某种音响效果,才有某种特殊的姿势。

问:学钢琴的人为了学习,有心注意你手的动作,他们总不能算是"观众"吧?

答:手的动作决定于技巧,技巧决定于效果,效果决定于乐曲的意境、感情和思想。对于所弹的乐曲没有一个明确的观念,没有深刻的体会,就不知道自己要表现什么,就不知道要产生何种效果,就不知道用何种技巧去实

现。单纯研究手的姿势不但是舍本逐末，而且近于无的放矢。倘若我对乐曲的表达并不引起另一位钢琴学者的共鸣，或者我对乐曲的理解和处理，他并不完全同意，那么我的技巧对他毫无用处。即使他和我的体会一致，他所要求的效果和我的相同，远远地望几眼姿势也没用；何况同样的效果也有许多不同的方法可以获致。例如，清淡的音与浓厚的音，飘逸的音与沉着的音，柔婉的音与刚强的音，明朗的音与模糊的音，凄厉的音与恬静的音，都需要各不同的技巧，但这些技巧常常因人而异，因为各人的手长得不同，适合我的未必适合别人，适合别人的未必适合我。

问：那么技巧是没有准则的了？老师也不能教你的了？

答：话不能这么说。基本的规律还是有的：就是手指要坚强有力，富于弹性；手腕和手臂要绝对放松、自然，不能有半点儿发僵发硬。放松的手弹出来的音不管是极轻的还是极响的，音都丰满，柔和，余音袅袅，可以致远。发硬的手弹出来的音是单薄的，干枯的，粗暴的，短促的，没有韵味的（所以表现激昂或凄厉的感情时，往往故意使手腕略微紧张）。弹琴时要让整个上半身的重量直接灌注到手指，力量才会旺盛，才会取之不尽，用之不竭。而且用放松的手弹琴，手不容易疲倦。但究竟怎样才能放松，怎样放松才对，都非言语能说明，有时反而令人误会，主要是靠长期的体会与实践。

一般常用的基本技巧，老师当然能教；遇到某些技术难关，他也有办法帮助你解决；越是有经验的老师，越是有多种多样不同的方法教给学生。但老师方法虽多，也不能完全适应种类更多的手；技术上的难题也因人而异，并无一定。学者必须自己钻研，把老师的指导举一反三；而且要触类旁通，有时他的方法对我并不适合，但只要变通一下就行。如果你对乐曲的理解，除了老师的一套以外，还有新发现，你就得要求某种特殊效果，从而要求某种特殊技巧，那就更需要多用头脑，自己想办法解决了。技巧不论是从老师或同学那儿吸收来的，还是自己摸索出来的，都要随机应变，灵活运用，绝不可当作刻板的教条。

总之，技巧必须从内容出发，目的是表达乐曲，技巧不过是手段。严格说来，有多少种不同风格的乐派与作家，就有多少种不同的技巧；有多少种不同性质（长短、肥瘦、强弱、粗细、软硬、各个手指相互之间的长短比例等）的手，就有多少种不同的方法来获致多少种不同的技巧。我们先要认清自己的手的优缺点，然后多多思考，对症下药，兼采各家之长，以补自己之短。除非在初学的几年之内，完全依赖老师来替你解决技巧是不行的。而且我特别要强调两点：（一）要解决技巧，先要解决对音乐的理解。假如不知道自己要表现什么思想，单单讲究文法与修辞有什么用呢？（二）技巧必须从实践中去探求，理论只是实践的归纳。和研究一切学术一样，开头只有些简单的指导原则，细节都是从实践中摸索出来的；把摸索的结果归纳为理论，再拿到实践中去试验；如此循环不已，才能逐步提高。

二、谈学习

问：你从老师那儿学到些什么？

答：主要是对各个乐派和各个作家的风格与精神的认识；在乐曲的结构、层次、逻辑方面学到很多；细枝小节的琢磨也得力于他的指导，这些都是我一向欠缺的。内容的理解，意境的领会，则多半靠自己。但即使偶尔有一支乐曲，百分之九十以上是自己钻研得来，只有百分之几得之于老师，老师的功劳还是很大，因为缺了这百分之几，我的表达就不完整。

问：你对作品的理解，有时是否跟老师有出入？

答：有出入，但多半在局部而不在整个乐曲。遇到这种情形，双方就反复讨论，甚至热烈争辩，结果是有时我接受了老师的意见，有时老师容纳了我的意见，也有时归纳成一个折中的意见，倘或相持不下，便暂时把问题搁起，再经过几天的思索，双方仍旧能得出一个结论。这种方式的学与这种方式的教，可以说是纯科学的。师生都服从真理，服从艺术。学生不以说服老师为荣，老师不以向学生让步为耻。我觉得这才是真正的虚心为学。一方面不盲从，也不标新立异；另一方面不保守，也不轻易附和。比如说，十九世纪末期以来的各种乐谱版本，很多被编订人弄得面目全非，为现代音乐学者所诟病；但老师遇到版本可疑的地方，仍然静静地想一想，然后决定取舍，同时说明取舍的理由；他绝不一笔抹煞，全盘否定。

问：我一向认为教师的主要本领是"能予"，学生的主要本领是"能取"。照你说来，你的老师除了"能予"，也是"能取"的了？

答：是的。老师告诉我，从前他是不肯听任学生有一点自由的，近十余年来觉得这办法不对，才改过来。可见他现在比以前更"能予"了。同时他也吸收学生的见解和心得，加入他的教学经验中去；可见他因为"能取"而更"能予"了。这个榜样给我的启发很大：第一使我更感到虚心是求进步的主要关键；第二使我越来越觉得科学精神与客观态度的重要。

问：你的老师的教学还有什么特点？

答：他分析能力特别强，耳朵特别灵，任何细小的错漏，都逃不过他，任何复杂的古怪的和声中一有错误，他都能指出来。他对艺术与教育的热诚也令人钦佩：不管怎么忙，给学生一上课就忘了疲劳，忘了时间；而且整个儿浸在音乐里，常常会自言自语地低声叹赏："多美的音乐！多美的音乐！"

问：在你学习过程中，还有什么原则性的体会可以谈？

答：前年我在家信中提到"用脑"问题，我越来越觉得重要。不但分析乐曲，处理句法（phrasing），休止（pause），运用踏板（pedal）等需要严密思考，便是手指练习及一切技巧的训练，都需要高度的脑力活动。有了头脑，即使感情冷一些，弹出来的东西还可以像样；没有头脑，就什么也不像。根据我的学习经验，觉得先要知道自己对某个乐曲的要求与体会，对每章、每段、每句、每个音符的疾徐轻响，及其所包含的意义与感情，都要在头脑里刻画得愈清楚愈明确愈好。唯有这样，我的信心才越坚，意志越强，而实现我这些观念和意境的可能性也越大。大家知道，学琴的人要学会听自己，就是说要永远保持自我批评的精神。但若脑海中先没有你所认为理想的境界，没有你认为最能表达你的意境的那些音，那么你即使听到自己的音，又怎么能决定它合不合你的要求？而且一个人对自己的要求是随着对艺术的认识而永远在提高的，所以在整个学习过程中，甚至在一生中，对自己满意的事是难得有的。

问：你对文学美术的爱好，究竟对你的音乐学习有什么具体的帮助？

答：最显著的是加强我的感受力，扩大我的感受的范围。往往在乐曲中遇到一个境界，一种情调，仿佛是相熟的；事后一想，原来是从前读的某一首诗，或是喜欢的某一幅画，就有这个境界，这种情调。也许文学和美术替我在心中多装置了几根弦，使我能够对更多的音乐发生共鸣。

问：我经常寄给你的学习文件是不是对你的专业学习也有好处？

答：对我精神上的帮助是直接的，对我专业的帮助是间接的。伟大的建设事业，国家的政策，时时刻刻加强我的责任感；多多少少的新英雄、新创造，不断地给我有力的鞭策与鼓舞，使我在情绪低落的时候（在我这个年纪，那也难免），更容易振作起来。对中华民族的信念与自豪，对祖国的热爱，给我一股活泼的生命力，使我能保持新鲜的感觉，抱着始终不衰的热情，浸到艺术中去。

三、谈表达

问：顾名思义，"表达"和"表现"不同，你对表达的理解是怎样的？

答：表达一件作品，主要是传达作者的思想感情，既要忠实，又要生动。为了忠实，就得彻底认识原作者的精神，掌握他的风格，熟悉他的口吻、辞藻和他的习惯用语。为了生动，就得讲究表达的方式、技巧与效果。而最要紧的是真实，真诚，自然，不能有半点儿勉强或是做作。搔首弄姿绝不是艺术，自作解人的谎话更不是艺术。

问：原作者的乐曲经过演奏者的表达，会不会渗入演奏者的个性？两者会不会有矛盾？会不会因此而破坏原作的真面目？

答：绝对的客观是不可能的，便是照相也不免有科学的成分加在对象之上。演奏者的个性必然要渗入原作中去。假如他和原作者的个性相距太远，就会格格不入，弹出来的东西也给人一种格格不入的感觉。所以任何演奏家所能胜任愉快的表达的作品，都有限度。一个人的个性越有弹性，他能体会的作品就越多。唯有在演奏者与原作者的精神气质融洽无间，以作者的精神为主，以演奏者的精神为副而绝不喧宾夺主的情形之下，原作的面目才能又忠实又生动地再现出来。

问：怎样才能做到不喧宾夺主？

答：这个大题目，我一时还没有把握回答。根据我眼前的理解，关键不仅仅在于掌握原作者的风格和辞藻等，而尤其在于生活在原作者的心中。那时，作者的呼吸好像就是演奏家本人的情潮起伏，乐曲的节奏在演奏家的手

下是从心里发出来的，是内在的而不是外加的了。弹巴赫的某个乐曲，我们既要在心中体验到巴赫的总的精神，如虔诚、严肃、崇高等，又要体验到巴赫写那个乐曲的特殊感情与特殊精神。当然，以我们的渺小，要达到巴赫或贝多芬那样的天地未免是奢望；但既然演奏他们的作品，就得尽量往这个目标走去，越接近越好。正因为你或多或少生活在原作者心中，你的个性才会服从原作者的个性，不自觉地掌握了宾主的分寸。

问：演奏者的个性以怎样的方式渗入原作，可以具体地说一说吗？

答：谱上的音符，虽然西洋的记谱法已经非常精密，和真正的音乐相比还是很呆板的。按照谱上写定的音符的长短、速度、节奏，一小节一小节地极严格地弹奏，非但索然无味，不是原作的音乐，事实上也不可能这样做。例如文字，谁念起来每句总有轻重快慢的分别，这分别的准确与否是另一件事。同样，每个小节的音乐，演奏的人不期然而然地会有自由伸缩；这伸缩包括音的长短顿挫（所谓 rubato），节奏的或轻或重，或强或弱，音乐的或明或暗，以通篇而论还包括句读、休止、高潮、低潮、延长音等的特殊处理。这些变化有时很明显，有时极细微，非内行人不辨。但演奏家的难处，第一是不能让这些自由的处理越出原作风格的范围，不但如此，还要把原作的精神发挥得更好；正如替古人的诗文做疏注，只能引申原义，而绝对不能插入与原义不相干或相背的议论；其次，一切自由处理（所谓自由要用极严格审慎的态度运用，幅度也是极小的）都须有严密的逻辑与恰当的比例，切不可兴之所至，任意渲染，前后要统一，要成为一个整体。一个好的演奏家，总是令人觉得原作的精神面貌非常突出，真要细细琢磨，才能在转弯抹角的地方，发现一些特别的韵味，反映出演奏家个人的成分。相反，不高明的演奏家在任何乐曲中总是自己先站在听众前面，把他的声调口吻压倒了或是遮盖了原作者的声调口吻。

问：所谓原作的风格，似乎很抽象，它究竟指什么？

答：我也一时说不清。粗疏地说，风格是作者的性情、气质、思想、感情、时代思潮、风气等的混合产品。表现在乐曲中的，除旋律、和声、节奏方面的特点以外，还有乐句的长短，休止的安排，踏板的处理，对速度的观念，以至于音质的特色，装饰音、连音、半连音、断音等的处理，都是构成一个作家的特殊风格的因素。古典作家的音,讲究圆转如珠;印象派作家如德彪西的音,多数要求含混朦胧;浪漫派如舒曼的音则要求浓郁。同是古典乐派,斯卡拉蒂的音比较轻灵明快,巴赫的音比较凝练沉着,韩德尔的音比较华丽豪放。稍晚一些,莫扎特的音除了轻灵明快之外,还要求妩媚。同样的速度,每个作家的观念也不同,最突出的例子是莫扎特作品中慢的乐章不像一般所理解的那么慢:他写给姐姐的信中就抱怨当时人把他的行板(andante)弹成柔板(adagio)。便是一组音阶,一组琶音,各家用来表现的情调与意境都有分别:萧邦的音阶与琶音固不同于莫扎特与贝多芬的,也不同于德彪西的(现代很多人把萧邦这些段落弹成德彪西式,歪曲了萧邦的面目)。总之,一个作家的风格是靠无数大大小小的特点来表现的,我们表达的时候往往要犯"太过"或"不及"的毛病。当然,整个时代整个乐派的风格,比单个人的风格容易掌握;因为一个作家早年、中年、晚年的风格也有变化,必须认识清楚。

问:批评家们称为"冷静的"(cold)演奏家是指哪一种类型?

答:上面提到的表达应当如何如何,只是大家期望的一个最高理想,真正能达到那境界的人很少很少,因为在多数演奏家身上,理智与感情很难维持平衡。所谓冷静的人就是理智特别强,弹的作品条理分明,结构严密,线条清楚,手法干净,使听的人在理性方面得到很大的满足,但感动的程度就浅得多。严格说来,这种类型的演奏家病在"不足";反之,感情丰富,生机旺盛的艺术家容易"太过"。

问:在你现在的学习阶段,你表达某些作家的成绩如何?对他们的理解与以前又有什么不同?

答:我的发展还不能说是平均的。至此为止,老师认为我最好的成绩,除了萧邦,便是莫扎特和德彪西。去年弹贝多芬《第四钢琴协奏曲》,我总觉得太骚动,不够炉火纯青,不够清明高远。弹贝多芬必须有火热的感情,同时又要有冰冷的理智镇压。《第四钢琴协奏曲》的第一乐章尤其难:节奏变化极多,但不能显得散漫;要极轻灵妩媚,又一点儿不能缺少深刻与沉着。去年九月,我又重弹了贝多芬《第五钢琴协奏曲》,觉得其中有种理想主义的精神,它深度不及第四,但给人一个崇高的境界,一种大无畏的精

神；第二乐章简直像一个先知向全世界发布的一篇宣言。表现这种音乐不能单靠热情和理智，最重要的是感觉到那崇高的理想，心灵的伟大与坚强，总而言之，要往"高处"走。

以前我弹巴赫，和国内多数钢琴学生一样用的是皮罗版本，太夸张，把巴赫的宗教气息沦为肤浅的戏剧化与罗曼蒂克情调。在某个意义上，巴赫是罗曼蒂克，但绝非十九世纪那种才子佳人式的罗曼蒂克。他是一种内在的，极深刻沉着的热情。巴赫也发怒，挣扎、控诉，甚而至于哀号，但这一切都有一个巍峨庄严，像哥特式大教堂般的躯体包裹着，同时有一股信仰的力量支持着。

问：从一九五三年起，很多与你相熟的青年就说你台上的成绩总胜过台下的，为什么？

答：因为有了群众，无形中有种感情的交流使我心中温暖，也因为在群众面前，必须把作品的精华全部发掘出来，否则就对不起群众，对不起艺术品，所以我在台上特别能集中。我自己觉得录的唱片就不如我台上弹的那么感情热烈，虽然技巧更完整。很多唱片都有类似的情形。

问：你演奏时把自己究竟放进几分？

答：这是没有比例可说的。我一上台就凝神壹志，把心中的杂念尽量扫除，尽量要我的心成为一张白纸，一面明净的镜子，反映出原作的真面目。那时我已不知有我，心中只有原作者的音乐。当然，最理想是要做到像王国维所谓"入乎其内，出乎其外"。这一点，我的修养还远远够不上。我演奏时太急于要把我所体会到的原作的思想感情向大家倾诉，倾诉得愈详尽愈好，这个要求太迫切了，往往影响到手的神经，反而会出些小毛病。今后我要努力使自己的心情平静，也要锻炼我的技巧更能听从我的指挥。我此刻才不过跨进艺术的大门，许多体会和见解，也许过了三五年就要大变。艺术的境界无穷无极，渺小如我，在短促的人生中是永远达不到"完美"的理想的；我只能竭尽所能地做一步，算一步。

一九五六年十月五日

原载一九五六年十月十八—二十一日《文汇报》

傅聪的成长[1]

本刊编者要我谈谈傅聪的成长，认为他的学习经过可能对一班青年有所启发。当然，我的教育方法是有缺点的；今日的傅聪，从整个发展来看也跟完美二字差得很远。但优点也好，缺点也好，都可供人借鉴。现在先谈谈我对教育的几个基本观念：

第一，把人格教育看作主要，把知识与技术的传授看作次要。童年时代与少年时代的教育重点，应当在伦理与道德方面，不能允许任何一桩生活琐事违反理性和最广义的做人之道；一切都以明辨是非、坚持真理、拥护正义、爱憎分明、守公德、守纪律、诚实不欺、质朴无华、勤劳耐苦为原则。

第二，把艺术教育只当作全面教育的一部分。让孩子学艺术，并不一定要他成为艺术家。尽管傅聪很早学钢琴，我却始终准备他更弦易辙，按照发展情况而随时改行的。

第三，即以音乐教育而论，也绝不能仅仅培养音乐一门，正如学画的不能单注意绘画，学雕塑学戏剧的，不能只注意雕塑与戏剧一样，需要以全面的文学艺术修养为基础。

以上几项原则可用具体事例来说明。

傅聪三岁至四岁之间，站在小凳上，头刚好伸到和我的书桌一样高的时候，就爱听古典音乐。只要收音机或唱机上放送西洋乐曲，不论是声乐是器乐，也不论是哪一乐派的作品，他都安安静静地听着，时间久了也不会吵闹或是打瞌睡。我看了心里想："不管他将来学哪一科，能有一个艺术园地耕种，他一辈子受用不尽。"我是存了这种心，才在他七岁半，进小学四年级的秋天，让他开始学钢琴的。

---

[1] 此文过去所有报刊书籍刊登的，均沿用《新观察》一九五七年第八期的版本。现据手稿补全了一大段当年被删去的傅雷关于教育的几个基本观念。现选自《傅雷文集·文艺卷》（当代世界版）。——编者注

过了一年多，由于孩子学习进度快速，不能不减轻他的负担，我便把他从小学撤回。这并非说我那时已决定他专学音乐，只是认为小学的课程和钢琴学习可能在家里结合得更好。傅聪到十四岁为止，花在文史和别的学科上的时间，比花在琴上的为多。英文、数学的代数、几何等，另外请了教师。本国语文的教学主要由我自己掌握：从孔、孟、先秦诸子、国策、左传、晏子春秋、史记、汉书、世说新语等上选材料，以富有伦理观念与哲学气息、兼有趣味性的故事、寓言、史实为主，以古典诗歌与纯文艺的散文为辅。用意是要把语文知识、道德观念和文艺熏陶结合在一起。我还记得着重向他指出，"民可使由之，不可使知之"的专制政府的荒谬，也强调"左右皆曰不可，勿听；诸大夫皆曰不可，勿听；国人皆曰不可，然后察之"一类的民主思想，"富贵不能淫，贫贱不能移，威武不能屈"那种有关操守的教训，以及"吾日三省吾身"，"人而无信，不知其可也"，"三人行，必有吾师"等的生活作风。教学方法是从来不直接讲解，是叫孩子事前准备，自己先讲；不了解的文义，只用旁敲侧击的言语指引他，让他自己找出正确的答案来；误解的地方也不直接改正，而是向他发许多问题，使他自动发觉他的矛盾。目的是培养孩子的思考能力与基本逻辑。不过这方法也是有条件的，在悟性较差，智力发达较迟的孩子身上就行不通。

　　九岁半，傅聪跟了前上海交响乐队的创办人兼指挥，意大利钢琴家梅百器先生，他是十九世纪大钢琴家李斯特的再传弟子。傅聪在国内所受的唯一严格的钢琴训练，就是在梅百器先生门下的三年。

　　一九四六年八月，梅百器故世。傅聪换了几个教师，没有遇到合适的；教师们也觉得他是个问题儿童。同时也很不用功，而喜爱音乐的热情并未稍减。从他开始学琴起，每次因为他练琴不努力而我锁上琴，叫他不必再学的时候，他都对着琴哭得很伤心。一九四八年，他正课不交卷，私下却乱弹高深的作品，以致杨嘉仁先生也觉得无法教下去了；我便要他改受正规教育，让他以同等学历考入高中（大同）附中。我一向有个成见，认为一个不上不下的空头艺术家最要不得，还不如安分守己学一门实科，对社会多少还能有贡献。不久我们全家去昆明，孩子进了昆明的粤秀中学。一九五○年秋，他又自作主张，以同等学历考入云南大学外文系一年级。这期间，他的钢琴学习完全停顿，只偶尔为当地的合唱队担任伴奏。

可是他学音乐的念头并没放弃，昆明的青年朋友们也觉得他长此蹉跎太可惜，劝他回家。一九五一年初夏他便离开云大，只身回上海（我们是一九四九年先回的），跟苏联籍的女钢琴家勃隆斯丹夫人学了一年。那时（傅聪十七岁）我才肯定傅聪可以专攻音乐；因为他能刻苦用功，在琴上每天工作七八小时，就是酷暑天气，衣裤尽湿，也不稍休；而他对音乐的理解也显出有独到之处。除了琴，那个时期他还另跟老师念英国文学，自己阅读不少政治理论的书籍。一九五二年夏，勃隆斯丹夫人去加拿大。从此到五四年八月，傅聪又没有钢琴老师了。

一九五三年夏天，政府给了他一个难得的机会：经过选拔，派他到罗马尼亚去参加"第四届国际青年与学生和平友好联欢节"的钢琴比赛；接着又随我们的艺术代表团去民主德国与波兰做访问演出。他表演的萧邦受到波兰专家们的重视；波兰政府并向我们政府正式提出，邀请傅聪参加一九五五年二月至三月举行的"第五届萧邦国际钢琴比赛"。一九五四年八月，傅聪由政府正式派往波兰，由波兰的老教授杰维茨基亲自指导，准备比赛节目。比赛终了，政府为了进一步培养他，让他继续留在波兰学习。

在艺术成长的重要关头，遇到全国解放，政府重视文艺，大力培养人才的伟大时代，不能不说是傅聪莫大的幸运；波兰政府与音乐界热情的帮助，更是促成傅聪走上艺术大道的重要因素。但像他过去那样不规则的、时断时续的学习经过，在国外音乐青年中是少有的。萧邦比赛大会的总节目上，印有来自世界各国的七十四名选手的音乐资历，其中就以傅聪的资历最贫弱，竟是独一无二的贫弱。这也不足为奇，西洋音乐传入中国为时不过半世纪，师资的缺乏是我们的音乐学生普遍的苦闷。

在这种客观条件之下，傅聪经过不少挫折而还能有些少成绩，在初次去波兰时得到国外音乐界的赞许，据我分析，是由于下列几点：（一）他对音乐的热爱和对艺术的严肃态度，不但始终如一，还随着年龄而俱长，从而加强了他的学习意志，不断地对自己提出严格的要求。无论到哪儿，他一看到琴就坐下来，一听到音乐就把什么都忘了。（二）一九五一、一九五二两年正是他的艺术心灵开始成熟的时期，而正好他又下了很大的苦功：睡在床上

往往还在推敲乐曲的章节句读,斟酌表达的方式,或是背乐谱,有时竟会废寝忘食。手指弹痛了,指尖上包着橡皮膏再弹。一九五四年冬,波兰女钢琴家斯曼齐安卡到上海,告诉我傅聪常常十个手指都包了橡皮膏登台。(三)自幼培养的独立思考与注重逻辑的习惯,终于起了作用,使他后来虽无良师指导,也能够很有自信地单独摸索,而居然不曾误入歧途——这一点直到他在罗马尼亚比赛有了成绩,我才得到证实,放了心。(四)他在十二三岁以前所接触和欣赏的音乐,已不限于钢琴乐曲,而是包括多种不同的体裁不同的风格,所以他的音乐视野比较宽广。(五)他不用大人怎样鼓励,从小就喜欢诗歌、小说、戏剧、绘画,对一切美的事物美的风景都有强烈的感受,使他对音乐能从整个艺术的意境,而不限于音乐的意境去体会,补偿了我们音乐传统的不足。不用说,他感情的成熟比一般青年早得多;我素来主张艺术家的理智必须与感情平衡,对傅聪尤其注意这一点,所以在他十四岁以前只给他念田园诗、叙事诗与不太伤感的抒情诗;但他私下偷看了我的藏书,不到十五岁已经醉心于罗曼蒂克文艺,把南唐后主的词偷偷地背给他弟弟听了。(六)我来往的朋友包括多种职业,医生、律师、工程师、科学家、音乐家、画家、作家、记者都有,谈的题目非常广泛;偏偏孩子从七八岁起专爱躲在客厅门后窃听大人谈话,挥之不去,去而复来,无形中表现出他多方面的好奇心,而平日的所见所闻也加强和扩大了他的好奇心。家庭中的艺术气氛,关切社会上大小问题的习惯,孩子在长年累月的浸淫之下,在成长的过程中不能说没有影响。我们解放前对蒋介石政权的愤恨,朋友们热烈的政治讨论,孩子也不知不觉的感染了。十四岁那年,他因为顽劣生事而与我大起冲突的时候,居然想私自到苏北去参加革命。

远在一九五二年,傅聪演奏俄国斯克里亚宾的作品,深受他的老师勃隆丹夫人的称赏,她觉得要了解这样一位纯粹斯拉夫灵魂的作家,不是老师所能教授,而要靠学者自己心领神会的。一九五三年他在罗马尼亚演奏斯克里亚宾作品,苏联的青年钢琴选手们都为之感动得下泪。未参加萧邦比赛以前,他弹的萧邦已被波兰的教授们认为"富有萧邦的灵魂",甚至说他是"一个中国籍贯的波兰人"。比赛期间,评判员中巴西的女钢琴家,七十高龄的塔里番洛夫人对傅聪说:"富有很大的才具,真正的音乐才具。除了非常敏感以外，你还有热烈的、慷慨激昂的气质，悲壮的感情，异乎寻常的精致，微妙的色觉，还有最难得的一点，就是少有的细腻与高雅的意境，特别像在你的《玛祖卡》中表现的。我历任第二、三、四届的评判员，从未听见这样天才式的《玛祖卡》。这是有历史意义的：一个中国人创造了真正《玛祖卡》的表达风格。"英国的评判员路易士·坎特讷对他自己的学生们说："傅聪的《玛祖卡》真是奇妙，在我简直是一个梦，不能相信真有其事。我无法想象那么多的层次，那么典雅，又有那么多的节奏，典型的波兰玛祖卡节奏。"意大利评判员，钢琴家阿高斯蒂教授对傅聪说："只有古老的文明才能给你那么多难得的天赋，萧邦的意境很像中国艺术的意境。"

　　这位意大利教授的评语，无意中解答了大家心中的一个谜。因为傅聪在萧邦比赛前后，在国外引起了一个普遍的问题：一个中国青年怎么能理解西洋音乐如此深切，尤其是在音乐家中风格极难掌握的萧邦？我和意大利教授一样，认为傅聪这方面的成就大半得力于他对中国古典文化的认识与体会。只有真正了解自己民族的优秀传统精神，具备自己的民族灵魂，才能彻底了解别个民族的优秀传统，渗透他们的灵魂。一九五六年三月间南斯拉夫的报刊 Politika《政治》以《钢琴诗人》为题，评论傅聪在南国京城演奏莫扎特和萧邦两支钢琴协奏曲时，也说："很久以来，我们没有听到变化这样多的触键，使钢琴能显出最微妙的层次的音质。在傅聪的思想与实践中间，在他对于音乐的深刻的理解中间，有一股灵感，达到了纯粹的诗的境界。傅聪的演奏艺术，是从中国艺术传统的高度明确性脱胎出来的。他在琴上表达的诗意，不就是中国古诗的特殊面目之一吗？他镂刻细节的手腕，不是使我们想起中国册页上的画吗？"的确，中国艺术最大的特色，从诗歌到绘画到戏剧，都讲究乐而不淫，哀而不怨，雍容有度，讲究典雅，自然；反对装腔作势和过火的恶趣，反对无目的炫耀技巧。而这些也是世界一切高级艺术共同的准则。

　　但是正如我在傅聪十七岁以前不敢肯定他能专攻音乐一样，现在我也不敢说他将来究竟有多大发展。一个艺术家的路程能走得多远，除了苦修苦练以外，还得看他的天赋；这潜在力的多、少、大、小，谁也无法预言，只有在他不断发掘的过程中慢慢地看出来。傅聪的艺术生涯才不过开端，他知道

自己在无穷无尽的艺术天地中只跨了第一步，很小的第一步；不但目前他对他的演奏难得有满意的时候，将来也远远不会对自己完全满意，这是他亲口说的。

　　我在本文开始时已经说过，我的教育不是没有缺点的，尤其所用的方式过于严厉，过于偏急；因为我强调工作纪律与生活纪律，傅聪的童年时代与少年时代，远不如一般青少年的轻松快乐，无忧无虑。虽然如此，傅聪目前的生活方式仍不免散漫。他的这点缺陷，当然还有不少别的，都证明我的教育并没完全成功。可是有一个基本原则，我始终觉得并不错误，就是：做人第一，其次才是做艺术家，再其次才是做音乐家，最后才是做钢琴家。（我说"做人"是广义的：私德、公德，都包括在内；主要对集体负责，对国家、对人民负责。）或许这个原则对旁的学科的青年也能适用。

一九五六年十一月十九日

《傅雷家书》致傅聪

一九五四年：

（一）

聪：

　　车一开动，大家都变了泪人儿，呆呆地直立在月台上，等到冗长的列车全部出了站方始回身—一九五四年傅聪应波兰政府邀请，参加《第五届萧邦国际钢琴比赛》并留学波兰。一九五四年一月十七日全家在上海火车站送傅聪去北京准备出国。出站时沈伯伯沈知白，一九〇四—一九六八，中国音乐学家，上海音乐学院作曲系主任。原名登瀛，又名君闻、敦行。浙江吴兴人，傅雷挚友，傅聪青少年时期的乐理老师，"文革"中受迫害致死再三劝慰我。但回家的三轮车上，个个人都止不住流泪。敏一直抽抽噎噎。昨天一夜我们都没睡好，时时刻刻惊醒。今天睡午觉，刚刚朦胧合眼，又是心惊肉跳地醒了。昨夜月台上的滋味，多少年来没尝到了，胸口抽痛，胃里难过，只有从前失恋的时候有过这经验。今儿一天好像大病之后，一点劲都没有。妈妈随时随地都想哭——眼睛已经肿得不像样了，干得发痛了，还是忍不住要哭。只说了句"一天到晚堆着笑脸"，她又呜咽不成声了。真的，孩子，你这一次真是"一天到晚堆着笑脸"，教人怎么舍得！老想到一九五三年正月的事—一九五三年正月，就贝多芬小提琴奏鸣曲哪一首最重要的问题，傅聪与父亲争论激烈。傅聪根据自己的音乐感受，不同意父亲认为第九首《"克勒策"奏鸣曲》最为重要的观点，认为《第十小提琴奏鸣曲》最重要。双方争执不下。父亲认为傅聪太狂妄，"才看过多少书！"而当时国外音乐界一般都认同第九首最为重要。所以父亲坚持己见，这样双方发生严重冲突。在父亲勃然大怒的情况下，倔强的傅聪毅然离家出走，住在父亲好友毛楚恩家一月余。后因傅雷姑夫去世，觉得人生在世何其短促，父子何必如此认真，感慨万千，遂让傅聪弟弟傅敏陪同母亲接傅聪回家，双方才和解。我良心上的责备简直消释不了。孩子，我虐待了你，我永远对不起你，我永远补赎不了这种罪过！这些念头整整

一天没离开过我的头脑,只是不敢向妈妈说。人生做错了一件事,良心就永久不得安宁!真的,巴尔扎克说得好:有些罪过只能补赎,不能洗刷!

十八日晚

　　昨夜一上床,又把你的童年温了一遍。可怜的孩子,怎么你的童年会跟我的那么相似呢?我也知道你从小受的挫折对于你今日的成就并非没有帮助;但我做爸爸的总是犯了很多很重大的错误。自问一生对朋友对社会没有做什么对不起的事,就是在家里,对你和你妈妈做了有亏良心的事(父亲教子极严,有时几乎不近人情,母亲也因此往往在精神上受折磨),这些都是近一年中常常想到的,不过这几天特别在脑海中盘旋不去,像噩梦一般。可怜过了四十五岁,父性才真正觉醒!

　　今天一天精神仍未恢复。人生的关是过不完的,等到过得差不多的时候,又要离开世界了。分析这两天来精神的波动,大半是因为:我从来没爱你像现在这样爱得深切,而正在这爱的最深切的关头,偏偏来了离别!这一关对我,对你妈妈都是从未有过的考验。别忘了妈妈之于你不仅仅是一般的母爱,而尤其因为她为了你花的心血最多,为你受的委屈——当然是我的过失——最多而且最深最痛苦。园丁以血泪灌溉出来的花果迟早得送到人间去让别人享受,可是在离别的关头怎么免得了割舍不得的情绪呢?

　　跟着你痛苦的童年一起过去的,是我不懂做爸爸的艺术的壮年。幸亏你得天独厚,任凭如何打击都摧毁不了你,因而减少了我一部分罪过。可是结果是一回事,当年的事实又是一回事:尽管我埋葬了自己的过去,却始终埋葬不了自己的错误。孩子,孩子,孩子,我要怎样地拥抱你才能表示我的悔与热爱呢!

爸爸
十九晚

(二)

好孩子:

　　八月一日的信收到了,今天是十一日,就是说一共只有十天工夫。我们给你的信都有编号：

（波1） 七月十九日发 航挂

（波2） 七月二十九日发 航挂

（波3） 八月八日发 航平

大概大使馆转信不免耽些日子，下次来信希望报告一下收到了哪几封。

你的生活我想象得出，好比一九二九年我在瑞士。但你更幸运，有良师益友为伴，有你的音乐做你崇拜的对象。我二十一岁在瑞士正患着青春期的、罗曼蒂克的忧郁病：悲观、厌世、徬徨、烦闷、无聊；我在《贝多芬传》译序中说的就是指那个时期。孩子，你比我成熟多了，所有青春期的苦闷，都提前几年，早在国内度过；所以你现在更能够定下心神，发愤为学；不至于像我当年蹉跎岁月，到如今后悔无及。

你的弹琴成绩，叫我们非常高兴。对自己父母，不用怕"自吹自捧"的嫌疑，只要同时分析一下弱点，把别人没说出而自己感觉到的短处也一起告诉我们。把人家的赞美报告我们，是你对我们最大的安慰；但同时必须深深地检讨自己的缺陷。这样，你写的信就不会显得过火；而且这种自我批判的功夫也好比一面镜子，对你有很大帮助。把自己的思想写下来（不管在信中或是用别的方式），比着光在脑中空想是大不同的。写下来需要正确精密的思想，所以写在纸上的自我检讨，格外深刻，对自己也印象深刻。你觉得我这段话对不对？

我对你这次来信还有一个很深的感想。便是你的感觉性极强、极快。这是你的特长，也是你的缺点。你去年一到波兰，弹 Chopin［萧邦］的 style［风格］立刻变了；回国后却保持不住；这一回一到波兰又变了。这证明你的感受力极快。但是天下事有利必有弊，有长必有短，往往感受快的，不能沉浸得深，不能保持得久。去年时期短促，固然不足为定论。但你至少得承认，你的不容易"牢固执着"是事实。我现在特别提醒你，希望你时时警惕，对于你新感受的东西不要让它浮在感受的表面；而要仔细分析，究竟新感受的东西和你原来的观念、情绪、表达方式有何不同。这是需要冷静而强有力的智力，才能分析清楚的。希望你常常用这个步骤来"巩固"你很快得来的新东西（不管是技术是表达）。长此做去，不但你的演奏风格可以趋于

稳定、成熟（当然所谓稳定不是刻板化、公式化）；而且你一般的智力也可大大提高，受到锻炼。孩子，记住这些！深深地记住！还要实地做去！这些话我相信只有我能告诉你。

还要补充几句：弹琴不能徒恃 sensation［感觉］，sensibility［感受，敏感］。那些心理作用太容易变。从这两方面得来的，必要经过理性的整理、归纳，才能深深地化入自己的心灵，成为你个性的一部分，人格的一部分。当然，你在波兰几年住下来，熏陶的结果，多少也（自然而然地）会把握住精华。但倘若你事前有了思想准备，特别在智力方面多下功夫，那么你将来的收获一定更大更丰富，基础也更稳固。再说得明白些：艺术家天生敏感，换一个地方，换一批群众，换一种精神气氛，不知不觉会改变自己的气质与表达方式。但主要的是你心灵中最优秀最特出的部分，从人家那儿学来的精华，都要紧紧抓住，深深地种在自己性格里，无论何时何地这一部分始终不变。这样你才能把独有的特点培养得厚实。

关于这个问题，我想你听了必有所感。不妨跟我多谈谈。

其次，我不得不再提醒你一句：尽量控制你的感情，把它移到艺术中去。你周围美好的天使太多了，我怕你又要把持不住。你别忘了，你自誓要做几年清教徒的，在男女之爱方面要过几年僧侣生活，禁欲生活的！这一点千万要提醒自己！时时刻刻防自己！一切都要醒悟得早，收篷收得早；不要让自己的热情升高之后再去压制，那时痛苦更多，而且收效也少。亲爱的孩子，无论如何你要在这方面听从我的忠告！爸爸妈妈最不放心的不过是这些。

你上课以后，老师如何批评？那时他一定有更切实更具体的指摘，不会光是夸奖了。我们都急于要知道。你对 Chopin［萧邦］的了解，他们认为的长处短处，都望详细报告。technic［技巧］问题也是我最关心的。老师的意见怎样？是否需要从头来起？还是目前只改些小地方，待比赛以后再彻底修改？这些你也不妨请问老师。

罗忠镕和李凌都有回信来，你的行李因大水为灾，货车停开，故耽误了。你不必再去信向他们提。我认为你也应该写信给李凌，报告一些情形，当然口气要缓和。人家说你好的时候，你不妨先写上"承蒙他们谬许"、"承他们夸奖"一类的套语。李是团体的负责人，你每隔一个月或一个半月都应该写信；信末还应该附一笔，"请代向周团长致敬"。这是你的责任，切不能马虎。信不妨写得简略，但要多报告一些事实。切不可两三月不写信给李凌——你不能忘了团体对你的好意与帮助，要表示你不忘记，除了不时写信没有第二个办法。

你记住一句话：青年人最容易给人一个"忘恩负义"的印象。其实他是眼睛望着前面，饥渴一般地忙着吸收新东西，并不一定是"忘恩负义"；但懂得这心理的人很少；你千万不要让人误会。

这几天上海大热，三楼九十六华氏度，我挥汗改译文，仍要到深夜。楼下书房墙壁仍没有干透，一个月内无搬下去的希望。今早一收到你来信，我丢下工作花了一小时写这封信。

来信提到一位将来的评判员，叫作Lazara Revy，我从来没听见过这名字，他是哪国人？应是Lazare Levy，拉扎尔·莱维，一八八二——一九六四，法国钢琴家，作曲家及钢琴教授。

孩子，你真是个艺术家，从来想不起实际问题的。怎么连食宿的费用，平日的零用等，一字不提呢？人是多方面的，做父母的特别关心这些，下次别忘了详细报告。乐谱问题怎样解决？在波兰花一大笔钱买了，会不会影响别的用途？我要工作了，不再多写。远远地希望你保重，因为你这样快乐，用不着再祝你快乐了！

爸爸

八月十一日午前

妈妈这几日忙得要命，不再附笔了。她只是拿了你的信笑个不停。

刚才和李翠贞先生通电话，她也要我向你致意。史大正迄今没发榜，今天已是八月十一日了，不知他究竟能否出国。

为了免得转信耽误日子，到克拉可夫后，有了确定地址，马上告诉我们！

一九五五年

亲爱的孩子：

我先要跟你办个交涉：凡我信上所问你的事，都有红笔圈出，希望都答

复我。你每次复信都要把我的信放在旁边,把红圈的段落一一查看,未复的都要复。第49—50—51三信的问题,只有钢琴和合同二项得到回音,余下的只字未提。我今后把向你提的问题摘要登记在一本小册子上,只要你不答复,我还是要问个不休的。爸爸这个死脾气,你该知道而且能原谅的,同时也能满足它的,是不是?

巴黎 Pathe Marconi 公司又有复信,说从苏联转的航空邮包要获得苏联政府特别许可,这次未蒙批准,故原寄样片只得改走香港,尚需一个月可到。我今日又去信问他们,Concerto〔《协奏曲》〕灌音模糊,杂声极多,是否有法补救,或者样片本来不及正式片品质好。他们来信说送你的样片是双份,不知确否?我又要他们把合同打一份副本给我,也告诉他明年二月你将去捷克灌片,是否与他们有冲突。你十一月二十七日信中只批评你谈的 Mazurkas〔《玛祖卡》〕,没提到其他的;是否因 Concerto〔《协奏曲》〕录音效果恶劣,根本无法下断语?Fantasy〔《幻想曲》〕与 Berceuse〔《摇篮曲》〕两支曲子,望你再设法听一遍,写些意见来!等我们收到样片时,同时看看你的意见,以便知道你对萧邦的了解究竟是怎样的,也可知道你对自己的标准严格到什么程度。因巴黎的 Pathe Marconi 公司答应除样片外,将来再送我正式片两套;故我今天寄了一辑《敦煌画集》(大开本)去,以资酬答。昨天去买了十种理论书及学习文件,内八种都是小册子,分作两包,平信挂号寄出,约本月底可到。每次寄你的材料及书等,收到时务必在信中提明,千万勿忘,免我们挂心!

"毛选"中的《实践论》及《矛盾论》,可多看看,这是一切理论的根底。此次寄你的书中,一部分是纯理论,可以帮助你对马列主义及辩证法有深切了解。为了加强你的理智和分析能力,帮助你头脑冷静,彻底搞通马列及辩证法是一条极好的路。我本来富于科学精神,看这一类书觉得很容易体会,也很有兴趣,因为事实上我做人的作风一向就是如此的。你感情重,理智弱,意志尤其弱,亟须从这方面多下功夫。否则你将来回国以后,什么事都要格外赶不上的。

住屋及钢琴两事现已圆满解决,理应定下心来工作。倘使仍觉得心绪不宁,必定另有原因,索性花半天工夫仔细检查一下,病根何在?查清楚了才好对症下药，廓清思想。老是这样，不正视现实，不正视自己的病根，而拖泥带水，不晴不雨地糊下去，只有给你精神上更大的害处。该拿出勇气来，彻底清算一下。

廓清思想，心绪平定以后，接着就该周密考虑你的学习计划：把正规的学习和明春的灌片及南斯拉夫的演奏好好结合起来。事先多问问老师意见，不要匆促决定。决定后勿轻易更动。同时望随时来信告知这方面的情况。前信（五十一号）要你谈谈技巧与指法手法，与你今后的学习很有帮助：我们不是常常对自己的工作（思想方面亦然如此）需要来个"小结"吗？你给我们谈技巧，就等于你自己做小结。千万别懒洋洋地拖延！我等着。同时不要一次写完，一次写必有遗漏，一定要分几次写才写得完全；写得完全是表示你考虑得完全，回忆得清楚，思考也细致深入。你务必听我的话，照此办法做。这也是一般工作方法的极重要的一个原则。

以前我也问过你，住屋确定之后的日常开支，望即日来信报告！每月伙食费多少？宿舍要付租金吗？钢琴要负担租费吗？若要负担，有否向大使馆提过？（参看第四十九号信我与黄秘书的谈话。）

哥伦比亚的合同不会丢了的，大概没仔细寻找。以后要小心，重要文件都需妥藏，放在硬纸袋内，外面写好"要件、存"字样。给你带去一个小黑公事包做什么用的？

……你始终太容易信任人。我素来不轻信人言，等到我告诉你什么话，必有相当根据，而你还是不大重视，轻描淡写。这样的不知警惕，对你将来是危险的！一个人妨碍别人，不一定是因为本性坏，往往是因为头脑不清，不知利害轻重。所以你在这些方面没有认清一个人的时候，切忌随口吐露心腹。一则太不考虑和你说话的对象，二则太不考虑事情所牵涉的另外一个人。（还不止一个呢！）来信提到这种事，老是含混得很。去夏你出国后，我为另一件事写信给你，要你检讨，你以心绪恶劣推掉了。其实这种作风，这种逃避现实的心理是懦夫的行为，绝不是新中国的青年所应有的。你要革除小布尔乔亚根性，就要从这等地方开始革除！

别怕我责备！（这也是小布尔乔亚的懦怯。）也别怕引起我心烦，爸爸不为儿子烦心，为谁烦心？爸爸不帮助孩子，谁帮助孩子？儿子苦闷不向爸爸

求救，向谁求救？你这种顾虑也是一种短视的温情主义，要不得！懦怯也罢，温情主义也罢，总之是反科学，反马列主义。为什么一个人不能反科学、反马列主义？因为要生活得好，对社会尽贡献，就需要把大大小小的事，从日常生活、感情问题，一直到学习、工作、国家大事，一贯地用科学方法、马列主义的方法，去分析，去处理。批评与自我批评所以能成为有力的武器，也就在于它能培养冷静的科学头脑，对己、对人、对事，都一视同仁，做不偏不倚的检讨。而批评与自我批评最需要的是勇气，只要存着一丝一毫懦怯的心理，批评与自我批评便永远不能做得彻底。我并非说有了自我批评（挖自己的根），一个人就可以没有烦恼。不是的，烦恼是永久免不了的，就等于矛盾是永远消灭不了的一样。但是不能因为眼前的矛盾消灭了将来照样有新矛盾，就此不把眼前的矛盾消灭。挖了根，至少可以消灭眼前的烦恼。将来新烦恼来的时候，再去消灭新烦恼。挖一次根，至少可以减轻烦恼的严重性，减少它危害身心的可能；不挖根，老是有些思想的、意识的、感情的渣滓积在心里，久而久之，成为一个沉重的大包袱，慢慢地使你心理不健全，头脑不冷静，胸襟不开朗，创造更多的新烦恼的因素。这一点不但与马列主义的理论相合，便是与近代心理分析和精神病治疗的研究结果也相合。

至于过去的感情纠纷，时时刻刻来打扰你的缘故，也就由于你没仔细挖根。我相信你不是爱情至上主义者，而是真理至上主义者；那么你就该用这个立场去分析你的对象（不论是初恋的还是以后的），你跟她（不管是谁）在思想认识上，真理的执着上，是否一致或至少相去不远？从这个角度上去把事情解剖清楚，许多烦恼自然迎刃而解。你也该想到，热情是一朵美丽的火花，美则美矣，无奈不能持久。希望热情能永久持续，简直是愚妄；不考虑性情、品德、品格、思想等等，而单单执着于当年一段美妙的梦境，希望这梦境将来会成为现实，那么我警告你，你可能遇到悲剧的！世界上很少如火如荼的情人能成为美满的、白头偕老的夫妇的；传奇式的故事，如但丁之于裴阿脱里克斯，所以成为可哭可泣的千古艳事，就因为他们没有结合；但丁只见过几面（似乎只有一面）裴阿脱里克斯。歌德的太太克里斯丁纳是个极庸俗的女子，但歌德的艺术成就，是靠了和平宁静的夫妇生活促成的。过去的罗曼史，让它成为我们一个美丽的回忆，作为一个终生怀念的梦，我认为是最明哲的办法。老是自苦是只有消耗自己的精力,对谁都没有裨益的。孩子,以后随时来信,把苦闷告诉我,我相信还能凭一些经验安慰你呢。爸爸受的痛苦不能为儿女减除一些危险,那么爸爸的痛苦也是白受了。但希望你把苦闷的缘由写得详细些(就是要你自己先分析一个透彻),免得我空发议论,无关痛痒的对你没有帮助。好了,再见吧,多多来信,来信分析你自己就是一种发泄,而且是有益于心理卫生的发泄。爸爸还有足够的勇气担受你的苦闷,相信我吧!你也有足够的力量摆脱烦恼,有足够的勇气正视你的过去,我也相信你!

妈妈的照片该收到了吧?贝多芬第四、第五的材料共十六页,是前天(九日)平信挂号寄的。

爸爸
十二月十一日夜

一九五六年:

(一)

亲爱的孩子:

到今天还没收到来信,不知你究竟哪一天走的;最担心的是寒衣未带,你一路上怎办?尤其过莫斯科的时候,不要把你冻坏了吗?你电话中虽说咳嗽已愈,我怀疑你是特意安慰我;但愿不要把回国来得的小病带回华沙。在京见到了哪几位部长?可有机会详谈?反应如何?报销及音乐会收入等如何下落,不知你离京前的信中可曾一一提到?我六日寄京的第二信可曾收到?

这两天开始恢复工作;一面也补看文件,读完了刘少奇同志在八大的报告,颇有些感想,觉得你跟我有些地方还是不够顾到群众,不会用适当的方法去接近、去启发群众。希望你静下来把这次回来的经过细想一想,可以得出许多有益的结论。尤其是我急躁的脾气,应当作为一面镜子,随时使你警惕。感情问题,务必要自己把握住,要坚定,要从大处远处着眼,要顾全局,不要单纯地逗一时之情,要极冷静,要顾到几个人的幸福,短视的软心往往会对人对己造成长时期的不必要的痛苦!孩子,这些话千万记住。爸爸妈妈最不放心的就是这些。

学习方面，我还要重复一遍：重点计划必不可少。平日生活要过得有规律一些，晚上睡觉切勿太迟。你走了，仍有多方面的人反映，关心你的健康。睡眠太迟于健康最有影响。这些你都得深自克制！

十月十日深夜

（二）

今日上午收到来信。你这样忙，怎么还去录音？身体既吃不消，效果也不一定会好。

谢谢你好意，想送我《苏加诺藏画集》。可是孩子，我在沪也见到了，觉得花一百五十元太不值得。真正的好画，真正的好印刷（三十年代只有德、荷、比三国的美术印刷是世界水平；英、法的都不行。二战以后，一般德国犹太人亡命去美，一九四七年时看到的美国名画印刷才像样），你没见过，便以为那画册是好极了。上海旧书店西欧印的好画册也常有，因价贵，都舍不得买。你辛辛苦苦，身体吃了很多亏挣来的钱，我不能让你这样花。所以除了你自己的一部以外，我已写信托马先生退掉一部。省下的钱，慢慢替你买书买谱，用途多得很，不会嫌钱太多的。这几年我版税收入少，要买东西全靠你这次回来挣的一笔款子了。

……

说到骄傲，我细细分析之下，觉得你对人不够圆通固然是一个原因，人家见了你有自卑感也是一个原因；而你有时说话太直更是一个主要原因。例如，你初见恩德，听了她弹琴，你说她简直不知所云。这说话方式当然有问题。倘能细细分析她的毛病，而不先用大帽子当头一压，听的人不是更好受些吗？有一夜快十点多了，你还要练琴，她劝你明天再练，你回答说：像你那样，我还会有成绩吗？对待人家的好意，用反批评的办法，自然不行。妈妈要你加衣，要你吃肉，你也常用这一类口吻。你惯了，不觉得；但恩德究不是亲姐妹，便是亲姐妹，有时也吃不消。这些毛病，我自己也常犯，但愿与你共勉之！从这些小事情上推而广之，你我无意之间伤害人的事一定不大少，也难怪别人都说我们骄傲了。我平心静气思索以后，有此感想，不知你以为如何？

留波学习问题，且待过了明年再商量。那时以前我一定会去北京，和首长们当面协商。主要是你能把理论课早日赶完，跟杰老师多学些东西。照我前一晌提议的，每个作家挑一二代表作，彻底研究，排好日程，这一二年内非完成不可。

平日仍望坚持牛奶、鸡子、牛油。无论如何，营养第一，休息睡眠第一。为了艺术，样样要多克制自己！再过两年的使徒生活，战战兢兢地应付一切。人越有名，不骄傲别人也会有骄傲之感：这也是常情；故我们自己更要谦和有礼！

好了，已经太啰唆了。能把在京与夏部长谈的再补充一些，最好。再见，孩子，处处保重！

爸爸
十月十一日　下午

一九五七年：

亲爱的孩子：

昨天寄了一信，附传达报告七页。兹又寄上传达报告四页。还有别的材料，回沪整理后再寄。在京实在抽不出时间来，东奔西跑，即使有车，也很累。这两次的信都硬撑着写的。

毛主席的讲话，那种口吻、音调，特别亲切平易，极富于幽默感；而且没有教训口气，速度恰当，间以适当的 pause［停顿］，笔记无法传达。他的马克思主义是到了化境的，信手拈来，都成妙谛，出之以极自然的态度，无形中渗透听众的心。讲话的逻辑都是隐而不露，真是艺术高手。沪上文艺界半年来有些苦闷，地方领导抓得紧，仿佛一批评机关缺点，便会煽动群众；报纸上越来越强调"肯定"，老谈一套"成绩是主要的，缺点是次要的"等。（这话并不错，可是老挂在嘴上，就成了八股。）毛主席大概早已嗅到这股味儿，所以从一月十八日至二十七日就在全国省市委书记大会上提到百家争鸣问题，二月底的最高国务会议更明确地提出，这次三月十二日对我们的讲话，更为具体，可见他的思考也在逐渐往深处发展。他再三说人民内部

矛盾如何处理对党也是一个新问题，需要与党外人士共同研究；党内党外合在一起谈，有好处；今后三五年内，每年要举行一次。他又嘱咐各省市委也要召集党外人士共同商量党内的事。他的胸襟宽大，思想自由，和我们旧知识分子没有分别，加上极灵活地运用辩证法，当然国家大事掌握得好了。毛主席是真正把古今中外的哲理融会贯通了的人。

  我的感觉是百花齐放、百家争鸣确是数十年的教育事业，我们既要耐心等待，又要友好斗争；自己也要时时刻刻求进步——所谓自我改造。教条主义官僚主义，我认为主要有下列几个原因：一是阶级斗争太剧烈了，老干部经过了数十年残酷内战与革命，到今日已是中年以上，生理上即已到了衰退阶段；再加多数人身上带着病，精神更不充沛，求知与学习的劲头自然不足了。二是阶级斗争时敌人就在面前，不积极学习战斗就得送命，个人与集体的安全利害紧接在一起；革命成功了，敌人远了，美帝与原子弹等，近乎抽象的威胁，故不大肯积极学习社会主义建设的门道。三是革命成功，多少给老干部一些自满情绪，自命为劳苦功高，对新事物当然不大愿意屈尊去体会。四是社会发展得快，每天有多少事需要立刻决定，既没有好好学习，只有简单化，以教条主义官僚主义应付。这四点是造成官僚、主观、教条的重要因素。否则，毛主席说过"我们搞阶级斗争，并没先学好一套再来，而是边学边斗争的"；为什么建设社会主义就不能边学边建设呢？反过来，我见过中级干部从解放军复员而做园艺工作，四年工夫已成了出色的专家。佛子岭水库的总指挥也是复员军人出身，遇到工程师们各执一见、相持不下时，他出来凭马列主义和他专业的学习，下的结论，每次都很正确。可见只要年富力强，只要有自信，有毅力，死不服气地去学技术，外行变为内行也不是太难的。党内要是这样的人再多一些，官僚主义等自会逐步减少。

  毛主席的话和这次会议给我的启发很多，下次再和你谈。

  从马先生处知道你近来情绪不大好，你看了上面这些话，或许会好一些。千万别忘了我们处在大变动时代，我国如此，别国也如此。毛主席只有一个，别国没有，弯路不免多走一些，知识分子不免多一些苦闷，这是势所必然，不足为怪的。苏联的失败经验省了我们许多力气；中欧各国将来也会参照我们的做法慢慢地好转。在一国留学，只能集中精力学其所长；对所在国的情形不要太忧虑，自己更不要因之而沮丧。我常常感到，真正积极、真正热情、肯为社会主义事业努力的朋友太少了，但我还是替他们打气，自己还是努力斗争。到北京来我给楼伯伯、庞伯伯、马先生打气。

　　自己先要锻炼得坚强，才不会被环境中的消极因素往下拖，才有剩余的精力对朋友们喊"加油加油"！你目前的学习环境真是很理想了，尽量钻研吧。室外的低气压，不去管它。你是波兰的朋友，波兰的儿子，但赤手空拳，也不能在他们的建设中帮一手。唯一报答她的办法是好好学习，把波兰老师的本领，把波兰音乐界给你的鼓励与启发带回到祖国来，在中国播一些真正对波兰友好的种子。他们的知识分子彷徨，你可不必彷徨。伟大的毛主席远远地发出万丈光芒，照着你的前路，你得不辜负他老人家的领导才好。

　　我也和马先生、庞伯伯细细商量过，假如改往苏联学习，一般文化界的空气也许要健全些，对你有好处；但也有一些教条主义味儿，你不一定吃得消；日子长了，你也要叫苦。他们的音乐界，一般比较属于 cold［冷静］型，什么时候能找到一个老师对你能相忍相让，容许你充分自由发展的，很难有把握。马先生认为苏联的学派与教法与你不大相合。我也同意此点。最后，改往苏联，又得在语言文字方面重起炉灶，而你现在是经不起耽搁的。周扬先生听我说了杰老师的学问，说："多学几年就多学几年吧。"（几个月前，夏部长有信给我，怕波兰动荡的环境，想让你早些回国。现在他看法又不同了。）你该记得，胜利以前的一年，我在上海集合十二三个朋友（内有宋伯伯、姜椿芳、两个裘伯伯等），每两周聚会一次，由一个人做一个小小学术讲话；然后吃吃茶点，谈谈时局，交换消息。那个时期是我们最苦闷的时期，但我们并不消沉，而是纠集了一些朋友自己造一个健康的小天地，暂时躲一下。你现在的处境和我们那时大不相同，更无须情绪低落。我的性格的坚韧，还是值得你学习的。我的脆弱是在生活细节方面，可不在大问题上。希望你坚强，想想过去大师们的艰苦奋斗，想想克利斯朵夫那样的人物，想想莫扎特、贝多芬；挺起腰来，不随便受环境影响！别人家的垃圾，何必多看？更不必多烦心。做客应当多注意主人家的美的地方；你该像一只久饥的蜜蜂，尽量吮吸鲜花的甘露，酿成你自己的佳蜜。何况你既要学 piano，

［钢琴］，又要学理论，又要弄通文字，整天在艺术、学术的空气中，忙还忙不过来，怎会有时间多想邻人的家务事呢？

  亲爱的孩子，听我的话吧，爸爸的一颗赤诚的心，忙着为周围的几个朋友打气，忙着管闲事，为社会主义事业尽一份极小的力，也忙着为本门的业务加工，但求自己能有寸进；当然更要为你这儿子做园丁与警卫的工作：这是我的责任，也是我的乐趣。多多休息，吃得好，睡得好，练琴时少发泄感情（谁也不是铁打的！），生活有规律些，自然身体会强壮，精神会饱满，一切会乐观。万一有什么低潮来，想想你的爸爸举着他一双瘦长的手臂远远地在支撑你；更想想有这样坚强的党、政府与毛主席，时时刻刻做出许多伟大的事业，发出许多伟大的言论，无形中但是有效地在鼓励你前进！平衡身心，平衡理智与感情，节制肉欲，节制感情，节制思想，对像你这样的青年是有好处的。修养是整个的，全面的；不仅在于音乐，特别在于做人——不是狭义的做人，而是包括对世界、对政局的看法与态度。二十世纪的人，生在社会主义国家之内，更需要冷静的理智，唯有经过铁一般的理智控制的感情才是健康的，才能对艺术有真正的贡献。孩子，我千言万语也说不完，我相信你一切都懂，问题只在于实践！我腰酸背疼，两眼昏花，写不下去了。我祝福你，我爱你，希望你强，更强，永远做一个强者，有一颗慈悲的心的强者！

爸爸
三月十八日 深夜

  明天下午五时车回沪；不久还有材料给你。

  写完信王昆来，要我问你好。昨天中午周巍峙先生请吃烤鸭，同座有夏部长，和我谈了些国画界的事。

一九六○年：

亲爱的孩子：

  八月二十日报告的喜讯使我们心中说不出地欢喜和兴奋。你在人生的旅途中踏上一个新的阶段，开始负起新的责任来，我们要祝贺你、祝福你、鼓励你。希望你拿出像对待音乐艺术一样的毅力、信心、虔诚，来学习人生艺术中最高深的一课。但愿你将来在这一门艺术中得到像你在音乐艺术中一样的成功！发生什么疑难或苦闷，随时向一两个正直而有经验的中、老年人讨教（你在伦敦已有一年八个月，也该有这样的老成的朋友吧）深思熟虑，然后决定，切勿单凭一时冲动：只要你能做到这几点，我们也就放心了。

对终身伴侣的要求，正如对人生一切的要求一样不能太苛。事情总有正反两面：追得你太迫切了，你觉得负担重；追得不紧了，又觉得不够热烈。温柔的人有时会显得懦弱，刚强了又近乎专制。幻想多了未免不切实际，能干的管家太太又觉得俗气。只有长处没有短处的人在哪儿呢？世界上究竟有没有十全十美的人或事物呢？抚躬自问，自己又完美到什么程度呢？这一类的问题想必你考虑过不止一次。我觉得最主要的还是本质的善良，天性的温厚，开阔的胸襟。有了这三样，其他都可以逐渐培养；而且有了这三样，将来即使遇到大大小小的风波也不致变成悲剧。做艺术家的妻子比做任何人的妻子都难；你要不预先明白这一点，即使你知道"责人太严，责己太宽"，也不容易学会明哲、体贴、容忍。只要能代你解决生活琐事，同时对你的事业感到兴趣就行，对学问的钻研等暂时不必期望过奢，还得看你们婚后的生活如何。眼前双方先学习相互的尊重、谅解、宽容。

对方把你作为她整个的世界固然很危险，但也很宝贵！你既已发觉，一定会慢慢点醒她；最好旁敲侧击而勿正面提出，还要使她感到那是为了维护她的人格独立，扩大她的世界观。倘若你已经想到奥里维的故事，不妨就把那部书叫她细读一二遍，特别要她注意那一段插曲。像雅葛丽纳（与前面提到的奥里维，均是罗曼·罗兰长篇小说《约翰·克利斯朵夫》中的人物）那样只知道 love, love, love！［爱，爱，爱！］的人只是童话中人物，在现实世界中非但得不到 love，连日子都会过不下去，因为她除了 love 一无所知，一无所有，一无所爱。这样狭窄的天地哪像一个天地！这样片面的人生观哪会得到幸福！无论男女，只有把兴趣集中在事业上、学问上、艺术上，尽量抛开渺小的自我（ego），才有快活的可能，才觉得活得有意义。未经世事的少女往往会存一个荒诞的梦想，以为恋爱时期的感情的高潮也能在婚后维持下去。这是违反自然规律的妄想。古语说，"君子之交淡如水"；又有一句

第二部分 做人

· 213 ·

话说,"夫妇相敬如宾"。可见只有平静、含蓄、温和的感情方能持久;另外一句的意义是说,夫妇到后来完全是一种知己朋友的关系,也即是我们所谓的终身伴侣。未婚之前双方能深切领会到这一点,就为将来打定了最可靠的基础,免除了多少不必要的误会与痛苦。

你是以艺术为生命的人,也是把真理、正义、人格等看作高于一切的人,也是以工作为乐的人;我用不着唠叨,想你早已把这些信念表白过,而且竭力灌输给对方了。我只想提醒你几点:第一,世界上最有力的论证莫如实际行动,最有效的教育莫如以身作则;自己做不到的事千万勿要求别人;自己也要犯的毛病先批评自己,先改自己的。第二,永远不要忘了我教育你的时候犯的许多过严的毛病。我过去的错误要是能使你避免同样的错误,我的罪过也可以减轻几分;你受过的痛苦不再施之于他人,你也不算白白吃苦。总的来说,尽管指点别人,可不要给人"好为人师"的感觉。奥诺丽纳(你还记得巴尔扎克那个中篇吗)的不幸一大半是咎由自取,一小部分也因为丈夫教育她的态度伤了她的自尊心。凡是童年不快乐的人都特别脆弱(也有训练得格外坚强的,但只是少数),特别敏感,你回想一下自己,就会知道对待你的爱人要如何 delicate [温柔],如何 discreet [谨慎] 了。

我相信你对爱情问题看得比以前更郑重更严肃了;就在这考验时期,希望你更加用严肃的态度对待一切,尤其要对婚后的责任先培养一种忠诚、庄严、虔敬的心情!

你既要家中存一份节目单的全部记录,为什么不在家中留一份唱片的完整记录呢?那不是更实在而具体的纪念吗?捷克灌的正式片始终没有,一套样片早就唱旧了。波兰灌的更是连节目都不知道。你一定能想法给我们罗致得来,这是你所能给我们最大快乐之一……

Saga 灌的片子,你自己不满意,批评却甚好。我们一定要的。你不妨切实再追问一下,何月何日寄出的,公司有账可查。还有,每次寄出唱片,包外都要写明 GIFT [礼品] 字样,此与付税多少有关。

莫扎特的歌剧太美了。舒伯特的那个四重奏比 *Death & the Maiden Quartet* [《死神与少女四重奏》] 一支难接受,也许是只听一次之故。巴赫的 *Cantata* [《康塔塔》] 只听了女低音的一张,其余还来不及听。**Oistrakh**

〔奥伊斯特拉赫〕的莫扎特style〔风格〕如何？我无法评价，望告知。Cantelli〔坎泰利〕Guido Cantelli，一九二〇——九五六，意大利指挥家指挥的 *Unfinished Symphony*〔《未完成交响曲》〕第一句特别轻，觉得很怪，你认为怎样？

问了你四回关于勃隆斯丹太太的情形及地址，你一字不提，下次不能再忘了。妈妈前信问你中国指挥的成绩，也盼见告。

此信中写错了几个字："酝酿"误作"愠攘"（第二个字竟是创造），"培养"之"培"误作"垍"（两次都如此）。英文 She was never allowed 误作 allow。

转达我对 Zamira 的祝福，我很愿意和她通信。（她通法文否，望告我。因我写法文比英文方便。）也望转致我们对她父亲的敬意和仰慕。

愿你诸事顺利，一切保重！

爸爸
一九六〇年八月二十九日

二十日的信（瑞士邮戳是二十二）昨日收到，我立即丢开工作写回信，怕你搬家收不着。

一九六三年：

亲爱的孩子：

最近一信使我看了多么兴奋，不知你是否想象得到？真诚而努力的艺术家每隔几年必然会经过一次脱胎换骨，达到一个新的高峰。能够从纯粹的感觉（sensation）转化到观念（idea）当然是迈进一大步，这一步也不是每个艺术家所能办到的，因为同各人的性情气质有关。不过到了观念世界也该提防一个 pitfall〔陷阱〕：在精神上能跟踪你的人越来越少的时候，难免钻牛角尖，走上太抽象的路，和群众脱离。哗众取宠（就是一味用新奇唬人）和取媚庸俗固然都要不得，太沉醉于自己理想也有它的危险。我这话不大说得清楚，只是具体的例子也可以作为我们的警戒。李赫特某些演奏某些理解很能说明问题。归根结底，仍然是"出"和"入"的老话。高远绝俗而不失人间性人情味，才不会叫人感到 cold〔冷漠〕。像你说的"一切都远了，同时一

切也都近了",正是莫扎特晚年和舒伯特的作品达到的境界。古往今来的最优秀的中国人多半是这个气息,尽管 sublime［崇高］,可不是 mystic［神秘］(西方式的);尽管超脱,仍是 warm, intimate, human［温馨,亲切,有人情味］到极点!你不但深切了解这些,你的性格也有这种倾向,那就是你的艺术的 safeguard［保障］。基本上我对你的信心始终如一,以上有些话不过是随便提到,作为"闻者足戒"的提示罢了。

我和妈妈特别高兴的是你身体居然不摇摆了:这不仅是给听众的印象问题,也是一个对待艺术的态度,掌握自己的感情,控制表现,能入能出的问题,也具体证明你能化为一个 idea［意念］,而超过了被音乐带着跑,变得不由自主的阶段。只有感情净化,人格升华,从 dramatic［起伏激越］进到 contemplative［凝神沉思］的时候,才能做到。可见这样一个细节也不是单靠注意所能解决的,修养到家了,自会迎刃而解。(胸中的感受不能完全在手上表达出来,自然会身体摇摆,好像无意识地要"手舞足蹈"地帮助表达。我这个分析你说对不对?)

相形之下,我却是愈来愈不行了。也说不出是退步呢,还是本来能力有限,以前对自己的缺点不像现在这样感觉清楚。越是对原作体会深刻,越是欣赏原文的美妙,越觉得心长力绌,越觉得译文远远传达不出原作的神韵。返工的次数愈来愈多,时间也花得愈来愈多,结果却总是不满意。时时刻刻看到自己的 limit［局限］,运用脑子的 limit［局限］,措辞造句的 limit［局限］,先天的 limit［局限］——例如,句子的转弯抹角太生硬,色彩单调,说理强而描绘弱,处处都和我性格的缺陷与偏差有关。自然,我并不因此灰心,照样"知其不可为而为之",不过要心情愉快也很难了。工作有成绩才是最大的快乐:这一点你我都一样。

另外有一点是肯定的,就是西方人的思想方式同我们距离太大了。不做翻译工作的人恐怕不会体会到这么深切。他们刻画心理和描写感情的时候,有些曲折和细腻的地方,复杂烦琐,简直与我们格格不入。我们对人生琐事往往有许多是认为不值一提而省略的,有许多只是罗列事实而不加分析的,如果要写情就用诗人的态度来写;西方作家却多半用科学家的态度,历史学家的态度(特别巴尔扎克),像解剖昆虫一般。译的人固然懂得了,也感觉到它的特色、妙处,可是要叫思想方式完全不一样的读者领会就难了。思想方式反映整个的人生观、宇宙观和几千年文化的发展，怎能一下子就能和另一民族的思想沟通呢？你很幸运，音乐不像语言的局限性那么大，你还是用音符表达前人的音符，不是用另一种语言文字，另一种逻辑。

真了解西方的东方人，真了解东方的西方人，不是没有，只是稀如星凤。对自己的文化遗产彻底消化的人，文化遗产绝不会变成包袱，反而养成一种无所不包的胸襟，既明白本民族的长处短处，也明白别的民族的长处短处，进一步会截长补短，吸收新鲜的养料。任何孤独都不怕，只怕文化的孤独，精神思想的孤独。你前信所谓孤独，大概也是指这一点吧？

尽管我们隔得这么远，彼此的心始终在一起，我从来不觉得和你有什么精神上的隔阂。父子两代之间能如此也不容易：我为此很快慰。

北欧和维也纳的评论早日译好寄来，切勿杳无下文。以后你方便的话，还想要你寄十镑去巴黎。胃药已收到。音乐杂志尚未到。一切珍重！

爸爸
一九六三年十一月三日

一九六五年:

（一）

亲爱的孩子：

将近六个月没有你的消息，我甚至要怀疑十月三十一日发的信你是否收到。上月二十日左右，几乎想打电报：如今跟以往更是不同，除了你们两人以外，又多了一个娃娃增加我们的忧虑。大人怎么样呢？孩子怎么样呢？是不是有谁闹病了？……毕竟你妈妈会体贴，说你长期的沉默恐怕不仅为了忙，主要还是心绪。对啦，她一定猜准了。你生活方面思想方面的烦恼，虽然我们不知道具体内容，总还想象得出一个大概。总而言之，以你的气质，任何环境都不会使你快乐的。你自己也知道。既然如此，还不如对人生多放弃一些理想；理想只能在你的艺术领域中去追求，那当然也永远追求不到，至少能逐渐接近，并且学术方面的苦闷也不致损害我们的心理健康。即使在排遣不开的时候，也希望你的心绪不要太影响家庭生活。归根到底，你现在不是单身汉，而是负着三口之家的责任。用老话来说，你和弥拉要相依为命。外面的不如意事固然无法避免，家庭的小风波总还可以由自己掌握。客

观的困难已经够多了，何必再加上主观的困难呢？当然这需要双方共同的努力，但自己总该竭尽所能地做去。处处克制些，冷静些，多些宽恕，少些苛求，多想自己的缺点，多想别人的长处。生活——尤其夫妇生活——之难，在于同弹琴一样，要时时刻刻警惕，才能不出乱子，或少出乱子。总要存着风雨同舟的思想，求一个和睦相处相忍相让的局面，挨过人生这个艰难困苦的关。这是我们做父母的愿望。能同艺术家做伴而日子过得和平顺适的女子，古往今来都寥寥无几。千句并一句，尽量缩小一个我字，也许是解除烦闷、减少纠纷的唯一秘诀。久久得不到你们俩的信，我们总要担心你们俩的感情，当然也担心你们俩的健康，但对你们的感情更关切，因为你们找不到一个医生来治这种病。而且这是骨肉之间出于本能的忧虑。就算你把恶劣的心情瞒着也没用。我们不但同样焦急，还因为不知底细而胡乱猜测，急这个，急那个，弄得寝食不安。假如以上劝告你认为毫无根据，那更证明长期的沉默，会引起我们焦急到什么程度。你也不能忘记，你爸爸所以在这些事情上经常和你唠叨，因为他是过来人，不愿意上一代犯的错误在下一代身上重演。我和你说这一类的话永远抱着自责沉痛的心情！

　　你从南美回来以后，九个多月中的演出，我们一无所知；弥拉提到一言半语又叫我们摸不着头脑。那个时期到目前为止的演出表，可不可以补一份来？（以前已经提过好几回了！）在你只要花半小时翻翻记事本，抄一抄。这种惠而不费的，举手之劳的事能给我们多少喜悦，恐怕你还不能完全体会。还有你在艺术上的摸索、进展、困难、心得、自己的感受、经验、外界的反应，我们都想知道而近来知道得太少了。——萧邦的《练习曲》是否仍排作日课？巴赫练得怎样了？一九六四年练出了哪些新作品？你过的日子变化多，事情多，即或心情不快，单是提供一些艺术方面的流水账，也不愁没有写信的材料；不比我的工作和生活，三百六十五天如一日，同十年以前谈不上有何分别。

　　说到我断断续续的小毛病，不必絮烦，只要不躺在床上打断工作，就很高兴了。睡眠老是很坏，脑子停不下来，说不上是神经衰弱还是什么。幸而妈妈身体健旺，样样都能照顾。我脑子一年不如一年，不用说每天七八百字的译文苦不堪言，要换两三道稿子，便是给你写信也非常吃力。只怕身体再坏下去，变为真正的老弱残兵。眼前还是能整天整年——除了闹病——地干，除了翻书，同时也做些研究工作，多亏巴黎不断有材料寄来。最苦的是我不会休息，睡时脑子停不下来，醒时更停不住了。失眠的主要原因大概就在于此。

你公寓的室内照片盼望了四年，终于弥拉寄来了几张，高兴得很。孩子的照片，妈妈不知翻来覆去，拿出拿进，看过多少遍了。她母性之强，你是知道的。伦敦必有中文录音带出售，不妨买来让孩子在摇篮里就开始听起来。（Etiemble ［埃蒂昂勃勒］告诉我：录音带有两种，一是耶鲁大学的，一是哈佛的，哈佛的好像是赵元任灌的。巴黎既有发售，伦敦一定也找得到。我十月底曾告诉弥拉。）

你岳父来信，说一月同你在德国合作演出。此刻想早已过去了；他说秋天还要和你在美国一同表演，不知在哪一个月？

你的唱片始终没消息，我们不敢希望还会收到的一天了！

不写了，望多多保重，快快来信！

爸爸
一九六五年一月二十八日

（二）

亲爱的孩子：

半年来你唯一的一封信不知给我们多少快慰。看了日程表，照例跟着你天南地北地神游了一趟，做了半天白日梦。人就有这点儿奇妙，足不出户，身不离斗室，照样能把万里外的世界、各地的风光、听众的反应、游子的情怀，一样一样地体验过来。你说在南美仿佛回到了波兰和苏联，单凭这句话，我就咂摸到你当时的喜悦和激动；拉丁民族和斯拉夫民族的热情奔放的表现也历历在目。

照片则是给我们另一种兴奋，虎着脸的神气最像你。大概照相机离得太近了，孩子看见那怪东西对准着他，不免有些惊恐，有些提防。可惜带笑的两张都模糊了（神态也最不像你），下回拍动作，光圈要放大到F.2或F.3.5，时间用1/100或1/150秒。若用闪光（flash）则用F.11，时间1/100或1/150秒。望着你弹琴的一张最好玩，最美；应当把你们俩作为特写放大，左手的空白完全不要；放大要五或六英寸才看得清，因原片实在太小了。另外一张不知坐的是椅子是车子？地下一张装中国画（谁的）的玻璃框，我们猜来猜去猜

不出是怎么回事，望说明！

　　你父性特别强是像你妈，不过还是得节制些，第一勿妨碍你的日常工作，第二勿宠坏了凌霄——小孩儿经常有人跟他玩，成了习惯，就非时时刻刻抓住你不可，不但苦了弥拉，而且对孩子也不好。耐得住寂寞是人生一大武器，而耐寂寞也是要自幼训练的！疼孩子固然要紧，养成纪律同样要紧；几个月大的时候不注意，到两三岁时再收紧，大人小儿都要痛苦的。

　　你的心绪我完全能体会。你说得不错，知子莫若父，因为父母子女的性情脾气总很相像，我不是常说你是我的一面镜子吗？且不说你我的感觉一样敏锐，便是变化无常的情绪，忽而高潮忽而低潮，忽而兴奋若狂，忽而消沉丧气等的艺术家气质，你我也相差无几。不幸这些遗传（或者说后天的感染）对你的实际生活弊多利少。凡是有利于艺术的，往往不利于生活；因为艺术家两脚踏在地下，头脑却在天上，这种姿态当然不适应现实的世界。我们常常觉得弥拉总算不容易了，你切勿用你妈的性情脾气去衡量弥拉。你得随时提醒自己，你的苦闷没有理由发泄在第三者身上。况且她的童年也并不幸福，你们俩正该同病相怜才对。我一辈子没有做到克己的功夫，你要能比我成绩强，收效早，那我和妈妈不知要多么快活呢！

　　要说 exile［放逐］，从古到今多少大人物都受过这苦难，但丁便是其中的一个；我辈区区小子又何足道哉！据说《神曲》是受了 exile［放逐］的感应和刺激而写的，我们倒是应当以此为榜样，把 exile［放逐］的痛苦升华到艺术中去。以上的话，我知道不可能消除你的悲伤愁苦，但至少能供给你一些解脱的理由，使你在愤懑郁闷中有以自拔。做一个艺术家，要不带点儿宗教家的心肠，会变成追求纯技术或纯粹抽象观念的 virtuoso［演奏能手］，或者像所谓抽象主义者一类的狂人；要不带点儿哲学家的看法，又会自苦苦人（苦了你身边的伴侣），永远不能超脱。最后还有一个实际的论点：以你对音乐的热爱和理解，也许不能不在你厌恶的社会中挣扎下去。你说到处都是 outcast［逐客］，不就是这个意思吗？艺术也是一个 tyrant［暴君］，因为做他奴隶的都心甘情愿，所以这个 tyrant［暴君］尤其可怕。你既然认了艺术做主子，一切的辛酸苦楚便是你向他的纳贡，你信了他的宗教，怎么能不把少牢太牢去做牺牲呢？每一行有每一行的 humiliation［屈辱］和 misery［辛酸〕，能够resign〔心平气和〕隐忍就是少痛苦的不二法门。你可曾想过，萧邦为什么后半世自愿流亡异国呢？他的Op.25〔作品第二十五号〕以后的作品付的是什么代价呢？

去年春天你答应在八月中把你的演出日程替我校正一遍。今年三月你只有从二十日至三十日两个音乐会，大概可以空闲些，故特寄上一九六一年七月至一九六四年七月的日程表，望在三月上半月细细改正后寄回。头三页，一九六二年曾寄给你，你丢失了。以后几张都是按照弥拉每季事先寄的日程表编的，与实际演出必有参差。所有的地名（尤其小国的，南非南美北欧的）望一一改正拼法。此事已搁置多年，勿再延误为要！

你久已不在伦敦单独演出了，本月二十一日的音乐会是recital〔独奏会〕，节目单可否寄一份来？卖座情形亦极想知道。

我一直关心你的repertoire〔演出曲目〕，近两三年可有新曲子加进去？上次问你巴赫和萧邦Etudes〔《练习曲》〕是否继续练，你没有答复我。

你的中文还是比英文强，别灰心，多写信，多看中文书，就不会失去用中文思考的习惯。你的英文基础不够，看书太少，句型未免单调。

——溥仪的书看了没有？

此信望将大意译给弥拉听，没空再给她另写了。诸事珍重，为国自爱！

爸爸
一九六五年二月二十日

任何艺术品都有一部分含蓄的东西，在文学上叫做言有尽而意无穷，西方人所谓between lines〔弦外之音〕。作者不可能把心中的感受写尽，他给人的启示往往有些还出乎他自己的意想之外。绘画、雕塑、戏剧等等，都有此潜在的境界。不过音乐所表现的最是飘忽，最是空灵，最难捉摸，最难肯定，弦外之音似乎比别的艺术更丰富，更神秘，因此一般人也就懒于探索，甚至根本感觉不到有什么弦外之音。其实真正的演奏家应当努力去体会这个潜在的境界(即淮南子所谓"听无音之音者聪"，无音之音不是指这个潜藏的意境又是指什么呢？)而把它表现出来，虽然他的体会不一定都正确。能否体会与民族性无关。从哪一角度去体会，能体会作品中哪一些隐藏的东西，则

多半取决于各个民族的性格及其文化传统。甲民族所体会的和乙民族所体会的，既有正确不正确的分别，也有种类的不同，程度深浅的不同。我猜想你和岳父的默契在于彼此都是东方人，感受事物的方式不无共同之处，看待事物的角度也往往相似。你和董氏兄弟初次合作就觉得心心相印，也是这个缘故。大家都是中国人，感情方面的共同点自然更多了。

致刘抗[1]

一九三六年：

（一）

抗兄：

接手书并照片，一则以喜，一则以惧。梅馥先看信，等她读到……病危一句我就毛骨悚然，浑身发冷，与足下作书时真有同感。呜呼天乎，如此好人，如此典型的艺术家，但愿皇天保佑，安度难关。信到时我们正在打牌，从此就怏怏无复牌兴，心头好似压了一大块石头。几年来早晚相见的朋友，一别才未两月，遽尔身染沉疴，何况关山远隔，一些信息都得不到，尤使我凄恻欲绝，悲痛欲涕，假如你有什么消息，千万赶快告诉我，我们真是如何地挂念他啊！

照片中很有几张"杰作"，"天都探海松"与"天都望后海"两帧，若有机会请代放大，如普通小说版本大小，要放得精，印得精，钱归我来付，不必客气。看了这些游踪，真使我神思恍惚，说不尽的感动！

上海酷热，如兄所言弟等在乡可算做了半个神仙，绝没像你所说的那种苦。只是一件，就是常常想念你们几位朋友。大师（刘海粟）回沪没有？济远[王济远—一八九三——一九七五，著名画家，原籍安徽，生于江苏武进。当时与傅雷同在上海美专任教。一九四一年赴美，后侨居于纽约]近况如何？你是否还得上暑期学校的课？回来后黄山的风景又画过几张？前后一共画了多少？家和近来见面否？心绪若何？均在念中，便请一一告知为盼。

人浩[陈人浩，一九〇八——一九七六，福州人，留法归国后，与傅雷同在上海美专任教，抗战前夕赴南

---

[1] 刘抗（1911-2004），福建永春县人。傅雷挚友，画家。三十年代初任教于上海美专，一九三七年移居马来西亚。 一九四二年定居新加坡。曾任新加坡中华美术研究会会长、艺术协会会长，新加坡文化部美术咨询委员会主席。

洋，后定居于新加坡。系刘抗小舅子下年度如何计划，甚念。

弟安草复
八月十九日晚

昨天寄你一本小说，收到没有？这本书是抽版税的，有机会请在同学方面宣传宣传，好让我多赚几文。

（二）

抗兄：

昨夜一函甫发出，今日又接噩耗，悲恸之情，难以言喻。此次伊定欲回家，甚至有"无钱将徒步归去"之语，岂冥冥中已预感将回老家耶！言念及此，更想起他的一生遭遇，坎坷潦倒而始终保存完满无缺的艺人人格，在这种时世尤为难得。讵天不永年，徒令故人欲涕无从，犹忆弟赴黄山前一小时，伊与兄及邦干、尧章等四人来寓送我，今彼长辞此世，我意欲谋一奠而不得。呜呼，痛哉！人生如朝露，尤使人感慨不已。临书泫涕，不知所云，亦不能终篇。附上支票一纸（八元），请持向霞飞路吕班路口大陆银行兑现后，即在该行购一八元礼券（说明丧用，并讨一绿色封袋），外面请代书"奠敬"二字，下署"弟傅雷拜具"字样；吊礼应交何人代收，请兄做主可也。校方对他有何表示，大师又如何？虽说一死皆空，但我还想知道知道世情冷暖，详情续告为盼。此拜托。即颂

日佳

弟安拜启
八月二十日晚

（三）

抗：

白天胡说霸（八）道给你们三位写了一封信。晚上无事又把你的信重读一下，忽然动了兴，又要单独给你一信，但望不要"受宠若惊"才好！

老铁小梵的球战，我早料到你会有报告来，果然如此，我真不愧是你的"知己"，是吗？

我更得打听一件事，徐悟音小姐者何许人？你的高徒，那是一定的。但我见过谭××小姐，却不曾听见过徐小姐的芳名，不知是何道理？

你说洛阳冬月可喜，确是不错。我在许多信中都提及这一点。只是上海的冬月越看越欢喜，洛阳的冬月越看越凄凉，此无他，离人的心田凄凉耳。

嘿，我还要告诉你一件事，因为你说要生了炉子用功，便想到你的前途，更联想到昨天听到的消息。美专有一位与家和同班的黄佩芬小姐在省立洛阳初中和洛阳高级师范教图画音乐。你猜她每月拿多少钱？说来你真要发气（张弦的气死，越想越应该，像他那样刚烈的人怎能不气呢），此地中学校课程以一星期一小时为单位，每月每单位大洋五大元。她两校兼课，共是二十小时一礼拜，也即是二十单位一个月。哼哼！比你每周只多两点钟，资格比你低两三级还不止，名义比你差好几倍，钱可比你多拿二十元！你怎说？

此外，我有一件 confidence 要向你倾诉。我读你的信，仿佛读到我另一好友雷垣的信。幽默的情趣，笔迹与造句，你们俩都很相像。他现在美国，年余未通只字，想来真对不起他。因此愈加要对你亲热些，趁你还没有远离祖国的时期，多多通信（这是写此信的真实动机）。朋友离远了，音讯总要隔膜。我已快到中年，想到此，凭空添出一番悲伤。张弦的死对我精神上的打击，就是这个缘故。从前苏子由给他的老兄苏东坡的诗中有两句，我一向记得很清楚，叫作：

与君世世为兄弟，

更结来生未了缘……

写到这里，我不禁要浩然长叹！我茕茕独立，既无伯叔，终鲜兄弟，复寡朋友！然而这仅有的几个剖腹交也还不能长久相聚。尘世荒凉落漠一至于此！客洛阳后更想起两句古诗：

劝君更尽一杯酒，

西出阳关无故人。

唉，这种滋味到今日才痛切地感到！人生的味道何其多，行年三十，犹未尝遍！而多尝一种，又不禁发现自己在生命的途中多走了一程，前途缺少了一程；这又是一个可怕的思念啊！

你我相交先后已达六载，然到今岁方才透入你的内心。交友而欲相契已大难，相契而欲互参洞府尤难。况互参洞府，有时更需他种血泪的代价来换得乎？倘张弦尚在，我恐尚不能尽窥你的肺腑，言之尤潸然欲涕！可怜的朋友，但愿这颗艺术家的灵魂在天上永远得到和平与安息！

其次还有一件 confidence 得向你倾诉，现在通信的朋友中只有你可以领略其中的况味。请读一读下面这首小诗：

　　　　汴梁的姑娘，
　　　　你笑里有灵光。
　　　　柔和的气氛，
　　　　罩住了离人——游魂。

　　　　汴梁的姑娘，
　　　　你笑里有青春。
　　　　娇憨的姿态，
　　　　惊醒了浪子——倦眼。

　　　　汴梁的姑娘，
　　　　你笑里有火焰。
　　　　躲在深处的眼瞳，
　　　　蕴藏着威力无限。

　　　　汴梁的姑娘，
　　　　你笑里有欢欣。
　　　　浊世不曾湮没你的慧心，
　　　　风尘玷污不了你的灵魂。

啊，汴梁的姑娘，

但愿你灵光永在，青春长驻！

但愿你光焰恒新，欢欣不散！

汴梁的姑娘，

啊……汴梁的姑娘！（她是开封人，开封宋时称汴梁）

你可猜一猜，这汴梁的姑娘是谁？要是你细心地读，一句一句留神，你定会明白底蕴。过几天，我将把她的照片寄给你（当然是我们拍的），你将不相信在中原会有如是娇艳的人儿。那是准明星派，有些像嘉宝，有些像安娜斯丹，有些像……我叫不出名字而实在是很面熟的人……（我又想到张弦了，若他生时见到，一定要为她画许多肖像的！）你可猜一猜，我和她谈些什吗？要是你把我的性格做一番检阅，你也不难仿佛得之。我告诉她我的身世，描写我的娇妻、爱子、朋友，诉说我的苦闷，叙述我以前的恋爱史。是痴情，是真情，是借他人酒杯浇自己胸中块垒！——不用担心，朋友！这绝没有不幸的后果，我太爱梅馥了，绝无什么危险。感谢我的 Madeleine[1]，帮我渡过了青春的最大难关。如今不过是当作喝酒一般寻求麻醉罢了。何况

同是天涯沦落人，

相逢何必曾相识！

我的爱她亦如爱一件"艺术品"，爱一个无可奈何的可怜虫，爱一个不幸运而落在这环境里的弱女子。要是我把她当作梅，当作我以往的恋人，当作我好友的代表，而去爱她，那又有什么不好？实在说来，我爱她，更有些把她作为孤苦无告的人类代表而爱的意思。抗，你当懂得我的意思。我毫不想作假，说的全是实话。自然，物质的条件也是免不了的，但感情的空虚，于我们毕竟最难忍受……

要是我（可惜）能够作谱，我一定要为她写一篇 nocturne 或是整个的

---

[1] Madeleine（1906–1987），全名 Edith Maddeleine Carroll，美籍英裔女演员，代表作有《三十九级台阶》；也是杰出的人道主义工作者，二战期间投身战地医院担任护士。

sonata，我要把胸中郁积着的万斛柔情千种浩气一齐借她抒发出来。然而我只能写这么可怜的诗！没有天才的创造者，没有实力的野心家，正好和弥盖朗琪罗处于相反的地位！唉！

自从我圆满的婚姻缔结以来，因为梅馥那么温婉那么暖和的空气一向把我养在花房里，从没写过这样的信。抗，由此你可证实我爱你如爱我自己！

怒安
十二月六日深夜

致黄宾虹[1]

一九四三年：

（一）

宾虹先生有道：

顷奉手教并大作，既感且佩，妄论不以狂悖见斥，愈见雅量。七七变后，携家南走，止于苍梧二阅月，以战局甫启，未敢畅游，阳朔、桂林均未觏面，迄今恨恨。二十九年应故友滕固招，入滇主教务，五日京兆期间，亦尝远涉巴县，南温泉山高水长之胜，时时萦回胸臆间，惜未西巡峨眉，一偿夙愿，由是桂蜀二省皆望门而止。初不料于先生叠赐巨构中，饱尝梦游之快。前惠册页，不独笔墨简练，画意高古，千里江山收诸寸纸，抑且设色妍丽（在先生风格中此点亦属罕见），态愈老而愈媚，岚光波影中复有昼晦阴晴之幻变存乎其间；或则拂晓横江，水香袭人，天色大明而红日犹未高悬；或则薄暮登临，晚霞残照，反映于蔓藤衰草之间；或则骤雨初歇，阴云未敛，苍翠欲滴，衣袂犹湿，变化万端，目眩神迷。写生耶？创作耶？盖不可以分矣。且先生以八秩高龄而表现于楮墨敷色者，元气淋漓者有之，逸兴遄飞者有之，瑰伟庄严者有之，婉娈多姿者亦有之。艺人生命诚当与天地同寿日月争光欤！返视流辈以艺事为名利薮，以学问为敲门砖，则又不禁触目惊心，慨大道之将亡。先生足迹遍南北，桃李半天下，不知亦有及门弟子足传衣钵否？古人论画，多重摹古，一若多摹古人山水，即有真山水奔赴腕底者；窃以为此种论调，流弊滋深。师法造化尚法变法，诸端虽有说者，语焉不详，且阳春白雪实行者鲜，降至晚近其理益晦，国画命脉不绝如缕矣。鄙见挽救之道，莫若先立法则，由浅入深，一一胪列，佐以图像，使初学者知

---

[1] 黄宾虹（一八六五——一九五五），著名画家，名质，字朴存，别署予向、虹庐，中年更号宾虹。祖籍安徽歙县，生于浙江金华。

所入门(一若芥子园体例,但须大事充实,而着重于用笔用墨之举例);次则示以古人规范,于勾勒皴法布局设色等,详加分析,亦附以实物图片,俾按图索骥,揣摩有自,不致初学临摹不知从何下手;终则教以对景写生,参悟造化,务令学者主客合一,庶可几于心与天游之境;唯心与天游,始可言创作二字。似此启蒙之书,虽非命世之业,要亦须一经纶老手学养俱臻化境如先生者为之,则匪特嘉惠艺林,亦且为发扬国故之一道。至于读书养气,多闻道以启发性灵,多行路以开拓胸襟,自当为画人毕生课业;若是,则虽不能望代有巨匠,亦不致茫茫众生尽入魔道。质诸高明,以为何如?近闻台从有秋后南来讯,届时甚盼面领教益,一以倾积愫,一以若干管见再行面正于先生。大著各书就所示纲目言,已足令人感奋。尊作画集尤盼以珂罗版精印,用编年法辑成;一旦事平,此亦易易。前金城工艺社所刊先生画册,已甚精审,惜篇幅不多,且久已绝版,尊藏名迹日后倘能以照片与序跋目次同时行世,尤有功于文献。大著《虹庐画谈》、《中国画史馨香录》及《华南新业特刊》诸书,年代已久,未识尚有存书可得拜读否?近人论画除先生及余绍宋先生外,曩曾见邓以蛰君常有文字刊诸《大公报》,似于中西画理均甚淹贯,唯无缘识荆耳!亡友滕固亦有见地,西方学者颇能窥见个中消息,诚如吾公所言,旧都画人作品,海上颇有所见,除白石老人外,鄙意皆不惬,南中诸公更无论已。迩来汇京款项又见阻隔,即荣宝斋亦未便,爰恳青岛友人就近由银行汇奉联准券三百元^{抗日战争时期,日伪在其统治下的华北沦陷区内使用"华北联合准备银行"发行的纸币,信中简称"联准券"、"联币"或"联钞"。汪伪政府则在一九四一年以"中央储备银行"名义发行纸币,流通于华中、华东、华南沦陷地区,简称"中储券",亦即后文信中所写的"申币"、"申钞"或"沪币"。}信已发出数日,赍到之日,尚乞赐示。道及润单,所言实有同感。晚私衷钦慕,诛求无厌,承不以明珠暗投为愠,心感难宣,冗琐烦渎,幸乞恕罪。耑此敬候!
道绥

^晚傅雷再拜

六月二十五日

  尊作有纯用铁画银勾之线条者,便中可否赐及?再,尊作展览时,鄙见除近作外,最好更将壮年之制以十载为一个阶段,择尤依次陈列,俾观众得觇先生学艺演进之迹,且于摹古一点吾公别具高见,则若于展览是类作品时,择尤加以长题、长跋,尤可裨益后进;此意曾为默飞伉俪道及,不知尊意如何耳!将来除先生寄沪作品外,凡历来友朋投赠之制,倘其人寓居海上者,似亦可由主事者借出,一并陈列,以供同好;即如默飞处及敝处两家亦有二三十帧可供采择。此外吾公自序传或年谱一类,未谂亦有成稿否?便乞示及为幸。

雷又及

(二)

宾虹先生著席:

顷获七日大示并宝绘青城山册页,感奋莫名。先后论画高见暨巨制,私淑已久,往年每以尊作画集时时展玩,聊以止渴,徒以谫陋,未敢通函承教,兹蒙详加训诲,佳作频颁,诚不胜惊喜交集之感。生平不知举扬为何物,唯见有真正好书好画,则低回颂赞,唯恐不至,心有所感,情不自禁耳。品题云云,绝不敢当,尝谓学术为世界公器,工具面目尽有不同,精神法理初无二致,其发展演进之迹、兴废之由,未尝不不谋而合,化古始有创新,泥古而后式微,神似方为艺术,貌似徒具形骸,犹人之徒有肢体而无丰骨神采,安得谓之人耶?其理至明,悟解者绝鲜;即如尊作无一幅貌似古人,而又无一笔不从古人胎息中蜕化而来,浅识者不知推本穷源,妄指为晦、为涩,以其初视不似实物也,以其无古人迹象可寻也,无工巧夺目之文采也。写实与摹古究作何解,彼辈全未梦见;例如,皴擦渲染,先生自言于浏览古画时,未甚措意,实则心领默契,所得远非刻舟求剑所及。故随意挥洒,信手而至,不宗一家而自熔冶诸家于一炉,水到渠成,无复痕迹,不求新奇而自然新奇,不求独创而自然独创;此其所以继往开来,雄视古今,气象万千,生命直跃缣素外也。鄙见更以为倘无鉴古之功力、审美之卓见、高旷之心胸,绝不能从摹古中洗炼出独到之笔墨;倘无独到之笔墨,绝不能言写生创作。然若心中先无写生创作之旨趣,亦无从养成独到之笔墨,更遑论从尚法而臻于变法。艺术终极鹄的虽为无我,但赖以表现之技术,必须有我;盖无我乃静观之谓,以逸待动之谓,而静观仍须经过内心活动,故艺术无纯客观可言。造化之现于画面者,绝不若摄影所示,历千百次而一律无

差；古今中外凡宗匠巨擘，莫不参悟造化，而参悟所得则可因人而异，故若无"有我"之技术，何从表现因人而异之悟境？摹古鉴古乃修养之一阶段，借以培养有我之表现法也；游览写生乃修养之又一阶段，由是而进于参悟自然之无我也。摹古与创作，相生相成之关系有如是者，未稔大雅以为然否？尊论自然是活，勉强是死，真乃至理。愚见所贵于古人名作者，亦无非在于自然，在于活。彻悟此理固不易，求"自然"于笔墨之间，尤属大难。故前书不辞唐突，吁请吾公在笔法墨法方面另著专书，为后学津梁也。自恨外邦名画略有涉猎，而中土宝山从无问津机缘。敦煌残画仅在外籍中偶睹一二印片，示及莫高窟遗物，心实向往。际此中外文化交流之日，任何学术胥可于观摩攻错中，觅求新生之途，而观摩攻错又唯比较参证是尚。介绍异国学艺，阐扬往古遗物，刻不容缓。此二者实并行不悖，且又尽为当务之急。倘获先生出而倡导，后生学子必有闻风兴起者。^晚学殖素俭，兴趣太广，治学太杂，夙以事事浅尝为惧，何敢轻易着手？辱承鞭策，感恧何如，尚乞时加导引，俾得略窥门径，为他日专攻之助，则幸甚焉。尊作画展闻会址已代定妥，在九月底，前书言及作品略以年代分野，风格不妨较多，以便学人研究各点，不知吾公以为如何？亟愿一聆宏论。近顷海上画展已成为应酬交际之媒介，群盲附和，识者缄口。今得望重海内而又从未展览如先生者出，以广求同志推进学艺之旨问世，诚大可以转移风气，一正视听。此下走与柱常辈所以踊跃欢欣乐观厥成者也。昨得青岛友人来书，借悉汇款回单已经递到。艺术价值原非阿堵物，所得增损戋戋者，略表寸心已耳，万望勿谦为幸。迭次颁赐，将来拟全部附列展览，以飨同好，不识能邀俞允否？冗琐不已，惶恐万状。嵩此敬候！
道绥

^晚傅雷再拜

七月十三日

　　前闻友人言，某画会中有尊作拟元人设色花卉一帧，为之神往，惜未及瞻仰。又此次寄赐巨幛，淡墨渲染处破碎二三方，不禁憾憾。又及。

致朱介凡[1]

朱介凡先生：

　　手书稽延未复为歉，《克利斯朵夫》一书原系作者数十年生活经验及苦思冥想之结晶，故欲深刻了解亦莫如从现实生活下手；其次则博览群书，多做内心检讨。所谓博览包含自广，势难历举书目，鄙言可以史地为经，哲学为纬，再旁及各国文艺巨制，能读西文原作总比译本为佳。读书犹如行路，多行一日，即多行若干里，即多见若干事物；日积月累复一年，自有领悟。所苦者，生也有涯，知也无涯，各方些微会意，即已耄耳。承下问，愧无切实答案，幸如笼统，匆复衹候公绥不一。

傅　雷　拜启
上海重庆南路一六九弄四号
一九四七年十月二十九日

附识　朱介凡

　　少小泛读中外小说，每废寝忘食。二十岁后，阅读范围既广，小说书只及阅读量的五分之一，视为软性读物，朝读时绝不触及，且极能节制读书生活，勿使狂热飘。民国三十六年春，初读傅雷译《约翰·克利斯朵夫》四厚册之一，竟至爱不释手，为十年读书生活所罕有。米珠薪桂的南京，不惜换去七斗米的代价，买得此书第四版的本子。这些年来，屡屡一读再读。其时，美国小说《飘》，也十分风行，比此书易读，书价只及四分之一。乃深深感怀，欣然评断：中国读书界好坚实啦。请教傅雷如何读此书，而得这封文不加点的复信。（按：标点为编者所加）

---

[1]　朱介凡系一读者，傅雷致朱介凡函初载于一九八八年一月三日台北《中国时报》"联合副刊"。后由北京《读书》转载于该年第四期。—编者注

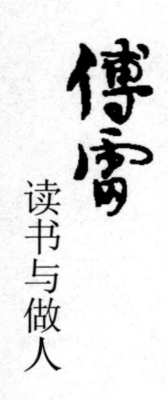

致宋奇[1]

一九五一年：

悌芬：

另邮寄上杨绛译的《小癞子》一册。去冬希弟来港时，我曾托他带上《欧也妮·葛朗台》，结果仍在你三楼上。现在要交给平明另排新版，等将来与《贝姨》一同寄你了。巴尔扎克的几种译本，已从三联收回（不要他们的纸型，免多麻烦），全部交平明另排。《克利斯朵夫》因篇幅太多，私人出版商资力不够，故暂不动。《高老头》正在重改，改得体无完肤，与重译差不多。好些地方都译差了，把自己吓了一大跳。好些地方的文字佶屈聱牙，把自己看得头疼。至此为止，自己看了还不讨厌的（将来如何不得而知），只有《文明》与《欧也妮·葛朗台》。

你的奥斯丁全集寄到没有？动手没有？

前周，贺德玄请吃饭，给我看到叶君健用英文写的三种长短篇。梅馥借来看了两册，我无暇去读。此公用英文写的书，过去未听说过，不知你见过没有？

附上证明书一件，乞交希弟收存。白沙枇杷时节又到，你们在港是吃不到的。匆此，即候。

双福

希弟均此

安叩

六月十二日夜

附信乞转交吴德铎兄

---

[1] 宋奇（一九一九—一九九六），又名宋淇，又名宋悌芬，笔名林以亮，浙江吴兴人，为老一辈戏剧家宋春舫之子，一直从事文学研究及翻译工作，曾任香港大学翻译研究中心主任，及香港中文大学校长助理。

致杰维茨基[1]

一九五七年：

亲爱的大师：

　　顷奉本月十九日明信片，特此申谢。先生对聪亲如慈父，爱护有加，实令人铭感不已。未能及早奉告小儿音讯，深感疚歉，而聪不函告近况，乃因其虽能操流利波语，却不谙书写波文，此诚羞愧事耳。

　　聪于七月二十八日抵达莫斯科，并于八月十三日于音乐院小演奏厅独奏一场（节目包括斯卡拉蒂奏鸣曲四首，舒曼奏鸣曲，萧邦奏鸣曲及特皮西前奏曲四首）。八月十二日演出音乐会上半场，由安诺索夫弟子李德伦指挥、莫斯科国家交响乐团合奏之莫扎特K.595《降B大调协奏曲》；而下半场则由奥依斯特拉演出由安诺索夫指挥之柴可夫斯基协奏曲。八月十四日，聪演奏由李德伦指挥之萧邦《F小调协奏曲》。十二日演出后"再奏"四次，而十三日则"再奏"七次。

　　离莫斯科前，安诺索夫大师曾安排聪于十月中演奏由其本人所指挥交响乐团之另一场节目，包括莫扎特《C小调协奏曲》，萧邦《F小调协奏曲》，及奥乃格《小协奏曲》。九月十四日，奉陪同夫婿访沪演出之李赫特夫人电告，顷接莫斯科交响乐团长途电话，谓正安排聪于十月十四日再奏一场，此次演出将于音乐院大演奏厅举行。

　　聪于八月十七日抵京，二十三日返沪，并于九月十三日奉文化部之命再度赴京，以参加反右运动——此事先生可曾得知？此运动目前正于全国展开。聪约于十月十二日抵达莫斯科，于十四日独奏后，应再演出协奏曲，确

---

[1] 杰维茨基，Z.Drzewiecki（一八九〇——一九七一），傅聪留学波兰时的钢琴教授。系著名学者，钢琴教育家。傅雷致杰维茨基之原函均系法文，现由金圣华教授译出。

切日期，尚未得知，然不论如何，将于十月二十日左右返抵华沙。

意识形态之问题于吾国极为重要，非仅对年轻人如此，对全体知识分子，不拘年龄，亦复如此，有关此事，先生许已略有所闻。反右运动乃为打击小资产阶级及资本主义思想而发轫，以改进全体人民之思想观点、俾能适应社会主义为宗旨。为前途计，聪参加此项运动极为有用及必要。此运动主要包括一项步骤，即此地人所谓之"批评及自我批评"。聪参加之大会已于九月二十二日结束，目前仍身在北京，可能就地演奏一场，然赴波前不再返家。

除此之外，聪尚沉浸于恋爱之中，令吾等烦恼不已。愚既非清教徒，亦非泥古之卫道士，然窃以为聪性格无常，感情过烈，且欠缺精神之均衡，故无法于今时今日迷恋若此而不生事端，加以此位年轻姑娘出名任性，又受父母过分溺爱，因而将无法予聪幸福。此等看法，非仅愚等浅见，不少旁人包括先生所识之马思聪先生亦有同感。如此恋爱，自然使人忧虑，未悉能否说服聪将此事搁置一旁。暂不做出仓促决定。

有关聪于一九五七、一九五八学年度之学习计划，窃以为首要事务乃习毕音乐院所设之一切理论科目。倘若尊见以为一年钢琴课对聪尚嫌不足，宜再修习一年，则乞于一九五九年春即告知我国驻华沙大使，此乃因先生或华沙音乐院院长若不表示意见，聪将于来年夏季结业返国。万望先生于此事早予定夺则幸甚。

愚见极盼聪能专注巴赫及贝多芬之主要作品，如此则当需时甚多。聪每月均需演奏三四场以符奖学金之要求，故无法弹奏气势磅礴或内容精深之作品，因此等乐曲不能练习三两周即公开演奏也。此事诚然难以解决。一般而言，尚祈先生此后对聪从严管教，尤以其选习乐曲一事为然。聪太任性，过于倾向个人暂短之品位，而不尊重其学习之通盘计划。先生仁慈宽容，难以尽述，然聪于道德及知识之规范上，尚需管束，大师若先生者，倘能严加教诲，则必令其受益无穷。亲爱的大师，上述之言，未悉尊意以为然否？

有关波文之学习，乃另一要事。以一留波学生而言，未能用波文笺候先生，非仅羞惭而已，且荒谬至极也。有关此事，已再三嘱聪留意，先生若能不时促其勤习语文，则不胜感激之至。

冗琐烦渎，幸乞恕罪，隆情厚谊，心感难宣。然先生出于对聪之爱护，对艺术之爱好，以及基于中波两国人民之知识交流及永恒友谊，谅断不至拒绝所请也。

　　耑此　敬颂
道绥

傅雷
一九五七年九月二十八日

　　又及，苏联报章对聪于莫斯科演奏之评语，先生或较易取得，若有一二，尚祈赐告为盼，倘能译为法文或英文，则万分感激，先此申谢。

一九五九年：

敬爱的大师：

　　疏於笺候凡两年之久，缄默之由，万望先生鉴察，并乞恕罪为幸。聪于一九五八年年末断然出走，令吾怆痛凄惶，难以言宣。虽则如此，吾国政府对迷途子民始终宽宏包容，因祖国大门不曾关上，亦永不关上。

　　顷接聪自一九五八年八月后首次来函，内子与吾，既喜且忧。虽则聪非理妄自出走，其于欧洲之成就，自令愚夫妇欣忭不已，然其不断出台演奏导致身心过劳，亦令人惊惧不安也。一季之中，每月平均演奏八九场，确属过多，真乃劳役耳！为人安能如斯生活？如此做法有损健康，且与自毁艺术生命无异，先生当较吾知之更详。演奏过多则健康遭损，且因躯体过劳，神经紧张，感情损耗而致演出时神采尽丧。不仅聪之演出项目迅即耗尽，世上任何钢琴家，不论如何伟大，亦不能一连六月，每月出台八九次而维持水准不坠，此说然否？

　　聪太年轻，艺术家脾气过重，未谙世情，尤过分天真，不知如何免受充斥西欧之拜金之徒所骗，亦不解如何抗拒经理人出乎私利之理由。吾曾屡屡谕其注意健康，并减少一半乃至三分之二音乐会之演出，然如此仍嫌不足，尚须采取其他步骤，因而冒昧向先生乞援。先生曾以无穷爱心、无穷精力，培育此株幼苗凡四年之久。吾公宅心仁厚，且艺术地位崇高，威望过人，故

请施以援手,以有效措施,敦请英国音乐界有力友人要求小儿之经理人顾念聪之健康,并眷惜年轻钢琴家之精力与前途。但愿经理人先生能予体恤,使聪每月登台不逾三次!

此事悬念心中,故自阅聪函之后,夜难成眠。先生对及门弟子爱护有加,自不容置疑。迄今聪仍急需学习、进修及加强演出项目等,凡此均需时间,而目前巡欧演出,已将其时间消耗殆尽矣!

聪有否不时笺候?因悉彼不仅事忙力绌,且疏于提笔,若久未敬覆尊函,请厚责之,然吾确知彼于业师敬爱不渝,绝不至忘恩负义也。

耑此 先申谢悃。敬颂

道履清吉

傅雷

一九五九年十月五日

但望小儿之经理人通情达理,切勿如吾国成语所言"杀鸡取卵"则幸甚。又及。

一九六〇年:

大师吾友:

去岁十一月二十三日手教奉悉,特此申谢,然年来顽疾缠身,岁暮稽复为歉。尚祈先生贵体安康,诸项音乐及教学活动均卓然有成。聪来函言及五月间与先生聚晤比利时,蒙先生对其关怀胜昔,不胜铭感。未稔聪有否弹奏席前,以面正于先生?尊见以为其方向正确否?先生有否聆听其于英国灌录之两张唱片?尊意以为其为萧邦之演绎如何?先生为聪挚爱敬重之业师,必不吝赐教匡正,令其有所裨益也。

敝处愧无礼物相送,唯有手编之聪演奏报道撮要复本一份,由内子打字完稿。此撮要不包括一九六〇至一九六一年有关乐评在内。即一九五九至一九六〇年发表之乐评,手边亦收录不全。有关贝多芬第一协奏曲及舒曼协奏曲,唯有乐评一两则而已。

聪于伦敦之独立态度令吾甚悦:真正之艺术家应弃绝政治或经济之影响

与支援。于竞争剧烈之世界中屹立不倒自属困难，然如此得来之成功，岂非更具意义，更有价值？艰辛奋斗及竭诚工作之纯洁成果，始终倍添艳丽，益增甘腴。唯愿聪永不忘祖国（中国及第二祖国波兰）之荣誉，亦不忘艺术之良知也！

先生料已得知聪即将于日内（十二月十七日）与梅纽因千金共结连理之消息。梅纽因主动来函，并已屡通信息，函中言及聪时，对其琴艺及人品赞誉有加。

犹忆聪于一九五六年六七月间曾于波兰一公司灌录唱片，惜此唱片公司之名称地址吾概不知，因而尚祈先生于探询之后将随函附笺转寄该公司，并乞致意该公司满足吾一己之私愿。如蒙先生赐告垂询结果（尤请告示公司名称及地址），则不胜感激之至。敬候

道绥并颂年禧

傅雷

一九六〇年十二月十四日

先生可否赐寄有关第六届萧邦钢琴比赛之出版物，例如场刊、节目表等（英、法文均可）？先此申谢。

又先生是否欲本人嗣后奉寄一九六〇至一九六一年间聪演出之简报？尚祈赐告为盼。又及。

〔附〕致波兰一唱片公司经理函

经理先生：

小儿傅聪于一九五六年六七月间，似曾于贵公司灌录为时约四十五分钟之钢琴独奏节目，惜本人既不知贵公司名称，亦不知地址，故唯乞杰维茨基教授转达此函。

如上述灌录已制成密纹唱片，本人极盼每一唱片各拥两张，以为纪念，尚祈惠寄为幸。如寄包裹，烦请注意于邮件上列明"经苏联寄交"，如此则能及早寄达。

至有关费用及运费，请致函伦敦小儿处，注明所需英镑若干，由其付款，因本人无法以其他方式结账。小儿地址如下：

伦敦N.6

海格特村 格罗夫2号

梅纽因先生 烦转

傅聪先生收

耑此静候佳音（祈以空邮来函），并申谢忱。

敬颂

近安

傅雷

一九六〇年十二月十四日

致柯灵[1]

一九五六年：

柯灵兄：

　　不知前第几个星期日，你来我家，碰巧没遇到。四月份整月给所谓社会活动缠得昏昏然，又是大会，又是小组，又是座谈，又是听报告，又是视察，又是小结，又是赶草报告，又是听大家意见，再修改，再誊正……你以前老劝我出去走走，我说一开了头就忙了，如今果然。这不是怨你，因为"出去走走"也是我自觉自愿的。不过这么说说，觉得一个人实在难于公私兼顾。

　　明天早来我们两个去杭州，逗留一二日后转黄山做温泉治疗，约二十日后回沪。万一有阻碍，黄山去不成，则一周后即回。

　　最近试笔写书评（评《三里湾》），因常被杂务打岔，未能写完，更没有写好。预备带着去山上结束。

　　刚才电话到你家，无人接应，故特走书告别。

　　草草即问近好

怒庵拜上
五月七日

　　赠书收到，谢谢。可是不知哪一天有空拜读！

---

[1] 柯灵（一九〇九—二〇〇〇）原名高季琳，原籍浙江绍兴，生于广州。中国电影理论家、剧作家、评论家。傅雷挚友。这是目前发现的唯一的一封傅雷先生给柯灵先生的信，原载于柯灵著《长相思》，一九八二年十一月上海文艺出版社出版。原信无年份，根据内容判断，此信当写于一九五六年。

致李广涛[1]

一九五六年：

广涛先生赐鉴：

　　承赐茶叶及照片，甚谢甚谢。大驾往北京学习时期，若可通信，请赐地址，俾稍缓得将敝摄黄山照片择尤寄呈请教。前在山中与吾公谈及李××，原意为提醒贵省领导同志对上海青年勿过宠溺。弟虽与××仅见一面，但亦谈话二三小时，有相当认识；且半年来各方反映颇有所闻，对其虚浮轻薄纨绔习气甚深，一时不易根治。解放前后专与海上"闻人"往还，故极少道德观念，此次在皖所受批评，实属咎有应得。吾公旨在挽救青年，予以教育，热忱可佩；但若非出以苦其心志、劳其筋骨的方式，不在群众生活中加以锻炼，而仍任其以艺术为幌子，恐仍难收改造之效。弟平生最恨空头艺术家，而世上往往偏有一等青年浑身邪气，而借小聪明为外衣冒充才气，贻毒社会，莫此为甚。明达如公自能洞烛，本毋庸下走喋喋，兹仅报告一二内情，以供教育后辈时参考。幸恕冒昧。即候

政绥

弟傅雷拜上
六月二十七日

---

[1] 李广涛，安徽合肥人。生于一九一四年。建国后曾任中共合肥市委书记、安徽医学院党委书记、中共安徽省委宣传部副部长、文教部部长，安徽省人大常委会副主任。——编者注

致马叙伦[1]

一九五六年：

夷老赐鉴：

　　奉教不胜感愧。年来勉从友朋劝告，稍稍从事社会活动，但以才力所限，虽仅有政协、作协两处名义，已感捉襟见肘，影响经常工作；今年第二季度竟至完全停产，最近哲学社会科学学委会以专攻巴尔扎克见责，南北报刊屡以写稿为命，以学殖久荒，尤有应接不暇之苦。且按诸实际，今日既无朝野之分，亦无党内党外之别，倘能竭尽愚忱，以人民身份在本岗位上为社会主义建设事业效忠，则殊途同归，与参加党派亦无异致。基于上述具体情况，万不能再参加任何党派；而以个人志愿及性格而论，亦难对任何集团有何贡献。务恳长者曲谅，勿以重违雅命见责，幸甚幸甚。

　　书不尽言，伏维珍摄不宣

^晚怒庵拜复

一九五六年八月十七日

---

[1] 马叙伦（一八八五——一九七〇），字彝初，又作夷初，浙江杭州人。教育家、语言文字学家。建国后曾任教育部部长、全国政协副主席、中国民主促进会中央主席。——编者注

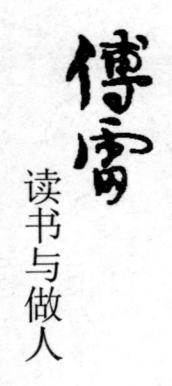

致徐伯昕[1]

一九五六年：

伯昕吾兄：

  本月八日接煦良来信，昨又奉夷老手教，使我惶恐万分。诸君子的厚爱及期望，都失之过奢。我的长处短处，兄十年交往，一定知道得很清楚：党派工作必须内方外圆的人才能胜任；像我这种脾气急躁、责备求全、处处绝对、毫无涵养功夫的人，加入任何党派都不能起什么好作用；还不如简简单单做个"人民"，有时倒反能发挥一些力量。兄若平心静气，以纯客观的眼光来判断，想来必能同意我的看法。

  再谈事实，我的工作特别费时，今年已落后四个月，内心焦急，非言可宣。而今后社会活动，眼见有增无减。倘再加一党派关系，势必六分之五毫无着落。倘使我能脱产，则政协、作协及民主党派的事也许还能兼顾。但即使丢开生活问题不谈，兄等亦不见得会赞成脱产的办法。我知道上上下下、四面八方，比我忙数倍以至数十倍的人有的是；不过时间分配问题不是一个孤立的问题，而是主要取决于各人能力的。我不是强调我特别忙，但我的能力及精神体力使我应付不了太多的事，则是千真万确的。

  再说，艺术上需要百花齐放丰富多彩；我以为整个社会亦未始不需要丰富多彩。让党派以外也留一些肯说话的傻子，对人民对国家不一定没有好处。殊途同归，无分彼此；一个人的积极性只要能尽量发挥，党与非党、民主党派与非民主党派都没有大关系。

  以上所言，都是我长期思考的结果，务盼勿以固执坚拒目之。我的过

---

[1] 徐伯昕（一九〇五——一九八四），江苏武进人。一九三二年与邹韬奋创办生活书店。建国后，曾任出版总署发行局局长、新华书店总经理、全国政协副秘书长。中国民主促进会领导人之一。——编者注

于认真与做一事就负起责任来的脾气,兄都深知洞悉;故所谓时间无法安排的话绝不是托词。为了免得民进诸君子及夷老误会,我以十二万分恳切的心情,央求吾兄善为说辞,尽量解释。候选名单,务勿列入贱名,千万拜托,千万拜托。匆匆不尽,即候

时绥

弟 怒庵拜上

一九五六年八月十七日

第二部分 做人

致牛恩德[1]

一九五八年：

恩德，亲爱的孩子：

来信只说住女青年会，没写地址；怕港岛邮政靠不住，只得仍由南海纱厂转。又港沪航空信与平信同样需六七日，以后可改平寄。没想到你来得如此容易，母亲却去得如此艰难。行前未及通知我们，送你的画改于昨日邮寄。一别四年余，你热情如旧，依然是我们的好孩子，好女儿，心中不知有多少高兴和安慰。中文也照样流畅，眷怀祖国之情油然可见：一切固然出于天禀，却也不辜负我三年苦心，七年期望。我虽未老先衰，身心俱惫，当年每日工作十一小时尚有余力，今则五六小时已感不支；但是"得英才而教育之"的痴心仍然未改。为了聪与弥拉，不知写了多少字的中文、英文、法文信，总觉得在世一日，对儿女教导的责任不容旁贷。对敏向少顾问，至今他吃亏不少，但亦限于天资，非人力所能奏效。不料桃李之花却盛放于隔墙邻院，四十岁后还教到你；当然我不会放弃对你的帮助和鼓励！多一个好儿女在海外争光，衰朽之人也远远地感到光鲜。

吾国的历史书、哲学书，国内已成凤毛麟角，旧书店已集中为一家。老商务、老中华出版的图书极少见到。新出的则过于简略；虽观点正确，奈内容贫乏，材料不充。在港不妨试觅《纲鉴易知录》。万一买到，不必从唐虞三代看起，只挑汉魏晋唐宋元明的部分，当小说一般经常翻阅。熟读以后对吾国的哲学思想自能摸出头绪。任何一个民族的特性和人生观都具体表现在他的历史中，故精通史实之人往往是熏陶本国文化最深厚的人。其次可试买一九五〇年前出的论述老、庄、孔、孟的小册子，或许港岛还能买到零星本子的《万有文

---

[1] 牛恩德，傅聪青少年时代琴友，傅雷夫妇之干女儿，获美国音乐博士；后寓居美国，从事音乐教育工作。——编者注

库》或《国学小丛书》的本子。也可买《老子》、《庄子》（指原著）、《论语》、《孟子》，带在国外，一时无暇，将来可看；暂时看不甚懂，慢慢会懂。倘在沪能找到此类旧书，必买下寄你，但无把握，还是你自己在港多多尝试。我译的书，国内一本都看不到，已及五年以上；听说港九全部有售。上月还托人买了寄赠南洋的老友。一九五七年后译的三部巴尔扎克，一部丹纳的《艺术哲学》，均未出版；将来必有你一份，可放心。英文的世界史颇有简明的本子，可向伦敦大书店的营业员打听。我觉得你在音乐史与音乐家传记方面也可开始用功了。如 Arthur Hedley 写的 *Chopin*（在 Master Musicians 丛书内）就值得细读。那部丛书一般都很有价值，不过有的写得太专门些，文字艰深些，一时不易领会。Hedley 那本 Chopin 却是最容易念的。

你回到香港后的观感，使我回想起三十年前归国时的心情与感触，竟是先后一致的。也许在国外你也有许多看不上眼的地方吧？聪感觉特别敏锐，常在信中流露这种情绪；虽然他为之痛苦，但我觉得唯有不随波逐流，始终抱着崇高的理想，忠于自己的艺术，确立做人的原则的人，才会有这一类的痛苦。没有痛苦就没有斗争，也就不能为人类共同的事业——文明，出一份力，尽一份责任。同时，只有深切领会和热爱祖国文化的人才谈得上独立的人格，独创的艺术，才不致陷于盲目的崇洋派，也不会变成狭隘的大国主义者，而能在世界文化中贡献出一星半点的力量，丰富人类的精神财宝。母亲行前来看我，我也和她谈到这一类话；我深信你的中国人的灵魂是永远觉醒的，将来定能凭着这一点始终做个自由独立的战士，对你的艺术忠诚到底！月初去苏州小休五日，遍赏七大名园，对传统中国建筑艺术有了更进一步的理解，且待以后再谈。目前新工作开始（巴尔扎克五十万字的长篇，是一个三部曲，总题目叫作《幻灭》），每天都感到时间不够。暂时带住。望将留港日期早日告知，免信件空投。

With all my love，孩子，问候母亲！

傅妈妈问你好，她几年来也没忘了你！

爸爸
十一月二十日

有便先买一二百张航空信纸（要又薄又坚韧），三五十张航空信封，长

短各半。日后托母亲带沪。此间各物奇缺,只能乞援于你。还需要一种胶水（如牙膏式）,可胶布、皮、玻璃及瓷器的,价甚廉。另带一小卷最小的玻璃 tap（封信用）!

致梅纽因[1]

一九六一年：

（一）

伊虚提

　　双鉴：

狄阿娜

　　得悉你们首次探访小两口所得印象，内子与我深感欣慰，我们早已料到弥拉对持家之道必应付裕如，但不料她连烹调艺术也上手神速。聪最敬爱的两位老师，即在温尼伯的勃隆斯丹太太和在华沙的杰维茨基教授，各以略不放心的口吻来函相询，欲知当年弟子婚后的事业发展如何，而我自己对此却颇觉心安，因为孩子们对艺术的奉献及其处世态度使我满怀信心。其实，从你们的描述之中，得知弥拉已使新家充满温情及诗意，凡此一切，显然为两位尽力熏陶、悉心培育的结果。

　　两位对聪的厚爱，使我们铭感在心。唯有纯洁仁爱、充满真情的心灵才能彼此充分了解，互相真正赏识。尽管如此，聪始终不够成熟，缺欠经验，因此日常行事不够明智，此所以我们虽对他做人原则深具信心，而始终放心不下的缘由。

　　"依灵"事件[2]谅不致重演，既为身在西方绝无仅有的中国音乐家，他自当凡事谨慎方可。再者，音乐会的地点不应只以艺术考虑作为选择条件，而应深思熟虑，以更为重要的其他条件作为甄选原则。不知他是否愿意采纳我的意见，因年轻人或多或少考虑不周并坚持己见，以致不能预见可能遭遇

---

[1] 梅纽因（Yehudi Menuhin，一九一六—一九九九），世界著名音乐家、小提琴家和指挥家。傅聪前妻扎弥拉的父亲。
[2] 傅聪于演奏会当日把日期弄错，以为是第二天。事后需择日补弹。

的不幸。此种忧惧经常折磨我们，甚至达到夜不成眠的地步。然而某些障碍，若能及时劝告，当可轻易避免。天真无邪自属可贵，凡事无知却使人愚不可及、灾祸殃身。在此复杂混乱的时代，行事多加思虑不啻为处世良方。我们深信两位必定会为孩子们幸福着想，多予开导。

承蒙两位建议为我代购书籍，欣然从命，然此事需附设条件，即你们必须跟聪算清代付账目方可。暂且寄上书单一张，多所叨扰，有渎清神。

去岁十一月已指示孩子，嘱他转交十七世纪中国画"花鸟"复制品六幅，画作于十二月中寄往伦敦。如今看来聪已浑忘一切，足见他如何对待我们之付托！其糊涂健忘真不可救药。此次寄呈画作一幅（一月九日寄出，约二月中寄达），此画由一位好友，也即当今我国最佳画家之一林风眠所绘。兹备画家简介，随后奉上。

狄阿娜夫人来信亲切，充满睿智，内子阅后不胜欣悦，谨申衷诚谢忱，并为稽覆致歉。内子因不善英语表达，故迟迟未曾提笔，而我唯恐使她徒增压力，亦不敢过分催促也。

得知孩子们已在一幢舒适住宅安顿下来，一切皆便，极感欣慰。深信自寻觅居所至种种安排，皆为你们悉心照拂之功。

便中尚祈早日赐寄照片为盼，顺颂

双祺

傅 雷

朱梅馥

一九六一年一月二十六日

好友小提琴家马思聪（一九三〇年前曾负笈巴黎）为吾国最佳作曲家，亦为北京音乐学院院长，及一九五五年第五届萧邦音乐比赛评判，请我代询可否将其作品直接寄上。马为首先发现聪音乐天才的中国音乐家之一。

伊虚提灌录之唱片（密纹唱片），请按所喜作品为我们甄选一套，如蒙雅允，无任感荷。又及。

（二）

伊虚提如晤：

　　贤伉俪及孩子们的照片是否已经晒好？是否已以"空邮"惠寄？内子及我对这些照片终日期盼。林风眠画作谅已收到，不知是否喜欢？狄阿娜是否亦喜欢？又聪不知有否转交去岁十一月嘱其奉呈之"花鸟"复制品六幅？

　　兹推荐埃蒂昂勃勒[1]所著有关现代中国一书，名曰《新西游记》（巴黎：伽利马出版社，一九五八年版），作者曾在书中提及不佞。能令你对吾人今日生活环境知悉一二（吾国因凡事皆发展迅速，始料不及，故当前情况较埃蒂昂勃勒来访时已大不相同。此中情况可询能人求证），诚有意义。此书在原出版社若已脱销，必可在巴黎旧书店买到。阅毕想必会转交弥拉，然否？

　　吾友马思聪已寄奉部分作品，并附简函。

　　内子附笔问候，狄阿娜处不另。

　　耑此　祇颂

双绥不一

傅雷
一九六一年二月九日

〔附〕**朱梅馥一九六一年二月二十三日致狄阿娜函（原件为英文）**

亲爱的夫人：

　　一月承蒙惠赐来函，稽覆为歉。为表达畅顺起见，此信我先以中文起稿，再由外子译成英文。三十年前离开学校之后，迄无机会练习外文，以致目前程度只能稍作阅读而已。然而承认自己才疏学浅，不善执笔，总比延宕无期、让朋友失望为佳。

　　来信所言，使我思潮起伏。我深切了解要将一个不是己出的孩子抚养成人，确非易事，个中困难且随时存在，随处可见。即使亲生骨肉，亦无法时时知道如何对待。不同年龄必然会带来不同看法与感受，加以现时代生活纷扰，发展迅速，使我们与年轻人之间更增隔阂。然如所言，我们与孩子之间并不存在这种距离，因为相信自己尚能了解他们的心理状态，并且自认并不

---

[1] Etiemble（一九〇九—二〇〇二），中文名艾田蒲，法国著名汉学家与社会学教授，亦为傅雷好友。

落伍。时常使我们不安的倒是艺术家天赋的"一心一意"。我们跟你同样认为，不必为年轻人担忧，却几乎出于本能、难以自抑地要"知无不言，言无不尽"，诚如中国成语所云，"信不信"任由孩子去取。归根究底，在抚养儿女的过程中，已予我们有关生命真谛的许多启悟，这是最大的报酬，不知你以为然否？

亲爱的朋友，你对于自己的教育成果，必定感到自豪。得悉令郎"杰勒德教授"禀承天赋，如你一般一早就表现出戏剧才华，可喜可贺。而弥拉则聪颖可爱，恳挚真诚，讨人喜欢，深信她也会像你一样逐渐学会如何适应身为艺术家之妻的艰辛。聪有此福气，令我高兴。得知盗窃一事，极为震惊，窃案是否在你们离开伦敦前发生？此事似恶意搜寻多于寻常盗窃，因此小两口日后需加倍小心。有关详情，可否赐告？

梅纽因先生的巡回演奏必然十分成功，谨申贺忱，并再次为稽覆致歉，即候
近安

朱梅馥启
傅雷附候
一九六一年二月二十三日

（三）

伊虚提
　　双鉴：
狄阿娜

　　狄阿娜来信言及你们生活极其繁忙，令我感触良多，然亦为意料中事，因我虽不如两位这般艺术任务众多，社交活动频繁，仍然非病倒绝不中断工作。人生有太多事要做，太多知识要追求，太多讯息要知悉，以致一日二十四小时总嫌不够，即使对一个生活归隐，恍似遁世如我者，也是如此。这岂非现代人主要病根之一？艺术若在吾人身上加重负担，徒增疲劳，而非带来平安，赋予喜乐，岂非有违初衷？一个世纪之前，丹纳早已抱怨人类头脑之进化不合比例，有损其他器官，而现代生活的复杂紧张已

剥夺人类简朴自然、合乎健康之乐趣。倘若丹纳再生，目睹吾人今日之生活，不知又将出何言？

四月十七日接奉伊虚提新录唱片九张，另华格纳序曲一张；四月二十日，收讫法文书籍一包；五月二日收讫有关聪之德文文章，此等文章承蒙不吝翻译，凡此种种，感不胜言。伊虚提唱片令我们愉悦难宣，尤以近二十年未曾得聆阁下优美演奏，更感欣忭。可知自中日战争后，此间与西方文艺界已完全脱节。聪未告有否将书款偿还，虽然曾询问不止一次，此即为年轻人处事糊涂而应予责备之处。尚祈不嫌烦琐，径向聪索取代付款项为盼。若能真正对其视同己出，命其履行应尽职责，则将不胜欣慰之至。

狄阿娜于五月三日来函中提及一本共两册之字典，然并未指明所属种类。现有《乐如思世界字典》共两册，《二十世纪乐如思字典》共六册，《李特莱大字典》共四册。代购之字典相信为有关短语及引言者，未悉是否有较加赛尔本更详尽之法英—英法对照字典？若有上好字典，即使只有法英对照者，亦将合乎所求。

有关孩子们的结婚照，只于三月二十二日收到弥拉三月十日寄出之一批，你们寄自苏黎世的相片则从未收到，且如今方知有此一事。

凡寄邮件烦请留意，不论方便与否，务必以坚固信封或口袋装载，并请于四周用胶纸封好，或用绳子系牢。上海与欧洲之间，路途遥远，途中常有信封损坏、内件失落之虞。前次尊函附有巴斯音乐会说明书，信封就遭损坏并需此地邮局重新粘贴。

有关巴斯音乐节之曲目，其中包括英、法古乐，令人深感兴趣，未悉此等极少演奏之乐曲会否灌录成唱片？

五周以来，不见孩子们只字片语，此乃疏忽不周的另一例子。无论如何，音讯杳然至此，但愿非因任何一人身体不适所引起。

顺颂

双绥

傅 雷

朱梅馥

一九六一年五月二十一日

兹将收讫书籍详目胪列如下，敬请参阅。

四月二十日收讫自巴黎弗林可书店所寄书籍：

一、巴尔扎克《人间喜剧》人物志　　　　　　　　　　两册

二、一九六○年巴尔扎克年刊　　　　　　　　　　　　一册

三、巴尔扎克书信集，第一册　　　　　　　　　　　　一册

四、引言百科全书　　　　　　　　　　　　　　　　　一册

五、乐如思法文短语字典　　　　　　　　　　　　　　一册

（莫里斯·拉所编《乐如思法文短语字典》极不理想，倘另有包含较多法国俗语之字典，烦乞代购。）

一九六二年：

（一）

伊虚提

　　　　双鉴：

狄阿娜

叠奉来自香港邮包四件，来自伦敦邮包两件（其一为药物），以及自香港雀巢公司寄来之礼物，迭蒙厚贶，隆情高谊，感激难宣。

得知两位喜爱前奉之中国画，十分高兴，惜此间既无太多杰出的当代画家，也无美丽的刺绣物品，稍佳或稍古的作品，均禁止出口，而较次之物，又不敢奉寄。今人只欲草草生产，不再制造美丽耐久之物了。

两位想必远离家园，仆仆征途，故五月未曾笺候。但未料你们美国之行竟长达十周之久。伊虚提新灌唱片，定必成功。如你们一般，我时常为现代文明而叹息。此种文明将艺术变为工业社会极度紧张之产物：艺术活动及表演太多太繁，因而使公众未及消化吸收，艺术家未及潜心沉思，此为进步耶？倒退耶？身为东方人，仅阅读有关刊物已觉晕头转向。我曾屡次劝告聪演出勿太频密，然聪仍太年轻，急需建立地位，以便不致沦为工作奴。伊虚提的处境全然不同，大可按自己意愿调节演出次数，以便多作休息，如此则对艺术及健康均有所裨益。但内子持有不同看法，认为伊虚提因惯于辛勤工作，习于多姿多彩，倘若闲暇太多，超乎常规，必会感到烦腻，此话也许有理。

约五周末悉孩子近况。自纽约演出后，未见只字片语。现奉大函得知小两口在火奴鲁鲁阳光热浪下一切均好，深感欣慰。想来南太平洋必然景色壮丽。一月后你们将于澳大利亚会面，然否？澳大利亚友人近日函告，当地华侨已在准备款待祖国同胞艺术家；可不要像夏威夷华侨一般以盛宴佳肴填塞孩子们才好！

顷奉贺年片，特此致谢。卡片上附有伦敦邮票，由格施塔德寄出，而此刻两位身在美洲，思之令人神往。两位周到待友之情，及日常处世之道，实令人赞叹不已。

承蒙厚赐日用品及维他命，加以孩子们寄来之物，去年生活较好，风湿痛已较少发作，而幼子阿敏在北京亦少挨苦。目前我每日可工作约八小时，然而巴尔扎克《幻灭》一书，诚为巨构，译来颇为费神。如今与书中人物朝夕与共，亲密程度几可与其创作者相较。目前可谓经常处于一种梦游状态也。

因姻亲关系，短时间内即成莫逆，实属万幸。能有远在异国、近在心中的朋友，岂非人生罕有之乐？你我之间确有相交经年之感。

内子跟我在此向两位拜个晚年，顺颂福泰安康，演出成功辉煌，并向杰勒德及杰里米致以亲切问候。但愿此信寄达时，你们仍在伦敦。

傅雷
一九六二年一月七日

（二）

伊虚提

  双鉴：

狄阿娜

  前奉一月二十八日自庞贝来函，迄今始覆，延宕无由，歉疚实深。生活归隐至此，实远较他人时间充裕，得以向各方友好笺候，而此等友好我与内子时在念中。其实亦曾屡屡念及，不知你们身在何处，不知你们何以能妥善安排如此紧张的生活，而伊虚提不知又给公众带来何等令人赞叹的崭新献礼。然握笔笺候，仍需提起神来，徒然心系友人，并不足够。近来颇觉疏懒，尤感沮丧，并无显著缘由，只因疲惫乏力、未老先衰而已。

人生已过半百，对生命自感意兴索然，而身处东方，且秉性严肃，缺乏雄心，性好内省，再者生逢狂风暴雨的时代，则更加如此。看来没有幻想的理想主义者更易失望，对人类命运更愿接受服尔德式的概念。中国成语谓，人为"万物之灵"，此种颇为自大的信念，我时时嘲之。即使身处另一星球来观察人性，我亦不可能变得愤世嫉俗。虽然所有崇高美丽之事物我均十分热爱，却无法使自己的梦想不遭破灭，反之，太多事令我震惊不已，使我疲累不堪，直至虚无寂灭。幸勿以为此类折磨乃罗曼蒂克伤感主义的来复，我已活得颇久，看得颇多，足以找出千百种理由，使怀疑看法屹立不倒。一种与哲学家智慧无涉的冷漠，一种不具任何力量的慷慨，一种缺乏狂热的理想，凡此种种，兴许是现代人通病的根源吧！大函述及有关印度之事，稍换数词，即可运用到吾人身上；相信无论身处何地，世人对未来均不太肯定。然而，我对自己的工作仍进行如常，此乃唯一可供逃避厌倦之良方——无疑为一种精神上的麻醉剂，幸好对他人无碍。

……

愚对艺术的坚定信念，谅你们有相当了解，故对此处赘述为聪忧虑一事，当不感意外。对仍需不断充实自己的年轻音乐家（至少以长期来说）演出过频，岂非有损？认真学习，岂非需要充分时间，宁神养性及稳定感情？倘若不断仆仆风尘，又怎可使一套仍嫌贫乏的演奏曲目丰富起来？我明白聪儿需要抓紧所有机会以便在音乐界建立地位，亦知竞争极大，激烈非常，加以生活越趋昂贵，即使演出频频，在缴付税款及支付代理人佣金之余，亦所剩无几。音乐家可在演奏台上得到进步，且若不经常在观众面前演出，将会烦闷非常，这些都可理解。然而在这种无止无休、艰苦不堪的音乐生涯中，要保持优美敏锐、新鲜活跃的感觉，岂非十分困难？聪身体非壮，财力不足，此外，他不但几如所有艺术家般不善理财，且过分懦弱，过分敏感，也过分骄傲，不屑跟一般音乐代理人，跟唱片公司经理，跟真正现代阿巴贡 Harpagon，莫里哀名剧L'Avare的主人公名，贪婪之人的代称。——编者注的恶劣手段去对抗。他在美国的遭遇实在惊人，然而又能如何？我们岂不是生活在充满血腥斗争的世界，而冷战并非限于政治圈子？此外，我亦深知不该对年轻人面临的事物感到焦虑。再者，孩子自有其命运，不必为他们过分操心。然而我始终不能自已。与子女之间血脉相连，他们的痛苦有时比自己的更感忧伤。

香港方面传出梅纽因即将赴港演出的消息,然未知确切日程。我们距离如此近又如此远,诚为可惜!料将巡回演出,顺便往日本及马尼拉等处,而不至仅赴香港一地,然否?

冗言滔滔,幸恕拉杂。能跟挚友推心置腹,岂非一乐?梅馥生性乐观,较少忧虑,因此常较我开怀,她对生活知足,此乃福分也,幸保未失。因聪寄来日用品之故,敏儿在学校生活安好。

即颂

万福

傅 雷

一九六二年四月十二日

(三)

伊虚提

　　双鉴:

狄阿娜

叠奉二函,稽覆为歉,许或因精神沮丧之故,尚祈鉴谅。唯有日复一日,勤于工作,以期忘我,生活中自我麻醉至此,岂不可悲?然历经忧患,尤以年事渐老、健康日差之际,能养成习惯,以寄情工作为解救之法,岂非亦为一乐也?

承蒙惠赐照片,十分高兴,然瞥见伊虚提呈现疲倦之态,使我略感不安,所幸你对自己艺术及生命充满热诚,令我颇觉安慰并欣慕不已。

自香港再次惠寄之邮包已拜收。屡蒙厚贶,重劳关注,感激难宣。两位想起我国节庆——五月初五端阳节,实在周到之至。此乃纪念公元前三世纪大诗人屈原之节日。所言有关香港中国人之事几可延用至全世界之伟大民族身上。中国人的确有些与众不同的特性,例如坚忍耐劳、朴实谦和,但以一般而论,我相信凡简朴而未受现代文明污染的人民皆敦品厚德、值得欣赏。深恐中国同胞在依循正确道路达到现代化之前,已失去传统美德及国民特性。此说并非杞人忧天,在知识分子圈中有多宗事件足以证实所虑非虚。

印象中聪也许过分专注音乐,以致忽略家庭生活。他苦练钢琴,超乎常态,

甚至不愿在可能情况下，放假数日，以便休息。长此以往，这种生活方式不知会否妨碍小两口之间的和睦相处。素知两位通情达理，故将对儿媳幸福之虑坦白相告，也许伊虚提可一方面开导聪，另一方面协助弥拉对此类音乐家多予理解？

你们该再次参加巴斯音乐节并再次灌片，谅必成功。料不久即将赴格施塔德度假，又可与孩子们在山中休养了。

草草布覆，顺颂近祺，并申谢悃。梅馥附笔问候。

傅 雷

一九六二年六月十六日

（四）

伊虚提

　　双鉴：

狄阿娜

　　希腊来函收悉已达二月，唯生活平凡，乏善可陈，故疏于具问。孩子们对赴巴伐利亚度假一事，只字未提，仅知二人于十二月中赴康城前，曾到巴黎，至于是否将往巴伐利亚跟你们共度圣诞及新年，则无从得知。

　　伊虚提于明年一月在英国演奏两场，其中一场将由聪代替海弗西巴演出，此事是否属实？此种合作演出成绩若何，我深感好奇，极盼赐告。英国乐评家近日对聪态度大变，令其极为吃惊，虽则聪对自己之音乐忠诚不变，坚毅如昔。近数月来中国与西方国家不和，亦使其深感痛心。身为放逐在外的年轻人，必然十分敏感，而其爱国心又十分强烈，且移居一事，与仇视祖国无涉，故归根究底，当可了解在聪内心深处，始终存在冲突，即发现不论思想、文化、哲学——简言之，凡影响中国人智性及精神生活之种种，皆与西方人在基本上截然不同。我们的确对现代重商主义深恶痛绝，尤以艺术圈子为然。举例而言，两年前得知凡音乐会寻常预习一次立即演出，深感惊讶。对吾等"老一辈"而言，此事简直匪夷所思。

　　聪第二次赴美巡回演出，看来情况未可乐观，由于演出并不算多，他不免自问所得是否足以偿付旅行支出。然又能如何？凡音乐家必经此途，聪已算少数得享特权的音乐家之一，夫复何怨？吾友以为然否？

　　新年无甚佳品可赠，奉呈之物正如中国成语所言，仅为"千里送鸿毛，礼轻情意重"而已。

梅馥附笔同贺年禧，尚祈珍摄，崇颂

艺祺不一

傅 雷

一九六二年十二月三十日

一九六三年：

（一）

伊虚提

　　　双鉴：

狄阿娜

　　久疏笺候，尚祈两位身体安康，不致过劳。数月来不知又曾到过哪些国家？闻悉你们对苏联音乐界近况之印象后，实深有同感。吾人处于知识及艺术界中，多少都身受其苦，而此界之种种缺陷，无一制度足以补救。

　　得知聪跟弥拉的婚姻生活渐趋美满，彼此之间日增了解，内子与我均深感欣慰。他们其实已在生命中跨出了一大步。因为我认为生活的艺术是所有艺术之中最难的一种，而夫妇之间和睦共处之道，就是吾人立身处世的根本所在。聪天真未凿，充满理想，他于三月间自美国来函，信中述及种种见闻，饶有趣味，唯独对自己演奏成绩却只字不提。虽然他佯作毫不在意，但心中仍充满种种幻想，使我不忍使之幻灭。任何人如欲生活得不太受罪，就必须如此，倘若身为恳挚真诚及极度敏感的艺术家，则更应如此。

　　西敏寺唱片公司自其英国代理人业务失败后，情况如何，尚祈见告，以释吾念。我深恐聪灌录唱片的心血，付诸流水。聪似乎迄今尚未与任何信誉超卓的公司签约，自一九五九年以来，他虽曾跟两家公司打交道，但都徒劳无功。

　　虽然我一直健康欠佳，但过去数月来所幸并无特别病痛，唯独视力越来越差，每日工作之余，只能稍作阅读，需浏览之书太多，而在晚上却被逼躲懒偷闲，诚为憾事。我译文的风格，令自己深以为苦，虽已尽全力，却永远达不到满意的完美程度。巴尔扎克、伏尔泰及罗曼·罗兰的英译本多数惨不

忍睹，错误百出，无可原谅（时常整句漏译），我尽量尝试译得忠于原文，而又不失艺术性，务使译文看来似中文创作，惜仍然力不从心。翻译之难，比起演奏家之演绎往昔大师的杰作，实在不遑多让。

倘我常露沮丧之情，疲惫之态，幸勿见怪。这种心情，殊难掩饰，在知心朋友面前，尤其如此。

内子附笔问候，即祝

双福

傅 雷
一九六三年四月十四日

又及：承蒙去冬从德国惠寄相片，特此致谢。

（二）[1]

伊虚提

　　双鉴：

狄阿娜

八月一日手书拜收，得悉伊虚提灌录之唱片又一次成绩骄人，深感欣忭。四月底聪曾来信提及岳父在伦敦之精彩演出，感奋之情，溢于言表，并谓此乃历来聆听贝多芬小提琴协奏曲之中，最为杰出之一次。承蒙惠示《卫报》刊登之文章剪报原文为coupon，应为coupure之误，我对此乐评人之文笔，颇为稔熟，故深谙其对伊虚提赞誉之意。

大函所言有关孩子们之情况令我略感放心。首先，你们对弥拉的个性最为了解。其次，你们跟他们距离较近，必可对其日常生活更为清楚，然而父母为远在他方之子女幸福着想，对其牵肠挂肚，此种心情，你们必会谅解，虽则种种忧虑，有时颇为多余。聪在南美巡回演出期间憾不能函达，所冀希者仅仅为通过弥拉得知其近况一二，然弥拉亦可能所知不详原文peut-elle，应为peut-être之误，因聪几乎经常仆仆风尘或身处音乐厅中。

随函附上一信给弥拉，若她身在苏黎世或其他地方，则烦请顺阅此信并代转告。在两位于格施塔德节日演出期间，冗琐烦读，幸乞恕罪，并致谢

---

[1] 此信未注明年份，根据内容，推测为一九六三年。——编者注

忧。此次演出，想必成功无疑。巴斯音乐节今年似不曾举行，此节是否并非逐年筹办？

　　草草奉覆，祗候两位及二位公子
阖府均吉

傅雷
梅馥
一九六三年八月十九日

（三）

伊虚提

　　双鉴：

狄阿娜

　　目前想必已返抵伦敦，尚祈节日过后，你们能在格施塔德好好休息。内子和我对狄阿娜的健康，十分悬念，苏黎世的医生不知有否使你完全康复？你们两位的生活实在太忙，但又所为何事？大家抱怨现今社会令人头昏目眩，但又无法置身事外。此说历时已有百年，甚或更久，因巴尔扎克对此种使人眼花缭乱的生活早已屡有述及。

　　然而，伊虚提身为成名已逾三十年的乐坛大家，与他人相比，当可有较多良方使生活节奏不致过促。音乐艺术能使你享有更多的宁谧、休憩及沉思之乐。深信你不仅愿意也能逐步走上一条道路，这道路不但能使你更享生命之趣，也能将音乐带到更崇高辉煌之境。

　　自五月中旬之后，迄无弥拉任何音讯（也许来信已遭遗失），只收到聪寄自南非一信，及前天寄自瑞士明信片一张。弥拉在苏黎世疗养院检查后谅应一切安好。承蒙应允必要时就灌录唱片一事对聪提出忠告，无任感荷。我并非定要使他免受剥削，此事并不可能，然至少可安排将两年前灌录的唱片发行面世（注），而不致了无尽期地湮没在"西敏寺及西依公司"里不见天日。唉！聪对这些事实在太不积极，过分谦虚。

　　你们大概又得开始忙碌的一季，到处旅行并巡回演奏。会否再去美国？两位公子想必出落得越发可爱，杰里米对瑞、意之行是否满意？

我们过得还差强人意，整个夏季我都可翻译巴尔扎克，《幻灭》初稿已经完成，但必须修改润饰，待改完誊清就得延至一九六四年五六月间。这本共分三部曲的小说译成中文有五十万字——这是吾人计算文学作品长度的方式。

此地食物匮缺情况已恢复正常，幸勿再自香港惠寄包裹为盼！叨扰已久，感不胜言。

耑此 敬颂

双绥不一

傅雷
梅馥
一九六三年九月一日

（注）聪已灌录的下列唱片，自西敏寺唱片公司英国代理倒闭以来，迄无音讯。

一九六一：萧邦：马祖卡三十三首
　　　　　斯加拉蒂：奏鸣曲十四首
一九六二：巴赫：半音阶幻想曲及随想曲
　　　　　亨德尔：G调组曲
　　　　　萧邦：F小调第二钢琴协奏曲
　　　　　舒曼：钢琴协奏曲（此两首协奏曲与伦敦交响乐团协同演出）
　　　　　舒伯特：奏鸣曲两首

（四）

伊虚提

　　双鉴：

狄阿娜

凤凰城传来佳音之前，已从友人处知悉有关你们美国巡回演奏的消息，因他们曾于辛辛那提聆听伊虚提的演出。你们即将在伦敦创办培养音乐天才儿童学校一事，弥拉亦曾提及。年轻学子能有此接受理想教育之良机，确实幸福。两位不仅仁慈为怀，慷慨助人，且在种种智性活动及行政工作方面，

均表现出惊人魄力，令人钦慕。在两位面前，我因健康日衰，一无所成，相形之下，几同懒人或病号也。

聪来信述及他在斯堪的纳维亚及维也纳巡回演出中，琴艺大有进步，并谓自己在演奏中曾处于一种精神抽离状态，对观众及物质世界感到既遥远又接近。他目前弹琴时不论身心都较前放松，而且身体已不再摇摆，得悉这一切，深感兴奋。再者，一个艺术家在自己领域中不断求进，且每隔五六年就迈进一大步，确实十分重要。

聪对自己非经编汇的灌录也许并不在意（包括萧邦《马祖卡》三十三首，斯加拉蒂奏鸣曲，巴赫半音阶幻想曲及随想曲，韩德尔组曲，舒伯特奏鸣曲两首，萧邦协奏曲一首，舒曼协奏曲一首——内容不错，然否），他对自己演奏成绩，尤其是灌录成绩，总不满意，然而我对这些记录，即使极不完美，亦珍而重之。出版西敏寺公司唱片的附属唱片公司近况如何？未悉你们是否正巧知晓？其英国代理人去年似已破产。

承蒙自香港惠寄食品包裹，不胜惶愧，每逢中国佳节均承厚赐，关怀之情，五衷铭感。然目前一切情况几已恢复正常，万望切勿再次厚贶为盼！

你们似又将前往巴伐利亚与孩子们共度假期，伊虚提并将与聪合奏奏鸣曲，尚祈你们能欢度节日，好好休憩。

一九六四年将届，即颂年禧，并候

道绥

傅雷
梅馥
一九六三年十二月十日

请为我订购于日内瓦出版之有关巴尔扎克书籍，书名见另纸。又及。

一九六四年：

伊虚提
　　　　双鉴：
狄阿娜

接奉一月七日大函,方始对你们在施洛斯·伊拉姆的音乐活动情况,得知一二,孩子们迄今不曾来信,他们应已相偕前赴美国,然否?根据年初原信为一九六三年年初,显然有误,特改正之。——编者注接获自施洛斯·伊拉姆寄来之明信片,你们新年度假的地点显然远离市区,不禁自忖巴斯交响乐团究竟要为哪种观众演出?聪是否为演奏室乐的良伴,令我好奇,不知他与不同乐器合奏的多首二重奏是否成功?聪于去岁十月曾提及他在斯堪的纳维亚巡回演出时琴艺进步一事,令我极欲聆听伊虚提之高见,未悉我们的孩子是否真已在自己的领域中向前迈进?——未悉他是否已走上正道?

得悉你们喜欢中国画册,而此等书籍大大美化现实,尤以周游世界之际,能使你们身心舒泰,诗情洋溢,怀着有关中国的美梦,的确令人欣喜。

承蒙邀约前往贵处拜候,不胜铭感。能与孩子们相逢,并跟你们相聚一堂,尽兴畅谈,实为不敢奢望之一大乐事。惜人生不能随心所欲,且此事非关盘川,个中缘由,两位想必极难明白。

烦请代购杰弗里·阿特金森所著有关巴尔扎克思想一书(共五册),琐事叨扰,尚祈见谅。此书未敢肯定可否于日内瓦寻获,因一般书籍在欧洲极易脱销,故我经常为找寻所需有关巴尔扎克研究的著作而煞费思量。

诸事繁忙,幸勿过劳。两位常在念中,思念之情楮墨难宣,然或可以心灵感应,换言之,以巴尔扎克式,用磁性相吸之说来沟通。

傅雷
梅馥
一九六四年二月十五日

一九六五年:

伊虚提
　　双鉴:
狄阿娜

得知你们对聪的巡回演出表示满意,深感欣慰。以伊虚提的艺术眼光,对爱婿自不会有所偏袒,故我们对聪近年来在音乐方面之长进倍添信心。伊虚提对聪来说，不仅犹如慈父，且在精神启蒙方面亦为良师，因聪不时以钦慕之情，领悟之心，对你有关艺术的远见卓识（聪曾屡屡述及，每次跟你练习之后，必大有所获），以及你崇高的品德（以聪惯常用语，即你那天使般的性格），推崇备至。

最近曾自希彻姆及北爱尔兰两所苗圃订购月季花苗，原以为弥拉当在伦敦为我跟此等公司算清账目。此外，又曾寄往坎菲尔德花园包裹一个（内有送狄阿娜的中国丝织品一件），应于十二月初抵达。因未料及弥拉已离家与你们会晤，且深恐英国邮局发现聪家中无人，会把邮包寄返中国，故不得不致函史密斯小姐，烦请代办有关事宜，并向邮局安排一切，以确保邮包留在伦敦。擅自径函两位之秘书，尚乞恕罪，因不知你们归期，且事情紧急，加以史密斯小姐于九月曾就代觅月季花目录一事惠赐来函，故理应布覆致谢也。

因聪经常出门，而弥拉又忙于治家育儿，故不知将来能否致函史密斯小姐央其代办种种琐务（如买书、找杀虫剂、杀真菌剂、园艺用品等），并嘱聪事先于史密斯小姐处放置若干款项？如有不便，尚祈不吝相告，则绝不敢叨扰也。

去夏曾于家中休养两月，因脑力消耗过度——一日工作之后，头部正如巴尔扎克所言，变得恍如烤炉。不幸重新工作才一月，约于九月底，视力大衰，字前似常有浓雾飘浮。经医生诊断，查不出严重原因，只谓用眼过度所致，因而遵嘱不得不再度停止工作。前次休息时，甚至连写信也不准！此信我时断时续，在打字机上已耗时两日（基于同一理由，自九月中即不曾致函弥拉）。目前不能阅报，只可听音乐及翻阅画册。在此缺乏活动的生活中唯有园艺可资消遣，尤以种月季为乐。然凡费目力之事，如接枝等，概由内子代劳。

来函未言及目前凌霄身在何处，是否在瑞士那位老保姆处？因其离家甚远，故极盼他一切安好，并获妥善照顾。

孩子们已有八周未通音讯。狄阿娜回去后若能耗神半点钟，告示孩子行踪，则不胜欣忭之至。

耑此　敬颂

时祺

傅雷

梅馥

一九六五年十一月九日

万望由聪将史密斯小姐为我代付款项偿还。不然,日后将不敢烦扰你们秘书代办任何琐事矣!

一九六六年:

(一)

伊虚提

　　双鉴:

狄阿娜

　　十二月二十六日大函奉悉,甚感快慰。未能为你们寻获较佳中国丝绸,十分抱歉,此等丝绸乃专供出口之用,内地市场根本无法购得。内子因凑巧选上狄阿娜至爱之色而欣喜不已,由于寄出包裹后始得知你特喜黄色,此点并不出奇,最近在格赖斯目录中发现有一种与茶树混种之月季,恰以狄阿娜·梅纽因命名,而其色泽正为黄色!

　　昨日为一大喜之日,因除欣获两位大函之外,还收到聪及弥拉寄来长信两封,以及照片一包。此情此景,岂非珍贵友情及真挚亲情齐集上海,使我们暖在心头?顷刻之间,仿如大家都在家中团圆:此时何等美妙!此情何等动人!得知不久将有专人照顾凌霄,大感放心,操持家务对弥拉来说确实太过辛劳,弥拉身体较弱,极需帮手。瑞士保姆,性格单纯,应较法国女子牢靠,虽然后者在英国传统上较有声誉(正如英国"保姆"在法国亦颇有声誉一般)。

　　史密斯小姐函告佳音,谓伊虚提即将获颁英帝国爵士勋衔,此荣誉早应获得;而狄阿娜多年来任劳任怨,不遗余力,亦贡献良多。每一位成名人士背后,总有一位无名女士在默默支持,虽位属次要,亦不应少受荣耀。归根究底,两位得此殊荣,确为实至名归!企慕不已,谨致贺忱。

　　因视力不佳,颇感倦怠,匆此布覆,幸乞恕罪。然两位幸勿为我过忧,我自当耐性静养,希冀康复。迄今为止,病情不算太严重,只需休息便可,如此而已。

谨颂年禧，并候

道绥百益

傅雷

梅馥

一九六六年一月四日

如蒙惠寄罗伊·吉德斯所撰有关月季书籍，将不胜欣忭，先申谢忱。

承蒙史密斯小姐代为搜罗种种有关杀真菌剂资料，有关月季书籍及代办诸多琐事，叨劳之处，烦请代申谢悃为盼。

（二）

伊虚提

　　双鉴：

狄阿娜

　　顷奉二月十七日自瑞士疗养院寄来卡片，未知你们健康如何，深感不安，孩子处杳无音讯，故始终不知两位所患何疾，但愿不致太严重，且已康复为盼。西方国家的生活与此处如此不同，以我贫乏想象力及三十五年前对西方大都会之粗浅认识，实难理解当今艺术家东奔西走，周游列国，其生活之忙乱纷扰究竟如何。

　　两眼因患白内障之故，被逼休养几达六月。目前尚未能动手术，然即使手术十分成功，视力亦将永久受损——尤以视觉范围将大受限制，此事岂非不幸？然又能如何？但愿白内障不致恶化，健康日见改善，不久可重新工作。

　　为耐心静养起见，我放纵自己去培植月季。承蒙史密斯小姐不辞辛劳，在弥拉及聪出门期间，为我代订月季花苗及杀真菌剂等。然供应商有时略去史密斯小姐之名，错把发票送去府上。她原该向聪索回款项，而此事却落在狄阿娜手中，琐事烦渎，幸乞恕罪。此后务请将发票交聪或弥拉，因此事虽已屡函英国商店，不知能否确实改正。此外，亦不妨坦言，极欲获得罗伊·吉德斯所撰《月季》一书，有关此书之一页图片宣传资料承蒙早前惠示。此书可以平邮经苏联转寄。

聪欲在钢琴上指挥两首莫扎特协奏曲，岂非轻率过分，野心勃勃？两位于三月十八日若在伦敦，则极欲得知你们对他演出之高见。阅读种种剪报后，实无法抱有太大信心。

　　因视力太差，不多赘言，万望见谅。内子因无法用英文通信（你们谅知她性情懦怯），亦深感疚歉。

　　耑此　敬候

道绥百益

傅雷
一九六六年三月三十一日

　　原拟由聪支付于哈克尼斯及迪克森订购之月季花苗款项，承蒙代付，不胜铭感，特致谢忱。又及。

[译者附记]

　　一九九九年，著名小提琴家伊虚提·梅纽因与世长辞，遗孀狄阿娜夫人把一批傅雷当年所写的法文函件交还傅聪。这批信件约十封，是傅雷于一九六一年至一九六六年期间写给亲家梅纽因夫妇的，内容除日常生活点滴外，还涉及傅雷对人生的看法，对艺术的追求等，颇多启发。这些信件从未公开发表，因而相当珍贵。由于我曾经译过《傅雷家书》、傅雷致傅聪业师杰维茨基函件，故这次顺理成章，再次应邀翻译傅雷致梅纽因函。现经傅聪、傅敏同意，中译函件交《收获》期刊率先发表，以飨读者。

金圣华

致周宗琦[1]

一九六二年：

　　来信由刘先生（系刘海粟先生）转到。青年人有热情有朝气，自是可喜。唯空有感情，亦无补于事。最好读书养气，勿脱离实际，平时好学深思，竭力培养理智以求平衡。爱好艺术与从事艺术不宜混为一谈。任何学科，中人之资学之，可得中等成就，对社会多少有所贡献；不若艺术特别需要创造才能，不高不低、不上不下之艺术家，非特与集体无益，个人亦易致书空咄咄，苦恼终身。固然创造才能必于实践中显露，即或无能，亦必经过实践而后知。但当客观冷静，考察自己果有若干潜力。热情与意志固为专攻任何学科之基本条件，但尚须适应某一学科之特殊才能为之配合。天生吾人，才之大小不一，方向各殊：长于理工者未必长于文史，反之亦然；选择不当，遗憾一生。爱好文艺者未必真有从事文艺之能力，从事文艺者又未必真有对文艺之热爱；故真正成功之艺术家，往往较他种学者为尤少。凡此种种，皆宜平心静气，长期反省，终期用吾所长，舍吾所短。若蔽于热情，以为既然热爱，必然成功，即难免误入歧途。盖艺术乃感情与理智之高度结合，对事物必有敏锐之感觉与反应，方能言鉴赏；若创造，则尚须有深湛的基本功，独到的表现力。倘或真爱艺术，即终身不能动一笔亦无妨。欣赏领会，陶养性情，提高人格，涤除胸中尘俗，亦大佳事；何必人人皆能为文作画耶！当然，若果有某种专长，自宜锲而不舍，不计成败名利，竭全力以毕生之光阴为之。但以绘画言，身为中国人，绝不能与传统隔绝；第一步当在博物馆中饱览古今名作，悉心体会。若仅眩于油绘之华彩，犹未足以言真欣

---

[1] 周宗琦，画家，二十世纪六十年代曾随刘海粟习画，一九七七年移居香港。——编者注

赏也。人类历史如此之久，世界如此之大，岂蜗居局处所能想象！吾人首当培养历史观念、世界眼光，学习期间勿轻于否定，亦勿轻于肯定，尤忌以大师之名加诸一二喜爱之人。区区如愚，不过为介绍外国文学略尽绵力，安能当此尊称！即出于热情洋溢之青年之口，亦不免浮夸失实之嫌。鄙人对阁下素昧平生，对学业资力均无了解，自难有所裨益；唯细读来书，似热情有余，理性不足；恐亟须于一般修养，充实学识，整理思想方面多多努力。笼统说来，一无是处，唯纯从实事求是出发，绝无泼冷水之意耳。匆复

宗琦先生

傅雷拜启
一九六二年九月十日

盖叫天《粉墨春秋》一书，对艺术—人生—伦理阐述极深刻，可向图书馆借来细读。任何艺术，皆须有盖先生所说之热爱与苦功。又及。

致成家和[1]

一九六五年：

（一）

家和：

　　昨日一信写得太匆忙，一则伦敦的日程与港岛的日程显然冲突（除非别有缘故），急于通知你；二则心情太兴奋，情绪乱糟糟的，无从表达，你看了梅馥的短短几行想必也感觉到。年纪大了，我们两人比以前更神经质，一有刺激，不论悲喜，都紧张得不得了，一时无法平静。你的信写得又细致又生动，从接送飞机到饭菜，我们仿佛一一亲历其境。孩子每半年的日程表总预先寄来，我像日历月历一般经常翻阅，对照着地图，在想象中跟着他到东到西，还计算两地的时间差别，常常对梅馥说："此刻他正在某处登台了……此刻他大概在某地的音乐会结束了……今天他正在从某地到某地的飞机上……"和他通信多半长篇累牍地谈艺术，音乐——某个作家，某个作品，谈人生，谈祖国的文化，诗歌，绘画，东方民族的特性。所以虽然离别八载，相距万里，我们并无隔膜。你说得不错，孩子的长处短处都和我们俩相像。侥幸的是他像我们的缺点还不多，程度上也轻浅一些。他有热情，有理想，有骨气，胸襟开阔，精神活跃，对真理和艺术忠诚不贰，爱憎分明，但也能客观地分析原因，最后能宽恕人的缺点和弱点；他热爱祖国，以身为中国人而自豪，却并未流入民族的自大狂。他意志极强（至少在艺术上），自信极强，而并未被成功冲昏头脑，自我批评的精神从未丧失，他对他的演奏很少满意，这是我最高兴的，艺术家就怕自满，自满是停滞的开端，也便是退步的开端。当然他还有许多缺点：主观太强，容易钻牛角尖，虽然事后

---

[1] 成家和（一九一〇—二〇〇二），南京人。与成家榴、成家复姐弟三人，均为傅雷夫妇挚友。成家和曾是傅雷二十世纪三十年代初任教上海美专时的学生，一九五〇年后移居香港。——编者注

他会醒悟,当时却很难接受别人的意见,因此不免要走些弯路——主要是在音乐方面;而人事方面也有这个毛病,往往凭冲动,不够冷静,不能克制一时的欲望。他的不会理财,问题就在于此。总之,他的性格非常复杂,有一大堆矛盾;说他悲观吧,他对人生倒也看得开看得透,并且还有"知其不可为而为之"(这是他常常提的一句话)的傻劲;说他乐观吧,对人类的前途却也忧心忡忡。其实这些矛盾在我身上也照样存在。恐怕就因为此,关于他的一举一动,一星半点的消息,特别容易使我激动:他的一切经历,仿佛是另一个"我"的经历。

你是老朋友,不至于认为以上的话有替儿子吹嘘的嫌疑。你欣赏他,所以我乐于和你谈谈我对他的看法,同时你站在第三者地位,也可看看我们父子是否真正相互了解。你提到我们的教导,老实说,一大半还是他的天赋。我给他的教育有很多不合理的地方,太严太苛求,自己脾气坏,对他"身教"的榜样很不好:这是近十年来我一想起就为之内疚的一点。可是孩子另有一套说法替我譬解,说要是他从小没受过如此严格的教育,他对人生、对痛苦的滋味绝不会体味得这么深这么早,而他对音乐的理解也不会像现在这样远远超过他的年龄。平心静气,拿事实来说,他今天的路,没有一条不是我替他开辟的,但毕竟是他自己走下去而走得不无成绩的。例如中国哲学、诗词、绘画,我的确给了他熏陶的机会,可是材料很少;能够从很少的材料中领悟整个民族文化的要点和特色,那都是靠他自己——尤其是靠天赋,他本身的努力除了音乐以外,在别的方面也并不多,甚至很不够,但终究能抓住精神,当然是天赋帮他的忙,我们不能侥天之功以为己有。

在电话中曾再三阻止他留钱在香港,不料他还是存了款子在你那里。事实上,我们并无需要。写到此,想起一件事来:你若为音乐会事去电新西兰,电报费务望就在那笔款子项下开支。你是代我们办事,费了心出了力,怎可以再贴钱呢?你知道我的脾气,朋友之间赠送是赠送,代办是代办,两不相混。所以你千万不能客气,免得我们心里不安。我们心里不安,你也不会愿意的,是不是?媳妇与一般的媳妇不同,我们在他们订婚时已感觉到。这几年更证明了这一点。多少人家的儿子在海外娶了亲,对方还是中国女子，同国内的翁姑经常亲亲热热通信的能有几个？更不用说外国媳妇了。当然这也有许多原因：首先是弥拉的本质不错，其次是她的家庭出身，她父亲一开始就尊重我的些少成就，也尊重我是中国文化界的一个代表。他们是从聪的嘴里知道我的为人，也从聪本身的为人处世及艺术上看出我们的家庭。在弥拉的信中，我们清清楚楚知道聪是不断和她提起我们的。另一方面，几年来小夫妻俩有什么不和，我也是一封中文信一封法文信（特意不用英文，不让聪看懂）絮絮叨叨地劝这个劝那个。好在他们自己也很会转圜。听聪对你提到弥拉的话，可见他还是很客观。他也知道"人生"是最高深的一门艺术，而夫妇生活便是这门艺术中最重要的一个科目。

我们真正牵挂的倒是他不会安排经济问题。演奏家的命运——尤其是青年演奏家，多半掺在变化无常的群众手里，一朝时髦风气转了向，很容易门庭冷落的；没有一些积蓄怎么行！何况弄音乐既消耗体力，又消耗精力，在台上如此波动，神经如此紧张（也有冷的艺术家，能不动感情，但聪不是这个类型），一年到头他飞东飞西，天南地北地奔波，仅仅做到一个收支相抵，到底有些危险。只要略微计算一下，调度得合理一些，照他电话里告诉我们的每月家用，我敢打赌，满可以减少百分之二十的支出，而绝不影响他们的生活水平，饮食水平。此事拜托你和他细细谈一谈。

世界上也正有巧事，也就是你所说的缘分，你居然能守在家里接到他的电话！当日晚上不来长途电话，我早猜到原因，我和梅馥说："那准是怕我们一夜不能睡觉。"骨肉之间的体贴不明说也同样感觉得到。五月三日夜，梅梦见聪还是小娃娃的模样，喂了他奶，他睡着了，她把他放在床上。清早梅馥和我说了，不出半小时就来了电话！我们梦见孩子以及弥拉和小孙儿的事不知道有过多少回，这不过是最近的一次，而正好和电话连在一起！

假定在港演出成为事实的话，即使不招待记者（聪向来不喜欢这一套），个别撞到旅馆来的恐怕还是难免，要挡驾而不得罪他们也不大容易。我知道你善于应付，聪也该有相当经验，不过港九情形复杂，比世界上任何地方都麻烦，报纸的党派背景又错综万状，尚恳事先多与沈先生考虑。目的无非要稳稳当当开完演奏会，既不招惹特殊势力，也不引起国内误会！

关于聪的生平（节目单上），最好不必介绍，事实上也不需要；万一非要不可，最好笼统些，简略些。措辞以平铺直叙为宜，少用夸奖字儿，报纸上的消息尽量简单为妥。想沈先生也是此中老手；只因聪的情形特殊，地位微妙，反而越少宣传越少渲染越好：这一套恐非一般做宣传工作的人所熟悉，故不惮烦琐再和你提一遍。

说到那位沈先生，既然能和聪一见如故，我们也不难想象他是怎样的人品学问（别看聪老堆着笑脸，遇到俗物他也会冷冰冰的似理非理的呢）。请代我们向他深切地致意，深切道谢他帮这许多忙！

这封长信看得你快头昏了，就此带住，并祝
康乐！

安叩

五月十三日夜

为伦敦日程事，我昨天已另去信弥拉查对，要她向聪的英国经理人问问清楚。上海——伦敦间的航空信，同港沪之间的信一样，只要六七天。

梅馥在电话中听说她编的小毛绒衫裤，弥拉最喜欢给孩子穿，梅那副得意样儿活像小学生受了老师赞美。她已开始编织周岁的小衣裤了。

芳芳见了聪，印象如何？很想听听她的意见！

（二）

家和：

一别十五年，突然听到你的声音，真说不出是什么感觉。奇怪的是你的声音好像变了。大概是电话机的关系吧！你一向声音偏尖，昨天却偏于低沉。倒是阿榴的声音和以前没有大分别。也难为她一个人撑一个家，居然还教琴，她说生活比以前好了些，我们真高兴（她是否也愿意和我们通通信呢？不妨由你转）。

今天急于写信给你，主要是请你想法找出《大公》、《文汇》两报的材料，不论是事前的新闻还是事后的报道或评论，只要关系到聪的都希望剪寄（请查仔细，勿漏掉）。假如你家里不订，烦托朋友收罗（日子近大概还容易找），这对我有用。其他的评论（包括西文的）以及音乐会的节目单，想你定会收齐寄来的。

刚才又通了二十分钟电话，其实是二十小时、二十天也不会餍足的。我们两人一夜未睡好，阿聪说也是如此，而且他已有四五天睡不稳了。我们一家人的气质太像了。像昨天这样一个黄昏两场，也只有他敢顶，而且能顶。幸而是只此一遭，别的地方绝无此例，否则再年富力强也不行的。

李太太购画事谈妥没有？不是我们要强挨给她，而是她既要不着（在港她到×古斋挑过，不中意），聪手头又有现成的，乐得给人方便，而聪也了却一件事。只是请你再在电话中提醒李太太，七八两月聪一家多半不在伦敦，如此事不在六月底以前办，只能等到九月初了（再望告知李太太，画款在伦敦取画时交聪。切勿预付）。

我们寄你的一幅你喜欢吗？我们在家曾挂过三个多月。国内现在就是这一位老辈还有好作品。人也朴实可爱，我虽和他交往历史很浅，倒是挺投机，谈谈艺术，境界理想彼此比较接近。

聪说还得和宋奇通电话，不知他们有什么话提到我们（因为宋氏兄弟五年多不与国内任何人通信）？倘聪与你谈及，请转告我们。这些事聪以后不会在信里报告的。

聪小夫妇间过去常有些小小冲突，我总是两面劝解，为此我就用法文写给弥拉，为了不让聪看懂。今天他在电话中说了弥拉许多好处，我们放心了。总之，聪在这方面又是像我。五天前弥拉来信，说好好坏坏统扯一下，聪的好处远远超过缺点。把两人的话一对照，我们更放心了。再谢谢你的安排、关切、奔走。你我之间当然不必客套，但这份感激的情意不说出来，憋在肚里也不好过。

我们掐指算着，大概十二日可收到你的长信了。为了试试目前港沪间航空信究竟有无作用，故此信到的日期，请记下来告我！
祝好

安 同上
梅
一九六五年六月五日上午

能否打听到港音乐厅有多少座位?

(三)

和:

午前接十二日信。芳芳的眼睛,我看主要是强烈的水银灯刺激所致,第一要休息,静静地养,书报也不要看。中医吃平肝清凉的药固然不错,但熏眼是否相宜还得考虑(此刻打不着电话,夜里问了好中医再写信告诉你)。病既然由于刺激,当然不能再用刺激去对付,便是药物的刺激恐怕也有弊无利。这是凭常识说的,明儿再告你,我的话对不对。但愿不要受了红外线或紫外线灼伤就上上大吉了。这是职业病,急也无用,病人自己更不能急。越急越糟。一九五九年至一九六〇年间我目光大退,眼科医生就要我休息三个月,并警告说,再让眼神经疲劳下去,即有失明危险。我就三个月不工作,只翻翻碑帖字画消遣。拍片只能暂停,有什么办法呢? 厂方也该从长远着眼,坏了明星对他们营业有什么好处? 事情固然叫人焦心,但也只能捺着性子挨过去。你做母亲的更要强作镇静,劝芳芳;否则两人一紧张,更不好。但望一切能快快过去。只是养病要养透,才好一些就去拍片,只会使病复发,并且加深。可惜你们那儿没有真正的好医生,肯替病家从根本上着想!

你们和沈君帮的忙,具体虽不知道,大概是哪方面,我早已琢磨出来,和梅谈了又谈,不止一次了。环境的复杂,地位的微妙,实在不易安排。此次平安无事,不能不归功于你们的周到和努力,也是几年来你人缘太好的缘故。沈四日信中有句话(仍被人作为攻击新中国的工具),使我很不放心,已去信问他究竟。你们报刊太多,你未必全看到;他的话必有道理。即使事情不大,无关重要,也好让我们提高警惕。本来天下哪有十全十美,百无一失的事呢? 眼前这样的结果,已经是圆满透了。

聪夫妻之间的小争执总是难免,我两面劝解,他们事后也还能冷静思索,大概不至于成大问题。老实讲,做艺术家的妻子也大不容易,既要会处理家务,又要帮外场;既要懂实际,又要有理想,能悟到(并且同情)艺术家的诗情画意式的幻梦;这样的文武全材不是跟一个出色的艺术家同样可遇而不可求吗? 再说聪脾气来时也不比我好弄,你别看他温顺得像处女,以为他真是像了梅馥。他自己也知道,常说既然自己缺点一大堆,如何能对人苛求,要妻子成为完人呢?归根结底,我们做父母的也只能对孩子做到一个"竭尽所能",后果如何也不敢多想。人生的路程不走到尽头,谁敢叫恭喜?有时也想得很通,大家多多少少全是泥菩萨过江,只要尽到自己的责任就算了。换句话说,我一方面是"知其不可为而为之",一方面也并不存多大希望或幻想。何况结一结总账,我们一家一辈子也很幸运,也该知足了。你是爱友心切,爱才心热,想得远,想得多;我也和你一样,只是人到底是人,能力精力样样有个限度;说到末了,还是一句老话:儿孙自有儿孙福!要不然,我和梅平时更要睡不着觉了。

你介绍司马烈一家,的确对聪和弥拉大有益处,只怕他们时间挤不出,不能常常去接近他们;不过认识总是好的,开了头以后总有机会来往,耳濡目染,对弥拉也是极好的教育。据聪的岳母(弥拉的后母)来信,弥拉已逐渐成熟,比前几年有进步。弥拉也常有心里话说给我们听,我抚躬自问,她说的聪的毛病绝不是虚构。夫妇不论国籍同异,终归是家务事一言难尽,也不能一定怪怨哪一方。只要相处日久,能相忍相让,到了相当年纪也就保险了。所谓少年夫妻老来伴!

你和榴这一回恐怕是到了一生中若干次感情最高潮中的一次,不但是由于你们俩友情深厚,一部分也由于对艺术对祖国对民族的感情。我不是要再一次表示感激,却是要你们知道,我最欣赏最钦佩的就是这种爱美,爱善,爱真理,爱自己的国家和文化的热情。不遇到适当的机会,这类感情也是无从表现的,便是至亲好友也无从知道的。

宋氏一家对我们一向很好,他和乃震也相处不坏,记得乃震去世后他也表示过友情。这几年想必另有一些小误会。他与国内已多年不通音信,老太太在世时即已如此,连家信都不写了。他有他的理由,我约略猜得出来。可是上海的房子有不少问题要处理,我想写信由你转寄给他,不知是否方便?乞告知!不方便也就算了,勿勉强。五日聪电话中好像提到有人送花篮,你能告诉我是哪几位吗?

榴给我的地址是侯王道何家园十一号林宅转,我复了信去;过了六小时又接她短信,说是侯王道写错了,应是侯王庙。我的信能否送到,要看我和她的运气了。

七日寄你聪的家信抄本望转寄她一阅。大家都是从小看他淘气惯的，现在变了成人，自然有不少感慨，看看他的家信想来也是一种乐趣。

　　托买月季花的书，我再把书名写一遍，怕你日久找不到。便时只消去书店把名字交给他们，付足书价及邮费（入我们账），托书店代寄就行。

　　你问的画价，大的国内一百五十，只是寄不出（要外边寄外汇来买，公家即不允许以此价结算；而且不论以什么价结算，最近根本不允寄出。此是原我系张原我，傅雷夫妇挚友二十天前亲自向有关机构问明的，故李太太还想向国内定，简直是单相思）小的无价，因平时不画，我们朋友要的话，他临时给画，随人送，不计较（三十到五十）。上次寄你能收到，完全是碰运气。他国外市价大约五十镑，港岛更贵，自五百至二千五百港币不等，但与他本人不相干，价不是他定的。过去他只在国内照国内价收款，后来听说交中艺公司（是他们要，不是他主动委托）做代售性质，由中艺抽成。到底怎样，也不知道。因好久未见，上述办法不知是否实行。

　　忙了这么久，写了这么多信，少睡了多少钟点，你精神恢复了没有？恬记得不得了。梅在家也是从早忙到晚，全是莫名其妙的琐碎事儿，她这回不写信了，只和我一起问你好，希望你们姐妹母女一切保重！

安叩
一九六五年六月十七日

　　梅的老花眼镜（二百度）已有两副，你只配一副当然要受窘了。

致成家榴[1]

一九六五年：

榴：

　　读八月二十五日信，觉得我和你的教育主张颇有差别。

　　我认为教育当以人格为主，知识其次。孩子品德高尚，为人正直学问欠缺一些没有关系。第二，民族观念是立身处世的根本，只有真正的民族主义者才是真有骨气的人，而不是狭隘的国家主义者或沙文主义者，也不会变作盲目崇外主义者。只有真正懂得，而且能欣赏、热爱本国传统的道德、人生观、文化、艺术的特点，才能真正吸收外来文化的精华，而弃其糟粕。第三，求学的目的应该是"化"，而不是死吞知识，变成字典或书架。我最讨厌有些专家，除了他本身学科以外，一窍不通，更谈不到阔大的胸襟，高远的理想。也有科学家在实际生活中毫不科学；也有文学家艺术家骨子里俗不可耐。这都是读书不化，知识是知识，我是我，两不相关之故。第四，在具体的学习方面，我一向不大重视学校的分数，分数同真正的成绩往往不一致。学校的高才生，年年名列前茅，在社会上混了一两年而默默无闻的人，不知有多少！反之，真正杰出之士倒在求学时期平平常常，并不出色。为什么？因为得高分的多半是死读书的机械头脑，而有独立思考的人常常不肯，也不屑随波逐流，在一般的标准上与人争长短。总之，求知主要是认识客观世界与主观世界。客观世界包括上下古今的历史和千百年人类累积下来的经验，以及物质的空间；主观世界是指自我的精神领域和内心活动。这两种认识的基础都在于养成一个客观冷静的头脑、严密的逻辑、敏锐的感觉和正确

---

[1] 成家榴（一九一四—二〇〇〇），南京人，为傅雷夫妇挚友，成家和之妹。寓居香港。——编者注

的判断。再从大处远处看，青年时代仅仅是人生的一个阶段，智、愚、贤、不肖的程度还有待以后的发展。年轻时绝顶聪明的，不一定将来就成大器，所谓"小时了了，大未必佳"。年轻时不大出色的，也不一定一辈子没出息，所谓"大器晚成"的例子多的是。所以便是孩子念完了中学大学，做了几年事，不论成绩如何，也不能以成败去衡量，一时的利害得失如何能断定一生呢？你读过卓别林的自传没有？以他十九岁前的情形（包括他的家世、教育、才具）来说，谁敢预言他是二十世纪最了不起的艺术家之一呢？因为来信提到咪咪的考试成绩，不知不觉引起我许多感想，也是我几十年来经常思索的结果，写出来给老友做一个参考。

安

一九六五年九月八日灯下

致朱人秀（遗书）

一九六六年：

人秀：

尽管所谓反党罪证（一面小镜子和一张褪色的旧画报）是在我们家里搜出的,（小镜子后有蒋介石的头像,画报上登有宋美龄的照片。这是我姨妈在解放前寄存于我家箱子里的东西。对他人寄存的东西,我们家是从来不动的）百口莫辩,可是我们至死也不承认是我们自己的东西（实系寄存箱内理出之物）。我们纵有千万罪行,却从来不曾有过变天思想。我们也知道搜出的罪证虽然有口难辩,在英明的共产党领导和伟大的毛主席领导之下的中华人民共和国,绝不致因之而判重刑。只是含冤不白,无法洗刷的日子比坐牢还要难过。何况光是教育出一个叛徒傅聪来,在人民面前已经死有余辜了！更何况像我们这种来自旧社会的渣滓早应该自动退出历史舞台了！

因为你是梅馥的胞兄,因为我们别无至亲骨肉,善后事只能委托你了。如你以立场关系不便接受,则请向上级或法院请示后再行处理。

委托数事如下：

一、代付九月份房租55.29元（附现款）。

二、武康大楼（淮海路底）606室沈仲章托代修奥米茄自动男手表一只,请交还。

三、故老母余剩遗款,由人秀处理。

四、旧挂表（钢）一只,旧小女表一只,赠保姆周菊娣。

五、六百元存单一纸给周菊娣,做过渡时期生活费。她是劳动人民,一生孤苦,我们不愿她无故受累。

六、姑母傅仪寄存我们家存单一纸六百元，请交还。

七、姑母傅仪寄存之联义山庄墓地收据一纸，此次经过红卫兵搜查后遍觅不得，很抱歉。

八、姑母傅仪寄存我们家之饰物，与我们自有的同时被红卫兵取去没收，只能以存单三纸（共三百七十元）又小额储蓄三张，作为赔偿。

九、三姐朱纯寄存我们家之饰物，亦被一并充公，请代道歉。她寄存衣箱贰只（三楼）暂时被封，瓷器木箱壹只，将来待公家启封后由你代领。尚有家具数件，问周菊娣便知。

十、旧自用奥米茄自动男手表一只，又旧男手表一只，本拟给敏儿与小蓉，但恐妨碍他们的政治立场，故请人秀自由处理。

十一、现钞53.30元，作为我们火葬费。

十二、楼上宋家借用之家具，由陈叔陶按单收回。

十三、自有家具，由你处理。图书字画听候公家决定。

使你为我们受累，实在不安，但也别无他人可托，谅之谅之！

傅　雷

梅　馥

一九六六年九月二日夜